ANDREWS UNIVERSITY MONOGRAPHS
VOLUME IV

A READER'S GREEK-ENGLISH LEXICON OF THE NEW TESTAMENT AND A BEGINNER'S GUIDE FOR THE TRANSLATION OF NEW TESTAMENT GREEK

SAKAE KUBO

ZONDERVAN
PUBLISHING HOUSE   OF THE ZONDERVAN CORPORATION
GRAND RAPIDS, MICHIGAN 49506

A BEGINNER'S GUIDE FOR THE TRANSLATION OF NEW TESTAMENT GREEK

Printed in the United States of America

CONTENTS

PREFACE

For many years I have felt the need for some convenient tool
whereby the student of the New Testament, whether in rapid
reading or exegesis, would not need to spend so much time look-
ing up words in a lexicon. With this in mind I prepared vocabulary
lists in mimeographed form for my students at Andrews Uni-
versity. I have used these lists for the last twelve years. The
students have found them useful and time-saving. More time
could be spent in learning the important words, and frequently
occurring words could be mastered, since a larger amount of
reading could be accomplished in the same time period. Also the
student of exegesis could spend the greater amount of his time
in understanding the meaning of the text rather than in the
mechanical task of looking up words in a lexicon. It is my hope
that this new revised edition will be found even more useful.
Several new features have been added, and for the first time the
entire New Testament is included.

This *Reader's Greek-English Lexicon* presupposes a knowledge
of basic Greek grammar (in some cases one semester of Greek
and in other cases two) and the basic vocabulary of words used
fifty or more times in the New Testament. Words occurring at
this rate of frequency, therefore, are not included in the main
body of the book but are placed in Appendix I in alphabetical
order. If a student fails to remember such a word, he can find
it in Appendix I.

All words occurring less than fifty times are included. The
words are included by books of the New Testament in the order
of the Nestle-Aland text. Within each book the words are ar-
ranged according to the chapter and verse where they are found.
In this way the student who would not be able to identify a
particular verbal form because he does not know the root of the
word will have some assistance in this direction. To translate
correctly, however, he must have a knowledge of the basic verbal
forms.

After each word are included two numbers, e.g., ἐκλεκτός (4-22). The first number indicates that this word occurs four times in that particular book and the second, that it occurs twenty-two times in the entire New Testament. These numbers are a clue to the effort one should or should not put forth to learn that word. These numbers are useful also for exegetical purposes where it would be helpful to know whether and how frequently a particular word is used by a particular author. In my own experience while placing these numbers in, I have often been surprised to discover that a certain word is used so often or so seldom by a writer in a particular book. It is quite revealing, for instance, to find that from the special vocabulary (see below) of I Peter [ἀναστροφή (6-13), πάσχω (11-40), ὑποτάσσω (6-38)] one can derive the theme of the book. Many other such surprises await the observant student.

Words occurring less than fifty times but more than five times in a particular book are placed alphabetically at the beginning of the book in a special vocabulary and are not again repeated within the book. These words appear so frequently, especially in a short book like I Peter, that it would pay the student to learn them before he proceeds to read the book. Some books, of course, do not have any special vocabulary. Apart from this latter group of words, all words occurring less than fifty times are included in the body of the book where they are found. However, if the same word is found in two successive verses, it is omitted in the second instance. This means that if it is not a word occurring more than fifty times or a word occurring more than five times in the book, and it is not found in the verse where it occurs, it is to be sought for in the previous verse.

Proper names are not generally included, although a few such are found here and there. Some words have no numbers following them. It may be due to the fact that the word occurs more than fifty times or is found in the special vocabulary, but is used in a rare sense in that passage, or it is an irregular verb form. A few such especially difficult forms have been included. If a student should have difficulty here, he should check Appendix II, where a list of difficult verb forms is given.

I am indebted for the statistics of word occurrence to Robert Morgenthaler's handy volume *Statistik des neutestamentlichen*

Wortschatzes.[1] Without it that part of the work would not have found its way into the present book.

The meanings of the words are by and large taken from Walter Bauer's *A Greek-English Lexicon of the New Testament and Other Early Christian Literature* translated and adapted by William F. Arndt and F. Wilbur Gingrich.[2] This present lexicon is not intended to be a substitute for the latter work, which ought to be consulted especially in exegetical study for a complete understanding of the word in all its various meanings and for the helpful bibliography.

It is the hope of the writer that as the result of this tool the Greek New Testament will be read more extensively by more students and ministers.

Berrien Springs, Michigan   SAKAE KUBO
July, 1967

This new printing of the Lexicon is made possible through the financial assistance of Andrews University. We hope that this form will make it possible for a greater number of students to make use of it. This new printing also gave opportunity to make numerous corrections and additions throughout the work.

Let me offer one suggestion in the use of this Lexicon. Much time can be saved if copies are made of the list of words occurring more than fifty times (Appendix I) and the Special Vocabulary of each book. These can be used instead of turning forward or backward each time to the Appendix or Special Vocabulary when a word is not found in a particular verse. The word has to be found in one of these three places unless it is used in the previous verse.

Berrien Springs, Michigan   SAKAE KUBO
November, 1970

[1] Robert Morgenthaler, *Statistik des neutestamentlichen Wortschatzes* (Zürich: Gotthelf-Verlag, 1958).
[2] Walter Bauer, *A Greek-English Lexicon of the New Testament and Other Early Christian Literature*, translated and adapted by William F. Arndt and F. Wilbur Gingrich (Chicago: The University of Chicago Press, 1957).

We have added a special section entitled *A Beginner's Guide for the Translation of New Testament Greek* to this third impression of the printed edition. I hope that it will prove as useful as the lexicon.

Berrien Springs, Michigan   SAKAE KUBO
May, 1975

THE GOSPEL OF MATTHEW

SPECIAL VOCABULARY

ἀγοράζω (7-30) buy, purchase, acquire

ἀγρός, ὁ (16-35) field, country, farm

ἀμπελών, ὁ (10-23) vineyard

ἀναγινώσκω (7-32) read, read aloud

ἀναχωρέω (10-14) go away, return, withdraw, retire, take refuge

ἄνεμος, ὁ (9-31) wind

ἄξιος (9-41) corresponding, comparable, worthy, fit

ἀπαγγέλω (8-46) report, announce, tell, proclaim

ἀποδίδωμι (18-47) give away, give up, give out, pay, grant; give back, render

ἄπτω (9-39) light, kindle; mid. touch, take hold of, hold

ἄρα (7-49) so, then, consequently

ἀργύριον, τό (9-21) silver, money

ἄρτι (7-36) now, just, at once

βαπτιστής, ὁ (7-12) Baptist

βρυγμός, ὁ (6-7) gnashing, chattering

γαμέω (6-28) marry

γάμος, ὁ (8-15) wedding celebration, wedding banquet; marriage

γέεννα, ἡ (7-12) Gehenna, hell

γενεά, ἡ (13-43) family, race, kind, generation

γεωργός, ὁ (6-19) farmer, vinedresser, tenant farmer

γρηγορέω (6-22) be or keep awake, be watchful

δαιμονίζομαι (7-13) be possessed by a demon

δένδρον, τό (12-25) tree

δέω (8-41) bind, tie

δεῦτε (8-41) come! come on!

δηνάριον, τό (6-16) denarius, Roman coin worth c. 18 cents

διάβολος, ὁ (6-37) slanderer, Devil

διακονέω (6-36) serve, care for, help, support

διώκω (6-44) persecute, pursue, strive for

δῶρον, τό (9-19) gift, offering

ἐγγίζω (7-42) approach, come near

ἐκεῖθεν (12-17) from there

ἐκτείνω (6-16) stretch out, spread out

ἐλεέω (8-32) have mercy or pity; pass. find or be shown mercy

ἔμπροσθεν (18-48) in front of, ahead, before

ἔνδυμα, τό (7-8) garment, clothing

ἕνεκα or ἕνεκεν (7-26) because of, on account of, for the sake of

ἔξεστι (9-31) it is permitted, it is possible, proper

ἐπάνω (8-18) above, over, more than

ἐπιγινώσκω (6-44) know, understand, recognize, acknowledge

ἐπιτίθημι (7-40) lay or put upon, inflict; mid. give, set upon

ἐπιτιμάω (6-29) rebuke, reprove, censure

ἐργάτης, ὁ (6-16) workman, laborer

ἔρημος (7-47) abandoned, empty, desolate; subts. desert, wilderness

ἑτοιμάζω (7-41) prepare

εὐθέως (11-33) at once, immediately

ἐχθρός (7-32) hostile, hated; subst. enemy

ζιζάνιον, τό (8-8) darnel

ἡγεμών, ὁ (10-20) prince, governor

θαυμάζω (7-42) wonder, marvel, be astonished

θεραπεύω (16-43) heal, restore

θερισμός, ὁ (6-13) harvest

θησαυρός, ὁ (9-17) treasure box, storehouse, treasure

θυγάτηρ, ἡ (8-28) daughter

θυσιαστήριον, τό (6-23) altar

καθαρίζω (7-31) cleanse, purify

καθεύδω (7-22) sleep

καθίζω (8-45) seat, set, sit

κακῶς (7-16) badly; κ. ἔχειν be ill, sick, suffer severely

κελεύω (7-25) command, order, urge

κερδαίνω (6-17) gain

Matt Special Vocabulary

κλαυθμός, ὁ (7-9) weeping, crying

κρατέω (12-47) arrest, take into custody, take hold of, hold fast

κρίσις, ἡ (12-47) judgment

κρύπτω (7-19) hide, conceal, cover

κωφός (7-14) dumb, mute; deaf

λυπέω (6-26) grieve, pain; pass. become sad

λύω (6-42) set free, loose; destroy, abolish

μάχαιρα, ἡ (7-29) sword, saber

μείζων (10-48) greater

μεριμνάω (7-19) have anxiety, be (unduly) concerned; care for

μήποτε (8-25) that ... not, lest, probably, perhaps

μήτε (6-34) and not; neither ... nor

μικρός (6-30) small, little, short

μισθός, ὁ (10-29) pay, wages, reward

μνημεῖον, τό (7-37) grave, tomb

μόνος (7-46) only, alone

μωρός (6-12) foolish, stupid

ναί (9-34) yes, certainly, indeed

ναός, ὁ (9-45) temple

νηστεύω (8-20) fast

νυμφίος, ὁ (6-16) bride-groom

ὀδούς, ὁ (8-12) tooth

οἰκοδεσπότης, ὁ (7-12) master of the house

οἰκοδομέω (8-40) build, edify

ὀλίγος (6-40) few, little, small, short

ὀμνύω (13-26) swear, take an oath

ὅμοιος (9-45) like, similar

ὁμοιόω (8-15) make like, become like, compare

ὄναρ, τό (6-6) dream

ὀπίσω (6-35) behind, after, back

ὅριον, τό (6-12) boundary; pl. region, district

οὐαί (12-45) alas! woe

οὐράνιος (7-9) heavenly

οὖς, τό (7-36) ear

ὀφείλω (6-35) owe, be indebted, must, ought

ὄψιος, α, ον (7-14) late; subst. evening

παῖς, ὁ (8-24) child, servant

παραλαμβάνω (16-49) take with, take over, receive

παρέρχομαι (9-29) go by, pass by, pass, pass away, transfer

πεινάω (9-23) hunger, be hungry

πειράζω (6-38) try, tempt

πέντε (12-38) five

πέραν (7-23) on the other side

πλανάω (8-39) lead astray, mislead, deceive; pass. go astray, be misled

ποιμήν, ὁ (13-18) shepherd

ποῖος (7-32) of what kind, what sort, which, what?

πόσος (8-27) how great, how much, how many

πότε (7-19) when? how long?

ποτήριον, τό (7-31) cup, drinking vessel

προάγω (6-20) lead forward, lead or bring out; go before, lead the way

πρόβατον, τό (11-37) sheep

προσέχω (6-24) pay attention, be concerned about, care for

προσκαλέω (6-29) summon, call

προσφέρω (15-47) bring, offer, present

πωλέω (6-22) sell

σήμερον (8-41) today, this very day

σκανδαλίζω (14-29) cause to sin, fall, give offense; pass. be led into sin, take offense at someone

σκότος, τό (6-30) darkness, gloom

σός (8-27) your

σπέρμα, τό (7-44) seed, children, posterity

σταυρόω (10-46) crucify

στρέφω (6-21) turn, change, bring back, return, turn around

συλλέγω (7-8) collect, gather

συνίημι (9-26) understand, gain insight, comprehend

σφόδρα (7-11) very (much), extremely, greatly

τάλαντον, τό (14-14) talent

τάφος, ὁ (6-7) grave, tomb

τελέω (7-28) bring to an end, finish, complete, perform, accomplish, pay

τέλος, τό (6-41) end, last part, close; tax

τελώνης, ὁ (8-21) tax-collector, revenue officer

τιμάω (6-21) set a price on, estimate, honor

τρίτος (7-48) third

ὑποκριτής, ὁ (13-17) hypocrite, pretender

ὕστερον (7-11) adv. later, then, thereafter

2

φαίνω (13-31) shine, give light; pass. shine, appear
φεύγω (7-14) flee, seek safety in flight, escape, avoid
φρόνιμος (7-14) sensible, thought-ful, prudent, wise
φυλακή, ἡ (10-14) watch, guard, prison
χρεία, ἡ (6-49) need, necessity
ὥσπερ (10-36) as

CHAPTER 1

1 βίβλος, ὁ (1-10) book
γένεσις, ἡ (2-5) genealogy, birth
11 μετοικεσία, ἡ (4-4) deportation, captivity
17 δεκατέσσαρες (3-5) fourteen
μετοικεσία, ἡ (4-4) deportation, captivity
18 γένεσις, ἡ (2-5) birth
μνηστεύω (1-3) betroth
πρίν (3-13) before
συνέρχομαι (1-30) come to-gether, marry
γαστήρ, ἡ (3-9) womb; ἐν γ. ἔχειν – be pregnant
19 δειγματίζω (1-2) expose, make an example
βούλομαι (2-37) wish, desire
λάθρα (2-4) secretly
20 ἐνθυμέομαι (2-2) reflect, con-sider
21 τίκτω (4-18) give birth to
22 ῥηθέν – aor. pass. ptc. of εἶπον
23 παρθένος, ἡ (4-15) virgin
γαστήρ, ἡ (3-9) womb; ἐν γ. ἔχειν – be pregnant
τίκτω (4-18) give birth to
μεθερμηνεύω (1-8) translate
24 ὕπνος, ὁ (1-6) sleep
προστάσσω (2-7) command, or-der
25 ἕως οὗ until
25 τίκτω (4-18) give birth to

CHAPTER 2

1 μαγός, ὁ (4-6) Magus, wise man, magician
ἀνατολή, ἡ (5-10) rising, east
παραγίνομαι (3-36) come, arrive
2 ποῦ (4-47) where
τίκτω (4-18) give birth to
ἀστήρ, ὁ (5-23) star

3 ταράσσω (2-17) disturb, trouble
4 πυνθάνομαι (1-11) inquire, ask
ποῦ (4-47) where
6 οὐδαμῶς (1-1) by no means
ἐλάχιστος (5-14) least
ἡγέομαι (1-28) lead, guide; pres. ptc. ruler
ποιμαίνω (1-11) lead, guide, rule, tend
7 λάθρα (2-4) secretly
μάγος, ὁ (4-6) Magus, wise man, magician
ἀκριβόω (2-2) ascertain (ex-actly)
ἀστήρ, ὁ (5-23) star
8 ἐξετάζω (2-3) scrutinize, ex-amine, inquire
ἀκριβῶς (1-9) accurately, care-fully, well
ἐπάν (1-3) when, as soon as
9 ἀστήρ, ὁ (5-23) star
ἀνατολή, ἡ (5-10) rising, east
11 χρυσός, ὁ (5-9) gold
λίβανος, ὁ (1-2) frankincense
σμύρνα, ἡ (1-2) myrrh
12 χρηματίζω (2-9) impart reve-lation or warning
ἀνακάμπτω (1-4) return
χώρα, ἡ (3-28) country
15 τελευτή, ἡ (1-1) end, death
16 ἐμπαίζω (5-13) deceive, trick
μάγος, ὁ (4-6) Magus, wise man, magician
θυμόω (1-1) make angry; pass. become angry
λίαν (4-12) very (much), ex-ceedingly
ἀναιρέω (1-24) kill, destroy
διετής (1-1) two years old
κατωτέρω (3-9) lower, below
ἀκριβόω (2-2) ascertain (ex-actly)
18 ὀδυρμός, ὁ (1-2) lamentation mourning
κλαίω (2-38) weep, cry

19 τελευτάω (4-11) come to an end, die

θνήσκω (1-9) to die

22 βασιλεύω (1-21) reign

ἀντί (5-22) instead of, in place of

χρηματίζω (2-9) impart revelation or warning

μέρος, τό (4-42) pl. region, district

23 κατοικέω (4-44) live, dwell, settle

CHAPTER 3

1 παραγίνομαι (3-36) appear, make a public appearance

2 μετανοέω (5-34) repent

3 βοάω (1-12) cry out

εὐθύς (1-8) adj. straight

τρίβος, ἡ (1-3) path

4 θρίξ, ἡ (3-15) hair

κάμηλος, ὁ (3-6) camel

ζώνη, ἡ (2-8) belt, girdle

δερμάτινος (1-2) leather

ὀσφῦς, ἡ (1-8) waist, loins

τροφή, ἡ (4-16) nourishment, food

ἀκρίς, ἡ (1-4) grasshopper, locust

μέλι, τό (1-4) honey

ἄγριος (1-3) wild

5 ἐκπορεύομαι (5-33) go out

περίχωρος (2-9) neighboring; subst. region around

6 ποταμός, ὁ (3-17) river

ἐξομολογέω (2-10) mid. confess, admit

7 βάπτισμα, τό (2-20) baptism

γέννημα, τό (3-4) child, offspring

ἔχιδνα, ἡ (3-5) viper

ὑποδείκνυμι (1-6) warn, show, indicate

ὀργή, ἡ (1-36) wrath

8 μετάνοια, ἡ (2-22) repentance

10 ἀξίνη, ἡ (1-2) ax

ῥίζα, ἡ (3-16) root

κεῖμαι (3-24) be laid

ἐκκόπτω (4-10) cut down

11 μετάνοια, ἡ (2-22) repentance

ἰσχυρότερος (3-28) mightier, stronger

ἱκανός (3-40) worthy, competent, qualified

ὑπόδημα, τό (2-10) sandal

βαστάζω (3-27) remove, carry away

12 πτύον, τό (1-2) winnowing shovel

διακαθαρίζω (1-1) clean out

ἅλων, ἡ (1-2) threshing floor

σῖτος, ὁ (4-14) wheat

ἀποθήκη, ἡ (3-6) storehouse, barn

ἄχυρον, τό (1-2) chaff

κατακαίω (3-12) burn up, consume

ἄσβεστος (1-3) inextinguishable

13 παραγίνομαι (3-36) come, arrive, be present

14 διακωλύω (1-1) prevent

15 πρέπω (1-7) impers. it is fitting, proper

16 ὡσεί (3-21) as

περιστερά, ἡ (3-10) dove, pigeon

17 εὐδοκέω (3-21) be well pleased

CHAPTER 4

1 ἀνάγω (1-23) lead or bring up

2 τεσσεράκοντα (2-22) forty

4 ἐκπορεύομαι (5-33) go out, come out

5 πτερύγιον, τό (1-2) pinnacle, summit

6 κάτω (3-9) down

ἐντέλλω (4-14) only mid. command, give orders

προσκόπτω (2-8) strike against

7 ἐκπειράζω (1-4) tempt, try

8 ὑψηλός (2-11) high

λίαν (4-12) very (much), exceedingly

δείκνυμι (3-32) show, point out

10 σατανᾶς, ὁ (4-36) Satan

λατρεύω (1-21) serve

13 καταλείπω (4-23) leave

κατοικέω (4-44) live, dwell, settle

παραθαλάσσιος (1-1) by the sea or lake

16 σκοτία, ἡ (2-17) darkness

χώρα, ἡ (3-28) land

σκιά, ἡ (1-7) shadow

ἀνατέλλω (3-9) dawn, rise, spring up

17 μετανοέω (5-34) repent

18 ἀμφίβληστρον, τό (1-1) casting-net

4

ἁλιεύς, ὁ (2-5) fisherman
20 δίκτυον, τό (2-12) net
21 προβαίνω (1-5) go on a little
κατάρτιζω (2-13) mend, repair
23 περιάγω (3-6) go about
νόσος, ἡ (5-11) disease, illness
μαλακία, ἡ (3-3) sickness
24 ἀκοή, ἡ (4-24) fame, report, rumor
ποικίλος (1-10) various, manifold
βάσανος, ἡ (1-3) severe pain, torment
συνέχω (1-12) seize, distress; pass. to be tormented by, suffer from
σεληνιάζομαι (2-2) be moonstruck (here connected with epilepsy)
παραλυτικός (5-10) lame; subst. paralytic, lame person

CHAPTER 5

3 πτωχός (5-34) poor
4 πενθέω (2-10) mourn, grieve
5 πραΰς (3-4) meek, gentle, humble
κληρονομέω (3-18) inherit
6 διψάω (5-16) be thirsty
χορτάζω (4-15) feed, fill; pass. be satisfied
7 ἐλεήμων (1-2) merciful
8 καθαρός (3-26) pure, clean
9 εἰρηνοποιός (1-1) making peace; subst. peace-maker
11 ὀνειδίζω (3-9) reproach, revile
ψεύδομαι (1-12) lie
12 ἀγαλλιάω (1-11) dep. exult, be glad
πρό (5-47) before
13 ἅλας, τό (2-8) salt
μωραίνω (1-4) make tasteless; pass. become tasteless, insipid
ἁλίζω (1-2) salt
ἰσχύω (4-28) be good, be competent, be able
καταπατέω (2-5) trample
14 κεῖμαι (3-24) lie
15 καίω (1-12) light
λύχνος, ὁ (2-14) lamp
μόδιος, ὁ (1-3) peck-measure

λυχνία, ἡ (1-12) lampstand
λάμπω (3-7) shine
17 νομίζω (3-15) consider, think
καταλύω (5-17) abolish, do away, annul
18 ἰῶτα, τό (1-1) iota
κεραία, ἡ (1-2) projection, hook of a letter
19 ἐλάχιστος (5-14) least
20 περισσεύω (5-39) exceed, be present in abundance
21 ἐρρέθη used as aor. pass. of λέγω fr. ἐρεῖν
ἀρχαῖος (2-11) ancient, old
φονεύω (5-12) murder
ἔνοχος (5-10) liable, answerable, guilty
22 ὀργίζω (3-8) only pass. be angry
ῥακά (1-1) fool, empty-head
συνέδριον, τό (3-22) council, Sanhedrin
23 μιμνήσκομαι (3-23) remember
24 διαλλάσσομαι (1-1) become reconciled
25 εὐνοέω (1-1) make friends, be well-disposed
ἀντίδικος, ὁ (2-5) opponent
ταχύς (3-18) quickly
κριτής, ὁ (3-19) judge
ὑπηρέτης, ὁ (2-20) servant, helper, assistant
26 κοδράντης, ὁ (1-2) Roman coin— ¼ cent
27 μοιχεύω (4-13) commit adultery
28 ἐπιθυμέω (2-16) desire
29 ἐξαιρέω (2-8) take out, tear out
συμφέρω (4-15) be profitable, advantageous (it is better than)
μέλος, τό (2-34) limb, member, part
30 ἐκκόπτω (4-10) cut off
συμφέρω (4-15) be profitable, helpful
31 ἀποστάσιον, τό (2-3) certificate of divorce
32 παρεκτός (1-3) except for, apart from
πορνεία, ἡ (3-25) fornication, immorality
μοιχεύω (4-13) commit adultery
μοιχάω (2-4) cause to commit adultery; pass. commit adultery

33 ἀρχαῖος (2-11) ancient, old
ἐπιορκέω (1-1) swear falsely, break one's oath
ὅρκος, ὁ (4-10) oath
34 ὅλως (1-4) w. neg.–not at all
35 ὑποπόδιον, τό (1-7) footstool
36 θρίξ, ἡ (3-15) hair
λευκός (3-24) white
μέλας (1-6) black
37 περισσόν, τό (2-6) what goes beyond
38 ἀντί (5-22) for, in the place of
ῥαπίζω (2-2) strike, slap
σιαγών, ἡ (1-2) cheek
39 ἀνθίστημι (1-14) oppose, resist
40 χιτών, ὁ (2-11) tunic, shirt
41 ἀγγαρεύω (2-3) force, compel, press into service
μίλιον, τό (1-1) Roman mile, 4,854 feet
42 δανείζω (1-4) lend, mid. borrow
ἀποστρέφω (2-9) turn away
43 πλησίον, ὁ (3-17) neighbor
μισέω (5-39) hate
45 ἥλιος, ὁ (5-32) sun
ἀνατέλλω (3-9) cause to rise or spring up
βρέχω (1-7) send rain
ἄδικος (1-12) unjust
47 περισσός (2-6) extraordinary, remarkable
ἐθνικός, ὁ (3-4) Gentile, heathen
48 τέλειος (3-19) perfect, complete

CHAPTER 6

1 θεάομαι (4-22) behold, see
γέ (4-31) encl. oft. untransl.
εἰ δὲ μή γε, otherwise
2 ἐλεημοσύνη, ἡ (3-13) alms, charitable giving
σαλπίζω (1-12) trumpet (forth)
ῥύμη, ἡ (1-4) narrow street, lane, alley
ἀπέχω (5-19) receive in full
3 ἀριστερός (1-4) left (hand)
4 ἐλεημοσύνη, ἡ (3-13) alms, charitable giving
κρυπτός (5-17) secret, hidden; subst. a hidden place
5 φιλέω (5-25) love
γωνία, ἡ (2-9) corner
πλατεῖα, ἡ (2-9) wide road, street

ἀπέχω (5-19) receive in full
6 ταμεῖον, τό (2-4) innermost, secret room
κλείω (3-16) shut, lock, bar
θύρα, ἡ (4-39) door
κρυπτός (5-17) secret, hidden; subst. a hidden place
7 βατταλογέω (1-1) babble
ἐθνικός, ὁ (3-4) Gentile, heathen
πολυλογία, ἡ (1-1) much speaking, wordiness
εἰσακούω (1-5) hear
8 πρό (5-47) before
9 ἁγιάζω (3-27) sanctify, hallow
11 ἐπιούσιος (1-2) ? daily, for the following day, etc.
12 ὀφείλημα, τό (1-2) debt
ὀφειλέτης, ὁ (2-7) debtor
13 εἰσφέρω (1-8) bring, lead
πειρασμός, ὁ (2-21) temptation
ῥύομαι (2-16) deliver, rescue
14 παράπτωμα, τό (2-19) transgression
16 σκυθρωπός (1-2) with a sad, gloomy look
ἀφανίζω (3-5) render unrecognizable, disfigure
ἀπέχω (5-19) receive in full
17 ἀλείφω (1-9) anoint
νίπτω (2-17) wash
18 κρυφαῖος (2-2) hidden; ἐν τῷ κρ. in secret
19 θησαυρίζω (2-8) store up, gather
σής, ὁ (2-3) moth
βρῶσις, ἡ (2-11) corrosion, rust
ἀφανίζω (3-5) destroy, ruin
κλέπτης, ὁ (3-16) thief
διορύσσω (3-4) dig through, break through
κλέπτω (5-13) steal
22 λύχνος, ὁ (2-14) lamp
ἁπλοῦς (1-2) sound, clear, healthy
φωτεινός (2-5) light
23 σκοτεινός (1-3) dark
24 δουλεύω (2-25) serve
μισέω (5-39) hate
ἀντέχω (1-4) only mid.; fut.
ἀνθέξομαι – be devoted to, cling to
καταφρονέω (2-9) despise
μαμωνᾶς, ὁ (1-4) Mammon, wealth, property
25 ἐνδύω (3-28) mid. put on, wear

τροφή, ἡ (4-16) nourishment, food
26 ἐμβλέπω (2-11) consider, look at
πετεινόν, τό (4-14) bird
θερίζω (3-21) reap, harvest
ἀποθήκη, ἡ (3-6) storehouse, barn
τρέφω (2-9) feed, nourish
διαφέρω (3-13) be worth more than, be superior
27 προστίθημι (2-18) add
ἡλίκια, ἡ (1-8) age, time of life; stature
πῆχυς, ὁ (1-4) cubit, single hour
28 καταμανθάνω (1-1) observe well, notice, learn
κρίνον, τό (1-2) lily
αὐξάνω (2-22) grow, increase
κοπιάω (2-22) labor, toil
νήθω (1-2) spin
29 περιβάλλω (5-23) put on; mid. dress oneself, wear
30 χόρτος, ὁ (3-15) grass
αὔριον (3-14) the morrow
κλίβανος, ὁ (1-2) furnace
ἀμφιέννυμι (2-3) clothe, dress
ὀλιγόπιστος (4-5) of little faith
31 περιβάλλω (5-23) put on, mid. dress oneself, wear
32 ἐπιζητέω (3-13) strive for, wish for, seek after
χρήζω (1-5) have need of
ἅπας (3-32) all
33 προστίθημι (2-18) add
34 αὔριον (3-14) the morrow
ἀρκετός (2-3) sufficient, enough
κακία, ἡ (1-11) trouble, wickedness

CHAPTER 7

2 κρίμα, τό (1-27) judgment
μέτρον, τό (2-14) measure
μετρέω (2-11) measure
3 κάρφος, ὁ (3-6) speck, chip
δοκός, ἡ (3-6) beam of wood
κατανοέω (1-14) notice, observe
5 δοκός, ἡ (3-6) beam of wood
διαβλέπω (1-3) see clearly
κάρφος, ὁ (3-6) speck, chip
6 κύων, ὁ (1-5) dog
μαργαρίτης, ὁ (3-9) pearl
χοῖρος, ὁ (4-12) swine

καταπατέω (2-5) trample
ῥήσσω (2-7) tear (in pieces), break
7 κρούω (2-9) knock
9 ἐπιδίδωμι (2-10) give, hand over, deliver
10 ἰχθύς, ὁ (5-20) fish
ὄφις, ὁ (3-14) snake, serpent
11 δόμα, τό (1-4) gift
13 στενός (2-3) narrow
πύλη, ἡ (4-10) gate, door
πλατύς (1-1) broad, wide
εὐρύχωρος (1-1) broad, spacious, roomy
ἀπάγω (5-15) lead
ἀπώλεια, ἡ (2-18) destruction
14 θλίβω (1-10) become restricted, narrow
15 ψευδοπροφήτης, ὁ (3-11) false prophet
ἔσωθεν (4-12) within
λύκος, ὁ (2-6) wolf
ἅρπαξ (1-5) rapacious, ravenous
16 ἄκανθα, ἡ (5-14) thorn-plant
σταφυλή, ἡ (1-3) (a bunch of) grapes
τρίβολος, ὁ (1-2) thistle
συκῆ, ἡ (5-16) fig tree
17 σαπρός (5-8) decayed, rotten
19 ἐκκόπτω (4-10) cut down
22 προφητεύω (4-18) prophesy
23 ὁμολογέω (4-26) declare, acknowledge
οὐδέποτε (5-16) never
ἀποχωρέω (1-3) depart, go away
ἐργάζομαι (4-41) do, work
ἀνομία, ἡ (4-14) lawless deed, lawlessness
24 πέτρα, ἡ (5-15) rock
25 βροχή, ἡ (2-2) rain
ποταμός, ὁ (3-17) flood, river
πνέω (2-7) blow
προσπίπτω (1-8) beat upon, fall upon
θεμελιόω (1-5) found
26 ἄμμος, ἡ (1-5) sand
27 βροχή, ἡ (2-2) rain
ποταμός, ὁ (3-17) flood, river
πνέω (2-7) blow
προσκόπτω (2-8) beat against
πτῶσις, ἡ (1-2) fall
28 ἐκπλήσσω (4-13) amaze; pass. be amazed
διδαχή, ἡ (3-30) teaching

CHAPTER 8

2 λεπρός (4-9) leprous; subst. leper
3 λέπρα, ἡ (1-4) leprosy
4 δείκνυμι (3-32) point out, show, make known
   ἱερεύς, ὁ (3-31) priest
   προστάσσω (2-7) command, order
   μαρτύριον, τό (3-20) testimony, witness
5 ἑκατόναρχης, ὁ (4-20) centurion
6 παραλυτικός (5-10) lame; subst. paralytic, lame person
   δεινῶς (1-2) fearfully, terribly
   βασανίζω (3-12) torture, torment
8 ἑκατόναρχης, ὁ (4-20) centurion
   ἱκανός (3-40) worthy, qualified, competent
   στέγη, ἡ (1-3) roof
   ἰάομαι (4-26) heal
9 στρατιώτης, ὁ (3-26) soldier
10 τοσοῦτος (2-10) so great, so strong
11 ἀνατολή, ἡ (5-10) east
   δυσμή, ἡ (2-5) west
   ἥκω (4-25) have come, be present
   ἀνακλίνω (2-6) pass. lie down, recline
12 ἐξώτερος (3-3) farthest, extreme
13 ἑκατόναρχης, ὁ (4-20) centurion
   ἰάομαι (4-26) heal
14 πενθερά, ἡ (2-6) mother-in-law
   πυρέσσω (1-2) suffer with a fever
15 πυρετός, ὁ (1-6) fever
17 ἀσθένεια, ἡ (1-24) sickness
   νόσος, ἡ (5-11) disease, illness
   βαστάζω (3-27) remove, carry away
20 ἀλώπηξ, ἡ (1-3) fox
   φωλεός, ὁ (1-2) den, lair, hole
   πετεινόν, τό (4-14) bird
   κατασκηνόω (1-4) live, settle
   ποῦ (4-47) where
   κλίνω (1-7) lay down (to sleep)
21 ἐπιτρέπω (2-18) allow, permit
   θάπτω (3-11) bury
23 ἐμβαίνω (5-17) go in, embark
24 σεισμός, ὁ (4-14) storm
   καλύπτω (2-8) cover, hide, conceal
   κῦμα, τό (2-4) wave

26 δειλός (1-3) cowardly, timid
   ὀλιγόπιστος (4-5) of little faith
   γαλήνη, ἡ (1-3) calm
27 ποταπός (1-7) of what sort or kind
   ὑπακούω (1-21) obey
28 χώρα, ἡ (3-28) country
   ὑπαντάω (2-10) meet
   χαλεπός (1-2) dangerous, violent; hard, difficult
   λίαν (4-12) very (much), exceedingly
   ἰσχύω (4-28) have power, be competent, be able
29 βασανίζω (3-12) torture, torment
30 μακράν (1-10) far away
   ἀγέλη, ἡ (3-7) herd
   χοῖρος, ὁ (4-12) swine
   βόσκω (2-9) pass. graze
31 δαίμων, ὁ (1-1) evil spirit, demon
32 χοῖρος, ὁ (4-12) swine
   ὁρμάω (1-5) rush (headlong)
   ἀγέλη, ἡ (3-7) herd
   κρημνός, ὁ (1-3) steep slope, cliff
33 βόσκω (2-9) feed, tend; ὁ β. herdsman
34 ὑπάντησις, ἡ (2-3) coming to meet; εἰς ὑπ. to meet
   μεταβαίνω (5-11) go or pass over

CHAPTER 9

1 ἐμβαίνω (5-17) go in, embark
   διαπεράω (2-6) cross (over)
2 παραλυτικός (5-10) lame; subst. paralytic, lame person
   κλίνη, ἡ (2-8) pallet, stretcher; bed, cover
   θαρσέω (3-7) be cheerful, courageous
3 βλασφημέω (3-34) blaspheme
4 ἐνθύμησις, ἡ (2-4) thought, reflection, idea
   ἱνατί (2-6) why
   ἐνθυμέομαι (2-2) think, consider
5 εὐκοπώτερον comp. of εὔκοπος (2-7) easy
6 παραλυτικός (5-10) lame; subst. paralytic, lame person
   κλίνη, ἡ (2-8) pallet, stretcher, bed

8

9 παράγω (3-10) go away
τελώνιον, τό (1-3) revenue or tax office
10 ἀνάκειμαι (5-14) recline, be at table
ἁμαρτωλός, ὁ (5-47) sinner
συνανάκειμαι (2-7) recline together, eat together
12 ἰσχύω (4-28) be in good health
ἰατρός, ὁ (1-6) physician
13 μανθάνω (3-25) learn
ἔλεος, τό (3-27) mercy
θυσία, ἡ (2-28) sacrifice
ἁμαρτωλός, ὁ (5-47) sinner
15 νυμφών, ὁ (2-4) wedding hall; οἱ υἱοὶ τ. νυμφ. bridegroom's attendants
πενθέω (2-10) mourn, grieve, be sad
ἐφ' ὅσον, as long as
ἀπαίρω (1-3) take away
16 ἐπιβάλλω (2-18) lay on, put on
ἐπίβλημα, τό (1-4) patch
ῥάκος, τό (1-1) piece of cloth, patch
ἄγναφος (1-2) unbleached, unshrunken, new
παλαιός (3-19) old
πλήρωμα, τό (1-17) that which makes something full; here, patch
χεῖρον (3-11) worse
σχίσμα, τό (1-8) tear, crack
17 νέος (2-23) new
ἀσκός, ὁ (4-12) wine-skin
ῥήσσω (2-7) burst, break
ἐκχέω (1-16) spill out, pour out
καινός (4-42) new
ἀμφότεροι (3-14) both
συντηρέω (1-3) be saved, preserved
18 ἄρχων, ὁ (5-37) ruler, official
τελευτάω (4-11) come to an end, die
20 αἱμορροέω (1-1) suffer with hemorrhage
ἔτος, τό (1-49) year
ὄπισθεν (2-7) from behind
κράσπεδον, τό (3-5) hem
22 θαρσέω (3-7) be cheerful, courageous
23 ἄρχων, ὁ (5-31) ruler, official
αὐλητής, ὁ (1-2) flute player
θορυβέω (1-4) throw into dis-

order; pass. be troubled
24 κοράσιον, τό (3-8) girl
καταγελάω (1-3) laugh at, ridicule
26 φήμη, ἡ (1-2) report, news
27 παράγω (3-10) go away
30 ἐμβριμάομαι (1-5) warn sternly, scold
31 διαφημίζω (2-3) spread widely, disseminate
33 οὐδέποτε (5-16) never
34 ἄρχων, ὁ (5-37) ruler, official
35 περιάγω (3-6) go about
κώμη, ἡ (4-27) village
νόσος, ἡ (5-11) disease, illness
μαλακία, ἡ (3-3) sickness
36 σπλαγχνίζομαι (5-12) have pity, feel sympathy
σκύλλω (1-4) weary, harass
ἐρριμμένοι pft. pass. part. of ῥίπτω (3-8) put or lay down
ὡσεί (3-21) as, like
38 δέομαι (1-22) pray, entreat

CHAPTER 10

1 ἀκάθαρτος (2-31) unclean, impure
νόσος, ἡ (5-11) disease, illness
μαλακία, ἡ (3-3) sickness
5 παραγγέλλω (2-30) command, direct, instruct
6 ἀπολωλότα pft. part. of ἀπόλλυμι, lost
8 ἀσθενέω (3-33) be sick, weak
λεπρός (4-9) subst. leper
δωρεάν (1-8) without payment
9 κτάομαι (1-7) acquire
χρυσός, ὁ (5-9) gold
ἄργυρος, ὁ (1-4) silver
χαλκός, ὁ (1-5) copper
ζώνη, ἡ (2-8) belt, girdle
10 πήρα, ἡ (1-6) knapsack
χιτών, ὁ (2-11) tunic, shirt
ὑπόδημα, τό (2-10) sandal
ῥάβδος, ἡ (1-11) rod, staff
τροφή, ἡ (4-16) nourishment, food
11 κώμη, ἡ (4-27) village
ἐξετάζω (2-3) scrutinize, examine, inquire
13 ἐπιστρέφω (4-36) turn back, return

14 ἐκτινάσσω (1-4) shake off
κονιορτός, ὁ (1-5) dust

15 ἀνεκτότερος comp. of ἀνεκτός
(3-5) bearable, endurable

16 λύκος, ὁ (2-6) wolf
ὄφις, ὁ (3-14) snake, serpent
ἀκέραιος (1-3) pure, innocent
περιστερά, ἡ (3-10) dove, pigeon

17 συνέδριον, τό (3-22) local council
μαστιγόω (3-7) whip, flog,
scourge

18 μαρτύριον, τό (3-20) witness,
testimony

21 ἐπανίστημι (1-2) rise up, rise in
rebellion
γονεύς, ὁ (1-20) only pl. parents
θανατόω (3-11) put to death

22 μισέω (5-39) hate
ὑπομένω (2-17) endure, remain

25 ἀρκετός (2-3) enough, sufficient
ἐπικαλέω (1-30) call
οἰκιακός, ὁ (2-2) member of a
household

26 καλύπτω (2-8) hide, conceal
ἀποκαλύπτω (4-26) reveal, dis-
close
κρυπτός (5-17) secret, hidden

27 σκοτία, ἡ (2-17) darkness
δῶμα, τό (2-7) roof

29 στρουθίον, τό (2-4) sparrow
ἀσσάριον, τό (1-2) Roman coin
about ¹/₁₆ of a denarius
ἄνευ (1-3) without

30 θρίξ, ἡ (3-15) hair
ἀριθμέω (1-3) count

31 στρουθίον, τό (2-4) sparrow
διαφέρω (3-13) be worth more
than, be superior to

32 ὁμολογέω (4-26) confess

33 ἀρνέομαι (4-32) deny

34 νομίζω (3-15) consider, think,
believe

35 διχάζω (1-1) separate, turn
against
νύμφη, ἡ (1-8) daughter-in-law,
bride
πενθερά, ἡ (2-6) mother-in-law

36 οἰκιακός, ὁ (2-2) member of a
household

37 φιλέω (5-25) love

38 σταυρός, ὁ (5-27) cross

42 ποτίζω (5-15) give to drink
ψυχρός (1-4) cold

CHAPTER 11

1 διατάσσω (1-16) order, direct,
command
μεταβαίνω (5-11) go or pass over

2 δεσμωτήριον, τό (1-4) prison

3 προσδοκάω (2-16) look for, ex-
pect

5 ἀναβλέπω (3-25) regain sight
χωλός (5-14) lame, crippled
λεπρός (4-9) leprous; subst.
leper
πτωχός (5-34) poor

7 θεάομαι (4-22) see, behold
κάλαμος, ὁ (5-12) reed
σαλεύω (2-15) shake

8 μαλακός (2-4) soft, τὰ μ. soft
clothes
ἀμφιέννυμι (2-3) clothe, dress
φορέω (1-6) wear

9 περισσότερος (1-16) greater,
more

10 κατασκευάζω (1-11) make ready,
prepare

11 γεννητός (1-2) born

12 βιάζω (1-2) mid. apply force,
enter forcibly
βιαστής, ὁ (1-1) violent, impetu-
ous man
ἁρπάζω (3-14) seize, claim

13 προφητεύω (4-28) prophesy

16 ἀγορά, ἡ (3-11) market place
προσφωνέω (1-7) call out, ad-
dress

17 αὐλέω (1-3) play the flute
ὀρχέομαι (2-4) dance
θρηνέω (1-4) sing a dirge, lament
κόπτω (3-8) mid. mourn

19 φάγος, ὁ (1-2) glutton
οἰνοπότης, ὁ (1-2) winedrinker,
drunkard
φίλος, ὁ (1-29) friend
ἁμαρτωλός, ὁ (5-47) sinner
δικαιόω (2-39) justify

20 ὀνειδίζω (3-9) reproach
πλεῖστος (2-4) superl. of πολύς,
most
μετανοέω (5-34) repent

21 πάλαι (1-7) long ago, formerly
σάκκος, ὁ (1-4) sack cloth
σποδός, ἡ (1-3) ashes

22 πλήν (5-31) nevertheless, how-
ever
ἀνεκτότερος comp. of ἀνεκτός

23 ὑψόω (3-20) lift up, raise high
ᾅδης, ὁ (2-10) Hades, the under-
world
μέχρι (2-18) until
24 πλήν (5-31) nevertheless
ἀνεκτότερος comp. of ἀνεκτός
(3-5) bearable, endurable
25 ἐξομολογέω (2-10) mid. praise
σοφός (2-20) wise
συνετός (1-4) intelligent, wise
ἀποκαλύπτω (4-26) reveal
νήπιος, ὁ (2-14) babe
26 εὐδοκία, ἡ (1-9) good pleasure,
favor
27 βούλομαι (2-37) wish, desire
ἀποκαλύπτω (4-26) reveal
28 κοπιάω (2-22) labor, toil
φορτίζω (1-2) burden, load
ἀναπαύω (2-12) give rest
29 ζυγός, ὁ (2-6) yoke
μανθάνω (3-25) learn
πραΰς (3-4) meek, gentle, hum-
ble
ταπεινός (1-8) humble
ἀνάπαυσις, ἡ (2-5) rest
30 φορτίον, τό (2-6) burden, load
ἐλαφρός (1-2) light

CHAPTER 12

1 σπόριμος (1-3) sown, subst. τὰ
σπ. standing grain, grain
fields
τίλλω (1-3) pluck, pick
στάχυς, ὁ (1-5) head of grain
4 πρόθεσις, ἡ (1-12) presentation,
setting forth
ἐξόν part. of ἔξεστι it is lawful
ἱερεύς, ὁ (3-31) priest
5 βεβηλόω (1-2) desecrate, profane
ἀναίτιος (2-2) innocent
7 ἔλεος, τό (3-27) mercy
θυσία, ἡ (2-28) sacrifice
καταδικάζω (2-5) condemn
ἀναίτιος (2-2) innocent
9 μεταβαίνω (5-11) go or pass over
ξηρός (2-8) withered, dry
10 κατηγορέω (2-22) accuse
11 ἐμπίπτω (1-7) fall into
βόθυνος, ὁ (2-3) pit
12 διαφέρω (3-13) be worth more
than, be superior to

καλῶς (2-37) well
13 ἀποκαθίστημι (2-8) restore, cure
ὑγιής (2-11) well, healthy, sound
14 συμβούλιον, τό (5-8) plan; σ.
λαμβάνειν – plan, decide, plot,
consult
16 φανερός (1-18) known, clear
18 αἱρετίζω (1-1) choose
εὐδοκέω (3-21) be well-pleased,
take delight
19 ἐρίζω (1-1) quarrel, wrangle
κραυγάζω (1-9) cry out
πλατεῖα, ἡ (2-9) wide road,
street
20 κάλαμος, ὁ (5-12) reed
συντρίβω (1-7) bend, break,
crush
κατάγνυμι (1-4) break
λίνον, τό (1-2) lamp wick, flax
τύφω (1-1) give off smoke; pass.
smoke, smolder, glimmer
σβέννυμι (2-6) extinguish, put
out
νῖκος, τό (1-4) victory
21 ἐλπίζω (1-31) hope
23 ἐξίστημι (1-17) be amazed
24 ἄρχων, ὁ (5-37) ruler, official
25 ἐνθύμησις, ἡ (2-4) thought, re-
flection, idea
μερίζω (3-14) divide, disunite
ἐρημόω (1-5) lay waste, depopu-
late
26 σατανᾶς, ὁ (4-36) Satan
27 κριτής, ὁ (3-19) judge
28 φθάνω (1-7) come upon, arrive
29 ἰσχυρός (3-28) strong, mighty
σκεῦος, τό (1-23) property,
thing, object
ἁρπάζω (3-14) steal, carry off
διαρπάζω (1-3) plunder thor-
oughly
30 σκορπίζω (1-5) scatter
31 βλασφημία, ἡ (4-18) blasphemy
33 σαπρός (5-8) decayed, rotten
34 γέννημα, τό (3-4) child, offspring
ἔχιδνα, ἡ (3-5) viper
περίσσευμα, τό (1-5) abundance,
fullness
36 ἀργός (3-8) useless, idle
37 δικαιόω (2-39) justify
καταδικάζω (2-5) condemn
39 μοιχαλίς, ἡ (2-7) adulteress; adj.
adulterous
ἐπιζητέω (3-13) demand, desire

40 κοιλία, ἡ (3-23) belly
κῆτος, τό (1-1) sea-monster
41 κατακρίνω (4-16) condemn
μετανοέω (5-34) repent
κήρυγμα, τό (1-8) preaching
42 βασίλισσα, ἡ (1-4) queen
νότος, ὁ (1-7) south
κατακρίνω (4-16) condemn
πέρας, τό (1-4) end, limit
43 ἀκάθαρτος (2-31) unclean, impure
ἄνυδρος (1-4) waterless, dry
ἀνάπαυσις, ἡ (2-5) rest
44 ἐπιστρέφω (4-36) return, turn back
ὅθεν (4-15) from which, whence
σχολάζω (1-2) be unoccupied, stand empty
σαρόω (1-3) sweep
κοσμέω (3-10) put in order, adorn, decorate
45 κατοικέω (4-44) live, dwell, settle
χείρων (3-11) worse, more severe

CHAPTER 13

2 ἐμβαίνω (5-17) go in, embark
αἰγιαλός, ὁ (2-6) shore, beach
4 πετεινόν, τό (4-14) bird
καταφάγω (1-9) 2d aor. of κατεσθίω, devour
5 πετρώδης (2-4) rocky, stony
ἐξανατέλλω (1-2) spring up
βάθος, τό (1-8) depth
6 ἥλιος, ὁ (5-32) sun
ἀνατέλλω (3-9) rise, spring up
καυματίζω (1-4) burn, pass. be scorched, burned
ῥίζα, ἡ (3-16) root
ξηραίνω (3-15) dry, wither
7 ἄκανθα, ἡ (5-14) thorn-plant
ἀποπνίγω (1-3) choke
8 ἑκατόν (4-17) hundred
ἑξήκοντα (2-9) sixty
τριάκοντα (5-11) thirty
11 μυστήριον, τό (1-27) mystery
12 περισσεύω (5-39) cause to abound; pass. to have great abundance
14 ἀναπληρόω (1-6) fulfill
προφητεία, ἡ (1-19) prophecy
ἀκοή, ἡ (4-24) act of hearing, listening

15 παχύνω (1-2) make dull; pass. become dull
βαρέως (1-2) with difficulty; with ἀκούειν be hard of hearing
καμμύω (1-2) close (the eyes)
ἐπιστρέφω (4-36) turn back, return
ἰάομαι (4-26) heal
17 ἐπιθυμέω (2-16) desire
19 ἁρπάζω (3-14) tear out, snatch or take away
20 πετρώδης (2-4) rocky, stony
εὐθύς (1-8) immediately
21 ῥίζα, ἡ (3-16) root
πρόσκαιρος (1-4) lasting only for a time, temporary
θλῖψις, ἡ (4-45) affliction
διωγμός, ὁ (1-10) persecution
22 ἄκανθα, ἡ (5-14) thorn-plant
μέριμνα, ἡ (1-6) care, anxiety
ἀπάτη, ἡ (1-7) deception, deceitfulness
πλοῦτος, ὁ (1-22) wealth, riches
συμπνίγω (1-5) choke
ἄκαρπος (1-7) useless, unproductive
23 δή (1-5) indeed
καρποφορέω (1-8) bear fruit
ἑκατόν (4-17) hundred
ἑξήκοντα (2-9) sixty
τριάκοντα (5-11) thirty
24 παρατίθημι (2-19) put before, set before
25 ἐπισπείρω (1-1) sow afterward
ζιζάνιον, τό (8-8) darnel
ἀνὰ μέσον among
σῖτος, ὁ (4-14) wheat
26 βλαστάνω (1-4) bud, sprout
χόρτος, ὁ (3-15) grass
27 πόθεν (5-29) whence? from what source?
29 ἐκριζόω (2-4) uproot, pull out
ἅμα (2-10) together with
σῖτος, ὁ (4-14) wheat
30 συναυξάνω (1-1) grow together
ἀμφότεροι (3-14) both
θεριστής, ὁ (2-2) reaper
δέσμη, ἡ (1-1) bundle
κατακαίω (3-12) burn up, consume
ἀποθήκη, ἡ (3-6) storehouse, barn
31 παρατίθημι (2-19) put before

κόκκος, ὁ (2-7) seed, grain
σίναπι, τό (2-5) mustard
32 αὐξάνω (2-22) grow, increase
λάχανον, τό (1-4) vegetable
πετεινόν, τό (4-14) bird
κατασκηνόω (1-4) settle, make
nest
κλάδος, τό (3-11) branch
33 ζύμη, ἡ (5-13) leaven, yeast
ἐγκρύπτω (1-1) hide, put some-
thing in
ἄλευρον, τό (1-2) wheat flour
σάτον, τό (1-2) measure, about
a peck and a half
ζυμόω (1-4) leaven
34 χωρίς (3-41) without, apart
from
35 ἐρεύγομαι (1-1) utter, proclaim
καταβολή, ἡ (2-11) foundation,
beginning
36 διασαφέω (2-2) explain
39 συντέλεια, ἡ (5-6) end, com-
pletion
θεριστής, ὁ (2-2) reaper
40 κατακαίω (3-12) burn up, con-
sume
41 σκάνδαλον, τό (5-15) that which
gives offense
ἀνομία, ἡ (4-14) lawless deed,
lawlessness
42 κάμινος, ἡ (2-4) furnace, oven
43 ἐκλάμπω (1-1) shine
ἥλιος, ὁ (5-32) sun
45 ἔμπορος, ὁ (1-5) merchant,
wholesale dealer
μαργαρίτης, ὁ (3-9) pearl
46 πολύτιμος (1-3) very precious,
valuable
πιπράσκω (3-9) sell
47 σαγήνη, ἡ (1-1) dragnet
γένος, τό (1-20) class, kind
48 ἀναβιβάζω (1-1) bring up, pull
up
αἰγιαλός, ὁ (2-6) shore, beach
ἄγγος, τό (1-1) vessel, container
σαπρός (5-8) unusable, bad,
rotten
49 συντέλεια, ἡ (5-6) end, com-
pletion
ἀφορίζω (3-10) separate, take
away
κάμινος, ἡ (2-4) furnace, oven
51 συνήκατε aor. ind of συνίημι
52 μαθητεύω (3-4) be a disciple;

pass. become a disciple
καινός (4-42) new
παλαιός (3-19) old
53 μεταίρω (2-2) go away
54 πατρίς, ἡ (2-8) hometown, one's
own country
ἐκπλήσσω (4-13) amaze; pass.
be amazed
πόθεν (5-29) whence? from what
source?
55 τέκτων, ὁ (1-2) carpenter
56 ἀδελφή, ἡ (3-26) sister
πόθεν (5-29) whence? from what
source?
57 ἄτιμος (1-4) unhonored, dis-
honored
πατρίς, ἡ (2-8) home town, one's
own country
ἀπιστία, ἡ (1-11) unbelief

CHAPTER 14

1 τετραάρχης, ὁ (1-4) tetrarch
ἀκοή, ἡ (4-24) fame, report,
rumor
2 ἐνεργέω (1-21) be at work, oper-
ate
3 ἀποτίθημι (1-9) put, put away
6 γενέσιος (1-2) pl. τὰ γ. birthday
celebration
ὀρχέομαι (2-4) dance
ἀρέσκω (1-17) please
7 ὅθεν (4-15) therefore, hence
ὅρκος, ὁ (4-10) oath
ὁμολογέω (4-26) promise; con-
fess
8 προβιβάζω (1-1) bring forward
πίναξ, ἡ (2-5) platter, dish
9 ὅρκος, ὁ (4-10) oath
συνανάκειμαι (2-7) recline to-
gether, sit at table together
10 ἀποκεφαλίζω (1-4) behead
11 πίναξ, ἡ (2-5) platter, dish
κοράσιον, τό (3-8) girl
12 πτῶμα, τό (2-7) body, corpse
θάπτω (3-11) bury
13 κατ᾽ ἰδίαν privately, by oneself
πεξῇ (1-2) by land
σπλαγχνίζομαι (5-12) have pity,
feel sympathy
ἄρρωστος (1-5) sick, ill
15 κώμη, ἡ (4-27) village
βρῶμα, τό (1-17) food

13

17 ἰχθύς, ὁ (5-20) fish
19 ἀνακλίνω (2-6) recline, lie down
χόρτος, ὁ (3-15) grass
ἰχθύς, ὁ (5-20) fish
ἀναβλέπω (3-25) look up
εὐλογέω (5-42) bless
κλάω (3-14) break
20 χορτάζω (4-15) feed; pass. eat
one's fill, be satisfied
περισσεύω (5-39) be more than
enough, be left over
κλάσμα, τό (2-9) fragment,
piece, crumb
κόφινος, ὁ (2-6) basket
πλήρης (2-16) full
21 ὡσεί (3-21) about
πεντακισχίλιοι (2-6) five thou-
sand
χωρίς (3-41) apart from
22 ἀναγκάζω (1-9) compel, force
ἐμβαίνω (5-17) go in, embark
κατ' ἰδίαν privately, by oneself
24 στάδιον, τό (1-7) stade, c. 607
feet
ἀπέχω (5-19) be distant
βασανίζω (3-12) harass
κῦμα, τό (2-4) wave
ἐναντίος (1-8) opposite, contra-
ry, against
25 τέταρτος (1-7) fourth
ταράσσω (2-17) disturb, trou-
ble; pass. be frightened,
troubled
φάντασμα, τό (1-2) apparition,
ghost
φόβος, ὁ (3-17) fear
27 θαρσέω (3-17) be cheerful, cou-
rageous
30 καταποντίζω (2-2) drown; pass.
be sunk, be drowned
31 ἐπιλαμβάνομαι (1-19) take hold
of, grasp, catch
ὀλιγόπιστος (4-5) of little faith
διστάζω (2-2) doubt
32 κοπάζω (1-3) abate, stop, rest,
cease
33 ἀληθῶς (3-18) truly
34 διαπεράω (2-6) cross (over)
35 περίχωρος (2-9) neighboring;
subst. region around
36 κράσπεδον, τό (3-5) hem, fringe
διασώζω (1-8) save, rescue

CHAPTER 15

2 παραβαίνω (2-3) transgress,
break
παράδοσις, ἡ (3-13) tradition
νίπτω (2-17) wash
4 κακολογέω (1-4) speak evil of,
revile, insult
τελευτάω (4-11) come to an end,
die
5 ὠφελέω (3-15) help, aid, benefit
6 ἀκυρόω (1-3) make void
παράδοσις, ἡ (3-13) tradition
7 καλῶς (2-37) well
προφητεύω (4-28) prophesy
8 χεῖλος, τό (1-7) lip
πόρρω (1-4) far away
ἀπέχω (5-19) be distant
9 μάτην (1-2) in vain, to no end
σέβομαι (1-10) worship
διδασκαλία, ἡ (1-21) doctrine
ἔνταλμα, τό (1-3) commandment
11 κοινόω (5-14) make impure, de-
file
ἐκπορεύομαι (5-33) go out, come
out
13 φυτεία, ἡ (1-1) plant
φυτεύω (2-11) plant
ἐκριζόω (2-4) uproot, pull out
14 ὁδηγός, ὁ (3-5) guide
ὁδηγέω (1-5) guide
ἀμφότεροι (3-14) both
βόθυνος, ὁ (2-3) pit
16 φράζω (1-1) explain, interpret
ἀκμήν (1-1) even yet, still
ἀσύνετος (1-5) senseless, foolish
17 νοέω (4-24) understand, per-
ceive
κοιλία, ἡ (3-23) stomach
χωρέω (4-10) go out, or away
ἀφεδρών, ὁ (1-2) latrine
18 κοινόω (5-14) make impure, de-
file
19 διαλογισμός, ὁ (1-14) evil machi-
nation, thought
φόνος, ὁ (1-9) murder, killing
μοιχεία, ἡ (1-2) adultery
πορνεία, ἡ (3-25) fornication,
immorality
κλοπή, ἡ (1-2) theft, stealing
ψευδομαρτυρία, ἡ (2-2) false wit-
ness
βλασφημία, ἡ (4-18) blasphemy

14

20 κοινόω (5-14) make impure, de-
file
ἄνιπτος (1-2) unwashed
21 μέρος, τό (4-42) pl. district,
region
23 ὄπισθεν (2-7) after, behind
24 ἀπολωλότα pft. part. of ἀπόλ-
λυμι – lost
25 βοηθέω (1-8) help
26 κυνάριον, τό (2-4) little dog, dog
27 ψιχίον, τό (1-2) very little bit,
crumb
τράπεζα, ἡ (2-15) table
28 ἰάομαι (4-26) heal
29 μεταβαίνω (5-11) go or pass over
30 χωλός (5-14) lame, crippled
κυλλός (3-4) crippled, deformed
ῥίπτω (3-8) put or lay down;
pass. lie down
31 ὑγιής (2-11) well, sound, healthy
32 σπλαγχνίζομαι (5-12) have pity,
feel sympathy
προσμένω (1-7) remain, stay
νῆστις, ὁ (1-2) not eating,
hungry
ἐκλύω (1-5) become weary, give
out
33 πόθεν (5-29) whence? from what
place?
ἐρημία, ἡ (1-4) desert
τοσοῦτος (2-10) so much, so
many, so great
χορτάζω (4-15) fill, feed; pass.
eat one's fill, be satisfied
34 ἰχθύδιον, τό (1-2) little fish
35 παραγγέλλω (2-30) command,
instruct, direct
ἀναπίπτω (1-12) recline, lie
down
36 ἰχθύς, ὁ (5-20) fish
εὐχαριστέω (2-38) give thanks
κλάω (3-14) break
37 χορτάζω (4-15) feed, fill; pass.
eat one's fill, be satisfied
περισσεύω (5-39) be left over, be
more than enough
κλάσμα, τό (2-9) fragment,
piece, crumb
σπυρίς, ἡ (2-5) basket, hamper
πλήρης (2-16) full, filled
38 τετρακισχίλιοι (2-5) four thou-
sand
χωρίς (3-41) apart from
39 ἐμβαίνω (5-17) go in, embark

CHAPTER 16

1 ἐπιδείκνυμι (3-7) show
2 εὐδία, ἡ (1-1) fair weather
πυρράζω (2-2) be (fiery) red
3 πρωΐ (3-12) early
χειμών, ὁ (2-6) bad weather
στυγνάζω (1-2) be or become
gloomy, dark
διακρίνω (2-19) judge correctly,
differentiate
4 μοιχαλίς, ἡ (2-7) adulteress; adj.
adulterous
ἐπιζητέω (3-13) demand, desire
καταλείπω (4-23) leave
5 ἐπιλανθάνομαι (1-8) forget
6 ζύμη, ἡ (4-13) leaven
7 διαλογίζομαι (3-16) consider,
reason
8 ὀλιγόπιστος (4-5) of little faith
9 οὔπω (2-27) not yet
νοέω (4-14) understand, per-
ceive
μνημονεύω (1-21) remember
πεντακισχίλιοι (2-6) five thou-
sand
κόφινος, ὁ (2-6) basket
10 τετρακισχίλιοι (2-5) four thou-
sand
σπυρίς, ἡ (2-5) basket, hamper
11 νοέω (4-14) understand, per-
ceive
ζύμη, ἡ (4-13) leaven
12 συνῆκαν aor. ind. of συνίημι
διδαχή, ἡ (3-30) teaching
13 μέρος, τό (4-42) part; pl. dis-
trict, region
17 ἀποκαλύπτω (4-26) reveal, dis-
close
18 πέτρα, ἡ (5-15) rock
πύλη, ἡ (4-10) gate
ᾅδης, ὁ (2-10) Hades, the under-
world
κατισχύω (1-3) win a victory
over, prevail
19 κλείς, ἡ (1-6) key
21 δείκνυμι (3-32) explain, prove,
show
πάσχω (3-40) suffer
22 προσλαμβάνω (1-12) take aside
ἵλεως (1-2) God forbid; gracious
23 σατανᾶς, ὁ (4-36) Satan
σκάνδαλον, τό (5-15) temptation,
enticement

15

φρονέω (1-26) set one's mind on, be intent, think
24 ἀπαρνέομαι (4-11) deny
σταυρός, ὁ (5-27) cross
26 ὠφελέω (3-15) help, benefit
ζημιόω (1-6) only pass. suffer damage or loss
ἀντάλλαγμα, τό (1-2) something given in exchange
27 πρᾶξις, ἡ (1-6) act, action, deed
28 γεύομαι (2-15) taste

CHAPTER 17

1 ἕξ (1-13) six
ἀναφέρω (1-9) bring or take up
ὑψηλός (2-11) high
κατ᾽ ἰδίαν – privately
2 μεταμορφόω (1-4) transfigure, transform
λάμπω (3-7) shine forth, gleam
ἥλιος, ὁ (5-32) sun
λευκός (3-24) white
ὤφθη – fr. ὁράω
3 συλλαλέω (1-6) talk or converse with
4 σκηνή, ἡ (1-20) tent, booth
5 νεφέλη, ἡ (4-25) cloud
φωτεινός (2-5) bright, radiant
ἐπισκιάζω (1-5) overshadow
εὐδοκέω (3-21) be well-pleased
8 ἐπαίρω (1-19) lift up
9 ἐντέλλω (4-14) only mid. command, give orders
ὅραμα, τό (1-12) vision
11 ἀποκαθίστημι (2-8) restore, re-establish
12 πάσχω (3-40) suffer
13 συνῆκαν aor. ind. of συνίημι
14 γονυπετέω (2-4) kneel down
15 σεληνιάζομαι (2-2) be moonstruck (here connected with epilepsy)
πολλάκις (1-17) often, many times
17 ἄπιστος (1-23) unbelieving, faithless
διαστρέφω (1-7) make crooked, pervert
ἀνέχομαι (1-15) endure, bear with
20 ὀλιγοπιστία, ἡ (1-1) littleness of faith

κόκκος, ὁ (2-7) seed, grain
σίναπι, τό (2-5) mustard
μεταβαίνω (5-11) go or pass over
ἔνθεν (1-2) from here; ἔ. ἐκεῖ from this place to that place
ἀδυνατέω (1-2) be impossible
22 συστρέφω (1-2) be gathered, gather, come together
24 δίδραχμον, τό (2-2) double drachma, c. 36ε
τελέω – pay
25 προφθάνω (1-1) speak first, come before
τέλος, τό – tax
κῆνσος, ὁ (3-4) tax, poll tax
ἀλλότριος (2-14) foreign; subst. stranger, alien
26 ἐλεύθερος (1-23) free
27 ἄγκιστρον, τό (1-1) fishhook
ἰχθύς, ὁ (5-20) fish
στατήρ, ὁ (1-1) stater, c. 80ε
ἀντί (5-22) for, in behalf of

CHAPTER 18

4 ταπεινόω (3-14) humble
6 συμφέρω (4-15) be profitable, advantageous, better
κρεμάννυμι (2-7) hang
μύλος, ὁ (2-4) millstone
ὀνικός (1-2) pertaining to a donkey; μύλος ὀν. millstone worked by a donkey
τράχηλος, ὁ (1-7) neck
καταποντίζω (2-2) drown; pass. be sunk, be drowned
πέλαγος, τό (1-2) open sea, depths
7 ἀνάγκη, ἡ (1-17) necessity
σκάνδαλον, τό (5-15) temptation to sin, enticement
πλήν (5-31) nevertheless, but, only
8 ἐκκόπτω (4-10) cut off
κυλλός (3-4) crippled, deformed
χωλός (5-14) lame, crippled
9 ἐξαιρέω (2-8) take out, tear out
μονόφθαλμος (1-2) one-eyed
10 καταφρονέω (2-9) despise
12 ἑκατόν (4-17) hundred
ἐνενήκοντα (2-4) ninety
ἐννέα (2-5) nine
15 ἁμαρτάνω (3-42) sin

ἐλέγχω (1-17) reprove, correct

μεταξύ (2-9) between

16 μάρτυς, ὁ (2-35) witness

17 παρακούω (2-3) disobey, refuse to listen

ἐθνικός, ὁ (3-4) Gentile, heathen

19 συμφωνέω (3-6) be in agreement

πρᾶγμα, τό (1-11) thing, matter, affair

21 ποσάκις (2-3) how often?

ἁμαρτάνω (3-42) sin

ἑπτάκις (2-4) seven times

22 ἑβδομηκοντάκις (1-1) seventy times

23 συναίρω (3-3) settle accounts w. λόγον

24 προσάγω (1-5) bring

ὀφειλέτης, ὁ (2-7) debtor

μύριοι (1-3) ten thousand

25 πιπράσκω (3-9) sell

26 μακροθυμέω (2-10) be patient, forbear

27 σπλαγχνίζομαι (5-12) have pity, feel sympathy

δάνειον, τό (1-1) loan

28 σύνδουλος, ὁ (5-10) fellow servant

ἑκατόν (4-17) hundred

πνίγω (1-2) choke

29 μακροθυμέω (2-10) be patient, forbear

31 σύνδουλος, ὁ (5-10) fellow servant

διασαφέω (2-2) tell plainly, report

32 ὀφειλή, ἡ (1-3) debt

ἐπεί (3-26) since, because

33 σύνδουλος, ὁ (5-10) fellow servant

34 ὀργίζω (3-8) only pass. be angry

βασανιστής, ὁ (1-1) torturer, jailer

CHAPTER 19

1 μεταίρω (2-2) go away

3 αἰτία, ἡ (3-20) cause, reason

4 κτίζω (1-15) create

ἄρσην (1-9) male

θῆλυς (1-5) female

5 καταλείπω (4-23) leave

κολλάω (1-12) join together, unite, cling to

6 συζεύγνυμι (1-2) yoke together, unite, cling to

χωρίζω (1-13) divide, separate

7 ἐντέλλω (4-14) only mid. command, give orders

βιβλίον, τό (1-34) certificate

ἀποστάσιον, τό (2-3) w. βιβλίον – certificate of divorce

8 σκληροκαρδία, ἡ (1-3) hardness of heart, obstinacy

ἐπιτρέπω (2-18) allow, permit

9 πορνεία, ἡ (3-25) fornication, immorality

μοιχάω (2-4) cause to commit adultery; pass. commit adultery

10 αἰτία, ἡ (3-20) relationship, case; cause

συμφέρω (4-15) be profitable, advantageous, better

11 χωρέω (4-10) grasp, accept, comprehend, understand

12 εὐνοῦχος, ὁ (3-8) eunuch

κοιλία, ἡ (3-23) womb; birth

εὐνουχίζω (2-2) castrate, emasculate

14 κωλύω (1-23) hinder, forbid

18 φονεύω (5-12) murder

μοιχεύω (4-13) commit adultery

κλέπτω (5-13) steal

ψευδομαρτυρέω (1-5) bear false witness

πλησίον, ὁ (3-17) neighbor

20 νεανίσκος, ὁ (2-11) youth, young man

φυλάσσω (1-31) keep, observe

ὑστερέω (1-16) be in need of, lack

21 τέλειος (3-19) perfect

ὑπάρχοντα, τά possessions

πτωχός (5-34) poor

δεῦρο (1-9) come

22 νεανίσκος, ὁ (2-11) youth, young man

κτῆμα, τό (1-4) property, possessions

23 πλούσιος (3-28) rich

δυσκόλως (1-3) hardly, with difficulty

24 εὔκοπος (2-7) easy

κάμηλος, ὁ (3-6) camel

τρῆμα, τό (1-2) eye of needle

ῥαφίς, ἡ (1-2) needle

25 ἐκπλήσσω (4-13) amaze; pass. be amazed

26 ἐμβλέπω (2-11) look at
   ἀδύνατος (1-10) impossible
   δυνατός (3-32) possible
28 παλιγγενεσία, ἡ (1-2) new age,
   regeneration
   θρόνος, ὁ (5-47) throne
   φυλή, ἡ (2-31) tribe
29 ἀδελφή, ἡ (3-26) sister
   πολλαπλασίων (1-2) many times
   as much, manifold
   κληρονομέω (3-18) inherit

CHAPTER 20

1 ἅμα (2-10) (pleonastic) together
   with
   πρωΐ (3-12) early; with ἅμα
   early in the morning
   μισθόω (2-2) hire
2 συμφωνέω (4-15) be in agree-
   ment, agree
   ἀγορά, ἡ (3-8) market place
   ἀργός (3-8) unemployed, idle
5 ἕκτος (2-14) sixth
   ἔνατος (3-10) ninth
   ὡσαύτως (4-17) likewise
6 ἑνδέκατος (1-6) eleventh
   ἀργός (1-6) unemployed, idle
7 μισθόω (2-2) hire
8 ἐπίτροπος, ὁ (1-3) steward, fore-
   man
9 ἑνδέκατος (1-6) eleventh
   ἀνά (1-6) each
10 νομίζω (3-15) consider, think,
   believe
11 γογγύζω (1-8) murmur, com-
   plain
12 ἴσος (1-8) equal
   βαστάζω (3-27) bear, endure
   βάρος, τό (1-6) burden
   καύσων, ὁ (1-3) heat
13 ἑταῖρος, ὁ (3-3) friend
   ἀδικέω (1-27) do wrong
   συμφωνέω (4-15) agree, be in
   agreement
18 κατακρίνω (4-16) condemn
19 ἐμπαίζω (5-13) ridicule, mock
   μαστιγόω (3-7) whip, flog,
   scourge
21 εὐώνυμος (5-9) left
23 εὐώνυμος (5-9) left
24 ἀγανακτέω (3-7) be aroused, in-
   dignant, angry

25 κατακυριεύω (1-4) be master,
   lord it (over)
   κατεξουσιάζω (1-2) exercise au-
   thority
26 διάκονος, ὁ (3-29) servant
28 λύτρον, τό (1-2) ransom
   ἀντί (5-22) for, in behalf of
29 ἐκπορεύομαι (5-33) go away, go
   out
30 παράγω (3-10) pass by
31 σιωπάω (2-10) stop speaking, be
   quiet, be silent
32 φωνέω (5-42) call
34 σπλαγχνίζομαι (5-12) have pity,
   compassion
   ὄμμα, τό (1-2) eye
   ἀναβλέπω (3-25) regain sight

CHAPTER 21

1 ἐλαία, ἡ (3-12) olive tree
2 κώμη, ἡ (4-27) village
   κατέναντι (2-9) opposite
   ὄνος, ὁ (3-5) donkey
   πῶλος, ὁ (3-12) foal, colt
5 πραΰς (3-4) unassuming, meek,
   gentle
   ἐπιβαίνω (1-6) go upon, mount
   ὄνος, ὁ (3-5) donkey
   πῶλος, ὁ (3-12) foal, colt
   ὑποζύγιον, τό (1-2) beast, don-
   key
6 συντάσσω (3-3) order, direct,
   prescribe
7 ὄνος, ὁ (3-5) donkey
   πῶλος, ὁ (3-12) foal, colt
   ἐπικαθίζω (1-1) sit up
8 πλεῖστος (2-4) (elative) very
   great, very large
   στρωννύω (2-6) spread out
   κόπτω (3-8) cut off
   κλάδος, τό (3-11) branch
9 ὡσαννά (3-6) Hosanna, help or
   save, I pray
   εὐλογέω (5-42) bless
   ὕψιστος (1-13) most high
10 σείω (3-5) stir up, set in motion
12 τράπεζα, ἡ (2-15) table
   κολλυβιστής, ὁ (1-3) money-
   changer
   καταστρέφω (1-3) overturn
   καθέδρα, ἡ (2-3) chair, seat
   περιστερά, ἡ (3-10) dove, pigeon

13 προσευχή, ἡ (2-36) prayer
σπήλαιον, τό (1-6) cave, den
λῃστής, ὁ (4-15) robber
14 χωλός (5-14) lame, crippled
15 θαυμάσιος (1-1) wonderful; pl.
wonders
ὡσαννά (3-6) Hosanna, help or
save, I pray
ἀγανακτέω (3-7) be angry, indignant
16 οὐδέποτε (5-16) never
νήπιος (2-14) infant, οἱ ν. children
θηλάζω (2-5) give suck, suck
καταρτίζω (2-13) mid. prepare
oneself
αἶνος, ὁ (1-2) praise
17 καταλείπω (4-23) leave
αὐλίζομαι (1-2) spend the night,
find lodging
18 πρωΐ (3-12) early in the morning
ἐπανάγω (1-3) return
19 συκῆ, ἡ (5-16) fig tree
φύλλον, τό (2-6) leaf
ξηραίνω (3-15) wither, dry
παραχρῆμα (2-18) immediately
21 διακρίνω (2-19) mid. doubt
συκῆ, ἡ (5-16) fig tree
22 προσευχή, ἡ (2-36) prayer
25 βάπτισμα, τό (2-20) baptism
πόθεν (5-29) whence? from
what source?
διαλογίζομαι (3-16) consider,
reason
28 ἐργάζομαι (4-41) work
30 δεύτερος (4-44) second
ὡσαύτως (4-17) likewise
μεταμέλομαι (3-6) regret, repent
31 ὕστερος (1-2) latter
πόρνη, ἡ (2-12) harlot
32 μεταμέλομαι (3-6) regret, repent
33 φυτεύω (2-11) plant
φραγμός, ὁ (1-4) fence, wall,
hedge
περιτίθημι (3-8) put or place
around
ὀρύσσω (2-3) dig
ληνός, ἡ (1-4) wine-press
πύργος, ὁ (1-4) tower
ἐκδίδωμι (2-4) let out for hire,
lease
ἀποδημέω (3-6) go on a journey
35 δέρω (1-15) beat
λιθοβολέω (2-7) stone

36 ὡσαύτως (4-17) likewise
37 ἐντρέπω (1-9) put to shame,
mid. have regard for, respect
38 κληρονόμος, ὁ (1-15) heir
κληρονομία, ἡ (1-14) inheritance
41 ἐκδίδωμι (2-4) let out for hire,
lease
42 οὐδέποτε (5-16) never
ἀποδοκιμάζω (1-9) reject, declare useless
γωνία, ἡ (2-9) corner
θαυμαστός (1-6) wonderful,
marvelous
44 συνθλάω (1-2) crush, dash to
pieces
λικμάω (1-2) crush
46 ἐπεί (3-26) because, since

CHAPTER 22

4 ἄριστον, τό (1-3) noon meal,
meal
ταῦρος, ὁ (1-4) bull, ox
σιτιστός (1-1) fattened
θύω (1-13) kill
ἕτοιμος (4-17) prepared, ready
5 ἀμελέω (1-4) neglect, be unconcerned
ἐμπορία, ἡ (1-1) business, trade
6 ὑβρίζω (3-8) mistreat, scoff, insult
7 ὀργίζω (3-8) only pass. be angry
στράτευμα, τό (1-8) army; pl.
troops
φονεύς, ὁ (1-7) murderer
ἐνέπρησεν aor. ind. act. of ἐμπρήθω (1-1) ἐμπί(μ)πρημι set
on fire, burn
8 ἕτοιμος (4-17) prepared, ready
9 διέξοδος, ἡ (1-1) street-crossing
10 πίμπλημι (2-24) fill
νυμφών, ὁ (2-4) wedding hall
ἀνάκειμαι (5-14) recline; ὁ ἀν.
guest
11 θεάομαι (4-22) see, behold
ἐνδύω (3-28) mid. clothe oneself, wear
12 ἑταῖρος, ὁ (3-3) friend
φιμόω (2-7) put to silence; pass.
be silent
13 διάκονος, ὁ (3-29) servant
ἐξώτερος (3-3) farthest, extreme
14 κλητός (1-10) called

Matt 22:14–23:25

ἐκλεκτός (4-22) chosen, elect
15 συμβούλιον, τό (5-8) plan, purpose, σ. λαμβάνειν – form a plan, decide, consult, plot
παγιδεύω (1-1) set a trap, entrap
16 ἀληθής (1-26) true
μέλει (1-10) it is a care or concern
17 κῆνσος, ὁ (3-4) tax, poll tax
18 πονηρία, ἡ (1-7) maliciousness, wickedness
19 ἐπιδείκνυμι (3-7) show, point out
νόμισμα, τό (1-1) coin
κῆνσος, τό (3-4) tax, poll tax
20 εἰκών, ἡ (1-23) image
ἐπιγραφή, ἡ (1-5) superscription
23 ἀνάστασις, ἡ (4-42) resurrection
24 ἐπιγαμβρεύω (1-1) marry as next of kin
25 τελευτάω (4-11) come to an end, die
26 ὁμοίως (3-31) likewise
δεύτερος (4-44) second
28 ἀνάστασις, ἡ (4-42) resurrection
30 ἀνάστασις, ἡ (4-42) resurrection
γαμίζω (2-7) give in marriage
33 ἐκπλήσσω (4-13) amaze; pass. be amazed
διδαχή, ἡ (3-30) teaching
34 φιμόω (2-7) put to silence
35 νομικός, ὁ (1-9) lawyer, legal expert
37 διάνοια, ἡ (1-12) mind, understanding
39 δεύτερος (4-44) second
πλησίον, ὁ (3-17) neighbor
40 κρεμάννυμι (2-7) hang
44 ὑποκάτω (1-11) under, below
46 τολμάω (1-16) dare, have courage

CHAPTER 23

2 καθέδρα, ἡ (2-3) seat, chair
4 δεσμεύω (1-3) bind, tie up
φορτίον, τό (2-6) burden
βαρύς (2-6) heavy
ὦμος, ὁ (1-2) shoulder
δάκτυλος, ὁ (1-7) finger
κινέω (2-8) move, remove
5 θεάομαι (4-22) see, behold
πλατύνω (1-3) make broad, enlarge

φυλακτήριον, τό (1-1) phylactery, amulet, safeguard
μεγαλύνω (1-8) make long, magnify
κράσπεδον, τό (3-5) hem, fringe
6 φιλέω (5-25) love
πρωτοκλισία, ἡ (1-5) place of honor
δεῖπνον, τό (1-16) dinner, banquet
πρωτοκαθεδρία, ἡ (1-4) best seat, place of honor
7 ἀσπασμός, ὁ (1-10) salutation, greeting
ἀγορά, ἡ (3-11) market-place
ῥαββί (4-15) Rabbi, my lord
10 καθηγητής, ὁ (2-2) teacher
11 διάκονος, ὁ (3-29) servant
12 ὑψόω (3-20) exalt
ταπεινόω (3-14) humble, humiliate
13 κλείω (3-16) close, shut, bar
15 περιάγω (3-6) travel about, go about
ξηρός (2-8) dry; ἡ ξ. dry land
προσήλυτος, ὁ (1-4) proselyte
διπλότερος comp. of διπλοῦς (1-4) double, two-fold
16 ὁδηγός, ὁ (3-5) guide
χρυσός, ὁ (5-9) gold
17 ἁγιάζω (3-27) sanctify, hallow
19 ἁγιάζω (3-27) sanctify, hallow
21 κατοικέω (4-44) inhabit
23 ἀποδεκατόω (1-3) tithe, give one tenth
ἡδύοσμον, τό (1-2) mint
ἄνηθον, τό (1-1) dill
κύμινον, τό (1-1) cummin
βαρύτερα comp. of βαρύς (2-6) weighty, important
ἔλεος, τό (3-27) mercy
24 ὁδηγός, ὁ (3-5) guide
διϋλίζω (1-1) filter out, strain out
κώνωψ, ὁ (1-1) gnat, mosquito
κάμηλος, ὁ (3-6) camel
καταπίνω (1-7) drink down, swallow
25 ἔξωθεν (3-13) outside
παροψίς, ἡ (1-1) dish
ἔσωθεν (4-12) inside
γέμω (2-11) be full
ἁρπαγή, ἡ (1-3) greediness, plunder, what has been stolen

20

ἀκρασία, ἡ (1-2) intemperance, self-indulgence
26 ἐντός (1-2) inside
ἐκτός (1-8) outside
καθαρός (3-26) clean, pure
27 παρομοιάζω (1-1) be like
κονιάω (1-2) white wash
ἔξωθεν (3-13) outside
ὡραῖος (1-4) beautiful, lovely, pleasant
ἔσωθεν (4-12) inside
γέμω (2-11) be full
ὀστέον, τό (1-4) bone
ἀκαθαρσία, ἡ (1-10) uncleanness, impurity
28 μεστός (1-9) full
ὑπόκρισις, ἡ (1-6) hypocrisy
ἀνομία, ἡ (4-14) lawlessness
29 κοσμέω (3-10) decorate, adorn
30 κοινωνός, ὁ (1-10) sharer, partner
31 φονεύω (5-12) murder
32 μέτρον, τό (2-14) measure
33 ὄφις, ὁ (3-14) snake, serpent
γέννημα, τό (3-4) child, offspring
ἔχιδνα, ἡ (3-5) viper
34 σοφός (2-20) wise
μαστιγόω (3-7) flog, whip, scourge
35 ἐκχύννω (2-11) pour out, shed
φονεύω (5-12) murder
μεταξύ (2-9) between
36 ἥκω (4-25) have come, be present
37 λιθοβολέω (2-7) stone
ποσάκις (2-3) how often?
ἐπισυνάγω (3-8) gather
τρόπος, ὁ (1-13) way, manner; ὃν τρ. just as
ὄρνις, ὁ, ἡ (1-2) bird, hen, cock
νοσσίον, τό (1-1) young of a bird
πτέρυξ, ἡ (1-5) wing
39 εὐλογέω (5-42) bless

CHAPTER 24

1 ἐπιδείκνυμι (3-7) show, point out
οἰκοδομή, ἡ (1-18) building
2 καταλύω (5-17) throw down, detach
3 ἐλαία, ἡ (3-12) olive tree
παρουσία, ἡ (4-24) coming
συντέλεια, ἡ (5-6) end, completion

6 πόλεμος, ὁ (2-18) war
ἀκοή, ἡ (4-24) fame, report, rumor
θροέω (1-3) be frightened, disturbed
οὔπω (2-27) not yet
7 λιμός, ὁ (4-14) famine
σεισμός, ὁ (4-14) earthquake
8 ὠδίν, ἡ (1-4) birth-pain
9 θλῖψις, ἡ (4-45) affliction
μισέω (5-39) hate
11 ψευδοπροφήτης, ὁ (3-11) false prophet
12 πληθύνω (1-12) increase, multiply
ἀνομία, ἡ (4-14) lawlessness
ψύχω (1-1) make cool; pass. become or grow cold
13 ὑπομένω (2-17) endure, remain
14 οἰκουμένη, ἡ (1-3) world
μαρτύριον, τό (3-20) witness, testimony
ἥκω (4-25) have come, be present
15 βδέλυγμα, τό (1-6) abomination, detestable thing
ἐρήμωσις, ἡ (1-3) devastation, desolation
ἑστός neut. pft. ptc. of ἵστημι – used as present
νοέω (4-14) consider
17 δῶμα, τό (2-7) roof
18 ἐπιστρέφω (4-36) turn back, turn around
19 γαστήρ, ἡ (3-9) womb; ἐν γ. ἔχειν – be pregnant
θηλάζω (2-5) give suck
20 φυγή, ἡ (1-1) flight
χειμών, ὁ (2-6) winter
21 θλῖψις, ἡ (4-45) affliction
οἷος (1-14) such as, of what kind
22 ἐκλεκτός (4-22) chosen, elect
κολοβόω (2-4) shorten, curtail
24 ψευδόχριστος, ὁ (1-2) false Christ
ψευδοπροφήτης, ὁ (3-11) false prophet
τέρας, τό (1-16) wonder, portent, omen
δυνατός (3-32) possible, able
ἐκλεκτός (4-22) chosen, elect
25 προείρηκα pft. of προερεῖν (1-9) used as pft. for προλέγω – tell beforehand
26 ταμιεῖον, τό (2-4) inner room;

ἐν τ. ταμ. – in one of the inner rooms

27 ἀστραπή, ἡ (2-9) lightning
ἀνατολή, ἡ (5-10) east
δυσμή, ἡ (2-5) west
παρουσία, ἡ (4-24) coming

28 πτῶμα, τό (2-7) corpse, body
ἀετός, ὁ (1-5) eagle

29 θλῖψις, ἡ (4-45) affliction
ἥλιος, ὁ (5-32) sun
σκοτίζω (1-5) only pass. become dark
σελήνη, ἡ (1-9) moon
φέγγος, τό (1-3) light, radiance
ἀστήρ, ὁ (5-23) star
σαλεύω (2-15) shake

30 κόπτω (3-8) cut; mid. mourn
φυλή, ἡ (2-31) tribe
νεφέλη, ἡ (4-25) cloud

31 σάλπιγξ, ἡ (1-11) trumpet-call
ἐπισυνάγω (3-8) gather
ἐκλεκτός (4-22) elect, chosen
τέσσαρες (1-41) four
ἄκρον, τό (1-4) end, extreme limit

32 συκῆ, ἡ (5-16) fig tree
μανθάνω (3-25) learn
κλάδος, ὁ (3-11) branch
ἀπαλός (1-2) tender
φύλλον, τό (2-6) leaf
ἐκφύω (1-2) put forth
ἐγγύς (3-31) near
θέρος, τό (1-3) summer

33 θύρα, ἡ (4-39) door

37 παρουσία, ἡ (4-24) coming

38 κατακλυσμός, ὁ (2-4) flood, deluge
τρώγω (1-6) eat, munch
γαμίζω (2-7) give in marriage
ἄχρι (1-48) until
κιβωτός, ἡ (1-6) ark

39 ἅπας (3-32) all
παρουσία, ἡ (4-24) coming

41 ἀλήθω (1-2) grind
μύλος, ὁ (2-4) mill

43 κλέπτης, ὁ (3-16) thief
ἐάω (1-11) permit, allow
διορύσσω (3-4) break in

44 ἕτοιμος (4-17) prepared, ready

45 καθίστημι (4-21) appoint, put in charge
οἰκετεία, ἡ (1-1) slaves in a household
τροφή, ἡ (4-16) nourishment, food

47 καθίστημι (4-21) appoint, put in charge

48 χρονίζω (2-5) linger, fail to come for a long time, delay

49 τύπτω (2-13) beat
σύνδουλος, ὁ (5-10) fellow servant
μεθύω (1-7) be drunk

50 ἥκω (4-25) have come, be present
προσδοκάω (2-16) look for, expect, wait for

51 διχοτομέω (1-2) cut in two, punish severely
μέρος, τό (4-42) share, place, part

CHAPTER 25

1 δέκα (3-25) ten
παρθένος, ἡ (4-15) virgin
λαμπάς, ἡ (5-9) lamp
ὑπάντησις, ἡ (2-3) coming to meet; εἰς ὑπ. to meet

3 λαμπάς, ἡ (5-9) lamp
ἔλαιον, τό (3-11) olive oil

4 ἀγγεῖον, τό (1-1) vessel, flask, container

5 χρονίζω (1-2) take time, linger, fail to come for a long time, delay
νυστάζω (1-2) become drowsy, doze

6 κραυγή, ἡ (1-6) cry
ἀπάντησις, ἡ (1-3) meeting; εἰς ἀπ. to meet

7 παρθένος, ἡ (4-15) virgin
κοσμέω (3-10) trim, put in order
λαμπάς, ἡ (5-9) lamp

8 ἔλαιον, τό (3-11) olive oil
σβεννύω (2-6) extinguish, put out

9 ἀρκέω (1-8) be enough, sufficient

10 ἕτοιμος (4-17) prepared, ready
κλείω (3-16) shut, lock, bar
θύρα, ἡ (4-39) door

11 παρθένος, ἡ (4-15) virgin

14 ἀποδημέω (3-6) go on a journey

16 ἐργάζομαι (4-41) work

17 ὡσαύτως (4-17) likewise

18 ὀρύσσω (2-3) dig

19 συναίρω (3-3) settle account

21 εὖ (2-6) well done! excellent!

καθίστημι (4-21) appoint, put in charge
23 εὖ (2-6) well done! excellent!
καθίστημι (4-21) appoint, put in charge
24 εἰληφώς pft. ptc. of λαμβάνω
σκληρός (1-5) hard, harsh
θερίζω (3-21) reap
ὅθεν (4-15) from which, whence
διασκορπίζω (3-9) scatter or winnow
26 ὀκνηρός (1-3) idle, lazy
θερίζω (3-21) reap
ὅθεν (4-15) from which, whence
διασκορπίζω (3-9) scatter, winnow
27 τραπεζίτης, ὁ (1-1) money-changer, banker
κομίζω (1-11) bring; mid. get back, recover, receive
τόκος, ὁ (1-2) interest
28 δέκα (3-25) ten
29 περισσεύω (5-29) abound, have an abundance
30 ἀχρεῖος (1-2) useless, worthless
ἐξώτερος (3-3) farthest, extreme
32 ἀφορίζω (3-10) separate
ἐρίφος, ὁ (1-2) goat
33 ἐρίφιον, τό (1-1) kid, goat
εὐώνυμος (5-9) left
34 εὐλογέω (5-42) bless
κληρονομέω (3-18) inherit
καταβολή, ἡ (2-11) foundation, beginning
35 διψάω (5-16) be thirsty
ποτίζω (5-15) give to drink
ξένος (5-14) strange; subst. stranger
36 γυμνός (4-15) naked, ill-clad
περιβάλλω (5-23) clothe
ἀσθενέω (3-33) be sick, weak
ἐπισκέπτομαι (2-11) visit, go to see
37 τρέφω (2-9) feed, provide with food
διψάω (5-16) be thirsty
ποτίζω (5-15) give to drink
38 ξένος (5-14) strange; subst. stranger
γυμνός (4-15) naked, ill-clad
περιβάλλω (5-23) clothe
39 ἀσθενέω (3-33) be sick
40 ἐφ' ὅσον – to the degree that, in so far as

ἐλάχιστος (5-14) least
41 εὐώνυμος (5-9) left
καταράομαι (1-5) curse
42 διψάω (5-16) be thirsty
ποτίζω (5-15) give to drink
43 ξένος (5-14) strange; subst. stranger
γυμνός (4-15) naked; ill-clad
περιβάλλω (5-23) clothe
ἀσθενής (3-25) sick
ἐπισκέπτομαι (2-11) visit, go to see
44 διψάω (5-16) be thirsty
45 ἐλάχιστος (5-14) least
46 κόλασις, ἡ (1-2) punishment

CHAPTER 26

2 πάσχα, τό (4-29) Passover
3 αὐλή, ἡ (3-12) palace, court
4 συμβουλεύω (1-4) consult, plot
δόλος, ὁ (1-11) stealth, deceit, cunning
5 ἑορτή, ἡ (2-25) feast
θόρυβος, ὁ (2-7) turmoil, uproar
6 λεπρός, ὁ (4-9) leper
7 ἀλάβαστρον, τό (1-4) alabaster flask
μύρον, τό (2-14) ointment
βαρύτιμος (1-1) very expensive, very precious
καταχέω (1-2) pour out or down over
ἀνάκειμαι (5-14) recline, be at table
8 ἀγανακτέω (3-7) be indignant, angry
ἀπώλεια, ἡ (2-8) waste, destruction
9 πιπράσκω (3-9) sell
πτωχός (5-34) poor
10 κόπος, ὁ (1-18) trouble, difficulty
παρέχω (1-16) cause, bring about
ἐργάζομαι (4-41) do, work
11 πάντοτε (2-41) always
πτωχός (5-34) poor
12 μύρον, τό (2-14) ointment
ἐνταφιάζω (1-2) prepare for burial, bury
13 μνημόσυνον, τό (1-3) memory
15 ἔστησαν – set out = offered, allowed

τριάκοντα (5-11) thirty

16 εὐκαιρία, ἡ (1-2) favorable opportunity, right moment

17 ἄζυμος (1-9) unleavened; pl. festival of unleavened bread
πάσχα, τό (4-29) Passover

18 δεῖνα, τό (1-1) so and so; certain man, somebody
ἐγγύς (3-31) near

19 συντάσσω (3-3) order, direct, prescribe
πάσχα, τό (4-29) Passover

20 ἀνάκειμαι (5-14) recline

22 μήτι (4-16) interrog. part. exp. neg. answer

23 ἐμβάπτω (1-2) dip
τρύβλιον, τό (1-2) bowl, dish

25 μήτι (4-16) interrog. part. exp. neg. answer
ῥαββί (4-15) Rabbi, my lord

26 εὐλογέω (5-42) bless
κλάω (3-14) break

27 εὐχαριστέω (2-38) give thanks

28 διαθήκη, ἡ (1-33) covenant
ἐκχύννω (2-11) pour out, shed
ἄφεσις, ἡ (1-17) forgiveness

29 γένημα, τό (1-4) product, fruit
ἄμπελος, ἡ (1-9) vine, grapevine
καινός (4-42) new

30 ὑμνέω (1-4) sing hymns of praise
ἐλαία, ἡ (3-12) olive tree

31 πατάσσω (2-10) strike
διασκορπίζω (3-9) scatter, disperse
ποίμνη, ἡ (1-5) flock

33 οὐδέποτε (5-16) never

34 πρίν (3-13) before
ἀλέκτωρ, ὁ (3-11) cock, rooster
φωνέω (5-42) crow, call
τρίς (2-12) three times
ἀπαρνέομαι (4-11) deny

35 ὁμοίως (3-31) likewise

36 χωρίον, τό (1-10) place, field, piece of land

37 ἀδημονέω (1-3) be in anxiety, distressed, troubled

38 περίλυπος (1-4) very sad, deeply grieved

39 προέρχομαι (1-9) go forward, advance
δυνατός (3-32) possible, able
πλήν (5-31) nevertheless, but, only

40 ἰσχύω (4-28) have power, be competent, be able

41 πειρασμός, ὁ (2-21) temptation
πρόθυμος (1-3) ready, willing, eager
ἀσθενής (3-25) weak

42 δεύτερος (4-44) second

43 βαρέω (1-6) weigh down, burden

45 ἀναπαύω (2-12) give rest, mid. rest, take one's rest
ἁμαρτωλός, ὁ (5-47) sinner

47 ξύλον, τό (2-20) pole, cudgel, club

48 φιλέω (5-25) kiss

49 χαῖρε – welcome, hail fr. χαίρω
ῥαββί (4-15) Rabbi, my lord
καταφιλέω (1-6) kiss

50 ἑταῖρος, ὁ (3-3) friend
πάρει 2 s. ind. of πάρειμι (1-24) have come, be present; ἐφ’ ὅ π. (do that) for which you have come
ἐπιβάλλω (2-18) lay on, put on

51 ἀποσπάω (1-4) draw out
πατάσσω (2-10) strike
ἀφαιρέω (1-10) cut off, take away
ὠτίον, τό (1-3) ear

52 ἀποστρέφω (2-9) return, put back

53 παρίστημι (1-41) place beside, put at one's disposal
λεγιών, ἡ (1-4) legion, c. 6000 soldiers

55 λῃστής, ὁ (4-15) robber
ξύλον, τό (2-20) pole, club, cudgel
συλλαμβάνω (1-16) arrest, seize

56 τοῦτο ὅλον – all this

57 ἀπάγω (5-15) bring before

58 μακρόθεν (2-14) from afar
αὐλή, ἡ (3-12) courtyard
ἔσω (1-9) in, into
ὑπηρέτης, ὁ (2-20) servant, helper, assistant

59 συνέδριον, τό (3-22) council, Sanhedrin
ψευδομαρτυρία, ἡ (2-2) false testimony
θανατόω (3-11) put to death

60 ψευδομαρτυρέω (1-5) bear false witness

61 καταλύω (5-17) destroy, abolish

62 καταμαρτυρέω (2-3) bear witness against

63 σιωπάω (2-10) keep silent, say nothing
ἐξορκίζω (1-1) adjure, charge under oath
64 πλήν (5-31) nevertheless
νεφέλη, ἡ (4-25) cloud
65 διαρρήσσω (1-5) tear
βλασφημέω (3-34) blaspheme
μάρτυς, ὁ (2-35) witness
βλασφημία, ἡ (4-18) blasphemy
66 ἔνοχος (5-10) deserving of
67 ἐμπτύω (2-6) spit on
κολαφίζω (1-5) strike with fist, cuff, beat
ῥαπίζω (2-2) strike
68 προφητεύω (4-28) prophesy
παίω (1-5) strike, hit
69 αὐλή, ἡ (3-12) courtyard
παιδίσκη, ἡ (1-13) maid, servant girl
ἦσθα 2 s. impft. for ἧς of εἰμί
70 ἀρνέομαι (4-32) deny
71 πυλών, ὁ (1-18) gateway, entrance
72 ἀρνέομαι (4-42) deny
ὅρκος, ὁ (4-10) oath
73 ἀληθῶς (3-18) truly, certainly
λαλιά, ἡ (1-3) speech, way of speaking
δῆλος (1-3) clear, plain, evident
74 καταθεματίζω (1-1) curse
ἀλέκτωρ, ὁ (3-11) cock, rooster
φωνέω (5-42) crow, sound
75 μιμνήσκομαι (3-23) remember
πρίν (3-13) before
τρίς (2-12) three times
ἀπαρνέομαι (4-11) deny
κλαίω (2-38) weep, cry
πικρῶς (1-2) bitterly

CHAPTER 27

1 πρωΐα, ἡ (1-2) early morning
συμβούλιον, τό (5-8) plan; σ. λαμβάνειν form a plan, decide, plot, consult
θανατόω (3-11) put to death
2 ἀπάγω (5-15) bring before
3 κατακρίνω (4-16) condemn
μεταμέλομαι (3-6) regret, repent
τριάκοντα (5-11) thirty
4 ἁμαρτάνω (3-42) sin
ἀθῷος (2-2) innocent

5 ῥίπτω (3-8) throw
ἀπάγχω (1-1) mid. hang oneself
6 κορβᾶν (1-2) corban, gift
ἐπεί (3-26) because, since
τιμή, ἡ (2-41) price, value
7 συμβούλιον, τό (5-8) plan; σ. λαμβάνειν form a plan, consult, plot
κεραμεύς, ὁ (2-3) potter
ταφή, ἡ (1-1) burial
ξένος (5-14) strange; subst. stranger
9 τριάκοντα (5-11) thirty
τιμή, ἡ (2-3) price
10 κεραμεύς, ὁ (2-3) potter
καθά (1-1) just as
συντάσσω (3-3) order, prescribe, direct
12 κατηγορέω (2-22) accuse, bring charges
13 καταμαρτυρέω (2-3) testify against
14 λίαν (4-12) very (much), exceedingly
15 ἑορτή, ἡ (2-25) feast
εἰώθει fr. ἔθειν (1-4) εἰώθειν plpft. be accustomed
δέσμιος, ὁ (2-16) prisoner
16 ἐπίσημος (1-2) notorious, splendid
18 φθόνος, ὁ (1-9) envy, jealousy
19 βῆμα, τό (1-12) judicial bench
πάσχω (3-40) suffer
20 ἔπεισαν aor. of πείθω
23 περισσῶς (1-4) more, even more, exceedingly
24 ὠφελέω (3-15) profit, benefit
θόρυβος, ὁ (2-7) turmoil, excitement, uproar
ἀπονίπτω (1-1) wash off
κατέναντι (2-9) in the presence of, before
ἀθῷος (2-2) innocent
26 φραγελλόω (1-2) flog, scourge
27 στρατιώτης, ὁ (3-26) soldier
πραιτώριον, τό (1-8) praetorium, governor's official residence
σπεῖρα, ἡ (1-7) cohort, c. 600 men
28 ἐκδύω (2-5) strip, take off
χλαμύς, ἡ (2-2) cloak
κόκκινος (1-6) red, scarlet
περιτίθημι (3-8) put on
29 πλέκω (1-3) weave, plait

στέφανος, ὁ (1-18) crown
ἄκανθα, ἡ (5-14) thorn
κάλαμος, ὁ (5-12) reed
γονυπετέω (2-4) fall on one's
   knees
ἐμπαίζω (5-13) ridicule, mock
χαῖρε – hail, welcome fr. χαίρω
30 ἐμπτύω (2-6) spit on
   τύπτω (2-13) strike, beat
31 ἐμπαίζω (5-13) ridicule, mock
   ἐκδύω (2-5) strip, take off
   χλαμύς, ἡ (2-2) cloak
   ἐνδύω (3-28) dress, clothe
   ἀπάγω (5-15) lead away
32 ἀγγαρεύω (2-3) press into serv-
   ice, force, compel
   σταυρός, ὁ (5-27) cross
33 κρανίον, τό (1-4) skull
34 οἶνος, ὁ (4-34) wine
   χολή, ἡ (1-2) gall
   μίγνυμι (1-4) mix, mingle
   γεύομαι (2-15) taste
35 διαμερίζω (1-11) divide
   κλῆρος, ὁ (1-11) lot (i.e. pebble,
   small stick)
37 αἰτία, ἡ (3-20) charge, ground
   for complaint
38 λῃστής, ὁ (4-15) robber
   εὐώνυμος (5-9) left
39 παραπορεύομαι (1-5) go or pass
   by
   βλασφημέω (3-34) blaspheme,
   revile
   κινέω (2-8) shake, move
40 καταλύω (5-17) destroy, abolish
   σταυρός, ὁ (5-27) cross
41 ὁμοίως (3-31) likewise, in the
   same way
   ἐμπαίζω (5-13) ridicule, mock
42 σταυρός, ὁ (5-27) cross
43 ῥύομαι (2-16) deliver, rescue
44 λῃστής, ὁ (4-15) robber
   συσταυρόω (1-5) crucify with
   ὀνειδίζω (3-9) revile, reproach
45 ἕκτος (2-14) sixth
   ἔνατος (3-10) ninth
46 ἀναβοάω (1-1) cry out
   ἱνατί (2-6) why
   ἐγκαταλείπω (1-10) forsake, a-
   bandon, desert
48 δράμων 2 aor. of τρέχω (2-18) run
   σπόγγος, ὁ (1-3) sponge
   πλήσας aor. ptc. of πίμπλημι
   (2-24) fill

ὄξος, τό (1-6) sour wine, vinegar
περιτίθημι (3-8) put or place
   around
κάλαμος, ὁ (5-12) reed
ποτίζω (5-15) give to drink
51 καταπέτασμα, τό (1-6) veil
   σχίζω (2-11) split, tear apart
   ἄνωθεν (1-13) from top, up
   κάτω (3-9) bottom, down
   σείω (3-5) shake, quake
   πέτρα, ἡ (5-15) rock
52 κοιμάω (2-18) only pass. fall
   asleep
53 ἔγερσις, ἡ (1-1) resurrection
   ἐμφανίζω (1-10) reveal; pass.
   appear
54 ἑκατόναρχης, ὁ (4-20) centurion
   σεισμός, ὁ (4-14) earthquake
   ἀληθῶς (3-18) truly
55 μακρόθεν (2-14) from afar
57 πλούσιος (3-28) rich
   τοὔνομα (1-1) named, by name
   μαθητεύω (3-4) be disciple;
   pass. become a disciple
59 ἐντυλίσσω (1-3) wrap up
   σινδών, ἡ (1-6) linen
   καθαρός (3-26) clean, pure
60 καινός (3-26) new
   λατομέω (1-2) cut in the rock,
   hewn out of the rock
   πέτρα, ἡ (5-15) rock
   προσκυλίω (1-2) roll up
   θύρα, ἡ (4-39) door
61 ἀπέναντι (1-4) opposite
62 ἐπαύριον (1-17) next day, on the
   morrow
   παρασκευή, ἡ (1-6) preparation
63 μιμνήσκομαι (3-23) remember
   πλάνος, ὁ (1-5) deceiver
64 ἀσφαλίζω (3-4) guard
   κλέπτω (5-13) steal
   πλάνη, ἡ (1-10) deceit, decep-
   tion
   χείρων (3-11) worse, more severe
65 κουστωδία, ἡ (3-3) guard
66 ἀσφαλίζω (3-4) guard
   σφραγίζω (1-15) seal

CHAPTER 28

1 ὀψέ (1-4) after
   ἐπιφώσκω (1-2) dawn, break
2 σεισμός, ὁ (4-14) earthquake

ἀποκυλίω (1-3) roll away
3 εἰδέα, ἡ (1-1) appearance
ἀστραπή, ἡ (2-9) lightning
λευκός (3-24) white
χιών, ἡ (1-2) snow
4 φόβος, ὁ (3-47) fear
σείω (3-5) stir up, shake; pass.
be stirred, tremble
6 κεῖμαι (3-24) lie
7 ταχύς (3-18) adv. here, quickly,
at a rapid rate
8 φόβος, ὁ (3-47) fear
ἔδραμον 2 aor. of τρέχω (2-18)
run
9 ὑπαντάω (2-10) meet
11 κουστωδία, ἡ (3-3) guard
ἅπας (3-32) all
12 συμβούλιον, τό (5-8) plan; σ.
λαμβάνειν form a plan, con-
sult, plot

ἱκανός (3-40) many, large sum
στρατιώτης, ὁ (3-26) soldier
13 κλέπτω (5-13) steal
κοιμάω (2-18) only pass. fall
asleep
14 ἀμέριμνος (1-2) free from care,
out of trouble
15 διαφημίζω (2-3) spread widely,
disseminate
μέχρι (2-18) until
16 ἔνδεκα (1-6) eleven
τάσσω (1-8) appoint, order, de-
termine
17 διστάζω (2-2) doubt
19 μαθητεύω (3-4) make disciple
20 ἐντέλλω (4-14) only mid. com-
mand, give orders
συντέλεια, ἡ (5-6) end

THE GOSPEL OF MARK

SPECIAL VOCABULARY

ἀγρός, ὁ (9-35) field, country, farm
ἀκάθαρτος (11-31) impure, unclean
ἁμαρτωλός, ὁ (6-47) sinner, adj. sinful
ἀναβλέπω (6-25) look up, see again, gain sight
ἄνεμος, ὁ (7-31) wind
ἅπτω (11-39) light, kindle; mid. touch, take hold of
γρηγορέω (6-22) be or keep awake, be watchful
δέω (8-41) bind, tie
διαλογίζομαι (7-16) consider, reason, discuss
εἰσπορεύομαι (8-18) enter, go in
ἐκπορεύομαι (11-33) go out, go away, proceed
ἔξεστι (6-31) it is permitted, it is possible, proper
ἐπιτίθημι (8-40) lay or put upon, give (name), inflict
ἐπιτιμάω (9-29) rebuke, reprove, censure
ἔρημος, ἡ (9-47) wilderness, grassland, desert; adj. abandoned, empty, desolate
ἑτοιμάζω (6-41) prepare
θύρα, ἡ (6-39) door
καθεύδω (8-22) sleep
καθίζω (8-45) cause to sit down, seat; set; appoint; sit down, settle, stay, live
καλῶς (6-37) well, rightly, fitly
κρατέω (15-47) take hold of, grasp, seize; arrest; hold fast, keep
κώμη, ἡ (7-27) village, small town

μνημεῖον, τό (6-37) tomb
νηστεύω (6-20) fast
ξηραίνω (6-25) dry, dry out; pass. become dry, wither
ὀπίσω (6-35) after, behind
οὐκέτι (7-48) no longer
παρίστημι (6-41) be here, have come; stand near, be present; put at someone's disposal; present, make, render; bring before; prove; approach
παραλαμβάνω (6-49) take along; receive, take over
πέραν (7-23) adv. on the other side
περιβλέπω (6-7) only mid. look around
πόσος (6-27) how much, how many, how great
ποτήριον, τό (6-31) cup, drinking vessel
προσκαλέω (9-29) only mid. summon, call on, call to oneself, invite
πρωΐ (6-12) adv. early, early in the morning
σατάν, -νᾶς, ὁ (6-36) Adversary, Satan
σκανδαλίζω (8-29) cause to fall or sin; give offence to, anger, shock; pass. take offence, fall away
σταυρόω (8-46) crucify
συζητέω (6-10) discuss, dispute, debate
φωνέω (9-42) call, summon; produce a sound

CHAPTER 1

2 κατασκευάζω (1-11) prepare, make ready
3 βοάω (2-12) cry out, call, shout
  εὐθύς, -εῖα (1-8) adj. straight

τρίβος, ἡ (1-3) path, beaten track
4 βάπτισμα, τό (4-20) baptism
  μετάνοια, ἡ (1-22) repentance
  ἄφεσις, ἡ (2-17) forgiveness
5 χώρα, ἡ (4-28) country, land, district

ποταμός, ὁ (1-17) river

ἐξομολογέω (1-10) promise; mid. confess

6 ἐνδύω (3-28) dress, clothe; mid. wear, put on

θρίξ, ἡ (1-15) hair

κάμηλος, ὁ (2-6) camel

ζώνη, ἡ (2-8) girdle

δερμάτινος (1-2) (made of) leather

ὀσφύς, ἡ (1-8) loin

ἀκρίς, ἡ (1-4) grasshopper, locust

μέλι, τό (1-4) honey

ἄγριος (1-3) wild

7 ἰσχυρός (3-28) strong, mighty

ἱκανός (3-40) sufficient, adequate

κύπτω (1-1) bow the head

λύω (5-42) loose

ἱμάς, ὁ (1-4) strap, thong

ὑπόδημα, τό (1-10) sandal

10 σχίζω (2-11) split, divide, separate

περιστερά, ἡ (2-10) dove

11 εὐδοκέω (1-21) take delight, pleasure in, consent

13 τεσσαράκοντα (1-22) forty

πειράζω (4-38) tempt, test, try

θηρίον, τό (1-45) (wild) animal, beast

διακονέω (5-36) serve, minister

15 ἐγγίζω (3-42) draw near, come near

μετανοέω (2-34) repent

16 παράγω (3-10) pass by

ἀμφιβάλλω (1-1) cast

ἁλιεύς, ὁ (2-5) fisherman

17 δεῦτε (3-12) come!

18 δίκτυον, τό (2-12) net

19 προβαίνω (1-5) go on, advance

ὀλίγος (4-40) little, few, small

καταρτίζω (1-14) mend, restore; prepare

20 μισθωτός, ὁ (1-3) hired servant

22 ἐκπλήσσω (5-13) amaze, astound, overwhelm

διδαχή, ἡ (5-30) teaching

23 ἀνακράζω (2-5) cry out

26 φιμόω (2-7) muzzle, put to silence

σπαράσσω (2-3) tear, pull to and fro, convulse

27 θαμβέω (3-3) be astounded, astound, amaze; pass. be amazed

ἅπας (4-32) all

διδαχή, ἡ (5-30) teaching

καινός (5-42) new

ἐπιτάσσω (4-10) command, order

ὑπακούω (2-21) obey

28 ἀκοή, ἡ (3-24) fame, report, rumor, account; hearing

πανταχοῦ (2-7) everywhere

περίχωρος (1-9) neighboring; ἡ περίχ. region around, neighborhood

30 πενθερά, ἡ (1-6) mother-in-law

κατάκειμαι (4-12) lie down, recline

πυρέσσω (1-2) suffer with a fever

31 πυρετός, ὁ (1-6) fever

διακονέω (5-36) serve, minister

32 ὀψία, ἡ (5-14) evening

δύω, δύνω (1-2) go down, set

ἥλιος, ὁ (4-32) sun

κακῶς (4-16) badly; κ. ἔχειν be ill, sick

δαιμονίζομαι (4-13) be possessed by a demon

33 ἐπισυνάγω (2-8) gather

34 θεραπεύω (5-43) heal

ποικίλος (1-10) various kinds, diversified, manifold

νόσος, ἡ (1-11) disease, sickness

35 ἔννυχος (1-1) at night, adv. use

λίαν (4-12) adv. exceedingly, very (much)

36 καταδιώκω (1-1) search for, hunt for

38 ἀλλαχοῦ (1-1) elsewhere, in another direction

ἐχομένας neighboring; ptc. mid. use

κωμόπολις, ἡ (1-1) market-town

40 λεπρός (2-9) leprous; subst. leper

γονυπετέω (2-4) kneel down

καθαρίζω (4-31) cleanse, purify

41 σπλαγχνίζομαι (4-12) have pity, feel sympathy

ἐκτείνω (3-16) stretch out, extend

42 λέπρα, ἡ (1-4) leprosy

καθαρίζω (4-31) cleanse, purify

43 ἐμβριμάομαι (2-5) scold, censure, warn sternly, be deeply moved

44 δείκνυμι (2-32) show, point out, make known

ἱερεύς, ὁ (2-31) priest
προσφέρω (3-47) offer, bring
καθαρισμός, ὁ (1-7) purification, cleansing
προστάσσω (1-7) command, order
μαρτύριον, τό (3-20) proof, testimony
45 διαφημίζω (1-3) make known, spread about
μηκέτι (4-21) no longer
φανερῶς (1-3) openly, publicly, clearly
πάντοθεν (1-3) from all directions

CHAPTER 2

1 δι' ἡμερῶν after some days
2 μηκέτι (4-21) no longer
χωρέω (1-10) have room for, hold, reach, go forward
3 παραλυτικός (5-10) lame; subst. lame person, paralytic
τέσσαρες (2-41) four
4 προσφέρω (3-47) bring
ἀποστεγάζω (1-1) unroof
στέγη, ἡ (1-3) roof
ἐξορύσσω (1-2) dig out, dig up
χαλάω (1-7) lower, let down
κράβαττος, ὁ (5-11) mattress, pallet
κατάκειμαι (4-12) lie down, recline
5 παραλυτικός (5-10) lame; subst. lame person, paralytic
7 βλασφημέω (4-34) blaspheme, slander
8 ἐπιγινώσκω (4-44) know
9 εὔκοπος (2-7) easy; εὐκοπώτερον comp. easier
παραλυτικός (5-10) lame; subst. lame person, paralytic
κράββατος, ὁ (5-11) mattress, pallet
12 κράβαττος, ὁ (5-11) mattress, pallet
ἔμπροσθεν (2-48) before
ἐξίστημι (4-17) amaze, astound, confuse
οὐδέποτε (2-16) never
14 παράγω (3-10) pass by
τελώνιον, τό (1-3) revenue or tax office

15 κατάκειμαι (4-12) lie down, recline
τελώνης, ὁ (3-21) tax collector
συνανάκειμαι (2-7) recline together, eat with
17 χρεία, ἡ (4-49) need
ἰσχύω (4-28) be in good health, have power, be able
ἰατρός, ὁ (2-6) physician
κακῶς (4-16) badly; κ. ἔχειν be ill, sick
19 νυμφών, ὁ (1-4) bridal chamber; οἱ υἱοὶ τ. νυμφ. bridegroom's attendants
νυμφίος, ὁ (3-16) bridegroom
20 ἀπαίρω (1-3) take away
21 ἐπίβλημα, τό (1-4) patch
ῥάκος, τό (1-1) piece of cloth, rag
ἄγναφος (1-2) new, unbleached, unshrunken
ἐπιράπτω (1-1) sew on
παλαιός (3-19) old
πλήρωμα, τό (3-17) fullness, sum-total
καινός (5-42) new
χείρων (2-11) compar. of κακός, worse
σχίσμα, τό (1-8) rent, tear
22 οἶνος, ὁ (5-34) wine
νέος (2-23) new
ἀσκός, ὁ (4-12) leather bottle, wine-skin
ῥήγνυμι (2-7) tear, break, burst
23 παραπορεύομαι (4-5) go (through)
σπόριμος (1-3) sown; subst. grain field, standing grain
τίλλω (1-3) pluck, pick
στάχυς, ὁ (3-5) ear of grain
25 οὐδέποτε (2-16) never
ἀναγινώσκω (4-32) read
χρεία, ἡ (4-49) need
πεινάω (2-23) be hungry
26 πρόθεσις, ἡ (1-12) setting forth, presentation
ἱερεύς, ὁ (2-31) priest

CHAPTER 3

2 παρατηρέω (1-6) watch closely, observe carefully
θεραπεύω (5-43) heal
κατηγορέω (3-22) accuse

3 ξηρός (1-8) dry, withered
4 κακοποιέω (1-4) do wrong, harm, injure
σιωπάω (5-10) be silent
5 ὀργή, ἡ (1-36) wrath, anger
συλλυπέω (1-1) grieve with; pass. be grieved with, feel sympathy
πώρωσις, ἡ (1-3) hardening, dullness, insensibility, obstinacy
ἐκτείνω (3-16) stretch out, extend
ἀποκαθίστημι (3-8) restore, give back
6 συμβούλιον, τό (2-8) counsel
7 ἀναχωρέω (1-14) depart, leave
πλῆθος, τό (2-31) large number, multitude
9 πλοιάριον, τό (1-6) little boat
προσκαρτερέω (1-10) wait on, always stand ready, be devoted to
θλίβω (1-10) press, oppress
10 θεραπεύω (5-43) heal
ἐπιπίπτω (1-11) fall upon, press
μάστιξ, ἡ (3-6) torment, suffering; lash
11 προσπίπτω (3-8) fall down before, fall upon
12 φανερός (3-18) known, open, plain
17 βροντή, ἡ (1-12) thunder
20 συνέρχομαι (2-30) come together, gather, assemble
21 ἐξίστημι (4-17) lose one's mind, be out of one's senses; be amazed
22 ἄρχων, ὁ (1-37) ruler, prince
24 μερίζω (4-14) divide
26 μερίζω (4-14) divide
τέλος, τό (3-41) end
27 ἰσχυρός (3-28) strong, mighty
σκεῦος, τό (2-23) thing, object, vessel; τὰ σκεύη = goods
διαρπάζω (2-3) plunder thoroughly
28 ἁμάρτημα, τό (2-5) sin
βλασφημία, ἡ (3-18) blasphemy, slander
βλασφημέω (4-34) blaspheme, slander
29 ἄφεσις, ἡ (2-17) forgiveness, pardon

ἔνοχος (2-10) liable, answerable, guilty
34 κύκλῳ (3-8) around, all around

CHAPTER 4

1 πλεῖστος (1-4) superl. of πολύς; as elative, very great
ἐμβαίνω (5-17) embark, go in
2 διδαχή, ἡ (5-30) teaching
4 πετεινόν, τό (2-14) bird
καταφάγω (1-9) 2 aor. of κατεσθίω devour, eat up
5 πετρώδης (2-4) stony; subst. rocky ground
ἐξανατέλλω (1-2) spring up
βάθος, τό (1-8) depth
6 ἀνατέλλω (2-9) rise, spring up
ἥλιος, ὁ (4-32) sun
καυματίζω (1-4) scorch, burn
ῥίζα, ἡ (3-16) root
7 ἄκανθα, ἡ (3-14) thorn, brier
συμπνίγω (2-5) choke
8 αὐξάνω (1-22) increase, grow
τριάκοντα (2-11) thirty
ἑξήκοντα (2-9) sixty
ἑκατόν (3-17) hundred
9 οὖς, τό (4-36) ear
10 κατὰ μόνας alone, fr. μόνος
11 μυστήριον, τό (1-27) mystery
12 συνίημι (5-26) understand
μήποτε (2-25) lest, in order that ... not
ἐπιστρέφω (4-36) turn around, turn back
16 ὁμοίως (2-31) likewise
πετρώδης (2-4) rocky, stony; subst. rocky ground
17 ῥίζα, ἡ (3-16) root
πρόσκαιρος (1-4) temporary, transitory
εἶτα (2-13) then, next
θλῖψις, ἡ (3-45) affliction, oppression, tribulation
διωγμός, ὁ (2-10) persecution
18 ἄκανθα, ἡ (3-14) thorn, brier
19 μέριμνα, ἡ (1-6) care, anxiety
ἀπάτη, ἡ (1-7) deceit, deceitfulness
πλοῦτος, ὁ (1-22) riches, wealth
ἐπιθυμία, ἡ (1-38) desire
συμπνίγω (2-5) choke
ἄκαρπος (1-7) unfruitful

31

20 παραδέχομαι (1-6) receive, acknowledge, accept
καρποφορέω (2-8) bear fruit
τριάκοντα (2-11) thirty
ἑξήκοντα (2-9) sixty
ἑκατόν (3-17) hundred
21 μήτι (2-16) interrog. part. in quest. exp. neg. answer; usually untransl.
λύχνος, ὁ (1-14) lamp
μόδιος, ὁ (1-3) peck measure
κλινή, ἡ (2-8) bed
λυχνία, ἡ (1-12) lampstand
22 κρυπτός (1-17) hidden, secret
φανερόω (3-49) reveal, make known
ἀπόκρυφος (1-3) hidden
φανερός (3-18) open, plain, known; subst. open, public notice
23 οὖς, τό (4-36) ear
24 μέτρον, τό (1-14) measure
μετρέω (2-11) measure, give out
προστίθημι (1-18) add, provide, give
26 σπόρος, ὁ (2-5) seed
27 βλαστάνω (1-4) sprout
μηκύνω (1-1) make long; pass. become long, grow
28 αὐτόματος (1-2) of itself
καρποφορέω (2-8) bear fruit
χόρτος, ὁ (2-15) grass
εἶτεν (2-2) then, next, furthermore
στάχυς, ὁ (3-5) ear of grain
πλήρης (2-16) full, filled
σῖτος, ὁ (1-14) wheat, grain
29 δρέπανον, τό (1-8) sickle
θερισμός, ὁ (1-13) harvest
30 ὁμοιόω (1-15) compare, make like
31 κόκκος, ὁ (1-7) grain
σίναπι, τό (1-5) mustard
μικρός (3-30) small
σπέρμα, τό (5-44) seed
32 μείζων (3-48) greater
λάχανον, τό (1-4) vegetable, garden herb
κλάδος, ὁ (2-11) branch, young tender shoot
σκιά, ἡ (1-7) shadow, shade
πετεινόν, τό (2-14) bird
κατασκηνόω (1-4) live, settle
34 χωρίς (1-41) without, apart from

ἐπιλύω (1-2) explain, interpret; release; decide
35 ὀψία, ἡ (5-14) evening
36 διέρχομαι (2-42) go through
37 λαῖλαψ, ἡ (1-3) hurricane, whirlwind
κῦμα, τό (1-4) wave
ἐπιβάλλω (4-18) beat upon, lay on
γεμίζω (2-9) fill
38 πρύμνα, ἡ (4-18) stern
προσκεφάλαιον, τό (1-1) pillow
μέλει (2-10) it is a care or concern
39 διεγείρω (1-6) wake up, arouse
σιωπάω (5-10) be silent
φιμόω (2-7) put to silence, muzzle
κοπάζω (2-3) abate, cease, stop, rest
γαλήνη, ἡ (1-3) calm
40 δειλός (1-3) cowardly, timid
41 φόβος, ὁ (1-47) fear
ἄρα (2-49) then, consequently
ὑπακούω (2-21) obey

CHAPTER 5

1 χώρα, ἡ (4-28) district, country, land
2 ὑπαντάω (1-10) meet
3 κατοίκησις, ἡ (1-1) living, dwelling
μνῆμα, τό (4-10) grave, tomb
ἅλυσις, ἡ (3-11) chain, bond
4 πολλάκις (2-17) many times, often, frequently
πέδη, ἡ (2-3) fetter, shackle
διασπάω (1-2) tear apart, tear up
συντρίβω (2-7) shatter, smash, crush
ἰσχύω (4-28) be able, be strong
δαμάζω (1-3) subdue, tame
5 μνῆμα, τό (4-10) grave, tomb
κατακόπτω (1-1) cut up
6 μακρόθεν (5-14) from far away
δράμω 2 aor. of τρέχω (2-18) run
7 ὕψιστος (2-13) highest, most exalted
ὁρκίζω (1-2) adjure, implore
βασανίζω (2-12) torment, torture

9 λεγιών, ἡ (2-4) legion
10 χώρα, ἡ (4-28) district, country, land
11 ἀγέλη, ἡ (2-7) herd
χοῖρος, ὁ (4-12) swine
βόσκω (2-9) feed, tend
13 ἐπιτρέπω (2-18) permit, yield
χοῖρος, ὁ (4-12) swine
ὁρμάω (1-5) set out, rush
ἀγέλη, ἡ (2-7) herd
κρημνός, ὁ (1-3) steep bank, cliff
δισχίλιοι (1-1) two thousand
πνίγω (1-2) choke, drown
14 βόσκω (2-9) feed, tend
φεύγω (5-29) flee
ἀπαγγέλλω (5-46) report, announce, proclaim
15 δαιμονίζομαι (4-13) be possessed with a demon
ἱματίζω (1-2) dress, clothe
σωφρονέω (1-6) be of sound mind, sober minded
λεγιών, ἡ (2-4) legion
16 διηγέομαι (2-8) tell, relate, describe
χοῖρος, ὁ (4-12) swine
17 ὅριον, τό (5-12) boundary; pl. region, district
18 ἐμβαίνω (5-17) embark, go in
δαιμονίζομαι (4-13) be possessed with a demon
19 σός (2-27) your
ἀπαγγέλλω (5-46) report, announce, proclaim
ἐλεέω (3-32) be merciful, have mercy
20 θαυμάζω (4-42) marvel, wonder
21 διαπεράω (2-6) cross over
22 ἀρχισυνάγωγος, ὁ (4-9) leader of a synagogue
23 θυγάτριον, τό (2-2) little daughter
ἐσχάτως (1-1) finally; ἐ. ἔχειν be at the point of death
24 συνθλίβω (2-2) press together, press upon
25 ῥύσις, ἡ (1-3) flowing, flow
ἔτος, τό (2-49) year
26 πάσχω (3-40) suffer
ἰατρός, ὁ (2-6) physician
δαπανάω (1-5) spend, expend
ὠφελέω (3-15) help, profit
χείρων (2-11) comp. of κακός, worse

27 ὄπισθεν (1-7) from behind, behind
29 πηγή, ἡ (1-11) fountain, spring
ἰάομαι (1-26) heal
μάστιξ, ἡ (3-6) torment, suffering
30 ἐπιγινώσκω (4-44) know
ἐπιστρέφω (4-36) turn around, turn back
31 συνθλίβω (2-2) press together, press upon
33 τρέμω (1-3) tremble
προσπίπτω (3-8) fall down before, fall upon
34 θυγάτηρ, ἡ (5-28) daughter
ὑγιής (1-11) healthy, sound
μάστιξ, ἡ (3-6) torment, suffering
35 ἀρχισυνάγωγος, ὁ (4-9) leader of a synagogue
σκύλλω (1-4) trouble, bother, annoy
36 παρακούω (1-3) overhear; ignore
37 συνακολουθέω (2-3) follow, accompany someone
38 ἀρχισυνάγωγος, ὁ (4-9) leader of a synagogue
θόρυβος, ὁ (2-7) noise, uproar, turmoil
κλαίω (4-38) cry, weep
ἀλαλάζω (1-2) wail
39 θορυβέω (1-4) throw into disorder; pass. be troubled, distressed, aroused
40 καταγελάω (1-3) laugh at, ridicule
41 μεθερμηνεύω (3-8) translate
κοράσιον, τό (5-8) girl, maiden
42 ἔτος, τό (2-49) year
ἐξίστημι (4-17) be amazed, be astonished
ἔκστασις, ἡ (2-7) amazement, distraction, confusion, terror
43 διαστέλλω (5-17) only mid. give orders, order

CHAPTER 6

1 ἐκεῖθεν (5-27) from there
πατρίς, ἡ (2-8) homeland, home town
2 ἐκπλήσσω (5-13) amaze, astonish; pass. be amazed
πόθεν (3-29) from where

3 τέκτων, ὁ (1-2) carpenter
ἀδελθή, ἡ (5-26) sister
4 ἄτιμος (1-4) unhonored, dishonored
πατρίς, ἡ (2-8) homeland, home town
συγγενεύς, ὁ (1-2) relative, fellow countryman
5 ὀλίγος (4-40) few, small
ἄρρωστος (3-5) sick, ill
θεραπεύω (5-43) heal
6 θαυμάζω (4-42) marvel, wonder
ἀπιστία, ἡ (3-11) unbelief
7 περιάγω (1-6) go about, go around, lead around
κύκλῳ (3-8) around, all around
8 παραγγέλλω (2-30) give orders, command, instruct, direct
ῥάβδος, ὁ (1-11) staff, rod
πήρα, ἡ (1-6) knapsack, traveler's bag
ζώνη, ἡ (2-8) girdle
χαλκός, ὁ (2-5) copper coin, copper, brass
9 ὑποδέω (1-3) mid. tie or bind beneath, put on
σανδάλιον, τό (1-2) sandal
ἐνδύω (3-28) dress, clothe; mid. wear, put on
χιτών, ὁ (2-11) tunic, shirt
10 ἐκεῖθεν (5-27) from there
11 ἐκτινάσσω (1-4) shake off
χοῦς, ὁ (1-2) dust
ὑποκάτω (3-11) under
μαρτύριον, τό (3-20) testimony, witness
12 μετανοέω (2-34) repent
13 ἀλείφω (2-9) anoint
ἔλαιον, τό (1-11) olive oil
ἄρρωστος (3-5) sick, ill
θεραπεύω (5-43) heal
14 φανερός (3-18) known, open, evident
ἐνεργέω (1-21) work, be at work, operate
16 ἀποκεφαλίζω (2-4) behead
17 φυλακή, ἡ (3-46) prison, watch, guard
γαμέω (4-28) marry
19 ἐνέχω (1-3) have a grudge against
20 συντηρέω (1-3) protect, depend
ἀπορέω (1-6) be at a loss, in doubt, uncertain

ἡδέως (2-5) gladly, with pleasure
21 εὔκαιρος (1-2) well-timed, suitable
γενέσια, τά (1-2) birthday celebration
δεῖπνον, τό (2-16) dinner, supper, banquet
μεγιστάν, ὁ (1-3) great man, courtier, magnate
χιλίαρχος, ὁ (1-21) leader of a thousand soldiers, military tribune
22 θυγάτηρ, ἡ (5-28) daughter
ὀρχέομαι (1-4) dance
ἀρέσκω (1-17) please
συνανάκειμαι (2-7) lie down together, recline together
κοράσιον, τό (5-8) maiden, girl
23 ὀμνύω (2-26) swear, make an oath
ἥμισυς (1-5) half
25 σπουδή, ἡ (1-12) haste, speed
ἐξαυτῆς (1-6) at once, forthwith
πίναξ, ὁ (2-5) platter, dish
βαπτιστής, ὁ (2-12) Baptist
26 περίλυπος (2-4) deeply grieved, very sad
ὅρκος, ὁ (1-10) oath
ἀνάκειμαι (3-14) recline
ἀθετέω (2-15) refuse, reject, nullify
27 σπεκουλάτωρ, ὁ (1-1) executioner
ἐπιτάσσω (4-10) command
ἀποκεφαλίζω (2-4) behead
φυλακή, ἡ (3-46) prison, watch, guard
28 πίναξ, ὁ (2-5) platter, dish
κοράσιον, τό (5-8) girl
29 πτῶμα, τό (2-7) corpse
30 ἀπαγγέλλω (5-46) report, announce, proclaim
31 δεῦτε (3-12) come!
ἀναπαύω (2-12) give rest, refresh; mid. rest
ὀλίγος (4-40) little, few, small
εὐκαιρέω (1-3) have time, opportunity
33 ἐπιγινώσκω (4-44) know
πεζῇ (1-2) adv. by land
συνέδραμον 2 aor. of συντρέχω (1-3) run together
προέρχομαι (2-9) come or go before

34 σπλαγχνίζομαι (4-11) have pity, feel sympathy
πρόβατον, τό (2-37) sheep
ποιμήν, ὁ (2-18) shepherd
36 κύκλῳ (3-8) around, all around
ἀγοράζω (5-30) buy
37 δηνάριον, τό (3-16) denarius; Roman coin worth about 18 cents
διακόσιοι (1-8) two hundred
39 πέντε (3-38) five
ἰχθύς, ὁ (4-20) fish
ἐπιτάσσω (4-10) command
ἀνακλίνω (1-6) cause to lie down, recline; pass. lie down
συμπόσιον, τό (2-2) party or group
χλωρός (1-4) green, pale
χόρτος, ὁ (2-15) grass, hay
40 ἀναπίπτω (2-12) lie down, recline
πρασιά, ἡ (2-2) πρ. πρ. – group by group; lit. garden plot
ἑκατόν (3-17) hundred
πεντήκοντα (1-7) fifty
41 πέντε (3-38) five
ἰχθύς, ὁ (4-20) fish
εὐλογέω (5-42) bless
κατακλάω (1-2) break
παρατίθημι (4-19) set before, beside
μερίζω (4-14) divide
42 χορτάζω (4-15) fill, satisfy
43 κλάσμα, τό (4-9) piece, fragment
κόφινος, ὁ (2-6) basket
πλήρωμα, τό (3-17) that which fills, content, fulness
ἰχθύς, ὁ (4-20) fish
44 πεντακισχίλιοι (2-6) five thousand
45 ἀναγκάζω (1-9) force, compel
ἐμβαίνω (5-17) embark, go in
προάγω (5-20) go before, precede
46 ἀποτάσσω (1-6) only mid. say farewell, take leave of
47 ὀψία, ἡ (5-14) evening
48 βασανίζω (2-12) harass, torment
ἐλαύνω (1-5) row, drive, advance
ἐναντίος (2-8) against, opposite, contrary
τέταρτος (1-10) fourth
φυλακή, ἡ (3-46) watch
παρέρχομαι (5-29) go by, pass by, pass away

49 φάντασμα, τό (1-2) ghost, apparition
ἀνακράζω (2-5) cry out
50 ταράσσω (1-17) disturb, unsettle
θαρσέω (2-7) courageous, be cheerful
51 κοπάζω (2-3) abate, cease
λίαν (4-12) very, exceedingly
περισσός (1-6) extraordinary, remarkable, superfluous, comp. sense with adv.
ἐξίστημι (4-17) be amazed, be astonished
52 συνίημι (5-26) understand
πωρόω (2-5) harden
53 διαπεράω (2-6) pass through, cross
προσορμίζω (1-1) come into harbor, come to anchor
54 ἐπιγινώσκω (4-44) know
55 περιέδραμον 2 aor. of περιτρέχω (1-1) run about, go about
χώρα, ἡ (4-28) country, district
κράβαττος, ὁ (5-11) mattress, pallet
κακῶς (4-16) badly; κ. ἔχειν be ill, sick
περιφέρω (1-3) carry about
56 ἀγορά, ἡ (3-11) market-place
ἀσθενέω (1-33) be sick, weak
κράσπεδον, τό (1-5) edge, border, hem

CHAPTER 7

2 κοινός (2-14) impure, common
ἄνιπτος (1-2) unwashed
3 πυγμή, ἡ (1-1) fist
νίπτω (1-17) wash
παράδοσις, ἡ (5-13) tradition
4 ἀγορά, ἡ (3-11) market-place
ῥαντίζω (1-5) sprinkle
βαπτισμός, ὁ (1-3) dipping, washing
ξέστης, ὁ (1-1) pitcher, jug
χαλκίον, τό (1-1) copper vessel, kettle
5 παράδοσις, ἡ (5-13) tradition
κοινός (2-14) impure, common
6 προφητεύω (2-28) prophesy
ὑποκριτής, ὁ (1-17) hypocrite
χεῖλος, τό (1-7) lip
τιμάω (3-21) honor

35

πόρρω (1-4) adv. far away
ἀπέχω (2-19) be distant, receive; mid. abstain

7 μάτην (1-2) adv. in vain
σέβω (1-10) only mid. worship
διδασκαλία, ἡ (1-21) teaching, instruction
ἔνταλμα, τό (1-3) commandment

8 παράδοσις, ἡ (5-13) tradition

9 ἀθετέω (2-15) reject, nullify, set aside

10 τιμάω (3-21) honor
κακολογέω (2-4) speak evil of, revile, insult
τελευτάω (2-11) die, come to end; θανάτῳ τ. surely die

11 δῶρον, τό (1-19) gift
ὠφελέω (3-15) profit, benefit, help

13 ἀκυρόω (1-3) make void
παράδοσις, ἡ (5-13) tradition
παρόμοιος (1-1) like, similar

14 συνίημι (5-26) understand

15 ἔξωθεν (2-13) from outside
κοινόω (5-14) make common or impure, defile

18 ἀσύνετος (1-5) without understanding
νοέω (3-14) perceive, understand
ἔξωθεν (2-13) from outside
κοινόω (5-14) make common or impure, defile

19 κοιλία, ἡ (1-23) stomach, belly
ἀφεδρών, ὁ (1-2) latrine
καθαρίζω (4-31) purify, cleanse
βρῶμα, τό (1-17) food

20 κοινόω (5-14) make common or impure, defile

21 ἔσωθεν (2-12) from inside, inside, within
διαλογισμός, ὁ (1-14) thought, reasoning; doubt, dispute
πορνεία, ἡ (1-25) fornication, sexual immorality
κλοπή, ἡ (1-2) theft
φόνος, ὁ (2-9) murder, slaughter

22 μοιχεία, ἡ (1-2) adultery
πλεονεξία, ἡ (1-10) covetousness, avarice
πονηρία, ἡ (1-7) wickedness, maliciousness, baseness
δόλος, ὁ (2-11) craft, deceit
ἀσέλγεια, ἡ (1-10) licentiousness, sensuality

βλασφημία, ἡ (3-18) blasphemy, slander
ὑπερηφανία, ἡ (1-1) pride, arrogance
ἀφροσύνη, ἡ (1-4) foolishness

23 ἔσωθεν (2-12) from inside, inside
κοινόω (5-14) make common or impure, defile

24 ἐκεῖθεν (5-27) from there
ὅριον, τό (5-12) boundary; pl. region, district
λανθάνω (1-6) escape notice, be hidden

25 θυγάτριον, τό (2-2) little daughter
προσπίπτω (3-8) fall down before, fall upon

26 Ἑλληνίς, ἡ (1-2) Greek
γένος, τό (2-20) race
θυγάτηρ, ἡ (5-28) daughter

27 χορτάζω (4-15) fill, satisfy
κυνάριον, τό (2-4) little dog

28 ναί (1-34) yes, indeed
ὑποκάτω (3-11) under
τράπεζα, ἡ (2-15) table
ψιχίον, τό (1-2) crumb

29 θυγάτηρ, ἡ (5-28) daughter

30 κλίνη, ἡ (2-8) bed

31 ἀνὰ μέσον within or through
ὅριον, τό (5-12) boundary; pl. region, district

32 κωφός (3-14) deaf, dumb
μογιλάλος (1-1) speaking with difficulty, having an impediment

33 ἀπολαμβάνω (1-9) take aside, receive, recover
δάκτυλος, ὁ (1-7) finger
οὖς, τό (4-36) ear
πτύω (2-3) spit

34 στενάζω (1-6) sigh, groan
διανοίγω (1-8) open up

35 ἀκοή, ἡ (3-24) hearing
λύω (5-42) loose
δεσμός, ὁ (1-18) bond
ὀρθῶς (1-4) rightly, correctly

36 διαστέλλω (5-17) only mid. order, give orders
περισσότερος (3-16) greater, more

37 ὑπερπερισσῶς (5-13) beyond all measure
ἐκπλήσσω (5-13) amaze, astound
κωφός (3-14) deaf, dumb
ἄλαλος (3-3) dumb, mute

CHAPTER 8

2 σπλαγχνίζομαι (4-11) have pity, feel sympathy
προσμένω (1-7) remain, stay
3 νῆστις, ὁ, ἡ (1-2) not eating, hungry
ἐκλύω (1-5) only pass. become weary, give out
μακρόθεν (5-14) from far
4 πόθεν (3-29) from where
χορτάζω (4-15) fill, satisfy
ἐρημία, ἡ (1-4) wilderness, desert
6 παραγγέλλω (2-30) give orders, command, instruct, direct
ἀναπίπτω (2-12) recline, lie
εὐχαριστέω (2-38) give thanks
κλάω (3-14) break
παρατίθημι (4-19) set before
7 ἰχθύδιον, τό (1-2) little fish
ὀλίγος (4-40) little, few, small
εὐλογέω (5-42) bless
8 χορτάζω (4-15) fill, satisfy
περίσσευμα, τό (1-5) what remains, scraps, abundance
κλάσμα, τό (4-9) fragment, piece, crumb
σπυρίς, ἡ (2-5) basket, hamper
9 τετρακισχίλιοι (2-5) four thousand
10 ἐμβαίνω (5-17) embark, go in
μέρος, τό (1-42) part; pl. district, region
11 πειράζω (4-38) test, tempt
12 ἀναστενάζω (1-1) sigh deeply
γενεά, ἡ (5-43) generation
13 ἐμβαίνω (5-17) embark, go in
14 ἐπιλανθάνομαι (1-8) forget, neglect
15 διαστέλλω (5-17) only mid. order, give orders
ζύμη, ἡ (2-13) leaven
17 οὔπω (4-27) not yet
νοέω (3-14) consider, perceive
συνίημι (5-26) understand
πωρόω (2-5) harden
18 οὖς, τό (4-36) ear
μνημονεύω (1-21) remember
19 πέντε (3-38) five
κλάω (3-14) break
πεντακισχίλιοι (2-6) five thousand
κόφινος, ὁ (2-6) basket
κλάσμα, τό (4-9) fragment, piece, crumb

πλήρης (2-16) full, filled
20 τετρακισχίλιοι(2-5) four thousand
σπυρίς, ἡ (2-5) basket, hamper
πλήρωμα, τό (3-17) that which fills, contents, fulness
21 οὔπω (4-27) not yet
συνίημι (5-26) understand
23 ἐπιλαμβάνομαι (1-19) take hold of, grasp
ἐκφέρω (1-8) lead, carry or bring out
πτύω (2-3) spit
ὄμμα, τό (1-2) eye
24 δένδρον, τό (1-25) tree
25 εἶτα (2-13) then
διαβλέπω (1-3) look intently, open one's eyes wide, see clearly
ἀποκαθίστημι (3-8) restore, give back
ἐμβλέπω (4-11) look at
τηλαυγῶς (1-1) clearly, plainly
ἅπας (4-32) all
28 βαπτιστής, ὁ (2-12) Baptist
31 πάσχω (3-40) suffer
ἀποδοκιμάζω (2-9) reject
32 παρρησία, ἡ (1-31) outspokenness, openness, confidence; παρρησίᾳ plainly, openly
προσλαμβάνω (1-12) take aside, receive, take
33 ἐπιστρέφω (4-36) turn around, turn back
φρονέω (1-26) set one's mind on, think, be minded
34 ἀπαρνέομαι (4-11) deny
σταυρός, ὁ (4-27) cross
35 ἕνεκεν (5-26) because of, on account of
36 ὠφελέω (3-15) profit, benefit
κερδαίνω (1-17) gain
ζημιόω (1-6) only pass. suffer loss, forfeit
37 ἀντάλλαγμα, τό (1-2) something given in exchange
38 ἐπαισχύνομαι (2-11) be ashamed
γενεά, ἡ (5-43) generation
μοιχαλίς, ἡ (1-7) adulteress; adj. adulterous

CHAPTER 9

1 γεύομαι (1-15) taste
2 ἕξ (1-13) six

37

ἀναφέρω (1-9) lead up, bring or take up

ὑψηλός (1-11) high

μεταμορφόω (1-4) transform, transfigure

ἔμπροσθεν (2-48) before

3 στίλβω (1-1) shine, be radiant

λευκός (2-24) white

λίαν (4-12) very (much), exceedingly

οἷος (2-14) (such) as, what sort

γναφεύς, ὁ (1-1) fuller, bleacher

λευκαίνω (1-2) bleach, whiten

4 ὤφθη aor. pass. of ὁράω

συλλαλέω (1-6) speak together

5 ῥαββί (3-15) Rabbi, my lord

σκηνή, ἡ (1-20) tent, booth

ἔκφοβος (1-2) terrified

7 νεφέλη, ἡ (4-25) cloud

ἐπισκιάζω (1-5) overshadow

8 ἐξάπινα (1-1) suddenly

9 διαστέλλω (5-17) only mid. order, give orders

διηγέομαι (2-8) recount, describe

12 ἀποκαθίστημι (3-8) restore

πάσχω (3-40) suffer

ἐξουδενέω (1-1) treat with contempt

15 ἐκθαμβέω (4-4) only pass. be amazed

προστρέχω (2-3) run up to

17 ἄλαλος (3-3) dumb, mute

18 καταλαμβάνω (1-13) lay hold of, seize, overtake

ῥήσσω (2-7) throw or dash down

ἀφρίζω (2-2) foam at the mouth

τρίζω (1-1) gnash or grind

ὀδούς, τό (1-12) tooth

ἰσχύω (4-28) be able, be strong

19 γενεά, ἡ (5-43) generation

ἄπιστος (1-23) faithless, unbelieving

πότε (5-19) when?

ἀνέχω (1-15) only mid. bear with, endure

20 συσπαράσσω (1-2) convulse, pull about, tear

κυλίω (1-1) roll, roll along

ἀφρίζω (2-2) foam at the mouth

21 παιδιόθεν (1-1) from childhood

22 πολλάκις (2-17) often, many times, frequently

βοηθέω (2-8) help

σπλαγχνίζομαι (4-12) have pity, feel sympathy

24 βοηθέω (2-8) help

ἀπιστία, ἡ (3-11) unbelief

25 ἐπισυντρέχω (1-1) run together

ἄλαλος (3-3) dumb

κωφός (3-14) deaf, dumb

ἐπιτάσσω (4-10) order, command

μηκέτι (4-21) no longer

26 σπαράσσω (2-3) tear, pull to and fro, convulse

ὡσεί (1-21) as, like

29 γένος, τό (2-20) class, kind; race

προσευχή, ἡ (2-36) prayer

30 κἀκεῖθεν (1-10) and from there

παραπορεύομαι (4-5) go or pass by, go through

32 ἀγνοέω (1-21) be ignorant, not to know

34 σιωπάω (5-10) be silent

μείζων (3-48) greater; comp. for superl.

35 διάκονος, ὁ (2-29) servant, minister

36 ἐναγκαλίζομαι (2-2) take into one's arms

38 κωλύω (3-23) hinder, forbid, prevent

39 ταχύ (1-18) quickly, at once

κακολογέω (2-4) speak evil of, revile, insult

41 ποτίζω (2-15) cause to drink, give to drink

μισθός, ὁ (1-29) reward, pay

42 μικρός (3-30) little, small

περίκειμαι (1-5) lie, be placed around, wear

μύλος, ὁ (1-4) millstone

ὀνικός (1-2) pertaining to a donkey

τράχηλος, ὁ (1-7) neck

43 ἀποκόπτω (2-6) cut off

κυλλός (1-4) deformed, crippled

γέεννα, ἡ (3-12) Gehenna, hell

ἄσβεστος (1-3) inextinguishable

45 ἀποκόπτω (2-6) cut off

χωλός (1-14) lame, crippled

47 μονόφθαλμος (1-2) one-eyed

γέεννα, ἡ (3-12) Gehenna, hell

48 σκώληξ, ὁ (1-1) worm

τελευτάω (2-11) die

σβέννυμι (1-6) extinguish, put out

49 ἁλίζω (1-2) salt
50 ἅλας, τό (3-8) salt
ἄναλος (1-1) saltless, insipid
ἀρτύω (1-3) season
εἰρηνεύω (1-4) live in peace, keep peace, reconcile

CHAPTER 10

1 ἐκεῖθεν (5-27) from there
ὅριον, τό (5-12) boundary; pl. region, district
συμπορεύομαι (1-4) come together, go with
εἴωθα pft. of obs. pres. ἔθω (1-4) εἰώθειν plpft. be accustomed
2 πειράζω (4-38) test, tempt
3 ἐντέλλω (2-14) only mid. command, order
4 ἐπιτρέπω (2-18) permit, allow
βιβλίον, τό (1-34) document, book, scroll
ἀποστάσιον, τό (1-3) abandonment, with βιβλ. certificate of divorce
5 σκληροκαρδία, ἡ (2-3) hardness of heart, obstinacy
6 κτίσις, ἡ (3-19) creation
ἄρσην (1-9) male
θῆλυς (1-5) female
7 ἕνεκεν (5-26) because of, on account of
καταλείπω (4-23) leave behind, forsake
9 συζεύγνυμι (1-2) yoke together, join together
χωρίζω (1-13) separate, divide
11 γαμέω (4-28) marry
μοιχάω (2-4) commit adultery
14 ἀγανακτέω (3-7) be indignant, angry, aroused
κωλύω (3-23) hinder, prevent, forbid
16 ἐναγκαλίζομαι (2-2) take into one's arms
κατευλογέω (1-1) bless
17 προσδράμων 2 aor. of προστρέχω (2-3) run up to
γονυπετέω (2-4) fall on the knees
κληρονομέω (1-18) inherit
19 φονεύω (1-12) murder
μοιχεύω (1-13) commit adultery
κλέπτω (1-13) steal

ψευδομαρτυρέω (3-5) bear false witness
ἀποστερέω (1-5) defraud, deprive of
τιμάω (3-21) honor
20 φυλάσσω (1-31) keep, observe
νεότης, ἡ (1-4) youth
21 ἐμβλέπω (4-11) look at, fix one's gaze upon
ὑστερέω (1-16) be in need of, lack
πωλέω (3-22) sell
πτωχός (5-34) poor
θησαυρός, ὁ (1-17) treasure
δεῦρο (1-9) come, come here
22 στυγνάζω (1-2) be shocked, appalled; become gloomy
λυπέω (2-26) grieve, pain
κτῆμα, τό (1-4) property, possession
23 δυσκόλως (1-3) with difficulty
χρῆμα, τό (1-6) wealth, property, means
24 θαμβέω (3-3) only pass. be amazed
δύσκολος (1-1) hard, difficult
25 εὔκοπος (2-7) easy
κάμηλος, ὁ (2-6) camel
τρυμαλιά, ἡ (1-1) hole
ῥαφίς, ἡ (1-2) needle
πλούσιος (2-28) rich
26 περισσῶς (2-4) exceedingly, very
ἐκπλήσσω (5-13) only pass. be amazed
27 ἐμβλέπω (4-22) look at, fix one's gaze upon
ἀδύνατος (1-10) impossible, powerless
δυνατός (5-32) able, powerful
29 ἀδελφή, ἡ (5-26) sister
ἕνεκεν (5-26) because of, on account of
30 ἑκατονταπλασίων (1-2) hundredfold
διωγμός, ὁ (2-10) persecution
32 προάγω (5-20) go before
θαμβέω (3-3) only pass. be amazed
συμβαίνω (1-8) happen, come together
33 κατακρίνω (3-16) condemn
34 ἐμπαίζω (3-13) mock
ἐμπτύω (3-6) spit upon
μαστιγόω (1-7) scourge

39

35 προσπορεύομαι (1-1) approach, come up to
37 ἀριστερός (1-4) left
38 βάπτισμα, τό (4-20) baptism
40 εὐώνυμος (2-9) left
41 δέκα (1-25) ten
ἀγανακτέω (3-7) be aroused, indignant, angry
42 κατακυριεύω (1-4) lord over, rule; gain dominion
κατεξουσιάζω (1-2) exercise authority, tyrannize
43 διάκονος, ὁ (2-29) servant, minister
45 διακονέω (5-36) serve
λύτρον, τό (1-2) ransom
46 ἱκανός (3-40) large, sufficient, adequate
προσαίτης, ὁ (1-2) beggar
48 ἐλεέω (3-32) have mercy, be merciful
σιωπάω (5-10) be silent
49 θαρσέω (2-7) be courageous, cheerful
50 ἀποβάλλω (1-2) take off, throw away
ἀναπηδάω (1-1) jump up
51 ῥαββουνί (1-2) my lord; my master

CHAPTER 11

1 ἐγγίζω (3-42) draw near, come near
ἐλαία, ἡ (3-12) olive tree
2 κατέναντι (3-9) opposite, over against
πῶλος, ὁ (4-12) colt, young donkey
οὔπω (4-27) not yet
λύω (5-42) loose
3 χρεία, ἡ (4-49) need
4 πῶλος, ὁ (4-12) colt, young donkey
ἄμφοδον, τό (1-1) street
λύω (5-42) loose
7 πῶλος, ὁ (4-12) colt, young donkey
ἐπιβάλλω (4-18) lay on, put on
8 στρωννύω (2-6) spread
στιβάς, ἡ (1-1) leaves, leafy branches
κόπτω (1-8) cut

9 προάγω (5-20) go before
ὡσαννά (2-6) hosanna; help or save
εὐλογέω (5-42) bless
10 ὕψιστος (2-13) highest, most exalted
11 ὀψέ (3-4) adv. late; prep. after
12 ἐπαύριον (1-17) adv. tomorrow
πεινάω (2-23) be hungry
13 συκῆ, ἡ (4-16) fig tree
μακρόθεν (5-14) from afar
φύλλον, τό (3-6) leaf
ἄρα (2-49) then
σῦκον, τό (1-4) fig
14 μηκέτι (4-21) no longer
15 πωλέω (3-22) sell
ἀγοράζω (5-30) buy
τράπεζα, ἡ (2-15) table
κολλυβιστής, ὁ (1-3) money-changer
καθέδρα, ἡ (1-3) chair, seat
περιστερά, ἡ (2-10) dove
καταστρέφω (1-3) upset, over-turn, destroy
16 διαφέρω (1-13) carry through, spread; differ
σκεῦος, τό (2-23) thing, object, vessel
17 προσευχή, ἡ (2-36) prayer
σπήλαιον, τό (1-6) cave, cavern, den
λῃστής, ὁ (3-15) robber, brigand
18 ἐκπλήσσω (5-13) only pass. be amazed
διδαχή, ἡ (5-30) teaching
19 ὀψέ (3-4) adv. late; prep. after
20 παραπορεύομαι (4-5) go or pass by
συκῆ, ἡ (4-16) fig tree
ῥίζα, ἡ (3-16) root
21 ἀναμιμνῄσκω (2-6) remind
ῥαββί (3-15) rabbi; my lord
καταράομαι (1-5) curse
23 διακρίνω (1-19) doubt, hesitate; judge
25 παράπτωμα, τό (1-19) trespass, misdeed
28 ποῖος (4-32) of what kind
30 βάπτισμα, τό (4-20) baptism
32 ἅπας (4-32) all
ὄντως (1-10) really, certainly, truly
33 ποῖος (4-32) of what kind?

CHAPTER 12

1 ἀμπελών, ὁ (5-23) vineyard
φυτεύω (1-11) plant
περιτίθημι (3-8) put or place around
φραγμός, ὁ (1-4) fence
ὀρύσσω (1-3) dig
ὑπολήνιον, τό (1-1) pit for the winepress
οἰκοδομέω (4-40) build
πύργος, ὁ (1-4) tower
ἐκδίδωμι (1-4) let out for hire, lease
γεωργός, ὁ (5-19) farmer, vinedresser
ἀποδημέω (1-6) go on a journey; be away
3 δέρω (3-15) beat
κενός (1-8) empty
4 κἀκεῖνος (4-22) and that one
κεφαλαιόω (1-1) strike on the head
ἀτιμάζω (1-7) dishonor, insult
5 δέρω (3-15) beat
6 ἐντρέπω (1-9) put to shame, pass. respect, be ashamed
7 γεωργός, ὁ (5-19) farmer, vinedresser
κληρονόμος, ὁ (1-15) heir
δεῦτε (3-12) come!
κληρονομία, ἡ (1-14) inheritance
8 ἀμπελών, ὁ (5-23) vineyard
9 γεωργός, ὁ (5-19) farmer; vinedresser
10 ἀναγινώσκω (4-32) read
ἀποδοκιμάζω (2-9) reject, refuse
οἰκοδομέω (4-40) build
γωνία, ἡ (1-9) corner
11 θαυμαστός (1-6) marvelous, wonderful
13 ἀγρεύω (1-1) catch
14 ἀληθής (1-26) true
μέλει (2-10) it is a care or concern
κῆνσος, ὁ (1-4) poll-tax, tax
15 ὑπόκρισις, ἡ (1-6) hypocrisy
πειράζω (4-38) test, try, tempt
δηνάριον, τό (3-26) denarius, Roman coin worth about 18 cents
16 εἰκών, ὁ (1-23) image, likeness
ἐπιγραφή, ἡ (2-5) inscription
Καῖσαρ (4-29) Caesar

17 ἀποδίδωμι (1-47) render, give back, give away
ἐκθαυμάζω (1-1) wonder greatly
18 ἀνάστασις, ἡ (2-42) resurrection
19 καταλείπω (4-23) leave, forsake
ἐξανίστημι (1-3) raise up
σπέρμα, τό (5-44) seed, offspring
21 δεύτερος (3-44) second
καταλείπω (4-23) leave behind, forsake
τρίτος (2-48) third
ὡσαύτως (2-17) likewise
22 σπέρμα, τό (5-44) seed, offspring
23 ἀνάστασις, ἡ (2-42) resurrection
24 πλανάω (4-39) mislead, deceive, lead astray
25 γαμέω (4-28) marry
γαμίζω (1-7) give in marriage
26 ἀναγινώσκω (4-32) read
βίβλος, ὁ (1-10) book, scroll
βάτος, ὁ, ἡ (1-5) bramble, bush
ἐπὶ τοῦ (τῆς) βάτ. in the place concerning the bush
27 πλανάω (4-39) mislead, deceive, lead astray
28 ποῖος (4-32) of what kind?
30 διάνοια, ἡ (1-12) mind, understanding
ἰσχύς, ἡ (2-10) strength, might, power
31 δεύτερος (3-44) second
πλησίον, ὁ (2-17) neighbor; adv. near
μείζων (3-48) greater
32 πλήν (1-31) prep. except; adv. only, nevertheless, yet, only
33 σύνεσις, ἡ (1-7) understanding
ἰσχύς, ἡ (2-10) strength, might
πλησίον, ὁ (2-17) neighbor; adv. near
περισσότερος (3-16) greater, more
ὁλοκαύτωμα, τό (1-3) burnt offering
θυσία, ἡ (1-28) sacrifice, offering
34 νουνεχῶς (1-1) wisely, thoughtfully
μακράν (1-10) adv. far
τολμάω (2-16) dare, have courage
36 ἐχθρός, ὁ (1-32) enemy; adj. hostile
ὑποκάτω (3-11) under
37 πόθεν (3-29) whence

38 ἡδέως (2-5) gladly with pleasure
διδαχή, ἡ (5-36) teaching
στολή, ἡ (2-9) long, flowing robe
ἀσπασμός, ὁ (1-10) salutation, greeting
ἀγορά, ἡ (3-11) market-place

39 πρωτοκαθεδρία, ἡ (1-4) chief seat
πρωτοκλισία, ἡ (1-5) chief place at table
δεῖπνον, τό (2-16) dinner, banquet

40 κατεσθίω (1-5) devour, consume
χήρα, ἡ (3-26) widow
πρόφασις, ἡ (1-6) pretence, pretext
μακρός (1-4) long; neut. as adv.
περισσότερος (3-16) greater, more
κρίμα, τό (1-27) condemnation, judgment

41 κατέναντι (3-9) opposite
γαζοφυλακεῖον, τό (3-5) treasury
χαλκός, ὁ (2-5) money, copper coin
πλούσιος (2-28) rich

42 χήρα, ἡ (3-26) widow
πτωχός (5-34) poor
λεπτός (1-3) small copper coin; adj. small, thin
κοδράντης, ὁ (1-2) quadrans, about ¼ cent

43 γαζοφυλακεῖον, τό (3-5) treasury
44 περισσεύω (1-39) abound, increase
ὑστέρησις, ἡ (1-2) need, lack, poverty
βίος, ὁ (1-9) means of subsistence, property, life

CHAPTER 13

1 ποταπός (2-7) how great, how wonderful; of what sort
οἰκοδομή, ἡ (2-18) building
2 καταλύω (3-17) throw down, destroy
3 ἐλαία, ἡ (3-12) olive tree
κατέναντι (3-9) opposite
4 πότε (5-19) when?
συντελέω (1-6) fulfill, accomplish, complete, finish
5 πλανάω (4-39) mislead, deceive

7 πόλεμος, ὁ (2-18) war, battle
ἀκοή, ἡ (3-24) rumor, report; hearing
θροέω (1-3) only pass. be inwardly aroused, be disturbed, frightened
οὔπω (4-27) not yet
τέλος, τό (3-41) end
8 σεισμός, ὁ (1-14) earthquake
λιμός, ὁ (1-12) famine
ὠδίν, ἡ (1-4) birth pain
9 συνέδριον, τό (3-22) council
δέρω (3-15) beat
ἡγεμών, ὁ (1-20) governor, leader
ἕνεκεν (5-26) because of, on account of
μαρτύριον, τό (3-20) testimony, witness
11 προμεριμνάω (1-1) concern oneself or be anxious beforehand
12 ἐπανίστημι (1-2) rise up, rise in rebellion
γονεύς, ὁ (1-20) pl. parents
θανατόω (2-11) put to death
13 μισέω (1-39) hate
ὑπομένω (1-17) remain, stay
τέλος, τό (3-41) end
14 βδέλυγμα, τό (1-6) abomination
ἐρήμωσις, ἡ (1-3) devastation, desolation, destruction
ἀναγινώσκω (4-32) read
νοέω (3-14) perceive, understand
φεύγω (5-29) flee
15 δῶμα, τό (1-7) roof
16 ἐπιστρέφω (4-36) turn back, turn around
17 οὐαί (2-45) woe
γαστήρ, ἡ (1-9) womb; ἐν γ. ἔχειν be pregnant
θηλάζω (1-5) give suck
18 χειμών, ὁ (1-6) winter
19 θλῖψις, ἡ (3-45) affliction, tribulation
οἷος (2-14) of what sort, (such) as
κτίσις, ἡ (3-19) creation
κτίζω (1-15) create
20 κολοβόω (2-4) curtail, mutilate
ἐκλεκτός (3-22) elect, chosen
ἐκλέγομαι (1-22) choose, select, elect
22 ψευδόχριστος, ὁ (1-2) false Christ

ψευδοπροφήτης, ὁ (1-11) false prophet
τέρας, τό (1-16) wonder, marvel
ἀποπλανάω (1-2) mislead
δυνατός (5-32) possible, able, powerful
ἐκλεκτός (3-22) elect, chosen
23 προείρηκα (1-9) pft. of προέρω speak before
24 θλῖψις, ἡ (3-45) affliction, tribulation
ἥλιος, ὁ (4-32) sun
σκοτίζω (1-5) darken
σελήνη, ἡ (1-9) moon
φέγγος, τό (1-3) light, radiance
25 ἀστήρ, ὁ (1-23) star
σαλεύω (1-15) shake
26 νεφέλη, ἡ (4-25) cloud
27 ἐπισυνάγω (2-8) gather
ἐκλεκτός (3-22) elect, chosen
τέσσαρες (2-41) four
ἄκρον, τό (1-4) end, top, extremity
28 συκῆ, ἡ (4-16) fig tree
μανθάνω (1-25) learn
κλάδος, ὁ (2-11) branch, tender shoot
ἀπαλός (1-2) tender
ἐκφύω (1-2) cause to grow out, put forth
φύλλον, τό (3-6) leaf
ἐγγύς (2-31) near
θέρος, τό (1-3) summer
30 παρέρχομαι (5-29) pass away, pass by
γενεά, ἡ (5-43) generation
μέχρις (1-18) until
33 ἀγρυπνέω (1-4) be awake; keep watch over, guard
πότε (5-19) when?
34 ἀπόδημος (1-1) away on a journey
θυρωρός, ὁ, ἡ (1-4) doorkeeper
ἐντέλλω (2-14) only mid. command, order
35 πότε (5-19) when?
ὀψέ (3-4) adv. late, late in the day, in the evening
μεσονύκτιον, τό (1-4) midnight
ἀλεκτοροφωνία, ἡ (1-1) crowing of a cock
36 ἐξαίφνης (1-5) suddenly

CHAPTER 14

1 πάσχα, τό (5-29) Passover
ἄζυμος (2-9) unleavened; τὰ ἄζυμα the feast of unleavened bread
δόλος, ὁ (2-11) treachery, cunning, deceit
2 ἑορτή, ἡ (2-25) feast
μήποτε (2-25) lest
θόρυβος, ὁ (2-7) noise, uproar, turmoil
3 λεπρός, ὁ (2-9) leper
κατάκειμαι (4-12) recline
ἀλάβαστρον, τό (2-4) alabaster, alabaster flask
μύρον, τό (3-14) ointment, perfume
νάρδος, ἡ (1-2) (spike) nard
πιστικός (1-2) genuine, trustworthy
πολυτελής (1-3) expensive, costly
συντρίβω (2-7) break, shatter
καταχέω (1-2) pour down upon
4 ἀγανακτέω (3-7) be indignant
ἀπώλεια, ἡ (1-18) waste, destruction
5 μύρον, τό (3-14) ointment, perfume
πιπράσκω (1-9) sell
ἐπάνω (1-18) over, above
δηνάριον, τό (3-16) denarius; Roman coin worth about 18 cents
τριακόσιοι (1-2) three hundred
πτωχός (5-34) poor
ἐμβριμάομαι (2-5) scold, censure, warn sternly, be deeply moved
6 κόπος, ὁ (1-18) trouble, labor, toil
παρέχω (1-16) cause, bring about, grant, offer
ἐργάζομαι (1-41) work, do
7 πάντοτε (2-41) always
πτωχός (5-34) poor
εὖ (1-6) well
8 προλαμβάνω (1-3) take beforehand, anticipate
μυρίζω (1-1) anoint
ἐνταφιασμός, ὁ (1-2) preparation for burial or burial
9 μνημόσυνον, τό (1-3) memorial

43

11 ἐπαγγέλλομαι (1-15) promise
ἀργύριον, τό (1-21) silver, money
εὐκαίρως (1-2) conveniently
12 ἄζυμος (2-9) unleavened; τὰ ἄζ.
feast of unleavened bread
πάσχα, τό (5-29) Passover
θύω (1-13) sacrifice, kill
ποῦ (3-41) where
13 ἀπαντάω (1-2) meet
κεράμιον, τό (1-2) earthen vessel
βαστάζω (1-27) carry, bear
14 οἰκοδεσπότης, ὁ (1-12) master of
the house
ποῦ (3-47) where
κατάλυμα, τό (1-3) lodging, inn;
guest room, dining room
πάσχα, τό (5-29) Passover
15 δείκνυμι (2-32) show
ἀνάγαιον, τό (1-2) upper room
στρωννύω (2-6) spread, furnish
ἕτοιμος (1-17) ready, prepared
16 πάσχα, τό (5-29) Passover
17 ὀψία, ἡ (5-14) evening
18 ἀνάκειμαι (3-14) recline
19 λυπέω (2-26) grieve; pass. be
sorrowful, be distressed
μήτι (2-16) interrog. part. in
quest. exp. neg. ans.
20 ἐμβάπτω (1-2) dip in
τρύβλιον, τό (1-2) bowl, dish
21 οὐαί (2-45) woe
22 εὐλογέω (5-42) bless
κλάω (3-14) break
23 εὐχαριστέω (2-38) give thanks
24 διαθήκη, ἡ (1-33) covenant
ἐκχύννω (1-11) pour out
25 γένημα, τό (1-4) fruit, produce
ἄμπελος, ἡ (1-9) vine
καινός (5-42) new
26 ὑμνέω (1-4) sing
ἐλαία, ἡ (3-12) olive tree
27 πατάσσω (1-10) slay, smite
ποιμήν, ὁ (2-18) shepherd
πρόβατον, τό (2-37) sheep
διασκορπίζω (1-9) scatter, dis-
perse
28 προάγω (5-20) go before
30 σήμερον (1-41) today, this day
πρίν (2-13) before
δίς (2-6) twice
ἀλέκτωρ, ὁ (3-11) cock
τρίς (2-12) thrice
ἀπαρνέομαι (4-11) deny
31 ἐκπερισσῶς (1-1) excessively; ἐ.

λαλεῖν say with great empha-
sis
δέῃ subj. of δεῖ
συναποθνήσκω (1-3) die together
ὡσαύτως (2-17) likewise
32 χωρίον, τό (1-10) place, field,
region
33 ἐκθαμβέω (4-4) only pass. be
amazed, be alarmed, be dis-
tressed
ἀδημονέω (1-3) be troubled, dis-
tressed, be in anxiety
34 περίλυπος (2-4) deeply grieved
35 προέρχομαι (2-9) go ahead, go
before
μικρός (3-30) little, small, short
δυνατός (5-32) possible, able,
powerful
παρέρχομαι (5-29) pass away,
pass by
36 ἀββά (1-3) Aram. father
παραφέρω (1-4) take away, re-
move, bring up
37 ἰσχύω (4-28) be able, be strong
38 πειρασμός, ὁ (1-21) temptation,
trial
πρόθυμος (1-3) willing, ready
ἀσθενής (1-25) weak
40 καταβαρύνω (1-1) weigh down,
burden, oppress
41 τρίτος (2-48) third
ἀναπαύω (2-12) cause to rest,
stop; mid. rest
ἀπέχω (2-19) receive in full;
imp. the account is closed?
42 ἐγγίζω (3-42) draw near, come
near
43 παραγίνομαι (1-36) come, arrive,
be present
μάχαιρα, ἡ (3-29) sword
ξύλον, τό (2-20) pole, club, wood
44 σύσσημον, τό (1-1) signal, sign
φιλέω (1-25) kiss
ἀπάγω (3-15) bring before, lead
away
ἀσφαλῶς (1-3) securely, safely
45 ῥαββί (3-15) rabbi; my lord
καταφιλέω (1-6) kiss
46 ἐπιβάλλω (4-18) lay on, put on
47 σπάω (1-2) only mid. draw
μάχαιρα, ἡ (3-29) sword
παίω (1-5) strike, hit
ἀφαιρέω (1-10) take away, take

ὠτάριον, τό (1-2) ear
48 λῃστής, ὁ (3-15) robber
ξύλον, τό (2-20) pole, club, wood
συλλαμβάνω (1-16) seize, grasp, arrest; help
50 φεύγω (5-29) flee
51 νεανίσκος, ὁ (2-11) young man
συνακολουθέω (2-3) follow with
περιβάλλω (2-23) put on, wear, throw around
σινδών, ἡ (4-6) linen tunic or shirt
γυμνός (2-15) naked, poorly dressed
52 καταλείπω (4-23) leave
φεύγω (5-29) flee
53 ἀπάγω (3-15) bring before, lead away
συνέρχομαι (2-30) come together, gather
54 μακρόθεν (5-14) from afar
ἔσω (2-9) inside
αὐλή, ἡ (3-12) courtyard, court
συγκάθημαι (1-2) sit together
ὑπηρέτης, ὁ (2-20) servant, helper, assistant
θερμαίνω (2-6) only mid. warm oneself
55 συνέδριον, τό (3-22) council
μαρτυρία, ἡ (3-37) testimony
θανατόω (2-11) put to death
56 ψευδομαρτυρέω (3-5) bear false witness
ἴσος (2-8) consistent, same, equal
58 καταλύω (3-17) throw down, destroy
ναός, ὁ (3-45) temple
χειροποίητος (1-6) made with hands
ἀχειροποίητος (1-3) not made by hands, spiritual
οἰκοδομέω (4-40) build
59 ἴσος (2-8) consistent, equal, same
μαρτυρία, ἡ (3-37) testimony
60 καταμαρτυρέω (1-3) testify against
61 σιωπάω (5-10) be silent
εὐλογητός (1-8) blessed
62 νεφέλη, ἡ (4-25) cloud
63 διαρήσσω (1-5) tear, destroy
χιτών, ὁ (2-11) tunic, shirt
χρεία, ἡ (4-49) need

μάρτυς, ὁ (1-35) witness
64 βλασφημία, ἡ (3-28) blasphemy, slander
φαίνω (2-31) shine; mid. have the appearance, seem; appear
κατακρίνω (3-16) condemn
ἔνοχος (2-10) guilty, liable
65 ἐμπτύω (3-6) spit on
περικαλύπτω (1-3) cover, conceal
κολαφίζω (1-5) strike with the fist, beat, cuff
προφητεύω (2-28) prophesy
ὑπηρέτης, ὁ (2-20) servant, helper, assistant
ῥάπισμα, τό (1-3) blow
66 κάτω (2-9) below
αὐλή, ἡ (2-13) courtyard, court
παιδίσκη, ἡ (2-13) maid, servant girl, female slave
67 θερμαίνω (2-6) only mid. warm oneself
ἐμβλέπω (4-11) look at, fix one's gaze upon
ἦσθα imperf. for ἦς of εἰμί
68 ἀρνέομαι (2-32) deny
ἐπίσταμαι (1-14) know
προαύλιον, τό (1-1) forecourt, gateway
69 παιδίσκη, ἡ (2-13) maid, servant girl, female slave
70 ἀρνέομαι (2-32) deny
μικρός (3-30) little, small, short
ἀληθῶς (2-18) truly
71 ἀναθεματίζω (1-4) curse, bind with oath
ὀμνύω (2-26) swear
72 δεύτερος (3-44) second
ἀλέκτωρ, ὁ (3-11) cock
ἀναμιμνήσκω (2-6) remind
πρίν (2-13) before
δίς (2-6) twice
τρίς (2-12) thrice
ἀπαρνέομαι (4-11) deny
ἐπιβάλλω (4-18) here, begin? lay upon
κλαίω (4-38) cry, weep

CHAPTER 15

1 συμβούλιον, τό (2-8) plan, purpose; σ. ἑτοιμάζειν reach a decision

45

συνέδριον, τό (3-22) council, Sanhedrin

ἀποφέρω (1-6) lead away, carry away

3 κατηγορέω (3-22) accuse

5 θαυμάζω (4-42) marvel, wonder

6 ἑορτή, ἡ (2-25) feast, festival

δέσμιος, ὁ (1-16) prisoner

παραιτέομαι (1-12) ask for, request; decline, reject

7 στασιαστής, ὁ (1-1) rebel, revolutionist

στάσις, ἡ (1-9) insurrection, sedition

φόνος, ὁ (2-9) murder

10 φθόνος, ὁ (1-9) envy

11 ἀνασείω (1-2) stir up, incite

14 περισσῶς (2-4) exceedingly, beyond measure, very

15 βούλομαι (1-37) wish, will, want

ἱκανός (3-40) sufficient, fit, many; τὸ ἱκ. ποιεῖν τινι satisfy; τὸ ἱκ. pledge

φραγελλόω (1-2) scourge, flog

16 στρατιώτης, ὁ (1-26) soldier

ἀπάγω (3-15) lead away, bring to

ἔσω (2-9) inside

αὐλή, ἡ (3-12) courtyard, court

πραιτώριον, τό (1-8) governor's official residence

συγκαλέω (1-8) call together, summon

σπεῖρα, ἡ (1-7) cohort (about 600 men)

17 ἐνδιδύσκω (1-2) dress, put on

πορφύρα, ἡ (2-4) purple, purple garment

περιτίθημι (3-8) put or place around, wear

πλέκω (1-3) plait, weave

ἀκάνθινος (1-2) thorny

στέφανος, ὁ (1-18) crown

18 χαῖρε – hail, welcome fr. χαίρω

19 τύπτω (1-13) strike, beat

κάλαμος, ὁ (2-12) reed, stalk, staff

ἐμπτύω (3-6) spit on

γόνυ, τό (1-12) knee

20 ἐμπαίζω (3-13) mock, ridicule

ἐκδύω (1-5) strip, take off

πορφύρα, ἡ (2-4) purple (cloth)

ἐνδύω (3-28) dress, clothe; mid. wear

ἐξάγω (1-12) lead out, bring out

21 ἀγγαρεύω (1-3) compel, force

παράγω (3-10) pass by, go away

σταυρός, ὁ (4-27) cross

22 μεθερμηνεύω (3-8) translate

κρανίον, τό (1-4) skull

23 σμυρνίζω (1-1) treat with myrrh

οἶνος, ὁ (5-34) wine

24 διαμερίζω (1-11) divide

κλῆρος, ὁ (1-11) lot

25 τρίτος (2-48) third

26 ἐπιγραφή, ἡ (2-5) inscription, superscription

αἰτία, ἡ (1-20) charge, accusation, reason

ἐπιγράφω (1-5) write on

27 λῃστής, ὁ (3-15) robber

εὐώνυμος (2-9) left

29 παραπορεύομαι (4-5) go or pass by, go through

βλασφημέω (4-34) blaspheme, slander

κινέω (1-8) move

οὐά (1-1) aha!

καταλύω (3-17) tear down, destroy

ναός, ὁ (3-45) temple

οἰκοδομέω (4-40) build

30 σταυρός, ὁ (4-27) cross

31 ὁμοίως (2-31) likewise

ἐμπαίζω (3-13) ridicule, mock

32 σταυρός, ὁ (4-27) cross

συσταυρόω (1-5) crucify together

ὀνειδίζω (2-9) reproach

33 ἕκτος (1-14) sixth

σκότος, τό (1-30) darkness

ἔνατος (2-10) ninth

34 βοάω (2-12) cry aloud

μεθερμηνεύω (3-8) translate

ἐγκαταλείπω (1-10) forsake utterly

36 δραμών 2 aor. of τρέχω (2-18) run

γεμίζω (2-9) fill

σπόγγος, ὁ (1-3) sponge

ὄξος, τό (1-6) sour wine, wine vinegar

περιτίθημι (3-8) put or place around

κάλαμος, ὁ (2-12) stalk, staff, reed

ποτίζω (2-15) give to drink

καθαιρέω (2-9) take down, bring down, destroy

CHAPTER 16

37 ἐκπνέω (2-3) expire, breathe out
38 καταπέτασμα, τό (1-6) veil, curtain
  ναός, ὁ (3-45) temple
  σχίζω (2-11) split, divide
  ἄνωθεν (1-13) from above, from top
  κάτω (2-9) down, bottom
39 κεντυρίων, ὁ (3-3) centurion
  ἐναντίος (2-8) opposite, against; ἐξ ἐν. opposite
  ἐκπνέω (2-3) expire, breathe out
  ἀληθῶς (2-18) truly
40 μακρόθεν (5-14) from afar
  μικρός (3-30) little, small
41 διακονέω (5-36) serve
  συναναβαίνω (1-2) come or go up with
42 ὀψία, ἡ (5-14) evening
  ἐπεί (1-26) because, since, for
  παρασκευή, ἡ (1-6) day of preparation
  προσάββατον, τό (1-1) day before Sabbath, Friday
43 εὐσχήμων (1-5) prominent, noble; proper
  βουλευτής, ὁ (1-2) member of a council
  προσδέχομαι (1-14) receive, welcome
  τολμάω (2-16) dare, have courage
44 θαυμάζω (4-42) marvel, wonder
  θνήσκω (1-9) to die
  κεντυρίων, ὁ (3-3) centurion
  πάλαι (1-7) already, for a long time, long ago
45 δωρέομαι (1-3) give, present, bestow
  πτῶμα, τό (2-7) corpse
46 ἀγοράζω (5-30) buy
  σινδών, ὁ (4-6) linen
  καθαιρέω (2-9) take down, bring down, destroy
  ἐνειλέω (1-1) wrap up, confine
  κατατίθημι (1-3) lay down, place
  μνῆμα, τό (4-10) grave, tomb
  λατομέω (1-2) hew, hew out of a rock
  πέτρα, ἡ (1-15) rock
  προσκυλίω (1-2) roll (up to)

1 διαγίνομαι (1-3) pass, elapse
  ἀγοράζω (5-30) buy
  ἄρωμα, τό (1-4) spices, perfumery
  ἀλείφω (2-9) anoint
2 λίαν (4-12) very (much), exceedingly
  μνῆμα, τό (4-10) grave, tomb
  ἀνατέλλω (2-9) rise
  ἥλιος, ὁ (4-32) sun
3 ἀποκυλίω (1-1) roll away
4 ἀνακυλίω (1-1) roll away
  σφόδρα (1-11) very much, exceedingly
5 νεανίσκος, ὁ (2-11) young man
  περιβάλλω (2-23) put around, wear
  στολή, ἡ (2-9) long flowing robe
  λευκός (2-24) white
  ἐκθαμβέω (4-4) only pass. be amazed, distressed
7 προάγω (5-20) go before
8 φεύγω (5-29) flee
  τρόμος, ὁ (1-5) trembling, quivering
  ἔκστασις, ἡ (2-7) astonishment, terror, trance
9 φαίνω (2-31) shine; pass. appear
10 ἀπαγγέλλω (5-46) report, announce, proclaim
  πενθέω (1-10) weep
  κλαίω (4-38) cry
10 κἀκεῖνος (4-22) and that one, and he
11 θεάομαι (2-22) behold
  ἀπιστέω (2-8) disbelieve
12 φανερόω (3-49) reveal, show
  μορφή, ἡ (1-3) form, outward appearance
13 ἀπαγγέλλω (5-46) report, announce, proclaim
14 ὕστερον (1-11) adv. later, then, thereafter
  ἀνάκειμαι (3-14) recline
  ἔνδεκα (1-6) eleven
  φανερόω (3-49) reveal, show
  ὀνειδίζω (2-9) reproach
  ἀπιστία, ἡ (3-11) unbelief
  σκληροκαρδία, ἡ (2-3) hardness of heart, obstinacy
  θεάομαι (2-22) behold

15 ἅπας (4-32) all
κτίσις, ἡ (3-19) creature, creation

17 ἀπιστέω (2-8) disbelieve
κατακρίνω (3-16) condemn
παρακολουθέω (1-4) follow, accompany
καινός (5-42) new

18 ὄφις, ἡ (1-14) serpent
θανάσιμος (1-1) deadly
βλάπτω (1-2) harm, injure
ἄρρωστος (3-5) sick, ill

19 ἀναλαμβάνω (1-13) take up

20 πανταχοῦ (2-7) everywhere
συνεργέω (1-5) work with, cooperate
βεβαιόω (1-8) confirm, establish, secure

ἐπακολουθέω (1-4) follow, come after

παραγγέλλω (2-30) instruct, command

συντόμως (0-1) in a short time, promptly

ἐξαγγέλλω (0-1) proclaim, report

ἀνατολή, ἡ (0-10) east, sunrising

ἄχρι (0-48) until

δύσις, ἡ (0-0) west, setting

ἐξαποστέλλω (0-13) send out, send away

ἄφθαρτος (0-7) imperishable, immortal

κήρυγμα, τό (0-8) proclamation, announcement

σωτηρία, ἡ (0-45) salvation

Mark 16:9-20 was not originally a part of Mark but the words found therein are included in the frequency statistics as any of the words before this section. This means that the total number of occurrences of these words includes their occurrence in this section for the book as well as the New Testament. However, the words in the shorter ending are not counted among the words in Mark or the New Testament.

THE GOSPEL OF LUKE

SPECIAL VOCABULARY

ἀγρός, ὁ (9-35) field, country, farm
ἀκάθαρτος (6-31) impure, unclean
ἁμαρτωλός (18-47) sinful, subst. sinner
ἀμπελών, ὁ (7-23) vineyard
ἀναβλέπω (7-25) look up, see again; gain sight
ἀνάστασις, ἡ (6-42) rise; resurrection
ἄξιος (8-41) corresponding, comparable, worthy, fit
ἀπαγγέλλω (11-46) report, announce, tell; proclaim
ἅπας (11-32) whole, all, every
ἀποδίδωμι (8-47) give away, give out, pay; bestow, give back, render, reward
ἅπτω (13-39) light, kindle; mid. touch, take hold of, hold
ἄρα (6-49) then, so, consequently
ἄρχων, ὁ (8-37) ruler, lord, prince
γαμέω (6-28) marry
γέ (8-31) encl. part. oft. untrans. at least, even, indeed
γενεά, ἡ (15-43) generation, age; clan, race, family
γονεύς, ὁ (6-20) only pl. parents
δέκα (11-25) ten
δένδρον, τό (7-25) tree
δέομαι (8-22) ask, beg
διακονέω (8-36) serve, wait on someone, care for, help
διαλογίζομαι (6-16) consider, ponder, reason; consider and discuss, argue
διαλογισμός, ὁ (6-14) thought, opinion, reasoning; doubt, dispute, argument
διαμερίζω (6-11) divide, separate; distribute
διέρχομαι (10-42) go through, go about
ἐγγίζω (18-42) approach, come near
ἔλεος, τό (6-27) mercy, compassion, pity
ἔμπροσθεν (10-48) before, in front of, forward

ἐπαίρω (6-19) lift up, hold up
ἐπιγινώσκω (7-44) know, understand, recognize; know exactly
ἐπιδίδωμι (6-10) give, hand over, deliver; give up, surrender
ἐπιστάτης, ὁ (7-7) master
ἐπιστρέφω (7-36) turn, turn back, return
ἐπιτιμάω (12-29) rebuke, reprove, censure, warn
ἔρημος (10-47) abandoned, desolate; subst. desert, wilderness
ἑτοιμάζω (14-41) prepare
ἔτος, τό (15-49) year
εὐθέως (6-33) immediately, at once
εὐλογέω (13-42) praise, bless, consecrate, provide with benefits
εὐφραίνω (6-14) gladden, cheer; pass. be glad, rejoice, enjoy oneself
ἐφίστημι (7-21) pres. and aor. stand by or near, approach, appear; pft. stand by, be present, stand before, be over
ἐχθρός (8-32) hostile, hated; subst. enemy
θαυμάζω (12-42) wonder, marvel, admire
θεραπεύω (14-43) heal
θυγάτηρ, ἡ (9-28) daughter
ἰάομαι (11-26) heal, cure
ἱκανός (9-40) sufficient, adequate; large, much; fit, appropriate, competent, qualified, able
ἰσχύω (8-28) be strong, powerful; be in good health, have power, be competent, be able; have meaning, be valid
ἰχθύς, ὁ (7-20) fish
καθαρίζω (7-31) purify, cleanse
καθίζω (7-45) sit down; cause to sit, appoint
κεῖμαι (6-24) lie, recline; be appointed, set, destined; be given, exist, be valid; occur, appear
κλαίω (11-38) weep, cry

49

Lk Special Vocabulary

κοιλία, ἡ (8-23) body cavity, belly, stomach, womb
κριτής, ὁ (6-19) judge
κωλύω (6-23) hinder, prevent, forbid; refuse, deny
κωμή, ἡ (12-27) village, small town
λύχνος, ὁ (6-14) lamp
λύω (7-42) loose, untie; set free; break, destroy
μείζων (7-48) greater
μετανοέω (9-34) repent, feel remorse, be converted
μήποτε (7-25) lest, whether, perhaps
μιμνήσκομαι (6-23) remember, care for, recall to mind
μισέω (7-39) hate, detest, abhor
μνᾶ, ἡ (9-9) mina-100 drachmas (18-20 dollars)
μνημεῖον, τό (7-37) monument, memorial; grave, tomb
νέος (7-23) new, fresh, young
νομικός (6-9) pertaining to the law, learned in the law; subst. ὁ νομ. legal expert, jurist, lawyer
οἰκοδομέω (12-40) build, restore, edify
οἶνος, ὁ (6-34) wine
ὀλίγος (6-40) few, little, small, short
ὅμοιος (9-45) of the same nature, like, similar
ὁμοίως (11-31) likewise, so, similarly, in the same way
ὀπίσω (7-35) behind, back, after
οὐαί (15-45) woe
οὖς, ὠτός, τό (7-36) ear
παῖς, ὁ, ἡ (9-24) boy, girl, youth, servant
παραγίνομαι (8-36) come, arrive, be present; appear; stand by
παραλαμβάνω (6-49) take along, receive
παραχρῆμα (10-18) at once, immediately
παρέρχομαι (9-29) go by, pass by; pass away, disappear; transgress, neglect; go through
πάσχα, τό (7-29) Passover
πάσχω (6-40) suffer
πειρασμός, ὁ (6-21) test, trial, temptation
πέντε (9-38) five
πίμπλημι (13-24) fill, fulfill

πλῆθος, τό (8-31) large number, multitude, crowd, assembly, people, fellowship
πλήν (15-31) but, only, nevertheless, however; except
πλούσιος (11-28) rich, wealthy
ποῖος (8-32) of what kind? which? what?
πόσος (6-27) how great, how much, how many
ποῦ (7-47) where
πράσσω (6-39) do, accomplish
πρό (7-47) before
προσδοκάω (6-16) wait for, look for, expect
προστίθημι (7-18) add, put to; Hebr. again, further
πτωχός (10-34) poor, miserable, impotent
πωλέω (6-22) sell
σήμερον (11-41) adv. today
σταυρόω (6-46) crucify
στρέφω (7-21) turn; pass. turn around, turn toward
συλλαμβάνω (7-16) conceive; seize, grasp; support, help
συνέχω (6-12) hold together, sustain; stop; crowd; seize, attack, distress, urge on
τελώνης, ὁ (10-21) tax collector
τρίτος (9-48) third
ὑποστρέφω (21-35) turn back, return
ὕψιστος (7-13) most high, exalted
ὑψόω (6-20) lift up, raise high, exalt
φίλος, ὁ (15-29) beloved, loving; subst. friend
φόβος, ὁ (7-47) fear, alarm, fright; terror
φυλακή, ἡ (8-46) watch, guard, prison, watch (of night)
φυλάσσω (6-31) watch, guard, protect, keep
φωνέω (10-42) produce a sound; call or cry out, speak loudly; call, summon
χήρα, ἡ (9-26) widow
χρεία, ἡ (7-49) need
χώρα, ἡ (9-28) country, land, district, field
ὡσεί (9-21) as, like; with numbers-about

CHAPTER 1

1 ἐπειδήπερ (1-1) inasmuch as, since
ἐπιχειρέω (1-3) set one's hand to, attempt, try
ἀνατάσσομαι (1-1) repeat in proper order; διήγησις ἀν. reproduce a narrative
διήγησις, ἡ (1-1) narrative, account
πληροφορέω (1-6) fulfill, accomplish
πρᾶγμα, τό (1-11) deed, act, matter

2 αὐτόπτης, ὁ (1-1) eye-witness
ὑπηρέτης, ὁ (2-20) minister, servant, helper

3 παρακολουθέω (1-4) investigate, follow, trace
ἄνωθεν (1-13) from the beginning, from above, again, anew
ἀκριβῶς (1-9) accurately, carefully
καθεξῆς (2-5) successively, in order
κράτιστος (1-4) most excellent, noblest

4 κατηχέω (1-8) instruct, inform
ἀσφάλεια, ἡ (1-3) certainty, truth, firmness

5 ἱερεύς, ὁ (5-31) priest
ἐφημερία, ἡ (2-2) class or division

6 ἀμφότεροι (5-14) both
ἐναντίον (3-5) before
δικαίωμα, τό (1-10) requirement, commandment
ἄμεμπτος (1-2) blameless, free from fault

7 καθότι (2-6) because, in view of the fact that; as, to the degree that
στεῖρα, ἡ (3-4) barren, incapable of bearing children; adj. and noun
προβαίνω (3-5) go forward, advance

8 ἱερατεύω (1-1) hold office or perform service of a priest
τάξις, ἡ (1-9) order, fixed succession
ἐφημερία, ἡ (2-2) class, division
ἔναντι (1-2) before, opposite

9 ἔθος, τό (3-12) custom, law, habit
ἱερατεία, ἡ (1-2) priestly office or service
λαγχάνω (1-4) be appointed by lot, receive
θυμιάω (1-1) burn incense
ναός, ὁ (4-45) temple

10 θυμίαμα, τό (2-6) incense

11 ὤφθη aor. pass. of ὁράω, appear
ἑστώς perf. part. of ἵστημι used w. pres. meaning
θυσιαστήριον, τό (2-23) altar

12 ταράσσω (2-17) disturb, unsettle
ἐπιπίπτω (2-11) come upon, fall upon, approach

13 διότι (3-24) because, wherefore
εἰσακούω (1-5) hear, listen to, obey
δέησις, ἡ (3-18) entreaty, prayer

14 ἀγαλλίασις, ἡ (2-5) exultation, gladness
γένεσις, ἡ (1-5) birth

15 σίκερα, τό (1-1) strong drink

17 προέρχομαι (2-9) go forward, proceed
ἀπειθής (1-6) disobedient
φρόνησις, ἡ (1-2) way of thinking, mind, understanding
κατασκευάζω (2-11) prepare, make ready; build

18 πρεσβύτης, ὁ (1-3) old man
προβαίνω (3-5) advance, go forward

20 σιωπάω (2-10) be silent
ἄχρι (4-48) until
ἀνθ' ὧν (4-22) because, in return for which

21 χρονίζω (2-5) stay a long time, delay, linger
ναός, ὁ (4-45) temple

22 ὀπτασία, ἡ (2-4) vision
διανεύω (1-1) nod, beckon
διαμένω (2-5) remain
κωφός (4-14) dumb

23 λειτουργία, ἡ (1-6) service, ministry

24 περικρύβω (1-1) hide, conceal
μήν, ὁ (5-18) month

25 ἐπιδεῖν (1-2) look upon, consider
ἀφελεῖν 2 aor. inf. of ἀφαιρέω (4-10) take away
ὄνειδος, τό (1-1) reproach

26 μήν, ὁ (5-18) month

ἔκτος (3-14) sixth
27 παρθένος, ἡ (2-15) virgin
μνηστεύω (2-3) betroth
28 χαῖρε – hail, welcome fr. χαίρω
χαριτόω (1-2) bestow favor
upon, favor highly
29 διαταράσσω (1-1) confuse, per-
plex (greatly)
ποταπός (2-7) what sort of
εἴη pres. opt. of εἰμί
ἀσπασμός, ὁ (5-10) greeting
31 γαστήρ, ἡ (2-9) womb; ἐν γ.
συλλαμβάνειν conceive
τίκτω (5-18) bear, give birth to
33 βασιλεύω (3-21) reign, rule
τέλος, τό (4-41) end
34 ἐπεί (1-26) since
35 ἐπέρχομαι (3-9) come over or
upon, appear, approach
ἐπισκιάζω (2-5) overshadow,
cover
36 συγγενίς, ἡ (1-1) kinswoman
γῆρας, τό (1-1) old age
μήν, ὁ (5-18) month
ἔκτος (3-14) sixth
στεῖρα, ἡ (3-4) barren, incapable
of bearing children; adj. and
noun
37 ἀδυνατέω (1-2) be powerless,
impossible
38 δούλη, ἡ (2-3) female slave,
bondmaid
γένοιτο aor. opt. of γίνομαι
39 ὀρεινός (2-2) hilly, mountainous;
ἡ ὀρ. hill country
σπουδή, ἡ (1-12) haste, speed;
diligence
41 ἀσπασμός, ὁ (5-10) greeting
σκιρτάω (3-3) leap, spring about
βρέφος, τό (5-8) unborn child;
baby, infant
42 ἀναφωνέω (1-1) cry out
κραυγή, ἡ (1-6) shout, clamor,
crying
43 πόθεν (4-29) whence
44 ἀσπασμός, ὁ (5-10) greeting
σκιρτάω (3-3) leap, skip about
ἀγαλλίασις, ἡ (2-5) exultation,
gladness
βρέφος, τό (5-8) unborn child;
baby
45 τελείωσις, ἡ (1-2) fulfillment,
perfection
46 μεγαλύνω (2-8) exult, glorify,

extol; magnify, make great
47 ἀγαλλιάζω (2-11) exult, rejoice
σωτήρ, ὁ (2-24) Savior
48 ἐπιβλέπω (2-3) look upon, con-
sider
ταπείνωσις, ἡ (1-4) humiliation,
humble station
δούλη, ἡ (2-3) female slave,
bondmaid
μακαρίζω (1-2) call or consider
blessed, happy
49 δυνατός (4-32) mighty, powerful
51 κράτος, τό (1-12) might, strength
βραχίων, ὁ (1-3) arm
διασκορπίζω (3-9) scatter, waste
ὑπερήφανος (1-5) arrogant,
proud
διάνοια, ἡ (2-12) understanding,
mind
52 καθαιρέω (3-9) take down, pull
down, destroy
δυνάστης, ὁ (1-3) ruler, sovereign
ταπεινός (1-8) low, poor, undis-
tinguished
53 πεινάω (5-23) be hungry
ἐμπίμπλημι (2-5) fill, satisfy
πλουτέω (2-12) be rich
ἐξαποστέλλω (4-13) send out,
send away
κενός (3-18) empty
54 ἀντιλαμβάνω (1-3) help, take
part in
55 σπέρμα, τό (2-44) descendants,
offspring
56 μήν, ὁ (5-18) month
57 τίκτω (5-18) bear, give birth to
58 περίοικος (1-1) living around;
subst. neighbor
συγγενής (3-9) related; subst.
kinsman, fellow countryman
μεγαλύνω (2-8) exalt, glorify,
extol; make great
συγχαίρω (3-7) rejoice with, feel
with; congratulate
59 ὄγδοος (1-5) eighth
περιτέμνω (2-11) circumcise
61 συγγένεια, ἡ (1-3) relationship;
relatives
62 ἐννεύω (1-1) nod, make a sign to
63 πινακίδιον, τό (1-1) little tablet
65 περιοικέω (1-1) live around
ὀρεινός (2-2) hilly; mountain-
ous; ἡ ὀρ. hill country
διαλαλέω (2-2) discuss

67 προφητεύω (2-28) prophesy
68 εὐλογητός (1-8) blessed
   ἐπισκέπτομαι (3-11) visit, care for, look at
   λύτρωσις, ἡ (2-3) ransoming, redemption
69 κέρας, τό (1-11) horn
   σωτηρία, ἡ (4-45) salvation
71 σωτηρία, ἡ (4-45) salvation
72 διαθήκη, ἡ (2-33) covenant
73 ὅρκος, ὁ (1-10) oath
   ὀμνύω (1-26) swear, make an oath
74 ἀφόβως (1-4) without fear
   ῥύομαι (1-16) rescue, deliver
   λατρεύω (3-21) serve
75 ὁσιότης, ἡ (1-2) piety, holiness
76 προπορεύομαι (1-2) go on before
77 γνῶσις, ἡ (2-29) knowledge
   σωτηρία, ἡ (4-45) salvation
   ἄφεσις, ἡ (5-17) pardon, forgiveness
78 σπλάγχνον, τό (1-11) inward parts, heart, affection; σπλ. ἐλέους merciful heart
   ἐπισκέπτομαι (3-11) visit, care for, look at
   ἀνατολή, ἡ (2-10) rising, sunrising
   ὕψος, τό (2-6) high, heaven
79 ἐπιφαίνω (1-4) show, appear
   σκότος, τό (4-30) darkness
   σκιά, ἡ (1-7) shadow, shade
   κατευθύνω (1-3) lead, make straight, direct
80 αὐξάνω (3-22) increase, grow
   κραταιόω (2-4) strengthen; pass. become strong
   ἀνάδειξις, ἡ (1-1) commissioning, installation

CHAPTER 2

1 δόγμα, τό (1-5) decree, ordinance, command
   ἀπογράφω (3-4) register, record
   οἰκουμένη, ἡ (3-15) inhabited earth, world
2 ἀπογραφή, ἡ (1-2) census, registration
   ἡγεμονεύω (2-2) be governor, leader, command
3 ἀπογράφω (3-4) register, record

4 πατριά, ἡ (1-3) family; clan, nation
5 ἀπογράφω (3-4) register, record
   μνηστεύω (2-3) betroth
   ἔγκυος (1-1) pregnant
6 τίκτω (5-18) bear, give birth to
7 πρωτότοκος (1-8) first-born
   σπαργανόω (2-2) wrap in (swaddling) cloths
   ἀνακλίνω (3-6) lay down, put to bed
   φάτνη, ἡ (4-4) manger
   κατάλυμα, τό (2-3) inn, lodging place
8 ποιμήν, ὁ (4-18) shepherd
   ἀγραυλέω (1-1) live out of doors
   ποίμνη, ἡ (1-5) flock
9 περιλάμπω (1-2) shine around
11 τίκτω (5-18) bear, give birth to
   σωτήρ, ὁ (2-24) Savior
12 βρέφος, τό (5-8) infant, baby; unborn child
   σπαργανόω (2-2) wrap in (swaddling) cloths
   φάτνη, ἡ (4-4) manger
13 ἐξαίφης (2-5) suddenly
   στρατιά, ἡ (1-2) army
   αἰνέω (3-8) praise
14 εὐδοκία, ἡ (2-9) good pleasure, good will
15 ποιμήν, ὁ (4-18) shepherd
   δή (1-5) now, then; indeed
   γνωρίζω (2-26) make known
16 σπεύδω (3-6) hasten
   ἀνευρίσκω (1-2) look or search for
   βρέφος, τό (5-8) baby, infant; unborn child
   φάτνη, ἡ (4-4) manger
17 γνωρίζω (2-26) make known
18 ποιμήν, ὁ (4-18) shepherd
19 συντηρέω (1-3) hold or treasure up
   συμβάλλω (2-6) consider, ponder; converse, meet with
20 ποιμήν, ὁ (4-18) shepherd
   αἰνέω (3-8) praise, extol
21 ὀκτώ (3-8) eight
   περιτέμνω (2-11) circumcise
22 καθαρισμός, ὁ (2-7) purification, cleansing
   ἀνάγω (3-23) lead or bring up
   παρίστημι (3-41) present, stand by

23 ἄρσην (1-9) male
διανοίγω (4-8) open up
μήτρα, ἡ (1-2) womb
24 θυσία, ἡ (2-28) sacrifice
εἰρημένον pft. of εἶπον
ζεῦγος, τό (2-2) yoke, pair
τρυγών, ἡ (1-1) turtle dove
νοσσός, ὁ (1-1) young bird
περιστερά, ἡ (2-10) dove
25 εὐλαβής (1-4) devout, religious, pious
προσδέχομαι (5-14) wait for, expect; receive
παράκλησις, ἡ (2-29) consolation, comfort
26 χρηματίζω (1-9) reveal, impart revelation
πρίν (2-13) before
27 εἰσάγω (3-11) bring or lead in
ἐθίζω (1-1) accustom, τὸ εἰθισμένον – the established custom
28 ἀγκάλη, ἡ (1-1) arm
29 δεσπότης, ὁ (1-10) lord, master
30 σωτήριον, τό (2-4) deliverance, fr. adj. saving
32 ἀποκάλυψις, ἡ (1-18) revelation
34 πτῶσις, ἡ (1-2) falling, fall
ἀντιλέγω (2-9) contradict, oppose
35 ῥομφαία, ἡ (1-7) sword
ἀποκαλύπτω (5-26) reveal
36 προφῆτις, ἡ (1-2) prophetess
φυλή, ἡ (2-31) tribe
προβαίνω (3-5) advance, go forward
παρθενία, ἡ (1-1) virginity
37 ὀγδοήκοντα (2-2) eighty
τέσσαρες (1-41) four
ἀφίστημι (4-14) go away, withdraw
νηστεία, ἡ (1-5) fasting, fast
δέησις, ἡ (3-18) entreaty, prayer
λατρεύω (3-21) serve
38 ἀνθομολογέομαι (1-1) praise, thank
προσδέχομαι (5-14) wait for, expect, receive
λύτρωσις, ἡ (2-3) redemption
39 τελέω (4-28) complete, finish, perform
40 αὐξάνω (3-22) grow, increase
κραταιόω (2-4) strengthen; pass. become strong
41 ἑορτή, ἡ (3-25) feast, festival

42 ἔθος, τό (3-12) custom, law, habit
43 τελειόω (2-23) complete, accomplish, fulfill, perfect
ὑπομένω (1-17) remain
44 νομίζω (2-15) consider, think, believe
συνοδία, ἡ (1-1) caravan, group of travellers
ἀναζητέω (2-3) look, search for
συγγενής (3-9) related; subst. relatives
γνωστός (2-15) known; subst. acquaintance
46 καθέζομαι (1-7) sit
47 ἐξίστημι (3-17) be amazed, lose one's mind
σύνεσις, ἡ (1-7) understanding
ἀπόκρισις, ἡ (2-4) answer
48 ἐκπλήσσω (3-13) only pass. be amazed
ὀδυνάω (3-4) cause pain; pass. feel pain, suffer pain
50 συνίημι (4-26) understand
51 ὑποτάσσω (3-38) subject, subordinate
διατηρέω (1-2) keep, treasure
52 προκόπτω (1-6) advance, progress
ἡλικία, ἡ (3-8) stature, age

CHAPTER 3

1 πεντεκαιδέκατος (1-1) fifteen
ἡγεμονία, ἡ (1-1) chief command, direction, management
ἡγεμονεύω (2-2) be governor, leader
τετρααρχέω (3-3) be tetrarch
3 περίχωρος (5-9) neighboring; subst. region around
βάπτισμα, τό (4-20) baptism
μετάνοια, ἡ (5-22) repentance
ἄφεσις, ἡ (5-17) forgiveness, pardon
4 βίβλος, ὁ (2-10) book
βοάω (4-12) cry
εὐθύς, -εῖα (2-8) straight, direct
τρίβος, ἡ (1-3) path
5 φάραγξ, ἡ (1-1) chasm, valley
βουνός, ὁ (2-2) hill
ταπεινόω (5-14) make low, humble

54

σκολιός (1-4) crooked, unscrupulous
τραχύς (1-2) rough, uneven
λεῖος (1-1) smooth
6 σωτήριον, τό (2-4) deliverance, fr. adj. saving
7 ἐκπορεύομαι (3-33) go out, go away, proceed
γέννημα, τό (1-4) offspring, child
ἔχιδνα, ἡ (1-5) viper
ὑποδείκνυμι (3-6) make known, show
φεύγω (3-29) flee
ὀργή, ἡ (2-36) wrath, anger
8 μετάνοια, ἡ (5-22) repentance
9 ἀξίνη, ἡ (1-2) axe
ῥίζα, ἡ (2-16) root
ἐκκόπτω (3-10) cut off or down
11 χιτών, ὁ (3-11) tunic, shirt
μεταδίδωμι (1-5) give a share, impart
βρῶμα, τό (2-17) food
13 διατάσσω (4-16) order, direct, command
14 στρατεύω (1-7) serve as soldier
διασείω (1-1) extort money by violence
συκοφαντέω (2-2) harass, annoy, accuse falsely, slander, extort
ἀρκέω (1-8) be enough, sufficient, adequate; pass. be satisfied
ὀψώνιον, τό (1-4) pay, wages, salary
15 εἴη 3 s. pres. opt. of εἰμί
16 ἰσχυρός (4-28) strong, mighty
ἱμάς, ὁ (1-4) thong, strap
ὑπόδημα, τό (4-10) sandal
17 πτύον, τό (1-2) winnowing shovel
διακαθαίρω (1-1) clean out
ἅλων, ἡ (1-2) threshing floor
σῖτος, ὁ (4-14) wheat
ἀποθήκη, ἡ (3-6) storehouse, granary
ἄχυρον, τό (1-2) chaff
κατακαίω (1-12) burn up
ἄσβεστος (1-3) inextinguishable
19 τετραάρχης, ὁ (2-4) tetrarch
ἐλέγχω (1-17) reprove, expose, convict
20 κατακλείω (1-2) shut up, lock up
22 σωματικός (1-2) bodily, corporeal
εἶδος, τό (2-5) form, appearance

περιστερά, ἡ (2-10) dove
εὐδοκέω (2-21) be well pleased, consent
23 τριάκοντα (1-11) thirty
νομίζω (2-15) think, consider

CHAPTER 4

1 πλήρης (2-16) full, filled
2 τεσσεράκοντα (1-22) forty
πειράζω (2-38) tempt, test
διάβολος, ὁ (5-37) adversary, devil
συντελέω (2-6) complete, finish, accomplish, bring to an end
πεινάω (5-23) hunger, be hungry
5 ἀνάγω (3-23) bring up, lead up
δείκνυμι (4-32) show, point out
οἰκουμένη, ἡ (3-15) world
στιγμή, ἡ (1-1) point; moment
6 διάβολος, ὁ (5-37) adversary, devil
8 λατρεύω (3-21) serve
9 πτερύγιον, τό (1-2) end, edge; pinnacle, summit
ἐντεῦθεν (2-9) from here
κάτω (1-9) down, below
10 ἐντέλλω (1-14) only mid. command, order
διαφυλάσσω (1-1) guard, protect
11 προσκόπτω (1-8) strike against, beat against
12 ἐκπειράζω (2-4) test, try, tempt
13 συντελέω (2-6) complete, finish, accomplish
διάβολος, ὁ (5-37) adversary, devil
ἀφίστημι (4-14) go away, withdraw, keep away
ἄχρι (4-48) until
14 φήμη, ἡ (1-2) report, news
περίχωρος (5-9) neighboring; subst. region around
16 τρέφω (3-9) rear, nourish, pass. grow up
εἰωθός, τό custom fr. ἔθω; plpf. εἰώθειν (1-4) be accustomed
ἀναγινώσκω (3-32) read
17 βιβλίον, τό (3-34) book
18 εἵνεκεν (5-26) on account of, because of
χρίω (1-5) anoint
αἰχμάλωτος, ὁ (1-1) captive

ἄφεσις, ἡ (5-17) forgiveness, pardon

ἀνάβλεψις, ἡ (1-1) recovery of sight

θραύω (1-1) break, weaken, oppress

19 ἐνιαυτός, ὁ (1-14) year

δεκτός (2-5) acceptable, welcome

20 πτύσσω (1-1) fold up, roll up

βιβλίον, τό (3-34) book

ὑπηρέτης, ὁ (2-20) servant, helper, assistant

ἀτενίζω (2-14) look intently

22 ἐκπορεύομαι (3-33) go out, go away; proceed

23 πάντως (1-8) by all means, certainly, probably, doubtless

ἰατρός, ὁ (2-6) physician

πατρίς, ἡ (2-8) homeland, home town

24 δεκτός (2-5) acceptable, welcome

25 κλείω (2-16) shut, lock, bar

μήν, ὁ (5-18) month

ἕξ (2-13) six

λιμός, ὁ (4-12) famine

27 λεπρός, ὁ (3-9) leper

28 θυμός, ὁ (1-18) anger, wrath, rage, passion

29 ὀφρῦς, ἡ (1-1) eyebrow, brow of hill

κατακρημνίζω (1-1) throw down a cliff

31 κατέρχομαι (2-15) come down

32 ἐκπλήσσω (3-13) only pass. be amazed

διδαχή, ἡ (1-30) teaching

33 ἀνακράζω (3-5) cry out

34 ἔα (1-1) ah! ha!

35 φιμόω (1-7) put to silence, muzzle

ῥίπτω (2-8) put or lay down, throw

βλάπτω (1-2) hurt, injure

36 θάμβος, τό (2-3) amazement, wonder

συλλαλέω (3-6) talk or discuss with

ἐπιτάσσω (4-10) order, command

37 ἐκπορεύομαι (3-33) go out, go away; proceed

ἦχος, ὁ (2-4) report, news, sound

περίχωρος (5-9) neighboring; subst. region around

38 πενθερά, ἡ (3-6) mother-in-law

πυρετός, ὁ (2-6) fever

39 ἐπάνω (5-18) above, over

40 δύνω (1-2) go down, set

ἥλιος, ὁ (3-32) sun

ἀσθενέω (1-33) be sick, be weak

νόσος, ἡ (4-11) disease, sickness

ποικίλος (1-10) various, manifold

ἐπιτίθημι (5-40) put or place upon

41 κραυγάζω (1-9) cry out, cry for help, scream

εἴα impft. 3 s. act. of ἐάω (2-11) permit, allow

42 ἐπιζητέω (2-13) search for, seek after

κατέχω (3-17) hold back, hinder, prevent from going away; restrain, hold fast

CHAPTER 5

1 ἐπίκειμαι (2-7) press upon, be urgent, lie upon

λίμνη, ἡ (5-11) lake

2 πλοιάριον, τό (1-6) small ship, boat

ἁλιεύς, ὁ (1-5) fisherman

ἀποβαίνω (2-4) go away, get out; turn out

πλύνω (1-3) wash

δίκτυον, τό (4-12) net

3 ἐμβαίνω (3-17) embark, go into

ἐπανάγω (2-3) put out to sea, return

4 παύω (3-15) make to cease; mid. cease, stop

βάθος, τό (1-8) depth, the deep sea

χαλάω (2-7) let down

δίκτυον, τό (4-12) net

ἄγρα, ἡ (2-2) catch, catching

5 κοπιάω (1-22) labor, toil

6 συγκλείω (1-4) enclose, hem in; confine

διαρήσσω (2-5) tear; shatter, destroy

δίκτυον, τό (4-12) net

7 κατανεύω (1-1) signal by a nod

56

μέτοχος, ὁ (1-6) partner
ἀμφότεροι (5-14) both
βυθίζω (1-2) sink
8 προσπίπτω (3-8) fall down before, fall upon
γόνυ, τό (2-12) knee
9 θάμβος, τό (2-3) astonishment, fear
περιέχω (1-2) seize, befall; surround, encircle
ἄγρα, ἡ (2-2) catch, catching
10 κοινωνός, ὁ (1-10) partner
ζωγρέω (1-2) capture alive
11 κατάγω (1-9) lead or bring down
12 πλήρης (2-16) full, filled
λέπρα, ἡ (2-4) leprosy
13 ἐκτείνω (3-16) stretch out, extend
λέπρα, ἡ (2-4) leprosy
14 παραγγέλλω (4-30) order, command, instruct
δείκνυμι (4-32) show, reveal
ἱερεύς, ὁ (5-31) priest
προσφέρω (4-47) offer, bring to
καθαρισμός, ὁ (2-7) purification, cleansing
προστάσσω (1-7) command, order
μαρτύριον, τό (3-20) witness, testimony
15 συνέρχομαι (2-30) come together, gather
ἀσθένεια, ἡ (4-24) sickness
16 ὑποχωρέω (2-2) go back, retreat, withdraw
17 νομοδιδάσκαλος, ὁ (1-3) teacher of the law
18 κλίνη, ἡ (3-8) bed
παραλύω (2-5) weaken, disable; subst. perf. part. ὁ π. paralytic
εἰσφέρω (4-8) bring in
19 ποίας (ὁδοῦ) by what way
δῶμα, τό (3-7) roof
κέραμος, ὁ (1-1) roof tile, clay
καθῆκαν aor. act. ind. of καθίημι (1-4) let down
κλινίδιον, τό (2-2) pallet, stretcher
21 βλασφημία, ἡ (1-18) blasphemy, slander
23 εὔκοπος (3-7) easy
24 παραλύω (2-5) weaken, disable; ὁ παραλ. paralytic

κλινίδιον, τό (2-2) pallet, stretcher
25 κατάκειμαι (3-12) recline
26 ἔκστασις, ἡ (1-7) amazement, astonishment
παράδοξος (1-1) contrary to opinion or expectation, strange, wonderful
27 θεάομαι (3-22) behold, see
τελώνιον, τό (1-3) tax office
28 καταλείπω (4-23) leave behind
29 δοχή, ἡ (2-2) banquet, reception
κατάκειμαι (3-12) recline
30 γογγύζω (1-8) murmur, complain
31 ὑγιαίνω (3-12) be sound, healthy
ἰατρός, ὁ (2-6) physician
κακῶς (2-16) badly; κ. ἔχειν be ill, sick
32 μετάνοια, ἡ (5-22) repentance
33 νηστεύω (4-20) fast
πυκνός (1-3) frequent, numerous; neut. pl. = adv. frequently
δέησις, ἡ (3-18) entreaty, prayer
34 νυμφών, ὁ (1-4) bridal chamber; οἱ υἱοὶ τ. ν. – bridegroom's attendants
νυμφίος, ὁ (2-16) bridegroom
35 ἀπαίρω (1-3) take away
νυμφίος, ὁ (2-16) bridegroom
νηστεύω (4-20) fast
36 ἐπίβλημα, τό (2-4) patch
καινός (5-42) new
σχίζω (3-11) tear apart, tear off, split
ἐπιβάλλω (5-18) lay on, put on
παλαιός (5-19) old
εἰ δὲ μή if not, otherwise
συμφωνέω (1-6) fit in with, watch with, agree with
37 ἀσκός, ὁ (4-12) leather bag, wineskin
ῥήγνυμι (2-7) tear, break, burst
ἐκχύνω (3-11) pour out, spill out
38 βλητέος (1-1) vb. adj. must be put
39 παλαιός (5-19) old
χρηστός (2-7) good, pleasant, useful

CHAPTER 6

1 διαπορεύομαι (3-5) go through

57

σπόριμος (1-3) sown; subst. τὰ σπόριμα grain fields
τίλλω (1-3) pluck, pick
στάχυς, ὁ (1-5) ear of grain
ψώχω (1-1) rub
2 ἔξεστι (5-31) it is proper, right
3 ἀναγινώσκω (3-32) read
ὁπότε (1-1) when
πεινάω (5-23) be hungry
4 πρόθεσις, ἡ (1-12) setting forth, presentation
ἔξεστι (5-31) it is proper, right
ἱερεύς, ὁ (5-31) priest
6 ξηρός (3-8) withered, dry
7 παρατηρέω (3-6) watch closely, observe
κατηγορέω (4-22) accuse
8 ξηρός (3-8) dry, withered
9 ἔξεστι (5-31) it is proper, right
ἀγαθοποιέω (3-8) do good
κακοποιέω (1-4) do evil
10 περιβλέπω (1-7) only mid. look around
ἐκτείνω (3-16) stretch, extend
ἀποκαθίστημι (1-8) restore
11 ἄνοια, ἡ (1-2) fury, folly
διαλαλέω (2-2) discuss
ποιήσαιεν aor. opt. 3 pl. ποιέω
12 διανυκτερεύω(1-1)spend the night
προσευχή, ἡ (3-36) prayer
13 προσφωνέω (4-7) call to oneself, address
ἐκλέγομαι (4-22) choose, select
ὀνομάζω (2-9) name
15 ζηλωτής, ὁ (1-8) zealot, enthusiast
16 προδότης, ὁ (1-3) betrayer
17 πεδινός (1-1) flat, level
παράλιος, ἡ (1-1) by the sea; subst. ἡ π. sea coast
18 νόσος, ὁ (4-11) disease, sickness
ἐνοχλέω (1-2) trouble, annoy
20 ὑμέτερος (1-10) your
21 πεινάω (5-23) hunger, be hungry
χορτάζω (3-15) fill, satisfy
γελάω (2-2) laugh
22 ἀφορίζω (1-10) exclude, excommunicate, separate
ὀνειδίζω (1-9) reproach
ἕνεκα (5-26) because, on account of
23 σκιρτάω (3-3) leap, spring about
μισθός, ὁ (3-29) reward, pay, wages

24 ἀπέχω (4-19) receive in full, be distant
παράκλησις, ἡ (2-29) consolation, encouragement
25 ἐμπίπλημι (2-5) fill, satisfy
πεινάω (5-23) hunger, be hungry
γελάω (2-2) laugh
πενθέω (1-10) weep
26 καλῶς (4-37) well, rightly
ψευδοπροφήτης, ὁ (1-11) false prophet
28 καταράομαι (1-5) curse
ἐπηρεάζω (1-2) threaten, mistreat, abuse
29 τύπτω (4-13) strike, beat
σιαγών, ἡ (1-2) cheek
παρέχω (4-16) present, offer, grant, cause
χιτών, ὁ (3-11) tunic, shirt
30 ἀπαιτέω (2-2) ask for, demand back
33 ἀγαθοποιέω (3-8) do good
34 δανείζω (3-4) lend; mid. borrow
ἐλπίζω (3-31) hope
ἀπολαμβάνω (4-9) receive, get back
ἴσος (1-8) equal amount
35 ἀγαθοποιέω (3-8) do good
δανείζω (3-4) lend; mid. borrow
ἀπελπίζω (1-1) expect nothing, despair
μισθός, ὁ (2-7) reward, pay, wages
χρηστός (2-7) kind, loving, good
ἀχάριστος (1-2) ungrateful
36 οἰκτίρμων (2-3) merciful, compassionate
37 καταδικάζω (2-5) condemn
38 μέτρον, τό (2-14) measure
πιέζω (1-1) press
σαλεύω (4-15) shake
ὑπερεκχύννω (1-1) pour out over; pass. to overflow
κόλπος, ὁ (3-6) fold of a garment; bosom, breast
μετρέω (1-11) measure
ἀντιμετρέω (1-1) measure in return
39 ὁδηγέω (1-5) lead, guide
ἀμφότεροι (5-14) both
βόθυνος, ὁ (1-3) pit
ἐμπίπτω (2-7) fall in
40 καταρτίζω (1-13) prepare, restore, complete

41 κάρφος, τό (3-6) speck, chip
δοκός, ἡ (3-6) beam of wood
κατανοέω (4-14) consider care-
fully, take note of
42 ὑποκριτής, ὁ (3-17) hypocrite
διαβλέπω (1-3) see clearly; look
intently
43 σαπρός (2-8) decayed, rotten
44 ἄκανθα, ἡ (4-14) thorn-plant
συλλέγω (1-8) gather up, collect
σῦκον, τό (1-4) fig
βάτος, ὁ (2-5) thorn-bush
σταφυλή, ἡ (1·3) bunch of grapes
τρυγάω (1-3) gather, pick
45 θησαυρός, ὁ (4-17) treasure,
storehouse
προφέρω (2-2) bring out, pro-
duce
περίσσευμα, τό (1-5) abundance
47 ὑποδείκνυμι (3-6) show, indicate,
prove
48 σκάπτω (3-3) dig
βαθύνω (1-1) make deep
θεμέλιος, ὁ (3-16) foundation
πέτρα, ἡ (3-15) rock
πλημμύρα, ἡ (1-1) flood, high-
water
προσρήσσω (2-2) burst upon,
break to pieces, shatter
ποταμός, ὁ (2-17) river, stream
σαλεύω (4-15) shake
καλῶς (4-37) well
49 χωρίς (1-41) without
συμπίπτω (1-1) collapse, fall in
ῥῆγμα, τό (1-1) wreck, ruin,
collapse

CHAPTER 7

1 ἐπειδή (2-10) when, after; since,
because
ἀκοή, ἡ (1-24) hearing
2 ἑκατονάρχης, ὁ (3-20) centurion
κακῶς (2-16) badly; κ. ἔχειν be
sick
τελευτάω (1-11) die
ἔντιμος (2-5) honored, respect-
ed; valuable
3 διασώζω (1-8) save, rescue
4 σπουδαίως (1-5) earnestly, with
haste
παρέχω (4-16) offer, grant,
cause; mid. grant

6 μακράν (2-10) far (away)
ἀπέχω (5-19) be distant; receive
in full
ἑκατονάρχης, ὁ (3-20) centurion
σκύλλω (2-4) trouble, bother,
annoy, harass
στέγη, ἡ (1-3) roof
7 ἀξιόω (1-7) consider worthy,
make worthy, consider fitt-
ing; ask
8 τάσσω (1-8) place, appoint,
order
στρατιώτης, ὁ (2-26) soldier
9 τοσοῦτος (2-10) so strong, so
great, so much
10 ὑγιαίνω (3-12) be in good health,
be well
11 ἑξῆς (2-5) adv. next. Here
χρόνῳ is to be supplied,
afterward
συμπορεύομαι (3-4) go with,
come together
12 πύλη, ἡ (1-10) gate
ἐκκομίζω (1-1) carry out
θνήσκω (2-9) to die
μονογενής (3-9) only, unique
13 σπλαγχνίζομαι (3-12) have pity,
feel sympathy
14 σορός, ἡ (1-1) coffin
βαστάζω (5-27) bear, carry
νεανίσκος, ὁ (1-11) young man,
youth
15 ἀνακαθίζω (1-2) sit up, upright
16 ἐπισκέπτομαι (3-11) be concern-
ed about; go to see, look at
17 περίχωρος (5-9) neighboring;
subst. region around
18 προσκαλέω (4-29) summon, call
on, call
20 βαπτιστής, ὁ (3-12) Baptist
21 νόσος, ὁ (4-11) sickness, disease
μάστιξ, ἡ (1-6) torment, suffer-
ing; lash, scourge
χαρίζομαι (3-23) grant as a
favor, give freely; forgive
22 χωλός (3-14) lame, crippled
λεπρός (3-9) leprous; subst.
leper
κωφός (4-14) dumb, mute
23 σκανδαλίζω (2-29) pass. be led
into sin, take offence; act.
cause to sin, give offence
24 θεάομαι (3-22) behold, see
κάλαμος, ὁ (1-12) reed
ἄνεμος, ὁ (4-31) wind

59

σαλεύω (4-15) shake
25 μαλακός (1-4) soft, effeminate
ἀμφιέννυμι (1-3) clothe, dress
ἱματισμός, ὁ (2-5) clothing, apparel
ἔνδοξος (2-4) glorious, splendid, honored
τρυφή, ἡ (1-2) luxury, splendor; indulgence
βασίλειος (1-2) royal; τὸ βασ. palace
26 ναί (4-34) yes, indeed
περισσότερος (4-16) greater, more
27 κατασκευάζω (2-11) make ready, prepare; build
28 γεννητός (1-2) begotten, born
μικρότερος (5-30) comp. of small, little, humble, used as superl.
29 βάπτισμα, τό (4-20) baptism
30 βουλή, ἡ (2-12) will, purpose
ἀθετέω (5-15) set aside, reject
31 ὁμοιόω (3-15) make like, compare
32 ἀγορά, ἡ (3-11) market-place
προσφωνέω (4-7) call to oneself, address
αὐλέω (1-3) play on flute
ὀρχέομαι (1-4) dance
θρηνέω (2-4) mourn, lament
33 βαπτιστής, ὁ (3-12) Baptist
34 φάγος, ὁ (1-2) glutton
οἰνοπότης, ὁ (1-2) wine-drinker
36 κατακλίνω (5-5) cause to sit down, sit down; pass. recline at table
37 κατάκειμαι (3-12) lie down, recline, dine
κομίζω (1-11) bring, mid. receive, get, recover
ἀλάβαστρος (1-4) alabaster; subst. alabaster flask
μύρον, τό (4-14) ointment, perfume
38 δάκρυον, τό (2-10) tear
βρέχω (3-7) wet, send rain
θρίξ, ἡ (4-15) hair
ἐκμάσσω (2-5) wipe off
καταφιλέω (3-6) kiss
ἀλείφω (3-9) anoint
39 ποταπός (2-7) what sort or kind
41 χρεοφειλέτης, ὁ (2-2) debtor
δανειστής, ὁ (1-1) money-lender
ὀφείλω (5-35) be obligated, owe

δηνάριον, τό (3-16) denarius, Roman coin about 18 cents
πεντακόσιοι (1-2) five hundred
πεντήκοντα (3-7) fifty
42 ἀμφότεροι (5-14) both
χαρίζομαι (3-23) forgive; give freely as a favor
43 ὑπολαμβάνω (2-5) assume, think, believe, take up; receive, welcome
ὀρθῶς (3-4) rightly, correctly
44 δάκρυον, τό (2-10) tear
βρέχω (3-7) wet, send rain
θρίξ, ἡ (4-15) hair
ἐκμάσσω (2-5) wipe off
45 φίλημα, τό (2-7) kiss
διαλείπω (1-1) stop, cease
καταφιλέω (3-6) kiss
46 ἔλαιον, τό (3-11) olive oil
ἀλείφω (3-9) anoint
μύρον, τό (4-14) ointment, perfume
47 χάριν (1-9) prep. for the sake of
49 συνανάκειμαι (3-7) recline with, eat with

CHAPTER 8

1 καθεξῆς (2-5) adv. in order; ἐν τῷ καθεξῆς afterward
διοδεύω (1-2) go, travel through
2 ἀσθένεια, ἡ (4-24) sickness, weakness
3 ἐπίτροπος, ὁ (1-3) manager, steward
τὰ ὑπάρχοντα one's belongings, possessions
4 σύνειμι (1-2) come together
ἐπιπορεύομαι (1-1) go or journey to
5 σπόρος, ὁ (2-5) seed
καταπατέω (2-5) trample under foot
πετεινόν, τό (4-14) bird
καταφάγω (2-9) 2 aor. of κατεσθίω devour, eat up
6 καταπίπτω (1-3) fall (down)
πέτρα, ἡ (3-15) rock
φύω (2-3) grow, come up
ξηραίνω (1-15) dry up, wither
ἰκμάς, ἡ (1-1) moisture
7 ἄκανθα, ἡ (4-14) thorn-plant
συμφύω (1-1) grow up with

ἀποπνίγω (2-3) choke
8 φύω (2-3) grow, come up
ἑκατονταπλασίων (1-2) hundred fold
9 εἴη pres. opt. of εἰμί
10 μυστήριον, τό (1-27) mystery
συνίημι (4-26) understand, perceive
12 σπόρος, ὁ (2-5) seed
εἶτα (1-13) then, next
διάβολος, ὁ (5-37) devil, adversary
13 πέτρα, ἡ (3-15) rock
ῥίζα, ἡ (2-16) root
ἀφίστημι (4-14) go away, fall away, become apostate
14 ἄκανθα, ἡ (4-14) thorn-plant
μέριμνα, ἡ (2-6) anxiety, worry, care
πλοῦτος, ὁ (1-22) riches
ἡδονή, ἡ (1-5) pleasure
βίος, ὁ (4-9) life
συμπνίγω (2-5) choke
τελεσφορέω (1-1) bear fruit to maturity
15 κατέχω (3-17) hold fast, take hold
καρποφορέω (1-8) bear fruit
ὑπομονή, ἡ (2-32) patience, endurance, fortitude
16 ἅπτω (13-39) kindle, light; mid. touch
καλύπτω (2-8) cover, hide, conceal
σκεῦος, τό (2-23) thing, object, vessel, dish
ὑποκάτω (1-11) under
κλίνη, ἡ (3-8) bed
λυχνία, ἡ (1-12) lampstand
17 κρυπτός (2-17) hidden
φανερός (2-18) open, plain, visible, evident
ἀπόκρυφος (1-3) hidden
19 συντυγχάνω (1-1) meet, join
22 ἐμβαίνω (3-17) embark, go in
πέραν (1-23) adv. on the other side
λίμνη, ἡ (5-11) lake
ἀνάγω (3-23) lead or bring up; mid. pass. put out to sea
23 πλέω (1-6) sail
ἀφυπνόω (1-1) fall asleep
λαῖλαψ, ἡ (1-3) whirlwind; λ. ἀνέμου – fierce gust of wind

ἄνεμος, ὁ (4-31) wind
συμπληρόω (2-3) fill completely
κινδυνεύω (1-4) be in danger
24 διεγείρω (2-6) arouse, awake
κλύδων, ὁ (1-2) rough water, waves
παύω (3-15) cause to stop; mid. cease, stop
γαλήνη, ἡ (1-3) calm
25 ἄνεμος, ὁ (4-31) wind
ἐπιτάσσω (4-10) command
ὑπακούω (2-21) obey
26 καταπλέω (1-1) sail down, sail toward
ἀντιπέρα (1-1) adv. opposite
27 ὑπαντάω (2-10) meet
ἐνδύω (4-28) clothe; mid. wear, put on
μνῆμα, τό (3-10) tomb, grave
28 ἀνακράζω (3-5) cry out
προσπίπτω (3-8) fall before
29 βασανίζω (1-12) torture, torment
παραγγέλλω (4-30) command, instruct, direct
συναρπάζω (1-4) seize, drag away
δεσμεύω (1-3) bind in chains
ἅλυσις, ἡ (1-11) chain
πέδη, ἡ (1-3) fetter, shackle
διαρήσσω (2-5) tear, break, shatter
δεσμός, ὁ (2-18) bond
ἐλαύνω (1-5) drive, advance
30 λεγιών, ἡ (1-4) legion; about 6000 soldiers
31 ἐπιτάσσω (4-10) command
ἄβυσσος, ἡ (1-9) abyss, depth, underworld
32 ἀγέλη, ἡ (2-7) herd
χοῖρος, ὁ (4-12) swine
βόσκω (3-9) feed, tend; pass. graze, feed
ἐπιτρέπω (4-18) allow, permit
33 ὁρμάω (1-5) set out, rush
κρημνός, ὁ (1-3) steep slope, cliff
λίμνη, ἡ (5-11) lake
ἀποπνίγω (2-3) choke; pass. drown
34 βόσκω (3-9) feed, tend; pass. graze, feed
φεύγω (3-29) flee
35 ἱματίζω (1-2) clothe, dress
σωφρονέω (1-6) be of a sound

mind, be reasonable, serious

36 δαιμονίζομαι (1-13) be possessed of a demon

37 περίχωρος (5-9) neighboring; subst. region around
ἐμβαίνω (3-17) embark, go in

39 διηγέομαι (2-8) tell, relate, describe

40 ἀποδέχομαι (2-7) welcome, receive, recognize

42 μονογενής (3-9) only
συμπνίγω (2-5) (crowd together and) choke

43 ῥύσις, ἡ (2-3) flow, flowing

44 ὄπισθεν (2-7) from behind, behind
κράσπεδον, τό (1-5) edge, border

45 ἀρνέομαι (4-32) deny
ἀποθλίβω (1-1) press upon, crowd

47 λανθάνω (1-6) escape notice, be hidden
τρέμω (1-3) tremble, quiver
προσπίπτω (3-8) fall before
αἰτία, ἡ (1-20) cause, reason

49 ἀρχισυνάγωγος, ὁ (2-9) leader of a synagogue
θνήσκω (2-9) to die
μηκέτι (1-21) no longer
σκύλλω (2-4) trouble, bother, annoy, harass

52 κόπτω (2-8) cut; mid. beat; mourn
καθεύδω (2-22) sleep

53 καταγελάω (1-3) deride, laugh scornfully at

54 κρατέω (2-47) take hold of, grasp

55 διατάσσω (4-16) order, direct, command

56 ἐξίστημι (3-17) be amazed, astonished
παραγγέλλω (4-30) command, instruct, direct

CHAPTER 9

1 συγκαλέω (4-8) call together, summon
νόσος, ὁ (4-11) sickness, disease

3 ῥάβδος, ἡ (1-11) rod, staff, stick
πήρα, ἡ (4-6) knapsack, traveller's bag
ἀργύριον, τό (4-21) silver, money

ἀνά (3-13) with numbers – each, apiece
χιτών, ὁ (3-11) tunic, shirt

4 ἐκεῖθεν (3-27) from there

5 κονιορτός, ὁ (2-5) dust
ἀποτινάσσω (1-2) shake off
μαρτύριον, τό (3-20) witness, testimony

6 πανταχοῦ (1-7) everywhere

7 τετραάρχης, ὁ (2-4) tetrarch
διαπορέω (1-4) be perplexed, at a loss

8 φαίνω (2-31) shine; pass. appear
ἀρχαῖος (2-11) ancient, old

9 ἀποκεφαλίζω (1-4) behead

10 διηγέομαι (2-8) tell, relate, describe
ὑποχωρέω (2-2) withdraw, retreat

11 ἀποδέχομαι (2-7) welcome, receive; recognize
θεραπεία, ἡ (2-3) healing, treatment

12 κλίνω (4-7) decline, be far spent; bend
κύκλῳ (1-8) adv. around, all around
καταλύω (3-17) find lodging, rest; throw down, destroy
ἐπισιτισμός, ὁ (1-1) provisions, food

13 μήτι (2-16) interrog. part. usu. left untranslated
ἀγοράζω (5-30) buy
βρῶμα, τό (2-17) food
πεντακισχίλιοι· (1-6) five thousand

14 κατακλίνω (5-5) cause to sit down, sit down
κλισία, ἡ (1-1) group of people eating together
ἀνά (3-13) with numbers – each, apiece
πεντήκοντα (3-7) fifty

16 καταλάω (1-2) break in pieces
παρατίθημι (5-19) set before

17 χορτάζω (3-15) fill, satisfy
περισσεύω (4-39) abound
κλάσμα, τό (1-9) fragment, piece
κόφινος, ὁ (1-6) basket

18 κατὰ μόνας alone fr. μόνος
σύνειμι (1-1) be with someone

19 βαπτιστής, ὁ (3-12) Baptist
ἀρχαῖος (2-11) ancient, old

21 παραγγέλλω (4-30) command, instruct, direct
22 ἀποδοκιμάζω (3-9) reject
23 ἀρνέομαι (4-32) deny
σταυρός, ὁ (3-27) cross
24 ἕνεκεν (5-26) because of, on account of
25 ὠφελέω (1-15) profit, gain, benefit
κερδαίνω (1-17) gain
ζημιόω (1-6) only pass. suffer damage or loss, forfeit
26 ἐπαισχύνομαι (2-11) be ashamed
27 ἀληθῶς (3-18) truly, really
γεύομαι (2-15) taste
28 ὀκτώ (3-8) eight
29 εἶδος, τό (2-5) form, outward appearance
ἱματισμός, ὁ (2-5) clothing, apparel
λευκός (1-24) white
ἐξαστράπτω (1-1) flash, gleam like lightning
30 συλλαλέω (3-6) speak with
31 ἔξοδος, ἡ (1-3) death, departure, going away
32 βαρέω (2-6) weigh down, burden; Here, heavy with sleep
ὕπνος, ὁ (1-6) sleep
διαγρηγορέω (1-1) keep awake
συνίστημι (1-16) stand with
33 διαχωρίζω (1-1) separate; pass. be separated, part, go away
σκηνή, ἡ (2-20) tabernacle, tent
34 νεφέλη, ἡ (5-25) cloud
ἐπισκιάζω (2-5) overshadow, cover
35 ἐκλέγομαι (4-22) choose, select
36 σιγάω (3-10) be silent, keep still
37 ἑξῆς (2-5) next
κατέρχομαι (2-15) come or go down
συναντάω (2-6) meet
38 βοάω (4-12) call, shout, cry out
ἐπιβλέπω (2-3) look at, gaze upon
μονογενής (3-9) only, unique
39 ἐξαίφνης (2-5) suddenly
σπαράσσω (1-3) tear, pull to and fro, convulse
ἀφρός, ὁ (1-1) foam
μόλις (1-7) scarcely, with difficulty
ἀποχωρέω (1-3) go away, withdraw, depart

συντρίβω (1-7) mistreat, bruise; break, shatter, crush
41 ἄπιστος (2-23) faithless, unbelieving
διαστρέφω (2-7) pervert, make crooked
πότε (4-19) when?
ἀνέχω (1-15) only mid. bear with, endure
42 προσάγω (1-5) bring; come near, approach
ῥήσσω (2-7) throw down, dash to the ground
συσπαράσσω (1-2) tear to pieces, pull about, convulse
43 ἐκπλήσσω (3-13) only pass. be amazed
μεγαλειότης, ἡ (1-3) grandeur, majesty
45 ἀγνοέω (1-21) be ignorant, not to know
παρακαλύπτω (1-1) hide, conceal
αἰσθάνομαι (1-1) understand, perceive
47 ἐπιλαμβάνομαι (1-8) take hold of, grasp, catch
48 μικρός (5-30) small, little
51 συμπληρόω (2-3) fulfill, approach, come
ἀνάλημψις, ἡ (1-1) death; ascension
στηρίζω (3-14) set, fix, establish
54 ἀναλίσκω (1-2) consume
58 ἀλώπηξ, ἡ (2-3) fox
φωλεός, ὁ (1-2) den, burrow
πετεινόν, τό (4-14) bird
κατασκηνόω (1-4) live, settle
κλίνω (4-7) lay down, incline, bend, bow
59 ἐπιτρέπω (4-18) allow, permit
θάπτω (3-11) bury
60 διαγγέλλω (1-3) proclaim far and wide; give notice of
61 ἐπιτρέπω (4-18) allow, permit, order
ἀποτάσσω (2-6) only mid. take leave of, renounce
62 ἐπιβάλλω (5-18) lay on, put on
ἄροτρον, τό (1-1) plow
εὔθετος (2-3) fit, suitable, convenient

63

CHAPTER 10

1 ἀναδείκνυμι (1-2) appoint, commission; reveal
ἑβδομήκοντα (2-5) seventy
ἀνά (3-13) each, apiece – with numbers

2 θερισμός, ὁ (3-13) harvest
ἐργάτης, ὁ (4-16) worker, laborer

3 ἀρήν, ἀρνός, ὁ (1-1) lamb
λύκος, ὁ (1-6) wolf

4 βαστάζω (5-27) bear, carry
βαλλάντιον, τό (4-4) purse
πήρα, ἡ (4-6) knapsack, traveller's bag
ὑπόδημα, τό (4-10) sandal

6 ἐπαναπαύομαι (1-2) rest, find rest, comfort
εἰ δὲ μή γε otherwise
ἀνακάμπτω (1-4) return, turn back

7 ἐργάτης, ὁ (4-16) worker, laborer
μισθός, ὁ (3-29) pay, wages, reward
μεταβαίνω (1-11) move, go or pass over

8 παρατίθημι (5-19) set before, place before

9 ἀσθενής (1-25) sick, weak

10 πλατεῖα, ἡ (3-9) street

11 κονιορτός, ὁ (2-5) dust
κολλάω (2-12) cling to, join, unite
ἀπομάσσω (1-1) wipe off

12 ἀνεκτός (2-5) bearable, endurable

13 πάλαι (1-7) long ago; formerly; for a long time
σάκκος, ὁ (1-4) sack, sackcloth
σποδός, ὁ (1-3) ashes

14 ἀνεκτός (2-5) bearable, endurable

15 ᾅδης, ὁ (2-10) Hades, the underworld

16 ἀθετέω (5-15) set aside, reject

17 ἑβδομήκοντα (2-5) seventy
ὑποτάσσω (3-38) subject, subordinate

18 σατανᾶς, σατάν, ὁ (5-36) Satan, adversary
ἀστραπή, ἡ (3-9) lightning

19 πατέω (2-5) tread, trample
ἐπάνω (5-18) above, over

ὄφις, ὁ (2-14) serpent, snake
σκορπίος, ὁ (2-3) scorpion
ἀδικέω (1-27) injure, harm; do wrong

20 ὑποτάσσω (3-38) subject, subordinate

21 ἀγαλλιάω (2-11) exult, be glad
ἐξομολογέω (2-10) promise, consent; mid. confess, admit
ἀποκρύπτω (1-4) hide, conceal
σοφός (1-20) wise
συνετός (1-4) understanding
ἀποκαλύπτω (5-26) uncover, reveal
νήπιος (1-14) infant, minor; subst. children
ναί (4-34) yes, indeed
εὐδοκία, ἡ (2-9) good pleasure, good will

22 βούλομαι (2-37) will, want, desire

25 ἐκπειράζω (2-4) try, tempt
κληρονομέω (2-18) inherit

26 ἀναγινώσκω (3-32) read

27 ἰσχύς, ἡ (1-10) strength, power, might
διάνοια, ἡ (2-12) mind, understanding
πλησίος (3-17) adv. near; subst. neighbor

28 ὀρθῶς (3-4) rightly, correctly

29 πλησίος (3-17) adv. near; subst. neighbor

30 ὑπολαμβάνω (2-5) take up = reply; assume, think, suppose
λῃστής, ὁ (4-15) robber
περιπίπτω (1-3) fall among, encounter
ἐκδύω (1-5) strip, take off
πληγή, ἡ (2-22) blow, stroke, wound
ἐπιτίθημι (5-40) inflict, lay, put on
ἡμιθανής (1-1) half-dead

31 συγκυρία, ἡ (1-1) chance, coincidence
ἱερεύς, ὁ (5-31) priest
ἀντιπαρέρχομαι (2-2) pass by on the opposite side

33 ὁδεύω (1-1) go, travel
σπλαγχνίζομαι (3-12) have pity, feel sympathy

34 καταδέω (1-1) bind up
τραῦμα, τό (1-1) wound

ἐπιχέω (1-1) pour upon
ἔλαιον, τό (3-11) olive oil
ἐπιβιβάζω (2-3) put someone on, cause someone to mount
κτῆνος, τό (1-4) animal, domesticated animal, pack animal
πανδοχεῖον, τό (1-1) inn
ἐπιμελέομαι (2-3) take care of, care for
35 αὔριον (4-14) adv. tomorrow, next day, soon
δηνάριον, τό (3-16) denarius; Roman coin worth about 18 cents
πανδοχεύς, ὁ (1-1) innkeeper
προσδαπανάω (1-1) spend in addition
ἐπανέρχομαι (2-2) return
36 πλησίος (3-17) adv. close, near; subst. neighbor
ἐμπίπτω (2-7) fall among, fall in
λῃστής, ὁ (4-15) robber
38 ὑποδέχομαι (2-4) receive, welcome, entertain as a guest
39 ὅδε (1-10) this (ref. to what follows)
ἀδελφή, ἡ (3-26) sister
παρακαθέζομαι (1-1) sit beside
40 περισπάω (1-1) only pass. be distracted, quite busy, overburdened
διακονία, ἡ (1-33) service, ministry
μέλει (1-10) it is a care for
καταλείπω (4-23) leave without help, leave behind
συναντιλαμβάνομαι (1-2) take part with, help
41 μεριμνάω (5-19) have anxiety, be anxious
θορυβάζω (1-1) cause trouble; pass. be troubled, be distracted
42 μερίς, ἡ (1-5) share, portion, part
ἐκλέγομαι (4-22) choose, select
ἀφαιρέω (4-10) take away

CHAPTER 11

1 παύω (3-15) cause to stop; mid. cease, stop
2 ἁγιάζω (1-27) sanctify

3 ἐπιούσιος (1-2) ? daily, for the coming day
4 ὀφείλω (5-35) be obligated, owe
εἰσφέρω (4-8) bring, lead
5 μεσονύκτιον, τό (1-4) midnight
χράω (1-1) lend
6 ἐπειδή (2-10) since, because
παρατίθημι (5-19) set before, place beside
7 κἀκεῖνος (4-22) and that one, and he
ἔσωθεν (3-12) from inside
κόπος, ὁ (2-18) trouble; κόπος παρέχειν – bother
παρέχω (4-16) cause, grant, offer
θύρα, ἡ (4-39) door
κλείω (2-16) shut, close
κοίτη, ἡ (1-4) bed
8 ἀναίδεια, ἡ (1-1) shamelessness, importunity
χρῄζω (2-5) need, have need of
10 κρούω (4-9) knock
11 ἀντί (4-22) instead of, in place of
ὄφις, ἡ (2-14) serpent
12 ᾠόν, τό (1-1) egg
σκορπίος, ὁ (2-5) scorpion
δόμα, τό (1-4) gift
14 κωφός (4-14) dumb
16 πειράζω (2-38) tempt, test
17 διανόημα, τό (1-1) thought
ἐρημόω (1-5) lay waste, depopulate
18 σατανᾶς, ὁ (5-36) Satan, adversary
20 δάκτυλος, ὁ (3-7) finger
φθάνω (1-7) come, arrive
21 ἰσχυρός (4-28) strong, mighty, powerful
καθοπλίζω (1-1) arm fully, equip
αὐλή, ἡ (2-12) house, palace, court
ὑπάρχοντα, τά possessions
22 ἐπάν (2-3) when, as soon as
ἰσχυρός (4-28) strong, mighty, powerful
ἐπέρχομαι (3-9) attack, come, approach
νικάω (1-28) overcome, conquer
πανοπλία, ἡ (1-3) full armor
ἐπεποίθει plupft. of πείθω
σκῦλον, τό (1-1) pl. booty, spoils
διαδίδωμι (2-4) distribute, give
23 σκορπίζω (1-5) scatter
24 ἄνυδρος (1-4) without water, dry

65

ἀνάπαυσις, ἡ (1-5) resting-place, rest
ὅθεν (1-15) whence, from where
25 σαρόω (2-3) sweep
κοσμέω (2-10) adorn, decorate
26 κατοικέω (2-44) dwell, inhabit
χείρων (1-11) worse
27 βαστάζω (5-27) carry, bear
μαστός, ὁ (2-3) breast
θηλάζω (2-5) give suck
28 μενοῦν (1-4) rather, on the contrary
29 ἐπαθροίζω (1-1) collect besides; pass. be gathered even more
31 βασίλισσα, ἡ (1-4) queen
νότος, ὁ (3-7) south
κρίσις, ἡ (4-47) judgment
κατακρίνω (2-16) condemn
πέρας, τό (1-4) end, limit, boundary
32 κήρυγμα, τό (1-8) preaching, proclamation
33 ἅπτω (13-39) kindle, light
κρύπτη, ἡ (1-1) cellar, dark and hidden place
μόδιος, ὁ (1-3) peck-measure
λυχνία, ἡ (2-12) lampstand
φέγγος, τό (1-3) light, radiance
34 ἁπλοῦς (1-2) clear, sound, healthy; simple, single
φωτεινός (3-5) illuminated, full of light; shining, bright
ἐπάν (2-3) when, as soon as
σκοτεινός (2-3) dark
35 σκοπέω (1-6) consider, look out for
σκότος, τό (4-30) darkness
36 φωτεινός (3-5) illuminated, full of light; shining, bright
ἀστραπή, ἡ (3-9) light, lightning
φωτίζω (1-11) give light, illuminate
37 ἀριστάω (1-3) eat breakfast, eat meat, dine
ἀναπίπτω (4-12) recline
38 ἄριστον, τό (2-3) breakfast, noon meal
39 ἔξωθεν (2-13) from outside
ποτήριον, τό (5-31) cup
πίναξ, ὁ (1-5) dish, platter
ἔσωθεν (3-12) from inside
γέμω (1-11) be full
ἁρπαγή, ἡ (1-3) robbery, plunder
πονηρία, ἡ (1-7) wickedness, maliciousness

40 ἄφρων (2-11) foolish, ignorant
41 ἔνειμι (1-1) be in; τὰ ἐν. what is inside, contents
ἐλεημοσύνη, ἡ (2-13) alms, charitable giving
καθαρός (1-26) pure, clean
42 ἀποδεκατόω (1-3) tithe
ἡδύοσμος, τό (1-2) mint
πήγανον, τό (1-1) rue
λάχανον, τό (1-4) herb, vegetable
κρίσις, ἡ (4-47) judgment
κἀκεῖνος (4-22) and that one
παρίημι (1-2) leave undone, neglect
43 πρωτοκαθεδρία, ἡ (2-4) chief seat
ἀσπασμός, ὁ (4-10) salutations, greeting
ἀγορά, ἡ (3-11) market-place
44 ἄδηλος (1-2) unseen
ἐπάνω (5-18) above, over
45 ὑβρίζω (2-5) outrage, insult, treat insolently
46 φορτίζω (1-2) load
φορτίον, τό (2-6) burden, load
δυσβάστακτος (1-1) difficult to carry
δάκτυλος, ὁ (3-7) finger
προσψαύω (1-1) touch
48 μάρτυς, ὁ (2-35) witness
συνευδοκέω (1-6) agree with, approve of, consent to
49 διώκω (3-44) persecute
50 ἐκζητέω (2-7) charge with, require of; seek out
ἐκχύνω (3-11) shed, pour out
καταβολή, ἡ (1-11) foundation
51 μεταξύ (2-9) adv. between, in the middle
θυσιαστήριον, τό (2-23) altar
ναί (4-34) yes, indeed
52 κλείς, ἡ (1-6) key
γνῶσις, ἡ (2-29) knowledge
53 κἀκεῖθεν (1-10) and from there; and then
δεινῶς (1-2) terribly, fearfully; ἐνέχειν δεινῶς – act in a very hostile manner
ἐνέχω (1-3) have grudge against someone
ἀποστοματίζω (1-1) question closely, interrogate
54 ἐνεδρεύω (1-2) plot, lie in wait for
θηρεύω (1-1) hunt, catch

CHAPTER 12

1 ἐπισυνάγω (3-8) gather
μυριάς, ἡ (1-8) ten thousand, myriad, large number
καταπατέω (2-5) trample, tread
προσέχω (4-24) give heed to, attend to
ζύμη, ἡ (2-13) leaven
ὑπόκρισις, ἡ (1-6) hypocrisy
2 συγκαλύπτω (1-1) cover, conceal
ἀποκαλύπτω (5-26) reveal, disclose
κρυπτός (2-17) hidden
3 ἀνθ'ὧν (4-22) because, therefore
σκοτία, ἡ (1-17) darkness
ταμιεῖον, τό (2-4) inner chamber, storeroom
δῶμα, τό (3-7) roof
4 περισσότερος (4-16) greater, more
5 ὑποδείκνυμι (3-6) show, indicate
ἐμβάλλω (1-1) throw, put, set
γέεννα, ἡ (1-12) Gehenna, hell
6 στρουθίον, τό (2-4) sparrow
ἀσσάριον, τό (1-2) Roman coin about ¹/₁₆ of denarius
ἐπιλανθάνομαι (1-8) forget, neglect
7 θρίξ, ἡ (4-15) hair
ἀριθμέω (1-3) count
διαφέρω (2-13) be worth more than, be superior; differ
8 ὁμολογέω (2-26) confess
9 ἀρνέομαι (4-32) deny
ἀπαρνέομαι (3-11) deny
10 βλασφημέω (3-34) blaspheme, slander
11 εἰσφέρω (4-8) bring, lead
μεριμνάω (5-19) have anxiety, be anxious
ἀπολογέομαι (2-10) defend oneself
13 μερίζω (1-14) divide
κληρονομία, ἡ (2-14) inheritance
14 καθίστημι (3-21) appoint, put in charge
μεριστής, ὁ (1-1) divider, arbitrator
15 πλεονεξία, ἡ (1-10) covetousness, avarice
περισσεύω (4-39) abound, increase
τὰ ὑπάρχοντα – possessions, means, property

16 εὐφορέω (1-1) be fruitful, yield well
18 καθαιρέω (3-9) take down, bring down, destroy
ἀποθήκη, ἡ (3-6) storehouse, granary
σῖτος, ὁ (4-14) wheat
19 ἀναπαύω (1-12) cause to rest, refresh; mid. rest
20 ἄφρων (2-11) foolish, ignorant
ἀπαιτέω (2-2) ask back, demand back
21 θησαυρίζω (1-8) store up, gather, save
πλουτέω (2-12) be rich, become rich
22 μεριμνάω (5-19) have anxiety, be anxious
ἐνδύω (4-28) clothe, dress; pass. wear, clothe
23 τροφή, ἡ (1-16) food
ἔνδυμα, τό (1-8) clothing, garment
24 κατανοέω (4-14) consider
κόραξ, ὁ (1-1) raven
θερίζω (3-21) reap
ταμιεῖον, τό (2-4) storeroom, inner chamber
ἀποθήκη, ἡ (3-6) storehouse, granary
τρέφω (3-9) feed, nourish
διαφέρω (2-13) be worth more than, differ
πετεινόν, τό (4-14) bird
25 μεριμνάω (5-19) have anxiety, be anxious
ἡλικία, ἡ (3-8) age; stature
πῆχυς, ὁ (1-4) forearm, cubit
26 ἐλάχιστος (4-14) least
27 κατανοέω (4-14) consider
κρίνον, τό (1-2) lily
νήθω (1-2) spin
ὑφαίνω (1-1) weave
περιβάλλω (2-23) clothe, put on, put around
28 χόρτος, ὁ (1-15) grass
αὔριον (4-14) tomorrow, soon
κλίβανος, ὁ (1-2) furnace, oven
ἀμφιάζω (1-1) clothe
ὀλιγόπιστος (1-5) of little faith
29 μετεωρίζομαι (1-1) be anxious
30 ἐπιζητέω (2-13) search for, seek after
χρῄζω (2-2) need, have need of
32 μικρός (5-30) small, little, short

ποίμνιον, τό (1-5) flock
εὐδοκέω (2-21) take pleasure, take delight in
33 τὰ ὑπάρχοντα – possessions, means, property
ἐλεημοσύνη, ἡ (2-13) alms, charitable giving
βαλλάντιον, τό (4-4) purse
παλαιόω (1-4) make or declare old; pass. become old
θησαυρός, ὁ (4-17) treasure, storehouse
ἀνέκλειπτος (1-1) unfailing, inexhaustible
κλεπτής, ὁ (2-16) thief
σής, ὁ (1-3) moth
διαφθείρω (1-5) spoil, destroy, ruin
35 ὀσφύς, ἡ (1-8) loin
περιζώννυμι (3-6) gird
καίω (2-12) light, burn; pass. be lit, burn
36 προσδέχομαι (5-14) wait for, expect, welcome, receive
πότε (4-19) when
ἀναλύω (1-2) return, depart; loose, depart
γάμος, ὁ (2-15) wedding; wedding feast; marriage
κρούω (4-9) knock
37 γρηγορέω (1-22) be alert, keep awake, be watchful
περιζώννυμι (3-6) gird around
ἀνακλίνω (3-6) make to recline; pass. lie down, recline
38 κἄν (3-18) and if; whether
δεύτερος (3-44) second
39 οἰκοδεσπότης, ὁ (4-12) master of the house
κλεπτής, ὁ (2-16) thief
διορύσσω (1-4) dig through
ἕτοιμος (3-17) ready, prepared
42 οἰκονόμος, ὁ (4-10) steward, manager
φρόνιμος (2-14) wise, intelligent
καθίστημι (3-21) appoint, make, cause
θεραπεία, ἡ (2-3) service, servant; treatment, care
σιτομέτριον, τό (1-1) measured portion of food, ration
44 ἀληθῶς (3-18) truly, really
καθίστημι (3-21) appoint
45 χρονίζω (2-5) delay, take time,

linger
τύπτω (4-13) strike, beat
παιδίσκη, ἡ (2-13) maid-servant; young girl, maiden
μεθύσκω (1-3) make drunk; pass. get drunk
46 ἥκω (5-25) have come, be present
διχοτομέω (1-2) cut in two; punish with utmost severity(?)
μέρος, τό (4-42) part, share
ἄπιστος (2-23) faithless, unbelieving
47 δέρω (5-15) beat
48 πληγή, ἡ (2-22) blow, stroke, wound
παρατίθημι (5-19) entrust, commend, set before, place before
περισσότερος (4-16) greater, more
49 ἀνάπτω (1-2) kindle
50 βάπτισμα, τό (4-20) baptism
ἕως ὅτου until
τελέω (4-28) finish, accomplish, fulfill
51 διαμερισμός, ὁ (1-1) division
53 πενθερά, ἡ (3-6) mother-in-law
νύμφη, ἡ (2-8) bride
54 νεφέλη, ἡ (5-25) cloud
ἀνατέλλω (1-9) rise, cause to rise
δυσμή, ἡ (2-5) west, setting of the sun
ὄμβρος, ὁ (1-1) rainstorm, thunderstorm
νότος, ὁ (3-7) southwind, south
πνέω (1-7) blow
καύσων, ὁ (1-3) burning heat, hot east wind
56 ὑποκρίτης, ὁ (3-17) hypocrite
δοκιμάζω (3-22) examine, put to test
58 ἀντίδικος, ὁ (2-5) adversary, enemy
ἐργασία, ἡ (1-6) pains, pursuit, function, profit
ἀπαλλάσσω (1-3) free, release; pass. be released, be cured; leave
κατασύρω (1-1) drag away
πράκτωρ, ὁ (2-2) court officer, bailiff, constable
59 ἐκεῖθεν (3-27) from there
λεπτόν, τό (2-3) small copper coin about ⅛ cent

CHAPTER 13

1 πάρειμι (1-2) be at hand, present
μίγνυμι (1-4) mix, mingle
θυσία, ἡ (2-28) sacrifice
3 πεπόνθασιν 2d perf. of πάσχω
suffer
4 δεκαοκτώ (2-2) eighteen
πύργος, ὁ (2-2) tower
ὀφειλέτης, ὁ (1-7) sinner, debtor
κατοικέω (2-44) dwell, inhabit
5 ὡσαύτως (3-17) in like manner,
just so, likewise
6 συκῆ, ἡ (3-16) fig tree
φυτεύω (4-11) plant
7 ἀμπελουργός, ὁ (1-1) vine dress-
er, gardener
συκῆ, ἡ (3-16) fig tree
ἐκκόπτω (3-10) cut off
ἱνατί (1-6) why
καταργέω (1-27) use up, ex-
haust, waste, make ineffective
8 ἕως ὅτου until
σκάπτω (3-3) dig, spade up
κόπριον, τό (1-1) dung, manure
9 κἂν (3-18) and if
εἰ δὲ μή γε – otherwise
ἐκκόπτω (3-10) cut off
11 ἀσθένεια, ἡ (4-24) sickness,
weakness
δεκαοκτώ (2-2) eighteen
συγκύπτω (1-1) be bent over
ἀνακύπτω (2-2) raise oneself up,
stand erect
παντελής (1-2) complete, perfect,
also as adv. εἰς τὸ παντ. fully,
completely
12 προσφωνέω (4-7) call out, ad-
dress
ἀσθένεια, ἡ (4-24) sickness,
weakness
13 ἐπιτίθημι (5-40) lay or put upon
ἀνορθόω (1-3) rebuild, restore;
pass. become erect
14 ἀρχισυνάγωγος, ὁ (2-9) leader of
synagogue
ἀγανακτέω (1-7) be aroused, in-
dignant, angry
ἓξ (2-13) six
ἐργάζομαι (1-41) work, do, ac-
complish
15 ὑποκριτής, ὁ (3-17) hypocrite
βοῦς, ὁ (3-8) ox, cow
ὄνος, ὁ (1-5) ass, donkey

φάτνη, ἡ (4-4) manger
ἀπάγω (4-15) lead away, bring
to
ποτίζω (1-15) give to drink
16 δέω (2-41) bind
ὀκτώ (3-8) eight
δεσμός, ὁ (2-18) bond
17 καταισχύνω (1-13) disgrace, dis-
honor
ἀντίκειμαι (2-8) be opposed;
subst. opponent, enemy
ἔνδοξος (2-4) glorious, splendid;
honored
18 ὁμοιόω (3-15) make like, com-
pare
19 κόκκος, ὁ (2-7) grain
σίναπι, τό (2-5) mustard
κῆπος, ὁ (1-5) garden
αὐξάνω (3-22) grow, increase
πετεινόν, τό (4-14) bird
κατασκηνόω (1-4) live, settle
κλάδος, ὁ (1-11) branch, young
shoot
20 ὁμοιόω (3-15) make like, com-
pare
21 ζύμη, ἡ (2-13) leaven
κρύπτω (3-19) hide, conceal
ἄλευρον, τό (1-2) meal
σάτον, τό (1-2) measure, about
peck and a half
ζυμόω (1-4) leaven
22 διαπορεύομαι (3-5) go, pass
through, go by
πορεία, ἡ (1-2) journey, trip
24 ἀγωνίζομαι (1-8) strive, labor;
fight, struggle
στενός (1-3) narrow
θύρα, ἡ (4-39) door
25 ἀφ' οὗ – when, since
οἰκοδεσπότης, ὁ (4-12) master of
house
ἀποκλείω (1-1) close, shut
κρούω (4-9) knock
πόθεν (4-29) whence
26 πλατεῖα, ἡ (3-9) wide road,
street
27 πόθεν (4-29) whence
ἀφίστημι (4-14) depart, with-
draw
ἐργάτης, ὁ (4-16) worker
ἀδικία, ἡ (4-25) unrighteousness,
wickedness
28 κλαυθμός, ὁ (1-9) weeping, cry-
ing

69

βρυγμός, ὁ (1-7) gnashing
ὀδούς, ὁ (1-12) tooth
29 ἥκω (5-25) have come, be present
ἀνατολή, ἡ (2-10) sun-rising, east
δυσμή, ἡ (2-5) west
βορρᾶς, ὁ (1-2) north wind, north
νότος, ὁ (3-7) south
ἀνακλίνω (3-6) cause to recline; pass. lie down, recline
31 ἐντεῦθεν (2-9) from here
32 ἀλώπηξ, ἡ (2-3) fox
ἴασις, ἡ (1-3) healing, cure
ἀποτελέω (1-2) bring to completion, finish
αὔριον (4-14) tomorrow, soon
τελειόω (2-23) bring to an end, accomplish, fulfill
33 ἐχομένη next
ἐνδέχομαι (1-1) be possible
34 λιθοβολέω (1-7) throw stones, stone
ποσάκις (1-3) how often? how many times?
ἐπισυνάγω (3-8) gather
τρόπος, ὁ (1-13) way, manner, fashion
ὄρνις, ὁ (1-2) bird; cock, hen
νοσσία, ἡ (1-1) nest, brood
πτέρυξ, ἡ (1-5) wing
35 ἥκω (5-25) have come, be present

CHAPTER 14

1 παρατηρέω (3-6) watch closely, observe carefully
2 ὑδρωπικός (1-1) dropsical, suffering from dropsy
ἔξεστι (5-31) it is permitted, proper
4 ἡσυχάζω (2-5) be quiet, be silent, rest
ἐπιλαμβάνομαι (5-19) take hold of, grasp
5 βοῦς, ὁ, ἡ (3-8) ox, cow
φρέαρ, τό (1-7) well, pit, shaft
ἀνασπάω (1-2) draw, pull up
6 ἀνταποκρίνομαι (1-2) answer in turn
7 ἐπέχω (1-5) notice, aim at; hold fast

πρωτοκλισία, ἡ (3-5) place of honor at dinner
ἐκλέγομαι (4-22) choose, select
8 γάμος, ὁ (2-15) wedding celebration, marriage
κατακλίνω (5-5) cause to lie down; pass. recline
ἔντιμος (2-5) honored, distinguished
9 αἰσχύνη, ἡ (1-6) shame, disgrace
κατέχω (3-17) occupy, take into one's possession; lay hold of
10 ἀναπίπτω (4-12) lie down, recline
προσαναβαίνω (1-1) go up, move up
ἀνώτερος (1-2) higher
συνανάκειμαι (3-7) recline together, eat with
11 ταπεινόω (5-14) humble, humiliate, degrade
12 ἄριστον, τό (2-3) breakfast, noon meal, meal
δεῖπνον, τό (5-16) dinner, supper
συγγενής (3-9) related, akin to; relatives, fellow-countryman, fellow citizen
γείτων, ὁ (3-4) neighbor
ἀντικαλέω (1-1) invite in return
ἀνταπόδομα, τό (1-2) repayment, recompense
13 δοχή, ἡ (2-2) banquet, reception
ἀνάπηρος (2-2) crippled
χωλός (3-14) crippled, lame
14 ἀνταποδίδωμι (2-7) give back, repay, pay back
15 συνανάκειμαι (3-7) recline with, eat with
16 δεῖπνον, τό (5-16) supper, dinner
17 ἕτοιμος (3-17) ready, prepared
18 παραιτέομαι (3-12) excuse, excuse oneself
ἀγοράζω (5-30) buy
ἀνάγκη, ἡ (2-17) necessity
19 ζεῦγος, τό (2-2) pair, yoke
βοῦς, ὁ, ἡ (3-8) ox, cow
δοκιμάζω (3-22) put to the test, examine
21 ὀργίζω (2-8) only pass. be angry
οἰκοδεσπότης, ὁ (4-12) master of the house
ταχέως (2-10) quickly
πλατεῖα, ἡ (3-9) wide road, street

ῥύμα, ἡ (1-16) narrow street, alley
ἀνάπηρος (2-2) crippled
χωλός (3-14) lame, crippled
εἰσάγω (3-11) bring or lead in
22 ἐπιτάσσω (4-10) command, charge
23 φραγμός, ὁ (1-4) fence, wall, hedge
ἀναγκάζω (1-9) compel
γεμίζω (2-9) fill
24 γεύομαι (2-15) taste
δεῖπνον, τό (5-16) dinner, banquet
25 συμπορεύομαι (3-4) go with
27 βαστάζω (5-27) bear, carry
σταυρός, ὁ (3-27) cross
28 πύργος, ὁ (2-4) tower
ψηφίζω (1-2) count, reckon, calculate
δαπάνη, ἡ (1-1) expense, cost
ἀπαρτισμός, ὁ (1-1) completion
29 ποτέ (1-29) once
θεμέλιος, ὁ (3-16) foundation
ἐκτελέω (2-2) finish, bring to completion
ἐμπαίζω (5-13) mock
31 συμβάλλω (2-6) engage, fight; meet, fall in with
πόλεμος, ὁ (2-18) war, battle
βουλεύω (1-5) deliberate, consider, resolve
δυνατός (4-32) able, powerful
χιλιάς, ἡ (2-23) thousand
ὑπαντάω (2-10) meet
εἴκοσι (1-11) twenty
32 εἰ δὲ μή γε – otherwise
πόρρω (2-4) far off
πρεσβεία, ἡ (2-7) embassy, ambassador
33 ἀποτάσσω (2-6) renounce, give up
34 ἅλας, τό (2-8) salt
μωραίνω (1-4) make tasteless; pass. become tasteless
ἀρτύω (1-3) season, prepare
35 κοπρία, ἡ (1-1) dung heap, rubbish heap
εὔθετος (2-3) usable, fit, suitable

CHAPTER 15

2 διαγογγύζω (2-2) complain, grumble

προσδέχομαι (5-14) receive, welcome
συνεσθίω (1-5) eat with
4 ἑκατόν (3-17) hundred
πρόβατον, τό (2-37) sheep
καταλείπω (4-23) leave
ἐνενήκοντα (2-4) ninety
ἐννέα (3-5) nine
5 ἐπιτίθημι (5-40) lay upon, place upon
ὦμος, ὁ (1-2) shoulder
6 συγκαλέω (4-8) call together, summon
γείτων, ὁ (3-4) neighbor
συγχαίρω (3-7) rejoice with
πρόβατον, τό (2-37) sheep
7 ἐνενήκοντα (2-4) ninety
ἐννέα (3-5) nine
μετάνοια, ἡ (5-22) repentance
8 δραχμή, ἡ (3-3) drachma, Greek coin about 18 or 19 cents
σαρόω (2-3) sweep
ἐπιμελῶς (1-1) carefully, diligently
9 συγκαλέω (4-8) call together, summon
γείτων, ὁ (3-4) neighbor
συγχαίρω (3-7) rejoice with
12 ἐπιβάλλω (5-18) fall to, belong to; lay on, put on
μέρος, τό (4-42) portion, part
οὐσία, ἡ (2-2) wealth, property
διαιρέω (1-2) divide, distribute
βίος, ὁ (4-9) property; life
13 ἀποδημέω (2-6) go on a journey, be away
μακράν (2-10) far (away)
διασκορπίζω (3-9) squander, waste; scatter, disperse
ἀσώτως (1-1) dissolutely, loosely
14 δαπανάω (1-5) spend, spend freely
λιμός, ὁ (4-12) famine
ἰσχυρός (4-28) severe, strong, mighty
ὑστερέω (2-16) be in need, lack; pass. lack, be lacking
15 κολλάω (2-12) join, unite
πολίτης, ὁ (2-4) citizen
βόσκω (3-9) feed
χοῖρος, ὁ (4-12) swine
16 ἐπιθυμέω (4-16) desire
γεμίζω (2-9) fill
κεράτιον, τό (1-1) carob pod

17 μίσθιος (2-2) hired; subst. hired servant
περισσεύω (4-39) abound, increase
λιμός, ὁ (4-9) famine
18 ἁμαρτάνω (4-42) sin
19 οὐκέτι (4-48) no longer
μίσθιος (2-2) hired; subst. hireling
20 μακράν (2-10) far (away)
ἀπέχω (4-19) be distant
σπλαγχνίζομαι (3-12) have pity, feel sympathy
δράμω 2 aor. of τρέχω (1-18) run
ἐπιπίπτω (2-11) fall upon
τράχηλος, ὁ (2-7) neck
καταφιλέω (3-6) kiss
21 ἁμαρτάνω (4-42) sin
οὐκέτι (4-48) no longer
22 ταχύ (1-18) adj. quick, adv. quickly
ἐκφέρω (1-8) carry or bring out
στολή, ἡ (2-9) long robe
ἐνδύω (4-28) put on; wear, dress
δακτύλιος, ὁ (1-1) ring
ὑπόδημα, τό (4-10) sandal
23 μόσχος, ὁ (3-6) calf, young bull, ox
σιτευτός (3-3) fattened
θύω (4-13) kill
24 ἀναζάω (1-2) come to life again
25 συμφωνία, ἡ (1-1) music, band, orchestra
χορός, ὁ (1-1) dance
26 προσκαλέω (4-29) summon, call, invite
πυνθάνομαι (2-11) inquire, ask
27 ἥκω (5-25) have come, be present
θύω (4-13) kill
μόσχος, ὁ (3-6) calf, young bull, ox
σιτευτός (3-3) fattened
ὑγιαίνω (3-12) be sound, healthy
ἀπολαμβάνω (4-9) receive back, recover, receive
28 ὀργίζω (2-8) only pass. be angry
29 τοσοῦτος (2-10) so many, so much, so great
δουλεύω (3-25) serve
οὐδέποτε (2-16) never
ἔριφος, ὁ (1-2) kid, he-goat
30 καταφάγω (2-9) 2 aor. of κατεσθίω eat up, consume, devour
βίος, ὁ (4-9) property; life

πόρνη, ἡ (1-12) harlot, prostitute
θύω (4-13) kill
σιτευτός (3-3) fattened
μόσχος, ὁ (3-6) calf, young bull, ox
31 πάντοτε (2-41) always
σός (4-27) your

CHAPTER 16

1 οἰκονόμος, ὁ (4-10) steward, manager, administrator
διαβάλλω (1-1) bring charges
διασκορπίζω (3-9) squander, waste; scatter
2 οἰκονομία, ἡ (3-9) management; house, office
οἰκονομέω (1-1) manage, administer, regulate
3 οἰκονόμος, ὁ (4-10) steward, manager, administrator
ἀφαιρέω (4-10) take away
σκάπτω (3-3) dig
ἐπαιτέω (2-2) beg
αἰσχύνω (1-5) only mid. and pass. be ashamed
4 μεθίστημι (1-5) change, remove, depose
οἰκονομία, ἡ (3-9) management of household, direction, office
5 προσκαλέω (4-29) summon, call, invite
χρεοφειλέτης, ὁ (2-2) debtor
ὀφείλω (5-35) owe, be obligated
6 ἑκατόν (3-17) hundred
βάτος, ὁ (2-5) bath, liq. measure between 8 and 9 gals.
ἔλαιον, τό (3-11) olive oil
γράμμα, τό (2-15) bill, promissory note
ταχέως (2-10) quickly
πεντήκοντα (3-7) fifty
7 ἔπειτα (1-16) then, thereupon
ὀφείλω (5-35) be obligated, owe
κόρος, ὁ (1-1) cor, measure about 10 or 12 bushels
σῖτος, ὁ (4-14) wheat
ὀγδοήκοντα (2-2) eighty
8 ἐπαινέω (1-6) praise
οἰκονόμος, ὁ (4-10) manager, steward, administrator
ἀδικία, ἡ (4-25) unrighteousness, wickedness
φρονίμως (1-1) wisely, shrewdly

φρόνιμος (2-14) wise, sensible, prudent
9 μαμωνᾶς, ὁ (3-4) wealth, property, Mammon
ἐκλείπω (3-4) give out, fail, come to an end
σκηνή, ἡ (2-20) dwelling, tent
10 ἐλάχιστος (4-14) least
ἄδικος (4-12) unjust
11 μαμωνᾶς, ὁ (3-4) wealth, property, Mammon
ἀληθινός (1-28) true
12 ἀλλότριος (1-14) belonging to another
ἡμέτερος (1-8) our
13 οἰκέτης, ὁ (1-4) house servant
δουλεύω (3-25) serve
ἀντέχω (1-4) hold fast to, cling to
καταφρονέω (1-9) despise, scorn, treat with contempt
μαμωνᾶς, ὁ (3-4) wealth, Mammon
14 φιλάργυρος (1-2) fond of money, avaricious
ἐκμυκτηρίζω (2-2) ridicule, sneer
15 ὑψηλός (1-11) exalted, proud, haughty
βδέλυγμα, τό (1-6) abomination, detestable thing
16 μέχρι (1-18) until
βιάζω (1-2) mid. use force, enter forcibly
17 εὔκοπος (3-7) easy
κεραία, ἡ (1-2) hook, projection
18 μοιχεύω (3-13) commit adultery
19 ἐνδιδύσκω (1-2) put on
πορφύρα, ἡ (1-4) purple garment
βύσσος, ἡ (1-1) fine linen
λαμπρῶς (1-1) splendidly
20 πυλών, ὁ (1-18) gate
ἑλκόω (1-1) cause sores, ulcers; pft. pass. covered with sores
21 ἐπιθυμέω (4-16) desire
χορτάζω (3-15) fill, feed, satisfy
τράπεζα, ἡ (4-15) table
κύων, ὁ (1-5) dog
ἐπιλείχω (1-1) lick
ἕλκος, τό (1-3) sore, abscess, ulcer
22 ἀποφέρω (1-6) carry away, take away
κόλπος, ὁ (3-6) bosom, breast, chest

θάπτω (3-11) bury
23 ᾅδης, ὁ (2-10) Hades, underworld
βάσανος, ὁ (2-3) torment, torture
μακρόθεν (4-14) from far
24 ἐλεέω (4-32) have mercy
βάπτω (1-4) dip
ἄκρον, τό (1-4) tip, extremity
δάκτυλος, ὁ (3-7) finger
καταψύχω (1-1) cool
ὀδυνάω (3-4) cause pain; pass. feel pain, suffer torment
φλόξ, ἡ (1-7) flame
25 ἀπολαμβάνω (4-9) receive, recover
26 μεταξύ (2-9) between, in the middle
χάσμα, τό (1-1) chasm
στηρίζω (3-14) fix, establish
διαβαίνω (1-3) go through, cross
ἔνθεν (1-2) from here
ἐκεῖθεν (3-27) from there
διαπεράω (1-6) pass over, cross over
28 διαμαρτύρομαι (1-15) charge, warn; testify
βάσανος, ὁ (2-3) torment, torture

CHAPTER 17

1 ἀνένδεκτος (1-1) impossible
σκάνδαλον, τό (1-15) offense, stumbling block
2 λυσιτελέω (1-1) be advantageous, be better; imp. it is better
μυλικός (1-1) belonging to a mill
περίκειμαι (1-5) lie or be placed around
τράχηλος, ὁ (2-7) neck
ῥίπτω (2-8) throw, cast, hurl
σκανδαλίζω (2-29) cause to sin, give offense to
μικρός (5-30) little, small
3 προσέχω (4-24) be careful, give heed to, pay attention to
ἁμαρτάνω (4-42) sin
4 ἑπτάκις (2-4) seven times
6 κόκκος, ὁ (2-7) seed, grain
σίναπι, τό (2-5) mustard
συκάμινος, ἡ (1-1) mulberry tree
ἐκριζόω (1-4) uproot
φυτεύω (4-11) plant
ὑπακούω (2-21) obey

73

7 ἀροτριάω (1-2) plow
  ποιμαίνω (1-11) act as shepherd, tend, shepherd
  ἀναπίπτω (4-12) lie down, recline
8 δειπνέω (2-4) eat, dine
  περιζώννυμι (3-6) gird about
9 διατάσσω (4-16) order, direct, command
10 ἀχρεῖος (1-2) useless, worthless, unworthy
  ὀφείλω (5-35) be obligated, ought, owe
12 ἀπαντάω (1-2) meet
  λεπρός (3-9) leprous; subst. leper
  πόρρωθεν (1-2) from afar
13 ἐλεέω (4-32) have mercy
14 ἐπιδείκνυμι (1-7) show; reveal, demonstrate
  ἱερεύς, ὁ (5-31) priest
16 εὐχαριστέω (4-38) give thanks
17 ἐννέα (3-5) nine
18 ἀλλογενής (1-1) foreign
20 πότε (4-19) when?
  παρατήρησις, ἡ (1-1) observation, observance
21 ἐντός (1-2) inside, within
22 ἐπιθυμέω (4-16) desire
23 διώκω (3-44) persecute, pursue
24 ὥσπερ (2-36) just as
  ἀστραπή, ἡ (3-9) lightning, light
  ἀστράπτω (2-2) flash, gleam
  λάμπω (1-7) shine, flash
25 ἀποδοκιμάζω (3-9) reject
27 γαμίζω (2-7) give in marriage
  ἄχρι (4-48) until
  κιβωτός, ἡ (1-6) ark
  κατακλυσμός, ὁ (1-4) flood
28 ἀγοράζω (5-30) buy
  φυτεύω (4-11) plant
29 βρέχω (3-7) rain
  θεῖον, τό (1-7) brimstone
30 ἀποκαλύπτω (5-26) reveal
31 δῶμα, τό (3-7) roof
  σκεῦος, τό (2-23) pl. property; vessel, thing
32 μνημονεύω (1-21) remember
33 περιποιέω (1-3) only mid. save or preserve for oneself, acquire, obtain
  ζωογονέω (1-3) keep or preserve alive, produce life
34 κλίνη, ἡ (3-8) bed, couch

35 ἀλήθω (1-2) grind
37 ἀετός, ὁ (1-5) eagle
  ἐπισυνάγω (3-8) gather

CHAPTER 18

1 πάντοτε (2-41) always
  ἐγκακέω (1-6) become weary, tired, lose heart, despair
2 ἐντρέπω (3-9) make ashamed; mid. have regard for, respect
3 ἐκδικέω (2-6) vindicate, avenge
  ἀντίδικος, ὁ (2-5) opponent, enemy
4 ἐντρέπω (3-9) make ashamed; mid. have regard for, respect
5 παρέχω (4-16) cause, give, grant
  κόπος, ὁ (2-18) trouble, toil
  ἐκδικέω (2-6) vindicate, avenge
  τέλος, τό (4-41) end; εἰς τέλ. in the end, finally
  ὑπωπιάζω (1-2) annoy greatly, wear out, strike under the eye
6 ἀδικία, ἡ (4-25) unrighteousness, wickedness, injustice
7 ἐκδίκησις, ἡ (3-9) vengeance, punishment
  ἐκλεκτός (2-22) elect, chosen
  βοάω (4-12) call, shout, cry out
  μακροθυμέω (1-10) have patience, be forbearing
8 ἐν τάχει quickly, at once
9 ἐξουθενέω (2-11) despise, treat with contempt
11 εὐχαριστέω (4-38) give thanks
  ὥσπερ (2-36) just as
  ἅρπαξ, ὁ (1-5) swindler, robber; adj. rapacious
  ἄδικος (4-12) unjust
  μοιχός, ὁ (1-3) adulterer
12 νηστεύω (4-20) fast
  δίς (1-6) twice
  ἀποδεκατεύω (1-1) tithe
  κτάομαι (2-7) acquire, get
13 μακρόθεν (4-14) from far off
  τύπτω (4-13) beat, strike
  στῆθος, τό (2-5) breast
  ἱλάσκομαι (1-2) propitiate, conciliate, pass. be propitiated, be merciful
14 ταπεινόω (5-14) humble, humiliate, degrade
15 προσφέρω (4-47) bring to, offer
  βρέφος, τό (5-8) baby, infant

74

16 προσκαλέω (4-29) summon, call, invite
18 κληρονομέω (2-18) inherit
20 μοιχεύω (3-13) commit adultery
φονεύω (1-12) murder, kill
κλέπτω (1-13) steal
ψευδομαρτυρέω (1-5) bear false witness
τιμάω (1-21) honor
21 νεότης, ἡ (1-4) youth
22 λείπω (1-6) lack, fall short, leave
διαδίδωμι (2-4) distribute
θησαυρός, ὁ (4-17) treasure
δεῦρο (1-9) adv. come!
23 περίλυπος (1-4) very sad, deeply grieved
σφόδρα (1-11) very (much), extremely, greatly
24 δυσκόλως (1-3) with difficulty
χρῆμα, τό (1-6) property, wealth, riches, money
25 εὔκοπος (3-7) easy
κάμηλος, ὁ (1-6) camel
τρῆμα, τό (1-2) perforation, hole
βελόνη, ἡ (1-1) sharp point, needle
27 ἀδύνατος (1-10) impossible, powerless
δυνατός (4-32) possible, powerful
29 εἵνεκεν (5-26) for the sake of
30 πολλαπλασίων (1-2) many times as much
31 τελέω (4-28) accomplish, complete, fulfill
32 ἐμπαίζω (5-13) mock
ὑβρίζω (2-5) mistreat, scoff at, insult
ἐμπτύω (1-6) spit on
33 μαστιγόω (1-7) flog, scourge; afflict, torment, mistreat
34 συνίημι (4-26) understand
κρύπτω (3-19) hide
35 ἐπαιτέω (2-2) beg
36 διαπορεύομαι (3-5) go by, walk through, pass through
πυνθάνομαι (2-11) inquire, ask
38 βοάω (4-12) call, shout, cry out
ἐλεέω (4-32) have mercy
39 προάγω (1-20) precede, go before; lead forward
σιγάω (3-10) be silent, keep silence

40 κελεύω (1-25) command, order, urge
43 αἶνος, ὁ (1-2) praise

CHAPTER 19

2 ἀρχιτελώνης, ὁ (1-1) chief tax collector
3 ἡλικία, ἡ (3-8) stature, age
μικρός (5-30) small, little, short
4 προδραμών 2 aor. of προτρέχω (1-2) run before
συκομορέα, ἡ (1-1) sycamore fig
5 σπεύδω (3-6) make haste, be zealous
6 ὑποδέχομαι (2-4) receive as a guest, entertain
7 διαγογγύζω (2-2) complain, grumble
καταλύω (3-17) halt, rest, find lodging; destroy
8 ἥμισυς (1-5) half
συκοφαντέω (2-2) extort, accuse falsely
τετραπλόος (1-1) fourfold
9 σωτηρία, ἡ (4-45) salvation
καθότι (2-6) because; as
11 ἐγγύς (3-31) near
ἀναφαίνω (1-2) light up, cause to appear; pass. appear
12 εὐγενής (1-3) noble; subst. nobleman
μακράν (2-10) far away
13 πραγματεύομαι (1-1) conduct or be engaged in business, do business, trade
14 πολίτης, ὁ (2-4) citizen
πρεσβεία, ἡ (2-2) embassy, ambassador
βασιλεύω (3-21) reign, rule
15 ἐπανέρχομαι (2-2) return
ἀργύριον, τό (4-21) silver, money
διαπραγματεύομαι (1-1) gain by trading, earn
16 προσεργάζομαι (1-1) make more, earn in addition
17 εὖ (1-6) well; well done
ἐλάχιστος (4-14) least
ἐπάνω (5-18) above, over
18 δεύτερος (3-44) second
19 ἐπάνω (5-18) above, over
20 ἀπόκειμαι (1-4) be put away, stored up

σουδάριον, τό (1-4) face-cloth, handkerchief

21 αὐστηρός (2-2) exacting, strict, severe, austere
θερίζω (3-21) reap, harvest

23 ἀργύριον, τό (4-21) silver, money
τράπεζα, ἡ (4-15) bank, money changer's table
τόκος, ὁ (1-2) interest

24 παρίστημι (3-41) stand by

27 βασιλεύω (3-21) reign, rule
κατασφάζω (1-1) slaughter, strike down

29 ἐλαιών, ὁ (2-3) olive grove

30 κατέναντι (1-9) opposite
πῶλος, ὁ (4-12) foal, colt
δέω (2-41) bind
πώποτε (1-12) ever, at any time

33 πῶλος, ὁ (4-12) foal, colt

35 ἐπιρίπτω (1-2) cast or place upon
πῶλος, ὁ (4-12) foal, colt
ἐπιβιβάζω (2-3) cause someone to mount

36 ὑποστρωννύω (1-1) spread out underneath

37 κατάβασις, ἡ (1-1) slope, descent
ἐλαία, ἡ (2-12) olive tree
αἰνέω (3-8) praise

40 σιωπάω (2-10) be silent, keep silence

42 κρύπτω (3-19) hide

43 ἥκω (5-25) have come, be present
παρεμβάλλω (1-1) cast up (of siege works)
χάραξ, ὁ (1-1) palisade, stake
περικυκλόω (1-1) surround, encircle
πάντοθεν (1-3) from all directions

44 ἐδαφίζω (1-1) dash to the ground
ἀνθ᾽ ὧν (4-22) in return for which, because
ἐπισκοπή, ἡ (1-4) visitation

46 προσευχή, ἡ (3-36) prayer
σπήλαιον, τό (1-6) cave, cavern
λῃστής, ὁ (4-15) robber, brigand

48 ἐκκρεμάννυμι (1-1) mid. hang from or upon

CHAPTER 20

4 βάπτισμα, τό (4-20) baptism

5 συλλογίζομαι (1-1) reason, discuss, debate

6 καταλιθάζω (1-1) stone to death

7 πόθεν (4-29) whence

9 φυτεύω (4-11) plant
ἐκδίδωμι (1-4) let out for hire, lease
γεωργός, ὁ (5-19) farmer
ἀποδημέω (2-6) go on a journey, be absent

10 ἐξαποστέλλω (4-13) send out, send away
δέρω (5-15) beat
κενός (3-18) empty-handed

11 κἀκεῖνος (4-22) even that one, also that one
ἀτιμάζω (1-7) dishonor, treat shamefully

12 τραυματίζω (1-2) wound

13 ἴσως (1-1) perhaps, probably
ἐντρέπω (3-9) cause to be ashamed; mid. have regard for, respect

14 γεωργός, ὁ (5-19) farmer
κληρονόμος, ὁ (1-15) heir
κληρονομία, ἡ (2-14) inheritance

16 γεωργός, ὁ (5-19) farmer

17 ἐμβλέπω (2-11) look at, fix one's gaze upon
ἀποδοκιμάζω (3-9) reject
γωνία, ἡ (1-9) corner

18 συνθλάω (1-2) crush together, dash to pieces
λικμάω (1-2) crush

19 ἐπιβάλλω (5-18) lay on, put on

20 παρατηρέω (3-6) watch closely, observe carefully
ἐγκάθετος (1-1) hired to be in wait; subst. spy
ὑποκρίνομαι (1-1) pretend, make believe, play the hypocrite
ἐπιλαμβάνομαι (5-19) lay hold of, grasp, catch
ἡγεμών, ὁ (2-20) governor, prince

21 ὀρθῶς (3-4) rightly, correctly

22 ἔξεστι (5-31) it is permitted, proper
φόρος, ὁ (2-5) tribute, tax

23 κατανοέω (4-14) notice, consider
πανουργία, ἡ (1-5) craftiness, cunning, trickery

24 δείκνυμι (4-32) show
δηνάριον, τό (3-16) denarius;

Roman coin worth about 18 cents

εἰκών, ὁ (1-23) image

ἐπιγραφή, ἡ (2-5) inscription, superscription

25 τοίνυν (1-3) hence, so, indeed

26 ἐπιλαμβάνομαι (5-19) take hold of, grasp, catch

ἐναντίον (3-5) before, in the sight of

ἀπόκρισις, ἡ (2-4) answer

σιγάω (3-10) be silent

27 ἀντιλέγω (2-9) speak against, contradict, oppose

28 ἄτεκνος (2-2) childless

ἐξανίστημι (1-3) raise up, awaken

σπέρμα, τό (2-44) seed, offspring

30 δεύτερος (3-44) second

31 ὡσαύτως (3-17) likewise

καταλείπω (4-23) leave

32 ὕστερον (1-11) adv. finally, later

34 γαμίσκω (1-1) give in marriage

35 καταξιόω (1-3) consider worthy

τυγχάνω (1-12) attain, gain, find; happen

γαμίζω (2-7) give in marriage

36 ἰσάγγελος (1-1) like or equal to angels

37 μηνύω (1-4) reveal, make known, inform

βάτος, ἡ (2-5) bush

39 καλῶς (4-37) well, rightly

40 οὐκέτι (4-48) no longer

τολμάω (1-16) dare; have courage

42 βίβλος, ὁ (2-10) book

ψαλμός, ὁ (2-7) song of praise, hymn

43 ὑποπόδιον, τό (1-7) footstool

46 προσέχω (4-24) give heed, pay attention to

στολή, ἡ (2-9) long robe

φιλέω (2-25) love

ἀσπασμός, ὁ (5-10) greeting, salutation

ἀγορά, ἡ (3-11) market-place

πρωτοκαθεδρία, ἡ (2-4) place of honor, best seat

πρωτοκλισία, ἡ (3-5) place of honor

δεῖπνον, τό (5-16) supper, dinner, meal

47 κατεσθίω (1-5) eat up, consume, devour

πρόφασις, ἡ (1-6) pretext, ostensible reason, excuse

μακρός (3-4) long, distant

περισσότερος (4-16) greater, more

κρίμα, τό (3-27) judgment

CHAPTER 21

1 γαζοφυλακεῖον, τό (1-5) treasury

δῶρον, τό (2-19) gift

2 πενιχρός (1-1) poor, needy

λεπτός (2-3) small, thin; subst. small coin about ⅛ cent

3 ἀληθῶς (3-18) truly

4 περισσεύω (4-39) abound, increase

δῶρον, τό (2-19) gift

ὑστέρημα, τό (1-9) need, want, deficiency

βίος, ὁ (4-9) means of subsistence, property, life

5 ἀνάθημα, τό (1-1) votive offering; accursed

κοσμέω (2-10) adorn, decorate

6 καταλύω (3-17) throw down, destroy

7 πότε (4-19) when?

8 πλανάω (1-39) deceive, mislead

9 πόλεμος, ὁ (2-18) war

ἀκαταστασία, ἡ (1-5) insurrection, disorder

πτοέω (2-2) terrify, frighten

τέλος, τό (4-41) end

11 σεισμός, ὁ (1-14) earthquake

λοιμός, ὁ (1-2) pestilence

λιμός, ὁ (4-12) famine

φόβητρον, τό (1-1) terrible sight or event, horror

12 ἐπιβάλλω (5-18) lay on, put on

διώκω (3-44) persecute, pursue

ἀπάγω (4-15) lead away, bring before

ἡγεμών, ὁ (2-20) governor, prince

ἕνεκεν (5-26) because of, on account of

13 ἀποβαίνω (3-4) lead to, turn out; go away

μαρτύριον, τό (3-20) witness, testimony

14 προμελετάω (1-1) practice beforehand, prepare

ἀπολογέομαι (2-10) defend one-
self
15 ἀνθίστημι (1-14) oppose, resist
ἀντιλέγω (2-9) speak against,
contradict; oppose
ἀντίκειμαι (2-8) be opposed, in
opposition
16 συγγενής (3-9) related; subst.
relative, fellow-countryman
θανατόω (1-1) put to death
18 θρίξ, ἡ (4-15) hair
19 ὑπομονή, ἡ (2-32) patience, en-
durance, fortitude
κτάομαι (2-7) procure for one-
self, acquire
20 κυκλόω (1-4) encircle
στρατόπεδον, τό (1-1) army,
camp, legion
ἐρήμωσις, ἡ (1-3) desolation
21 φεύγω (3-29) flee
ἐκχωρέω (1-1) depart, go out
22 ἐκδίκησις, ἡ (3-9) vengeance,
punishment
23 γαστήρ, ἡ (2-9) womb
θηλάζω (2-5) suckle
ἀνάγκη, ἡ (2-17) distress, ca-
lamity; necessity
ὀργή, ἡ (2-36) wrath, anger
24 μάχαιρα, ἡ (5-29) sword
αἰχμαλωτίζω (1-4) take or lead
captive
πατέω (2-5) tread, trample
ἄχρι (4-48) until
25 ἥλιος, ὁ (3-32) sun
σελήνη, ἡ (1-9) moon
ἄστρον, τό (1-4) star, constel-
lation
συνοχή, ἡ (1-2) distress, dismay,
anguish
ἀπορία, ἡ (1-1) perplexity, anx-
iety
ἦχος, ὁ (2-4) noise, sound, re-
port
σάλος, ὁ (1-1) tossing or rolling
motion
26 ἀποψύχω (1-1) stop breathing,
faint or die
προσδοκία, ἡ (1-2) expectation
ἐπέρχομαι (3-9) come upon, go
upon
οἰκουμένη, ἡ (3-15) inhabited
earth, world
σαλεύω (4-15) shake
27 νεφέλη, ἡ (5-25) cloud

28 ἀνακύπτω (2-2) raise oneself up,
stand erect
διότι (3-24) because
ἀπολύτρωσις, ἡ(1-10)redemption
29 συκῆ, ἡ (3-16) fig tree
30 προβάλλω (1-2) put out, put
forward
ἐγγύς (3-31) near
θέρος, τό (1-3) summer
34 προσέχω (4-24) give heed, pay
attention to
βαρέω (2-6) weigh down, burden
κραιπάλη, ἡ (1-1) dissipation,
carousing
μέθη, ἡ (1-3) drunkenness
μέριμνα, ἡ (2-6) care, anxiety
βιωτικός (1-3) belonging to life
(daily)
αἰφνίδιος (1-2) sudden
32 παγίς, ἡ (1-5) trap, snare
ἐπεισέρχομαι (1-1) rush in sud-
denly and forcibly
36 ἀγρυπνέω (1-4) be awake, watch-
ful, guard
κατισχύω (2-3) be able, prevail,
be strong
ἐκφεύγω (1-8) escape, flee away
37 αὐλίζομαι (1-2) spend the night,
find lodging
ἐλαιών, ὁ (2-3) olive grove
38 ὀρθρίζω (1-1) rise early

CHAPTER 22

1 ἑορτή, ἡ (3-25) feast, festival
ἄζυμος (2-9) unleavened, pl.
festival of unleavened bread
2 ἀναιρέω (2-24) take away, de-
stroy, kill
3 σατανᾶς, ὁ (5-36) Satan
ἀριθμός, ὁ (1-18) number
4 συλλαλέω (3-6) talk or converse
with, discuss with
στρατηγός, ὁ (2-10) captain of
temple; chief magistrate
5 συντίθημι (1-3) put or place
with; mid. agree
ἀργύριον, τό (4-21) silver, money
6 ἐξομολογέω (2-10) promise, con-
sent; mid. confess, admit
εὐκαιρία, ἡ (1-2) favorable op-
portunity, right moment
ἄτερ (2-2) without, apart from

7 ἄζυμος (2-9) unleavened; pl. festival of unleavened bread
θύω (4-13) sacrifice, kill
10 συναντάω (2-6) meet
κεράμινον, τό (1-2) earthen vessel, jar
βαστάζω (5-27) bear, carry
11 οἰκοδεσπότης, ὁ (4-12) master of the house
κατάλυμα, τό (2-3) guest room, inn, lodging place
12 κἀκεῖνος (4-22) and that one, and he
δείκνυμι (4-32) show
ἀνάγαιον, τό (1-2) upper room
στρωννύω (1-6) spread, furnish
14 ἀναπίπτω (4-12) recline
15 ἐπιθυμία, ἡ (1-38) desire
ἐπιθυμέω (4-16) desire
16 οὐκέτι (4-48) no longer
ἕως ὅτου until
17 ποτήριον, τό (5-31) cup
εὐχαριστέω (4-38) give thanks
18 γένημα, τό (1-4) fruit, product
ἄμπελος, ἡ (1-9) vine, grapevine
19 εὐχαριστέω (4-38) give thanks
κλάω (2-14) break
ἀνάμνησις, ἡ (1-4) remembrance, memorial
20 ποτήριον, ὁ (5-31) cup
ὡσαύτως (3-17) likewise
δειπνέω (2-4) eat, dine
καινός (5-42) new
διαθήκη, ἡ (2-33) covenant
ἐκχύννω (3-11) pour out, shed
21 τράπεζα, ἡ (4-15) table
22 ὁρίζω (1-8) determine, appoint
23 συζητέω (2-10) dispute, argue
24 φιλονεκία, ἡ (1-1) contentiousness, dispute, strife
25 κυριεύω (1-7) be lord or master, rule, lord over
ἐξουσιάζω (1-4) have power or right
εὐεργέτης, ὁ (1-1) benefactor
26 ἡγέομαι (1-28) lead, guide; subst. ὁ ἡγ. leader, ruler
27 ἀνάκειμαι (2-14) recline, lie down
28 διαμένω (2-5) remain
29 διατίθημι (2-7) assign, confer; decree, ordain
30 τράπεζα, ἡ (4-15) table
φυλή, ἡ (2-31) tribe
31 σατανᾶς, ὁ (5-36) Satan

ἐξαιτέω (1-1) only mid. ask for, demand
σινιάζω (1-1) sift
σῖτος, ὁ (4-14) wheat
32 ἐκλείπω (3-4) fail, come to an end, give out
ποτέ (1-29) once
στηρίζω (3-14) strengthen, establish
33 ἕτοιμος (3-17) ready, prepared
ἀλέκτωρ, ὁ (3-11) cock
τρίς (2-12) three times
34 ἀπαρνέομαι (3-11) deny
35 ἄτερ (2-2) without, apart from
βαλλάντιον, τό (4-4) purse
πήρα, ἡ (4-6) knapsack, traveller's bag
ὑπόδημα, τό (4-10) sandal
ὑστερέω (2-16) lack
36 ἀγοράζω (5-36) buy
μάχαιρα, ἡ (5-29) sword
37 τελέω (4-28) fulfill, accomplish, complete
ἄνομος (1-8) lawless, wicked
λογίζομαι (1-40) count, class; reckon
τέλος, τό (4-41) end
38 μάχαιρα, ἡ (5-29) sword
39 ἔθος, τό (3-12) habit, custom
ἐλαία, ἡ (2-12) olive tree
41 ἀποσπάω (1-4) draw out, withdraw
βολή, ἡ (1-1) throw
γόνυ, τό (2-12) knee
42 βούλομαι (2-37) wish, want, desire; βούλει 2 s. ind. Att.
παραφέρω (1-4) take away, remove; bring up
ποτήριον, τό (5-31) cup
σός (4-27) your
43 ἐνισχύω (1-2) strengthen, grow strong
44 ἀγωνία, ἡ (1-1) agony, anxiety
ἐκτενῶς (1-3) fervently, eagerly, constantly
ἱδρώς, ὁ (1-1) sweat
θρόμβος, ὁ (1-1) lump, clot
45 προσευχή, ἡ (3-36) prayer
κοιμάω (1-18) only pass. sleep, fall asleep, die
λύπη, ἡ (1-15) grief, sorrow, pain
46 καθεύδω (2-22) sleep
47 προέρχομαι (2-9) go before, advance

79

φιλέω (2-25) kiss
48 φίλημα, τό (2-7) kiss
49 ἐσόμενον fut. part. of εἰμί
πατάσσω (2-10) strike, hit
μάχαιρα, ἡ (5-29) sword
50 ἀφαιρέω (4-10) take away
51 ἐάω (2-11) let, permit
ὠτίον, τό (1-3) dimin. of οὖς ear
52 στρατηγός, ὁ (2-10) captain of
temple, chief magistrate
λῃστής, ὁ (4-15) robber
μάχαιρα, ἡ (5-29) sword
ξύλον, τό (2-20) staff, club
53 ἐκτείνω (3-16) extend, stretch
σκότος, τό (4-30) darkness
54 εἰσάγω (3-11) bring or lead in
μακρόθεν (4-14) from a far
55 περιάπτω (1-1) kindle
αὐλή, ἡ (2-12) courtyard, court
συγκαθίζω (1-2) sit down with
others
56 παιδίσκη, ἡ (2-13) young girl,
maiden, female servant
ἀτενίζω (2-14) look intently
57 ἀρνέομαι (4-32) deny
58 βραχύς (1-7) short, little
59 διΐστημι (2-3) go away, part
διϊσχυρίζομαι (1-2) insist, main-
tain firmly
60 ἀλέκτωρ, ὁ (3-11) cock
61 ἐμβλέπω (2-11) look intently, fix
one's gaze upon
ὑπομιμνήσκω (1-7) cause one to
remember, remind
πρίν (2-13) before
ἀπαρνέομαι (3-11) deny
τρίς (2-12) three times
62 πικρῶς (1-2) bitterly
63 ἐμπαίζω (4-13) mock
δέρω (5-15) beat, strike
64 περικαλύπτω (1-3) cover around,
cover up or over
προφητεύω (2-28) prophesy
παίω (1-5) strike, hit
65 βλασφημέω (3-34) blaspheme
66 πρεσβυτέριον, τό (1-3) council of
elders
ἀπάγω (4-15) lead away, bring
before
συνέδριον, τό (1-22) council,
Sanhedrin
71 μαρτυρία, ἡ (1-37) witness, testi-
mony

CHAPTER 23

2 κατηγορέω (4-22) accuse
διαστρέφω (2-7) mislead; pervert
φόρος, ὁ (2-5) tribute, tax
4 αἴτιος (3-4) responsible, guilty;
subst. τὸ αἴτιον guilt, com-
plaint
5 ἐπισχύω (1-1) insist, grow strong
ἀνασείω (1-2) stir up, incite
7 ἀναπέμπω (3-5) send back, send
8 λίαν (1-12) very (much), ex-
ceedingly
ἐλπίζω (3-31) hope
10 εὐτόνως (1-2) vigorously, vehe-
mently
κατηγορέω (4-22) accuse
11 ἐξουθενέω (2-11) despise, treat
with contempt
στράτευμα, τό (1-8) army, pl.
troops
ἐμπαίζω (5-13) mock
περιβάλλω (2-23) put on, clothe
ἐσθής, ἡ (2-7) clothing, raiment
λαμπρός (1-9) shining, brilliant
ἀναπέμπω (3-5) send back, send
12 προϋπάρχω (1-2) be before, exist
before
13 συγκαλέω (4-8) call together;
summon
14 προσφέρω (4-47) bring to, offer
ἀποστρέφω (1-9) mislead, cause
to revolt, turn away
ἀνακρίνω (1-16) question, ex-
amine
αἴτιος (3-4) responsible, guilty;
subst. τὸ αἴτιον guilt, com-
plaint
κατηγορέω (4-22) accuse
15 ἀναπέμπω (3-5) send back, send
16 παιδεύω (2-13) whip, scourge;
discipline
18 ἀνακράζω (3-5) cry out
παμπληθεί (1-1) adv. all together
19 στάσις, ἡ (2-9) insurrection, re-
volt, riot
φόνος, ὁ (2-9) murder
20 προσφωνέω (4-7) call out, ad-
dress
21 ἐπιφωνέω (1-4) cry out, shout
22 αἴτιος (3-4) responsible, guilty;
subst. τὸ αἴτ. guilt, complaint
παιδεύω (2-13) whip, scourge,
discipline

23 ἐπίκειμαι (2-7) be urgent, press upon
κατισχύω (2-3) prevail, gain victory, be strong
24 ἐπικρίνω (1-1) decide, determine
αἴτημα, τό (1-3) request
25 στάσις, ἡ (2-9) insurrection, revolt, riot
φόνος, ὁ (2-9) murder
26 ἀπάγω (4-15) lead away, bring before
ἐπιλαμβάνομαι (5-19) take hold of, grasp, catch
ἐπιτίθημι (5-40) lay upon, press upon
σταυρός, ὁ (3-27) cross
ὄπισθεν (2-7) from behind, behind
27 κόπτω (2-8) cut, mid. mourn, bewail
θρηνέω (2-4) lament, wail
29 στεῖρος (3-4) barren, sterile
μαστός, ὁ (2-3) breast
τρέφω (3-9) nourish, feed
30 βουνός, ὁ (2-2) hill
καλύπτω (2-8) cover, hide
31 ὑγρός (1-1) green, moist
ξύλον, τό (2-20) tree, wood
ξηρός (3-8) dry
32 κακοῦργος, ὁ (3-4) evil doer, criminal
ἀναιρέω (2-24) destroy, kill, take away
33 ἀριστερός (1-4) left
34 κλῆρος, ὁ (1-11) lot
35 ἐκμυκτηρίζω (2-2) ridicule, sneer
ἐκλεκτός (2-22) elect, chosen
36 ἐμπαίζω (5-13) mock
στρατιώτης, ὁ (2-2) soldier
37 ὄξος, τό (1-6) sour wine, wine vinegar
προσφέρω (4-47) bring to, offer
38 ἐπιγραφή, ἡ (2-5) inscription, superscription
39 κρεμάννυμι (1-7) hang, suspend
κακοῦργος, ὁ (3-4) criminal, evil doer
βλασφημέω (3-34) blaspheme
40 κρίμα, τό (3-27) judgment
41 δικαίως (1-5) justly
ἀπολαμβάνω (4-9) receive, recover, get back
ἄτοπος (1-4) out of place, improper, wrong

43 παράδεισος, ὁ (1-3) paradise
44 ἕκτος (3-14) sixth
σκότος, τό (4-30) darkness
ἔνατος (1-10) ninth
45 ἥλιος, ὁ (3-32) sun
ἐκλείπω (3-4) grow dark, fail, come to an end, give out
σχίζω (3-11) divide, rend
καταπέτασμα, τό (1-6) veil, curtain
ναός, ὁ (4-45) temple
46 παρατίθημι (5-19) give out, entrust, commend, place before
ἐκπνέω (1-3) expire, breathe out, die
47 ἑκατονάρχης, ὁ (3-20) centurion
ὄντως (2-10) certainly, truly
48 συμπαραγίνομαι (1-1) come together
θεωρία, ἡ (1-1) sight, spectacle
τύπτω (4-13) strike, beat
στῆθος, τό (2-5) breast
49 γνωστός (2-15) known; subst. friend, acquaintance
μακρόθεν (4-14) from afar
συνακολουθέω (1-3) follow, accompany
50 βουλευτής, ὁ (1-2) counsellor
51 συγκατατίθημι (1-1) agree with, consent to
βουλή, ἡ (2-12) resolution, decision, purpose
πρᾶξις, ἡ (1-6) activity, function
προσδέχομαι (5-14) wait for, expect, receive
53 καθαιρέω (3-9) take down, bring down
ἐντυλίσσω (1-3) wrap up
σινδών, ἡ (1-6) fine linen cloth
μνῆμα, τό (3-10) grave, tomb
λαξευτός (1-1) hewn in the rock
οὔπω (1-27) not yet
54 παρασκευή, ἡ (1-6) preparation day
ἐπιφώσκω (1-2) draw on, dawn, shine forth
55 κατακολουθέω (1-2) follow
συνέρχομαι (2-30) come, go, travel together with
θεάομαι (3-22) behold, see
56 ἄρωμα, τό (2-4) spice, perfume
μύρον, τό (4-14) ointment
ἡσυχάζω (2-5) rest, be still, be silent

CHAPTER 24

1 ὄρθρος, ὁ (1-2) daybreak, dawn, early dawn; ὄρθρου βαθέως very early in the morning
βαθύς (1-4) deep
μνῆμα, τό (3-10) grave, tomb
ἄρωμα, τό (2-4) spice, perfume
2 ἀποκυλίω (1-3) roll away
4 ἀπορέω (1-6) usually mid. be at a loss, in doubt
ἐσθής, ἡ (2-7) clothing, raiment
ἀστράπτω (2-2) gleam, flash
5 ἔμφοβος (2-5) afraid, startled, terrified
κλίνω (4-7) make to bend, bow, decline
9 ἕνδεκα (2-6) eleven
11 φαίνω (2-31) shine, illumine; pass. appear
λῆρος, ὁ (1-1) idle talk, nonsense
ἀπιστέω (2-8) disbelieve, refuse to believe
13 ἀπέχω (4-19) be distant
στάδιον, τό (1-7) stade, stadium; about 607 ft.
ἑξήκοντα (1-9) sixty
14 ὁμιλέω (2-4) speak, converse with
συμβαίνω (1-8) happen, meet, come about
15 συζητέω (2-10) discuss
συμπορεύομαι (3-4) go with
κρατέω (2-47) hold back, hinder; pass. prevent
17 ἀντιβάλλω (1-1) exchange; put or place against
σκυθρωπός (1-2) with a sad, gloomy look
18 παροικέω (1-2) inhabit, live
19 δυνατός (4-32) mighty, powerful, strong
ἐναντίον (3-5) before, in the presence of
20 κρίμα, τό (3-27) judgment
21 ἐλπίζω (3-31) hope
λυτρόω (1-3) redeem, ransom
22 ἐξίστημι (3-17) amaze, astound; intrans. be amazed
ὀρθρινός (1-1) early in the morning
23 ὀπτασία, ἡ (2-4) vision
25 ἀνόητος (1-6) foolish, unintelligent

βραδύς (1-3) slow
27 διερμηνεύω (1-6) explain, expound, interpret
28 προσποιέω (1-1) only mid. make as if, pretend
πόρρω (2-4) far off
29 παραβιάζομαι (1-2) use force, urge strongly, prevail upon
ἑσπέρα, ἡ (1-3) evening
κλίνω (4-7) decline, be far spent
30 κατακλίνω (5-5) cause to recline; mid. recline at meals
κλάω (2-14) break
31 διανοίγω (4-8) open, interpret, explain
ἄφαντος (1-1) invisible, vanish
32 καίω (2-12) light; pass. be lit, burn
διανοίγω (4-8) explain, open, interpret
33 ἀθροίζω (1-1) gather, collect
ἕνδεκα (2-6) eleven
34 ὄντως (2-10) truly, certainly
35 ἐξηγέομαι (1-6) explain, interpret, tell, report, describe
κλάσις, ἡ (1-2) breaking
37 πτοέω (2-2) terrify
ἔμφοβος (2-5) afraid, startled, terrified
38 ταράσσω (2-17) trouble, disturb
39 ψηλαφάω (1-4) feel, touch, handle
ὀστέον, τό (1-4) bone
41 ἀπιστέω (2-8) disbelieve, refuse to believe
βρώσιμος (1-1) eatable, τὶ β. anything to eat
ἐνθάδε (1-8) here, in this place
42 ὀπτός (1-1) roasted, broiled, baked
μέρος, τό (4-42) piece, part, portion
44 ψαλμός, ὁ (2-7) psalm, song of praise, hymn
45 διανοίγω (4-8) open, interpret, explain
νοῦς, ὁ (1-24) mind, understanding
συνίημι (4-26) understand
47 μετάνοια, ἡ (5-22) repentance
ἄφεσις, ἡ (5-17) forgiveness
48 μάρτυς, ὁ (2-35) witness
49 ἐξαποστέλλω (4-13) send out, send away

ἐνδύω (4-28) dress, put on; mid. wear, dress

ὕψος, τό (2-6) heaven, height

50 ἐξάγω (1-12) lead out, bring out

51 διΐστημι (2-3) withdraw, part, separate

THE GOSPEL OF JOHN

SPECIAL VOCABULARY

ἀδελφή, ἡ (6-26) sister
ἀληθής (14-26) true
ἀληθινός (9-28) true, genuine
ἀληθῶς (7-18) truly, really
ἄρτι (12-36) now
ἄρχων, ὁ (7-27) ruler
ἀσθενέω (8-33) be sick, weak
γονεύς, ὁ (6-20) begetter; pl. parents
δείκνυμι (7-32) point out, show
διψάω (6-16) thirst
ἐγγύς (11-31) near
ἐμαυτοῦ (16-37) myself
ἑορτή, ἡ (17-25) feast, festival
ἐργάζομαι (8-41) work, labor, do
θαυμάζω (6-42) marvel, wonder
θεάομαι (6-22) behold, see
θύρα, ἡ (7-39) door
κεῖμαι (7-24) lie, recline
κλαίω (8-38) weep
κραυγάζω (6-9) cry
κρίσις, ἡ (11-47) judgment, judging
λύω (6-42) loose, untie, free; break up, destroy, abolish
μαρτυρία, ἡ (14-37) witness, testimony
μείζων (13-48) comp. of μέγας greater
μικρόν (9-16) short (time)
μισέω (12-39) hate
μνημεῖον, τό (16-37) tomb, grave
μόνος (9-46) only

νίπτω (13-17) wash
οἶνος, ὁ (6-34) wine
ὀπίσω (7-35) after, behind
οὐκέτι (12-48) no longer
οὔπω (12-27) not yet
πάντοτε (7-41) always
παρρησία, ἡ (9-31) openness; ἐν παρρ. be known publicly
πάσχα, τό (10-29) Passover
πέραν (8-23) beyond, across
πιάζω (8-12) lay hold of, arrest
πόθεν (13-29) whence
ποιμήν, ὁ (6-18) shepherd
ποῦ (18-47) where
πρό (9-47) before
πρόβατον, τό (17-37) sheep
ῥαββί (8-15) rabbi, master
σεαυτοῦ (9-43) yourself
σκοτία, ἡ (8-17) darkness
σός (7-27) your
σταυρόω (11-46) crucify
στρατιώτης, ὁ (6-26) soldier
ταράσσω (6-17) disturb, trouble
τιμάω (6-21) honor
ὑγιής (6-11) sound, well, healthy
ὑπηρέτης, ὁ (9-20) officer, servant
φανερόω (9-49) reveal, make known
φιλέω (13-25) love
φίλος, ὁ (6-29) friend
φωνέω (13-42) call, invite

CHAPTER 1

3 χωρίς (3-41) without, apart from
5 φαίνω (2-31) give light, shine
καταλαμβάνω (2-13) overtake, seize, apprehend, understand
9 φωτίζω (1-11) shine, give light to, illuminate
11 παραλαμβάνω (3-49) receive, accept

14 σκηνόω (1-5) tabernacle, dwell
μονογενής (4-9) only
πλήρης (1-16) full, filled
15 ἔμπροσθεν (5-48) before
16 πλήρωμα, τό (1-17) fullness
ἀντί (1-22) against, instead of
18 πώποτε (4-12) ever, at any time
μονογενής (4-9) only
κόλπος, ὁ (2-6) bosom, breast
ἐξηγέομαι (1-6) explain, report, describe

19 ἱερεύς, ὁ (1-31) priest
20 ὁμολογέω (4-26) confess, agree
ἀρνέομαι (4-32) deny
22 ἀπόκρισις, ἡ (2-4) answer
23 ἔφη 2 aor. 3 s. of φήμι say, de-
clare
βοάω (1-12) cry
ἔρημος, ἡ (5-47) desert, wilder-
ness
εὐθύνω (1-2) straighten, make
straight
26 στήκω (1-10) stand
οἶδα 2 pft. with sense of pres.
fr. γινώσκω
27 ἄξιος (1-41) worthy, befitting
ἱμάς, ὁ (1-4) thong, strap
ὑπόδημα, τό (1-10) sandal
29 ἐπαύριον (5-17) tomorrow,
next day
ἴδε behold (imptv. of ὁράω)
ἀμνός, ὁ (2-4) lamb
30 ἔμπροσθεν (5-48) in front of,
before
31 ᾔδειν plupft. of οἶδα with impft.
sense
32 περιστερά, ἡ (3-10) dove
35 ἐπαύριον, τό (5-17) tomorrow,
next day
εἱστήκει plupft. of ἵστημι
36 ἐμβλέπω (2-11) look at, fix one's
gaze upon
ἀμνός, ὁ (2-4) lamb
38 στρέφω (4-21) turn, turn around
μεθερμηνεύω (2-8) interpret
39 δέκατος (1-3) tenth
41 μεθερμηνεύω (2-8) interpret
42 ἐμβλέπω (2-11) look at, fix one's
gaze upon
ἑρμηνεύω (2-3) interpret
43 ἐπαύριον, τό (5-17) tomorrow,
next day
47 δόλος, ὁ (1-11) deceit, cunning
48 συκῆ, ἡ (2-16) fig tree
50 ὑποκάτω (1-4) under, below
συκῆ, ἡ (2-16) fig tree
51 ἀνεῳγότα pft. part. of ἀνοίγω =
open

CHAPTER 2

1 τρίτος (1-48) third
γάμος, ὁ (2-15) wedding feast,
marriage

3 ὑστερέω (1-16) fail, lack, miss,
be less than
4 ἥκω (4-25) have come, be pre-
sent
5 διάκονος, ὁ (3-29) servant, at-
tendant
6 λίθινος (1-3) made of stone,
stony
ὑδρία, ἡ (3-3) water pot
ἕξ (3-13) six
καθαρισμός, ὁ (2-7) purification
χωρέω (3-10) hold, make room,
reach, go forward
ἀνά (1-13) each, apiece
μετρητής, ὁ (1-1) measure (about
9 gals.)
7 γεμίζω (3-9) fill
ἄνω (5-13) above (here brim),
upward
8 ἀντλέω (4-4) draw water
ἀρχιτρίκλινος, ὁ (3-3) master of
feast, head waiter
9 γεύομαι (2-15) taste
διάκονος, ὁ (3-29) servant
ᾔδει plft. of οἶδα with impt.
sense
νυμφίος, ὁ (4-16) bridegroom
10 μεθύσκω (1-4) make drunk;
pass. get drunk, drink freely,
be drunk
ἐλάσσων (1-4) comp. of μικρός
less, worse, inferior
14 πωλέω (2-22) sell
βοῦς, ὁ, ἡ (2-8) ox, cow
περιστερά, ἡ (3-10) dove
κερματιστής, ὁ (1-1) money-
changer
15 φραγέλλιον, τό (1-1) whip, lash
σχοινίον, τό (1-2) rope
κολλυβιστής, ὁ (1-3) money-
changer
ἐκχέω (1-16) pour out
κέρμα, τό (1-1) coin
τράπεζα, ἡ (1-15) table
ἀνατρέπω (1-3) overturn, de-
stroy
16 περιστερά, ἡ (3-10) dove
πωλέω (2-22) sell
ἐντεῦθεν (5-9) hence
ἐμπόριον, τό (1-1) market
17 μιμνήσκομαι (3-23) remember
ζῆλος, ὁ (1-17) zeal, jealousy
καταφαγεῖν (1-9) eat up, devour
(fut. of κατεσθίω)

19 ναός, ὁ (3-45) temple
20 τεσσεράκοντα (1-22) forty
   ἕξ (3-13) six
   ἔτος, τό (3-49) year
   οἰκοδομέω (1-40) build
21 ναός, ὁ (3-45) temple
22 μιμνήσκομαι (3-23) remember
25 χρεία, ἡ (4-49) need, necessity

CHAPTER 3

2 ἐλήλυθας pft. ind. of ἔρχομαι
3 ἄνωθεν (5-13) again, from above
4 γέρων, ὁ (1-1) old man
   κοιλία, ἡ (2-23) belly, womb
   δεύτερος (4-44) second
7 ἄνωθεν (5-13) again, from above
8 πνέω (2-7) blow, breathe
12 ἐπίγειος (1-7) earthly
   ἐπουράνιος (1-18) heavenly
14 ὑψόω (5-20) lift up, exalt
   ὄφις, ὁ (1-14) serpent, snake
   ἔρημος, ἡ (5-47) wilderness, des-
   ert
16 μονογενής (4-9) only
18 μονογενής (4-9) only
19 σκότος, τό (1-30) darkness
20 φαῦλος (2-6) worthless, bad, evil
   πράσσω (2-39) do, practice
   ἐλέγχω (3-17) expose, convict
21 εἰργασμένα perf. pass. part. of
   ἐργάζομαι
22 διατρίβω (1-9) spend time, re-
   main
23 παραγίνομαι (1-36) come, arrive,
   appear
24 φυλακή, ἡ (1-46) prison, guard,
   watch
25 ζήτησις, ἡ (1-7) discussion, de-
   bate, investigation
   καθαρισμός, τό (2-7) purification
28 ἔμπροσθεν (5-48) in front of,
   before
29 νύμφη, ἡ (1-8) bride
   νυμφίος, ὁ (4-16) bridegroom
30 αὐξάνω (1-22) increase, make
   grow
   ἐλαττόω (1-3) make less, de-
   crease
31 ἄνωθεν (5-13) from above, again
   ἐπάνω (1-18) above, over
33 σφραγίζω (2-15) seal, certify,
   attest

34 μέτρον, τό (1-14) measure
36 ἀπειθέω (1-14) disobey, disbe-
   lieve
   ὀργή, ἡ (1-36) wrath

CHAPTER 4

1 πλείων comp. of πολύς great
2 καίτοι (1-3) and yet
4 ἔδει impft. of δεῖ be necessary
   διέρχομαι (2-42) go through
5 πλησίον (1-7) near, close by
   χωρίον, τό (1-10) place, field,
   environs
6 πηγή, ἡ (3-11) spring, fountain,
   well
   κοπιάω (3-22) grow weary, toil
   ὁδοιπορία, ἡ (1-2) journey
   καθέζομαι (3-7) sit
   πηγή, ἡ (3-11) spring, fountain
   ἕκτος (2-14) sixth
7 ἀντλέω (4-4) draw water
8 ἀπεληλύθεισαν plpf. act. ind. of
   ἀπέρχομαι go away
   τροφή, ἡ (1-16) food
   ἀγοράζω (3-30) buy
9 συγχράομαι (1-1) have dealing
   with, associate on friendly
   terms
10 δωρεά, ἡ (1-11) gift
11 ἄντλημα, τό (1-1) bucket for
   drawing water
   φρέαρ, τό (2-7) well
   βαθύς (1-4) deep
12 θρέμμα, τό (1-1) (domesticated)
   animal
14 πηγή, ἡ (3-11) spring, fountain
   ἅλλομαι (1-3) leap, spring up
15 διέρχομαι (2-42) pass through
   ἐνθάδε (2-8) hither, to this place
   ἀντλέω (4-4) draw water
17 καλῶς (4-37) correctly, rightly,
   well
18 πέντε (5-38) five
   εἴρηκας pft. of λέγω
22 σωτηρία, ἡ (1-45) salvation
23 προσκυνητής, ὁ (1-1) worshipper
25 ἀναγγέλλω (4-13) announce, re-
   port
   ἅπας (1-32) all
27 μέντοι (5-8) though, indeed,
   really
28 ὑδρία, ἡ (3-3) water pot

29 δεῦτε (2-12) come
μήτι (3-16) interrog. part. in questions expect. a neg. answer: usu. left untrans.
31 μεταξύ (1-9) meanwhile
32 βρῶσις, ἡ (4-11) food, eating
34 βρῶμα, τό (1-17) food
τελείόω (5-23) finish, perfect
35 τετράμηνος (1-1) four months
θερισμός, ὁ (2-13) harvest
ἐπαίρω (4-19) lift up
χώρα, ἡ (3-28) field, land, country
λευκός (2-24) white
36 θερίζω (4-21) harvest, reap
μισθός, ὁ (1-29) wages, hire, reward
ὁμοῦ (3-4) adv. together
38 θερίζω (4-21) reap
κοπιάω (3-22) toil, become weary
κόπος, ὁ (1-18) toil, work, trouble
41 πλείους nom. pl. m. of πλείων more
42 σός (7-27) your
λαλία, ἡ (2-3) speech, speaking
σωτήρ, ὁ (1-24) Savior
43 ἐκεῖθεν (2-27) thence, from there
44 πατρίς, ἡ (1-8) fatherland, native place
τιμή, ἡ (1-41) honor, price
46 βασιλικός (2-5) royal, subst. king's officer
47 ἥκω (4-25) have come, be present
ἰάομαι (3-26) heal
48 τέρας, τό (1-16) wonder, portent, omen
49 βασιλικός (2-5) royal, subst. king's officer
πρίν (3-13) before
51 ὑπαντάω (4-10) go to meet, meet
παῖς, ὁ (1-24) child, servant
52 πυνθάνομαι (1-11) inquire, ask, learn
κομψότερον (1-1) comp. of κομψός well; better, of sick persons
ἐχθές (1-3) yesterday
ἕβδομος (1-9) seventh
πυρετός, ὁ (1-6) fever
54 δεύτερος (4-44) second

CHAPTER 5

2 προβατικός (1-1) pertaining to sheep, (here) sheep gate with πύλη understood
κολυμβήθρα, ἡ (3-3) swimming pool, pool
ἐπιλέγω (1-2) act. or pass. call or name; mid. choose
πέντε (5-38) five
στοά, ἡ (2-4) portico, porch
3 κατάκειμαι (2-12) lie down
πλῆθος, τό (2-31) a great number, multitude
χωλός (1-14) lame
ξηρός (1-8) withered, dry
5 τριάκοντα (2-11) thirty
ὀκτώ (2-8) eight
ἔτος, τό (3-49) year
ἀσθένεια, ἡ (2-24) sickness, weakness
6 κατάκειμαι (2-12) lie down
7 κολυμβήθρα, ἡ (3-3) pool
8 κράβατος, ὁ (4-11) mattress, pallet
9 εὐθέως (3-33) immediately
10 θεραπεύω (1-43) heal
ἔξεστιν (2-31) it is permitted, possible, proper
κράβατος, ὁ (4-11) mattress, pallet
11 ἰάομαι (3-26) heal
ἐκνεύω (1-1) withdraw, turn aside
14 μηκέτι (1-21) no more
ἁμαρτάνω (3-42) sin
χεῖρων (1-11) irreg. comp. of κακός worse
16 διώκω (2-44) persecute, pursue
18 ἴσος (1-8) same, equal
19 ὁμοίως (3-31) likewise, similarly
21 ὥσπερ (2-36) just as
ζωοποιέω (3-11) make alive
24 μεταβαίνω (3-11) pass over, move
26 ὥσπερ (2-36) just as
29 ἐκπορεύομαι (2-33) come or go forth
ἀνάστασις, ἡ (4-42) resurrection
φαῦλος (2-6) bad, evil, worthless
πράσσω (2-39) do, accomplish
35 λύχνος, ὁ (1-14) lamp
καίω (2-12) light, burn; pass. be lit, burn

φαίνω (2-31) shine
ἀγαλλιάω (2-11) usu. dep. exult, rejoice greatly
36 τελειόω (5-23) perfect, complete, finish
37 πώποτε (4-6) at any time
εἶδος, τό (1-5) external form, appearance
39 ἐρευνάω (2-6) search, examine
45 κατηγορέω (2-22) accuse
ἐλπίζω (1-31) hope
γράμμα, τό (2-15) writing, book; letter

CHAPTER 6

2 ἑώρων impft. of ὁράω see
3 ἀνέρχομαι (1-3) go or come up
5 ἐπαίρω (4-19) lift up, raise
ἀγοράζω (3-30) buy
6 πειράζω (1-38) test, tempt
7 διακόσιοι (2-8) two hundred
δηνάριον, τό (2-16) denarius, about 18 cents
ἀρκέω (2-8) be enough, sufficient
βραχύς (1-7) little, short
9 παιδάριον, τό (1-1) little boy
πέντε (5-38) five
κρίθινος (2-2) made of barley
ὀψάριον, τό (5-5) fish, cooked food
τοσοῦτος (4-10) so many, so much, so great
10 ἀναπίπτω (5-12) recline, lean back
χόρτος, ὁ (1-15) grass
ἀριθμός, ὁ (1-18) number
πεντακισχίλιοι (1-6) five thousand
11 εὐχαριστέω (3-38) give thanks
διαδίδωμι (1-4) distribute, give
ἀνάκειμαι (4-14) recline, sit
ὁμοίως (3-31) likewise, similarly
ὀψάριον, τό (5-5) fish, cooked food
12 ἐμπίπλημι (1-5) fill full, satisfy
περισσεύω (2-39) be more than enough, be left over
κλάσμα, τό (2-9) broken piece, fragment
13 γεμίζω (3-9) fill
κόφινος, ὁ (1-6) basket
πέντε (5-38) five

κρίθινος (2-2) made of barley
βιβρώσκω (1-1) eat
15 ἁρπάζω (4-14) seize, catch, snatch
ἀναχωρέω (1-14) go away, withdraw
16 ὀψία, ἡ (2-14) evening
17 ἐμβαίνω (3-17) go in, embark
18 ἄνεμος, ὁ (1-31) wind
πνέω (2-7) blow
διεγείρω (1-6) arouse, wake up, stir up
19 ἐλαύνω (1-5) drive, row
στάδιον, τό (2-7) ⅛ of a mile
εἴκοσι (1-11) twenty
τριάκοντα (2-11) thirty
21 εὐθέως (3-33) immediately
22 ἐπαύριον (5-17) next day
πλοιάριον, τό (4-6) small boat
συνεισέρχομαι (2-2) enter with
23 εὐχαριστέω (3-38) give thanks
24 ἐμβαίνω (3-17) go in
πλοιάριον, τό (4-6) small boat
25 πότε (2-19) when, how long
26 χορτάζω (1-15) feed, fill, satisfy
27 βρῶσις, ἡ (4-11) food, eating
σφραγίζω (2-15) seal, attest
31 μάννα, τό (2-4) manna
ἔρημος, ἡ (5-47) wilderness, desert
35 πεινάω (1-23) hunger
πώποτε (4-6) ever, at any time
37 ἥκω (4-25) have come
41 γογγύζω (4-8) grumble, murmur
43 γογγύγω (4-8) grumble, murmur
44 ἑλκύω (5-6) draw, lead
45 διδακτός (1-3) taught
μανθάνω (2-25) learn
μάννα, τό (2-4) manna
52 μάχομαι (1-4) fight, quarrel
54 τρώγω (5-6) gnaw, eat
55 βρῶσις, ἡ (4-11) food
πόσις, ἡ (1-3) drink
56 τρώγω (5-6) gnaw, eat
57 κἀκεῖνος (5-22) and or even that one
58 τρωγω (5-6) gnaw, eat
60 σκληρός (1-5) hard, rough, harsh
61 γογγύζω (4-8) murmur, grumble
σκανδαλίζω (2-29) give offence to, anger; cause to sin
62 πρότερος (3-11) comp. of πρῶτος first; earlier, formerly
63 ζωοποιέω (3-11) give life

ὠφελέω (2-15) help, profit, benefit

70 ἐκλέγομαι (5-22) pick out, choose, select

διάβολος, ὁ (3-37) devil

CHAPTER 7

2 σκηνοπηγία, ἡ (1-1) building of tents or booths; Feast of Tabernacles

3 μεταβαίνω (3-11) pass over, move

ἐντεῦθεν (5-9) hence, from here

4 κρυπτός (3-17) hidden, secret

6 πάρειμι (2-24) be present, arrive

ὑμέτερος (3-10) your

ἕτοιμος (1-17) ready

10 φανερῶς (1-3) openly

κρυπτός (3-17) hidden, secret

12 γογγυσμός, ὁ (1-11) murmuring, grumbling

πλανάω (2-39) lead astray, deceive

13 μέντοι (5-8) though, indeed

φόβος, ὁ (3-47) fear

14 μεσόω (1-1) be in the middle

15 γράμμα, τό (2-15) letter, elementary knowledge

μανθάνω (2-25) learn

16 διδαχή, ἡ (3-30) teaching

17 πότερον (1-1) whether

18 ἀδικία, ἡ (2-25) injustice, unrighteousness

22 περιτομή, ἡ (2-35) circumcision

περιτέμνω (1-17) circumcise

23 χολάω (1-1) be mad

24 ὄψις, ἡ (2-3) face, appearance

26 μήποτε (1-25) interrog. part. whether, perhaps

29 κἀκεῖνος (5-22) and or even that one

30 ἐπιβάλλω (2-18) lay on, put on

32 γογγύζω (4-8) grumble, murmur

33 μικρός (2-30) short, little

35 διασπορά, ἡ (1-3) dispersion

38 ποταμός, ὁ (1-17) river

κοιλία, ἡ (2-23) belly, stomach, womb

ῥέω (1-1) flow

39 οὐδέπω (2-3) not yet

42 σπέρμα, τό (3-44) seed, offspring

κώμη, ἡ (3-27) village or country town

43 σχίσμα, τό (3-8) rent, dissension, division

44 ἐπιβάλλω (2-18) lay on, put on

46 οὐδέποτε (1-16) never

47 πλανάω (2-39) lead astray, deceive

49 ἐπάρατος (1-1) accursed

50 πρότερος (3-11) formerly, earlier

52 ἐρευνάω (2-6) search, examine

CHAPTER 8

*

12 ἕξει fut. of ἔχω

κἄν (4-18) and or even if

17 ὑμέτερος (3-10) your

19 ᾔδειτε plupft. of οἶδα

20 γαζοφυλακεῖον, τό (1-5) treasury

22 μήτι (3-10) interrog. part. usually untranslated

23 κάτω (1-9) down, below

ἄνω (3-9) above

28 ὑψόω (5-20) lift up

29 ἀρεστός (1-4) pleasing, agreeable

32 ἐλευθερόω (2-7) make free

33 σπέρμα, τό (3-44) seed, offspring

δουλεύω (1-25) be a slave, be subjected

πώποτε (4-6) at any time, ever

ἐλεύθερος (2-23) free

36 ἐλευθερόω (2-7) make free

ὄντως (1-10) really, actually, truly

ἐλεύθερος (2-23) free

37 σπέρμα, τό (3-44) seed, offspring

χωρέω (3-10) have room, hold; make room, make progress

41 πορνεία, ἡ (1-25) fornication

42 ἥκω (4-25) have come

43 λαλιά, ἡ (2-3) speech, speaking

44 διάβολος, ὁ (3-37) devil

ἐπιθυμία, ἡ (1-38) desire

ἀνθρωποκτόνος, ὁ (1-3) murderer

ψεῦδος, τό (1-10) lie

ψεύστης, ὁ (2-10) liar

46 ἐλέγχω (3-17) convict, reprove, expose

48 καλῶς (4-37) rightly, well

49 ἀτιμάζω (1-7) dishonor

* The vocabulary for 7:53-8:11 is found at the end of the Gospel of John.

52 γεύομαι (2-15) taste
55 κἄν (4-18) and or even if
ὅμοιος (2-45) like, resembling
ψεύστης, ὁ (2-10) liar
56 ἀγαλλιάω (2-11) usu. dep. exult,
rejoice
57 πεντήκοντα (2-7) fifty
ἔτος, τό (3-49) year
58 πρίν (3-13) before
59 κρύπτω (3-19) hide, conceal;
κρυβῆναι hide oneself

CHAPTER 9

1 παράγω (1-10) pass by
γενετή, ἡ (1-1) birth
2 ἁμαρτάνω (3-42) sin
6 πτύω (1-3) spit
χαμαί (2-2) on the ground
πηλός, ὁ (5-6) clay
πτύσμα, τό (1-1) spittle
ἐπιτίθημι (3-40) place upon
7 κολυμβήθρα, ἡ (3-3) pool
ἑρμηνεύω (2-3) interpret
8 γείτων, ὁ (1-4) neighbor
πρότερος (3-11) formerly, earlier
προσαίτης, ὁ (1-2) beggar
προσαιτέω (1-1) beg
9 ὅμοιος (2-45) like, resembling
10 ἠνεῴχθησαν aor. pas. of ἀνοίγω
with triple augment
11 πηλός, ὁ (5-6) clay
ἐπιχρίω (1-1) spread on, anoint
ἀναβλέπω (4-25) recover sight
13 ποτέ (1-29) once, formerly
14 πηλός, ὁ (5-6) clay
15 ἀναβλέπω (4-25) recover sight
ἐπιτίθημι (3-40) place upon
16 ἁμαρτωλός, ὁ (4-47) sinner
σχίσμα, τό (3-8) division, dissen-
sion
18 ἀναβλέπω (4-25) recover sight
ὅτου gen. s. m. of ὅστις: ἕως ὅτου
until
21 ἡλικία, ἡ (2-8) age
22 συντίθημι (1-3) place; mid.
agree, decide, consent
ὁμολογέω (4-26) confess
ἀποσυνάγωγος (3-3) expel from
synagogue, excommunicate
24 δεύτερος (4-44) second
ἁμαρτωλός, ὁ (4-47) sinner
28 λοιδορέω (1-4) abuse, revile

30 θαυμαστός (1-6) wonderful,
marvelous
31 θεοσεβής (1-1) God-fearing,
godly
38 ἔφη 2 aor. ind. of φημί say,
affirm
39 κρίμα, τό (1-27) judgment

CHAPTER 10

1 αὐλή, ἡ (3-12) enclosure, sheep-
fold, courtyard
ἀλλαχόθεν (1-1) adv. from an-
other place
κλέπτης, ὁ (4-16) thief
λῃστής, ὁ (3-15) robber
3 θυρωρός, ὁ (3-4) doorkeeper,
porter
ἐξάγω (1-12) lead out, bring out
4 ἔμπροσθεν (5-48) in front of
5 ἀλλότριος (2-14) belonging to
another, not one's own; here,
stranger
φεύγω (2-29) flee
6 παροιμία, ἡ (4-5) dark saying,
figure; proverb
8 κλέπτης, ὁ (4-16) thief
λῃστής, ὁ (3-15) robber
9 νομή, ἡ (1-2) pasture
10 κλέπτης, ὁ (4-16) thief
κλέπτω (1-13) steal
θύω (1-13) slay, kill
περισσός (1-6) abundant, over
and above
12 μισθωτός, ὁ (2-3) hireling; adj.
used as subst.
λύκος, ὁ (2-6) wolf
φεύγω (2-29) flee
ἁρπάζω (4-14) seize, snatch
σκορπίζω (2-5) scatter
13 μέλω (2-10) care for; impers. it
is a care for
16 αὐλή, ἡ (3-12) enclosure, sheep-
fold, courtyard
κἀκεῖκος (5-22) and that one
ποίμνη, ἡ (1-5) flock
19 σχίσμα, τό (3-8) division, dissen-
sion
20 μαίνομαι (1-5) rage, be mad
21 δαιμονίζομαι (1-13) be possessed
by a demon
22 ἐγκαίνια, τά (1-1) Festival of
Rededication

90

χειμών, ὁ (1-6) winter
23 στοά, ἡ (2-4) porch
24 κυκλόω (1-4) encircle
πότε (2-19) when, ἕως πότε how long
28 ἁρπάζω (4-14) snatch, seize
31 βαστάζω (5-27) take up, bear
λιθάζω (4-8) stone
32 ποῖος (4-32) which? what? of what kind?
33 λιθάζω (4-8) stone
βλασφημία, ἡ (1-18) blasphemy
36 ἁγιάζω (4-27) consecrate, sanctify
βλασφημέω (1-34) blaspheme
κἄν (4-18) even if

CHAPTER 11

1 κωμή, ἡ (3-27) village, country town
2 ἀλείφω (2-9) anoint
μύρον, τό (4-14) ointment
ἐκμάσσω (3-5) wipe off or away
θρίξ, ἡ (2-15) hair
4 ἀσθένεια, ἡ (2-24) sickness, weakness
7 ἔπειτα (1-16) then, thereupon
8 λιθάζω (4-8) stone
9 προσκόπτω (2-8) stumble
11 κοιμάω (2-8) put to sleep; only pass. in NT, sleep, fall asleep, die
ἐξυπνίζω (1-1) awaken
13 κοίμησις, ἡ (1-1) sleep
ὕπνος, ὁ (1-6) slumber, sleep
16 συμμαθητής, ὁ (1-1) fellow disciple
17 τέσσαρες (2-41) four
18 στάδιον, τό (2-7) stade, about 607 feet
δεκαπέντε (1-3) fifteen
19 παραμυθέομαι (2-4) encourage, console
20 ὑπαντάω (4-10) go to meet, meet
καθέζομαι (3-7) sit
24 ἀνάστασις, ἡ (4-42) resurrection
κἄν (4-18) even if
27 ναί (3-34) yes, certainly
28 λάθρα (1-4) secretly
πάρειμι (2-24) be present
29 ταχύ (3-18) quickly, without delay

30 κωμή, ἡ (3-27) village
ὑπαντάω (4-10) meet
31 παραμυθέομαι (2-4) encourage, console
ταχέως (1-10) quickly, at once
33 συνέρχομαι (2-30) come together, assemble
ἐμβριμάομαι (2-5) be deeply moved, scold, censure
34 τεθείκατε pft. act. ind. of τίθημι
35 δακρύω (1-1) weep
38 ἐμβριμάομαι (2-5) be deeply moved, scold
σπήλαιον, τό (1-6) cave
ἐπίκειμαι (2-7) lie upon, press around, be imposed
39 τελευτάω (1-11) die, come to an end
ὄζω (1-1) smell, give off odor
τεταρταῖος (1-1) happening on the fourth day; here, he has been dead four days
41 ἄνω (3-9) above
εὐχαριστέω (3-38) give thanks
42 περιεστῶτα 2 pft. act. part. of περίστημι (1-4) stand around
43 δεῦρο (1-9) come, come here
44 θνήσκω (2-9) to die
δέω (4-41) bind
κειρία, ἡ (1-1) grave clothes, bandage
ὄψις, ἡ (2-3) face
σουδάριον, τό (2-4) face cloth, like handkerchief
περιεδέδετο plupft. pass of περιδέω (1-1) bind around
47 συνέδριον, τό (1-22) council, Sanhedrin
49 ἐνιαυτός, ὁ (3-14) year
50 λογίζομαι (1-40) consider, reckon
συμφέρω (3-15) profit
51 ἐνιαυτός, ὁ (3-14) year
52 διασκορπίζω (1-9) scatter apart
53 βουλεύομαι (2-5) deliberate, resolve, decide
54 ἐκεῖθεν (2-27) thence
χώρα, ἡ (3-28) country, region
ἔρημος, ἡ (5-47) wilderness, desert
κἀκεῖ (1-10) and there
55 χώρα, ἡ (3-28) country
ἁγνίζω (1-7) purify
57 δεδώκεισαν plupft. of δίδωμι
γνῷ 2 aor. subj. of γινώσκω
μηνύω (1-4) disclose, report

CHAPTER 12

1 ἕξ (3-13) six
2 δεῖπνον, τό (4-16) supper, dinner
διακονέω (3-36) serve
ἀνάκειμαι (4-14) recline, lay
back
3 λίτρα, ἡ (2-2) Roman pound (12
ounces)
μύρον, τό (4-14) ointment
νάρδος, ἡ (1-2) nard, an Indian
plant used for the preparation
of ointment
πιστικός (1-2) genuine, trust-
worthy
πολύτιμος (1-3) very costly,
precious
ἀλείφω (2-9) anoint
ἐκμάσσω (3-5) wipe off
θρίξ, ἡ (2-15) hair·
ὀσμή, ἡ (1-6) smell, odor
5 μύρον, τό (4-14) ointment
πιπράσκω (1-9) sell
τριακόσιοι (1-2) three hundred
δηνάριον, τό (2-16) Roman coin,
denarius, about 18 cents
πτωχός, ὁ (4-34) poor
6 μέλω (2-10) care for, used im-
personally, 3 s. it is a care for
κλέπτης, ὁ (4-16) thief
γλωσσόκομον, τό (2-2) money-
box
βαστάζω (5-27) take up, carry,
bear
7 ἐνταφιασμός, ὁ (1-2) preparation
for burial or burial
πτωχός, ὁ (4-34) poor
10 βουλεύομαι (2-5) resolve, decide,
deliberate
12 ἐπαύριον (5-17) next day, the
morrow
13 βαΐον, τό (1-1) palm branch
φοῖνιξ, ὁ (1-2) date palm, palm
ὑπάντησις, ἡ (1-3) coming to
meet
ὡσαννά (1-6) Heb. word mean-
ing "Save now"
εὐλογέω (1-42) bless
14 ὀνάριον, τό (1-1) young ass
καθίζω (2-45) sit
15 θυγάτηρ, ἡ (1-28) daughter
πῶλος, ὁ (1-12) foal, colt
ὄνος, ὁ (1-5) ass, donkey
16 μιμνῄσκομαι (3-23) remember

18 ὑπαντάω (4-10) meet, go to meet
19 ὠφελέω (2-15) help, benefit
20 Ἕλλην (3-26) Greek
24 κόκκος, ὁ (1-7) grain
σῖτος, ὁ (1-14) wheat
25 φυλάσσω (3-31) keep, guard
26 διακονέω (3-36) serve
διάκονος, ὁ (3-29) servant
27 τετάρακται perf. pass. of ταράσ-
σω (6-17) disturb, agitate
29 βροντή, ἡ (1-12) thunder
γεγονέναι perf. inf. of γίνομαι
32 ὑψόω (5-20) lift up
ἑλκύω (5-6) draw, attract
33 σημαίνω (3-6) make known, re-
port, indicate
ποῖος (4-32) what kind
34 ὑψόω (5-20) lift up
35 μικρός (2-30) short, little
καταλαμβάνω (2-13) overtake
36 ἐκρύβη aor. pass. hide oneself,
of κρύπτω (3-19) hide
37 τοσοῦτος (4-10) so many, so
great
ἔμπροσθεν (5-48) before, in
front of
38 ἀκοή, ἡ (1-24) hearing, report,
account
βραχίων, ὁ (1-3) arm
ἀποκαλύπτω (1-26) reveal, un-
cover
40 τυφλόω (1-3) blind, make blind
πωρόω (1-5) petrify, harden
νοέω (1-14) perceive, under-
stand
στρέφω (4-21) turn
ἰάομαι (3-26) heal
42 ὅμως (1-3) all the same, never-
theless, yet; strengthened
with μέντοι (5-8) though
ὁμολογέω (4-26) confess
ἀποσυνάγωγος (3-3) expelled
from synagogue, excommuni-
cated
43 ἤπερ (1-1) than
47 φυλάσσω (3-31) keep, guard
48 ἀθετέω (1-15) reject, set aside

CHAPTER 13

1 μεταβαίνω (3-11) go or pass
over, move, pass on
τέλος, τό (1-41) end

92

2 δεῖπνον, τό (4-16) supper, dinner
διάβολος, ὁ (3-37) devil
βεβληκότος pft. part. from βάλλω
παραδοῖ 2 aor. subj. of παραδί-
δωμι
4 δεῖπνον, τό (4-16) supper
λέντιον, τό (2-2) linen cloth,
towel
διαζώννυμι (3-3) tie around
5 εἶτα (3-13) then, next
νιπτήρ, ὁ (1-1) basin
ἐκμάσσω (3-5) wipe
8 μέρος, τό (4-42) part
10 λούω (1-5) wash (the body),
bathe
χρεία, ἡ (4-49) need
καθαρός (4-26) clean
12 ἀναπίπτω (5-12) lie down, lean
back
13 καλῶς (4-37) rightly, well
14 ὀφείλω (2-35) owe, be obligated,
ought
15 ὑπόδειγμα, τό (1-6) example
18 ἐκλέγομαι (5-22) choose, select
τρώγω (5-6) gnaw, eat
ἐπαίρω (4-19) lift up
πτέρνα, ἡ (1-1) heel
22 ἀπορέω (1-6) be at a loss, in
doubt
23 ἀνάκειμαι (4-14) lie, recline
κόλπος, ὁ (2-6) bosom, breast,
chest
24 νεύω (1-2) nod or beckon
25 ἀναπίπτω (5-12) lie down, re-
cline
στῆθος, τό (2-5) breast
26 βάπτω (1-4) dip
ψωμίον, τό (4-4) piece of bread
27 σατανᾶς, ὁ (1-36) adversary,
Satan
τάχιον comp. of ταχέως (1-10)
quickly, without delay
28 ἀνάκειμαι (4-14) lie, recline
29 ἐπεί (2-26) because, since; when,
after
γλωσσόκομον, τό (2-2) money-
box, container
ἀγοράζω (3-30) buy
χρεία, ἡ (4-49) need
πτωχός, ὁ (4-34) poor
30 ψωμίον, τό (4-4) piece of bread
33 τεκνίον, τό (1-8) little child
34 καινός (2-42) new
36 ὕστερον (1-11) adv. later

38 ἀλέκτωρ, ὁ (2-11) cock
ἕως οὗ until
ἀρνέομαι (4-32) deny
τρίς (1-12) thrice

CHAPTER 14

2 μονή, ἡ (2-2) dwelling (place),
room, abode
ἑτοιμάζω (2-41) prepare
3 παραλαμβάνω (3-49) take with
or along, receive
7 ἐγνώκειτε plupft. of γινώσκω
8 ἀρκέω (2-8) be enough, suffi-
cient, adequate
9 τοσοῦτος (4-10) so much, so
great, so long
12 κἀκεῖνος (5-22) even that one
16 παράκλητος, ὁ (4-5) advocate,
intercessor, helper
18 ὀρφανός, ὁ (1-2) orphan
21 ἐμφανίζω (2-10) reveal, make
known, inform
23 μονή, ἡ (2-2) dwelling, abode,
room
26 παράκλητος, ὁ (4-5) advocate,
intercessor, helper
ὑπομιμνῃσκω (1-7) remind, call
to mind
27 δειλιάω (1-1) be fearful, cow-
ardly
29 πρίν (3-13) before
31 ἐντέλλω (3-14) only mid. com-
mand
ἐντεῦθεν (5-9) hence

CHAPTER 15

1 ἄμπελος, ἡ (3-9) vine
γεωργός, ὁ (1-19) vine-dresser,
farmer
2 κλῆμα, τό (4-4) branch
καθαίρω (1-1) prune, make
clean
3 καθαρός (4-26) clean
4 κλῆμα, τό (4-4) branch
ἄμπελος, ἡ (3-9) vine
χωρίς (3-41) without, apart
from
6 κλῆμα, τό (4-4) branch
ξηραίνω (1-15) wither, dry up
καίω (2-12) light, burn

93

13 θῇ 2 aor. act. subj. of τίθημι
14 ἐντέλλω (3-14) only mid. command
15 γνωρίζω (3-26) make known
16 ἐκλέγομαι (5-22) choose, select
17 ἐντέλλω (3-14) only mid. command
19 ἐκλέγομαι (5-22) choose, select
20 μνημονεύω (3-21) remember
διώκω (2-44) persecute, pursue
ὑμέτερος (3-10) your
22 πρόφασις, ἡ (1-6) pretence, pretext
25 δωρεάν (1-8) undeservedly, without reason
26 παράκλητος, ὁ (4-5) intercessor, helper

CHAPTER 16

1 σκανδαλίζω (2-29) cause to sin; pass. be led into sin, take offence
2 ἀποσυνάγωγος (3-3) expelled out of synagogue, excommunicated
λατρεία, ἡ (1-5) service, divine service
προσφέρω (2-47) bring, offer
4 μνημονεύω (3-21) remember
6 λύπη, ἡ (4-15) sorrow
7 συμφέρω (3-15) help, be profitable, useful
παράκλητος, ὁ (4-5) intercessor, helper
8 ἐλέγχω (3-17) convict, reprove, expose
12 βαστάζω (5-27) bear, endure, take up
13 ὁδηγέω (1-5) lead, guide
ἀναγγέλλω (4-13) report, disclose, announce
15 ἀναγγέλλω (4-13) report, disclose, announce
20 θρηνέω (1-4) cry, lament
λυπέω (2-26) grieve, pain; pass. become sad, sorrowful, distressed
λύπη, ἡ (4-15) grief, sorrow
21 τίκτω (1-18) give birth
μνημονεύω (3-21) remember
θλῖψις, ἡ (2-45) affliction, sorrow
22 λύπη, ἡ (4-15) grief, sorrow

25 παροιμία, ἡ (4-5) dark saying, figure; proverb
ἀπαγγέλλω (1-46) report, announce, tell
29 παροιμία, ἡ (4-5) dark saying, figure; proverb
30 χρεία, ἡ (4-49) need
32 σκορπίζω (2-5) scatter
33 θλῖψις, ἡ (2-45) affliction, sorrow
θαρσέω (1-7) be of good courage
νικάω (1-28) conquer, overcome

CHAPTER 17

1 ἐπαίρω (4-19) lift up
4 τελειόω (5-23) perfect, complete
12 φυλάσσω (3-31) keep, guard
ἀπώλεια, ἡ (1-18) destruction
17 ἁγιάζω (4-27) sanctify
19 ἁγιάζω (4-27) sanctify
23 τελειόω (5-23) perfect, complete
24 κἀκεῖνος (5-22) even that one
καταβολή, ἡ (1-11) foundation, beginning
26 γνωρίζω (3-26) make known

CHAPTER 18

1 χείμαρρος, ὁ (1-1) winter torrent, ravine, wady
κῆπος, ὁ (4-5) garden
2 πολλάκις (1-17) often
3 σπεῖρα, ἡ (2-7) band, cohort, about 600 men
φανός, ὁ (1-1) torch, lantern
λαμπάς, ὁ (1-9) oil lamp
ὅπλον, τό (1-6) arms, weapon
6 χαμαί (2-2) adv. on the ground
10 μάχαιρα, ἡ (2-29) short sword or dagger
ἑλκύω (5-6) draw out
παίω (1-5) strike, hit
ἀποκόπτω (2-6) cut off
ὠτάριον, τό (1-2) ear
11 θήκη, ἡ (1-1) sheath, receptacle
ποτήριον, τό (1-31) cup
12 σπεῖρα, ἡ (2-7) band, cohort, about 600 men
χιλίαρχος, ὁ (1-21) leader of a thousand soldiers; military tribune, commander
συλλαμβάνω (1-16) seize, arrest; conceive; help
δέω (4-41) bind

13 πενθερός, ὁ (1-1) father-in-law
   ἐνιαυτός, ὁ (3-14) year
14 συμβουλεύω (1-4) advise
   συμφέρω (3-15) help, be profit-
   able, useful
15 γνωστός (2-15) known, subst.
   acquaintance
   συνεισέρχομαι (2-2) go in to-
   gether
   αὐλή, ἡ (3-12) courtyard
16 θυρωρός, ὁ (3-4) door-keeper
   εἰσάγω (1-11) bring in
17 παιδίσκη, ἡ (1-13) maid; servant
18 ἀνθρακιά, ἡ (2-2) charcoal fire
   ψῦχος, τό (1-3) cold
   θερμαίνω (3-6) warm, heat
19 διδαχή, ἡ (3-30) teaching
20 συνέρχομαι (2-30) come together
   κρυπτός (3-17) hidden, secret
22 παρίστημι (2-41) stand by
   ῥάπισμα, τό (2-3) blow
23 κακῶς (1-16) wrongly, badly,
   wickedly
   καλῶς (4-37) rightly, well
   δέρω (4-41) beat
24 δέω (4-41) bind
25 θερμαίνω (3-6) warm, heat
   ἀρνέομαι (4-32) deny
26 συγγενής, ὁ (1-9) relative, kins-
   man
   ἀποκόπτω (2-6) cut off
   ὠτίον, τό (1-3) ear
   κῆπος, ὁ (4-5) garden
27 ἀρνέομαι (4-32) deny
   εὐθέως (3-33) immediately, at
   once
   ἀλέκτωρ, ὁ (2-11) cock
28 πραιτώριον, τό (4-8) governor's
   residence
   πρωΐ (2-12) early
   μιαίνω (1-5) stain, defile
29 κατηγορία, ἡ (1-3) accusation
31 ἔξεστιν (2-31) it is permitted,
   proper
32 σημαίνω (3-6) make known,
   indicate
   ποῖος (4-32) what kind
33 πραιτώριον, τό (4-8) governor's
   residence
35 μήτι (3-16) interr. part. in
   questions exp. a neg. answer,
   usu. left untrans.
36 ἀγωνίζομαι (1-8) fight, struggle,
   strive

ἐντεῦθεν (5-9) from here
37 οὐκοῦν (1-1) therefore, so, ac-
   cordingly
38 αἰτία, ἡ (3-20) cause, reason,
   accusation
39 συνήθεια, ἡ (1-3) habit, custom;
   friendship, fellowship
   βούλομαι (1-37) wish, want,
   desire
40 λῃστής, ὁ (3-15) robber

CHAPTER 19

1 μαστιγόω (1-7) scourge
2 πλέκω (1-3) weave, plait
   στέφανος, ὁ (2-18) wreath, crown
   ἄκανθα, ἡ (1-14) thorn-plant,
   brier
   ἐπιτίθημι (3-40) place upon
   πορφυροῦς (2-4) purple
   περιβάλλω (1-23) put around,
   put on, clothe
3 χαῖρε – hail, welcome, good day
   fr. χαίρω
   ῥάπισμα, τό (2-3) blow
4 αἰτία, ἡ (3-20) cause, reason,
   charge
5 φορέω (1-6) bear constantly,
   wear
   ἀκάνθινος (1-2) thorny
   στέφανος, ὁ (2-18) wreath, crown
6 αἰτία, ἡ (3-20) cause, reason
7 ὀφείλω (2-35) owe, be obligated,
   ought
9 πραιτώριον, τό (4-8) governor's
   residence
   ἀπόκρισις, ἡ (2-4) answer
11 ἄνωθεν (5-13) from above
12 ἀντιλέγω (1-9) contradict, op-
   pose
13 καθίζω (2-45) sit
   βῆμα, τό (1-12) tribunal, judicial
   bench
   λιθόστρωτος (1-1) paved with
   blocks of stone; subst. stone
   pavement or mosaic
14 παρασκευή, ἡ (3-6) preparation
   ἕκτος (2-14) sixth
17 παραλαμβάνω (3-49) take, re-
   ceive
   βαστάζω (5-27) take up, carry,
   bear
   σταυρός, ὁ (4-27) cross

95

κρανίον, τό (1-4) skull
18 ἐντεῦθεν (5-9) from here; ἐντ. κ.
  ἐντ. on each side
20 τίτλος, ὁ (2-2) inscription, notice
  ἀναγινώσκω (1-32) read
23 τέσσαρες (2-41) four
  μέρος, τό (4-42) part
  χιτών, ὁ (2-11) tunic, shirt,
    worn next to skin
  ἄρραφος (1-1) seamless
  ἄνωθεν (5-13) from above
  ὑφαντός (1-1) woven
24 σχίζω (2-11) split, divide, tear
    apart
  λαγχάνω (1-4) cast lot, obtain
    by lot
  διαμερίζω (1-11) distribute, di-
    vide
  ἱματισμός, ὁ (1-5) clothing, ap-
    parel
  κλῆρος, ὁ (1-11) lot, portion
25 εἱστήκεισαν perf. of ἵστημι
  σταυρός, ὁ (4-27) cross
26 παρίστημι (2-41) stand near, be
    present
27 εἶτα (2-13) then, next
28 τελέω (2-28) complete, finish
  τελειόω (5-23) perfect, fulfill,
    complete
29 σκεῦος, τό (1-23) vessel
  ὄξος, τό (3-6) sour wine
  μεστός (3-9) full
  σπόγγος, ὁ (1-3) sponge
  ὕσσωπος, ἡ (1-2) hyssop
  περιτίθημι (1-8) place around
  προσφέρω (2-47) offer, bring,
    present
30 τελέω (2-28) complete, finish
  κλίνω (1-7) make to bend, bow
31 ἐπεί (2-26) since, because
  παρασκευή, ἡ (3-6) preparation
  σταυρός, ὁ (4-47) cross
  κατάγνυμι (3-4) break
  σκέλος, τό (3-3) leg
32 συσταυρόω (1-5) crucify to-
    gether
33 θνήσκω (2-9) to die
  κατάγνυμι (3-4) break
  σκέλος, τό (3-3) leg
34 λόγχη, ἡ (1-1) spear
  πλευρά, ἡ (4-5) side
  νύσσω (1-1) pierce
36 ὀστέον, τό (1-4) bone
  συντρίβω (1-7) shatter, break
37 ἐκκεντέω (1-2) pierce

38 κρύπτω (3-19) hide, conceal
  φόβος, ὁ (3-47) fear
  ἐπιτρέπω (1-18) allow, permit
39 μίγμα, τό (1-1) mixture
  σμύρνα, ἡ (1-2) myrrh
  ἀλόη, ἡ (1-1) aloe
  λίτρα, ἡ (2-2) (Roman) pound
    (12 ounces)
  ἑκατόν (2-17) hundred
40 δέω (4-41) bind, tie
  ὀθόνιον, τό (4-4) linen cloth
  ἄρωμα, τό (1-4) spice
  ἔθος, τό (1-12) custom, habit
  ἐνταφιάζω (1-2) prepare for
    burial, bury
41 κῆπος, ὁ (4-5) garden
  καινός (2-42) new
  οὐδέπω (2-3) not yet
  τεθειμένος plupft. pass. of τίθημι
42 παρασκευή, ἡ (3-6) preparation

CHAPTER 20

1 πρωΐ (2-12) early
  ἠρμένον perf. pass. part. of αἴρω
2 τρέχω (2-18) run
4 τρέχω (2-18) run
  ὁμοῦ (3-4) together
  προέδραμεν 2 aor. of προτρέχω
    (1-2) run before
  τάχιον comp. of ταχέως (3-18)
    quickly, without delay
5 παρακύπτω (2-4) stoop sideways
  ὀθόνιον, τό (4-4) linen cloth
  μέντοι (5-8) though
7 σουδάριον, τό (2-4) face cloth,
    like our handkerchief
  χωρίς (3-41) separately, apart;
    without
  ἐντυλίσσω (1-3) fold up, wrap
9 οὐδέπω (2-3) not yet
11 παρακύπτω (2-4) stoop
12 λευκός (2-24) white
  καθέζομαι (3-7) set
15 κηπουρός, ὁ (1-1) gardener
  βαστάζω (5-27) carry, bear, take
    up
16 στρέφω (4-21) turn
  ῥαββουνί (1-2) my Lord, my
    Master
17 ἅπτω (1-39) kindle; mid. touch,
    take hold of, hold
18 ἀγγέλλω (1-1) announce

19 ὄψιος (2-14) late; in NT used as subst. ὀψία, ἡ evening
κλείω (2-16) shut
φόβος, ὁ (3-47) fear
20 πλευρά, ἡ (4-5) side
22 ἐμφυσάω (1-1) breathe upon
23 κρατέω (2-47) hold, retain, hold back, grasp
25 τύπος, ὁ (1-14) mark, pattern
ἧλος, ὁ (2-2) nail
δάκτυλος, ὁ (2-7) finger
πλευρά, ἡ (4-5) side
26 ὀκτώ (2-8) eight
ἔσω (1-9) inside
κλείω (2-16) shut
27 εἶτα (3-13) then, next
δάκτυλος, ὁ (2-7) finger
πλευρά, ἡ (4-5) side
ἄπιστος (1-23) faithless, unbelieving
30 βιβλίον, τό (2-34) book

CHAPTER 21

2 ὁμοῦ (3-4) together
3 ἁλιεύω (1-1) fish
ἐμβαίνω (3-17) embark, go in
4 πρωΐα, ἡ (1-2) early morning, dawn
αἰγιαλός, ὁ (1-6) sea-shore, beach
μέντοι (5-8) though, indeed
5 προσφάγιον, τό (1-1) fish
6 μέρος, τό (4-42) part, side
δίκτυον, τό (4-12) net
ἑλκύω (5-6) drag, draw, haul
ἰσχύω (1-28) be able, strong, be valid
πλῆθος, τό (2-31) large number, multitude
ἰχθύς, ὁ (3-20) fish
7 ἐπενδύτης, ὁ (1-1) outer garment, coat
διαζώννυμι (3-3) gird around
γυμνός (1-15) without an outer garment, naked
8 πλοιάριον, τό (4-6) little boat
μακράν (1-10) long way, far off
πῆχυς, ὁ (1-4) forearm, cubit
διακόσιοι (2-8) two hundred
σύρω (1-5) drag
δίκτυον, τό (4-12) net
ἰχθύς, ὁ (3-20) fish
9 ἀποβαίνω (1-4) go away, depart

ἀνθρακιά, ἡ (2-2) coal fire
ὀψάριον, τό (5-5) fish
ἐπίκειμαι (2-7) lie upon, press upon
11 ἑλκύω (5-6) haul, drag, draw
δίκτυον, τό (4-12) net
μεστός (3-9) full
ἰχθύς, ὁ (3-20) fish
ἑκατόν (2-17) hundred
πεντήκοντα (2-7) fifty
τρίς (1-12) three
τοσοῦτος (4-10) so much, so great
σχίζω (2-11) rent, split
12 δεῦτε (2-12) come
ἀριστάω (2-3) eat breakfast, eat meal
τολμάω (1-16) have courage, dare
ἐξετάζω (1-3) scrutinize, examine, inquire, question
13 ὀψάριον, τό (5-5) fish
ὁμοίως (3-31) likewise, similarly
14 τρίτον (3-8) third
15 ἀριστάω (2-3) eat breakfast, eat meal
ναί (3-34) yes, indeed
βόσκω (2-9) feed
ἀρνίον, τό (1-30) lamb
16 δεύτερος (4-44) second
ποιμαίνω (1-11) shepherd, tend
προβάτιον, τό (2-2) lamb, sheep
17 τρίτον (3-8) third
λυπέω (2-26) grieve, pain; pass. become sad, sorrowful, distressed
βόσκω (2-9) feed
18 νεώτερος comp. of νέος (1-23), younger
ζώννυμι (2-3) gird
γηράσκω (1-2) grow old
ἐκτείνω (1-16) extend, stretch
οἴσω fut. of φέρω
19 σημαίνω (3-6) make known, indicate
ποῖος (4-32) what kind
20 ἐπιστρέφω (1-36) turn, turn around
ἀναπίπτω (5-12) recline, lie
δεῖπνον, τό (4-16) supper, dinner
στῆθος, τό (2-5) breast
25 οἴομαι (1-3) think, suppose, expect; contracted form – οἶμαι
χωρέω (3-10) make room, have space for, hold
βιβλίον, τό (2-34) book

Jn 7:53–8:11

PERICOPE ADULTERAE[1]

CHAPTER 7

53 ἐλαία, ἡ (0-12)[2] olive tree, olive

CHAPTER 8

2 ὄρθρος, ὁ (0-2) dawn, early morning
παραγίνομαι (1-36) come, arrive, be present
καθίζω (2-49) sit
3 μοιχεία, ἡ (0-2) adultery
καταλαμβάνω (2-13) seize, catch, detect
4 αὐτόφωρος (0-0) (caught) in the act
μοιχεύω (0-13) commit adultery
5 ἐντέλλω (3-14) mid. command

λιθάζω (4-8) stone
6 πειράζω (1-38) test, tempt
κατηγορέω (2-22) accuse
κάτω (1-9) down
κύπτω (0-1) bend
δάκτυλος, ὁ (2-7) finger
καταγράφω (0-0) write
7 ἐπιμένω (0-15) persist, continue, remain
ἀνακύπτω (0-2) raise oneself up, stand erect
ἀναμάρτητος (0-0) without sin
8 κατακύπτω (0-0) bend down
9 καταλείπω (0-23) leave
10 ἀνακύπτω (0-2) raise oneself up, stand erect
κατακρίνω (0-16) condemn
11 μηκέτι (1-21) no longer
ἁμαρτάνω (3-42) sin

[1] This pericope is not found in the earliest manuscripts, and in those where it is found it does not have a fixed position. In the majority of manuscripts it is found as John 7:53-8:11 (The verse numbers above correspond to this section), but some place it after John 7:36 and 21:24 respectively. In one group of manuscripts it is placed after Luke 21:38.
[2] The numbers after the word represent the frequency of the occurrence of the word in the Gospel of John and in the New Testament respectively, but the occurrence of the word here is not included in either number.

THE ACTS OF THE APOSTLES

SPECIAL VOCABULARY

αἵρεσις, ἡ (6-9) sect, party, school, dissension, faction; opinion

αἰτία, ἡ (8-20) cause, reason; charge, ground for complaint, accusation

ἀναγινώσκω (8-32) read

ἀνάγω (17-23) lead or bring up; bring; mid. put out to sea; restore, bring back

ἀναιρέω (19-24) take away, do away with; destroy, kill; abolish; mid. take up

ἀναλαμβάνω (8-13) take up, take to oneself, adopt; take along

ἀνάστασις, ἡ (11-42) resurrection, rise

ἄξιος (7-41) worthy, fit

ἀπαγγέλλω (16-46) report, announce, tell, proclaim

ἅπας (10-32) all, everybody

ἀπολογέομαι (6-10) speak on one's own defense, defend oneself

ἄρχων, ὁ (11-37) ruler, lord, prince; authorities, officials

ἀτενίζω (10-14) look intently

ἄχρι (15-48) until, as far as

ἀφίστημι (6-14) cause to revolt, mislead, go away, withdraw, desert, fall away, become apostate; keep away; depart

βάπτισμα, τό (6-20) baptism

βῆμα, τό (8-12) step, stride; tribunal, judicial bench, speaker's platform

βουλή, ἡ (7-12) purpose, counsel, resolution, decision, plot

βούλομαι (14-37) wish, want, desire

γένος, τό (9-20) race, descendants, family, relatives; nation, people; class, kind

γνωστός (10-15) known, remarkable; subst. acquaintance, friend; intelligible

δέομαι (7-22) ask, beg

δέσμιος, ὁ (6-16) prisoner

δέω (12-41) bind, tie

διακονία, ἡ (8-33) service, office, aid, support, distribution, office of deacon

διαλέγομαι (10-13) discuss, speak, preach

διάλεκτος, ἡ (6-6) language of a nation or region

διαμαρτύρομαι (9-15) charge, warn, adjure; testify (of), hear witness (to)

διατρίβω (8-9) spend; stay, remain

διαφθορά, ἡ (6-6) destruction, corruption

διέρχομαι (21-42) go through, come, go

διώκω (9-44) hasten, run, press on; persecute; run after, pursue; strive after

δυνατός (6-32) powerful, strong, mighty, able; possible

ἐάω (7-11) let, permit; let go, leave alone

ἐγγίζω (6-42) approach, come near

ἐγκαλέω (6-7) accuse, bring charges

ἔθος, τό (7-12) habit, usage; custom, law

εἰσάγω (6-11) bring or lead in

ἑκατονάρχης, ὁ (13-20) centurion, captain

ἐκλέγομαι (7-22) choose, select

ἐλεημοσύνη, ἡ (8-13) alms, charitable giving

ἐξάγω (8-12) lead out, bring out

ἐξαποστέλλω (7-13) send out, send away

ἐξίστημι (8-17) confuse, amaze, astound; lose one's mind; be amazed, be astonished

ἐπαύριον (10-17) adv. tomorrow

ἐπιγινώσκω (13-44) know, understand, recognize, learn, find out, notice, perceive, learn of

ἐπικαλέω (20-30) call, call out; name; mid. call upon, appeal

ἐπιλαμβάνομαι (7-19) take hold of, grasp, catch

ἐπιμένω (6-15) stay, remain; continue, persist in, persevere

99

Acts Special Vocabulary

ἐπιπίπτω (6-11) fall upon; come upon, approach someone impetuously, eagerly

ἐπίσταμαι (9-14) understand, know, be acquainted

ἐπιστρέφω (11-36) turn, turn around, turn back, return

ἐπιτίθημι (14-40) lay or put upon, inflict; mid. give, set upon, attack

ἔρημος (9-47) abandoned, empty, desolate; subst. desert, wilderness

ἔτος, τό (11-49) year

εὐθέως (9-33) at once, immediately

ἐφίστημι (11-21) stand by or near, approach, appear; be present, stand before, be imminent; be over, in charge of

ἡγεμών, ὁ (6-20) governor, prince

θύρα, ἡ (10-39) door

ἱκανός (18-40) sufficient, adequate, large enough, large, much, many; fit, competent

ἰσχύω (6-28) be strong, powerful; be competent, be able; have meaning, be valid

καθίζω (9-45) cause to sit down, seat, set; appoint, install; sit down, settle, live

καινός (7-42) new

κἀκεῖθεν (8-10) and from there

καταγγέλλω (11-18) proclaim

κατάγω (7-9) lead or bring down; pass. of ships, put in at a harbor

καταντάω (9-13) come (to), arrive (at); attain

κατέρχομαι (12-15) come down, arrive, put in

κατηγορέω (9-22) accuse, bring charges

κατοικέω (20-44) live, dwell, settle, inhabit

κελεύω (17-25) command, order, urge

κωλύω (6-23) hinder, prevent, forbid; refuse, deny, withhold

λύω (6-42) loose, untie; set free; break up, destroy, abolish

μάρτυς, ὁ (13-35) witness, martyr

μέρος, τό (7-42) part, pl. region, district, side, piece, branch, matter, affair, share

μετάνοια, ἡ (6-22) repentance

μεταπέμπω (9-9) only mid. and pass. send for, summon

νῆσος, ἡ (6-9) island

νομίζω (7-15) be the custom; think; believe, hold, consider

ξενίζω (7-10) receive as a guest, entertain; surprise, astonish

ὀλίγος (10-40) few, little, small, short

ὁμοθυμαδόν (10-11) adv. with one mind or purpose or impulse, unanimously

ὅραμα, τό (11-12) vision

παῖς, ὁ (6-24) child, servant, slave

παραγγέλλω (10-30) give orders, command, instruct, direct

παραγίνομαι (20-36) come, arrive, be present; appear; stand by

παραλαμβάνω (6-49) take along, receive, take over

παραχρῆμα (6-18) at once, immediately

παρεμβολή, ἡ (6-10) barracks or headquarters of Roman troops; camp, army, battle line

παρίστημι (13-41) place beside, present, represent, offer, prove, approach, help

παρρησία, ἡ (9-31) outspokenness, frankness, plainness; courage, confidence, boldness

παρρησιάζομαι (7-9) speak freely, openly, fearlessly, express oneself freely; have the courage, venture

παύω (6-15) stop, cause to stop, quiet, relieve; mid. stop, cease

πίμπλημι (9-24) fill, fulfill

πλῆθος, τό (16-31) large number, multitude, crowd; meeting assembly, populace, people; community, church

πλήρης (8-16) filled, full, complete

πράσσω (13-39) do, accomplish, commit; act

πρό (7-47) before, in front of

προσευχή, ἡ (9-36) prayer

προσέχω (6-24) pay attention to, give heed to, follow; be alert, notice; be concerned about, care for

προσκαλέω (9-29) summon, call on, invite, call

προσκαρτερέω (6-10) adhere to,

persist in, wait on, attach oneself to, be faithful to someone, busy oneself with, be devoted to, hold fast to, continue in

προστίθημι (6-18) add, put to; Heb. usage again, further; provide, give, grant

πυνθάνομαι (7-11) inquire, ask

σέβω (8-10) worship; mid. worship

σήμερον (9-41) adv. today, this day

στρατηγός, ὁ (8-10) captain of the temple; praetor, chief magistrate

στρατιώτης, ὁ (13-26) soldier

συνέδριον, τό (14-22) council; Sanhedrin

συνέρχομαι (16-30) come together, gather, assemble; come, go, travel with someone

σωτηρία, ἡ (6-45) salvation, deliverance, preservation

τέρας, τό (9-16) prodigy, portent, omen, wonder

τεσσαράκοντα (8-22) forty

τέσσαρες (6-41) four

τιμή, ἡ (6-41) price, value; respect, honor

τροφή, ἡ (7-16) nourishment, food

ὑποστρέφω (11-35) turn back, return, turn away

φυλακή, ἡ (16-46) watch, guard; prison; watch of the night

φυλάσσω (8-31) watch, guard, defend; protect; mid. guard against, look out for, avoid; keep, observe, follow

χιλίαρχος, ὁ (17-21) leader of a thousand soldiers, then also military tribune, commander of a cohort – about 600 men

χώρα, ἡ (8-28) district, region, place; country, field

χωρίον, τό (7-10) place, piece of land, field; environs

ὡσεί (6-21) as, like; w. numbers about

CHAPTER 1

2 ἐντέλλω (2-14) mid. command, order

3 πάσχω (5-40) suffer
τεκμήριον, τό (1-1) proof
ὀπτάνομαι (1-1) appear

4 συναλίζω (1-1) eat with or assemble
χωρίζω (3-13) divide, separate; pass. be separated, taken away, take one's departure
περιμένω (1-1) wait for

6 ἀποκαθιστάνω (1-8) restore, reestablish

8 ἐπέρχομαι (4-9) come upon, come, approach

9 ἐπαίρω (6-19) lift up; pass. be taken up
νεφέλη, ἡ (1-25) cloud
ὑπολαμβάνω (2-5) take up

10 ἐσθής, ἡ (1-1) clothing
λευκός (1-24) white

11 τρόπος, ὁ (4-13) way, manner; ὃν τρ. – in the manner in which – as
θεάομαι (3-22) behold, look upon

12 ἐλαιών, ὁ (1-3) olive grove, olive orchard
ἐγγύς (3-31) near

13 ὑπερῷον, τό (4-4) upper story, upper room, upper chamber
καταμένω (1-2) stay, live
ζηλωτής, ὁ (3-8) zealot, enthusiast

15 ἑκατόν (1-17) hundred
εἴκοσι (2-11) twenty

16 προειπεῖν (1-3) 2 aor. of προλέγω tell beforehand
ὁδηγός, ὁ (1-5) leader, guide
συλλαμβάνω (4-16) seize, grasp, arrest

17 καταριθμέω (1-1) count among, count; pass. belong
λαγχάνω (1-4) receive, obtain; be appointed by lot
κλῆρος, ὁ (5-11) lot, portion, share

18 κτάομαι (3-7) acquire, get
μισθός, ὁ (1-29) wages, pay
ἀδικία, ἡ (2-25) wrongdoing, unrighteousness, injustice
πρηνής (1-1) headlong, prostrate, head first

101

λακάω (1-1) burst apart, burst open
ἐκχύνω (3-11) pour out
σπλάγχνον, τό (1-11) pl. inward parts, entrails
20 βίβλος, ὁ (3-10) book
ψαλμός, ὁ (2-7) song of praise, hymn
ἔπαυλις, ἡ (1-1) farm, homestead, residence
ἐπισκοπή, ἡ (1-4) position or office as an overseer
24 καρδιογνώστης, ὁ (2-2) knower of hearts
ἀναδείκνυμι (1-2) show clearly, reveal; appoint
25 ἀποστολή, ἡ (1-4) apostleship, office of apostle
παραβαίνω (1-3) turn aside, deviate, transgress
26 κλῆρος, ὁ (5-11) lot, portion, share
συγκαταψηφίζομαι (1-1) pass. be chosen together with, be added
ἔνδεκα (2-6) eleven

CHAPTER 2

1 συμπληρόω (1-3) complete, fulfill, come
πεντηκοστή, ἡ (2-3) Pentecost
ὁμοῦ (1-4) adv. together
2 ἄφνω (3-3) adv. suddenly
ἦχος, ὁ (1-4) noise, sound
ὥσπερ (3-36) as
πνοή, ἡ (2-2) wind, breath
βίαιος (1-1) violent
3 διαμερίζω (2-11) divide
4 ἀποφθέγγομαι (3-3) speak out, declare boldly
5 εὐλαβής (3-4) devout
6 συγχέω (1-1) confuse, confound; pass. be amazed, surprised, be in confusion
7 θαυμάζω (5-42) wonder, marvel, admire
10 ἐπιδημέω (2-2) stay in a place as a visitor, be in town
11 προσήλυτος, ὁ (3-4) proselyte, convert
ἡμέτερος (2-8) our
μεγαλεῖος (1-1) magnificent; subst. greatness, sublimity

12 διαπορέω (3-4) be greatly perplexed, at a loss
13 διαχλευάζω (1-1) mock, deride
γλεῦκος, τό (1-1) sweet, new wine
μεστόω (1-1) fill
14 ἔνδεκα (2-6) eleven
ἐπαίρω (5-19) lift up, raise
ἀποφθέγγομαι (3-3) speak out, declare boldly
ἐνωτίζομαι (1-1) give ear, pay attention
15 ὑπολαμβάνω (2-5) assume, think, believe, suppose
μεθύω (1-7) be drunk
τρίτος (4-48) third
17 ἐκχέω (3-16) pour out, shed
προφητεύω (4-28) prophesy
θυγάτηρ, ἡ (3-28) daughter
νεανίσκος, ὁ (4-11) youth, young man
ὅρασις, ἡ (1-4) vision; sight, appearance
ἐνύπνιον, τό (1-1) dream
ἐνυπνιάζω (1-2) dream
18 γέ (1-31) often untr. indeed, even, at least
δούλη, ἡ (1-3) female slave, bondmaid
19 ἄνω (1-9) above
κάτω (2-9) below, down
ἀτμίς, ἡ (1-2) vapor, mist
καπνός, ὁ (1-13) smoke
20 ἥλιος, ὁ (4-32) sun
μεταστρέφω (1-2) change, alter, pervert
σκότος, τό (3-30) darkness
σελήνη, ἡ (1-9) moon
πρίν (3-13) before
ἐπιφανής (1-1) splendid, glorious, remarkable
22 ἀποδείκνυμι (2-4) show forth, display; appoint, approve; pass. attest
23 ὁρίζω (5-8) determine, appoint, fix
πρόγνωσις, ἡ (1-2) foreknowledge
ἔκδοτος (1-1) given up, delivered up
ἄνομος (1-8) lawless, wicked
προσπήγνυμι (1-1) nail to, fix or fasten to
24 ὠδίν, ἡ (1-4) birth-pain, of the Messianic woes

καθότι (4-6) because
κρατέω (4-47) hold fast, hold in one's power
25 προοράω (2-2) foresee
σαλεύω (4-15) shake, move
26 εὐφραίνω (2-14) cheer, gladden; pass. be glad, rejoice
ἀγαλλιάω (2-11) exult, be glad
κατασκηνόω (1-4) live, dwell
27 ἐγκαταλείπω (2-10) leave, allow to remain, forsake
ᾅδης, ὁ (2-10) Hades, the underworld
ὅσιος (3-8) devout, pious, holy
28 γνωρίζω (2-26) make known, reveal
εὐφροσύνη, ἡ (2-2) joy, gladness, cheerfulness
29 ἐξόν ptc. of ἔξεστι (4-31) it is lawful, permitted
πατριάρχης, ὁ (3-4) patriarch
τελευτάω (2-11) die, come to an end
θάπτω (4-11) bury
μνῆμα, τό (2-10) tomb, grave
30 ὅρκος, ὁ (1-10) oath
ὀμνύω (1-26) swear
ὀσφύς, ἡ (1-8) loins, waist
31 προϊδεῖν (1-2) see beforehand, foresee
ἐγκαταλείπω (2-10) leave, allow to remain, forsake
ᾅδης, ὁ (2-10) Hades, underworld
33 ὑψόω (3-20) exalt, lift high
ἐκχέω (3-16) pour out, shed
35 ἐχθρός (2-32) hostile, subst. enemy
ὑποπόδιον, τό (2-7) footstool
36 ἀσφαλῶς (2-3) beyond a doubt, assuredly, securely
σταυρόω (2-46) crucify
37 κατανύσσομαι (1-1) be pierced, stabbed
38 μετανοέω (5-34) repent
ἄφεσις, ἡ (5-17) forgiveness
δωρεά, ἡ (4-11) gift
39 μακράν (3-10) far, far away
προσκαλέω (2-2) summon, call
40 γενεά, ἡ (5-43) generation
σκολιός (1-4) crooked, unscrupulous, dishonest
41 ἀποδέχομαι (5-7) accept, receive; recognize

τρισχίλιοι (1-1) three thousand
42 διδαχή, ἡ (4-30) teaching, doctrine
κοινωνία, ἡ (1-19) fellowship, communion
κλάσις, ἡ (1-2) breaking
43 φόβος, ὁ (5-47) fear
44 κοινός (5-14) common
45 κτῆμα, τό (2-4) possession, property
ὕπαρξις, ἡ (1-2) possession, property
πιπράσκω (3-9) sell
διαμερίζω (2-11) distribute, divide
καθότι (4-6) as, to the degree that
χρεία, ἡ (5-49) need
46 κλάω (4-14) break
μεταλαμβάνω (4-7) receive one's share, share in, receive
ἀγαλλίασις, ἡ (1-5) exultation, joy
ἀφελότης, ἡ (1-1) simplicity
47 αἰνέω (3-8) praise

CHAPTER 3

1 ἔνατος (3-10) ninth
2 χωλός (3-14) lame
κοιλία, ἡ (2-23) womb, belly
βαστάζω (4-27) carry, bear
ὡραῖος (2-4) beautiful, fair
εἰσπορεύομαι (4-18) go in, enter
3 εἴσειμι (3-4) go in, enter
5 ἐπέχω (2-5) fix, hold toward, aim at
προσδοκάω (5-16) expect, wait for, look for
6 ἀργύριον, τό (5-21) silver
χρυσίον, τό (2-13) gold
7 πιάζω (2-12) take hold of, seize
στερεόω (3-3) strengthen, make firm
βάσις, ἡ (1-1) foot
σφυδρόν, τό (1-1) ankle
8 ἐξάλλομαι (1-1) leap up
ἅλλομαι (2-3) leap, spring up
αἰνέω (3-8) praise
10 ὡραῖος (2-4) beautiful, fair
πύλη, ἡ (4-10) gate
θάμβος, τό (1-3) astonishment, fear

ἔκστασις, ἡ (4-7) amazement
συμβαίνω (3-8) meet, happen,
  come about
11 κρατέω (4-47) hold
συνέδραμεν 2 aor. of συντρέχω
  (1-3) run together
στοά, ἡ (2-4) portico, (roofed)
  colonnade
ἔκθαμβος (1-1) utterly astonish-
  ed
12 θαυμάζω (5-42) marvel, wonder,
  admire
εὐσέβεια, ἡ (1-15) godliness,
  piety
13 ἀρνέομαι (4-32) deny
14 φονεύς, ὁ (3-7) murderer
χαρίζομαι (4-23) give or grant
15 ἀρχηγός, ὁ (2-4) leader, ruler,
  prince; originator
16 στερεόω (3-3) strengthen, make
  firm
ὁλοκληρία, ἡ (1-1) completeness,
  soundness, wholeness
ἀπέναντι (2-4) before, opposite
17 ἄγνοια, ἡ (2-4) ignorance
ὥσπερ (3-36) as, just as
18 προκαταγγέλλω (2-2) announce
  beforehand, foretell
πάσχω (5-40) suffer
19 μετανοέω (5-34) repent
ἐξαλείφω (1-5) wipe off, wipe
  out
20 ἀνάψυξις, ἡ (1-1) rest, relief,
  relaxation
προχειρίζω (3-3) only mid.
  choose for oneself, select,
  appoint
21 ἀποκατάστασις, ἡ (1-1) resto-
  ration
23 ἐξολεθρεύω (1-1) destroy utterly
24 καθεξῆς (3-5) in order, with art.
  the successor
25 διαθήκη, ἡ (2-33) covenant
διατίθημι (1-7) only mid. w.
  διαθήκη make a covenant
σπέρμα, τό (4-44) seed, off-
  spring, descendant
ἐνευλογέω (1-2) bless
πατριά, ἡ (1-3) people, nation;
  family
26 εὐλογέω (2-42) bless
ἀποστρέφω (1-9) turn away
πονηρία, ἡ (1-7) iniquity, wick-
  edness

CHAPTER 4

1 ἱερεύς, ὁ (3-31) priest
2 διαπονέομαι (2-2) be (greatly)
  disturbed, annoyed
3 ἐπιβάλλω (4-18) lay on, put on
τήρησις, ἡ (2-3) prison, custody
αὔριον (4-14) tomorrow
ἑσπέρα, ἡ (2-3) evening
4 ἀριθμός, ὁ (5-18) number
χιλιάς, ἡ (1-23) thousand
πέντε (5-38) five
5 αὔριον (4-14) tomorrow
6 ἀρχιερατικός (1-1) high priestly,
  high priest's
7 ποῖος (3-32) whose, of what
  kind?
9 ἀνακρίνω (5-16) question, ex-
  amine, judge
εὐεργεσία, ἡ (1-2) good deed,
  kindness, benefit
ἀσθενής (3-25) sick, weak
10 σταυρόω (2-46) crucify
ὑγιής (1-11) whole, healthy, well
11 ἐξουθενέω (1-11) reject with
  contempt; despise
οἰκοδόμος, ὁ (1-1) builder
γωνία, ἡ (2-9) corner
13 παρρησία, ἡ (5-31) boldness,
  courage, fearlessness
καταλαμβάνω (3-13) mid. grasp,
  find, understand
ἀγράμματος (1-1) uneducated,
  illiterate
ἰδιώτης, ὁ (1-5) unskilled, un-
  educated, unlearned man;
  layman
θαυμάζω (5-42) marvel, wonder,
  admire
14 θεραπεύω (5-43) heal
ἀντειπεῖν (1-2) speak against,
  contradict
15 συμβάλλω (4-6) converse, con-
  fer; meet; mid. help
16 φανερός (2-18) open, plain, evi-
  dent, clear, known
ἀρνέομαι (4-32) deny
17 διανέμω (1-1) distribute, spread
ἀπειλέω (1-2) threaten, warn
μηκέτι (3-21) no longer
καθόλου (1-1) adv. entirely,
  completely
φθέγγομαι (1-3) speak, utter,
  proclaim

21 προσαπειλέω (1-1) threaten further
κολάζω (1-2) punish
22 ἴασις, ἡ (2-3) healing
24 δεσπότης, ὁ (1-10) lord, master, owner
25 ἱνατί (2-6) why
φρυάσσω (1-1) snort, fig. be arrogant, haughty, insolent
μελετάω (1-2) think, conspire, meditate
κενός (1-18) vain, empty
27 χρίω (2-5) anoint
28 προορίζω (1-6) decide upon beforehand, predestine
29 ἐπιδεῖν (1-2) 2 aor. of ἐπιβλέπω look upon
ἀπειλή, ἡ (2-3) threat
παρρησία, ἡ (5-39) boldness, fearlessness
30 ἐκτείνω (3-16) stretch out, extend
ἴασις, ἡ (2-3) healing
31 σαλεύω (4-15) shake, move
παρρησία, ἡ (5-39) boldness, fearlessness
32 κοινός (5-14) common
33 ἀποδίδωμι (4-47) give out, grant
μαρτύριον, τό (2-20) testimony, witness
34 ἐνδεής (1-1) poor, impoverished
κτήτωρ, ὁ (1-1) possessor
πωλέω (3-22) sell
πιπράσκω (3-9) sell
35 διαδίδωμι (1-4) distribute, give
καθότι (4-6) as, to the degree that
χρεία, ἡ (5-49) need
36 μεθερμηνεύω (2-8) translate
παράκλησις, ἡ (4-29) encouragement, consolation
37 ἀγρός, ὁ (1-35) field, country, farm
πωλέω (3-22) sell
χρῆμα, τό (4-6) money, wealth, property

CHAPTER 5

1 πωλέω (3-22) sell
κτῆμα, τό (2-4) landed property, field, piece of ground
2 νοσφίζω (2-3) only mid. keep back or misappropriate

συνειδυίης pft. part. of συνεῖδον (3-4) perceive, become aware, realize
3 σατανᾶς, ὁ (2-36) Satan
ψεύδομαι (2-12) lie
4 πιπράσκω (3-9) sell
ἔθου 2 s. aor. ind. mid. of τίθημι
πρᾶγμα, τό (1-11) deed, thing, event
5 ἐκψύχω (3-3) breathe one's last, die
φόβος, ὁ (5-47) fear
6 συσστέλλω (1-2) cover, wrap up
ἐκφέρω (4-8) carry or bring out
θάπτω (4-11) bury
7 διάστημα, τό (1-1) interval, space
8 τοσοῦτος (2-10) so much, so large, so great
ἀποδίδωμι (4-47) mid. sell; act. give out, return, render
ναί (2-34) yes, indeed
9 συμφωνέω (2-6) agree
πειράζω (5-38) tempt, test
θάπτω (4-11) bury
ἐξοίσουσι fut. of ἐκφέρω (4-8) carry out, bring out
10 ἐκψύχω (3-3) breathe one's last, die
νεανίσκος, ὁ (4-11) youth, young man
ἐκφέρω (4-8) carry or bring out
11 φόβος, ὁ (5-47) fear
12 στοά, ἡ (2-4) (roofed) colonnade, portico
13 τολμάω (2-16) dare, venture, have courage
κολλάω (5-12) join; pass. join oneself to, associate with
μεγαλύνω (3-8) magnify, exalt, glorify
15 πλατεία, ἡ (1-9) street
ἐκφέρω (4-8) carry or bring out
ἀσθενής (3-25) weak, sick
κλινάριον, τό (1-1) small bed
κράβατος, ὁ (2-11) pallet, mattress, bed
κἄν (1-18) even if
σκιά, ἡ (1-7) shadow
ἐπισκιάζω (1-5) overshadow
16 πέριξ (1-1) round about, adv.
ὀχλέω (1-1) torment, disturb, trouble
ἀκάθαρτος (5-31) impure, unclean

θεραπεύω (5-43) heal

17 ζῆλος, ὁ (2-17) jealousy, zeal

18 ἐπιβάλλω (4-18) lay on, put on
τήρησις, ἡ (2-3) prison, custody
δημόσιος (4-4) public; as adv.
δημοσίᾳ publicly

21 ὄρθρος, ὁ (1-2) dawn, early
morning
συγκαλέω (3-8) call together;
mid. summon, call to one's side
γερουσία, ἡ (1-1) council of
elders
δεσμωτήριον, τό (3-4) prison

22 ὑπηρέτης, ὁ (4-20) servant,
helper, attendant
ἀναστρέφω (2-9) intr. return;
act, behave

23 δεσμωτήριον, τό (3-4) prison
κλείω (2-16) shut, lock
ἀσφάλεια, ἡ (1-3) firmness, se-
curity, certainty
φύλαξ, ὁ (3-3) guard, sentinel
ἔσω (1-9) inside, within

24 διαπορέω (3-4) be greatly per-
plexed, at a loss

26 ὑπηρέτης, ὁ (4-20) servant,
helper, assistant
βία, ἡ (3-3) compulsion, force,
violence
λιθάζω (2-8) stone

28 παραγγελία, ἡ (2-5) order, com-
mand, precept, advice
διδαχή, ἡ (4-30) teaching, doc-
trine
ἐπάγω (1-3) bring upon

29 πειθαρχέω (3-4) obey, be obedi-
ent

30 διαχειρίζω (2-2) lay violent
hands on, kill
κρεμάννυμι (3-7) hang, suspend
ξύλον, τό (4-20) tree, cross

31 ἀρχηγός, ὁ (2-4) prince, leader,
originator
σωτήρ, ὁ (2-24) Savior
ὑψόω (3-20) exalt, lift high
ἄφεσις, ἡ (5-17) forgiveness,
pardon

32 πειθαρχέω (3-4) obey, be obedi-
ent

33 διαπρίω (2-2) saw asunder;
pass. cut to the quick, in-
furiate

34 νομοδιδάσκαλος, ὁ (1-3) teacher
of the law

τίμιος (2-13) held in honor,
respected; precious
βραχύς (2-7) short, little, few;
for a short time

36 προσκλίνω (1-1) incline towards;
pass. attach oneself to, join
someone
ἀριθμός, ὁ (5-18) number
τετρακόσιοι (3-4) four hundred
διαλύω (1-1) break up, dissolve,
disperse

37 ἀπογραφή, ἡ (1-2) enrollment,
census
ὀπίσω (2-35) after, behind
κἀκεῖνος (3-22) that one also,
even that one
διασκορπίζω (1-9) scatter, dis-
perse

38 καταλύω (3-17) bring to an end,
ruin; put down, stop

39 μήποτε (2-25) (in order) that ...
not
θεομάχος (1-1) fighting against
God

40 δέρω (3-15) beat

41 καταξιόω (1-3) consider worthy
ἀτιμάζω (1-7) dishonor, insult

CHAPTER 6

1 πληθύνω (5-12) increase, multi-
ply
γογγυσμός, ὁ (1-4) complaint,
murmuring
παραθεωρέω (1-1) overlook, neg-
lect
καθημερινός (1-1) daily
χήρα, ἡ (3-26) widow

2 ἀρεστός (2-4) pleasing
καταλείπω (5-23) leave, forsake
διακονέω (2-36) look after, care
for, take care of
τράπεζα, ἡ (2-15) table

3 ἐπισκέπτομαι (4-11) look at,
inspect, examine
καθίστημι (5-21) appoint, ordain
χρεία, ἡ (5-49) need

5 ἀρέσκω (1-17) please
προσήλυτος, ὁ (3-4) proselyte

7 αὐξάνω (4-22) increase, grow
πληθύνω (5-12) increase, multi-
ply
ἀριθμός, ὁ (5-18) number

σφόδρα (1-11) much, extremely, greatly
ἱερεύς, ὁ (3-31) priest
ὑπακούω (2-21) obey
9 συζητέω (2-10) dispute, debate, argue
10 ἀνθίστημι (2-14) set against, oppose, resist
11 ὑποβάλλω (1-1) instigate (secretly); suborn
βλάσφημος (1-4) slanderous, blasphemous
12 συγκινέω (1-1) set in motion, arouse
συναρπάζω (3-4) seize, drag away
13 ψεῦδος, τό (1-10) lie, falsehood
14 καταλύω (3-17) destroy, demolish
ἀλλάσσω (1-6) change, transform, exchange
15 καθέζομαι (2-7) sit down, sit

CHAPTER 7

2 πρίν (3-13) before
3 συγγένεια, ἡ (2-3) relationship; concr. relatives
δεῦρο (2-9) adv. come, come here
δείκνυμι (2-32) show, make known, point out
4 μετοικίζω (2-2) remove, resettle
5 κληρονομία, ἡ (2-14) inheritance
ἐπαγγέλλομαι (5-15) promise, offer
κατάσχεσις, ἡ (2-2) possession
σπέρμα, τό (4-44) seed, offspring, descendant
6 πάροικος (2-4) strange; subst. stranger, alien
ἀλλότριος (1-14) strange, belonging to another
δουλόω (1-8) enslave, subject
κακόω (5-6) harm, mistreat
τετρακόσιοι (3-4) four hundred
7 δουλεύω (2-25) serve, be subjected
λατρεύω (5-21) serve
8 διαθήκη, ἡ (2-33) covenant
περιτομή, ἡ (5-17) circumcision
περιτέμνω (5-17) circumcise
ὄγδοος (1-5) eighth

πατριάρχης, ὁ (3-4) patriarch
9 ζηλόω (2-11) be filled with jealousy, envy, strive
ἀποδίδωμι (4-47) mid. sell; give out, render
10 ἐξαιρέω (5-8) take out; mid. set free, deliver, rescue
θλῖψις, ἡ (5-45) oppression, affliction, tribulation
ἐναντίον (2-5) in the sight of
καθίστημι (5-21) ordain, appoint
ἡγέομαι (4-25) lead, guide; ptc. ruler, leader
11 λιμός, ὁ (2-12) famine
χόρτασμα, τό (1-1) food
12 σιτίον, τό (1-1) only pl. food
13 δεύτερος (5-44) second
γνωρίζω (2-26) make known
φανερός (1-8) known
14 μετακαλέω (4-4) only mid. call to oneself, summon
συγγένεια, ἡ (2-3) relationship; concr. relatives
ἑβδομήκοντα (3-5) seventy
πέντε (5-38) five
15 τελευτάω (2-11) come to the end, die
16 μετατίθημι (1-6) transfer, convey to another place
μνῆμα, τό (2-10) grave, tomb
ὠνέομαι (1-1) buy
ἀργύριον, τό (5-21) silver, money
17 ὁμολογέω (3-26) confess
αὐξάνω (4-22) make to grow, increase
πληθύνω (5-12) increase, multiply
19 κατασοφίζομαι (1-1) get the better of, take advantage by trickery
κακόω (5-6) harm, mistreat
βρέφος, τό (1-8) infant, child
ἔκθετος (1-1) exposed, abandoned
ζωογονέω (1-3) keep or preserve alive
20 ἀστεῖος (1-2) acceptable, well-pleasing; beautiful
ἀνατρέφω (3-3) bring up, care for, rear, train
μήν, ὁ (5-18) month
21 ἐκτίθημι (4-4) expose, abandon
θυγάτηρ, ἡ (3-28) daughter

22 παιδεύω (2-13) educate, instruct
23 τεσσερακονταετής (2-2) forty years
ἐπισκέπτομαι (4-11) visit, go to see
24 ἀδικέω (5-27) do wrong, injure
ἀμύνομαι (1-1) retaliate; perh. help, come to aid
ἐκδίκησις, ἡ (1-9) vengeance, punishment
καταπονέω (1-2) oppress, subdue; subs. ὁ κ. one who is oppressed
πατάσσω (3-10) strike down, slay
25 συνίημι (4-26) understand
26 ἔπειμι (5-5) participle only, next
μάχομαι (1-4) fight, dispute
συναλλάσσω (1-1) reconcile
ἱνατί (2-6) why
ἀδικέω (5-27) do wrong, injure
27 πλησίον (1-17) near; subst. neighbor
ἀπωθέω (3-6) only mid. push aside, reject, refuse
καθίστημι (5-21) ordain, appoint
δικαστής, ὁ (2-2) judge
28 τρόπος, ὁ (4-13) way, manner; ὃν τ. in the manner in which – as
ἐχθές (1-3) adv. yesterday
29 φεύγω (2-29) flee
πάροικος (2-4) strange; subst. stranger
30 φλόξ, ἡ (1-7) flame
βάτος, ἡ (2-5) bush
31 θαυμάζω (5-42) marvel, wonder, admire
κατανοέω (4-14) look at, consider
32 ἔντρομος (2-3) trembling
τολμάω (2-16) venture, have courage, dare
33 ὑπόδημα, τό (2-10) sandal
34 κάκωσις, ἡ (1-1) oppression, mistreatment
στεναγμός, ὁ (1-2) groaning
ἐξαιρέω (5-8) take out; mid. deliver, set free
δεῦρο (2-9) adv. come, come here
35 ἀρνέομαι (4-32) deny, reject
καθίστημι (5-21) ordain, appoint

δικαστής, ὁ (2-2) judge
λυτρωτής, ὁ (1-1) redeemer, deliverer
βάτος, ἡ (2-5) thorn-bush
36 ἐρυθρός (1-2) red
38 λόγιον, τό (1-4) saying; pl. oracles
39 ὑπήκοος (1-3) obedient
ἀπωθέω (3-6) only mid. reject, push aside
στρέφω (3-21) turn
40 προπορεύομαι (1-2) go on before
41 μοσχοποιέω (1-1) make a calf
θυσία, ἡ (2-28) sacrifice
εἴδωλον, τό (2-11) idol
εὐφραίνω (2-14) cheer, gladden; pass. be glad, rejoice
42 στρέφω (3-21) turn
λατρεύω (5-21) serve, worship
στρατία, ἡ (1-3) host, army
βίβλος, ὁ (3-10) book
σφάγιον, τό (1-1) victim for sacrifice, offering
προσφέρω (3-47) offer
43 σκηνή, ἡ (2-20) tent, dwelling
ἄστρον, τό (2-4) star
τύπος, ὁ (3-14) image, statue; pattern, form
μετοικίζω (2-2) deport, remove
ἐπέκεινα (1-1) beyond, farther on
44 μαρτύριον, τό (2-20) witness, testimony
διατάσσω (5-16) order, direct, command
45 διαδέχομαι (1-1) receive in turn from a former owner
κατάσχεσις, ἡ (2-2) possession
ἐξωθέω (2-2) drive out, expel, push out
46 σκήνωμα, τό (1-3) tent, tabernacle
47 οἰκοδομέω (4-40) build
48 ὕψιστος (2-13) most high, most exalted
χειροποίητος (2-6) made by human hands
49 ὑποπόδιον, τό (2-7) footstool
ποῖος (3-32) of what kind?
οἰκοδομέω (4-40) build
κατάπαυσις, ἡ (1-9) rest
51 σκληροτράχηλος (1-1) stiff-necked, stubborn
ἀπερίτμητος (1-1) uncircumcised

οὖς, τό (5-36) ear
ἀεί (1-7) always
ἀντιπίπτω (1-1) resist, oppose
52 προκαταγγέλλω (2-2) announce beforehand, foretell
ἔλευσις, ἡ (1-1) coming, advent
προδότης, ὁ (1-3) betrayer, traitor
φονεύς, ὁ (3-7) murderer
53 διαταγή, ἡ (1-2) direction, ordinance
54 διαπρίω (2-2) saw asunder; pass. cut to the quick, infuriate
βρύχω (1-1) gnash
ὀδούς, ὁ (1-12) tooth
56 διανοίγω (3-8) open
57 συνέχω (3-12) stop, shut; hold together
οὖς, τό (5-36) ear
ὁρμάω (2-5) set out, rush at
58 λιθοβολέω (3-7) stone
ἀποτίθημι (1-9) take off and lay down, put away
νεανίας, ὁ (3-3) youth, young man
60 γόνυ, τό (4-12) knee
κοιμάω (3-18) only pass. sleep, die

CHAPTER 8

1 συνευδοκέω (2-6) agree with, approve of, consent to
ἀναίρεσις, ἡ (1-1) murder, killing
διωγμός, ὁ (2-10) persecution
διασπείρω (3-3) scatter
πλήν (4-31) except
2 συγκομίζω (1-1) bury
εὐλαβής (3-4) devout
κοπετός, ὁ (1-1) lamentation, mourning
3 λυμαίνομαι (1-1) destroy, damage, ruin
σύρω (3-5) draw, drag
4 διασπείρω (3-3) scatter
7 ἀκάθαρτος (5-31) unclean, impure
βοάω (3-12) call, shout, cry out
παραλύω (2-5) weaken, disable; subst. ὁ π. paralytic
χωλός (3-14) lame
θεραπεύω (5-43) heal
9 προϋπάρχω (1-2) exist before;

with part. practice
μαγεύω (1-1) practice magic
10 μικρός (2-30) small, little
11 μαγεία, ἡ (1-1) magic
16 οὐδέπω (1-3) not yet
18 ἐπίθεσις, ἡ (1-4) laying on
προσφέρω (3-47) offer
χρῆμα, τό (4-6) money, wealth, property
20 ἀργύριον, τό (5-21) silver, money
ἀπώλεια, ἡ (1-18) destruction
δωρεά, ἡ (4-11) gift
χρῆμα, τό (4-6) money, wealth, property
κτάομαι (3-7) acquire, get
21 μερίς, ἡ (2-5) part, share, portion
κλῆρος, τό (5-11) lot, portion, share
εὐθύς (3-8) adj. straight, right, upright
ἔναντι (1-2) in the eyes of, in the judgment of
22 μετανοέω (5-34) repent
κακία, ἡ (1-11) wickedness, depravity
ἄρα (5-49) so, then; εἰ ἄρα whether (perhaps)
ἐπίνοια, ἡ (1-1) intent, thought
23 χολή, ἡ (1-2) gall
πικρία, ἡ (1-4) bitterness
σύνδεσμος, ὁ (1-4) bond, fetter
ἀδικία, ἡ (2-25) wickedness, unrighteousness, wrongdoing
24 ἐπέρχομαι (4-9) come upon, approach
25 κώμη, ἡ (1-27) village
26 μεσημβρία, ἡ (2-2) south, midday
27 Αἰθίοψ, ὁ (2-2) Ethiopian
εὐνοῦχος, ὁ (5-8) eunuch
δυνάστης, ὁ (1-3) ruler, sovereign
βασίλισσα, ἡ (1-4) queen
γάζα, ἡ (1-1) treasury
28 ἅρμα, τό (3-4) chariot
29 κολλάω (5-12) join; pass. join oneself to, cling to, associate with
30 προσδραμών 2 aor. of προστρέχω (1-3) run up to
ἆρα (1-3) interrog. part. usually not translatable
31 ὁδηγέω (1-5) guide
32 περιοχή, ἡ (1-1) portion of scripture

πρόβατον, τό (1-37) sheep
σφαγή, ἡ (1-3) slaughter
ἀμνός, ὁ (1-4) lamb
ἐναντίον (2-5) before
κείρω (2-4) shear
ἄφωνος (1-4) dumb
33 ταπείνωσις, ἡ (1-4) humiliation
κρίσις, ἡ (1-47) judgment, justice
γενεά, ἡ (5-43) family, origin, generation
διηγέομαι (3-8) relate, recount, describe
34 εὐνοῦχος, ὁ (5-8) eunuch
36 εὐνοῦχος, ὁ (5-8) eunuch
38 ἅρμα, τό (3-4) chariot
ἀμφότεροι (3-14) both
εὐνοῦχος, ὁ (5-8) eunuch
39 ἁρπάζω (2-14) snatch, take away
οὐκέτι (3-48) no longer

CHAPTER 9

1 ἐμπνέω (1-1) breathe
ἀπειλή, ἡ (2-3) threat
φόνος, ὁ (1-9) murder
2 ἐπιστολή, ἡ (5-24) letter, epistle
3 ἐξαίφνης (2-5) suddenly
περιαστράπτω (2-2) shine around
7 συνοδεύω (1-1) travel with
ἐνεός (1-1) speechless
8 χειραγωγέω (2-2) take or lead by the hand
11 ῥύμη, ἡ (2-4) narrow street, lane, alley
εὐθύς (3-8) adj. straight
12 ἀναβλέπω (5-25) regain sight
15 σκεῦος, τό (5-23) instrument, vessel
ἐκλογή, ἡ (1-7) election
βαστάζω (5-27) carry, bear
16 ὑποδείκνυμι (2-6) show
πάσχω (5-40) suffer
17 ἀναβλέπω (5-25) regain sight
18 ἀποπίπτω (1-1) fall, fall away
λεπίς, ἡ (1-1) scale
19 ἐνισχύω (1-2) grow strong, regain one's strength
21 πορθέω (1-3) destroy, pillage
22 ἐνδυναμόω (1-7) strengthen; pass. become strong
συγχύννω (4-4) confuse, throw into consternation

συμβιβάζω (3-7) prove, demonstrate
23 συμβουλεύω (1-4) consult, plot; advise
24 ἐπιβουλή, ἡ (4-4) plot
παρατηρέω (1-6) watch closely, observe closely
πύλη, ἡ (4-10) gate
25 τεῖχος, τό (1-9) wall
καθίημι (3-4) let down
χαλάω (3-7) let down
σπυρίς, ἡ (1-5) basket, hamper
26 πειράζω (5-38) try
κολλάω (5-12) join; pass. join oneself to, cling to, associate with
27 διηγέομαι (3-8) tell, relate, describe
29 συζητέω (2-10) dispute, debate, argue
ἐπιχειρέω (2-3) attempt, try
31 οἰκοδομέω (4-40) build
φόβος, ὁ (5-47) fear
παράκλησις, ἡ (4-29) comfort, consolation
πληθύνω (5-12) increase, multiply
33 ὀκτώ (2-8) eight
κατάκειμαι (2-12) lie down
κράβατος, ὁ (2-11) bed, mattress, pallet
παραλύω (2-5) weaken; pass. be paralyzed
34 ἰάομαι (4-26) heal
στρωννύω (1-6) spread, of making a bed
(τὴν κλίνην is understood).
36 μαθήτρια, ἡ (1-1) Christian woman, woman disciple
διερμηνεύω (1-6) translate, explain
37 ἀσθενέω (3-33) be sick, weak
λούω (2-5) wash
ὑπερῷον, τό (4-4) upper chamber, upper room
38 ἐγγύς (3-31) near
ὀκνέω (1-1) delay, hesitate
39 ὑπερῷον, τό (4-4) upper room, upper chamber
χήρα, ἡ (3-26) widow
κλαίω (2-38) weep, cry
ἐπιδείκνυμι (2-7) show, point out
χιτών, ὁ (1-11) tunic, shine
40 γόνυ, τό (4-12) knee

ἀνακαθίζω (1-2) sit up, upright
41 φωνέω (4-42) call
χήρα, ἡ (3-26) widow
43 βυρσεύς, ὁ (3-3) tanner

CHAPTER 10

1 σπεῖρα, ἡ (3-7) cohort, about 600 men
2 εὐσεβής (2-3) devout
3 φανερῶς (1-3) clearly, distinctly; openly
ἔνατος (3-10) ninth
4 ἔμφοβος (2-5) afraid, startled, terrified
μνημόσυνον, τό (1-3) memorial
ἔμπροσθεν (2-48) before
6 βυρσεύς, ὁ (3-3) tanner
7 φωνέω (4-42) call
οἰκέτης, ὁ (1-4) house-servant
εὐσεβής (2-3) devout
8 ἐξηγέομαι (4-6) explain, tell, report, describe
9 ὁδοιπορέω (1-1) travel, be on the way
δῶμα, τό (1-7) roof
ἕκτος (1-14) sixth
10 πρόσπεινος (1-1) hungry
γεύομαι (3-15) eat, taste
παρασκευάζω (1-4) prepare
ἔκστασις, ἡ (4-7) trance; amazement
11 σκεῦος, τό (5-23) thing, object
ὀθόνη, ἡ (2-2) linen cloth, sheet
ἀρχή, ἡ corner, extremity
καθίημι (3-4) let down
12 τετράποδα, τά (2-3) four-footed animals
ἑρπετόν, τό (2-4) reptile
πετεινόν, τό (2-14) bird
13 θύω (4-13) kill, sacrifice
14 μηδαμῶς (2-2) by no means, certainly not, no
οὐδέποτε (3-16) never
κοινός (5-14) common, unclean, impure
ἀκάθαρτος (5-31) unclean, impure
15 δεύτερος (5-44) second
καθαρίζω (3-31) cleanse
κοινόω (3-14) consider unclean
16 σκεῦος, τό (5-23) thing, object
17 διαπορέω (3-4) be greatly perplexed, at a loss

διερωτάω (1-1) find by inquiry
πυλών, ὁ (5-18) gateway, portal, vestibule
18 φωνέω (4-42) call
ἐνθάδε (5-8) here, in this place
19 διενθυμέομαι (1-1) ponder
20 διακρίνω (4-19) mid. hesitate, doubt
21 πάρειμι (5-24) be present, have come
22 χρηματίζω (2-9) impart revelation; pass. directed, revealed
23 εἰσκαλέομαι (1-1) invite in
24 προσδοκάω (5-16) wait for, look for, expect
συγκαλέω (3-8) call together; mid. summon, call to one's side
συγγενής (1-9) related; subst. relative, fellow-countryman
ἀναγκαίος (2-8) close; necessary
φίλος, ὁ (3-29) friend
25 συναντάω (2-6) meet
27 συνομιλέω (1-1) talk, converse with
28 ἀθέμιτος (1-2) unlawful, lawless
κολλάω (5-12) join; pass. associate, join oneself to
ἀλλόφυλος (1-1) foreign, Gentile, heathen
δείκνυμι (2-32) explain, prove
κοινός (5-14) common, unclean, impure
ἀκάθαρτος (5-31) impure, unclean
29 ἀναντιρρήτως (2-2) not to be contradicted, undeniable
30 τέταρτος (1-10) fourth
μέχρι (2-18) until
ἔνατος (3-10) ninth
ἐσθής, ἡ (2-7) clothing
λαμπρός (1-9) bright, shining
31 εἰσακούω (1-5) hear, obey
μιμνῄσκομαι (2-23) remember
32 μετακαλέω (4-4) only mid. call to oneself, summon
βυρσεύς, ὁ (3-3) tanner
33 ἐξαυτῆς (4-6) immediately
καλῶς (3-37) well, rightly
πάρειμι (5-24) be present, have come
προστάσσω (3-7) command, order, prescribe

34 καταλαμβάνω (3-13) mid. grasp, find, understand
προσωπολήμπτης, ὁ (1-1) one who shows partiality

35 ἐργάζομαι (3-41) do, work
δεκτός (1-5) acceptable

38 χρίω (2-5) anoint
εὐεργετέω (1-1) do good to, benefit
ἰάομαι (4-26) heal
καταδυναστεύω (1-2) oppress, exploit, dominate
διάβολος, ὁ (2-37) devil

39 κρεμάννυμι (3-7) hang, suspend
ξύλον, τό (4-20) tree, cross

40 τρίτος (4-48) third
ἐμφανής (1-2) visible

41 προχειροτονέω (1-1) choose or appoint beforehand
συνεσθίω (2-5) eat with
συμπίνω (1-1) drink with

42 ὁρίζω (5-8) appoint, designate, determine
κριτής, ὁ (4-19) judge

43 ἄφεσις, ἡ (5-17) forgiveness

45 περιτομή, ἡ (3-35) circumcision
δωρεά, ἡ (4-11) gift
ἐκχύνω (3-11) pour out

46 μεγαλύνω (3-8) exalt, magnify, glorify, praise

47 μήτι (1-16) interrog. part. expect. a neg. answer

48 προστάσσω (3-7) command, order, prescribe

CHAPTER 11

2 διακρίνω (4-19) mid. take issue, dispute
περιτομή, ἡ (3-35) circumcision

3 ἀκροβυστία, ἡ (1-20) uncircumcision
συνεσθίω (2-5) eat with

4 ἐκτίθημι (4-4) explain, set forth
καθεξῆς (3-5) point by point, in order, successively

5 ἔκστασις, ἡ (4-7) trance; amazement
σκεῦος, τό (5-23) thing, object
ὀθόνη, ἡ (2-2) linen cloth, sheet
ἀρχή, ἡ corner
καθίημι (3-4) let down

6 κατανοέω (4-14) look at, consider

τετράποδα, τά (2-3) four-footed animals
θηρίον, τό (1-45) beast, (wild) animal
ἑρπετόν, τό (2-4) reptile
πετεινόν, τό (2-14) bird

7 θύω (4-13) kill, sacrifice

8 μηδαμῶς (2-2) by no means, certainly not
κοινός (5-14) common, impure, unclean
ἀκάθαρτος (5-31) unclean, impure

οὐδέποτε (3-16) never

9 δεύτερος (5-44) second
καθαρίζω (3-31) cleanse
κοινόω (3-14) consider unclean

10 ἀνασπάω (1-2) draw, pull up

11 ἐξαυτῆς (4-6) immediately

12 διακρίνω (4-19) make a difference, differentiate

15 ὥσπερ (3-36) as, just as

16 μιμνήσκομαι (2-23) remember

17 ἴσος (1-8) equal, same
δωρεά, ἡ (4-11) gift

18 ἡσυχάζω (2-5) be quiet, remain silent
ἄρα (5-49) then

19 διασπείρω (3-3) scatter
θλῖψις, ἡ (5-45) oppression, affliction, tribulation

21 ἀριθμός, ὁ (5-18) number

22 οὖς, τό (5-36) ear

23 πρόθεσις, ἡ (2-12) purpose
προσμένω (3-7) remain, stay, continue

25 ἀναζητέω (1-3) look, search for

26 ἐνιαυτός, ὁ (2-14) year
χρηματίζω (2-9) bear a name, be called or named
πρώτως (1-1) for the first time

28 σημαίνω (2-6) foretell; make known, report
λιμός, ὁ (2-12) famine
οἰκουμένη, ἡ (5-15) world

29 εὐπορέω (1-1) have plenty, be well off
ὁρίζω (5-8) determine, designate, appoint

CHAPTER 12

1 ἐπιβάλλω (4-18) lay on, put on
κακόω (5-6) harm, mistreat

2 μάχαιρα, ἡ (2-29) sword
3 ἀρεστός (2-4) pleasing
  συλλαμβάνω (4-16) seize, arrest, grasp
  ἄζυμος (2-9) unleavened; τὰ ἄζ. unleavened bread, feast of unleavened bread
4 πιάζω (2-12) seize, arrest
  τετράδιον, τό (1-1) detachment or squad of four soldiers
  πάσχα, τό (1-29) Passover
5 ἐκτενῶς (1-3) eagerly, fervently, constantly
6 προάγω (4-20) lead or bring out
  κοιμάω (3-18) only pass. fall asleep
  μεταξύ (3-9) between
  ἅλυσις, ἡ (4-11) chain, bond
  φύλαξ, ὁ (3-3) guard, sentinel
7 λάμπω (1-7) shine out, shine forth, gleam
  οἴκημα, τό (1-1) prison, room
  πατάσσω (3-10) strike, hit
  πλευρά, ἡ (1-5) side
  τάχος, τό (3-7) speed; ἐν τ. quickly, at once, without delay
  ἐκπίπτω (5-10) fall off
8 ζώννυμι (1-3) gird
  ὑποδέω (1-3) tie or bind beneath, put on
  σανδάλιον, τό (1-2) sandal
  περιβάλλω (1-23) put on, wear, put around
9 ἀληθής (1-26) true
10 δεύτερος (5-44) second
  πύλη, ἡ (4-10) gate
  σιδηροῦς (1-5) (made of) iron
  αὐτόματος (1-2) by itself
  προέρχομαι (3-9) come out, go forward, go before
  ῥύμη, ἡ (2-4) narrow street, lane, alley
11 ἀληθῶς (1-18) truly
  ἐξαιρέω (5-8) take out; mid. deliver
  προσδοκία, ἡ (1-2) expectation
12 συνιδεῖν (3-4) realize
  συναθροίζω (2-2) gather, bring together
13 κρούω (2-9) knock
  πυλών, ὁ (5-18) gateway, portal, vestibule
  παιδίσκη, ἡ (2-13) young maiden

ὑπακούω (2-21) open or answer, obey
14 εἰστρέχω (1-1) run in
15 μαίνομαι (3-5) be mad
  διϊσχυρίζομαι (1-2) insist, maintain firmly
16 κρούω (2-9) knock
17 κατασείω (4-4) motion, make a sign
  σιγάω (3-10) be silent
  διηγέομαι (3-8) tell, relate, describe
18 τάραχος, ὁ (2-2) mental agitation, consternation
  ἆρα (5-49) then
19 ἐπιζητέω (3-13) search for, seek after
  ἀνακρίνω (5-16) examine, question
  φύλαξ, ὁ (3-3) guard, sentinel
  ἀπάγω (2-15) lead away
20 θυμομαχέω (1-1) be very angry
  πάρειμι (5-24) be present, have come
  κοιτών, ὁ (1-1) bed chamber; ὁ ἐπὶ τοῦ κ. chamberlain
  τρέφω (1-9) provide with food, support, nourish
  βασιλικός (2-5) royal, belonging to the king
21 τακτός (1-1) appointed, fixed
  ἐνδύω (1-28) dress, clothe; mid. wear, put on
  ἐσθής, ἡ (2-7) clothing
  δημηγορέω (1-1) deliver a public address
22 δῆμος, ὁ (4-4) people, populace, crowd
  ἐπιφωνέω (3-4) cry out
23 πατάσσω (3-10) strike, hit
  ἀνθ᾽ ὧν because
  σκωληκόβρωτος (1-1) eaten by worms
  ἐκψύχω (3-3) breathe one's last, die
24 αὐξάνω (4-22) increase, grow
  πληθύνω (5-12) increase, multiply
25 συμπαραλαμβάνω (3-4) take along with

CHAPTER 13

1 τετραάρχης, ὁ (1-4) tetrarch

σύντροφος, ὁ (1-1) foster brother, companion, intimate friend

2 λειτουργέω (1-3) serve, do service
νηστεύω (2-20) fast
ἀφορίζω (2-10) separate
δή (2-5) now, then, therefore

4 ἐκπέμπω (2-2) send out
ἐκεῖθεν (4-27) from there
ἀποπλέω (4-4) sail away

5 ὑπηρέτης, ὁ (4-20) servant, helper, assistant

6 μάγος, ὁ (2-6) magician
ψευδοπροφήτης, ὁ (1-11) false prophet

7 ἀνθύπατος, ὁ (5-5) proconsul
συνετός (1-4) intelligent, understanding
ἐπιζητέω (3-13) strive for, wish for

8 ἀνθίστημι (2-14) oppose, resist, withstand
μάγος, ὁ (2-6) magician
μεθερμηνεύω (2-8) translate
διαστρέφω (3-7) turn away, mislead, pervert

10 δόλος, ὁ (1-11) deceit
ῥαδιουργία, τό (1-1) crime, villainy
διάβολος, ὁ (2-37) devil
ἐχθρός (2-32) subst. enemy
διαστρέφω (3-7) make crooked, pervert; turn away
εὐθύς (3-8) adj. upright, right, straight

11 ἥλιος, ὁ (4-32) sun
ἀχλύς, ἡ (1-1) mistiness
σκότος, τό (3-30) darkness
περιάγω (1-6) lead about
χειραγωγός, ὁ (1-1) one who leads another by the hand, leader

12 ἀνθύπατος, ὁ (5-5) proconsul
ἐκπλήσσω (1-13) astonish, amaze
διδαχή, ἡ (4-30) teaching, doctrine

13 ἀποχωρέω (1-3) depart, withdraw, leave

15 ἀνάγνωσις, ἡ (1-3) reading
ἀρχισυνάγωγος, ὁ (3-9) leader of synagogue
παράκλησις, ἡ (4-29) exhortation, encouragement

16 κατασείω (4-4) motion, make a signal

17 ὑψόω (3-20) exalt, make great, lift high
παροικία, ἡ (1-2) sojourn, stay
βραχίων, ὁ (1-3) arm
ὑψηλός (1-11) high

18 τεσσερακονταετής (2-2) forty years
τροποφορέω (1-1) bear or put up with (someone's) manner, moods

19 καθαιρέω (3-9) destroy, conquer
κατακληρονομέω (1-1) give as an inheritance

20 τετρακόσιοι (3-4) four hundred
πεντήκοντα (1-7) fifty
κριτής, ὁ (4-19) judge

21 φυλή, ἡ (1-31) tribe

22 μεθίστημι (2-5) remove

23 σπέρμα, τό (4-44) seed, offspring, descendant
σωτήρ, ὁ (2-24) Savior

24 προκηρύσσω (1-1) proclaim beforehand
εἴσοδος, ἡ (1-5) coming, entrance

25 δρόμος, ὁ (2-3) course
ὑπονοέω (3-3) suspect, suppose
ὑπόδημα, τό (2-10) sandal

27 ἀγνοέω (2-21) not to know

29 τελέω (1-28) fulfill, perfect
καθαιρέω (3-9) take down, bring down
ξύλον, τό (4-20) tree, cross
μνημεῖον, τό (1-37) tomb

31 συναναβαίνω (1-2) to go up with

33 ἐκπληρόω (1-1) fulfill
ψαλμός, ὁ (2-7) song of praise, psalm
δεύτερος (5-44) second

34 μηκέτι (3-21) no longer
ὅσιος (3-8) devout, pious, holy

35 διότι (5-24) therefore

36 γενεά, ἡ (5-43) generation, age
ὑπηρετέω (3-3) serve, be helpful
κοιμάω (3-18) only pass. fall asleep, die

38 ἄφεσις, ἡ (5-17) forgiveness
δικαιόω (2-39) justify

40 ἐπέρχομαι (4-9) come, come upon, approach

41 καταφρονητής, ὁ (1-1) despiser, scoffer

θαυμάζω (5-42) marvel, wonder, admire
ἀφανίζω (1-5) make unseen, destroy, pass. perish, disappear
ἐργάζομαι (3-41) do, work
ἐκδιηγέομαι (2-2) tell in detail
42 ἔξειμι (4-4) go out, go away, go on a journey
μεταξύ (3-9) afterward, next
43 προσήλυτος, ὁ (3-4) proselyte
προσλαλέω (2-2) address, speak to or with
προσμένω (3-7) continue, remain
44 σχεδόν (2-3) nearly, almost
45 ζῆλος, ὁ (2-17) jealousy, zeal
ἀντιλέγω (3-9) speak against, contradict
βλασφημέω (4-34) blaspheme, revile
46 ἀναγκαῖος (2-8) necessary
ἐπειδή (3-10) since, because
ἀπωθέω (3-6) only mid. reject, push aside
στρέφω (3-21) turn
47 ἐντέλλω (2-14) only mid. command, order
48 τάσσω (4-8) assign to a classification; pass. belong to, be classed
49 διαφέρω (2-13) spread
50 παροτρύνω (1-1) arouse, incite, encourage
εὐσχήμων (2-5) prominent, of high standing
ἐπεγείρω (2-2) stir up, arouse
διωγμός, ὁ (2-10) persecution
ὅριον, τό (1-12) boundary; pl. region
51 ἐκτινάσσω (2-4) shake off
κονιορτός, ὁ (2-5) dust

CHAPTER 14

2 ἀπειθέω (2-14) disobey, disbelieve
ἐπεγείρω (2-2) arouse, stir up
κακόω (5-6) make angry, embitter, poison
4 σχίζω (2-11) divide
5 ὁρμή, ἡ (1-2) hostile movement, assault, impulse
ὑβρίζω (1-5) outrage, insult, treat insolently

λιθοβολέω (3-7) throw stones
6 συνιδεῖν (3-4) become aware
καταφεύγω (1-2) flee
περίχωρος (1-9) neighboring; ἡ π. region around
7 κἀκεῖ (5-10) and there, even there, there also
8 ἀδύνατος (1-10) powerless, impotent
χωλός (3-14) lame
κοιλία, ἡ (2-23) womb
οὐδέποτε (3-16) never
10 ὀρθός (1-2) upright, straight
ἅλλομαι (2-3) spring up, leap
11 ἐπαίρω (5-19) raise, lift up
ὁμοιόω (1-15) make like; pass. become like; be like
12 ἐπειδή (3-10) since, because
ἡγέομαι (4-28) lead, guide; ptc. leader, ruler; ὁ ἡγ. τοῦ λόγου — chief speaker
13 ἱερεύς, ὁ (3-31) priest
ταῦρος, ὁ (1-4) bull
στέμμα, τό (1-1) wreath, garland of flowers
πυλών, ὁ (5-19) gate
θύω (4-13) sacrifice, kill
14 διαρήσσω (1-5) tear, break
ἐκπηδάω (1-1) rush out, start up
15 ὁμοιοπαθής (1-2) with the same nature
μάταιος (1-6) vain, useless
16 παροίχομαι (1-1) pass by, be gone
γενεά, ἡ (5-43) generation, age
εἴασεν from ἐάω (7-11) permit, allow
17 καίτοι (1-3) and yet
ἀμάρτυρος (1-1) without witness
ἀγαθουργέω (1-1) confess benefits, do good
οὐρανόθεν (2-2) from heaven
ὑετός, ὁ (2-5) rain
καρποφόρος (1-1) fruit-bearing, fruitful
ἐμπίπλημι (1-5) satisfy, fill
εὐφροσύνη (2-2) joy, gladness, cheerfulness
18 μόλις (4-7) with difficulty, scarcely
καταπαύω (1-4) restrain, dissuade, bring to rest
θύω (4-13) sacrifice, kill
19 ἐπέρχομαι (4-9) come, appear

115

λιθάζω (4-8) stone
σύρω (3-5) drag
θνήσκω (2-9) to die

20 κυκλόω (1-4) surround, encircle
21 μαθητεύω (1-4) make disciples
22 ἐπιστηρίζω (3-3) strengthen
ἐμμένω (2-4) persevere in, stand by
θλῖψις, ἡ (5-45) oppression, affliction, tribulation
23 χειροτονέω (1-2) appoint, choose
νηστεία, ἡ (2-5) fast
παρατίθημι (4-19) mid. commit, entrust
26 ἀποπλέω (4-4) sail away
ὅθεν (3-15) whence
27 ἀναγγέλλω (5-13) report

CHAPTER 15

1 περιτέμνω (5-17) circumcise
2 στάσις, ἡ (5-9) strife, discord, disunion
ζήτησις, ἡ (3-7) discussion, debate
τάσσω (4-8) order, fix, appoint
ζήτημα, τό (5-5) question, issue
3 προπέμπω (3-9) send on one's way, keep on a journey
ἐκδιηγέομαι (2-2) tell in detail
ἐπιστροφή, ἡ (1-1) conversion
4 παραδέχομαι (3-6) receive, accept report
ἀναγγέλλω (5-13) report
5 ἐξανίστημι (1-3) stand up
περιτέμνω (5-17) circumcise
7 ζήτησις, ἡ (3-7) discussion, debate
ἀρχαῖος (3-11) ancient
8 καρδιογνώστης, ὁ (2-2) knower of hearts
9 διακρίνω (4-19) distinguish, differentiate
μεταξύ (3-9) between
καθαρίζω (3-31) cleanse, purify
10 πειράζω (5-38) tempt, test
ζυγός, ὁ (1-6) yoke
τράχηλος, ὁ (2-7) neck
βαστάζω (4-27) carry, bear, endure
11 τρόπος, ὁ (4-13) way, manner; καθ᾽ ὃν τρο. – in the same way as
κἀκεῖνος (3-22) even that one, also that one

12 σιγάω (3-10) say nothing, stop speaking
ἐξηγέομαι (4-6) explain, tell, report, describe
14 ἐξηγέομαι (4-6) explain, tell, report, describe
ἐπισκέπτομαι (4-11) visit
15 συμφωνέω (2-6) agree
16 ἀναστρέφω (2-9) return
ἀνοικοδομέω (2-2) build up again
σκηνή, ἡ (3-20) tent, dwelling
καταστρέφω (1-3) destroy, ruin; τὰ κατ. – ruins
ἀνορθόω (1-3) rebuild, restore
17 ἐκζητέω (1-7) seek out, search for
κατάλοιπος (1-1) rest, left, remaining
18 παρενοχλέω (1-1) cause difficulty, trouble, annoy
20 ἐπιστέλλω (2-3) inform; instruct by letter, write
ἀπέχω (2-19) mid. keep away, abstain
ἀλίσγημα, τό (1-1) pollution
εἴδωλον, τό (2-11) idol
πορνεία, ἡ (3-25) fornication, unchastity
πνικτός (3-3) strangled
21 γενεά, ἡ (5-43) generation
ἀρχαῖος (3-11) ancient
22 ἡγέομαι (4-28) lead, guide; ptc. leader, ruler
23 χαίρειν – greetings
24 ἐπειδή (3-10) since, because
ταράσσω (3-17) stir up, disturb
ἀνασκευάζω (1-1) tear down, upset, unsettle
διαστέλλω (1-7) command, order
28 πλέον same as πλεῖον comp. of πολύς
βάρος, τό (1-6) weight, burden
πλήν (4-31) except
ἐπάναγκες (1-1) by compulsion, necessarily
29 ἀπέχω (2-19) mid. abstain, keep away
εἰδωλόθυτος (2-9) meat offered to idols
πνικτός (3-3) strangled, choked to death
πορνεία, ἡ (3-3) fornication, unchastity

διατηρέω (1-2) keep, treasure
εὖ (1-6) well
ἔρρωσθε pft. pass. imper. – farewell from ῥώννυμι (1-1) be strong

30 ἐπιδίδωμι (2-10) deliver, hand over
ἐπιστολή, ἡ (5-24) letter, epistle
31 παράκλησις, ἡ (4-29) exhortation, encouragement
32 ἐπιστηρίζω (3-3) strengthen
36 δή (2-5) now, then, therefore
ἐπισκέπτομαι (4-11) visit
37 συμπαραλαμβάνω (3-4) take along with
38 ἀξιόω (2-7) desire, request
39 παροξυσμός, ὁ (1-2) sharp disagreement
ἀποχωρίζω (1-2) separate
ἐκπλέω (3-3) sail away
40 ἐπιλέγω (1-2) mid. choose, select
41 ἐπιστηρίζω (3-3) strengthen

CHAPTER 16

3 περιτέμνω (5-17) circumcise
4 διαπορεύομαι (1-5) pass through
δόγμα, τό (2-5) decision, decree
5 στερεόω (3-3) strengthen, make firm
περισσεύω (1-39) grow
ἀριθμός, ὁ (5-18) number
7 πειράζω (5-38) try, attempt
8 παρέρχομαι (2-29) go through, pass through
διαβαίνω (1-3) come over, go through
βοηθέω (2-8) help
10 συμβιβάζω (3-7) conclude, infer
11 εὐθυδρομέω (2-2) run a straight course
ἔπειμι (5-5) ptc. only, next
12 μερίς, ἡ (2-5) district, part
κολωνία, ἡ (1-1) colony
13 πύλη, ἡ (4-10) gate
ποταμός, ὁ (1-17) river
14 πορφυρόπωλις, ἡ (1-1) dealer in purple cloth
διανοίγω (3-8) open
15 παραβιάζομαι (1-2) urge strongly, prevail upon
16 παιδίσκη, ἡ (2-13) maid, servant girl

πύθων, ὁ (1-1) spirit of divination
ὑπαντάω (1-10) meet
ἐργασία, ἡ (4-6) profit, gain
παρέχω (5-16) cause, bring about
μαντεύομαι (1-1) divine, prophesy, give an oracle
17 κατακολουθέω (1-2) follow
ὕψιστος (2-13) most high
18 διαπονέομαι (2-2) be (greatly) disturbed, annoyed
19 ἐργασία, ἡ (4-6) profit, gain
ἑλκύω (1-6) drag, draw
ἀγορά, ἡ (2-11) market place
20 προσάγω (2-5) bring
ἐκταράσσω (1-1) agitate, throw into confusion
21 ἔξεστι (4-31) it is lawful
παραδέχομαι (3-6) accept, acknowledge (as correct)
22 συνεφίστημι (1-1) rise up together, join in an attack
περιρήγνυμι (1-1) tear off
ῥαβδίζω (1-2) beat with a rod
23 πληγή, ἡ (2-22) stroke
δεσμοφύλαξ, ὁ (3-3) prisonkeeper, jailer
ἀσφαλῶς (2-3) safely, securely
24 παραγγελία, ἡ (2-5) order, command
ἐσώτερος (1-2) inner
ἀσφαλίζω (1-4) secure, fasten
ξύλον, τό (4-20) stocks, tree, cross
25 μεσονύκτιον, τό (2-4) midnight
ὑμνέω (1-4) sing hymns of praise
ἐπακροάομαι (1-1) listen to
26 ἄφνω (3-3) suddenly
σεισμός, ὁ (1-14) earthquake
σαλεύω (4-15) shake
θεμέλιον, τό (1-16) foundation
δεσμωτήριον, τό (3-4) prison
δεσμός, ὁ (5-18) bond, chain
ἀνίημι (2-4) unfasten, loosen
27 ἔξυπνος (1-1) awake, aroused
δεσμοφύλαξ, ὁ (3-3) jailer
σπάω (1-2) only mid. draw
μάχαιρα, ἡ (2-29) sword
ἐκφεύγω (2-8) escape
28 φωνέω (4-42) call or cry out
ἐνθάδε (5-8) here, in this place
29 εἰσπηδάω (1-1) spring in, rush in
ἔντρομος (2-3) trembling

117

προσπίπτω (1-8) fall down before

30 προάγω (4-20) lead or bring out
33 λούω (2-5) wash
πληγή, ἡ (2-22) wound, bruise
34 παρατίθημι (4-19) set before
τράπεζα, ἡ (2-15) table
ἀγαλλιάω (2-11) rejoice, usu. dep.
πανοικεί (1-1) with all the household
35 ῥαβδοῦχος, ὁ (2-2) lictor, policeman
36 δεσμοφύλαξ, ὁ (3-3) jailer
37 δέρω (3-15) beat
δημόσιος (4-4) public; as adv. δημοσίᾳ publicly
ἀκατάκριτος (2-2) uncondemned, without trial
λάθρα (1-4) secretly
38 ῥαβδοῦχος, ὁ (2-2) lictor, policeman

CHAPTER 17

1 διοδεύω (1-2) go, travel through
2 εἰωθός, τό custom; pft. of ἔθω (1-4) be accustomed
3 διανοίγω (3-8) explain, interpret, open
παρατίθημι (4-19) demonstrate, point out
πάσχω (5-40) suffer
4 προσκληρόω (1-1) allot, assign; pass. be attached to, join
5 ζηλόω (2-11) be filled with jealousy, envy
προσλαμβάνω (5-12) take along
ἀγοραῖος (2-2) subst. οἱ ἀγ. rabble
ὀχλοποιέω (1-1) form a mob
θορυβέω (2-4) throw into disorder, set in uproar
προάγω (4-20) lead or bring out, lead forward
δῆμος, ὁ (4-4) popular assembly
6 σύρω (3-5) drag, pull
πολιτάρχης, ὁ (2-2) civic magistrate, politarch
βοάω (3-12) call, shout, cry out
οἰκουμένη, ἡ (5-15) world
ἀναστατόω (2-3) disturb, trouble, upset

ἐνθάδε (5-8) here, in this place
πάρειμι (5-24) be present, have come
7 ὑποδέχομαι (1-4) receive, welcome, entertain
ἀπέναντι (2-4) against, contrary to
δόγμα, τό (2-5) decree, ordinance
8 ταράσσω (3-17) stir up, disturb
πολιτάρχης, ὁ (2-2) civic magistrate, politarch
9 ἱκανόν, τό pledge, security, bond
10 ἐκπέμπω (2-2) send out
ἄπειμι (1-1) go, come, go away
11 εὐγενής (1-3) noble-minded, high-minded
προθυμιά, ἡ (1-5) readiness, willingness
ἀνακρίνω (5-16) examine
ἔχοι 3 s. opt. act. of ἔχω
12 εὐσχήμων (2-5) prominent, of high standing
13 κἀκεῖ (5-10) there also, and there
σαλεύω (4-15) shake
ταράσσω (3-17) stir up, disturb
14 ὑπομένω (1-17) remain or stay
15 καθίστημι (5-21) bring, conduct, take
τάχιστα (1-18) superl. of ταχύ soon as possible
ἐξῄεσαν 3 pl. imp. from ἔξειμι (4-4) go out, go away
16 ἐκδέχομαι (1-6) expect, wait
παροξύνω (1-2) provoke, irritate
κατείδωλος (1-1) full of idols
17 ἀγορά, ἡ (2-11) market-place
παρατυγχάνω (1-1) happen to be near, present
18 φιλόσοφος, ὁ (1-1) philosopher
συμβάλλω (4-6) intr. meet
σπερμολόγος, ὁ (1-1) babbler, chatterer, gossip
ξένος (2-14) foreign, strange
καταγγελεύς, ὁ (1-1) proclaimer, herald
19 Ἄρειος πάγος, ὁ (2-2) hill of Ares, Areopagus
διδαχή, ἡ (4-30) teaching
20 εἰσφέρω (1-8) bring in, carry in
ἀκοή, ἡ (2-24) ear, hearing
21 ἐπιδημέω (2-2) stay in a place as a visitor, be in town
ξένος (2-14) foreign

εὐκαιρέω (1-3) have leisure, time, opportunity
καινότερον quite new

22 Ἄρειος πάγος, ὁ (2-2) Areopagus, hill of Ares
δεισιδαίμων (1-1) religious, superstitious

23 ἀναθεωρέω (1-2) examine, observe carefully
σέβασμα, τό (1-2) object of worship, sanctuary
βωμός, ὁ (1-1) altar
ἐπιγράφω (1-5) write on, or in
ἄγνωστος (1-1) unknown
ἀγνοέω (2-21) not to know
εὐσεβέω (1-2) worship, be reverent

24 χειροποίητος (2-6) made by human hands
ναός, ὁ (2-45) temple

25 ἀνθρώπινος (1-7) human
θεραπεύω (5-43) do service, serve
προσδέομαι (1-1) need in addition or further
πνοή, ἡ (2-2) breath, wind

26 ὁρίζω (5-8) fix, determine, appoint, designate
προστάσσω (3-7) command; pass. fixed
ὁροθεσία, ἡ (1-1) fixed boundary
κατοικία, ἡ (1-1) dwelling (place), habitation

27 ἄρα (5-49) then; εἰ ἄρα whether, (perhaps)
ψηλαφάω (1-4) feel about for, touch, grope after
εὕροιεν 3 pl. aor. opt. act. of εὑρίσκω
γέ (4-31) often not trans. at least, even, indeed
μακράν (3-10) far

28 κινέω (3-8) move; pass. be moved, move
ποιητής, ὁ (1-6) poet

29 ὀφείλω (1-35) ought, owe
χρυσός (1-9) gold
ἄργυρος (1-4) silver
χάραγμα, τό (1-8) image, mark
τέχνη, ἡ (2-3) skill, trade
ἐνθύμησις, ἡ (1-4) thought, reflection
θεῖος (1-3) divine
ὅμοιος (1-45) like

30 ἄγνοια, ἡ (2-4) ignorance
ὑπεριδεῖν (1-1) overlook
πανταχοῦ (3-7) everywhere
μετανοέω (5-34) repent

31 καθότι (4-6) because
οἰκουμένη, ἡ (5-15) world
ὁρίζω (5-8) appoint, designate, determine
παρέχω (5-16) grant, show

32 χλευάζω (1-1) scoff at, mock, sneer

34 κολλάω (5-12) join; pass. join oneself to, associate with

CHAPTER 18

1 χωρίζω (3-13) divide, separate; pass. be separated, take one's departure

2 προσφάτως (1-1) recently
διατάσσω (5-16) order, direct, command

3 ὁμότεχνος (1-1) practising the same trade
ἐργάζομαι (3-41) work
σκηνοποιός (1-1) making tents; subst. tent maker
τέχνη, ἡ (2-3) skill, trade

5 συνέχω (3-12) hold together; mid. be occupied with or absorbed in

6 ἀντιτάσσω (1-5) only mid. oppose, resist
βλασφημέω (4-34) revile, blaspheme
ἐκτινάσσω (2-4) shake out
καθαρός (2-26) clean, pure

7 μεταβαίνω (1-11) go or pass over
ἐκεῖθεν (4-27) from there
συνομορέω (1-1) border on, be next door to

8 ἀρχισυνάγωγος, ὁ (3-9) leader of synagogue

9 σιωπάω (1-10) keep silent

10 διότι (5-24) for
κακόω (5-6) harm, mistreat

11 ἐνιαυτός, ὁ (2-14) year
μήν, ὁ (5-18) month
ἕξ (3-13) six

12 ἀνθύπατος, ὁ (5-5) proconsul
κατεφίσταμαι (1-1) rise up against

13 ἀναπείθω (1-1) persuade, incite, induce

14 ἀδίκημα, τό (2-3) wrong, crime, misdeed

ῥαδιούργημα, τό (1-1) crime, villainy

ἀνέχω (1-15) only mid. bear with, endure

15 ζήτημα, τό (5-5) question, issue

κριτής, ὁ (4-19) judge

16 ἐπελαύνω (1-1) drive away

17 ἀρχισυνάγωγος, ὁ (3-9) ruler of synagogue

τύπτω (5-13) strike, beat

ἔμπροσθεν (2-48) in front of, before

μέλει (1-10) it is a care or concern

18 προσμένω (3-7) remain, stay, continue

ἀποτάσσω (2-2) only mid. say farewell

ἐκπλέω (3-3) sail away

κείρω (2-4) cut hair, shear

εὐχή, ἡ (2-3) vow

19 κἀκεῖνος (3-22) and that one

καταλείπω (5-23) leave

20 ἐπινεύω (1-1) give consent

21 ἀποτάσσω (2-2) only mid. say farewell

ἀνακάμπτω (1-4) return

23 καθεξῆς (3-5) one after the other, in order

στηρίζω (1-14) establish, strengthen

24 λόγιος (1-1) eloquent, learned, cultured

25 κατηχέω (3-8) teach, instruct

ζέω (1-2) boil, be fervent

ἀκριβῶς (5-9) accurately, carefully

26 προσλαμβάνω (5-12) mid. take aside

ἀκριβέστερον comp. of ἀκριβῶς (5-9) accurately, carefully

ἐκτίθημι (4-4) explain, set forth

27 προτρέπω (1-1) encourage, impel

ἀποδέχομαι (5-7) accept, receive, recognize

συμβάλλω (4-6) mid. help, be of assistance

28 εὐτόνως (1-2) vigorously, vehemently

διακατελέγχομαι (1-1) refute

δημόσιος (4-4) public, as adv. δημοσίᾳ publicly

ἐπιδεικνύς nom. s. m. pres. part. from ἐπιδείκνυμι (2-7) demonstrate, show

CHAPTER 19

1 ἀνωτερικός (1-1) upper, inland, interior

6 προφητεύω (4-28) prophesy

8 μήν, ὁ (5-18) month

9 σκληρύνω (1-6) harden

ἀπειθέω (2-14) disobey

κακολογέω (1-4) speak evil

ἀφορίζω (2-10) separate, take away

σχολή, ἡ (1-1) school

11 τυγχάνω (5-12) meet, happen; οὐχ ὁ τυχών not common or ordinary

12 ἀσθενέω (3-33) be sick, weak

ἀποφέρω (1-6) take, bring

χρώς, ὁ (1-1) skin, surface of body

σουδάριον, τό (1-4) face cloth like handkerchief

σιμικίνθιον, τό (1-1) apron

ἀπαλλάσσω (1-3) leave, depart

νόσος, ἡ (1-11) disease

13 ἐπιχειρέω (2-3) attempt, try

περιέρχομαι (2-4) go around

ἐξορκιστής, ὁ (1-1) exorcist

ὀνομάζω (1-9) name a name, pronounce a name

ὁρκίζω (1-2) adjure, implore

16 ἐφάλλομαι (1-1) leap upon

κατακυριεύω (1-4) become master, subdue

ἀμφότεροι (3-14) both

γυμνός (1-15) naked

τραυματίζω (1-2) wound

ἐκφεύγω (2-8) flee

17 φόβος, ὁ (5-47) fear

μεγαλύνω (3-8) glorify, praise

18 ἐξομολογέω (1-10) confess

ἀναγγέλλω (5-13) make known, disclose

πρᾶξις, ἡ (1-6) act, action, deed, evil or disgraceful deed

19 περίεργος (1-2) belonging to magic; τὰ περίεργα – magic

συμφέρω (2-15) bring together

βίβλος, ὁ (3-10) book

κατακαίω (2-12) burn up

συμψηφίζω (1-1) count up

ἀργύριον, τό (5-21) silver
μυριάς, ἡ (2-8) thousand
πέντε (5-38) five
20 κράτος, τό (1-12) might, strength
αὐξάνω (4-22) grow, increase
22 διακονέω (2-36) serve
ἐπέχω (2-5) stay, stop
23 τάραχος, ὁ (2-2) commotion, disturbance
23 ἀργυροκόπος, ὁ (1-1) silversmith
ναός, ὁ (2-45) shrine, temple
ἄργυρος (1-4) silver
παρέχω (5-16) get for oneself
τεχνίτης, ὁ (2-4) craftsman, artisan, designer
ἐργασία, ἡ (4-6) profit, gain, trade, business
25 συναθροίζω (2-2) gather, together, assemble
ἐργάτης, ὁ (1-16) worker, workman
εὐπορία, ἡ (1-1) means, prosperity
26 σχεδόν (2-3) almost, nearly
μεθίστημι (2-5) turn away, mislead
27 κινδυνεύω (2-4) be in danger
ἀπελεγμός, ὁ (1-1) disrepute, refutation, discredit
θεά, ἡ (1-1) goddess
λογίζομαι (1-40) consider, look upon as, estimate
καθαιρέω (3-9) take down, destroy; pass. suffer loss
μεγαλειότης, ἡ (1-3) splendour, magnificence
οἰκουμένη, ἡ (5-15) world
28 θυμός, ὁ (1-18) passion, anger
29 σύγχυσις, ἡ (1-1) confusion, tumult
ὁρμάω (2-5) rush
θέατρον, τό (2-3) theater
συναρπάζω (3-4) seize, drag away
συνέκδημος, ὁ (1-2) fellow traveller
30 δῆμος, ὁ (4-4) popular assembly
εἴων 3 pl. imp. act. of ἐάω
31 φίλος, ὁ (3-29) friend
θέατρον, τό (2-3) theater
32 συγχύννω (4-4) confuse, confound
ἕνεκα (3-26) on account, because of

33 συμβιβάζω (3-7) teach, instruct, advise
προβάλλω (1-2) put forward
κατασείω (4-4) shake, wave
δῆμος, ὁ (4-4) popular assembly
35 καταστέλλω (2-2) quiet, restrain, calm
νεωκόρος, ὁ (1-1) temple keeper
διοπετής (1-1) fallen from heaven
36 ἀναντίρρητος (1-1) not to be contradicted, undeniable
δέον, τό that which is needful, proper
προπετής (1-2) rash, reckless, thoughtless
37 ἱερόσυλος (1-1) robbing temples, sacrilegious
βλασφημέω (4-34) blaspheme, profane
38 τεχνίτης, ὁ (2-4) craftsman, artisan, designer
ἀγοραῖος (2-2) αἱ ἀγοραῖοι (ἡμέραι) court days ἀγ. ἄγονται court days are in session
ἀνθύπατος, ὁ (5-5) proconsul
39 περαιτέρω (1-1) beyond, further; comp. of πέρα
ἐπιζητέω (3-13) inquire, want to know
ἔννομος (1-2) lawful, legal, regular
ἐπιλύω (1-2) decide, settle, explain
40 κινδυνεύω (2-4) be in danger, run a risk
στάσις, ἡ (5-9) uprising, revolt, rebellion
αἴτιος, ὁ (1-4) cause, crime
ἀποδίδωμι (4-47) give, grant; ἀπ. λόγον – give account
συστροφή, ἡ (2-2) disorderly gathering, commotion

CHAPTER 20

1 θόρυβος, ὁ (3-7) turmoil, uproar, disturbance
3 μήν, ὁ (5-18) month
ἐπιβουλή, ἡ (4-4) plot
γνώμη, ἡ (1-9) purpose, intention
4 συνέπομαι (1-1) accompany

5 προέρχομαι (3-9) go before
6 ἐκπλέω (3-3) sail away
ἄζυμος(2-9) unleavened;τὰ ἄζυμα
feast of unleavened bread
πέντε (5-38) five
7 κλάω (4-14) break
ἔξειμι (4-4) go on a journey
παρατείνω (1-1) extend, prolong
μέχρι (2-18) until
μεσονύκτιον, τό (2-4) midnight
8 λαμπάς, ἡ (1-9) lamp, torch
ὑπερῷον, τό (4-4) upper story,
upper chamber
9 καθέζομαι (2-7) sit
νεανίας, ὁ (3-3) youth, young
man
θυρίς, ἡ (1-2) window
καταφέρω (4-4) pass. overwhelm
ὕπνος, ὁ (2-6) sleep
βαθύς (1-4) deep
τρίστεγος (1-1) of three stories
κάτω (2-9) down, below
10 συμπεριλαμβάνω (1-1) embrace
θορυβέω (2-4) throw into dis-
order; pass. be troubled, dis-
tressed
11 κλάω (2-9) break
γεύομαι (3-15) partake of, taste,
eat
ὁμιλέω (2-4) speak, converse
with
αὐγή, ἡ (1-1) dawn, daybreak
12 μετρίως (1-1) moderately; οὐ
μετρίως – somewhat greater
13 προέρχομαι (3-9) go on before
ἐκεῖθεν (4-27) from there
διατάσσω (5-16) direct, order,
command
πεζεύω (1-1) travel on foot or
by land
14 συμβάλλω (4-6) mid. meet
15 ἀποπλέω (4-4) sail away
ἔπειμι (5-5) ptc. only, next
ἄντικρυς (1-1) opposite
παραβάλλω (1-1) approach,
come near
16 παραπλέω (1-1) sail past
χρονοτριβέω (1-1) spend time,
lose or waste time
σπεύδω (2-6) hasten
πεντηκοστή, ἡ (2-3) Pentecost
17 μετακαλέω (4-4) only mid. sum-
mon, call to oneself
18 ἐπιβαίνω (5-6) set foot in

19 δουλεύω (2-25) serve
ταπεινοφροσύνη, ἡ (1-7) humility
δάκρυον, τό (2-10) tear
πειρασμός, ὁ (1-21) trial, temp-
tation
συμβαίνω (3-8) meet, happen,
come about
ἐπιβουλή, ἡ (4-4) plot
20 ὑποστέλλω (2-4) mid. keep silent
συμφέρω (2-15) be profitable,
help
ἀναγγέλλω (5-13) preach, dis-
close
δημόσιος (4-4) public, as adv.
δημοσίᾳ publicly
22 συναντάω (2-6) meet, happen
23 πλήν (4-31) except
δεσμός, ὁ (5-18) imprisonment,
bond; δεσμά, pl.
θλῖψις, ἡ (5-45) oppression, af-
fliction, tribulation
24 τίμιος (2-13) of great value or
worth, precious
τελειόω (1-23) fulfill, accomplish
δρόμος, ὁ (2-3) course
25 οὐκέτι (3-48) no longer
26 διότι (5-24) therefore
καθαρός (2-26) clean, pure
27 ὑποστέλλω (2-4) mid. shrink
from, avoid
ἀναγγέλλω (5-13) preach, an-
nounce, disclose
28 ποίμνιον, τό (2-5) flock
ἐπίσκοπος, ὁ (1-5) superintend-
ent, overseer
ποιμαίνω (1-11) shepherd
περιποιέω (1-3) only mid. ac-
quire, obtain, gain for oneself
29 ἄφιξις, ἡ (1-1) departure, arrival
λύκος, ὁ (1-6) wolf
βαρύς (2-6) fierce, cruel, savage
φείδομαι (1-10) spare
30 διαστρέφω (3-7) distort, pervert
ἀποσπάω (2-4) draw away
ὀπίσω (2-35) after, behind
31 γρηγορέω (1-22) be alert, watch-
ful
μνημονεύω (2-21) remember
τριετία, ἡ (1-1) (period of) three
years
δάκρυον, τό (2-10) tear
νουθετέω (1-8) admonish, exhort
32 παρατίθημι (4-19) mid. com-
mend, entrust

οἰκοδομέω (4-40) build
κληρονομία, ἡ (2-14) inheritance
ἁγιάζω (2-27) sanctify
33 ἀργύριον, τό (5-21) silver
χρυσίον, τό (2-13) gold
ἱματισμός, ὁ (1-5) garment
ἐπιθυμέω (1-16) desire
34 χρεία, ἡ (5-49) need
ὑπηρετέω (3-3) serve, be helpful
35 ὑποδείκνυμι (2-6) show
κοπιάω (1-22) labor, toil
ἀντιλαμβάνω (1-3) help
ἀσθενέω (3-33) be weak, sick
μνημονεύω (2-21) remember
36 γόνυ, τό (4-12) knee
37 κλαυθμός, ὁ (1-9) weeping
τράχηλος, ὁ (2-7) neck
καταφιλέω (1-6) kiss
38 ὀδυνάω (1-4) only pass. feel
    pain, suffer pain
μάλιστα (3-12) most of all, above
    all, especially
οὐκέτι (3-48) no longer
προπέμπτω (3-9) accompany

CHAPTER 21

1 ἀποσπάω (2-4) draw away; pass.
    to be parted, withdrawn
εὐθυδρομέω (2-2) run a straight
    course
ἑξῆς (3-5) next
2 διαπεράω (1-6) cross over
ἐπιβαίνω (5-6) mount, board
3 ἀναφαίνω (1-2) light up, make
    to appear; here, having sight-
    ed
καταλείπω (5-23) leave
εὐώνυμος (1-9) left
πλέω (4-6) sail
ἐκεῖσε (2-2) there, at that place
ἀποφορτίζομαι (1-1) unload
γόμος, ὁ (1-3) load, freight,
    cargo
4 ἀνευρίσκω (1-2) discover
ἐπιβαίνω (5-6) embark or set
    foot in
5 ἐξαρτίζω (1-2) complete, finish;
    furnish
προπέμπω (3-9) accompany, es-
    cort
γόνυ, τό (4-12) knee
αἰγιαλός, ὁ (3-6) sea shore, beach

6 ἀποσπάω (2-4) draw away; pass.
    to be parted
ἐμβαίνω (1-17) embark
7 πλοῦς, ὁ (3-3) voyage, navigation
διανύω (1-1) finish, complete
8 εὐαγγελιστής, ὁ (1-3) evangelist
9 θυγάτηρ, ἡ (3-28) daughter
παρθένος, ἡ (1-15) virgin
προφητεύω (4-28) prophesy
11 ζώνη, ἡ (2-8) girdle
τάδε neut. pl. of ὅδε (1-10) this
12 ἐντόπιος (1-1) belonging to a
    certain place; subst. resident
13 κλαίω (2-38) weep
συνθρύπτω (1-1) break in pieces
ἑτοίμως (1-3) ready
14 ἡσυχάζω (2-5) be quiet, remain
    silent
15 ἐπισκευάζομαι (1-1) make prep-
    arations
16 ἀρχαῖος (3-11) original, of long
    standing
17 ἀσμένως (1-1) gladly
ἀποδέχομαι (5-7) accept, re-
    ceive, recognize
18 ἔπειμι (5-5) ptc. only, next
εἴσειμι (3-4) go in, enter
19 ἐξηγέομαι (4-6) explain, tell,
    report, describe
20 πόσος (1-27) how many
μυριάς, ἡ (2-8) thousand
ζηλωτής, ὁ (3-8) zealot, enthusi-
    ast
21 κατηχέω (3-8) report, inform
ἀποστασία, ἡ (1-2) defection,
    apostasy
περιτέμνω (5-17) circumcise
22 πάντως (2-8) surely, certainly,
    altogether, by all means
23 εὐχή, ἡ (2-3) vow
24 ἁγνίζω (3-7) purify
δαπανάω (1-5) spend, pay
ξυράω (1-3) shave
κατηχέω (3-8) report, inform,
    instruct
στοιχέω (1-5) hold to, agree,
    follow
25 ἐπιστέλλω (2-3) inform, instruct
    by letter, write
εἰδωλόθυτος (2-9) meat offered
    to idols
πνικτός (3-3) strangled
πορνεία, ἡ (3-25) fornication,
    unchastity

26 ἁγνίζω (3-7) purify
εἴσειμι (3-4) go in, enter
διαγγέλλω (1-3) give notice of, proclaim
ἐκπλήρωσις, ἡ (1-1) completion, fulfillment
ἁγνισμός, ὁ (1-1) purification
προσφέρω (3-47) offer
προσφορά, ἡ (2-9) offering
27 συντελέω (1-6) complete, finish
θεάομαι (3-22) behold, see
συγχέω (1-1) stir up, confuse
ἐπιβάλλω (4-18) lay on, put on
28 βοηθέω (2-8) furnish aid, help
πανταχῇ (1-1) everywhere
κοινόω (3-14) profane, desecrate
29 προοράω (2-2) see previously
30 κινέω (3-8) arouse, move
συνδρομή, ἡ (1-1) running together, forming of a mob
ἑλκύω (1-6) draw out, drag
κλείω (2-16) shut, close
31 φάσις, ἡ (1-1) information, report, announcement
σπεῖρα, ἡ (3-7) cohort, about 600 men
συγχύννω (4-4) confuse, confound
32 ἐξαυτῆς (4-6) at once, forthwith
κατατρέχω (1-1) run down
τύπτω (5-13) strike, beat
33 ἅλυσις, ἡ (4-11) chain
34 ἐπιφωνέω (3-4) cry out
ἀσφαλής (3-5) certain, secure, safe
θόρυβος, ὁ (3-7) noise, clamor
35 ἀναβαθμός, ὁ (2-2) flight of stairs, step
συμβαίνω (3-8) meet, happen, come about
βαστάζω (4-27) bear, carry
βία, ἡ (3-3) force, violence
37 ἔξεστι (4-31) it is lawful, proper
38 ἆρα (5-49) then
ἀναστατόω (2-3) disturb, trouble, upset
τετρακισχίλιοι (1-5) four thousand
σικάριος, ὁ (1-1) dagger man, assassin
39 ἄσημος (1-1) insignificant, obscure
πολίτης, ὁ (1-4) citizen
ἐπιτρέπω (5-18) allow, permit

40 ἀναβαθμός, ὁ (2-2) step
κατασείω (4-4) motion, make a signal
σιγή, ἡ (1-2) silence
προσφωνέω (2-7) address, call, summon

CHAPTER 22

1 νυνί (2-18) now
ἀπολογία, ἡ (2-8) defense
2 προσφωνέω (2-7) address, call, summon
παρέχω (5-16) grant, show
ἡσυχία, ἡ (1-4) silence, stillness
3 ἀνατρέφω (3-3) bring up, care for, rear
παιδεύω (2-13) educate, instruct
ἀκριβεία, ἡ (1-1) exactness, precision
πατρῷος (3-3) inherited or coming from one's father
ζηλωτής, ὁ (3-8) zealot, enthusiast
4 δεσμεύω (1-3) put in chains, bind, tie
5 πρεσβυτέριον, τό (1-3) council of elders
ἐπιστολή, ἡ (5-24) letter, epistle
ἐκεῖσε (2-2) there, at that place
τιμωρέω (2-2) punish, have someone punished
6 μεσημβρία, ἡ (2-2) noon, South
ἐξαίφνης (2-5) suddenly
περιαστράπτω (2-2) shine around
7 ἔδαφος, τό (1-1) ground
9 θεάομαι (3-22) behold, see
10 κἀκεῖ (5-10) and there, even there
τάσσω (4-8) order, fix, appoint
11 ἐμβλέπω (1-11) look at, fix one's gaze upon
χειραγωγέω (2-2) take or lead by the hand
σύνειμι (1-1) be with
12 εὐλαβής (3-4) devout
13 ἀναβλέπω (5-25) recover sight; look up
14 προχειρίζω (3-3) only mid. choose, select, appoint
16 ἀπολούω (1-2) wash
17 ἔκστασις, ἡ (4-7) trance
18 σπεύδω (2-6) make haste, hurry

ἐν τάχει (3-7) quickly, at once, without delay
διότι (5-24) for
παραδέχομαι (3-6) accept, acknowledge (as correct)
μαρτυρία, ἡ (1-37) witness, testimony
19 φυλακίζω (1-1) imprison
δέρω (3-15) beat
20 ἐκχύννω (3-11) pour out, shed
συνευδοκέω (2-6) consent to, agree with
21 μακράν (3-10) far, far away
22 ἐπαίρω (5-19) raise, lift up
καθήκω (1-2) impers. it is proper, fitting
23 κραυγάζω (1-9) cry out, shout
ῥίπτω (3-8) throw off, throw away
κονιορτός, ὁ (2-5) dust
ἀήρ, ὁ (1-7) air
24 μάστιξ, ἡ (1-6) whip, scourge
ἀνετάζω (2-2) give hearing; μάστιξιν ἀ. – and use torture with it
ἐπιφωνέω (3-4) cry out
25 προτείνω (1-1) stretch out, spread out
ἱμάς, ὁ (1-4) thong, strap
ἀκατάκριτος (2-2) uncondemned, without a trial
ἔξεστι (4-31) it is lawful, proper
μαστίζω (1-1) scourge, whip
27 ναί (2-34) yes, indeed
28 κεφάλαιον, τό (1-2) sum of money, main point
πολιτεία, ἡ (1-2) citizenship
κτάομαι (3-7) get, acquire
29 ἀνετάζω (2-2) give a hearing
30 ἀσφαλής (3-5) firm, secure; τὸ ἀσ. – certainty, truth

CHAPTER 23

1 συνείδησις, ἡ (2-30) conscience
πολιτεύομαι (1-2) live, lead one's life
2 ἐπιτάσσω (1-10) command, charge
τύπτω (5-13) strike, beat
3 τοῖχος, ὁ (1-1) wall
κονιάω (1-2) whitewash
παρανομέω (1-1) break the law, act contrary to the law

4 λοιδορέω (1-4) revile
5 κακῶς (1-16) wrongly, wickedly
7 στάσις, ἡ (5-9) strife, discord, disunion
σχίζω (2-11) divide
8 ὁμολογέω (3-26) acknowledge, confess
ἀμφότεροι (3-14) both
9 κραυγή, ἡ (1-6) cry, clamor
διαμάχομαι (1-1) contend sharply
10 στάσις, ἡ (5-9) strife, discord, disunion
διασπάω (1-2) tear apart
στράτευμα, τό (2-8) army
ἁρπάζω (2-14) seize, snatch
11 ἔπειμι (5-5) ptc. only, next
θαρσέω (1-7) be courageous, cheerful
οὕτω – same as οὕτως
12 συστροφή, ἡ (2-2) commotion or plot
ἀναθεματίζω (3-4) bind with an oath or under a curse
13 συνωμοσία, ἡ (1-1) conspiracy, plot
14 ἀνάθεμα, τό (1-6) curse
ἀναθεματίζω (3-4) bind with an oath or under a curse
γεύομαι (3-15) taste, eat, partake of
15 ἐμφανίζω (5-10) make known, inform
διαγινώσκω (2-2) decide, determine
ἀκριβέστερον comp. of ἀκριβῶς (5-9) accurately, carefully
ἕτοιμος (2-17) prepared, ready
16 ἀδελφή, ἡ (1-26) sister
ἐνέδρα, ἡ (2-2) ambush
17 νεανίας, ὁ (3-3) young man, youth
ἀπάγω (2-15) bring
19 ἀναχωρέω (2-14) withdraw, retire
20 συντίθημι (1-3) mid. agree, decide
αὔριον (4-14) next day, the morrow
ἀκριβέστερον comp. of ἀκριβῶς (5-9) accurately, carefully
21 ἐνεδρεύω (1-2) ambush
ἀναθεματίζω (3-4) bind with an oath or under a curse

ἕτοιμος (2-17) prepared, ready

προσδέχομαι (2-14) wait for, expect

22 νεανίσκος, ὁ (4-11) youth, young man

ἐκλαλέω (1-1) tell

ἐμφανίζω (5-10) inform, make known

23 ἑτοιμάζω (5-10) prepare

διακόσιοι (3-8) two hundred

ἱππεύς, ὁ (2-2) horseman

ἑβδομήκοντα (3-5) seventy

δεξιολάβος, τό (1-1) bowman or slinger

τρίτος (4-48) third

24 κτῆνος, τό (1-4) animal, pack animal

ἐπιβιβάζω (1-3) place upon, cause someone to mount

διασώζω (5-8) save, rescue, bring safely through

25 ἐπιστολή, ἡ (5-24) letter, epistle

τύπος, ὁ (3-14) form, content

26 κράτιστος (3-4) noblest, best, most excellent

χαίρειν – greetings

27 συλλαμβάνω (4-16) seize, arrest

στράτευμα, τό (2-8) army

ἐξαιρέω (5-8) take out; mid. deliver

μανθάνω (1-25) learn

29 ζήτημα, τό (5-5) question, issue

δεσμός, ὁ (5-18) imprisonment, bond

ἔγκλημα, τό (2-2) accusation, charge

30 μηνύω (1-4) make known, reveal

ἐπιβουλή, ἡ (4-4) plot

ἔσεσθαι fut. inf. of εἰμί

ἐξαυτῆς (4-6) at once, immediately

κατήγορος, ὁ (4-4) accuser

31 διατάσσω (6-16) order, direct, command

32 ἱππεύς, ὁ (2-2) horseman

33 ἀναδίδωμι (1-1) deliver, hand over

ἐπιστολή, ἡ (5-24) letter

34 ποῖος (3-32) which, what?

ἐπαρχεία, ἡ (1-1) province

35 διακούω (1-1) give a hearing

κατήγορος, ὁ (4-4) accuser

πραιτώριον, τό (1-8) praetorium, palace

CHAPTER 24

1 πέντε (5-38) five

ῥήτωρ, ὁ (1-1) public speaker, advocate, attorney

ἐμφανίζω (5-10) make a report, make known, inform

2 τυγχάνω (5-12) meet, attain, gain, find

διόρθωμα, τό (1-1) reform

πρόνοια, ἡ (1-2) foresight, care

3 πανταχοῦ (3-7) everywhere

ἀποδέχομαι (5-7) accept, receive, recognize

κράτιστος (3-4) most excellent

εὐχαριστία, ἡ (1-15) gratitude

4 ἐγκόπτω (1-5) hinder, weary, detain

συντόμως (1-1) concisely, briefly

ἐπιείκια, ἡ (1-2) graciousness, gentleness

5 λοιμός, ὁ (1-1) pestilence, pest

κινέω (3-8) cause, bring about, move

στάσις, ἡ (5-9) strife, discord, disunion

οἰκουμένη, ἡ (5-15) world

πρωτοστάτης, ὁ (1-1) leader

6 πειράζω (5-38) try, test

βεβηλόω (1-2) profane

κρατέω (4-47) arrest, take into custody

8 ἀνακρίνω (5-16) conduct an examination

9 συνεπιτίθημι (1-1) join in attacking

φάσκω (2-3) say, assert

10 νεύω (1-2) nod

κριτής, ὁ (4-19) judge

εὐθύμως (1-1) cheerfully

12 ἐπίστασις, ἡ (1-2) attack, onset, pressure

13 νυνί (2-18) now

14 ὁμολογέω (3-26) confess

λατρεύω (5-21) serve, worship

πατρῷος (3-3) paternal, belonging to one's fathers

15 προσδέχομαι (2-14) receive, share

16 ἀσκέω (1-1) practice, engage

ἀπρόσκοπος (1-3) blameless, clear

συνείδησις, ἡ (2-30) conscience

17 προσφορά, ἡ (2-9) offering

18 ἁγνίζω (3-7) purify
θόρυβος, ὁ (3-7) turmoil, uproar, disturbance
19 πάρειμι (5-24) be present, have come
20 ἀδίκημα, τό (2-3) wrong, crime, misdeed
21 ἐκέκραξα aor. of κράζω
22 ἀναβάλλω (1-1) postpone, adjourn
ἀκριβέστερον comp. of ἀκριβῶς (5-9) with exactness, carefully
διαγινώσκω (2-2) decide, determine
23 διατάσσω (5-16) order, direct, command
ἄνεσις, ἡ (1-5) relaxing, freedom
ὑπηρετέω (3-3) serve, be helpful
25 ἐγκράτεια, ἡ (1-4) self-control
κρίμα, τό (1-27) judgment
ἔμφοβος (2-5) afraid, startled, terrified
τὸ νῦν ἔχον for the present time
μεταλαμβάνω (4-7) receive; καιρὸν μ. have an opportunity, find time
μετακαλέω (4-4) only mid. summon, call to oneself
26 ἅμα (2-10) the same time, together
ἐλπίζω (2-31) hope
χρῆμα, τό (4-6) money
πυκνός (1-3) much, often
ὁμιλέω (2-4) speak, converse with
27 διετία, ἡ (2-2) (the period of) two years
διάδοχος, ὁ (1-1) successor
κατατίθημι (2-3) mid. grant or do a favor
καταλείπω (5-23) leave

CHAPTER 25

1 ἐπιβαίνω (5-6) set foot in
ἐπαρχείος (1-1) belonging to an eparch or prefect; ἡ ἐπ. province
2 ἐμφανίζω (5-10) make known, inform
3 ἐνέδρα, ἡ (2-2) plot
4 τάχος, τό (3-7) speed; ἐν τ. shortly, quickly

ἐκπορεύομαι (3-33) go away, go out
5 συγκαταβαίνω (1-1) go down with
ἄτοπος (2-4) evil, wrong, improper
6 ὀκτώ (2-8) eight
δέκα (1-25) ten
7 περιΐστημι (1-4) stand around
βαρός (2-6) serious, heavy
αἰτίωμα, τό (1-1) charge, accusation
καταφέρω (4-4) bring
ἀποδείκνυμι (2-4) prove, declare, show
8 ἁμαρτάνω (1-42) sin
9 κατατίθημι (2-3) mid. grant or do a favor
10 ἀδικέω (5-27) do wrong, injure
καλλίων comp. of καλῶς (3-7) very well
11 παραιτέομαι (1-12) refuse, reject, avoid
χαρίζομαι (4-23) give or grant
12 συλλαλέω (1-6) talk or converse with, discuss with
συμβούλιον, τό (1-8) council
13 διαγίνομαι (2-3) pass, elapse
14 ἀνατίθημι (1-2) mid. communicate, declare, refer
καταλείπω (5-23) leave
15 ἐμφανίζω (5-10) make known, inform
καταδίκη, ἡ (1-1) sentence, condemnation
16 χαρίζομαι (4-23) give, grant
πρίν (3-13) before
κατήγορος, ὁ (4-4) accuser
ἀπολογία, ἡ (2-8) defense
ἔγκλημα, τό (2-2) accusation, charge
17 ἐνθάδε (5-8) here, to this place
ἀναβολή, ἡ (1-1) delay, postponement
ἑξῆς (3-5) next
18 κατήγορος, ὁ (4-4) accuser
ὑπονοέω (3-3) suspect, suppose
19 ζήτημα, τό (5-5) question, issue
δεισιδαιμονία, ἡ (1-1) religion, superstition
θνήσκω (2-9) to die
φάσκω (2-3) say, assert
20 ἀπορέω (1-6) be at a loss, in doubt, uncertain
ζήτησις, ἡ (3-7) investigation

κἀκεῖ (5-10) and there

21 διάγνωσις, ἡ (1-1) decision
ἀναπέμπτω (1-5) send

22 αὔριον (4-14) next day, to-morrow

23 φαντασία, ἡ (1-1) pomp, pag-eantry
ἀκροατήριον, τό (1-1) audience room
ἐξοχή, ἡ (1-1) prominence, ex-cellence; οἱ κατ' ἐξ. – most prominent

24 συμπάρειμι (1-1) be present to-gether with
ἐντυγχάνω (1-5) petition, appeal
ἐνθάδε (5-8) here, in this place
βοάω (3-12) call, shout, cry out
μηκέτι (3-21) no longer

25 καταλαμβάνω (3-13) mid. grasp, find, understand

26 ἀσφαλής (3-5) firm, safe; τὸ ἀσφ. the certainty, truth
προάγω (4-20) bring before
μάλιστα (3-12) especially, above all
ἀνάκρισις, ἡ (1-1) investigation, preliminary hearing

27 ἄλογος (1-3) unreasonable
σημαίνω (2-6) make known, report, communicate

CHAPTER 26

1 ἐπιτρέπω (5-18) allow, permit
ἐκτείνω (3-16) stretch out, ex-tend

2 ἡγέομαι (4-28) consider, think, regard

3 μάλιστα (3-12) especially, above all
γνώστης, ὁ (1-1) expert
ζήτημα, τό (5-5) question, issue
μακροθύμως (1-1) with forbear-ance, patience

4 βίωσις, ἡ (1-1) manner of life
νεότης, ἡ (1-4) youth
ἴσασι 3 pl. of οἶδα

5 προγινώσκω (1-5) know before-hand
ἄνωθεν (1-13) for a long time; from above
ἀκριβής (1-1) here superl. form – most exact, precise
ἡμέτερος (2-8) our

θρησκεία, ἡ (1-4) religion

7 δωδεκάφυλον, τό (1-1) twelve tribes
ἐκτένεια, ἡ (1-1) perseverance, earnestness
λατρεύω (5-21) serve
ἐλπίζω (2-31) hope

8 ἄπιστος (1-23) incredible

9 ἐναντίος (3-8) opposite, against

10 καταλείω (1-2) shut up
καταφέρω (4-4) cast against
ψῆφος, ὁ (1-3) vote, pebble

11 πολλάκις (1-17) often
τιμωρέω (2-2) punish
ἀναγκάζω (2-9) compel, force
βλασφημέω (4-34) blaspheme, revile
περισσῶς (1-4) exceedingly, be-yond measure
ἐμμαίνομαι (1-1) be enraged a-gainst

12 ἐπιτροπή, ἡ (1-1) permission, commission, full power

13 οὐρανόθεν (2-2) from heaven
λαμπρότης, ἡ (1-1) brightness, brilliancy
ἥλιος, ὁ (4-32) sun
περιλάμπω (1-2) shine around

14 καταπίπτω (2-3) fall down
σκληρός (1-5) hard, difficult
κέντρον, τό (1-4) goad, sting
λακτίζω (1-1) kick

16 προχειρίζω (3-3) only mid. choose, select, appoint
ὑπηρέτης, ὁ (4-20) servant, helper

17 ἐξαιρέω (5-8) take out, mid. de-liver

18 σκότος, τό (3-30) darkness
σατανᾶς, ὁ (2-36) Satan
ἄφεσις, ἡ (5-17) forgiveness, pardon
κλῆρος, ὁ (5-11) lot, portion, share
ἁγιάζω (2-27) sanctify, dedicate

19 ὅθεν (3-15) whence
ἀπειθής (1-6) disobedient
οὐράνιος (1-9) heavenly
ὀπτασία, ἡ (1-4) vision

20 μετανοέω (5-34) repent

21 ἕνεκα (3-26) because of, for the sake of
συλλαμβάνω (4-16) seize, grasp; mid. seize, arrest

Acts 26:21–27:13

πειράω (1-1) try, attempt
διαχειρίζω (2-2) lay violent hands on, kill
22 ἐπικουρία, ἡ (1-1) help, assistance
τυγχάνω (5-12) meet, attain, gain, find
μικρός (2-30) small, little
ἐκτός (1-8) except, outside
23 παθητός (1-1) subject to suffering
24 μαίνομαι (3-5) be mad, out of one's mind
γράμμα, τό (2-15) higher learning, letter
μανία, ἡ (1-1) madness, frenzy
περιτρέπω (1-1) turn
25 κράτιστος (3-4) most excellent
σωφροσύνη, ἡ (1-3) reasonableness, rationality, mental soundness
ἀποφθέγγομαι (3-3) speak out, declare boldly
26 λανθάνω (1-6) escape notice, be hidden from
γωνία, ἡ (2-9) corner
28 ἐν ὀλίγῳ in a short time
29 εὔχομαι (2-6) pray
ὁποῖος (1-5) of what sort
παρεκτός (1-3) except
δέσμος, ὁ (5-18) bond, imprisonment
30 συγκάθημαι (1-2) sit with
31 ἀναχωρέω (2-14) withdraw, retire
δεσμός, ὁ (5-18) imprisonment, bond

CHAPTER 27

1 ἀποπλέω (4-4) sail away
δεσμώτης, ὁ (2-2) prisoner
σπεῖρα, ἡ (3-7) cohort, about 600 men
2 ἐπιβαίνω (5-6) embark, go aboard
πλέω (4-6) sail
3 φιλανθρώπως (1-1) benevolently, kindly
χράομαι (2-11) treat a person in a certain way
ἐπιτρέπω (5-18) allow, permit
φίλος, ὁ (3-29) friend

ἐπιμέλεια, ἡ (1-1) attention, care
τυγχάνω (5-12) meet, attain, gain, find
4 ὑποπλέω (2-2) sail under lee of
ἄνεμος, ὁ (4-31) wind
ἐναντίος (3-8) opposite
5 πέλαγος, τό (1-2) sea
διαπλέω (1-1) sail through
6 κἀκεῖ (5-10) and there
πλέω (4-6) sail
ἐμβιβάζω (1-1) put on board ship
7 βραδυπλοέω (1-1) sail slowly
μόλις (4-7) with difficulty, scarcely
προσεάω (1-1) permit to go farther
ἄνεμος, ὁ (4-31) wind
ὑποπλέω (2-2) sail under lee of
8 μόλις (4-7) with difficulty, scarcely
παραλέγομαι (2-2) sail past, coast along
λιμήν, ὁ (3-3) harbor, haven
9 διαγίνομαι (2-3) pass, elapse
ἐπισφαλής (1-1) dangerous, unsafe
πλοῦς, ὁ (3-3) voyage, navigation
νηστεία, ἡ (2-5) fast
παρέρχομαι (2-29) pass
παραινέω (2-2) recommend, advise, urge
10 ὕβρις, ἡ (2-3) hardship, disaster, damage
ζημία, ἡ (2-4) damage, loss
φορτίον, τό (1-6) burden, load, cargo
πλοῦς, ὁ (3-3) voyage, navigation
11 κυβερνήτης, ὁ (1-2) steerman, pilot
ναύκληρος, ὁ (1-1) shipowner, captain
12 ἀνεύθετος (1-1) poor, unfavorably situated
λιμήν, ὁ (3-3) harbor
παραχειμασία, ἡ (1-1) wintering
ἐκεῖθεν (4-27) from there
παραχειμάζω (2-4) winter, spend the winter
λίψ, ὁ (1-1) southwest
χῶρος, ὁ (1-1) northwest
13 ὑποπνέω (1-1) blow gently

129

νότος, ὁ (2-7) south wind, south-west wind
πρόθεσις, ἡ (2-12) purpose
κρατέω (4-47) attain
ἆσσον (1-1) nearer
παραλέγομαι (2-2) sail past, coast along
14 ἄνεμος, ὁ (4-31) wind
τυφωνικός (1-1) like a whirl-wind; ἄνεμος τ. typhoon, hurricane
εὐρακύλων, ὁ (1-1) northeast wind, Euraquilo
15 συναρπάζω (3-4) seize, drag away
ἀντοφθαλμέω (1-1) look directly at, face
ἄνεμος, ὁ (4-31) wind
ἐπιδίδωμι (2-10) give in
16 νησίον, τό (1-1) little island
ὑποτρέχω (1-1) run or sail under the lee
μόλις (4-7) with difficulty
περικρατής (1-1) having power, being in command
σκάφη, ἡ (3-3) (small) boat, skiff
17 βοήθεια, ἡ (1-2) help, support
χράομαι (2-11) use, employ
ὑποζώννυμι (1-1) undergird
ἐκπίπτω (5-10) drift off course, run aground
χαλάω (3-7) let down
σκεῦος, τό (5-23) kedge, driving anchor
18 σφοδρῶς (1-1) very much, great-ly, violently
χειμάζω (1-1) expose to bad weather, toss in a storm
ἑξῆς (3-5) next
ἐκβολή, ἡ (1-1) jettisoning
19 τρίτος (4-48) third
αὐτόχειρ, ἡ (1-1) with one's own hand
σκευή, ἡ (1-1) equipment, ship's gear
ῥίπτω (3-8) throw out, away
20 ἥλιος, ὁ (4-32) sun
ἄστρον, τό (2-4) star
ἐπιφαίνω (1-4) appear, show it-self
χειμών, ὁ (1-6) winter, bad weather
ἐπίκειμαι (1-7) press upon, lay upon

περιαιρέω (2-4) take away, re-move
21 ἀσιτία, ἡ (1-1) fasting, absti-nence from food
πειθαρχέω (3-4) obey, be obedient
κερδαίνω (1-17) gain, avoid, spare oneself
ὕβρις, ἡ (2-3) hardship, disaster, damage
ζημία, ἡ (2-4) damage, loss
22 παραινέω (2-2) recommend, ad-vise, urge
εὐθυμέω (2-3) be of good cheer
ἀποβολή, ἡ (1-2) loss
πλήν (4-31) except
23 λατρεύω (5-21) serve
24 χαρίζομαι (4-23) give or grant
πλέω (4-6) sail
25 εὐθυμέω (2-3) be cheerful, cheer up
τρόπος, ὁ (4-13) way, manner; καθ' ὅν τρ. in the same way as
26 ἐκπίπτω (5-10) drift off course, run aground
27 τεσσαρεσκαιδέκατος (2-2) four-teen
διαφέρω (2-13) drive or carry about
ὑπονοέω (3-3) suspect, suppose
ναύτης, ὁ (2-3) seaman, sailor
προσάγω (2-5) approach, come near
28 βολίζω (2-2) take soundings, heave the lead
ὀργυιά, ἡ (2-2) fathom
εἴκοσι (2-11) twenty
βραχύς (2-7) short, little; a little farther on
διΐστημι (1-3) go away
δεκαπέντε (1-3) fifteen
29 πού (1-4) somewhere
τραχύς (1-2) rough, rocky
ἐκπίπτω (5-10) drift off course, run aground
πρύμνα, ἡ (2-3) stern
ῥίπτω (3-8) throw
ἄγκυρα, ἡ (3-4) anchor
εὔχομαι (2-6) pray
30 ναύτης, ὁ (2-3) sailor
φεύγω (2-29) flee
χαλάω (3-7) let down
σκάφη, ἡ (3-3) (small) boat, skiff
πρόφασις, ἡ (1-6) pretence, pre-text

πρῴρα, ἡ (2-2) bow, prow
ἄγκυρα, ἡ (3-4) anchor
ἐκτείνω (3-16) spread out, stretch out, extend
32 ἀποκόπτω (1-6) cut off
σχοινίον, τό (1-2) rope
σκάφη, ἡ (3-3) (little) boat, skiff
ἐκπίπτω (5-10) fall
33 μεταλαμβάνω (4-7) receive, share in
τεσσαρεσκαιδεκάτος (2-2) four-teen
προσδοκάω (5-16) wait for, look for, expect
ἄσιτος (1-1) without eating, fasting
διατελέω (1-1) continue, remain
προσλαμβάνω (5-12) mid. take
34 ὑμέτερος (1-10) your
θρίξ, ἡ (1-15) hair
ἀπολεῖται fut. of ἀπόλλυμι
35 εὐχαριστέω (2-38) give thanks
κλάω (4-14) break
36 εὔθυμος (1-1) cheerful, in good spirits
προσλαμβάνω (5-12) mid. take
37 διακόσιοι (3-8) two hundred
ἑβδομήκοντα (3-5) seventy
ἕξ (3-13) six
38 κορέννυμι (1-2) satiate, fill
κουφίζω (1-1) lighten, make light
σῖτος, ὁ (1-14) wheat
39 κόλπος, ὁ (1-6) bay, gulf
κατανοέω (4-14) notice, observe
αἰγιαλός, ὁ (3-6) sea shore, beach
ἐξωθέω (2-2) beach, run ashore; push out
40 ἄγκυρα, ἡ (3-4) anchor
περιαιρέω (2-4) take away, re-move
εἴων impft. of ἐάω permit, let
ἅμα (2-10) at the same time
ἀνίημι (2-4) unfasten, loosen
ζευκτηρία, ἡ (1-1) band, rope
πηδάλιον, τό (1-2) rudder
ἐπαίρω (5-19) lift up, raise
ἀρτέμων, ὁ (1-1) foresail, sail
πνέω (1-7) blow; subst. τῇ πν. wind that was blowing
κατέχω (1-17) head for, make for, steer toward
αἰγιαλός, ὁ (3-6) shore, beach

41 περιπίπτω (1-3) strike, encoun-ter
διθάλασσος (1-1) with the sea on both sides; τόπος δ. probably sand bank
ἐπικέλλω (1-1) run aground, bring to shore
ναῦς, ἡ (1-1) ship
πρῴρα, ἡ (2-2) prow, bow
ἐρείδω (1-1) jam fast, become fixed
ἀσάλευτος (1-2) unmoved
πρύμνα, ἡ (2-3) stern
βία, ἡ (3-3) force, violence
42 δεσμώτης, ὁ (2-2) prisoner
ἐκκολυμβάω (2-2) swim out of
διαφεύγω (1-1) escape
43 διασῴζω (1-1) save, rescue, bring through safely
βούλημα, τό (1-3) intention, purpose
κολυμβάω (1-1) swim
ἀπορίπτω (1-1) cast or hurl away
ἔξειμι (4-4) go forth, go out
44 σανίς, ἡ (1-1) board, plank

CHAPTER 28

1 διασῴζω (5-8) bring safely through, rescue, save
2 βάρβαρος (2-6) barbarian, for-eign; also subst. foreigner, person who is not Greek
παρέχω (5-16) grant, show
τυγχάνω (5-12) meet, happen; οὐχ ὁ τύχων – not common or ordinary
φιλανθρωπία, ἡ (1-2) hospitality, kindness
ἅπτω (1-39) kindle, light
πυρά, ἡ (2-2) fire
προσλαμβάνω (5-12) mid. receive or accept in one's society
ὑετός, ὁ (2-5) rain
ψῦχος, τό (1-3) cold
3 συστρέφω (1-2) gather up, bring together
φρύγανον, τό (1-1) dry stick, brushwood
ἔχιδνα, ἡ (1-5) viper
θέρμη, ἡ (1-1) heat
καθάπτω (1-1) fasten on, seize
4 βάρβαρος (2-3) barbarian, for-eign; also subst. person who

is not Greek, foreigner, barbarian
κρεμάννυμι (3-7) hang, suspend
θηρίον, τό (3-45) beast
πάντως (2-8) certainly, doubtless
φονεύς, ὁ (3-7) murderer
διασώζω (5-8) bring safely through, rescue, save
δίκη, ἡ (1-3) justice, vengeance
5 ἀποτινάσσω (1-2) shake off
πάσχω (5-40) suffer
6 προσδοκάω (5-16) wait for, look for, expect
πίμπρημι (1-1) become swollen
καταπίπτω (2-3) fall down
ἄφνω (3-3) suddenly
ἄτοπος (2-4) unusual, surprising
μεταβάλλω (1-1) only mid. change one's mind
7 ἀναδέχομαι (1-2) receive, welcome
φιλοφρόνως (1-1) in a friendly manner, hospitably
8 πυρετός, ὁ (1-6) fever
δυσεντέριον, τό (1-1) dysentery
συνέχω (3-12) seize; pass. be tormented by, suffer from
κατάκειμαι (2-12) lie down
ἰάομαι (4-26) heal
9 ἀσθένεια, ἡ (1-24) sickness, weakness
θεραπεύω (5-43) heal
10 τιμάω (1-21) honor
χρεία, ἡ (5-49) need
11 μήν, ὁ (5-18) month
παραχειμάζω (2-4) winter, spend winter
παράσημος (1-1) distinguished, marked; subst. figurehead
13 ὅθεν (3-15) whence
περιέρχομαι (2-4) go around
ἐπιγίνομαι (1-1) come on
νότος, ὁ (2-7) south wind
δευτεραῖος (1-1) on the second day
15 ἀπάντησις, ἡ (1-3) meeting
φόρον, τό (1-1) forum
ταβέρναι, αἱ (1-1) tavern, shop, store
εὐχαριστέω (2-38) give thanks
θάρσος, τό (1-1) courage
16 ἐπιτρέπω (5-18) allow, permit
17 συγκαλέω (3-8) call together;

mid. call to one's side, summon
ἐναντίον (2-5) against
πατρῷος (3-3) inherited or coming from one's father
18 ἀνακρίνω (5-16) examine
19 ἀντιλέγω (3-9) speak against, contradict
ἀναγκάζω (2-9) compel, force
20 προσλαλέω (2-2) speak to or with, address
εἵνεκεν (3-26) because of, on account of
ἅλυσις, ἡ (4-11) chain, bond
περίκειμαι (1-5) wear, bear
21 γράμμα, τό (2-15) letter
22 ἀξιόω (2-7) desire, request
φρονέω (1-26) think, hold opinion
πανταχοῦ (3-7) everywhere
ἀντιλέγω (3-9) speak against
23 τάσσω (4-8) fix, order, appoint; mid. set, appoint
ξενία, ἡ (1-2) lodging place, guest room
ἐκτίθημι (4-4) explain, set forth
πρωΐ (1-12) early in the morning, early
ἑσπέρα, ἡ (2-3) evening
24 ἀπιστέω (1-8) disbelieve, refuse to believe
25 ἀσύμφωνος (1-1) at variance
καλῶς (3-37) rightly, well
26 ἀκοή, ἡ (2-24) act of hearing, listening
συνίημι (4-26) understand
27 παχύνω (1-2) make gross, dull; pass. become dull
οὖς, τό (5-36) ear
βαρέως (1-2) with difficulty
καμμύω (1-2) close (the eyes)
μήποτε (2-25) (in order) that ... not
ἰάομαι (4-26) heal
28 σωτήριον, τό (1-4) salvation
30 ἐμμένω (2-4) stay, remain
διετία, ἡ (2-2) (the space of) two years
μίσθωμα, τό (1-1) rented house
ἀποδέχομαι (5-7) accept, receive, recognize
31 παρρησία, ἡ (5-39) openness, frankness, boldness
ἀκωλύτως (1-1) without hindrance

THE EPISTLE TO THE ROMANS

SPECIAL VOCABULARY

ἀγνοέω (6-21) not to know, be ignorant

ἀδικία, ἡ (7-25) unrighteousness, wickedness, injustice

ἀκροβυστία, ἡ (11-20) uncircumcision

ἁμαρτάνω (7-42) sin

ἄρα (11-49) so, then, consequently

βασιλεύω (6-21) reign, rule

δικαιόω (15-39) justify, vindicate, show justice

δουλεύω (7-25) be a slave, serve, obey

ἐγκεντρίζω (6-6) cut in, graft

ἐλεέω (9-32) have mercy

Ἕλλην, ὁ (6-26) Greek

καθάπερ (6-17) just as

καταργέω (6-27) nullify, make ineffective, abolish, wipe out

κατεργάζομαι (11-22) achieve, accomplish, do; bring about, produce

κρίμα, τό (6-27) judgment, condemnation, decision

κτίσις, ἡ (7-19) creation, creature

λογίζομαι (19-40) reckon, consider, evaluate, think

μέλος, τό (10-34) member, part, limb

νοῦς, ὁ (6-24) mind, understanding, attitude, thought

νυνί (6-18) now

ὀργή, ἡ (12-36) anger, wrath

οὐκέτι (7-48) no longer

παράπτωμα, τό (9-19) transgression, sin

παριστάνω (8-41) present, offer; approach, help

περιτομή, ἡ (14-35) circumcision

πράσσω (10-39) do, accomplish

σπέρμα, τό (9-44) seed, offspring

τιμή, ἡ (6-41) honor, respect, price, value

ὑπακοή, ἡ (7-15) obedience

ὑπομονή, ἡ (6-32) patience, endurance, fortitude, steadfastness, perseverence

ὑποτάσσω (6-38) subject, subordinate

φρονέω (9-26) think; set one's mind on, be intent on, be minded

φύσις, ἡ (7-12) nature

χάρισμα, τό (6-17) gift, favor

χωρίς (6-41) without, apart from

ὥσπερ (6-36) just as

CHAPTER 1

1 κλητός (4-10) called
ἀφορίζω (1-10) separate, set apart

2 προεπαγγέλλω (1-2) announce before; mid. promise before

4 ὁρίζω (1-8) separate, determine, appoint, designate
ἁγιωσύνη, ἡ (1-3) holiness
ἀνάστασις, ἡ (2-42) resurrection

5 ἀποστολή, ἡ (1-4) apostleship

6 κλητός (4-10) called

8 εὐχαριστέω (5-38) give thanks
καταγγέλλω (1-18) proclaim, declare

9 μάρτυς, ὁ (1-35) witness
λατρεύω (2-21) serve
ἀδιαλείπτως (1-4) unceasingly
μνεία, ἡ (1-7) remembrance

10 πάντοτε (1-41) always
προσευχή, ἡ (3-36) prayer
δέομαι (1-22) ask
πώς (2-14) somehow, in some way; εἴ πως whether
ποτέ (3-29) once, formerly; ἤδη ποτέ now at last
εὐοδόω (1-4) only pass. get along well, prosper, succeed

11 ἐπιποθέω (1-9) long for, strain
μεταδίδωμι (2-5) share with, impart

133

πνευματικός (3-26) spiritual
στηρίζω (2-14) establish, strengthen
12 συμπαρακαλέω (1-1) encourage together; pass. receive encouragement together
13 πολλάκις (1-17) often, many times
προτίθημι (2-3) set before; mid. plan, propose
κωλύω (1-23) hinder
ἄχρι (4-48) until
δεῦρο (1-9) now, the present
σχῶ aor. act. subj. of ἔχω
14 βάρβαρος, ὁ (1-6) non-Greek, foreigner, barbarian
σοφός (4-20) wise
ἀνόητος (1-6) foolish, unintelligent
ὀφειλέτης, ὁ (3-7) debtor
15 πρόθυμος (1-3) eager, willing; τ. πρόθ. desire, eagerness
16 ἐπαισχύνομαι (2-11) be ashamed
σωτηρία, ἡ (5-45) salvation
17 ἀποκαλύπτω (3-26) reveal
18 ἀσέβεια, ἡ (2-6) ungodliness, impiety
κατέχω (2-17) suppress, hold back, restrain, hold fast
19 διότι (5-24) because
γνωστός (1-15) known; τ. γνωστόν what can be known
φανερός (3-18) clear, evident
φανερόω (3-49) reveal, make known, show
20 ἀόρατος (1-5) invisible
ποίημα, τό (1-2) what is made, work, creation
νοέω (1-14) perceive, understand
καθοράω (1-1) perceive, notice
ἀΐδιος (1-2) always, eternal
θειότης, ἡ (1-1) divine nature, divinity
ἀναπολόγητος (2-2) without defense, inexcusable
21 διότι (5-24) because, therefore
εὐχαριστέω (5-38) give thanks
ματαιόω (1-1) render futile; pass. be given over to worthlessness, be foolish
διαλογισμός, ὁ (2-14) reasoning, thought, deliberation
σκοτίζω (2-5) darken

ἀσύνετος (3-5) senseless, foolish
22 φάσκω (1-3) affirm, assert
σοφός (4-20) wise
μωραίνω (1-4) make foolish, show to be foolish
23 ἀλλάσσω (1-6) change
ἄφθαρτός (1-7) incorruptible, imperishable
ὁμοίωμα, τό (4-6) likeness
εἰκών, ἡ (2-23) image, likeness
φθαρτός (1-6) corruptible, perishable
πετεινόν, τό (1-14) bird
τετράπους (1-3) four footed, subst. τὰ τετράποδα – four footed animals
ἑρπετόν, τό (1-4) reptile
24 ἐπιθυμία, ἡ (5-28) desire
ἀκαθαρσία, ἡ (2-10) uncleanliness, impurity
ἀτιμάζω (2-7) dishonor
25 μεταλλάσσω (2-2) exchange
ψεῦδος, τό (1-10) lie, falsehood
σεβάζομαι (1-1) worship
λατρεύω (2-21) serve
κτίζω (1-15) create
εὐλογητός (2-8) blessed
26 πάθος, τό (1-3) passion, suffering
ἀτιμία, ἡ (2-7) dishonor, disgrace, shame
θῆλυς, ἡ (2-5) woman
μεταλλάσσω (2-2) exchange
φυσικός (2-3) natural
χρῆσις, ἡ (2-2) use, usage
27 ὁμοίως (1-31) likewise, in the same way
ἄρσην, ὁ (3-9) man, male
ἐκκαίω (1-1) kindle, pass. be inflamed
ὄρεξις, ἡ (1-1) longing, desire
ἀσχημοσύνη, ἡ (1-2) shameless deed
ἀντιμισθία, ἡ (1-2) penalty
πλάνη, ἡ (1-10) error, delusion, deceit
ἀπολαμβάνω (1-9) receive, recover
28 δοκιμάζω (4-22) approve, test
ἐπίγνωσις, ἡ (3-20) knowledge
ἀδόκιμος (1-8) unqualified, worthless, base
καθήκω (1-2) be fit, proper
29 πονηρία, ἡ (1-7) wickedness, baseness, sinfulness

πλεονεξία, ἡ (1-10) covetousness
κακία, ἡ (1-11) depravity, wickedness, vice
μεστός (2-9) full
φθόνος, ὁ (1-9) envy, jealousy
φόνος, ὁ (1-9) murder
ἔρις, ἡ (2-9) strife, discord, contention
δόλος, ὁ (1-11) deceit, cunning, treachery
κακοήθεια, ἡ (1-1) malignity, malice
ψιθυριστής, ὁ (1-1) whisperer, tale bearer
30 κατάλαλος, ὁ (1-1) slanderer
θεοστυγής (1-1) hating God; subst. hater of God
ὑβριστής, ὁ (1-2) violent, insolent man
ὑπερήφανος (1-5) arrogant, haughty
ἀλαζών, ὁ (1-2) boaster, braggart
ἐφευρετής, ὁ (1-1) contriver, inventor
γονεύς, ὁ (1-20) begetter, pl. parents
ἀπειθής (1-6) disobedient
31 ἀσύνετος (3-5) foolish, senseless
ἀσύνθετος (1-1) faithless, undutiful
ἄστοργος (1-2) unloving
ἀνελεήμων (1-1) unmerciful
32 δικαίωμα, τό (5-10) ordinance, righteous act, sentence
ἐπιγινώσκω (1-44) know
ἄξιος (2-41) worthy, fit
συνευδοκέω (1-6) agree with, approve of, consent to

CHAPTER 2

1 ἀναπολόγητος (2-2) inexcusable, without defense
ὦ (4-17) o!
κατακρίνω (4-16) condemn
3 ὦ (4-17) o!
ἐκφεύγω (1-8) escape
4 πλοῦτος, ὁ (5-22) riches, wealth
χρηστότης, ἡ (5-10) kindness, goodness, generosity
ἀνοχή, ἡ (2-2) forbearance, delay
μακροθυμία, ἡ (2-14) patience, steadfastness, endurance

καταφρονέω (1-9) despise
χρηστός (1-7) good, kind, loving; subst. kindness
μετάνοια, ἡ (4-22) repentance
5 σκληρότης, ἡ (1-1) hardness
ἀμετανόητος (1-1) impenitent
θησαυρίζω (1-8) store up, gather, save
ἀποκάλυψις, ἡ (3-18) revelation
δικαιοκρισία, ἡ (1-1) righteous judgment
7 ἀφθαρσία, ἡ (1-7) indestructibility, immortality
8 ἐριθεία, ἡ (1-7) selfish ambition, strife, contention
ἀπειθέω (5-14) disobey
θυμός, ὁ (1-18) passion, wrath, anger, rage
9 θλῖψις, ἡ (5-45) affliction, tribulation
στενοχωρία, ἡ (2-4) anguish, distress
10 ἐργάζομαι (4-41) do, work
11 προσωπολημψία, ἡ (1-4) partiality
12 ἀνόμως (2-2) without law
13 ἀκροατής, ὁ (1-4) hearer
ποιητής, ὁ (1-6) doer
15 ἐνδείκνυμι (3-11) show, demonstrate
γραπτός (1-1) written
συμμαρτυρέω (3-3) testify or bear witness with
συνείδησις, ἡ (3-30) conscience
μεταξύ (1-9) between
λογισμός, ὁ (2-2) reasoning, thought
κατηγορέω (1-22) accuse, reproach
ἀπολογέομαι (1-10) defend
16 κρυπτός (2-17) hidden, secret
17 ἐπονομάζω (1-1) name, call
ἐπαναπαύομαι (1-1) rest, rely
καυχάομαι (5-37) boast
18 δοκιμάζω (4-22) approve, test
διαφέρω (1-13) be superior to, be worth more than, τὰ διαφ. things that really matter
κατηχέω (1-8) instruct
19 ὁδηγός, ὁ (1-5) leader, guide
σκότος, τό (2-30) darkness
20 παιδευτής, ὁ (1-2) instructor, corrector
ἄφρων (1-11) foolish, ignorant

135

νήπιος, ὁ (1-14) infant, child
μόρφωσις, ἡ (1-2) embodiment, formulation; outward form
γνῶσις, ἡ (3-29) knowledge
21 κλέπτω (3-13) steal
22 μοιχεύω (2-13) commit adultery
βδελύσσομαι (1-2) abhor, detest
εἴδωλον, τό (1-11) idol
ἱεροσυλέω (1-1) rob temples
23 καυχάομαι (5-37) boast
παράβασις, ἡ (3-7) transgression
ἀτιμάζω (2-7) dishonor, insult
24 βλασφημέω (3-34) blaspheme, defame
25 ὠφελέω (1-15) profit, benefit
παραβάτης, ὁ (2-5) transgressor
26 δικαίωμα, τό (5-10) regulation, requirement; righteous deed
φυλάσσω (1-31) keep, guard
27 τελέω (2-28) complete, fulfill
γράμμα, τό (3-15) letter, writing, book
παραβάτης, ὁ (2-5) transgressor
28 φανερός (3-18) open, visible, plain; ἐν. τ. φ. outwardly
29 κρυπτός (2-17) hidden, secret; ἐν τ. κ. inwardly
γράμμα, τό (3-15) letter, writing, book
ἔπαινος, ὁ (2-11) praise

CHAPTER 3

1 περισσός (1-6) extraordinary, abundant, superfluous; τ. περισσόν – advantage
ὠφέλεια, ἡ (1-2) profit, advantage
2 τρόπος, ὁ (1-13) way, manner, fashion
λόγιον, τό (1-4) oracle, saying
3 ἀπιστέω (1-8) disbelieve, be faithless
ἀπιστία, ἡ (4-11) unbelief, unfaithfulness
4 ἀληθής (1-26) true
ψεύστης, ὁ (1-10) liar
νικάω (3-28) overcome, be victorious
5 συνίστημι (3-16) demonstrate, show, recommend, present
ἐροῦμεν fut. of λέγω
ἄδικος (1-12) unjust

ἐπιφέρω (1-2) inflict, bring, pronounce
6 ἐπεί (3-26) then, for, because, since
7 ψεῦσμα, τό (1-1) lie, falsehood
περισσεύω (3-39) abound, overflow
ἁμαρτωλός, ὁ (4-47) sinner
8 βλασφημέω (3-36) defame, revile, blaspheme
φασίν 3 pl. of φάσκω (1-3) say
ἔνδικος (1-2) just, deserved
9 προέχω (1-1) excel, be first; mid. have an advantage, protect oneself
πάντως (1-8) w. neg. not at all; certainly, by all means
προαιτιάομαι (1-1) accuse beforehand
11 συνίημι (2-26) understand, comprehend
ἐκζητέω (1-7) seek out, search for
12 ἐκκλίνω (2-3) turn away, shun, avoid
ἅμα (1-10) together
ἀχρειόω (1-1) make useless; pass. become depraved, worthless
χρηστότης, ἡ (5-10) goodness, kindness, generosity
13 τάφος, ὁ (1-7) grave, tomb
λάρυγξ, ἡ (1-1) throat
δολιόω (1-1) deceive
ἰός, ὁ (1-3) poison, rust
ἀσπίς, ἡ (1-1) asp, Egyptian cobra
χεῖλος, τό (1-7) lip
14 ἀρά, ἡ (1-1) curse, malediction
πικρία, ἡ (1-4) bitterness
γέμω (1-11) be full
15 ὀξύς (1-8) sharp, swift
ἐκχέω (1-16) pour out, shed
16 σύντριμμα, τό (1-1) destruction, ruin
ταλαιπωρία, ἡ (1-2) misery, wretchedness, distress
18 φόβος, ὁ (5-47) fear
ἀπέναντι (1-4) before
19 φράσσω (1-3) shut, close, stop
ὑπόδικος (1-1) liable to judgment or punishment, answerable, accountable
20 διότι (5-24) because
ἐπίγνωσις, ἡ (3-20) knowledge

21 φανερόω (3-49) reveal, make known, show
22 διαστολή, ἡ (2-3) distinction, difference
23 ὑστερέω (1-16) lack, come short
24 δωρεάν (1-8) as a gift, freely, undeservedly
ἀπολύτρωσις, ἡ (2-10) redemption
25 προτίθημι (2-3) put before, put forth
ἱλαστήριον, τό (1-2) propitiation, expiation, mercy seat
ἔνδειξις, ἡ (2-4) proof, sign
πάρεσις, ἡ (1-1) passing over, letting go unpunished
προγίνομαι (1-1) happen, be done before
ἁμάρτημα, τό (1-5) sin
26 ἀνοχή, ἡ (2-2) forbearance
27 ποῦ (1-47) where
καύχησις, ἡ (2-11) boasting
ἐκκλείω (1-2) shut out, exclude
ποῖος (1-32) what kind of, which, what
29 ναί (1-34) yes, certainly, indeed
30 εἴπερ (3-6) if indeed, if after all, since

CHAPTER 4

1 εὑρήκεναι perf. act. inf. of εὑρίσκω
προπάτωρ, ὁ (1-1) forefather
2 καύχημα, τό (1-11) boast, object of boasting
4 ἐργάζομαι (4-41) work, do
μισθός, ὁ (1-29) reward
ὀφείλημα, τό (1-2) debt, one's due
5 ἀσεβής (2-9) ungodly, impious
6 μακαρισμός, ὁ (2-3) blessing
7 ἀνομία, ἡ (2-14) lawlessness, iniquity
ἐπικαλύπτω (1-1) hide, cover
9 μακαρισμός, ὁ (2-3) blessing
11 σφραγίς, ἡ (1-16) seal, signet
12 στοιχέω (1-5) follow, hold to, agree with
ἴχνος, τό (1-3) footstep, footprint
13 κληρονόμος, ὁ (4-15) heir
14 κενόω (1-5) make empty, destroy, render void

15 οὗ (3-24) where
παράβασις, ἡ (3-7) transgression
16 βέβαιος (1-9) reliable, dependable, certain, firm
17 τέθεικα perf. of τίθημι
κατέναντι (1-9) in the sight of, before, opposite
ζωοποιέω (2-11) quicken, make alive
18 εἰρημένον perf. part. of λέγω
19 ἀσθενέω (4-33) be weak, sick
κατανοέω (1-14) consider, notice, observe
νεκρόω (1-3) put to death; pass. be worn out, impotent, as good as dead
ἑκατονταέτης (1-1) hundred years
πού (1-4) about, somewhere
νέκρωσις, ἡ (1-2) deadness, mortification
μήτρα, ἡ (1-2) womb
20 διακρίνω (2-19) judge, differentiate, mid. pass. doubt, waver
ἀπιστία, ἡ (4-11) unbelief
ἐνδυναμόω (1-7) strengthen, empower
21 πληροφορέω (2-6) fulfill, convince fully
ἐπαγγέλομαι (1-15) promise, offer
δυνατός (5-32) able, mighty, powerful
25 δικαίωσις, ἡ (2-2) justification, acquittal

CHAPTER 5

2 προσαγωγή, ἡ (1-3) approach, access
ἐσχήκαμεν perf. of ἔχω
καυχάομαι (5-37) boast
3 θλῖψις, ἡ (5-45) affliction
4 δοκιμή, ἡ (2-7) character, test, ordeal
5 καταισχύνω (3-13) disappoint, put to shame, dishonor
ἐκκέχυται perf. pass. of ἐκχύνω (1-11) pour out
6 γέ (4-31) often not trans. indeed, even
ἀσθενέω (4-33) be weak, sick

ἀσεβής (2-9) ungodly, impious
7 μόλις (1-7) scarcely, hardly
τάχα (1-2) perhaps, possibly
τολμάω (2-16) dare, have courage
8 συνίστημι (3-16) demonstrate, show; present, introduce
ἁμαρτωλός, ὁ (4-47) sinner
10 ἐχθρός, ὁ (3-32) enemy
καταλλάσσω (2-6) reconcile
11 καυχάομαι (5-37) boast
καταλλαγή, ἡ (2-4) reconciliation
12 διέρχομαι (1-42) go through, come
ἐφ᾽ ᾧ = ἐπὶ τούτῳ ὅτι for this reason that, because
13 ἄχρι (4-48) until
ἐλλογέω (1-2) charge to someone's account, reckon
14 μέχρι (2-18) until
ὁμοίωμα, τό (4-6) likeness
παράβασις, ἡ (3-7) transgression
τύπος, ὁ (2-14) type, pattern, copy
15 δωρεά, ἡ (2-11) gift, bounty
περισσεύω (3-39) abound, overflow
16 δώρημα, τό (1-2) gift
κατάκριμα, τό (3-3) condemnation
δικαίωμα, τό (5-10) justification, commandment, righteous deed
17 περισσεία, ἡ (1-4) abundance, excess
δωρεά, ἡ (2-11) gift
18 κατάκριμα, τό (3-3) condemnation
δικαίωμα, τό (5-10) righteous deed, regulation
δικαίωσις, ἡ (2-2) justification, vindication, acquittal
19 παρακοή, ἡ (1-3) disobedience
ἁμαρτωλός, ὁ (4-47) sinner
καθίστημι (2-21) make, cause; appoint, ordain
20 παρεισέρχομαι (1-2) slip in, come in, sneak in
πλεονάζω (3-9) abound, become great, increase
ὑπερπερισσεύω (1-2) superabound, overflow

CHAPTER 6

1 ἐπιμένω (3-15) remain
πλεονάζω (3-9) abound, increase
4 συνθάπτω (1-2) bury (together) with
βάπτισμα, τό (1-20) baptism
καινότης, ἡ (2-2) newness
5 σύμφυτος (1-1) grown together
ὁμοίωμα, τό (4-6) likeness
ἀνάστασις, ἡ (2-42) resurrection
6 παλαιός (1-19) old
συσταυρόω (1-5) crucify together
μηκέτι (3-21) no longer
8 συζάω (1-3) live together
9 κυριεύω (4-7) rule, control
10 ἐφάπαξ (1-5) once for all, at one time
12 θνητός (2-6) mortal
ὑπακούω (4-21) obey
ἐπιθυμία, ἡ (5-38) desire
13 ὅπλον, τό (3-6) weapon, instrument
ὡσεί (1-21) as, like, about
14 κυριεύω (4-7) rule, control
16 ὑπακούω (4-21) obey
ἤτοι, ἡ (1-1) either – or
17 τύπος, ὁ (2-14) pattern, type, copy
διδαχή, ἡ (2-30) teaching
18 ἐλευθερόω (4-7) free, set free
δουλόω (2-8) enslave, subject
19 ἀνθρώπινος (1-7) human; ἀ. λέγειν speak in human terms
ἀσθένεια, ἡ (2-24) weakness
δοῦλος (2-2) slavish, servile, subject
ἀκαθαρσία, ἡ (2-10) uncleanness, impurity
ἀνομία, ἡ (2-14) lawlessness
ἁγιασμός, ὁ (2-10) sanctification
20 ἐλεύθερος (2-23) free
21 ἐπαισχύνομαι (2-11) be ashamed
τέλος, τό (5-41) end
22 ἐλευθερόω (4-7) free, set free
δουλόω (2-8) enslave, subject
ἁγιασμός, ὁ (2-10) sanctification
23 ὀψώνιον, τό (1-4) compensation, pay, wages

CHAPTER 7

1 κυριεύω (4-7) rule, control
2 ὕπανδρος (1-1) under the power

of or subject to a man, married
δέω (1-4) bind
3 μοιχαλίς, ἡ (2-7) adulteress
χρηματίζω (1-9) bear a name, be called; impart a revelation
ἐλεύθερος (2-23) free
4 θανατόω (3-11) put to death, kill
καρποφορέω (2-8) bear fruit
5 πάθημα, τό (2-16) passion, suffering
ἐνεργέω (1-21) work, operate, be effective
6 κατέχω (2-17) hold back, hold fast; pass. be bound
καινότης, ἡ (2-2) newness
παλαιότης, ἡ (1-1) oldness
γράμμα, τό (3-15) letter, writing
7 ἐπιθυμία, ἡ (5-38) desire
ἐπιθυμέω (2-16) desire, long for; covet
8 ἀφορμή, ἡ (2-6) occasion, pretext, opportunity
9 ποτέ (3-29) at some time or other, once, formerly
ἀναζάω (1-2) come to life again
11 ἀφορμή, ἡ (2-6) occasion, pretext, opportunity
ἐξαπατάω (2-6) deceive, cheat, lead astray
13 φανῇ aor. pass. subj. of φαίνω (1-31) shine; pass. appear
ὑπερβολή, ἡ (1-8) excess, extraordinary quality; καθ᾽ ὑπερβολήν to an extraordinary degree, beyond measure
ἁμαρτωλός (4-47) sinful
14 πνευματικός (3-26) spiritual
σάρκινος (1-4) carnal, fleshly
πιπράσκω (1-9) sell
15 μισέω (2-39) hate
16 σύμφημι (1-1) consent, agree
17 ἐνοικέω (2-6) live, dwell in
18 οἰκέω (4-8) live, dwell
παράκειμαι (2-2) be at hand, ready
20 οἰκέω (4-8) live, dwell
21 παράκειμαι (2-2) be at hand, ready
22 συνήδομαι (1-1) (joyfully) agree with
ἔσω (1-9) inside, inner
23 ἀντιστρατεύομαι (1-1) war against, fight against

αἰχμαλωτίζω (1-4) capture, make captive
24 ταλαίπωρος (1-2) wretched, miserable
ῥύομαι (3-16) save, rescue, deliver

CHAPTER 8

1 κατάκριμα, τό (3-3) condemnation
2 ἐλευθερόω (4-7) free, set free
3 ἀδύνατος (2-10) powerless, impotent
ἀσθενέω (4-33) be weak, sick
ὁμοίωμα, τό (4-6) likeness
κατακρίνω (4-16) condemn
4 δικαίωμα, τό (5-10) regulation, requirement
6 φρόνημα, τό (4-4) aim, aspiration, striving, way of thinking, mind-(set)
7 διότι (5-24) because
ἔχθρα, ἡ (1-6) enmity
8 ἀρέσκω (4-17) please
9 εἴπερ (3-6) if indeed, if after all
οἰκέω (4-8) live, dwell
11 οἰκέω (4-8) live, dwell
ζωοποιέω (2-11) quicken, make alive
θνητός (2-6) mortal
ἐνοικέω (2-6) live, dwell in
12 ὀφειλέτης, ὁ (3-7) debtor
13 πρᾶξις, ἡ (2-6) act, action, deed
θανατόω (3-11) put to death
15 δουλεία, ἡ (2-5) slavery, bondage
φόβος, ὁ (5-47) fear
υἱοθεσία, ἡ (3-5) adoption
ἀββά (1-3) father
16 συμμαρτυρέω (3-3) witness together
17 κληρονόμος, ὁ (4-15) heir
συγκληρονόμος, ὁ (1-4) fellow heir, joint heir
εἴπερ (3-6) if indeed, if after all
συμπάσχω (1-2) suffer together
συνδοξάζω (1-1) glorify together
18 ἄξιος (2-41) worthy
πάθημα, τό (2-16) suffering, misfortune
ἀποκαλύπτω (3-26) reveal
19 ἀποκαραδοκία, ἡ (1-2) eager expectation

ἀποκάλυψις, ἡ (3-18) revelation
ἀπεκδέχομαι (3-8) await eagerly
20 ματαιότης, ἡ (1-3) frustration, futility
ἑκών (1-2) willingly, of one's own free will
21 διότι (5-24) because
ἐλευθερόω (4-7) free, set free
δουλεία, ἡ (2-5) slavery, bondage
φθορά, ἡ (1-9) corruption, decay, destruction
ἐλευθερία, ἡ (1-11) freedom, liberty
22 συστενάζω (1-1) lament or groan together
συνωδίνω (1-1) be in travail, suffer agony together
ἄχρι (4-48) until
23 ἀπαρχή, ἡ (3-9) first-fruits
στενάζω (1-6) sigh, groan
υἱοθεσία, ἡ (3-5) adoption
ἀπεκδέχομαι (3-8) await eagerly
ἀπολύτρωσις, ἡ (2-10) redemption
24 ἐλπίζω (4-31) hope
25 ἀπεκδέχομαι (3-8) await eagerly
26 ὡσαύτως (1-17) likewise
συναντιλαμβάνομαι (1-2) take part with, help, come to the aid
ἀσθένεια, ἡ (2-24) weakness, sickness
καθό (1-4) as, in so far as, to the degree that
ὑπερεντυγχάνω (1-1) plead, intercede
στεναγμός, ὁ (1-2) sigh, groan, groaning
ἀλάλητος (1-1) unexpressed, wordless
27 ἐρευνάω (1-6) search
ἐντυγχάνω (3-5) appeal, petition, intercede; meet, approach
28 συνεργέω (1-5) work together
πρόθεσις, ἡ (2-12) purpose, plan; setting forth
κλητός (4-10) called
29 προγινώσκω (2-5) know beforehand, foreknow
προορίζω (2-6) predestine
σύμμορφος (1-2) having the same form, similar in form as
εἰκών, ἡ (2-23) image, likeness

πρωτότοκος (3-8) first-born
32 φείδομαι (3-10) spare
χαρίζομαι (1-23) give freely or graciously as a favor
33 ἐγκαλέω (1-7) accuse, bring charges against
ἐκλεκτός (2-22) chosen, select
34 κατακρίνω (4-16) condemn
ἐντυγχάνω (3-5) appeal, petition, intercede
35 χωρίζω (2-13) divide, separate
θλῖψις, ἡ (5-45) affliction
στενοχωρία, ἡ (2-4) distress
διωγμός, ὁ (1-10) persecution
λιμός, ὁ (1-12) famine
γυμνότης, ὁ (1-3) nakedness, destitution
κίνδυνος, ὁ (1-9) peril
μάχαιρα, ἡ (2-29) sword
36 ἕνεκεν (2-26) for the sake of, because of
θανατόω (3-11) put to death, kill
πρόβατον, τό (1-37) sheep
σφαγή, ἡ (1-3) slaughter
37 ὑπερνικάω (1-1) be more than victorious, gain a glorious victory
38 ἐνεστῶτα nom. pl. neut. part. perf. of ἐνίστημι (1-7) be present
39 ὕψωμα, τό (1-2) height, exaltation
βάθος, τό (2-8) depth
χωρίζω (2-13) divide, separate

CHAPTER 9

1 ψεύδομαι (1-12) lie
συμμαρτυρέω (3-3) testify or bear witness with
συνείδησις, ἡ (3-36) conscience
2 λύπη, ἡ (1-15) grief, sorrow
ἀδιάλειπτος (1-2) unceasing
ὀδύνη, ἡ (1-2) pain, woe
3 εὔχομαι (1-6) wish, pray
ἀνάθεμα, τό (1-6) accursed; votive offering
συγγενής (4-9) related; subst. fellow countryman
4 υἱοθεσία, ἡ (3-5) adoption
διαθήκη, ἡ (2-33) covenant
νομοθεσία, ἡ (1-1) giving of law, lawgiving, legislation

λατρεία, ἡ (2-5) service or worship

5 εὐλογητός (2-8) blessed
6 οἷος (1-14) of what sort (such) as
οὐχ οἷον ὅτι by no means
ἐκπίπτω (1-10) fail, weaken; fall off
10 κοίτη, ἡ (2-4) marriage bed, seminal emission; κοίτην ἔχειν conceive children
11 μήπω (1-2) not yet
φαῦλος (1-6) bad, worthless, evil
ἐκλογή, ἡ (4-7) selection, election
πρόθεσις, ἡ (2-12) purpose, plan
12 μείζων (1-48) greater, elder
ἐλάσσων (1-4) younger, inferior
13 μισέω (2-39) hate
15 οἰκτίρω (2-2) have compassion
16 τρέχω (1-18) run
17 ἐξεγείρω (1-2) cause to appear, bring into being, raise up
ἐνδείκνυμι (3-11) show, demonstrate
διαγγέλλω (1-3) proclaim far and wide
18 σκληρύνω (1-6) harden
19 μέμφομαι (1-2) find fault with, blame
βούλημα, τό (1-3) will, purpose
ἀνθίστημι (3-14) set against, oppose, resist
20 ὦ (4-17) o!
μενοῦν γε (2-4) rather, on the contrary, indeed
ἀνταποκρίνομαι (1-2) answer back
πλάσμα, τό (1-1) that which is formed, molded
πλάσσω (1-2) form, mold
21 κεραμεύς, ὁ (1-3) potter
πηλός, ὁ (1-6) clay
φύραμα, τό (2-5) lump
σκεῦος, τό (3-23) vessel, instrument, object
ἀτιμία, ἡ (2-7) dishonor
22 ἐνδείκνυμι (3-11) show, demonstrate
γνωρίζω (3-26) make known
δυνατός (5-32) powerful, mighty, able; subst. power
μακροθυμία, ἡ (2-14) forbearance, patience, steadfastness

κατατίζω (1-13) prepare
ἀπώλεια, ἡ (1-18) destruction
23 πλοῦτος, ὁ (5-22) riches, wealth
σκεῦος, τό (3-23) vessel, instrument, object
ἔλεος, τό (3-27) mercy
προετοιμάζω (1-2) prepare beforehand
27 ἀριθμός, ὁ (1-18) number
ἄμμος, ἡ (1-5) sand
ὑπόλειμμα, τό (1-1) remnant, remainder
28 συντελέω (1-6) bring to an end, complete, finish; Lord will act by closing the account and shortening (the time); Lord will execute his sentence in rigor and dispatch (RSV); Lord will act by accomplishing his word and by shortening (God's promise fulfilled only in limited sense)
συντέμνω (1-1) cut short, shorten, limit
29 προείρηκεν perf. of προερῶ (1-9) speak beforehand
σαβαώθ (1-2) armies, hosts
ἐγκαταλείπω (1-10) leave behind
ὁμοιόω (1-15) make like; pass. be like, become like
30 διώκω (5-44) pursue
καταλαμβάνω (1-13) attain, seize, overtake
31 φθάνω (1-7) arrive, come; come up to, reach, attain
32 προσκόπτω (2-8) stumble
πρόσκομμα, τό (4-6) stumbling, offence
33 πέτρα, ἡ (1-15) rock, stone
σκάνδαλον, τό (4-15) offence, stumbling block
καταισχύνω (3-13) put to shame, disgrace

CHAPTER 10

1 εὐδοκία, ἡ (1-9) wish, desire; good will; favor
δέησις, ἡ (1-18) prayer, entreaty
σωτηρία, ἡ (5-45) salvation
2 ζῆλος, ὁ (2-17) zeal
ἐπίγνωσις, ἡ (3-20) knowledge
4 τέλος, τό (5-41) end, goal

6 κατάγω (1-9) bring down, lead down

7 ἄβυσσος, ἡ (1-9) abyss, depth, underworld

ἀνάγω (1-23) bring up

8 ἐγγύς (2-31) near

9 ὁμολογέω (2-26) confess

10 σωτηρία, ἡ (5-45) salvation

11 καταισχύνω (3-13) put to shame, disgrace, disappoint

12 διαστολή, ἡ (2-3) distinction

πλουτέω (1-12) be rich

ἐπικαλέω (3-30) call upon

15 ὡραῖος (1-4) beautiful, fair, lovely

16 ὑπακούω (4-21) obey

ἀκοή, ἡ (3-24) report, hearing

18 μενοῦν γε (2-4) rather, on the contrary, indeed

φθόγγος, ὁ (1-2) sound, tone

πέρας, τό (1-4) end, limit, boundary

οἰκουμένη, ἡ (1-15) inhabited world

19 παραζηλόω (3-4) provoke to jealousy

ἀσύνετος (3-5) foolish, senseless

παροργίζω (1-2) make angry

20 ἀποτολμάω (1-1) be bold

ἐμφανής (1-2) visible

21 ἐκπετάννυμι (1-1) spread out, extend

ἀπειθέω (5-14) disobey

ἀντιλέγω (1-9) speak against, contradict, oppose, refuse

CHAPTER 11

1 ἀπωθέω (2-6) reject, repudiate; only mid.

φυλή, ἡ (1-31) tribe

2 προγινώσκω (2-5) foreknow, know beforehand

ἐντυγχάνω (3-5) plead, appeal, intercede

3 θυσιαστήριον, τό (1-23) altar

κατασκάπτω (1-1) tear down, raze

ὑπολείπω (1-1) leave remaining

4 χρηματισμός, ὁ (1-1) divine statement, answer

καταλείπω (1-23) leave behind

ἑπτακισχίλιοι (1-1) seven thousand

κάμπτω (2-4) bend, bow

γόνυ, τό (2-12) knee

5 λεῖμμα, τό (1-1) remnant

ἐκλογή, ἡ (4-7) selection, election

6 ἐπεί (3-26) because, since; when, after

7 ἐπιζητέω (1-13) search for, seek after

ἐπιτυγχάνω (1-4) obtain, reach, hit upon

ἐκλογή, ἡ (4-7) selection, election

πωρόω (1-5) harden

8 κατάνυξις, ἡ (1-1) stupefaction, stupor

οὖς, ὠτός, τό (1-36) ear

σήμερον (1-41) today, this very day

9 τράπεζα, ἡ (1-15) table, meal

παγίς, ἡ (1-5) trap, snare

θήρα, ἡ (1-1) net, trap

σκάνδαλον, τό (4-15) offence, stumbling block

ἀνταπόδομα, τό (1-2) retribution, repayment

10 σκοτίζω (2-5) darken

νῶτος, ὁ (1-1) back

διὰ παντός forever

συγκάμπτω (1-1) bend

11 πταίω (1-5) stumble, trip

σωτηρία, ἡ (5-45) salvation

παραζηλόω (3-4) provoke to jealousy

12 πλοῦτος, ὁ (5-22) wealth, riches

ἥττημα, τό (1-2) loss

πόσος (2-27) how great, how much, how many

πλήρωμα, τό (4-17) fullness, full number

13 διακονία, ἡ (3-33) ministry, service

14 πώς (2-14) somehow, in some way

παραζηλόω (3-4) provoke to jealousy

15 ἀποβολή, ἡ (1-2) rejection

καταλλαγή, ἡ (2-4) reconciliation

πρόσλημψις, ἡ (1-1) acceptance

16 ἀπαρχή, ἡ (3-9) first fruits

φύραμα, τό (2-5) lump

ῥίζα, ἡ (4-16) root
κλάδος, ὁ (5-11) branch
17 ἐκκλάω (3-3) break off
ἀγριέλαιος, ὁ (2-2) wild olive
ἐγκεντρίζω (6-6) cut in, graft
συγκοινωνός, ὁ (1-4) participant, partner, sharer
πιότης, ἡ (1-1) fatness, richness
ἐλαία, ἡ (2-12) olive tree
18 κατακαυχάομαι (2-4) boast, brag
κλάδος, ὁ (5-11) branch
ῥίζα, ἡ (4-16) root
βαστάζω (2-27) bear, support
19 ἐκκλάω (3-3) break off
20 καλῶς (1-37) quite right, that is true, well
ἀπιστία, ἡ (4-11) unbelief
ὑψηλός (2-11) high, exalted, proud
21 κλάδος, ὁ (5-11) branch
φείδομαι (3-10) spare
22 χρηστότης, ἡ (5-10) goodness, kindness
ἀποτομία, ἡ (2-2) severity
ἐπιμένω (3-15) remain
ἐπεί (3-26) since, because
ἐκκόπτω (2-10) cut off
23 κἀκεῖνος (3-22) even that one or he
ἀπιστία, ἡ (4-11) unbelief
δυνατός (5-32) able, powerful, mighty
24 ἐκκόπτω (2-10) cut off
ἀγριέλαιος, ὁ (2-2) wild olive
καλλιέλαιος, ὁ (1-1) cultivated olive tree
πόσος (2-27) how great, how much
ἐλαία, ἡ (2-12) olive tree
25 μυστήριον, τό (2-27) mystery
φρόνιμος (2-14) wise, sensible
πώρωσις, ἡ (1-3) hardening
μέρος, τό (3-42) part
ἄχρι (4-48) until; ἄχρι οὗ until
πλήρωμα, τό (4-17) fulness, full number
26 ἥκω (1-25) come, arrive
ῥύομαι (3-16) deliver
ἀποστρέφω (1-9) turn away, banish, remove
ἀσέβεια, ἡ (2-6) ungodliness
27 διαθήκη, ἡ (2-33) covenant
ἀφέλωμαι aor. mid. subj. of ἀφαιρέω (1-10) take away

28 ἐχθρός (3-32) hostile, hated
ἐκλογή, ἡ (4-7) election
29 ἀμεταμέλητος (1-2) irrevocable, without regret, feeling no remorse
κλῆσις, ἡ (1-11) calling
30 ποτέ (3-29) once, formerly
ἀπειθέω (5-14) disobey
ἀπείθεια, ἡ (2-6) disobedience
31 ἔλεος, τό (3-27) mercy
32 συγκλείω (1-4) shut together, consign
ἀπείθεια, ἡ (2-6) disobedience
33 βαθός, τό (2-8) depth
πλοῦτος, ὁ (5-22) wealth, riches
γνῶσις, ἡ (3-29) knowledge
ἀνεξερεύνητος (1-1) unfathomable, unsearchable
ἀνεξιχνίαστος (1-2) inscrutable, incomprehensible
34 σύμβουλος, ὁ (1-1) counsellor
35 προδίδωμι (1-1) give in advance
ἀνταποδίδωμι (2-7) give back, repay

CHAPTER 12

1 οἰκτιρμός, ὁ (1-5) pity, mercy, compassion
θυσία, ἡ (1-28) sacrifice
εὐάρεστος (3-9) pleasing, acceptable
λογικός (1-2) rational, spiritual
λατρεία, ἡ (2-5) service, worship
2 συσχηματίζω (1-1) form, mold; pass. conform
μεταμορφόω (1-4) transform, change in form
ἀνακαίνωσις, ἡ (1-2) renewal
δοκιμάζω (1-22) test, prove
τέλειος (1-19) perfect
3 ὑπερφρονέω (1-1) think too highly of oneself, be haughty
σωφρονέω (1-6) be of sound mind, be reasonable, sensible, serious
μερίζω (1-14) divide
μέτρον, τό (1-14) measure
4 πρᾶξις, ἡ (2-6) activity, function, act
6 διάφορος (1-4) different
προφητεία, ἡ (1-19) prophecy
ἀναλογία, ἡ (1-1) right relationship, proportion, agreement

7 διακονία, ἡ (3-33) service, ministry
διδασκαλία, ἡ (2-21) teaching, instruction

8 παράκλησις, ἡ (3-29) exhortation, encouragement, comfort
μεταδίδωμι (2-5) give, impart, share
ἁπλότης, ἡ (1-7) generosity, liberality, simplicity, sincerity
προΐστημι (1-8) give aid; be concerned about, care for; rule, direct
σπουδή, ἡ (2-12) zeal, haste, eagerness, diligence
ἱλαρότης, ἡ (1-1) cheerfulness, gladness

9 ἀνυπόκριτος (1-6) genuine, sincere; without hypocrisy
ἀποστυγέω (1-1) hate, abhor
κολλάω (1-12) join closely together, unite; pass. cling to

10 φιλαδελφία, ἡ (1-6) brotherly love
φιλόστοργος (1-1) loving dearly, "devoted to one another in brotherly love"
προηγέομαι (1-1) go before; "try to outdo one another in showing respect"

11 σπουδή, ἡ (2-12) zeal, diligence, haste, eagerness
ὀκνηρός (1-3) idle, lazy, "when earnestness is needed, never be indolent"
ζέω (1-2) boil, burn

12 θλῖψις, ἡ (5-45) affliction
ὑπομένω (1-17) endure, remain
προσευχή, ἡ (3-36) prayer
προσκαρτερέω (2-10) adhere to, persist in; busy oneself with, be devoted to

13 χρεία, ἡ (1-49) need
κοινωνέω (2-8) give, contribute, share
φιλοξενία, ἡ (1-2) hospitality
διώκω (5-44) pursue, persecute

14 εὐλογέω (2-42) bless
καταράομαι (1-5) curse
κλαίω (1-38) weep, cry

16 ὑψηλός (2-11) high, exalted, proud
ταπεινός (1-8) poor, lowly, undistinguished, humble

συναπάγω (1-3) lead away, carry off; "accommodate yourself to humble ways" or "associate with humble folk"
φρόνιμος (2-14) wise, sensible

17 ἀντί (1-22) for, in place of
ἀποδίδωμι (3-47) pay back
προνοέω (1-3) take thought for, take into consideration, have regard, provide

18 δυνατός (5-32) able, powerful
εἰρηνεύω (1-4) live in peace, be at peace; reconcile

19 ἐκδικέω (1-6) avenge
ἐκδίκησις, ἡ (1-9) vengeance
ἀναποδίδωμι (2-7) give back, repay

20 πεινάω (1-23) hunger
ἐχθρός (3-32) hostile, hated; subst. enemy
ψωμίζω (1-2) feed
διψάω (1-16) thirst
ποτίζω (1-15) give to drink, water
ἄνθραξ, ὁ (1-1) charcoal
σωρεύω (1-2) heap, pile

21 νικάω (3-28) overcome, gain victory

CHAPTER 13

1 ὑπερέχω (1-5) rise above, surpass; have power over; "governing authorities"
τάσσω (1-8) appoint, establish in an office

2 ἀντιτάσσω (1-5) resist, oppose
διαταγή, ἡ (1-2) ordinance, direction
ἀνθίστημι (3-14) oppose, withstand, resist

3 ἄρχων, ὁ (1-37) ruler
φόβος, ὁ (5-47) fear
ἔπαινος, ὁ (2-11) praise

4 διάκονος, ὁ (4-29) servant
εἰκῇ (1-5) without cause, in vain
μάχαιρα, ἡ (2-29) sword
φορέω (1-6) bear
ἔκδικος (1-2) avenging; subst. avenger

5 ἀνάγκη, ἡ (1-17) necessity
συνείδησις, ἡ (3-30) conscience

6 φόρος, ὁ (3-5) tribute, tax

τελέω (2-28) pay, fulfill, bring to an end

λειτουργός, ὁ (2-5) servant, minister

προσκαρτερέω (2-10) busy oneself with, be busily engaged, devoted to

7 ἀποδίδωμι (3-47) pay back
ὀφειλή, ἡ (1-3) debt, obligation
τέλος, ὁ tax, customs, duties; end
φόβος, ὁ (5-47) fear

8 ὀφείλω (3-35) be obligated, owe

9 μοιχεύω (2-13) commit adultery
φονεύω (1-12) murder
κλέπτω (3-13) steal
ἐπιθυμέω (2-16) desire, long for
ἀνακεφαλαιόω (1-2) sum up, recapitulate
πλησίον, ὁ (3-17) neighbor; as adv. near, close by

10 ἐργάζομαι (4-41) do, accomplish; work
πλήρωμα, τό (4-17) fulfillment, sum total, fulness

11 ὕπνος, ὁ (1-6) sleep
ἐγγύς (2-31) near
σωτηρία, ἡ (5-45) salvation

12 προκόπτω (1-6) be advanced, be far gone; go forward, advance
ἐγγίζω (1-42) draw near, be near
ἀποτίθημι (1-9) put off
σκότος, τό (2-30) darkness
ἐνδύω (2-28) put on, clothe
ὅπλον, τό (3-6) weapon, armor

13 εὐσχημόνως (1-3) decently, becomingly
κῶμος, ὁ (1-3) excessive feasting, carousing, revelry
μέθη, ἡ (1-3) drunkenness
κοίτη, ἡ (2-4) sexual excess, marriage bed, sexual intercourse
ἀσέλγεια, ἡ (1-10) licentiousness, debauchery
ἔρις, ἡ (2-9) strife, discord
ζῆλος, ἡ (2-17) jealousy, envy

14 πρόνοια, ἡ (1-2) provision, consideration
ἐπιθυμία, ἡ (5-38) desire

CHAPTER 14

1 ἀσθενέω (4-33) be weak

προσλαμβάνω (4-12) receive, accept in one's society

διάκρισις, ἡ (1-3) quarrel; distinguishing

διαλογισμός, ὁ (2-14) thought, opinion, reasoning

2 λάχανον, τό (1-4) vegetable

3 ἐξουθενέω (2-11) despise
προσλαμβάνω (4-12) receive, accept

4 ἀλλότριος (2-14) belonging to another
οἰκέτης, ὁ (1-4) house slave, slave
δυνατέω (1-3) be able, can

5 πληροφορέω (2-6) convince fully; fill completely

6 εὐχαριστέω (5-38) give thanks

9 κυριεύω (4-7) be master, rule

10 ἐξουθενέω (2-11) despise
βῆμα, τό (1-12) tribunal; judicial bench

11 κάμπτω (2-4) bend
γόνυ, τό (2-12) knee
ἐξομολογέω (2-10) confess

13 μηκέτι (3-21) no longer
πρόσκομμα, τό (4-6) stumbling block
σκάνδαλον, τό (4-15) offence, stumbling block

14 κοινός (3-14) unclean, common

15 βρῶμα, τό (3-17) food
λυπέω (1-26) grieve

16 βλασφημέω (3-34) defame, blaspheme

17 βρῶσις, ἡ (1-11) eating, food
πόσις, ἡ (1-3) drinking, drink

18 εὐάρεστος (3-9) pleasing, acceptable
δόκιμος (2-7) respected, esteemed, approved

19 διώκω (5-44) pursue
οἰκοδομή, ἡ (2-18) edification, building up, building, construction

20 ἕνεκεν (2-26) for the sake of
βρῶμα, τό (3-17) food
καταλύω (1-17) destroy, break down
καθαρός (1-20) pure, clean
πρόσκομμα, τό (4-6) stumbling, offense

21 κρέας, τό (1-2) meat
οἶνος, ὁ (1-34) wine

145

προσκόπτω (2-8) take offense, stumble
22 δοκιμάζω (4-22) approve, test
23 διακρίνω (2-19) doubt, waver; separate, judge
κατακρίνω (4-16) condemn

CHAPTER 15

1 ὀφείλω (3-35) be obligated, owe
δυνατός (5-32) powerful, strong, able
ἀσθένημα, τό (1-1) weakness
ἀδύνατος (2-10) weak, powerless, impotent
βαστάζω (2-27) bear, support
ἀρέσκω (4-17) please
2 πλησίον, ὁ (3-17) neighbor; as adv. near
οἰκοδομή, ἡ (2-18) edification, building
3 ἀρέσκω (4-17) please
ὀνειδισμός, ὁ (1-5) reproach
ὀνειδίζω (1-9) reproach
ἐπιπίπτω (1-11) fall upon
4 προγράφω (1-4) write beforehand
ἡμέτερος (1-8) our
διδασκαλία, ἡ (2-21) teaching, instruction
παράκλησις, ἡ (3-29) exhortation, encouragement, comfort
6 ὁμοθυμαδόν (1-11) with one mind or purpose, unanimously
7 προσλαμβάνω (4-12) receive, accept
8 διάκονος, ὁ (4-29) servant, minister
βεβαιόω (1-8) confirm
9 ἔλεος, τό (3-27) mercy
ἐξομολογέω (2-10) confess
ψάλλω (1-5) sing, sing praise
10 εὐφραίνω (1-14) gladden, cheer; pass. rejoice, be glad
11 αἰνέω (1-8) praise
ἐπαινέω (1-6) praise
12 ῥίζα, ἡ (4-16) root
ἐλπίζω (4-31) hope
13 περισσεύω (3-39) abound
14 μεστός (2-9) full
ἀγαθωσύνη, ἡ (1-4) goodness, uprightness
γνῶσις, ἡ (3-29) knowledge
νουθετέω (1-8) admonish, warn, instruct

15 τολμηροτέρως (1-1) boldly
μέρος, τό (3-42) part; ἀπὸ μέρους on some points
ἐπαναμιμνήσκω (1-1) remind
16 λειτουργός, ὁ (2-5) servant
ἱερουργέω (1-1) perform holy service; serve gospel as priest
προσφορά, ἡ (1-9) offering, gift, sacrifice
εὐπρόσδεκτος (2-5) acceptable, pleasant
ἁγιάζω (1-27) sanctify, dedicate
17 καύχησις, ἡ (2-11) boasting
18 τολμάω (2-16) dare, venture, have courage
19 τέρας, τό (1-16) wonder, portent
κύκλῳ (1-8) around
μέχρι (2-18) until
20 φιλοτιμέομαι (1-3) have as one's ambition, consider it an honor, aspire
ὀνομάζω (1-9) name
ἀλλότριος (2-14) belonging to another, another's
θεμέλιος, ὁ (1-16) foundation
οἰκοδομέω (1-40) build
21 ἀναγγέλλω (1-13) report, disclose, proclaim
συνίημι (2-26) understand
22 ἐγκόπτω (1-5) hinder, thwart
23 μηκέτι (3-21) no longer
κλίμα, τό (1-3) district, region
ἐπιποθία, ἡ (1-1) longing, desire
ἱκανός (1-40) many, sufficient, adequate, large
ἔτος, τό (1-49) year
24 ἐλπίζω (4-31) hope
διαπορεύομαι (1-5) pass through, go through
θεάομαι (1-22) see
προπέμπω (1-9) help on one's journey with food, money, etc.; accompany
μέρος, τό (3-42) part
ἐμπίμπλημι (1-5) fill, satisfy; pass. have one's fill of something in the sense of enjoying something
25 διακονέω (1-36) serve
26 εὐδοκέω (2-21) be well pleased, consider good, take delight
κοινωνία, ἡ (1-19) contribution, fellowship
πτωχός, ὁ (1-34) poor

27 ὀφειλέτης, ὁ (3-7) debtor
πνευματικός (3-26) spiritual
κοινωνέω (2-8) share, participate
ὀφείλω (3-37) be obligated, ought
σαρκικός (1-7) material, fleshly
λειτουργέω (1-3) serve
28 ἐπιτελέω (1-10) bring to an end, finish
σφραγίζω (1-15) seal, mark; here "when I have placed the sum that was collected safely (sealed in their hands)"
29 πλήρωμα, τό (4-17) fulness
εὐλογία, ἡ (2-16) blessing
30 συναγωνίζομαι (1-1) fight or contend along with, help, assist
προσευχή, ἡ (3-36) prayer
31 ῥύομαι (3-16) deliver
ἀπειθέω (5-14) disobey
διακονία, ἡ (3-33) service, ministry
εὐπρόσδεκτος (2-5) acceptable
32 συναναπαύομαι(1-1) find rest with

CHAPTER 16

1 συνίστημι (3-16) present, introduce, recommend
ἀδελφή, ἡ (2-26) sister
διάκονος, ἡ (4-29) deaconess, servant
2 προσδέχομαι (1-14) welcome, receive
ἀξίως (1-6) worthily
παρίστημι come to the aid of, help, stand by
χρῄζω (1-5) have need of, need
πρᾶγμα, τό (1-11) thing, matter, affair
προστάτις, ἡ (1-1) protectress, patroness, helper
3 συνεργός, ὁ (3-13) fellow-worker
4 τράχηλος, ὁ (1-1) neck, throat
ὑποτίθημι (1-2) lay down, risk
εὐχαριστέω (5-38) give thanks
5 ἀπαρχή, ἡ (3-9) first fruits
6 κοπιάω (3-22) toil, labor
7 συγγενής (4-9) related, akin to; subst. relative, fellow-citizen
συναιχμάλωτος, ὁ (1-3) fellow prisoner
ἐπίσημος (1-2) splendid, prominent, outstanding

πρό (1-41) before
9 συνεργός, ὁ (3-13) fellow worker
10 δόκιμος (2-7) tried and true, esteemed
11 συγγενής (4-9) related, akin to; subst. relative, fellow citizen
12 κοπιάω (3-22) toil, labor
13 ἐκλεκτός (2-22) elect, chosen
15 ἀδελφή, ἡ (2-26) sister
16 φίλημα, τό (1-7) kiss
17 σκοπέω (1-6) look out for, notice
διχοστασία, ἡ (1-2) dissension
σκάνδαλον, τό (4-15) offense, stumbling block
διδαχή, ἡ (2-30) teaching
μανθάνω (1-25) learn
ἐκκλίνω (2-3) turn away, shun, avoid
18 κοιλία, ἡ (1-23) belly
χρηστολογία, ἡ (1-1) smooth, plausible speech
εὐλογία, ἡ (2-16) fine speaking, flattery; blessing
ἐξαπατάω (2-6) deceive
ἄκακος (1-2) innocent, guileless
19 ἀφικνέομαι (1-1) reach
ἀκέραιος (1-3) pure, innocent
20 συντρίβω (1-7) shatter, smash, crush; annihilate
σατάν, ὁ (1-36) Satan, adversary
τάχος, τό (1-7) speed, swiftness, haste
21 συνεργός, ὁ (3-13) fellow worker
συγγενής (4-9) related, subst. relative, fellow citizen
22 ἐπιστολή, ἡ (1-24) epistle, letter
23 ξένος, ὁ (1-14) host; stranger, alien
οἰκονόμος, ὁ (1-10) steward, manager, here-city treasurer
25 στηρίζω (2-14) establish
κήρυγμα, τό (1-8) preaching, proclamation
ἀποκάλυψις, ἡ (3-18) revelation
μυστήριον, τό (2-27) mystery
σιγάω (1-10) be silent, keep secret, conceal
26 φανερόω (3-49) reveal, make known, show
προφητικός (1-2) prophetic
ἐπιταγή, ἡ (1-7) command, order, injunction
γνωρίζω (3-26) make known
27 σοφός (4-20) wise

THE FIRST EPISTLE TO THE CORINTHIANS

SPECIAL VOCABULARY

ἁμαρτάνω (7-42) sin
ἀνακρίνω (10-16) discern, judge; examine, question
ἄπιστος (11-23) faithless, unbelieving
ἄρτι (7-36) present, now, just
ἀσθενής (11-25) weak
βρῶμα, τό (6-17) food
γαμέω (9-28) marry
γνῶσις, ἡ (10-29) knowledge
ἐλεύθερος (6-23) free
ἔπειτα (6-16) then, thereupon
εὐχαριστέω (6-38) give thanks
καταργέω (9-27) make ineffective, nullify; abolish, destroy
καυχάομαι (6-37) boast
κοιμάω (6-18) pass. only; sleep, die
μέλος, τό (16-34) member, part, limb
μέρος, τό (7-42) part

νήπιος (6-14) infant, babe, minor
νοῦς, ὁ (7-24) mind, attitude, understanding
οἰκοδομέω (6-40) build, edify, benefit, strengthen
παρθένος, ἡ (6-15) virgin, maiden
πνευματικός (15-26) spiritual
ποτήριον, τό (8-31) cup
ποῦ (8-47) where?
προφητεύω (11-28) prophesy
σοφός (11-20) learned, wise
συνείδησις, ἡ (8-30) conscience, consciousness
συνέρχομαι (7-30) come together, assemble, gather
ὑποτάσσω (9-38) subject, subordinate
φυσιόω (6-7) puff up, make proud
χάρισμα, τό (7-17) gift, favor

CHAPTER 1

1 κλητός (3-10) called, invited
2 ἁγιάζω (4-27) sanctify, make holy
  ἐπικαλέω (1-30) call; mid. call upon
4 πάντοτε (2-41) always
5 πλουτίζω (1-3) make rich
6 μαρτύριον, τό (2-20) testimony, witness
  βεβαιόω (2-8) confirm, establish
7 ὑστερέω (3-16) fail, lack, be inferior; pass. lack, come short of
  ἀπεκδέχομαι (1-8) await
8 ἀποκάλυψις, ἡ (3-18) revelation, disclosure
  βεβαιόω (2-8) confirm, establish
  τέλος, τό (3-41) end
  ἀνέγκλητος (1-5) blameless, irreproachable

9 κοινωνία, ἡ (3-19) fellowship, communion
10 τὸ αὐτὸ λέγειν agree
  σχίσμα, τό (3-8) division, dissension
  καταρτίζω (1-13) make complete, restore, perfect, prepare
  γνώμη, ἡ (3-9) purpose, intention, opinion
11 δηλόω (2-7) show
  ἔρις, ἡ (2-9) strife, discord, contention
13 μερίζω (3-14) divide, distribute, apportion
  σταυρόω (4-46) crucify
17 κενόω (2-5) empty, destroy, deprive
  σταυρός, ὁ (2-27) cross
18 μωρία, ἡ (5-5) foolishness
19 σύνεσις, ἡ (1-7) understanding, insight
  συνετός (1-4) intelligent, wise

148

ἀθετέω (1-15) set aside, reject
20 συζητής, ὁ (1-1) disputer, disputant
μωραίνω (1-4) make foolish
21 ἐπειδή (4-10) since, since that; when
εὐδοκέω (2-21) take delight; consider good, consent
μωρία, ἡ (5-5) foolishness
κήρυγμα, τό (3-8) proclamation, announcement
22 ἐπειδή (4-10) since, since that; when
23 σταυρόω (4-46) crucify
σκάνδαλον, τό (1-15) stumbling block, offense
μωρία, ἡ (5-5) foolishness
24 κλητός (3-10) called
25 μωρός (4-12) foolish, stupid
ἰσχυρός (4-28) strong
26 κλῆσις, ἡ (2-11) call; station, vocation
δυνατός (1-32) powerful, strong
εὐγενής (1-3) well born, high born
27 μωρός (4-12) foolish
ἐκλέγομαι (3-22) choose, select
καταισχύνω (5-13) put to shame
28 ἀγενής (1-1) not of noble birth; base, low
ἐξουθενέω (3-11) despise, treat with contempt
30 ἁγιασμός, ὁ (1-10) holiness, consecration, sanctification
ἀπολύτρωσις, ἡ (1-10) redemption

CHAPTER 2

1 ὑπεροχή, ἡ (1-2) excellence, preeminence
καταγγέλλω (3-18) proclaim, declare
μαρτύριον, τό (2-20) testimony, witness
2 εἰδέναι pft. act. inf. of οἶδα
σταυρόω (4-46) crucify
3 ἀσθένεια, ἡ (2-24) weakness, sickness
φόβος, ὁ (5-47) fear
τρόμος, ὁ (1-5) trembling
4 κήρυγμα, τό (3-8) proclamation, announcement
πειθός (1-1) persuasive or

πειθώ, -οῦς, ἡ (1-1) persuasiveness
ἀπόδειξις, ἡ (1-1) proof
6 τέλειος (3-19) perfect, mature
ἄρχων, ὁ (2-37) ruler
7 μυστήριον, τό (5-27) mystery
ἀποκρύπτω (1-4) hide
προορίζω (1-6) predestine
8 ἄρχων, ὁ (2-37) ruler
σταυρόω (4-46) crucify
9 οὖς, τό (2-36) ear
ἑτοιμάζω (1-41) prepare
10 ἀποκαλύπτω (3-26) reveal
ἐρευνάω (1-6) search, examine
βάθος, τό (1-8) depth
12 χαρίζομαι (1-23) give freely
13 διδακτός (2-3) taught
ἀνθρώπινος (3-7) human
συγκρίνω (1-3) combine, compare; interpret
14 ψυχικός (4-6) unspiritual, physical, natural
μωρία, ἡ (5-5) foolishness
πνευματικῶς (1-2) spiritually
16 συμβιβάζω (1-7) teach, instruct; unite; conclude

CHAPTER 3

1 σάρκινος (1-4) fleshly, carnal
2 γάλα, τό (2-5) milk
ποτίζω (5-15) give to drink; water
οὔπω (2-27) not yet
3 σαρκικός (3-7) fleshly, carnal, material
ζῆλος, ὁ (1-17) jealousy, envy; zeal
ἔρις, ἡ (2-9) strife, contention
5 διάκονος, ὁ (1-29) servant
6 φυτεύω (4-11) plant
ποτίζω (5-15) water
αὐξάνω (2-22) increase, cause to grow, grow
8 μισθός, ὁ (4-29) reward, wages
κόπος, ὁ (2-18) labor, work; trouble
9 συνεργός, ὁ (1-13) fellow-worker
γεώργιον, τό (1-1) field, cultivated land
οἰκοδομή, ἡ (5-18) building
10 ἀρχιτέκτων, ὁ (1-1) master builder

θεμέλιος, ὁ (3-16) foundation
ἐποικοδομέω (4-7) build upon
11 κεῖμαι (1-24) lie
12 ἐποικοδομέω (4-7) build upon
θεμέλιος, ὁ (3-16) foundation
χρυσίον, τό (1-13) gold
ἀργύριον, τό (1-21) silver
τίμιος (1-13) precious
ξύλον, τό (1-20) wood, tree
χόρτος, ὁ (1-15) grass, hay
καλάμη, ἡ (1-1) stubble, stalk, straw
13 φανερός (3-18) clear, open, plain
δηλόω (2-7) reveal, make clear, show
ἀποκαλύπτω (3-26) reveal
ὁποῖος (1-5) of what sort
δοκιμάζω (3-22) test, examine; approve
14 ἐποικοδομέω (4-7) build upon
μισθός, ὁ (4-29) reward, wages
15 κατακαίω (1-12) burn down
ζημιόω (1-6) damage; pass. suffer damage or loss
16 ναός, ὁ (4-45) temple
οἰκέω (3-8) dwell
17 φθείρω (2-8) destroy, corrupt
18 ἐξαπατάω (1-6) deceive; cheat
μωρός (4-12) foolish
19 μωρία, ἡ (5-5) foolishness
δράσσομαι (1-1) grasp, lay hold of
πανουργία, ἡ (1-5) craftiness, cunning
20 διαλογισμός, ὁ (1-14) thought, reasoning
μάταιος (2-6) futile, useless, vain
22 ἐνίστημι (2-7) be present, have come; impend, imminent

CHAPTER 4

1 λογίζομαι (3-40) consider, reckon
ὑπηρέτης, ὁ (1-20) servant, helper, assistant
οἰκονόμος, ὁ (2-10) administrator, steward
μυστήριον, τό (5-27) mystery
2 ὧδε λοιπόν in this case, moreover
3 ἐλάχιστος (3-14) least, smallest
ἀνθρώπινος (3-7) human with

ἡμέρα, human court
4 σύνοιδα (1-4) def. vb. pft. w. pres. mng. share knowledge with; σύνοιδα ἐμαυτῷ I am conscious
δικαιόω (2-39) justify, acquit
5 πρό (2-47) before
φωτίζω (1-11) bring to light, illuminate
κρυπτός (2-17) hidden
σκότος, τό (1-30) darkness
φανερόω (1-49) make clear, reveal
βουλή, ἡ (1-12) counsel, purpose
ἔπαινος, ὁ (1-11) praise
6 μετασχηματίζω (1-5) apply, transform
μανθάνω (3-25) learn
7 διακρίνω (5-19) concede superiority, make a distinction, differentiate, judge
8 κορέννυμι (1-2) satiate, fill
πλουτέω (1-12) become rich, be rich
χωρίς (3-41) without, apart from
βασιλεύω (3-21) reign
ὄφελον (1-4) O that, would that
συμβασιλεύω (1-2) reign together
9 ἀποδείκνυμι (1-4) show forth, display; make, proclaim
ἐπιθανάτιος (1-1) condemned to death
θέατρον, τό (1-3) theatre, spectacle
10 μωρός (4-12) foolish, stupid
φρόνιμος (2-14) wise, sensible, prudent
ἰσχυρός (4-28) strong
ἔνδοξος (1-4) honored, distinguished, glorious
ἄτιμος (2-4) dishonored
11 ἄχρι (3-48) until
πεινάω (3-23) hunger
διψάω (1-16) thirst
γυμνιτεύω (1-1) be poorly clothed
κολαφίζω (1-5) strike with the fist, beat, treat roughly
ἀστατέω (1-1) be unsettled, homeless
12 κοπιάω (3-22) labor, toil
ἐργάζομαι (4-41) work

λοιδορέω (1-4) revile, reproach
εὐλογέω (3-42) bless
διώκω (3-44) persecute, pursue
ἀνέχομαι (1-15) endure, bear with

13 δυσφημέω (1-1) use evil words, defame
περικάθαρμα, τό (1-1) dirt, refuse, offscouring
περίψημα, τό (1-1) dirt, offscouring

14 ἐντρέπω (1-9) make ashame
νουθετέω (1-8) admonish

15 μύριοι (2-3) ten thousand, innumerable
παιδαγωγός, ὁ (1-3) attendant, guide, custodian

16 μιμητής, ὁ (2-6) imitator
ἀναμιμνήσκω (1-6) remind
πανταχοῦ (1-7) everywhere

19 ταχέως (1-10) quickly, hastily

21 ῥάβδος, ἡ (1-11) rod, staff
πραΰτης, ἡ (1-11) gentleness, meekness

CHAPTER 5

1 ὅλως (3-4) actually, generally speaking
πορνεία, ἡ (5-25) fornication, immorality

2 πενθέω (1-10) mourn, lament
πράσσω (2-39) do, accomplish

3 ἄπειμι (1-7) be absent
πάρειμι (2-24) be present
κατεργάζομαι (1-22) do, accomplish, produce

4 συναχθέντων 1 aor. part. of συνάγω

5 σατάν, ᾶς, ὁ (2-36) Satan
ὄλεθρος, ὁ (1-4) ruin, destruction

6 καύχημα, τό (3-11) boasting
μικρός (1-30) little, small
ζυμή, ἡ (4-13) leaven
φύραμα, τό (2-5) lump of dough
ζυμόω (1-4) leaven

7 ἐκκαθαίρω (1-2) clean out, cleanse
παλαιός (2-19) old
νέος (1-23) new
ἄζυμος (2-9) unleavened
πάσχα, τό (1-29) Passover

θύω (2-13) sacrifice, kill

8 ἑορτάζω (1-1) celebrate a festival
ζυμή, ἡ (4-13) leaven
κακία, ἡ (2-11) badness, wickedness
πονηρία, ἡ (1-7) wickedness, baseness
εἰλικρίνεια, ἡ (1-3) sincerity, purity

9 ἐπιστολή, ἡ (2-24) epistle, letter
συναναμείγνυμι (2-3) mix up together; pass. associate with
πόρνος, ὁ (4-10) fornicator, immoral person

10 πάντως (4-8) by no means; certainly
πλεονέκτης, ὁ (3-4) covetous person
ἅρπαξ, ὁ (3-5) robber, swindler
εἰδωλολάτρης, ὁ (4-7) idolater
ἐπεί (5-26) because, since
ὀφείλω (5-35) be obligated, must, ought; owe
ἄρα (5-49) then

11 συναναμείγνυμι (2-3) mix up together; pass. associate with
ὀνομάζω (1-9) name, call
πόρνος, ὁ (4-10) fornicator, immoral person
λοίδορος, ὁ (2-2) reviler, abusive person
μέθυσος, ὁ (2-2) drunkard
συνεσθίω (1-5) eat together

12 ἔσω (1-9) inside

13 ἐξαίρω (1-1) remove, drive away

CHAPTER 6

1 τολμάω (1-16) dare, venture
πρᾶγμα, τό (1-11) lawsuit, dispute; deed, thing
ἐπί before
ἄδικος (2-12) unjust

2 ἀνάξιος (1-1) unworthy
κριτήριον, τό (2-3) tribunal, law court; lawsuit
ἐλάχιστος (3-14) least

3 μήτι γε not to speak of, let alone
βιωτικός (2-3) pertaining to life; here-ordinary matters

4 ἐξουθενέω (3-11) despise, disdain

καθίζω (2-45) appoint, seat

5 ἐντροπή, ἡ (2-2) shame; respect
ἔνι (1-6) short form of ἔνεστι exist, be
διακρίνω (5-19) judge, differentiate
ἀνὰ μέσον between

7 ὅλως (3-4) actually
ἥττημα, τό (1-2) defeat
κρίμα, τό (3-27) dispute, lawsuit; judgment
ἀδικέω (2-27) do wrong
ἀποστερέω (3-5) defraud, deprive

9 ἄδικος (2-12) unjust
κληρονομέω (4-18) inherit
πλανάω (2-39) deceive, err
πόρνος, ὁ (4-10) fornicator, immoral person
εἰδωλολάτρης, ὁ (4-7) idolater
μοίχος, ὁ (1-3) adulterer
μαλακός (1-4) soft, effeminate; catamite
ἀρσενοκοίτης, ὁ (1-2) male homosexual, sodomite

10 κλέπτης, ὁ (1-16) thief
πλεονέκτης, ὁ (3-4) covetous person
μέθυσος, ὁ (2-2) drunkard
λοίδορος, ὁ (2-2) reviler, abusive person
ἅρπαξ, ὁ (3-5) robber, swindler

11 ἀπολούω (1-2) wash away
ἁγιάζω (4-27) sanctify
δικαιόω (2-39) justify

12 ἔξεστιν (4-31) it is permitted, possible, proper
συμφέρω (3-15) benefit, profit
ἐξουσιάζω (3-4) have right as power; pass. be mastered

13 κοιλία, ἡ (2-23) stomach
πορνεία, ἡ (5-25) fornication, immorality

14 ἐξεγείρω (1-2) raise up, awaken
15 πόρνη, ἡ (2-12) harlot, prostitute
16 κολλάω (2-12) unite, join
18 φεύγω (2-29) flee
πορνεία, ἡ (5-25) fornication, immorality
ἁμάρτημα, τό (1-5) sin
ἐκτός (4-8) outside
πορνεύω (3-8) practice prostitution or sexual immorality

19 ναός, ὁ (4-45) temple

20 ἀγοράζω (3-30) buy
τιμή, ἡ (4-41) price, value; honor
δή (1-5) therefore, now, indeed

CHAPTER 7

1 ἅπτω (1-39) light, kindle; mid. touch, hold
2 πορνεία, ἡ (5-25) fornication, immorality
3 ὀφειλή, ἡ (1-3) debt, duty, obligation
ἀποδίδωμι (1-47) give up or back, render
ὁμοίως (3-31) likewise
4 ἐξουσιάζω (3-4) have right or power
5 ἀποστερέω (3-5) defraud, deprive
σύμφωνος (1-1) agreeing, harmonious; subst. agreement
σχολάζω (1-2) have time or leisure, devote oneself to; be unoccupied
προσευχή, ἡ (1-36) prayer
πειράζω (3-38) tempt, try
σατανᾶς, ὁ (2-36) Satan
ἀκρασία, ἡ (1-2) want of power or self-control, incontinence
6 συγγνώμη, ἡ (1-1) concession, indulgence
ἐπιταγή, ἡ (2-7) command
8 ἄγαμος, ὁ (4-4) unmarried
χήρα, ἡ (1-26) widow
9 ἐγκρατεύομαι (2-2) exercise self-control
κρεῖττον (3-19) better
πυρόω (1-6) burn up
10 παραγγέλλω (2-30) command, instruct
χωρίζω (4-13) separate, divide
11 ἄγαμος (4-4) unmarried
καταλλάσσω (1-6) reconcile
ἀφιέναι pres. act. inf. of ἀφίημι
12 συνευδοκέω (2-6) consent, agree to
οἰκέω (3-8) dwell, live
14 ἁγιάζω (4-27) sanctify, consecrate
ἐπεί (5-26) since, because
ἄρα (5-49) then
ἀκάθαρτος (1-31) unclean, impure

15 χωρίζω (4-13) separate, divide
δουλόω (2-8) enslave, subject
17 μερίζω (3-14) divide, distribute
διατάσσω (4-16) act. and mid. order, direct, command
18 περιτέμνω (2-17) circumcise
ἐπισπάομαι (1-1) become as uncircumcised
ἀκροβυστία, ἡ (2-20) uncircumcision
19 περιτομή, ἡ (1-35) circumcision
τήρησις, ἡ (1-3) keeping, observance
20 κλῆσις, ἡ (2-11) call, station, vocation
21 μέλει (2-10) impers. it is a care
χράομαι (4-11) make use of, employ
22 ἀπελεύθερος (1-1) freedman
ὁμοίως (3-31) likewise
23 τιμή, ἡ (4-41) price
ἀγοράζω (3-30) buy
25 ἐπιταγή, ἡ (2-7) command
γνώμη, ἡ (3-9) opinion, judgment
ἐλεέω (1-32) have mercy; pass. find mercy, be shown mercy
26 νομίζω (2-15) think, consider
ἐνεστῶσαν 2 perf. act. of ἐνίστημι be present; impend
ἀνάγκη, ἡ (3-17) distress, necessity
27 δέω (2-41) bind, tie
λύσις, ἡ (1-1) release, separation
λύω (1-42) loose, release
28 θλῖψις, ἡ (1-45) tribulation, affliction
φείδομαι (1-10) spare
29 συστέλλω (1-2) draw together, shorten
30 κλαίω (1-38) weep, cry
ἀγοράζω (3-30) buy
κατέχω (3-17) possess; hold fast, suppress
31 χράομαι (4-11) make use of
καταχράομαι (2-2) make full use of
παράγω (1-10) pass away or by
σχῆμα, τό (1-2) form or shape
32 ἀμέριμνος (1-2) free from anxiety, care
ἄγαμος, ὁ (4-4) unmarried
μεριμνάω (5-19) be anxious, care for

ἀρέσκω (4-17) please
34 μερίζω (3-14) divide
ἄγαμος, ὁ (4-4) unmarried
μεριμνάω (5-19) be anxious, care for
35 ὑμῶν αὐτῶν "your own" reflex. pl.
σύμφορος (2-4) beneficial, subst. benefit, advantage
βρόχος, ὁ (1-1) noose, snare
ἐπιβάλλω (1-18) throw over, lay on
εὐσχήμων (2-5) proper; subst. good order
εὐπάρεδρος (1-1) constant; subst. constancy, devotion
ἀπερισπάστως (1-1) without distraction
36 ἀσχημονέω (2-2) behave disgracefully or indecently
νομίζω (2-15) think, consider
ὑπέρακμος (1-1) past the bloom of youth; with strong passions
ὀφείλω (5-35) be obligated; must, ought
37 ἑδραῖος (2-3) steadfast, firm
ἀνάγκη, ἡ (3-17) necessity, compulsion
καλῶς (3-37) well, rightly
38 γαμίζω (2-7) give in marriage; marry (?)
κρεῖσσον (3-19) better
39 δέω (2-41) bind, tie
40 γνώμη, ἡ (3-9) opinion, judgment; purpose

CHAPTER 8

1 εἰδωλόθυτος (5-9) only subst. meat offered to idols
2 οὔπω (2-27) not yet
4 βρῶσις, ἡ (1-11) eating, food
εἰδωλόθυτος (5-9) only subst. meat offered to idols
εἴδωλον, τό (4-11) idol
5 εἴπερ (2-6) if indeed
ὥσπερ (5-36) just as, even as
7 συνήθεια, ἡ (2-3) habit, custom; friendship
εἴδωλον, τό (4-11) idol
εἰδωλόθυτος (5-9) only subst. meat offered to idols

μολύνω (1-3) pollute, defile

8 παρίστημι (1-41) bring before (the judgment seat), place beside, present
ὑστερέω (3-16) fall short, be inferior
περισσεύω (3-39) abound, overflow, have excess

9 πώς (2-14) somehow, in some way, perhaps
πρόσκομμα, τό (1-6) stumbling, offense

10 εἰδωλεῖον, τό (1-1) idol's temple
κατάκειμαι (1-12) lie down, recline
εἰδωλόθυτος (5-9) only subst. meat offered to idols

11 ἀσθενέω (2-33) be weak

12 τύπτω (1-13) strike, beat, wound

13 διόπερ (2-2) wherefore
σκανδαλίζω (2-29) cause to fall or sin; give offense
κρέας, ἡ (1-2) flesh, meat

CHAPTER 9

2 σφραγίς, ἡ (1-16) seal
ἀποστολή, ἡ (1-4) apostleship

3 ἀπολογία, ἡ (1-8) defense

5 ἀδελφή, ἡ (2-26) sister
περιάγω (1-6) lead around, take about

6 ἐργάζομαι (4-41) work, do

7 στρατεύομαι (1-7) serve as soldier
ὀψώνιον, τό (1-4) soldier's pay, wages, hire
ποτέ (1-29) ever; formerly
φυτεύω (4-11) plant
ἀμπελών, ὁ (1-23) vineyard
ποιμαίνω (1-11) shepherd, tend
ποίμνη, ἡ (2-5) flock
γάλα, τό (2-5) milk

9 κημόω (1-1) muzzle
βοῦς, ὁ (2-8) ox
ἀλοάω (2-3) thresh
μέλει (2-10) impers. it is a care

10 πάντως (4-8) certainly, doubtless
ὀφείλω (5-35) be obligated, ought
ἀροτριάω (1-2) plow
ἀλοάω (2-3) thresh

μετέχω (5-8) partake, share

11 σαρκικός (3-7) earthly, material; fleshly
θερίζω (1-21) reap

12 μετέχω (5-8) partake, share
χράομαι (4-11) make use of
στέγω (2-4) bear, endure
ἐγκοπή, ἡ (1-1) hindrance

13 ἱερός (2-3) holy; τὰ ἱερά holy things
ἐργάζομαι (4-41) work, do; τὰ ἱερὰ ἐργ. perform holy services
θυσιαστήριον, τό (3-23) altar
παρεδρεύω (1-1) serve regularly, wait on, attend constantly
συμμερίζομαι (1-1) have a share in

14 διατάσσω (4-16) command, charge
καταγγέλλω (3-18) proclaim

15 χράομαι (4-11) make use of
καύχημα, τό (3-11) boasting
κενόω (2-5) make empty, deprive

16 ἀνάγκη, ἡ (3-17) necessity, compulsion
ἐπίκειμαι (1-7) lie upon, press upon
οὐαί (1-45) woe

17 ἑκών (1-2) willingly, of one's own will
πράσσω (2-39) do, accomplish
μισθός, ὁ (4-29) reward, wages
ἄκων (1-1) unwillingly, not of one's own will
οἰκονομία, ἡ (1-9) commission, management, arrangement

18 ἀδάπανος (1-1) without expense
καταχράομαι (2-2) make full use

19 δουλόω (2-8) enslave, subject
κερδαίνω (5-17) gain, win

21 ἄνομος (3-8) without law
ἔννομος (1-2) subject to law, true to law
κερδαίνω (5-17) gain, win

22 πάντως (4-8) by all means, certainly

23 συγκοινωνός, ὁ (1-4) participant, sharer

24 στάδιον, τό (1-7) stadium, arena; stade
τρέχω (4-18) run
βραβεῖον, τό (1-2) prize

154

καταλαμβάνω (1-3) seize, win; overtake

25 ἀγωνίζομαι (1-8) engage in contest; fight, struggle
ἐγκρατεύομαι (2-2) exercise self-control
φθαρτός (3-6) perishable, corruptible
στέφανος, ὁ (1-18) crown
ἄφθαρτος (2-7) imperishable, incorruptible

26 τοίνυν (1-3) hence, so, indeed
τρέχω (4-18) run
ἀδήλως (1-1) uncertainly
πυκτεύω (1-1) box
ἀήρ, ὁ (2-7) air
δέρω (1-15) beat, strike

27 ὑπωπιάζω (1-2) treat roughly; give a black eye to
δουλαγωγέω (1-1) enslave, bring into subjection
μή πως so that, lest somehow
ἀδόκιμος (1-1) disqualified, worthless, base

CHAPTER 10

1 ἀγνοέω (3-21) be ignorant, not to know
νεφέλη, ἡ (2-25) cloud
διέρχομαι (3-42) pass through, go through

4 πόμα, τό (1-2) drink
πέτρα, ἡ (2-15) rock

5 εὐδοκέω (2-21) be well-pleased, delight; consider good, consent
καταστρώννυμι (1-1) kill, lay low

6 τύπος, ὁ (1-14) example, pattern, type
ἐπιθυμητής, ὁ (1-1) one who desires
κἀκεῖνος (1-22) even that one
ἐπιθυμέω (1-16) desire

7 εἰδωλολάτρης, ὁ (4-7) idolater
ὥσπερ (5-36) just as
καθίζω (2-45) sit
παίζω (1-1) play, dance

8 πορνεύω (3-8) commit fornication or immorality
εἴκοσι (1-11) twenty
χιλιάς, ἡ (1-23) thousand

9 ἐκπειράζω (1-4) tempt, try
πειράζω (3-38) tempt, try

ὄφις, τό (1-14) serpent, snake
ἀπώλλυντο impft. pass. of ἀπόλλυμι destroy

10 γογγύζω (2-8) murmur, grumble
καθάπερ (2-7) just as, even as
ὀλοθρευτής, ὁ (1-1) destroyer

11 τυπικῶς (1-1) typically, by way of example
συμβαίνω (1-8) happen, meet, come about
νουθεσία, ἡ (1-3) admonition, instruction, warning
τέλος, τό (3-41) end
καταντάω (2-13) come to, arrive at

12 ἑστάναι pft. act. inf. of ἵστημι

13 πειρασμός, ὁ (2-21) trial, temptation
εἴληφεν pft. ind. of λαμβάνω
ἀνθρώπινος (3-7) human
ἐάω (1-11) let, permit
πειράζω (3-38) try, tempt
ἔκβασις, ἡ (1-2) way out, end
ὑποφέρω (1-3) bear, endure

14 διόπερ (2-2) wherefore
φεύγω (2-29) flee
εἰδωλολατρία, ἡ (1-4) idolatry

15 φρόνιμος (2-14) wise, sensible, prudent

16 εὐλογία, ἡ (1-16) blessing
εὐλογέω (3-42) bless
κοινωνία, ἡ (3-19) fellowship
κλάω (2-14) break

17 μετέχω (5-8) share, partake

18 θυσία, ἡ (1-28) sacrifice
κοινωνός, ὁ (2-10) partner, sharer
θυσιαστήριον, τό (3-23) altar

19 εἰδωλόθυτος (5-9) only subst. meat offered to idols
εἴδωλον, τό (4-11) idol

20 θύω (2-13) sacrifice
κοινωνός, ὁ (2-10) partner, sharer

21 τράπεζα, ἡ (2-15) table
μετέχω (5-8) share

22 παραζηλόω (1-4) provoke to jealousy
ἰσχυρός (4-28) strong

23 ἔξεστι (4-31) it is permitted, lawful
συμφέρω (3-15) be profitable

25 μάκελλον, τό (1-1) meat market, food market

πωλέω (1-22) sell
26 πλήρωμα, τό (1-17) fullness
27 παρατίθημι (1-19) place beside, set before
28 ἱερόθυτος (1-1) subst. meat offered in sacrifice
μηνύω (1-4) make known, reveal
29 ἱνατί (1-6) why
ἐλευθερία, ἡ (1-11) freedom
30 μετέχω (5-8) share, partake
βλασφημέω (1-34) revile, defame
32 ἀπρόσκοπος (1-3) giving no offense; without offense, blameless
33 ἀρέσκω (4-17) please
σύμφορος, ὁ (2-4) advantage, profit, benefit

CHAPTER 11

1 μιμητής, ὁ (2-6) imitator
2 ἐπαινέω (4-6) praise
μιμνήσκομαι (1-23) remember
παράδοσις, ἡ (1-13) tradition
κατέχω (3-17) possess, hold fast
4 κατὰ κεφαλῆς ἔχειν have something on one's head
καταισχύνω (5-13) put to shame, disgrace
5 ἀκατακάλυπτος (2-2) uncovered, unveiled
ξυράω (2-3) shave; mid. have oneself shaved
6 κατακαλύπτω (3-3) cover, veil
κείρω (2-4) shear
αἰσχρός (2-4) base, shameful
7 ὀφείλω (5-35) be obligated, ought
εἰκών, ἡ (3-23) image, likeness
9 κτίζω (1-15) create
10 ὀφείλω (5-35) be obligated, ought
11 πλήν (1-31) nevertheless, yet, but
χωρίς (3-41) apart from, without
12 ὥσπερ (5-36) as
13 πρέπω (1-7) be fitting or becoming, proper
ἀκατακάλυπτος (2-2) uncovered, unveiled
14 φύσις, ἡ (1-12) nature
κομάω (2-2) wear long hair

ἀτιμία, ἡ (2-7) dishonor, disgrace, shame
15 κόμη, ἡ (1-1) hair
ἀντί (1-22) instead of, in place of
περιβόλαιον, τό (1-2) covering, wrap
16 φιλόνεικος (1-1) quarrelsome, contentious
συνήθεια, ἡ (2-3) habit, custom; friendship
17 παραγγέλλω (2-30) command, instruct, direct
ἐπαινέω (4-6) praise
κρείσσων (3-19) better
ἥσσων (1-2) worse, inferior
18 σχίσμα, τό (3-8) division, dissension
19 αἵρεσις, ἡ (1-9) dissension, faction; opinion; school, sect
δόκιμος (1-7) genuine, approved
φανερός (3-18) clear, evident
20 κυριακός (1-2) the Lord's
δεῖπνον, τό (2-16) supper
21 προλαμβάνω (1-3) take beforehand
πεινάω (3-23) be hungry
μεθύω (1-7) be drunk
22 καταφρονέω (1-9) despise
καταισχύνω (5-13) put to shame, disgrace
ἐπαινέω (4-6) praise
23 παραλαμβάνω (3-49) receive, take over; take along
24 κλάω (2-14) break
ἀνάμνησις, ἡ (2-4) remembrance
25 ὡσαύτως (1-17) likewise
δειπνέω (1-4) eat, dine
καινός (1-42) new
διαθήκη, ἡ (1-33) covenant
ὁσάκις (2-3) as often as
26 καταγγέλλω (3-18) proclaim
ἄχρι (3-48) until
27 ἀναξίως (1-1) unworthily
ἔνοχος (1-10) liable, guilty; subject to
28 δοκιμάζω (3-22) test, try, prove
29 κρίμα, τό (3-27) judgment
διακρίνω (5-19) recognize, judge correctly; make distinction; doubt
30 ἄρρωστος (1-5) sick, ill
ἱκανός (2-40) many, sufficient; fit, able
31 διακρίνω (5-19) judge; judge correctly

32 παιδεύω (1-13) discipline, correct; bring up, instruct
κατακρίνω (1-16) condemn
33 ἐκδέχομαι (2-6) wait for
34 πεινάω (3-23) be hungry
κρίμα, τό (3-27) judgment
διατάσσω (4-16) charge, command

CHAPTER 12

1 ἀγνοέω (3-21) not to know, be ignorant
2 εἴδωλον, τό (4-11) idol
ἄφωνος (2-4) dumb, speechless
ἀπάγω (1-15) lead away
3 γνωρίζω (2-26) make known
ἀνάθεμα, τό (2-6) object of curse, so here-curse
4 διαίρεσις, ἡ (3-3) apportionment, division; difference, variety
5 διακονία, ἡ (2-33) service, office
6 διαίρεσις, ἡ (3-3) difference
ἐνέργημα, τό (2-2) activity
ἐνεργέω (2-21) work, operate, effect
7 φανέρωσις, ἡ (1-2) manifestation, disclosure
συμφέρω (3-15) be profitable
9 ἴαμα, τό (3-3) healing, remedy
10 ἐνέργημα, τό (2-2) activity
προφητεία, ἡ (5-19) prophecy
διάκρισις, ἡ (1-3) distinguishing, differentiation
γένος, τό (3-20) class, kind; nation
ἑρμηνεία, ἡ (2-2) interpretation
11 ἐνεργέω (2-21) work, operate, effect
διαιρέω (1-2) distribute, divide
βούλομαι (1-37) wish, will
12 καθάπερ (2-17) just as
13 ποτίζω (5-15) give to drink, cause to drink
16 οὖς, τό (2-36) ear
17 ἀκοή, ἡ (2-24) faculty of hearing, art of hearing; report
ὄσφρησις, ἡ (1-1) smelling
21 χρεία, ἡ (3-49) need
22 ἀναγκαῖος (1-8) necessary
23 ἄτιμος (2-4) insignificant, dishonored
τιμή, ἡ (4-41) honor, price

περισσότερος (2-16) greater, more
περιτίθημι (1-8) grant, bestow; put around
ἀσχήμων (1-1) shameful, unpresentable; indecent
εὐσχημοσύνη, ἡ (1-1) propriety, decorum
24 εὐσχήμων (2-5) proper, presentable
χρεία, ἡ (3-49) need
συγκεράννυμι (1-2) mix, blend, unite
ὑστερέω (3-16) lack, miss, be inferior
25 σχίσμα, τό (3-8) division, dissension
μεριμνάω (5-19) be anxious, care for
26 πάσχω (1-40) suffer
συμπάσχω (1-2) suffer together
συγχαίρω (2-7) rejoice together
28 δεύτερος (2-44) second
τρίτος (1-48) third
ἴαμα, τό (3-3) healing
ἀντίλημψις, ἡ (1-1) help
κυβέρνησις, ἡ (1-1) administration
γένος, τό (3-20) kind, class; nation
30 ἴαμα, τό (3-3) healing
διερμηνεύω (4-6) interpret, translate
31 ζηλόω (4-11) strive, be jealous
μείζων (3-48) better
ὑπερβολή, ἡ (1-8) excess, extraordinary quality; καθ᾽ ὑπερβολήν better
δείκνυμι (1-32) show

CHAPTER 13

1 χαλκός, ὁ (1-5) copper, brass
ἠχέω (1-1) sound, ring out
κύμβαλον, τό (1-1) cymbal
ἀλαλάζω (1-2) clash; cry out loudly
2 προφητεία, ἡ (5-19) prophecy
μυστήριον, τό (5-27) mystery
κἄν (2-18) and if, even if
μεθίστημι (1-5) remove
3 ψωμίζω (1-2) feed, divide in small pieces, fritter

τὰ ὑπάρχοντα one's belongings
καίω (1-12) burn
ὠφελέω (2-15) help, benefit,
profit
4 μακροθυμέω (1-10) have pa-
tience, is forbearing
χρηστεύομαι (1-1) be kind
ζηλόω (4-11) be jealous; strive
περπερεύομαι (1-1) boast, brag
5 ἀσχημονέω (2-2) behave dis-
gracefully, dishonorably
παροξύνω (1-2) provoke to
wrath, irritate
λογίζομαι (3-40) reckon, calcu-
late
6 ἀδικία, ἡ (1-25) injustice
συγχαίρω (2-7) rejoice together
7 στέγω (2-4) bear, endure
ἐλπίζω (3-31) hope
ὑπομένω (1-17) bear, be stead-
fast, patient
8 οὐδέποτε (1-16) never
προφητεία, ἡ (5-19) prophecy
παύω (1-15) cause to stop; mid.
cease
10 τέλειος (3-19) perfect, mature
11 φρονέω (1-26) think
λογίζομαι (3-40) reason, reckon
12 ἔσοπτρον, τό (1-2) mirror
αἴνιγμα, τό (1-1) riddle, indis-
tinct image; ἐν αἰνίγματι dimly
ἐπιγινώσκω (4-44) know
13 νυνί (2-18) now
μείζων (3-48) greater, better

CHAPTER 14

1 διώκω (3-44) seek, pursue
ζηλόω (4-11) strive; be zealous,
jealous
2 μυστήριον, τό (5-27) mystery
3 οἰκοδομή, ἡ (5-18) edification,
building
παράκλησις, ἡ (1-29) exhorta-
tion, encouragement
παραμυθία, ἡ (1-1) comfort,
consolation
5 μείζων (3-48) greater
ἐκτός (4-8) outside; ἐκτὸς εἰ
μή = except, unless
διερμηνεύω (4-6) interpret,
translate
οἰκοδομή, ἡ (5-18) edification

6 ὠφελέω (2-15) profit, help,
benefit
ἀποκάλυψις, ἡ (3-18) revelation
προφητεία, ἡ (5-19) prophecy
διδαχή, ἡ (2-30) teaching
7 ὅμως (1-3) likewise; neverthe-
less, yet
ἄψυχος (1-1) inanimate, lifeless
αὐλός, ὁ (1-1) flute
κιθάρα, ἡ (1-4) lyre
διαστολή, ἡ (1-3) distinction,
difference
φθόγγος, ὁ (1-2) sound
αὐλέω (1-3) play the flute
κιθαρίζω (1-2) play the harp or
lyre
8 ἄδηλος (1-2) uncertain, indis-
tinct
σάλπιγξ, ἡ (2-11) trumpet
παρασκευάζω (1-4) prepare
πόλεμος, ὁ (1-18) war
9 εὔσημος (1-1) clear, distinct
ἀήρ, ὁ (2-7) air
10 τοσοῦτος (1-10) so many, so
great, so much
τύχοι aor. opt. of τυγχάνω (3-12)
meet, happen; εἰ τύχοι – per-
haps
γένος, τό (3-20) kind, class
ἄφωνος (2-4) incapable of con-
veying meaning; silent, dumb
11 βάρβαρος (2-6) speaking a for-
eign language; non-Greek
12 ἐπεί (5-26) since, when
ζηλωτής, ὁ (1-8) zealot, enthusi-
ast
οἰκοδομή, ἡ (5-18) edification
περισσεύω (3-39) abound, over-
flow
13 διερμηνεύω (4-6) interpret,
translate
14 ἄκαρπος (1-7) unfruitful
15 ψάλλω (2-5) sing, sing praise
16 ἐπεί (5-26) since, when
εὐλογέω (3-42) bless
ἀναπληρόω (2-6) fill, fulfill
ἰδιώτης, ὁ (3-5) layman; un-
gifted person
σός (2-27) your
εὐχαριστία, ἡ (1-15) thanks-
giving
ἐπειδή (4-10) since, since then
17 καλῶς (3-37) well, rightly
19 πέντε (1-38) five

κατηχέω (1-8) instruct, inform, teach
μύριοι (2-3) ten thousand
20 φρήν, ἡ (2-2) thinking, understanding
κακία, ἡ (2-11) evil, wickedness
νηπιάζω (1-1) be a child
τέλειος (3-19) mature, perfect
21 ἑτερόγλωσσος (1-1) speaking a foreign language
χεῖλος, τό (1-7) lip
εἰσακούω (1-5) obey, hear
22 προφητεία, ἡ (5-19) prophecy
23 ἰδιώτης, ὁ (3-5) layman; ungifted person
μαίνομαι (1-5) be mad, out of one's mind
24 ἐλέγχω (1-17) reprove, convict
25 κρυπτός (2-7) hidden
φανερός (3-18) visible, clear, open
ἀπαγγέλλω (1-46) proclaim, report
ὄντως (1-10) truly, indeed, really
26 ψαλμός, ὁ (1-7) song of praise, psalm
διδαχή, ἡ (2-30) teaching
ἀποκάλυψις, ἡ (3-18) revelation
ἑρμηνεία, ἡ (2-2) interpretation
οἰκοδομή, ἡ (5-18) edification
27 πλεῖστος (1-4) superl. of πολύς most
ἀνὰ μέρος in turn
διερμηνεύω (4-6) interpret, translate
28 διερμηνευτής, ὁ (1-1) interpreter
σιγάω (3-10) be silent
29 διακρίνω (5-19) judge, pass judgment
30 ἀποκαλύπτω (3-26) reveal
σιγάω (3-10) be silent
31 καθ᾽ ἕνα one by one
μανθάνω (3-25) learn
33 ἀκαταστασία, ἡ (1-5) disorder, confusion
34 σιγάω (3-10) be silent
ἐπιτρέπω (2-18) allow, permit
35 μανθάνω (3-25) learn
αἰσχρός (2-4) shameful, base
36 κατανταω (2-13) come to, arrive, reach
37 ἐπιγινώσκω (4-44) know
38 ἀγνοέω (3-21) not to recognize, disregard, not to know

39 ζηλόω (4-11) strive, be jealous
κωλύω (1-23) hinder
40 εὐσχημόνως (1-3) decently, becomingly; properly
τάξις, ἡ (1-9) arrangement, order

CHAPTER 15

1 γνωρίζω (2-26) make known
παραλαμβάνω (3-49) receive
2 κατέχω (3-17) hold fast
ἐκτός (4-8) outside
ἐκτὸς εἰ μή except
εἰκῆ (1-5) in vain, to no purpose, without due consideration
4 θάπτω (1-11) bury
τρίτος (1-48) third
5 ὤφθη aor. pass. of ὁράω to see; pass. appear
εἶτα (3-13) then, next
6 ἐπάνω (1-18) more than, over, above
πεντακόσιοι (1-2) five hundred
ἐφάπαξ (1-5) at once; once for all
8 ὡσπερεί (1-1) as, as it were
ἔκτρωμα, τό (1-1) untimely birth, miscarriage
κἀμοί also to me
9 ἐλάχιστος (3-14) least
ἱκανός (2-40) qualified, fit; sufficient
διότι (1-24) because, therefore
διώκω (3-44) persecute, pursue
10 κενός (4-18) vain, without result; without effect
περισσότερος (2-16) more, greater
κοπιάω (3-22) work hard, toil
12 ἀνάστασις, ἡ (4-42) resurrection
14 κενός (4-18) vain, without result
ἄρα (5-49) then
κήρυγμα, τό (3-8) proclamation
15 ψευδομάρτυς, ὁ (1-2) false witness
εἴπερ (2-6) if indeed, if after all, since
17 μάταιος (2-6) fruitless, worthless, useless
18 ἄρα (5-49) then
19 ἐλπίζω (3-31) hope
ἐλεεινός (1-2) pitiable, miserable

20 νυνί (2-18) now
άπαρχή, ή (3-9) first-fruits
21 ἐπειδή (4-10) since, since then
ἀνάστασις, ἡ (4-42) resurrection
22 ὥσπερ (5-36) as
ζωοποιέω (3-11) make alive,
quicken
23 τάγμα, τό (1-1) order, company,
rank
άπαρχή, ή (3-9) first-fruits
παρουσία, ἡ (2-24) coming, ar-
rival, advent
24 εἶτα (3-13) then, next
τέλος, τό (3-41) end
παραδιδοῖ pres. subj. 3 s. of
παραδίδωμι
25 βασιλεύω (3-21) reign
ἄχρι (3-48) until; ἄχρι οὗ until
the time when
ἐχθρός, ὁ (2-32) enemy; adj.
hostile
27 δῆλος (1-3) clear, evident
ἐκτός (4-8) except, outside
29 ἐπεί (5-26) because, since, for
ὅλως (3-4) actually, w. neg. not
at all
30 κινδυνεύω (1-4) be in danger,
run a risk
31 καθ' ἡμέραν daily
νή (1-1) particle of affirmation,
by my pride in you
ὑμέτερος (2-10) your
καύχησις, ἡ (1-11) boasting,
pride
32 θηριομαχέω (1-1) fight with
wild beasts
ὄφελος, τό (1-3) benefit, profit
αὔριον (1-14) adv. tomorrow
33 πλανάω (2-39) deceive, lead
astray
φθείρω (2-8) corrupt, destroy
ἦθος, τό (1-1) custom, manner,
habit
χρηστός (1-7) good, pleasant;
kind
ὁμιλία, ἡ (1-1) company, associ-
ation
34 ἐκνήφω (1-1) become sober,
come to one's senses
δικαίως (1-5) as you ought,
justly
ἀγνωσία, ἡ (1-2) ignorance
ἐντροπή, ἡ (2-2) shame, humili-
ation

35 ἐρεῖ fut. of λέγω
ποῖος (1-32) of what kind or sort
36 ἄφρων (1-11) without reason,
senseless, foolish
ζωοποιέω (3-11) make alive,
quicken
37 γυμνός (1-15) bare, naked
κόκκος, ὁ (1-7) grain
τυγχάνω (3-12) happen, chance,
impers. εἰ τύχοι it may be,
perhaps
σῖτος, ὁ (1-14) wheat, grain
38 σπέρμα, τό (1-44) seed
39 κτῆνος, τό (1-4) domesticated
animal
πτηνός (1-1) winged; subst. bird
ἰχθύς, ὁ (1-20) fish
40 ἐπουράνιος (4-18) heavenly
ἐπίγειος (2-7) earthly
41 ἥλιος, ὁ (1-32) sun
σελήνη, ἡ (1-9) moon
ἀστήρ, ὁ (2-23) star
διαφέρω (1-13) differ
42 ἀνάστασις, ἡ (4-42) resurrection
φθορά, ἡ (2-9) corruption, dis-
solution
ἀφθαρσία, ἡ (4-7) incorruptibi-
lity, immortality
43 ἀτιμία, ἡ (2-7) dishonor
ἀσθένεια, ἡ (2-24) weakness
44 ψυχικός (4-6) physical, unspirit-
ual
45 ζωοποιέω (3-11) make alive,
quicken
46 ψυχικός (4-6) physical, unspirit-
ual
47 χοϊκός (4-4) earthly, made of
dust
δεύτερος (2-44) second
48 οἷος (2-14) of what sort, (such)
as
ἐπουράνιος (4-18) heavenly
49 φορέω (2-6) bear constantly,
wear
εἰκών, ἡ (3-23) image
χοϊκός (4-4) earthly
ἐπουράνιος (4-18) heavenly
50 κληρονομέω (4-18) inherit
φθορά, ἡ (2-9) corruption, dis-
solution
ἀφθαρσία, ἡ (4-7) incorruptibi-
lity, immortality
51 μυστήριον, τό (5-27) mystery
ἀλλάσσω (2-6) transform, change

52 ἄτομος (1-1) subst. moment; indivisible
ῥιπή, ἡ (1-1) twinkling, rapid movement
σάλπιγξ, ἡ (2-11) trumpet
σαλπίζω (1-12) sound the trumpet
ἄφθαρτος (2-7) imperishable, incorruptible, immortal
53 φθαρτός (3-6) corruptible, mortal
ἐνδύω (4-28) put on, clothe
ἀφθαρσία, ἡ (4-7) incorruptibility, immortality
θνητός (2-6) subject to death, mortal
ἀθανασία, ἡ (2-3) immortality
55 καταπίνω (1-7) drink down, swallow
νῖκος, τό (3-4) victory
κέντρον, τό (2-4) sting
57 νῖκος, τό (3-4) victory
58 ἑδραῖος (2-3) steadfast, firm
ἀμετακίνητος (1-1) immoveable, firm
περισσεύω (3-39) abound
πάντοτε (2-41) always
κόπος, ὁ (2-18) toil, labor; trouble
κενός (4-18) vain, without result

CHAPTER 16

1 λογεία, ἡ (2-2) collection
ὥσπερ (5-36) as
διατάσσω (4-16) command, give orders
2 θησαυρίζω (1-8) lay up, store up
εὐοδόω (1-4) only pass. prosper, succeed
3 παραγίνομαι (1-36) come up, arrive
δοκιμάζω (3-22) prove, approve
ἐπιστολή, ἡ (2-24) letter, epistle
ἀποφέρω (1-6) carry, bear away
4 ἄξιος (1-41) worthwhile, fitting, proper; worthy
5 διέρχομαι (3-42) pass through, go through
6 τυχόν it turns out that way, perhaps; acc. absol. aor. neut. part. of τυγχάνω (3-12) meet, attain, gain

καταμένω (1-2) abide, remain
παραχειμάζω (1-4) spend winter
προπέμπω (2-9) send on one's way; help on one's journey; accompany
7 πάροδος, ἡ (1-1) passage, thoroughfare
ἐλπίζω (3-31) hope
ἐπιμένω (2-15) remain
ἐπιτρέπω (2-18) permit, allow
8 πεντηκοστή, ἡ (1-3) Pentecost
θύρα, ἡ (1-39) door
ἐνεργής (1-3) active, effective
ἀντίκειμαι (1-8) lie opposite, oppose, withstand
10 ἀφόβως (1-4) fearlessly
ἐργάζομαι (4-41) do, work, accomplish
11 ἐξουθενέω (3-11) despise
προπέμπω (2-9) send on one's way, help on one's journey; accompany
ἐκδέχομαι (2-6) wait for, look for
12 πάντως (4-8) w. neg. not at all; certainly
εὐκαιρέω (1-3) have time, leisure or opportunity
13 γρηγορέω (1-22) be watchful
στήκω (1-10) stand
ἀνδρίζομαι (1-1) conduct oneself in manly or courageous way
κραταιόω (1-4) strengthen; pass. become strong
15 ἀπαρχή, ἡ (3-9) first-fruits
διακονία, ἡ (2-33) service, ministry
τάσσω (1-8) place, assign, appoint
16 συνεργέω (1-5) work together
κοπιάω (3-22) toil, labor
17 παρουσία, ἡ (2-24) coming, arrival
ὑμέτερος (2-10) your
ὑστέρημα, τό (1-9) lack
ἀναπληρόω (2-6) fill up
18 ἀναπαύω (1-12) refresh, rest
ἐπιγινώσκω (4-44) know
20 φίλημα, τό (1-7) kiss
21 ἀσπασμός, ὁ (1-10) greeting
22 φιλέω (1-25) love
ἀνάθεμα, τό (2-6) curse, accursed
μαρὰν ἀθά (1-1) the Lord cometh (Aram)

THE SECOND EPISTLE TO THE CORINTHIANS

SPECIAL VOCABULARY

ἀσθένεια, ἡ (6-24) sickness, weakness

ἀσθενέω (7-33) be weak, sick

γνῶσις, ἡ (6-29) knowledge

διακονία, ἡ (12-33) service, ministry, office; aid, support, distribution

ἐπιστολή, ἡ (8-24) letter, epistle

ζῆλος, ὁ (6-17) zeal, jealousy, envy

θλῖψις, ἡ (9-45) oppression, affliction, tribulation

κατεργάζομαι (6-22) achieve, accomplish, do; bring about, produce; prepare

καυχάομαι (20-37) boast, glory

καύχησις, ἡ (6-11) boasting, object of boasting, reason for boasting

κίνδυνος, ὁ (8-9) danger, risk

λογίζομαι (8-40) reckon, calculate, evaluate, consider; ponder

λυπέω (12-26) grieve, pain

λύπη, ἡ (6-15) grief, sorrow, pain

ναί (6-34) yes; certainly, indeed, quite so

παράκλησις, ἡ (11-29) encouragement, exhortation, appeal, request; comfort, consolation

περισσεύω (10-39) be more than enough; be present in abundance; abound

περισσοτέρως (6-11) far more, far greater; elative, especially

συνίστημι (9-16) present, introduce, recommend; demonstrate, show, be composed, consist

φανερόω (9-49) reveal, make known, show

CHAPTER 1

3 εὐλογητός (2-8) blessed
οἰκτιρμός (1-5) pity, mercy, compassion

5 πάθημα, τό (3-16) suffering, misfortune

6 θλίβω (3-10) oppress, afflict; pass. be afflicted, distressed
σωτηρία, ἡ (4-45) salvation
ἐνεργέω (2-21) work, be at work, operate
ὑπομονή, ἡ (3-32) patience, steadfastness
πάσχω (1-40) suffer

7 βέβαιος (1-9) firm, reliable, dependable, certain
κοινωνός, ὁ (2-10) sharer, partner
πάθημα, τό (3-16) suffering, misfortune

8 ἀγνοέω (3-21) not to know, be ignorant

ὑπερβολή, ἡ (5-8) extraordinary quality or character; καθ' ὑπερβ. to an extraordinary measure, beyond measure, utterly
βαρέω (2-6) weigh down, burden
ἐξαπορέω (2-2) be in great difficulty, doubt, embarrassment

9 ἀπόκριμα, τό (1-1) official report, decision

10 τηλικοῦτος (1-4) so great, so important
ῥύομαι (2-16) deliver, rescue
ἐλπίζω (5-31) hope

11 συνυπουργέω (1-1) join in helping, cooperate
δέησις, ἡ (2-18) entreaty, prayer
χάρισμα, τό (1-17) gift, favor
εὐχαριστέω (1-38) give thanks

12 μαρτύριον, τό (1-20) testimony, witness
συνείδησις, ἡ (3-30) conscience
ἁγιότης, ἡ (1-2) holiness

162

εἰλικρίνεια, ἡ (2-3) sincerity, purity
σαρκικός (2-7) fleshly, carnal
ἀναστρέφω (1-9) behave, conduct oneself, live
13 ἀναγινώσκω (3-32) read
ἐπιγινώσκω (5-44) know, understand
ἐλπίζω (5-31) hope
τέλος, τό (3-41) end
14 μέρος, τό (4-42) part; ἀπο μέρος in part
καύχημα, τό (3-11) pride, boast, object of boasting
καθάπερ (4-17) just as
15 πεποίθησις, ἡ (4-6) trust, confidence
βούλομαι (2-37) want, wish
πρότερος (1-11) earlier, beforehand, previously
δεύτερος (2-44) second
16 διέρχομαι (1-42) go through
προπέμπω (1-9) send on one's way, help on one's journey
17 βούλομαι (2-37) want, wish
μήτι (2-18) interrog. part. exp. neg. answer
ἄρα (3-49) then, consequently
ἐλαφρία, ἡ (1-1) vacillation, levity; τῇ ἐλαφρίᾳ χρᾶσθαι be vacillating, feeble
χράομαι (3-11) act, proceed; make use of, employ
βουλεύω (1-5) resolve, decide
οὔ (4-11) no
21 βεβαιόω (1-8) establish, strengthen
χρίω (1-5) anoint
22 σφραγίζω (1-15) seal
ἀρραβών, ὁ (2-3) first installment, down payment, pledge
23 μάρτυς, ὁ (2-35) witness
ἐπικαλέω (1-30) call; mid. call upon
φείδομαι (3-10) spare
οὐκέτι (2-48) no longer
24 κυριεύω (1-7) lord over, be lord
συνεργός, ὁ (2-13) fellow-worker

CHAPTER 2

2 εὐφραίνω (1-14) gladden, cheer; pass. be glad, rejoice

4 συνοχή, ἡ (1-2) distress, anguish
δάκρυον, τό (1-10) tear
5 μέρος, τό (4-42) part; ἀπὸ μέρος in some degree
ἐπιβαρέω (1-3) weigh down, burden
6 ἱκανός (3-40) sufficient, adequate, enough
ἐπιτιμία, ἡ (1-1) punishment
7 τοὐναντίον (1-3) on the other hand
χαρίζομαι (4-23) forgive, pardon
πώς (5-14) somehow, in some way, perhaps
περισσότερος (2-16) greater, more, excessive
καταπίνω (2-7) swallow up, overwhelm
8 κυρόω (1-2) conclude, decide in favor, confirm
9 δοκιμή, ἡ (4-7) character, test
ὑπήκοος (1-3) obedient
10 χαρίζομαι (4-23) forgive, pardon
11 πλεονεκτέω (4-5) outwit, take advantage of, defraud, cheat
σατανᾶς, ὁ (3-36) Satan
νόημα, τό (5-6) purpose, design, plot
ἀγνοέω (3-21) not to know, be ignorant
12 θύρα, ἡ (1-39) door
13 ἄνεσις, ἡ (3-5) rest, relaxation, relief
ἀποτάσσω (1-6) say farewell, take leave; only·mid.
14 πάντοτε (4-41) always
θριαμβεύω (1-2) lead in triumph
ὀσμή, ἡ (3-6) fragrance, odor
15 εὐωδία, ἡ (1-3) aroma, fragrance
16 ὀσμή, ἡ (3-6) fragrance, odor
ἱκανός (3-40) fit, competent, qualified
17 καπηλεύω (1-1) trade in, peddle
εἰλικρίνεια, ἡ (2-3) sincerity, purity
κατέναντι (2-9) in the sight of, before

CHAPTER 3

1 χρήζω (1-5) have need of
συστατικός (1-1) introducing, commendatory; συστ. ἐπισ-τολή letter of commendation

2 Cor 3:2–4:4

2 ἀναγινώσκω (3-32) read
3 διακονέω (3-36) care for (written or delivered), serve
μέλας (1-6) black; τὸ μέλαν – ink
πλάξ, ἡ (2-3) flat stone, tablet, table
λίθινος (1-3) (made of) stone, stony
σάρκινος (1-4) fleshly
4 πεποίθησις, ἡ (4-6) trust, confidence
5 ἱκανός (3-40) fit, competent, qualified, able
ἱκανότης, ἡ (1-1) fitness, capability, qualification
6 ἱκανόω (1-2) make sufficient, qualify, authorize
διάκονος, ὁ (5-29) minister, servant
καινός (3-42) new
διαθήκη, ἡ (2-33) covenant
γράμμα, τό (3-15) letter, writing, book
ζωοποιέω (1-11) make alive, give life
7 ἐντυπόω (1-1) carve, impress
ἀτενίζω (2-14) look intently
καταργέω (4-27) abolish, set aside; pass. cease, pass away
9 κατάκρισις, ἡ (2-2) condemnation
10 μέρος, τό (4-42) matter, affair
εἵνεκεν (4-26) on account of
ὑπερβάλλω (2-5) go beyond, surpass, outdo
11 καταργέω (4-27) abolish, set aside; pass. cease, pass away; τὸ καταργ. – what is transitory
12 παρρησία, ἡ (2-31) confidence, boldness
χράομαι (3-11) act, proceed, make use of
13 καθάπερ (4-17) just as
κάλυμμα, τό (4-4) covering, veil
ἀτενίζω (2-14) look intently
τέλος, τό (3-41) end, cessation
καταργέω (4-27) abolish, set aside; pass. cease, pass away; τὸ καταργ. – what is transitory
14 πωρόω (1-5) harden, petrify
νόημα, τό (5-6) thought, mind
ἄχρι (3-48) until
σήμερον (2-41) today, this day
ἀνάγνωσις, ἡ (1-3) reading, public reading

παλαιός (1-19) old
διαθήκη, ἡ (2-33) covenant
ἀνακαλύπτω (2-2) uncover, unveil
καταργέω (4-27) abolish, set aside
15 ἡνίκα (2-2) when, at the time when
ἀναγινώσκω (3-32) read
κάλυμμα, τό (4-4) cover, veil
κεῖμαι (1-24) lie
16 ἐπιστρέφω (1-36) turn
περιαιρέω (1-4) take away, remove
17 ἐλευθερία, ἡ (1-11) freedom
18 ἀνακαλύπτω (2-2) uncover, unveil
κατοπτρίζω (1-1) mid. look at something as in a mirror, contemplate something
εἰκών, ἡ (2-23) image, likeness, form
μεταμορφόω (1-4) transform, change in form
καθάπερ (4-17) just as

CHAPTER 4

1 ἐλεέω (1-32) have mercy or pity, show mercy
ἐγκακέω (2-6) lose heart, despair
2 ἀπεῖπον (1-1) 2 aor. only mid. disown, renounce
κρυπτός (1-17) hidden, secret
αἰσχύνη, ἡ (1-6) shame, disgrace
πανουργία, ἡ (2-5) cunning, craftiness, trickery
δολόω (1-1) falsify, adulterate
φανέρωσις, ἡ (1-2) disclosure, announcement, open proclamation
συνείδησις, ἡ (3-30) conscience
3 καλύπτω (2-8) cover, hide, conceal
4 τυφλόω (1-3) blind
νόημα, τό (5-6) thought, mind
ἄπιστος (3-23) unbelieving, faithless
αὐγάζω (1-1) shine forth
φωτισμός, ὁ (2-2) illumination, light
εἰκών, ἡ (2-23) image, likeness, form

164

6 σκότος, τό (2-30) darkness
λάμπω (2-7) shine
φωτισμός, ὁ (2-2) bringing to
light, revealing, illumination
7 θησαυρός, ὁ (1-17) treasure
ὀστράκινος (1-2) made of clay or
earth
σκεῦος, τό (1-23) vessel
ὑπερβολή, ἡ (5-8) extraordinary
quality or character
8 θλίβω (3-10) oppress, afflict;
pass. be afflicted, oppressed
στενοχωρέω (3-3) crowd, con-
fine; pass. be hard pressed,
confined
ἀπορέω (1-6) be at a loss, in
doubt, uncertain
ἐξαπορέω (2-2) be in great diffi-
culty, doubt, embarrassment
9 διώκω (1-44) persecute
ἐγκαταλείπω (1-10) forsake, a-
bandon
καταβάλλω (1-2) strike down,
throw down
10 πάντοτε (4-41) always
νέκρωσις, ἡ (1-2) death, putting
to death
περιφέρω (1-3) carry about
11 ἀεί (2-7) always
θνητός (2-6) mortal
12 ἐνεργέω (2-21) work, be at work,
operate
14 παρίστημι (2-41) place beside,
before, present
15 πλεονάζω (2-9) increase, multi-
ply
εὐχαριστία, ἡ (3-15) thanks-
giving
16 ἐγκακέω (2-6) lose heart, de-
spair
διαφθείρω (1-5) destroy, ruin
ἔσω (1-9) inner
ἀνακαινόω (1-2) renew
17 παραυτίκα (1-1) on the spot,
immediately, for the present
ἐλαφρός (1-2) light, insignificant
ὑπερβολή, ἡ (5-8) extraordinary
character; καθ' ὑπερβ. εἰς
ὑπερβ. – beyond all measure
and proportion
βάρος, τό (1-6) fulness, weight,
burden
18 σκοπέω (1-6) keep one's eyes on,
notice

πρόσκαιρος (1-4) temporary,
transitory

CHAPTER 5

1 ἐπίγειος (1-7) earthly
σκῆνος, τό (2-2) tent, lodging
καταλύω (1-17) destroy
οἰκοδομή, ἡ (4-18) building
ἀχειροποίητος (1-3) not made by
hand, spiritual
2 στενάζω (2-6) sigh, groan
οἰκητήριον, τό (1-2) dwelling,
habitation
ἐπενδύομαι (2-2) put on
ἐπιποθέω (2-9) long for, desire
3 γέ (2-31) often untrans. indeed,
at least, even
ἐνδύω (1-28) dress, clothe; mid.
put on, wear
γυμνός (1-15) naked, uncovered
4 σκῆνος, τό (2-2) tent, lodging
στενάζω (2-6) sigh, groan
βαρέω (2-6) weigh down, bur-
den; pass. be oppressed
ἐκδύω (1-5) strip, take off
ἐπενδύομαι (2-2) put on
καταπίνω (2-7) swallow up
θνητός (2-6) mortal
5 ἀρραβών, ὁ (2-3) first install-
ment, down payment, pledge
6 θαρρέω (5-6) be confident, cou-
rageous
πάντοτε (4-41) always
ἐνδημέω (3-3) be at home
ἐκδημέω (3-3) leave, get away
from
7 εἶδος, τό (1-5) sight, seeing;
form
8 θαρρέω (5-6) be confident, cou-
rageous
εὐδοκέω (2-21) consider good,
determine, resolve
ἐκδημέω (3-3) leave, get away
from
ἐνδημέω (3-3) be at home
9 φιλοτιμέομαι (1-3) have as one's
ambition, consider it an
honor, aspire
εὐάρεστος (1-9) pleasing, ac-
ceptable
10 ἔμπροσθεν (1-48) before
βῆμα, τό (1-12) judgment seat,
tribunal

κομίζω (1-11) bring; mid. receive, get

πράσσω (2-39) do, accomplish

φαῦλος (1-6) evil, bad

11 φόβος, ὁ (5-47) fear

ἐλπίζω (5-31) hope

συνείδησις, ἡ (3-30) conscience

12 ἀφορμή, ἡ (2-6) occasion, pretext, opportunity

καύχημα, τό (3-11) boasting, boast

13 ἐξίστημι (1-17) be out of one's senses, lose one's mind

σωφρονέω (1-6) be of sound mind

14 συνέχω (1-12) urge on, impel

15 ἄρα (3-49) then, as a result

μηκέτι (2-48) no longer

16 οὐκέτι (2-48) no longer

17 καινός (3-42) new

κτίσις, ἡ (1-19) creation, creature

ἀρχαῖος (1-11) ancient, old

παρέρχομαι (1-29) pass away, disappear

18 καταλλάσσω (3-6) reconcile

καταλλαγή, ἡ (2-4) reconciliation

19 παράπτωμα, τό (1-19) transgression, sin

20 πρεσβεύω (1-2) be an ambassador, work as an ambassador

δέομαι (3-22) ask, beg

καταλλάσσω (3-6) reconcile

CHAPTER 6

1 συνεργέω (1-5) work together

κενός (1-18) empty; εἰς κενόν in vain

2 δεκτός (1-5) acceptable, welcome

ἐπακούω (1-1) hear, listen to

σωτηρία, ἡ (4-45) salvation

βοηθέω (1-18) help, come to the aid of

εὐπρόσδεκτος (2-5) acceptable, pleasant, welcome

3 προσκοπή, ἡ (1-1) occasion for taking offense or for making misstep

μωμάομαι (2-2) find fault with; pass. have found fault with

4 διάκονος, ὁ (5-29) servant

ὑπομονή, ἡ (3-32) patience, steadfastness

ἀνάγκη, ἡ (3-17) distress, calamity

στενοχωρία, ἡ (2-4) distress, difficulty, trouble

5 πληγή, ἡ (2-22) blow, stroke

φυλακή, ἡ (2-46) imprisonment

ἀκαταστασία, ἡ (2-5) disturbance

κόπος, ὁ (4-18) labor, work, toil

ἀγρυπνία, ἡ (2-2) wakefulness, sleepless night

νηστεία, ἡ (2-5) fasting

6 ἁγνότης, ἡ (2-2) purity, sincerity

μακροθυμία, ἡ (1-14) patience, forbearance

χρηστότης, ἡ (1-10) goodness, kindness, generosity

ἀνυπόκριτος (1-6) genuine, sincere, without hypocrisy

7 ὅπλον, τό (2-6) weapon

ἀριστερός (1-4) left; ὅπλα τὰ δεξιὰ καὶ ἀρ. weapons for offense and defense

8 ἀτιμία, ἡ (2-7) dishonor, disgrace, shame

δυσφημία, ἡ (1-1) slander, ill repute

εὐφημία, ἡ (1-1) good report, good repute

πλάνος (1-5) deceitful; subst. deceiver, impostor

ἀληθής (1-26) truthful, righteous, honest

9 ἀγνοέω (3-21) not to know, be ignorant

ἐπιγινώσκω (5-44) know exactly, understand

παιδεύω (1-13) discipline

θανατόω (1-11) kill, hand over to be killed

10 ἀεί (2-7) always

πτωχός (1-34) poor

πλουτίζω (2-3) make rich

κατέχω (1-17) possess

11 πλατύνω (2-3) enlarge; pass. be open wide

12 στενοχωρέω (3-3) confine, restrict; pass. to be confined, restricted

σπλάγχνον, τό (2-11) pl. heart, affection

13 ἀντιμισθία, ἡ (1-2) exchange, reward, penalty

πλατύνω (2-3) enlarge; pass. be open wide
14 ἑτεροζυγέω (1-1) be unevenly yoked, be mismated
ἄπιστος (3-23) faithless, unbelieving
μετοχή, ἡ (1-1) sharing, participation
ἀνομία, ἡ (1-14) lawlessness
κοινωνία, ἡ (4-19) fellowship
σκότος, τό (2-30) darkness
15 συμφώνησις, ἡ (1-1) agreement
μερίς, ἡ (1-5) portion, share; part
ἄπιστος (3-23) unbelieving; subst. unbeliever
16 συγκατάθεσις, ἡ (1-1) agreement, union
ναός, ὁ (2-45) temple
εἴδωλον, τό (1-1) idol
ἐνοικέω (1-6) live, dwell
ἐμπεριπατέω (1-1) walk about, move
17 ἀφορίζω (1-10) separate; pass. be separated
ἀκάθαρτος (1-31) unclean, impure
ἅπτω (1-39) mid. touch, take hold of
εἰσδέχομαι (1-1) take in, receive, welcome
18 θυγάτηρ, ἡ (1-28) daughter
παντοκράτωρ, ὁ (1-10) Almighty

CHAPTER 7

1 καθαρίζω (1-31) cleanse, purify
μολυσμός, ὁ (1-1) defilement
ἐπιτελέω (4-10) bring about, accomplish, complete
ἁγιωσύνη, ἡ (1-3) holiness
φόβος, ὁ (5-47) fear
2 χωρέω (1-10) make room
ἀδικέω (3-27) do wrong
φθείρω (2-8) destroy, ruin, corrupt, spoil
πλεονεκτέω (4-5) take advantage of, defraud
3 κατάκρισις, ἡ (2-2) condemnation
προεῖπον (2-9) tell beforehand
συναποθνήσκω (1-3) die with, together
συζάω (1-3) live with, together

4 παρρησία, ἡ (2-31) confidence
ὑπερπερισσεύω (1-2) cause to overflow; pass. overflow
5 ἄνεσις, ἡ (3-5) rest, relaxation, relief
θλίβω (3-10) oppress, afflict; pass. be afflicted, distressed
ἔξωθεν (1-13) outside
μάχη, ἡ (1-4) fighting, strife
ἔσωθεν (1-12) inside, within
φόβος, ὁ (5-47) fear
6 ταπεινός (2-8) downhearted, lowly
παρουσία, ἡ (3-24) coming
7 ἀναγγέλλω (1-13) report, declare
ἐπιπόθησις, ἡ (2-2) longing
ὀδυρμός, ὁ (1-2) lamentation, mourning
χαρῆναι αορ. pass. inf. of χαίρω
8 μεταμέλομαι (2-6) regret, repent
9 μετάνοια, ἡ (2-22) repentance
ζημιόω (1-6) only pass. suffer damage or loss
10 σωτηρία, ἡ (4-45) salvation
ἀμεταμέλητος (1-2) not to be regretted, without regret
ἐργάζομαι (1-41) bring about, work
11 πόσος (1-27) how great
σπουδή, ἡ (5-12) eagerness, earnestness, zeal
ἀπολογία, ἡ (1-8) defense, eagerness to defend oneself
ἀγανάκτησις, ἡ (1-1) indignation
φόβος, ὁ (5-47) fear
ἐπιπόθησις, ἡ (2-2) longing
ἐκδίκησις, ἡ (1-9) vengeance, punishment
ἁγνός (2-8) innocent, pure, holy
πρᾶγμα, τό (1-11) thing, matter
12 ἄρα (3-49) so, consequently
ἕνεκεν (4-26) on account of, because of
ἀδικέω (3-27) do wrong; pass. be wronged, be unjustly treated
σπουδή, ἡ (5-12) zeal, earnestness
13 ἀναπαύω (1-12) cause to rest; pass. be set at rest
14 καταισχύνω (2-13) put to shame, disgrace
15 σπλάγχνον, τό (2-11) pl. heart, affection

167

ἀναμιμνήσκω (1-6) remind
ὑπακοή, ἡ (3-15) obedience
φόβος, ὁ (5-47) fear
τρόμος, ὁ (1-5) trembling
16 θαρρέω (5-6) be confident, courageous

CHAPTER 8

1 γνωρίζω (1-26) make known, reveal
2 δοκιμή, ἡ (4-7) test, ordeal, character
περισσεία, ἡ (2-4) abundance
βάθος, τό (1-8) depth; ἡ κατὰ βάθος πτωχεία = extreme poverty
πτωχεία, ἡ (2-3) poverty
πλοῦτος, τό (1-22) wealth, riches
ἁπλότης, ἡ (4-7) generosity, liberality
3 αὐθαίρετος (2-2) of one's own accord
4 δέομαι (3-22) ask, beg
κοινωνία, ἡ (4-19) participation, sharing
5 ἐλπίζω (5-31) hope
6 προενάρχομαι (2-2) begin (beforehand)
ἐπιτελέω (4-10) end, bring to an end, finish
7 ὥσπερ (1-36) as
σπουδή, ἡ (5-12) earnestness, zeal
8 ἐπιταγή, ἡ (1-7) command, order
ὑμέτερος (1-10) your
γνήσιος (1-4) genuine
δοκιμάζω (3-22) prove
9 πτωχεύω (1-1) be poor, become poor
πλούσιος (1-28) rich
πτωχεία, ἡ (2-3) poverty
πλουτέω (1-12) become rich, be rich
10 γνώμη, ἡ (1-9) opinion, judgment
συμφέρω (2-15) be good, useful, helpful
προενάρχομαι (2-2) begin (beforehand)
πέρυσι (2-2) last year, a year ago, since last year
11 νυνί (2-18) now

ἐπιτελέω (4-10) end, bring to an end, complete
καθάπερ (4-17) just as
προθυμία, ἡ (4-5) willingness, readiness, goodwill
12 πρόκειμαι (1-5) be present, lie before
καθό (2-4) in so far as, to the degree that, as
εὐπρόσδεκτος (2-5) acceptable, pleasant, welcome
13 ἄνεσις, ἡ (3-5) rest, relaxation, relief
ἰσότης, ἡ (2-3) equality
14 περίσσευμα, τό (2-5) abundance
ὑστέρημα, τό (4-9) need, want, deficiency
ἰσότης, ἡ (2-3) equality
15 πλεονάζω (2-9) have more than enough, have too much
ὀλίγος (1-40) little
ἐλαττονέω (1-1) have less or too little
16 σπουδή, ἡ (5-12) earnestness, zeal
17 σπουδαιότερος comp. of σπουδαῖος (3-3) earnest, eager
αὐθαίρετος (2-2) of one's own accord
18 συμπέμπω (2-2) send with or at same time
ἔπαινος, ὁ (1-11) praise, approval, recognition
19 χειροτονέω (1-2) choose, elect
συνέκδημος, ὁ (1-2) traveling companion
διακονέω (3-36) serve, do
προθυμία, ἡ (4-5) willingness, readiness, goodwill
20 στέλλω (1-2) avoid, try to avoid
μωμάομαι (2-2) find fault with, censure, blame
ἁδρότης, ἡ (1-1) abundance
21 προνοέω (1-3) take thought for, take into consideration
22 συμπέμπω (2-2) send with or at the same time
δοκιμάζω (3-22) accept as proved, approve
πολλάκις (5-17) often
σπουδαῖος (3-3) earnest, eager, zealous
πεποίθησις, ἡ (4-6) trust, confidence

168

23 κοινωνός, ὁ (2-10) sharer, partaker
συνεργός, ὁ (2-13) fellow-worker
24 ἔνδειξις, ἡ (1-4) proof, sign
ἐνδείκνυμι (1-11) show, demonstrate

CHAPTER 9

1 περισσός (1-6) superfluous, unnecessary
2 προθυμία, ἡ (4-5) willingness, readiness, good will
παρασκευάζω (2-4) prepare
πέρυσι (2-2) last year, a year ago, since last year
ἐρεθίζω (1-2) arouse, provoke
3 καύχημα, τό (3-11) boast, what is said in boasting
κενόω (1-5) empty, deprive of its justification; pass. lose its justification
μέρος, τό (4-42) matter, affair
παρασκευάζω (2-4) prepare
4 πώς (5-14) somehow, in some way, perhaps
ἀπαρασκεύαστος (1-1) not ready, unprepared
καταισχύνω (2-13) put to shame, disgrace
ὑπόστασις, ἡ (2-5) confidence, assurance
5 ἀναγκαῖος (1-8) necessary
ἡγέομαι (1-28) think, consider, regard
προέρχομαι (1-9) go on before
προκαταρτίζω (1-1) get ready or arrange for in advance
προεπαγγέλλω (1-2) promise beforehand, previously
εὐλογία, ἡ (4-16) bountiful gift, bounty
ἕτοιμος (3-17) prepared, ready
πλεονεξία, ἡ (1-10) exaction, covetousness, greediness
6 φειδομένως (1-1) sparingly
θερίζω (2-21) reap
7 προαιρέω (1-1) bring out; mid. choose, make up one's mind, decide
ἀνάγκη, ἡ (3-17) necessity, compulsion
ἱλαρός (1-1) cheerful, glad

δότης, ἡ (1-1) giver
8 δυνατέω (2-3) be able, be strong enough
πάντοτε (4-41) always
αὐτάρκεια, ἡ (1-2) sufficiency; πᾶσαν αὐτ. ἔχειν have enough of everything
9 σκορπίζω (1-5) scatter, disperse
πένης (1-1) poor, needy; subst. poor man
10 ἐπιχορηγέω (1-5) supply
σπέρμα, τό (2-44) seed
βρῶσις, ἡ (1-11) food
χορηγέω (1-2) provide, supply
πληθύνω (1-12) increase, multiply
σπόρος, ὁ (1-5) seed
αὐξάνω (2-22) increase
γενήμα, τό (1-4) product, harvest, yield
11 πλουτίζω (2-3) make rich
ἁπλότης, ἡ (4-7) generosity, liberality
εὐχαριστία, ἡ (3-15) thanksgiving
12 λειτουργία, ἡ (1-6) service
προσαναπληρόω (2-2) fill up, supply
ὑστέρημα, τό (4-9) need, want, deficiency
13 δοκιμή, ἡ (4-7) approved character, test
ὑποταγή, ἡ (1-4) obedience, subjection
ὁμολογία, ἡ (1-6) confession, acknowledgment
ἁπλότης, ἡ (4-7) generosity, liberality
κοινωνία, ἡ (3-19) generosity, fellow-feeling, fellowship
14 δέησις, ἡ (2-18) entreaty, prayer
ἐπιποθέω (2-9) long for, desire
ὑπερβάλλω (2-5) go beyond, surpass, outdo
15 ἀνεκδιήγητος (1-1) indescribable
δωρεά, ἡ (1-11) gift

CHAPTER 10

1 πραΰτης, ὁ (1-11) meekness, humility
ἐπιείκεια, ἡ (1-2) gentleness, graciousness

ταπεινός (2-8) pliant, subservient
ἄπειμι (4-7) be absent
θαρρέω (5-6) be bold, confident
2 δέομαι (3-22) ask, beg
πάρειμι (5-24) be present
πεποίθησις, ἡ (4-6) trust, confidence
τολμάω (4-16) be courageous, show courage, show boldness
3 στρατεύω (1-7) only mid. serve as soldier, do military service
4 ὅπλον, τό (2-6) weapon
στρατεία, ἡ (1-2) expedition, campaign
σαρκικός (2-7) fleshly, carnal, belonging to the realm of the flesh
δυνατός (3-32) powerful, strong, mighty, able
καθαίρεσις, ἡ (3-3) tearing down, destruction
ὀχύρωμα, τό (1-1) stronghold, fortress
λογισμός, ὁ (1-2) sophistry, reasoning
καθαιρέω (1-9) destroy, tear down
5 ὕψωμα, τό (1-2) height, exaltation (pride)
ἐπαίρω (2-19) rise or lift up, offer resistance
αἰχμαλωτίζω (1-4) make captive, capture
νόημα, τό (5-6) design, purpose, thought
ὑπακοή, ἡ (3-15) obedience
6 ἕτοιμος (3-17) prepared, ready
ἐκδικέω (1-6) take vengeance, punish
παρακοή, ἡ (1-3) disobedience
8 περισσότερος (2-16) more, further, greater
οἰκοδομή, ἡ (4-18) edification, building up
καθαίρεσις, ἡ (3-3) tearing down, destruction
αἰσχύνω (1-5) only mid. pass. be ashamed, put to shame
9 ὡσάν as if, as it were, ὡς ἄν
ἐκφοβέω (1-1) frighten, terrify
10 βαρύς (1-6) severe, weighty
ἰσχυρός (1-28) strong, powerful
παρουσία, ἡ (3-24) presence

ἀσθενής (1-25) weak
ἐξουθενέω (1-11) despise; pass. despised, of no account
11 οἷος (3-14) of what sort, (such) as
ἄπειμι (4-7) be absent
πάρειμι (5-24) be present
12 τολμάω (4-16) bring oneself, presume, dare
ἐγκρίνω (1-1) class (someone w. someone)
συγκρίνω (2-3) compare
μετρέω (1-11) measure
συνιᾶσιν 3 pres. ind. of συνίημι (1-26) understand
13 ἄμετρος (2-2) immeasurable, beyond limits
μέτρον, τό (2-14) measure
κανών, ὁ (3-4) sphere, province, limits, rule
μερίζω (1-14) apportion, assign, divide
ἐφικνέομαι (2-2) come to, reach
ἄχρι (3-48) until
14 ὑπερεκτείνω (1-1) stretch out beyond
φθάνω (1-7) arrive, come, precede
15 ἄμετρος (2-2) immeasurable, beyond limits
ἀλλότριος (2-14) belonging to another
κόπος, ὁ (4-18) labor, toil
αὐξάνω (2-22) increase, grow
μεγαλύνω (1-8) enlarge, magnify
κανών, ὁ (3-4) sphere, province, limits, rule
περισσεία, ἡ (2-4) abundance; μεγαλυνθῆναι εἰς π. greatly enlarged
16 ὑπερέκεινα (1-1) adv. beyond
ἕτοιμος (3-17) prepared, ready
18 δόκιμος (2-7) approved, genuine

CHAPTER 11

1 ὄφελον (1-4) O that, would that
ἀνέχω (5-15) only mid. endure, bear with
μικρόν (2-16) a little
ἀφροσύνη, ἡ (3-4) foolishness, lack of sense
2 ζηλόω (1-11) be deeply concerned, be jealous, be zealous

ἁρμόζω (1-1) betroth, join or give in marriage

παρθένος, ἡ (1-15) virgin

ἁγνός (2-8) pure, chaste

παρίστημι (2-41) present

3 πώς (5-14) somehow, in some way, perhaps; μή πως – and that, lest somehow

ὄφις, ὁ (1-14) snake, serpent

ἐξαπατάω (1-6) deceive

πανουργία, ἡ (2-5) cunning, craftiness, trickery

φθείρω (2-8) destroy, ruin, corrupt

νόημα, τό (5-6) thought, mind

ἁπλότης, ἡ (4-7) sincerity, sincere devotion, simplicity

ἁγνότης, ἡ (2-2) purity, sincerity

4 καλῶς (1-37) well, enough

ἀνέχω (5-15) only mid. endure, bear with

5 ὑστερέω (3-16) be less than, inferior to

ὑπερλίαν (2-2) exceedingly, beyond measure; adj. super

6 ἰδιώτης, ὁ (1-5) unskilled person, layman

7 ταπεινόω (2-14) humble, abase

ὑψόω (1-20) exalt, lift up

δωρεάν (1-8) without payment, freely

8 συλάω (1-1) rob

ὀψώνιον, τό (1-4) pay, support

9 πάρειμι (5-24) be present

ὑστερέω (3-16) be in need of, lack; pass. lack, be lacking, come short of

καταναρκέω (3-3) burden, be a burden

ὑστέρημα, τό (4-9) need, want, deficiency

προσαναπληρόω (2-2) fill up, supply

ἀβαρής (1-1) not burdensome, light in weight

10 φράσσω (1-3) stop, block, close

κλίμα, τό (1-3) district, region

12 ἐκκόπτω (1-10) remove, cut off

ἀφορμή, ἡ (2-6) occasion, opportunity, pretext

13 ψευδαπόστολος, ὁ (1-1) false apostle

ἐργάτης, ὁ (1-16) worker

δόλιος (1-1) dishonest, deceitful

μετασχηματίζω (3-5) transform; mid. disguise oneself

14 θαῦμα, τό (1-2) wonder, marvel

σατανᾶς, ὁ (3-36) Satan

15 διάκονος, ὁ (5-29) servant

μετασχηματίζω (3-5) transform; mid. disguise oneself

τέλος, τό (3-41) end, goal, outcome

16 ἄφρων (5-11) foolish, ignorant

γέ (2-31) often untrans. indeed, at least, even, εἰ δέ μὴ γε otherwise

κἄν (1-8) even if

μικρόν (2-16) a little

17 ἀφροσύνη, ἡ (3-4) foolishness, lack of sense

ὑπόστασις, ἡ (2-5) confidence, assurance

18 ἐπεί (2-26) since, because

19 ἡδέως (3-5) gladly

ἀνέχω (5-15) only mid. endure, bear with

ἄφρων (5-11) foolish

φρόνιμος (1-14) wise

20 καταδουλόω (1-2) enslave, reduce to slavery

κατεσθίω (1-5) eat up, consume, devour

ἐπαίρω (2-19) be presumptuous, put on airs, lift up

δέρω (1-15) beat, strike

21 ἀτιμία, ἡ (2-7) dishonor, shame, disgrace

τολμάω (4-16) dare, be courageous

ἀφροσύνη, ἡ (3-4) foolishness

22 σπέρμα, τό (2-44) seed, descendant, offspring

23 διάκονος, ὁ (5-29) servant

παραφρονέω (1-1) be beside oneself

κόπος, ὁ (4-18) labor, toil

φυλακή, ἡ (2-46) imprisonment, prison

πληγή, ἡ (2-22) blow, stroke

ὑπερβαλλόντως (1-1) surpassingly, exceedingly

πολλάκις (5-17) often

24 πεντάκις (1-1) five times

τεσσεράκοντα (1-22) forty

παρά less

25 τρίς (3-12) three times

ῥαβδίζω (1-2) beat with a rod

ἅπαξ (1-14) once
λιθάζω (1-8) stone
ναυαγέω (1-2) suffer shipwreck
νυχθήμερον, τό (1-1) day and a night
βυθός, ὁ (1-1) depth (of the sea)
26 ὁδοιπορία, ἡ (1-2) walking, journey
πολλάκις (5-17) often
ποταμός, ὁ (1-17) river
λῃστής, ὁ (1-15) robber
γένος, τό (1-20) people, nation (my countryman)
ἐρημία, ἡ (1-4) wilderness
ψευδάδελφος, ὁ (1-2) false brother
27 κόπος, ὁ (4-18) labor, toil
μόχθος, ὁ (1-3) labor, exertion, hardship
ἀγρυπνία, ἡ (2-2) wakefulness, sleepless night
λιμός, ὁ (1-12) hunger, famine
δίψος, τό (1-1) thirst
νηστεία, ἡ (2-5) without food, fasting
ψῦχος, τό (1-3) cold
γυμνότης, ἡ (1-3) destitution, lack of sufficient clothing, nakedness
28 χωρίς (2-41) apart from
παρεκτός (1-3) besides; χωρὶς τῶν π. apart from what I leave unmentioned or what is external
ἐπίστασις, ἡ (1-2) ? pressure, care, superintendence, hindrance
μέριμνα, ἡ (1-6) care, anxiety
29 σκανδαλίζω (1-29) cause to fall, sin; pass. be led to fall, sin
πυρόω (1-6) burn; pass. burn, be inflamed
31 εὐλογητός (2-8) blessed
ψεύδομαι (1-12) lie
32 ἐθνάρχης, ὁ (1-1) ethnarch, governor
φρουρέω (1-4) guard
πιάζω (1-12) seize, arrest
33 θυρίς, ἡ (1-2) window
σαργάνη, ἡ (1-1) basket
χαλάω (1-7) let down, lower
τεῖχος, τό (1-9) wall
ἐκφεύγω (1-8) escape, run away

CHAPTER 12

1 συμφέρω (2-15) be profitable or useful
ὀπτασία, ἡ (1-4) vision
ἀποκάλυψις, ἡ (2-18) revelation
2 πρό (1-47) before
ἔτος, τό (1-49) year
δεκατέσσαρες (1-5) fourteen
ἐκτός (1-8) outside
ἁρπάζω (2-14) snatch, seize
3 χωρίς (2-41) without
4 ἁρπάζω (2-14) snatch, seize
παράδεισος, ὁ (1-3) paradise
ἄρρητος (1-1) inexpressible, no to be spoken
ἐξόν part. of ἔξεστι (1-31) it is permitted, proper
6 ἄφρων (5-11) foolish, ignorant
φείδομαι (3-10) spare
7 ὑπερβολή, ἡ (5-8) extraordinary character or quality
ἀποκάλυψις, ἡ (2-18) revelation
ὑπεραίρομαι (2-3) rise up, exalt oneself, be elated
σκόλοψ, ὁ (1-1) stake, thorn, splinter
σατανᾶς, ὁ (3-36) Satan
κολαφίζω (1-5) beat, strike
8 τρίς (3-12) three times
ἀφίστημι (1-14) leave
9 ἀρκέω (1-8) be sufficient
τελέω (1-28) complete, finish, make perfect
ἥδιστα gladly, fr. ἡδέως (3-5)
ἐπισκηνόω (1-1) dwell, take up one's abode
10 εὐδοκέω (2-21) delight in, like, approve
ὕβρις, ἡ (1-3) insult, mistreatment, shame
ἀνάγκη, ἡ (3-17) distress, calamity, torture
διωγμός, ὁ (1-10) persecution
στενοχωρία, ἡ (2-4) distress, difficulty, trouble
δυνατός (3-32) strong, able
11 ἄφρων (5-11) foolish, ignorant
ἀναγκάζω (1-9) force, compel
ὀφείλω (3-16) be obligated, ought
ὑστερέω (3-16) be less than, inferior to
ὑπερλίαν (2-2) exceedingly, beyond measure; adj. super

12 ὑπομονή, ἡ (3-32) patience, steadfastness

τέρας, τό (1-16) wonder, portent

13 ἡττάομαι (1-3) be inferior, be defeated

καταναρκάω (3-3) burden, be a burden

χαρίζομαι (4-23) forgive, pardon

ἀδικία, ἡ (1-25) wrong, unrighteousness

14 τρίτον (2-8) third time

ἑτοίμως (1-3) readily; ἑτ. ἔχειν be ready, be willing

ὀφείλω (2-35) be obligated, ought

γονεύς, ὁ (2-20) only pl. parents

θησαυρίζω (1-8) lay up, store up

15 ἥδιστα gladly fr. ἡδέως (3-5)

δαπανάω (1-5) spend, spend freely

ἐκδαπανάω (1-1) spend, exhaust

ἥσσων (1-2) comp. without a positive; less, lesser

16 καταβαρέω (1-1) burden, be a burden

πανοῦργος (1-1) clever, crafty, sly

δόλος, ὁ (1-11) deceit, cunning, treachery

17 πλεονεκτέω (4-5) take advantage of, defraud, outwit

18 συναποστέλλω (1-1) send with or at the same time

μήτι (2-16) interrog. part. exp. a neg. answer

ἴχνος, τό (1-3) footprint

19 πάλαι (1-7) for a long time, long ago

ἀπολογέομαι (1-10) speak in one's own defense, defend oneself

κατέναντι (2-9) before, in the presence

οἰκοδομή, ἡ (4-18) edification, building up

20 πώς (5-14) somehow, in some way, perhaps; μή πως – and that, lest somehow

οἷος (3-14) of what sort, (such) as

ἔρις, ἡ (1-9) strife, discord, contention

θυμός, ὁ (1-18) anger, wrath, rage

ἐριθεία, ἡ (1-7) strife; pl. disputes, outbreaks of selfishness

καταλαλιά, ἡ (1-2) evil speech, slander

ψιθυρισμός, ὁ (1-1) gossip, talebearing

φυσίωσις, ἡ (1-1) pride, conceit

ἀκαταστασία, ἡ (2-5) disorder, unruliness

21 ταπεινόω (2-14) humble, humiliate

πενθέω (1-10) weep, mourn

προαμαρτάνω (2-2) sin beforehand

μετανοέω (1-34) repent

ἀκαθαρσία, ἡ (1-10) impurity

πορνεία, ἡ (1-25) fornication, immorality

ἀσέλγεια, ἡ (1-10) licentiousness

πράσσω (2-39) practice, do

CHAPTER 13

1 τρίτον (2-8) third time

μάρτυς, ὁ (2-35) witness

2 προλέγω (1-3) tell beforehand

πάρειμι (5-24) be present

δεύτερος (2-44) second

ἄπειμι (4-7) be absent

προαμαρτάνω (2-2) sin beforehand

φείδομαι (3-10) spare

3 ἐπεί (2-26) since, for, because

δοκιμή, ἡ (4-7) test, ordeal, character

δυνατέω (2-3) be strong

4 σταυρόω (1-46) crucify

5 πειράζω (1-38) test

δοκιμάζω (3-22) examine, put to the test

ἐπιγινώσκω (5-44) know

μήτι (2-16) interrog. part. exp. neg. answer

ἀδόκιμος (3-8) not standing the test, unqualified

6 ἐλπίζω (5-31) hope

7 εὔχομαι (2-6) pray, wish

δόκιμος (2-7) approved, tried and true

φαίνω (1-31) shine, pass. appear, become visible

ἀδόκιμος (3-8) not standing the test, unqualified

173

9 δυνατός (3-32) strong, able
εὔχομαι (2-6) pray, wish
κατάρτισις, ἡ (1-1) being made complete, completion

10 ἄπειμι (4-7) be absent
πάρειμι (5-24) be present
ἀποτόμως (1-2) severely, rigorously
χράομαι (3-11) act, proceed, make use of
οἰκοδομή, ἡ (4-18) edifying, building up, edification

καθαίρεσις, ἡ (3-3) tearing down, destruction

11 καθαρτίζω (1-13) mend, restore, put in order
φρονέω (1-26) think; τὸ αὐτὸ φρ. be in agreement, live in harmony
εἰρηνεύω (1-4) keep the peace, live in peace

12 φίλημα, τό (1-7) kiss

13 κοινωνία, ἡ (4-19) participation, sharing

THE EPISTLE TO THE GALATIANS

SPECIAL VOCABULARY

δικαιόω (8-39) justify
ἐλεύθερος (6-23) free

περιτέμνω (6-17) circumcise
περιτομή, ἡ (7-35) circumcision

CHAPTER 1

4 ἐξαιρέω (1-8) take out; mid. deliver, set free
ἐνεστῶτος perf. part. of ἐνίστημι (1-7) be present, impend

6 θαυμάζω (1-42) marvel, wonder
ταχέως (1-10) quickly, hastily
μετατίθημι (1-6) transfer, change; mid. turn away, desert

7 ταράσσω (2-17) disturb, trouble
μεταστρέφω (1-2) change, alter, pervert

8 ἀνάθεμα, τό (2-6) curse, accursed

9 προειρήκαμεν perf. of προλέγω (1-3) tell beforehand
ἄρτι (3-36) now
παραλαμβάνω (2-49) receive

10 ἀρέσκω (2-17) please

11 γνωρίζω (1-26) make known

12 παραλαμβάνω (2-49) receive
ἀποκάλυψις, ἡ (2-18) revelation

13 ἀναστροφή, ἡ (1-13) manner of life, conduct, behavior
ποτέ (4-29) formerly, earlier
ὑπερβολή, ἡ (1-8) excess, extraordinary character; καθ' ὑπερβολήν beyond measure, to an extraordinary degree
διώκω (5-44) persecute, pursue
πορθέω (2-3) destroy, annihilate, pillage

14 προκόπτω (1-16) cut forward, advance
συνηλικιώτης, ὁ (1-1) one of the same age, contemporary
γένος, τό (1-20) race, nation, class
περισσοτέρως (1-11) to a much

greater degree, far more, far greater
ζηλωτής, ὁ (1-8) zealot
πατρικός (1-1) paternal, ancestral
παράδοσις, ἡ (1-13) tradition

15 εὐδοκέω (1-21) consent, take pleasure
ἀφορίζω (2-10) separate, set apart, appoint
κοιλία, ἡ (1-23) womb, stomach

16 ἀποκαλύπτω (2-26) reveal
εὐθέως (1-33) immediately, at once
προσανατίθημι (2-2) consult; add or contribute

17 ἀνέρχομαι (2-3) go up
πρό (3-47) before
ὑποστρέφω (1-35) return, turn back

18 ἔπειτα (3-16) then
ἔτος, τό (3-49) year
ἱστορέω (1-1) visit for purpose of coming to know someone
ἐπιμένω (1-15) remain
δεκαπέντε (1-3) fifteen

20 ψεύδομαι (1-12) lie

21 ἔπειτα (3-16) then
κλίμα, τό (1-3) region, district

22 ἀγνοέω (1-21) not to know, be ignorant

23 διώκω (5-44) persecute
ποτέ (4-29) formerly
πορθέω (2-3) destroy, pillage

CHAPTER 2

1 ἔπειτα (3-16) then
δεκατέσσαρες (1-5) fourteen

175

ἔτος, τό (3-49) year
συμπαραλαμβάνω (1-4) take a-
long
2 ἀποκάλυψις, ἡ (2-18) revelation
ἀνατίθημι (1-2) only mid. lay
before, declare, communicate
κατ᾽ ἰδίαν privately
τοῖς δοκοῦσιν influential men,
men of reputation
πώς (1-3) somehow, in some
way, perhaps; μή πως – lest
somehow
κενός (1-18) vain, without re-
sults; εἰς κενόν in vain
τρέχω (2-18) run
ἔδραμον 2 aor. of τρέχω
3 ἀναγκάζω (3-9) compel
4 παρείσακτος (1-1) secretly
brought in, smuggled in,
sneaked in
ψευδάδελφος, ὁ (1-2) false brother
παρεισέρχομαι (1-2) slip in,
sneak in
κατασκοπέω (1-1) spy out, lie in
wait for
ἐλευθερία, ἡ (4-11) freedom
καταδουλόω (1-2) enslave, re-
duce to slavery
5 εἴκω (1-1) yield
ὑποταγή, ἡ (1-4) subjection
διαμένω (1-5) remain
6 ὁποῖος (1-5) of what sort
ποτέ (4-29) once, formerly
διαφέρω (2-13) differ; οὐδέν μοι
δ. it makes no difference to
me
·προσανατίθημι (2-2) add or con-
tribute; consult
7 τοὐναντίον (1-3) on the contrary
ἀκροβυστία, ἡ (3-20) uncircum-
cision
8 ἐνεργέω (4-21) work, be at work,
operate, be effective
ἀποστολή, ἡ (1-4) apostleship
9 στύλος, ὁ (1-4) pillar
κοινωνία, ἡ (1-19) fellowship,
communion
10 πτωχός, ὁ (2-34) poor
μνημονεύω (1-21) remember
σπουδάζω (1-11) be zealous or
eager; hasten
11 ἀνθίστημι (1-14) set against; re-
sist, withstand
καταγινώσκω (1-3) condemn

12 πρό (3-47) before
συνεσθίω (1-5) eat together
ὑποστέλλω (1-4) draw back,
withdraw
ἀφορίζω (2-10) separate, set
apart
13 συνυποκρίνομαι (1-1) join in
pretending a part, join in
playing the hypocrite
συναπάγω (1-3) lead away, carry
off
ὑπόκρισις, ἡ (1-6) hypocrisy
14 ὀρθοποδέω (1-1) walk straight,
upright; act rightly, be
straightforward
ἔμπροσθεν (1-48) before
ἐθνικῶς (1-1) like the heathen
Ἰουδαϊκῶς (1-1) as a Jew
ἀναγκάζω (3-9) compel
ἰουδαΐζω (1-1) live as a Jew
15 φύσις, ἡ (2-12) nature
ἁμαρτωλός, ὁ (2-47) sinner
17 ἁμαρτωλός, ὁ (2-47) sinner
ἆρα (1-3) interrog. part. usually
not translatable
διάκονος, ὁ (1-29) minister,
servant
18 καταλύω (1-17) destroy
οἰκοδομέω (1-40) build
παραβάτης, ὁ (1-5) transgressor
συνιστάνω (1-16) demonstrate;
present; recommend
19 συσταυρόω (1-5) crucify together
21 ἀθετέω (2-15) nullify, set aside;
reject
ἄρα (5-49) then
δωρεάν (1-8) acc. used as adv.
to no purpose, in vain; freely;
undeservedly

CHAPTER 3

1 ἀνόητος (2-6) foolish
βασκαίνω (1-1) bewitch
προγράφω (1-4) show forth, por-
tray publicly, or placard in
public
σταυρόω (3-46) crucify
2 μανθάνω (1-25) learn
ἀκοή, ἡ (2-24) account, report,
preaching; hearing
3 ἀνόητος (2-6) foolish
ἐνάρχομαι (1-2) begin

ἐπιτελέω (1-10) complete, accomplish
4 τοσοῦτος (1-10) so many, so much, so great
πάσχω (1-40) suffer; experience
εἰκῆ (2-5) without reason, in vain
γέ (1-31) oft. untrans. indeed, even
5 ἐπιχορηγέω (1-5) supply, provide
ἐνεργέω (4-21) work, be at work, operate
ἀκοή, ἡ (2-24) report, preaching; hearing
6 λογίζομαι (1-40) reckon, calculate
7 ἄρα (5-49) then
8 προοράω (1-1) foresee, see previously
προευαγγελίζομαι (1-1) proclaim good news in advance
ἐνευλογέω (1-2) bless
9 εὐλογέω (1-42) bless
10 κατάρα, ἡ (3-6) curse
ἐπικατάρατος (2-2) cursed
ἐμμένω (1-4) remain in, abide; persevere in
βιβλίον, τό (1-34) book
11 δῆλος (1-3) clear, evident
13 ἐξαγοράζω (2-4) buy back, redeem
κατάρα, ἡ (3-6) curse
ἐπικατάρατος (2-2) cursed
κρεμάννυμι (1-7) hang, suspend
ξύλον, τό (1-20) wood, tree, cross
14 εὐλογία, ἡ (1-16) blessing
15 ὅμως (1-3) likewise, yet, nevertheless
κυρόω (1-2) ratify, make valid
διαθήκη, ἡ (3-33) covenant, will
ἀθετέω (2-15) nullify; reject, set aside
ἐπιδιατάσσομαι (1-1) add codicil to a will
16 σπέρμα, τό (5-44) seed, offspring
17 διαθήκη, ἡ (3-33) covenant; will
προκυρόω (1-1) make valid or ratify previously
τετρακόσιοι (1-4) four hundred
τριάκοντα (1-11) thirty
ἔτος, τό (3-49) year
ἀκυρόω (1-3) invalidate, make void

καταργέω (3-27) make ineffective, abolish, destroy, set aside
18 κληρονομία, ἡ (1-14) inheritance
οὐκέτι (4-48) no longer
χαρίζομαι (1-23) give freely or graciously as a favor; show oneself to be gracious
19 παράβασις, ἡ (1-7) transgression
χάριν (1-9) prep. for the sake of, on account of
προστίθημι (1-18) add
ἄχρις (2-48) until
σπέρμα, τό (5-44) seed, offspring
ἐπαγγέλλομαι (1-15) promise; announce, proclaim
διατάσσω (1-16) order, direct, command
μεσίτης, ὁ (2-6) mediator
21 ζωοποιέω (1-11) make alive, quicken
ὄντως (1-10) really, certainly, in truth
22 συγκλείω (2-4) confine, imprison
23 πρό (3-47) before
φρουρέω (1-4) hold in custody, confine, guard
ἀποκαλύπτω (2-26) reveal
24 παιδαγωγός, ὁ (2-3) custodian, attendant
25 οὐκέτι (4-48) no longer
27 ἐνδύω (1-28) dress, clothe
28 ἔνι (3-6) there is (for ἔνεστιν)
ἄρσεν, τό (1-9) male
θῆλυς, ἡ (1-1) female
29 ἄρα (5-49) then
σπέρμα, τό (5-44) seed, offspring
κληρονόμος, ὁ (3-15) heir

CHAPTER 4

1 κληρονόμος, ὁ (3-15) heir
νήπιος, ὁ (2-14) infant, minor
διαφέρω (2-13) differ
2 ἐπίτροπος, ὁ (1-3) guardian, steward
οἰκονόμος, ὁ (1-10) steward, manager
ἄχρι (2-48) until
προθεσμία, ἡ (1-1) appointed day, fixed or limited time
3 νήπιος, ὁ (2-14) infant, minor
στοιχεῖον, τό (2-7) pl. elements

Gal 4:3–5:1

or rudimentary principles; elemental spirits
δουλόω (1-8) enslave, subject
4 πλήρωμα, τό (1-17) fullness
ἐξαποστέλλω (2-13) send forth
5 ἐξαγοράζω (2-4) buy back, redeem
υἱοθεσία, ἡ (1-5) adoption
ἀπολαμβάνω (1-9) receive, recover
6 ἐξαποστέλλω (2-13) send forth
ἀββά (1-3) father (Aram)
7 οὐκέτι (4-48) no longer
κληρονόμος, ὁ (3-15) heir
8 δουλεύω (4-25) be a slave, be subjected
φύσις, ἡ (2-12) nature
9 ἐπιστρέφω (1-36) turn, turn back
ἀσθενής (1-25) weak
πτωχός (2-34) poor, miserable, beggarly, impotent
στοιχεῖον, τό (2-7) pl. elements or rudimentary principles; elemental spirits
ἄνωθεν (1-13) again, anew
δουλεύω (4-25) be a slave, be subjected
10 παρατηρέω (1-6) watch closely, observe
μήν, ὁ (1-18) month
ἐνιαυτός, ὁ (1-14) year
11 πῶς (2-14) somehow, in some way, perhaps; μή πως lest somehow
εἰκῆ (2-5) in vain, without reason
κοπιάω (1-22) toil, labor, work
12 δέομαι (1-22) ask, beg
ἀδικέω (1-27) do wrong, hurt
13 ἀσθένεια, ἡ (1-24) sickness, disease; weakness
πρότερος (1-11) former, earlier; τὸ πρότερον before, once
14 πειρασμός, ὁ (1-21) trial, test
ἐξουθενέω (1-11) despise
ἐκπτύω (1-1) spit out, disdain
15 ποῦ (1-47) where
μακαρισμός, ὁ (1-3) blessing
δυνατός (1-32) possible, able, powerful
ἐξορύσσω (1-2) dig out, tear out
16 ἐχθρός, ὁ (1-32) enemy; adj. hostile
ἀληθεύω (1-2) speak the truth

17 ζηλόω (3-11) be deeply concerned, court someone's favor; strive, be filled with envy
καλῶς (2-37) well, rightly
ἐκκλείω (1-2) shut out, exclude
18 πάντοτε (1-41) always
πάρειμι (2-24) be present
19 ὠδίνω (2-3) suffer birth pangs, give birth to someone
μέχρις (1-18) until
μορφόω (1-1) form, shape
20 πάρειμι (2-24) be present
ἄρτι (3-36) now
ἀλλάσσω (1-6) change, transform
ἀπορέω (1-6) be at a loss, in doubt, uncertain
22 παιδίσκη, ἡ (5-13) maid, female slave
24 ἀλληγορέω (1-1) speak allegorically
διαθήκη, ἡ (3-33) covenant
δουλεία, ἡ (2-5) slavery, bondage
25 συστοιχέω (1-1) correspond to, stand in the same line
δουλεύω (4-25) be a slave, be subjected
26 ἄνω (1-9) above
27 εὐφραίνω (1-14) cheer, gladden; pass. be glad, rejoice
στεῖρος (1-4) barren
τίκτω (1-18) bring forth, bear
ῥήγνυμι (1-7) break, burst, let loose, break forth
βοάω (1-12) cry out, shout
ὠδίνω (2-3) give birth, suffer birthpangs
ἔρημος (1-47) desolate, abandoned
29 ὥσπερ (1-36) as
διώκω (5-44) persecute
30 παιδίσκη, ἡ (5-13) maid, female slave
κληρονομέω (2-18) inherit

CHAPTER 5

1 ἐλευθερία, ἡ (4-11) freedom, liberty
ἐλευθερόω (1-7) free, set free
στήκω (1-10) stand
ζυγός, ὁ (1-6) yoke

178

δουλεία, ἡ (2-5) slavery, bondage
ἐνέχω (1-3) have a grudge a-
gainst; pass. be subject
2 ὠφελέω (1-15) profit
3 ὀφειλέτης, ὁ (1-7) debtor
4 καταργέω (3-27) nullify, abol-
ish; pass. be released from
association w. someone
ἐκπίπτω (1-10) lose, fall off
5 ἀπεκδέχομαι (1-8) await eagerly
6 ἰσχύω (1-28) have meaning, be
valid; be strong, able
ἀκροβυστία, ἡ (3-20) uncircum-
cision
ἐνεργέω (4-21) work, be at work,
operate
7 τρέχω (2-18) run
καλῶς (2-37) well
ἐγκόπτω (1-5) hinder, thwart
8 πεισμονή, ἡ (1-1) persuasion
9 μικρός (1-30) little, small
ζύμη, ἡ (1-13) leaven
φύραμα, τό (1-5) lump
ζυμόω (1-4) leaven
10 φρονέω (1-26) think, set one's
mind on
ταράσσω (2-17) trouble, disturb
βαστάζω (4-27) bear, carry
κρίμα, τό (1-27) judgment
11 διώκω (5-44) persecute
ἄρα (5-49) then
καταργέω (3-27) set aside, abol-
ish
σκάνδαλον, τό (1-15) offense
σταυρός, ὁ (3-27) cross
12 ὄφελον (1-4) O that, would that
ἀποκόπτω (1-6) cut off; mid
make a eunuch of, castrate
ἀναστατόω (1-3) disturb, trou-
ble, upset
13 ἐλευθερία, ἡ (4-11) freedom,
liberty
ἀφορμή, ἡ (1-6) occasion, pre-
text, opportunity
δουλεύω (4-25) be a slave, be
subjected
14 πλησίον, ὁ (1-17) neighbor; adv.
near, close by
15 δάκνω (1-1) bite
κατεσθίω (1-5) devour, eat up
ἀναλόω (1-2) consume
16 ἐπιθυμία, ἡ (2-38) desire
τελέω (1-28) accomplish, fulfill,
complete

17 ἐπιθυμέω (1-16) desire
ἀντίκειμαι (1-8) be opposed,
protest
19 φανερός (1-18) clear, evident
πορνεία, ἡ (1-25) fornication,
immorality
ἀκαθαρσία, ἡ (1-10) impurity,
immorality
ἀσέλγεια, ἡ (1-10) licentious-
ness, debauchery, sensuality
20 εἰδωλολατρία, ἡ (1-4) idolatry
φαρμακεία, ἡ (1-3) sorcery,
magic
ἔχθρα, ἡ (1-6) enmity
ἔρις, ἡ (1-9) strife
ζῆλος, ὁ (1-17) jealousy
θυμός, ὁ (1-18) passion, anger,
wrath
ἐριθεία, ἡ (1-7) selfishness, self-
ish ambition; strife
διχοστασία, ἡ (1-2) dissension
αἵρεσις, ἡ (1-9) faction, dissen-
sion; sect, party
21 φθόνος, ὁ (1-9) envy
μέθη, ἡ (1-3) drunkenness
κῶμος, ὁ (1-3) excessive feast-
ing, carousing, revelry
ὅμοιος (1-45) similar, like
προλέγω (1-3) tell beforehand,
say above
πράσσω (1-39) do, accomplish
κληρονομέω (2-18) inherit
22 μακροθυμία, ἡ (1-14) patience,
forbearance
χρηστότης, ἡ (1-10) goodness,
kindness
ἀγαθωσύνη, ἡ (1-4) goodness
23 πραΰτης, ἡ (2-11) gentleness,
meekness
ἐγκράτεια, ἡ (1-4) self-control
24 σταυρόω (3-46) crucify
πάθημα, τό (1-16) passion, suf-
fering
ἐπιθυμία, ἡ (2-38) desire
25 στοιχέω (2-5) follow, be in line
with, hold to, agree with
κενόδοξος (1-1) conceited, boast-
ful
26 προκαλέω (1-1) provoke, chal-
lenge
φθονέω (1-1) envy

CHAPTER 6

1 προλαμβάνω (1-3) overtake, surprise; take
παράπτωμα, τό (1-19) transgression, sin
πνευματικός (1-26) spiritual
καταρτίζω (1-13) restore, complete, prepare
πραΰτης, ἡ (2-11) gentleness, meekness
σκοπέω (1-6) look to, notice
πειράζω (1-38) tempt, try

2 βάρος, τό (1-6) weight, burden
βαστάζω (4-27) bear, carry
ἀναπληρόω (1-6) fulfill, make complete

3 φρεναπατάω (1-1) deceive

4 δοκιμάζω (1-22) test
καύχημα, τό (1-11) boast

5 φορτίον, τό (1-6) burden, load
βαστάζω (4-27) bear, carry

6 κοινωνέω (1-8) give or contribute a share; share, participate
κατηχέω (2-8) teach, instruct; report

7 πλανάω (1-39) deceive
μυκτηρίζω (1-1) mock, treat with contempt, outwit

8 θερίζω (4-21) reap
φθορά, ἡ (1-9) destruction, corruption
ἐγκακέω (1-6) lose heart, despair; become faint

9 ἐκλύω (1-5) only pass. become weary, give out, lose courage

ἄρα (5-49) then
ἐργάζομαι (1-41) work, do

10 μάλιστα (1-12) especially
οἰκεῖος (1-3) belonging to the house; subst. member of the household

11 πηλίκος (1-2) how large, how great
γράμμα, τό (1-15) letter

12 εὐπροσωπέω (1-1) make a good show
ἀναγκάζω (3-9) compel
σταυρός, ὁ (3-17) cross
διώκω (5-44) persecute

13 φυλάσσω (1-31) observe, keep; guard
ὑμέτερος (1-10) your
καυχάομαι (2-37) boast

14 σταυρός, ὁ (3-17) cross
σταυρόω (3-46) crucify

15 ἀκροβυστία, ἡ (3-20) uncircumcision
καινός (1-42) new
κτίσις, ἡ (1-19) creation, creature

16 κανών, ὁ (1-4) rule or standard
στοιχέω (2-5) follow, be in line with; agree with
ἔλεος, τό (1-27) mercy

17 κόπος, ὁ (1-18) trouble, labor, toil
παρέχω (1-16) cause, bring about; offer, grant
στίγμα, τό (1-1) mark, brand
βαστάζω (4-27) bear, carry

THE EPISTLE TO THE EPHESIANS

SPECIAL VOCABULARY

γνωρίζω (6-26) make known
μυστήριον, τό (6-27) mystery

ποτέ (6-29) at some time or other, once, formerly; after neg. ever

---

CHAPTER 1

3 εὐλογητός (1-8) blessed
εὐλογέω (1-42) bless
εὐλογία, ἡ (1-16) blessing
πνευματικός (3-26) spiritual
ἐπουράνιος (5-18) heavenly; periphrasis for heaven

4 ἐκλέγομαι (1-22) choose, select
πρό (1-47) before
καταβολή, ἡ (1-11) foundation
ἄμωμος (2-8) blameless
κατενώπιον (1-3) before, in the presence of

5 προορίζω (2-6) predestine, decide beforehand
υἱοθεσία, ἡ (1-5) adoption
εὐδοκία, ἡ (2-9) good pleasure, favor, good will

6 ἔπαινος, ὁ (3-11) praise
χαριτόω (1-2) bestow favor upon, favor highly

7 ἀπολύτρωσις, ἡ (3-10) redemption
ἄφεσις, ἡ (1-17) forgiveness, pardon, release
παράπτωμα, τό (3-19) transgression, sin
πλοῦτος, τό (5-22) riches, wealth

8 περισσεύω (1-39) abound, overflow
φρόνησις, ἡ (1-2) understanding, intelligence

9 εὐδοκία, ἡ (2-9) good pleasure, favor, good will
προτίθημι (1-3) set before, display, plan, purpose

10 οἰκονομία, ἡ (3-9) arrangement, plan of salvation, order, management

πλήρωμα, τό (4-17) fulness, completion
ἀνακεφαλαιόω (1-2) sum up, summarize, recapitulate

11 προορίζω (2-6) predestine, decide beforehand
πρόθεσις, ἡ (2-12) purpose, plan, will
ἐνεργέω (4-21) work, be at work, operate
βουλή, ἡ (1-12) purpose, counsel, resolution

12 ἔπαινος, ὁ (3-11) praise
προελπίζω (1-1) hope before

13 σωτηρία, ἡ (1-45) salvation
σφραγίζω (2-15) seal

14 ἀρραβών, ὁ (1-3) deposit, down payment, pledge
κληρονομία, ἡ (3-14) inheritance
ἀπολύτρωσις, ἡ (3-10) redemption
περιποίησις, ἡ (1-5) possessing, possession, obtaining, preserving
ἔπαινος, ὁ (3-11) praise

16 παύω (1-15) cause to stop, relieve; mid. cease
εὐχαριστέω (2-38) give thanks
μνεία, ἡ (1-7) remembrance
προσευχή, ἡ (2-36) prayer

17 δῴη aor. act. opt. 3 s. of δίδωμι
ἀποκάλυψις, ἡ (2-18) revelation
ἐπίγνωσις, ἡ (2-20) knowledge

18 φωτίζω (2-11) enlighten, give light, reveal
κλῆσις, ἡ (3-11) calling
πλοῦτος, ὁ (5-22) riches, wealth
κληρονομία, ἡ (3-14) inheritance

19 ὑπερβάλλω (3-5) exceed, surpass; ptc. surpassing, extraordinary, outstanding

μέγεθος, τό (1-1) greatness, size
ἐνέργεια, ἡ (3-18) working, operation, action
κράτος, τό (2-12) power, might
ἰσχύς, ἡ (2-10) strength, might, power
20 ἐνεργέω (4-21) work, be at work, operate
καθίζω (1-45) sit
ἐπουράνιος (5-18) heavenly; periphrasis for heaven
21 ὑπεράνω (2-3) above
κυριότης, ἡ (1-4) lordship, dominion
ὀνομάζω (3-9) name, call
22 ὑποτάσσω (3-38) subject, subordinate
23 πλήρωμα, τό (4-17) fulness, completion

CHAPTER 2

1 παράπτωμα, τό (3-19) transgression, sin
2 ἄρχων, ὁ (1-37) ruler, prince
ἀήρ, ὁ (1-7) air
ἐνεργέω (4-21) work, be at work, operate
ἀπείθεια, ἡ (2-6) disobedience
3 ἀναστρέφω (1-9) conduct oneself, live
ἐπιθυμία, ἡ (2-38) desire
διάνοια, ἡ (2-12) imagination, conceit; pl. sense, impulses, mind, understanding
ἤμεθα impft. of εἰμί
φύσις, ἡ (1-12) nature
ὀργή, ἡ (3-36) wrath, anger
4 πλούσιος (1-28) rich
ἔλεος, τό (1-27) mercy
5 παράπτωμα, τό (3-19) transgression, sin
συζωοποιέω (1-2) make alive together
6 συνεγείρω (1-3) rise together
συγκαθίζω (1-2) cause to sit together
ἐπουράνιος (5-18) heavenly; periphrasis for heaven
7 ἐνδείκνυμι (1-11) show, demonstrate
ἐπέρχομαι (1-9) come, approach
ὑπερβάλλω (3-5) exceed, surpass; ptc. surpassing, extraordinary, outstanding
πλοῦτος, ὁ (5-22) riches, wealth
χρηστότης, ἡ (1-10) goodness, uprightness, kindness
8 δῶρον, τό (1-19) gift
καυχάομαι (1-37) boast
9 ποίημα, τό (1-2) work, that which is made
κτίζω (4-15) create
10 προετοιμάζω (1-2) prepare beforehand
11 μνημονεύω (1-21) remember
ἀκροβυστία, ἡ (1-20) uncircumcision
περιτομή, ἡ (1-35) circumcision
χειροποίητος (1-6) made by human hands
12 χωρίς (1-41) without, apart from
ἀπαλλοτριόω (2-3) alienate, estrange
πολιτεία, ἡ (1-2) commonwealth, state, citizenship, conduct
ξένος (2-14) strange; subst. stranger, alien
διαθήκη, ἡ (1-33) covenant
ἄθεος (1-1) without God, godless
13 νυνί (1-18) now
μακράν (2-10) far away
ἐγγύς (2-31) near
14 ἀμφότεροι (3-14) both
μεσότοιχον, τό (1-1) dividing wall
φραγμός, τό (1-4) fence
λύω (1-42) destroy
ἔχθρα, ἡ (2-6) enmity
15 δόγμα, τό (1-5) decree, ordinance, command
καταργέω (1-27) nullify, make ineffective, set aside
κτίζω (4-15) create
καινός (2-42) new
16 ἀποκαταλλάσσω (1-3) reconcile
ἀμφότεροι (3-14) both
σταυρός, ὁ (1-27) cross
ἔχθρα, ἡ (2-6) enmity
17 μακράν (2-10) far away
ἐγγύς (2-31) near
18 προσαγωγή, ἡ (2-3) approach, access, introduction
ἀμφότεροι (3-14) both
19 ἄρα (1-49) so, then, consequently

οὐκέτι (1-48) no longer
ξένος (2-14) strange; subst. stranger, alien
πάροικος (1-4) strange; subst. stranger, alien
συμπολίτης, ὁ (1-1) fellow-citizen
οἰκεῖος (1-3) only subst. members of the household
20 ἐποικοδομέω (1-7) build upon
θεμέλιος, ὁ (1-16) foundation
ἀκρογωνιαῖος (1-2) lying at the extreme corner, cornerstone
21 οἰκοδομή, ἡ (4-18) building, construction
συναρμολογέω (2-2) fit or join together
αὐξάνω (2-22) grow, increase
ναός, ὁ (1-45) temple
22 συνοικοδομέω (1-1) build together
κατοικητήριον, ὁ (1-2) habitation, dwelling place

CHAPTER 3

1 χάριν (2-9) prep. because of, on account of
δέσμιος, ὁ (2-16) prisoner
2 οἰκονομία, ἡ (3-9) stewardship, management, arrangement, plan
3 ἀποκάλυψις, ἡ (2-18) revelation
προγράφω (1-4) write before
ὀλίγος (1-40) few, small; ἐν ὀλ. in brief, in a short time
4 ἀναγινώσκω (1-32) read
νοέω (2-14) perceive, apprehend, understand, think, imagine
σύνεσις, ἡ (1-7) understanding, insight, intelligence
5 γενεά, ἡ (2-43) generation, family
ἀποκαλύπτω (1-26) reveal
6 συγκληρονόμος, ὁ (1-4) co-inheritor, fellow-heir
σύσσωμος (1-1) belonging to the same body
συμμέτοχος (2-2) sharing with someone
7 διάκονος, ὁ (2-29) servant, minister
δωρεά, ἡ (2-11) gift
ἐνέργεια, ἡ (3-18) working, operation, action

8 ἐλάχιστος (1-14) least, smallest
ἀνεξιχνίαστος (1-2) inscrutable, incomprehensible
πλοῦτος, ὁ (5-22) riches, wealth
9 φωτίζω (2-11) reveal, enlighten, give light
οἰκονομία, ἡ (3-9) plan of salvation, arrangement, order, management
ἀποκρύπτω (1-4) hide, conceal
κτίζω (4-15) create
10 ἐπουράνιος (5-18) heavenly; periphrasis for heaven
πολυποίκιλος (1-1) many-sided
11 πρόθεσις, ἡ (2-12) purpose, plan, will
12 παρρησία, ἡ (2-31) boldness, confidence
προσαγωγή, ἡ (2-3) approach, access, introduction
πεποίθησις, ἡ (1-6) confidence
13 ἐγκακέω (1-6) lose heart, despair, become weary
θλῖψις, ἡ (1-45) affliction
14 χάριν (2-9) prep. because of, on account of
κάμπτω (1-4) bend
γόνυ, τό (1-12) knee
15 πατριά, ἡ (1-3) family, clan, people
ὀνομάζω (3-9) name, call
16 πλοῦτος, ὁ (5-22) riches, wealth
κραταιόω (1-4) strengthen
ἔσω (1-9) inside, inner
17 κατοικέω (1-44) dwell, live
ῥιζόω (1-2) root, fix firmly, establish
θεμελιόω (1-5) establish, strengthen, found
18 ἐξισχύω (1-1) be able, be strong enough
καταλαμβάνω (1-13) seize, attain, overtake
πλάτος, τό (1-4) breadth
μῆκος, τό (1-3) length
ὕψος, τό (2-6) height
βάθος, τό (1-8) depth
19 ὑπερβάλλω (3-5) exceed, surpass; ptc. surpassing, extraordinary, outstanding
γνῶσις, ἡ (1-29) knowledge
πλήρωμα, τό (4-17) fulness, completion
20 ὑπερεκπερισσοῦ (1-2) quite be-

183

yond all measure, infinitely more than

νοέω (2-14) think, imagine, perceive, understand

ἐνεργέω (4-21) work, be at work, operate

21 γενεά, ἡ (2-43) generation

CHAPTER 4

1 δέσμιος, ὁ (2-16) prisoner
ἀξίως (1-6) worthily
κλῆσις, ἡ (3-11) calling

2 ταπεινοφροσύνη, ἡ (1-7) humility, modesty
πραΰτης, ἡ (1-11) gentleness, meekness
μακροθυμία, ἡ (1-14) patience, forbearance
ἀνέχω (1-15) only mid. bear with, endure

3 σπουδάζω (1-11) be zealous, eager, make every effort, hasten
ἑνότης, ἡ (2-2) unity
σύνδεσμος, ὁ (1-4) bond

4 κλῆσις, ἡ (3-11) calling

5 βάπτισμα, τό (1-20) baptism

7 μέτρον, τό (3-14) measure
δωρεά, ἡ (2-11) gift

8 ὕψος, τό (2-6) height, high place
αἰχμαλωτεύω (1-1) lead captive
αἰχμαλωσία, ἡ (1-3) captivity
δόμα, τό (1-4) gift

9 κατώτερος (1-1) lower
μέρος, τό (2-42) part

10 ὑπεράνω (2-3) above

11 εὐαγγελιστής, ὁ (1-3) evangelist
ποιμήν, ὁ (1-18) shepherd, pastor

12 καταρτισμός, ὁ (1-1) equipment, equipping
διακονία, ἡ (1-33) service, ministry
οἰκοδομή, ἡ (4-18) edification, upbuilding, building

13 μέχρι (1-18) until
καταντάω (1-13) attain, arrive, come to
ἑνότης, ἡ (2-2) unity
ἐπίγνωσις, ἡ (2-20) knowledge
τέλειος (1-19) perfect, mature
μέτρον, τό (3-14) measure
ἡλικία, ἡ (1-8) mature age, maturity, stature

πλήρωμα, τό (4-17) fulness, completion

14 μηκέτι (3-21) no longer
νήπιος (1-14) immature, childish, infant
κλυδωνίζομαι (1-1) be tossed by waves here and there
περιφέρω (1-3) carry about, carry here and there
ἄνεμος, ὁ (1-31) wind
διδασκαλία, ἡ (1-21) doctrine, teaching
κυβεία, ἡ (1-1) trickery, craftiness; dice playing (cube)
πανουργία, ἡ (1-5) cunning, craftiness; trickery
μεθοδεία, ἡ (2-2) scheming, craftiness; pl. wiles, stratagems
πλάνη, ἡ (1-10) error, deception

15 ἀληθεύω (1-2) be truthful, tell the truth
αὐξάνω (2-22) grow, increase

16 συναρμολογέω (2-2) fit or join together
συμβιβάζω (1-7) bring together, unite, instruct
ἀφή, ἡ (1-2) ligament, joint
ἐπιχορηγία, ἡ (1-2) supply, provision
ἐνέργεια, ἡ (3-8) working, operation, action
μέτρον, τό (3-14) measure
μέρος, τό (2-42) part
αὔξησις, ἡ (1-2) increase, growth
οἰκοδομή, ἡ (4-18) upbuilding, edification, building

17 μηκέτι (3-21) no longer
ματαιότης, ἡ (1-3) emptiness, futility, purposelessness
νοῦς, ὁ (2-24) mind, understanding

18 σκοτόω (1-3) darken
διάνοια, ἡ (2-12) mind, understanding
ἀπαλλοτριόω (2-3) alienate, estrange
ἄγνοια, ἡ (1-4) ignorance
πώρωσις, ἡ (1-3) hardening

19 ἀπαλγέω (1-1) become callous, languish
ἀσέλγεια, ἡ (1-6) licentiousness, sensuality
ἐργασία, ἡ (1-6) practice, pursuit, working

ἀκαθαρσία, ἡ (1-10) impurity, uncleanness

πλεονεξία, ἡ (2-10) covetousness, greediness, avarice

20 μανθάνω (1-25) learn

21 γέ (2-31) oft. untrans. indeed, even

22 ἀποτίθημι (2-9) lay aside, put off

πρότερος (1-11) former

ἀναστροφή, ἡ (1-13) manner of life, behavior, conduct

παλαιός (1-19) old

φθείρω (1-8) destroy, corrupt

ἐπιθυμία, ἡ (2-38) desire

ἀπάτη, ἡ (1-7) deceit, deceitfulness

23 ἀνανεόω (1-1) renew

νοῦς, ὁ (2-24) mind, understanding; intellect

24 ἐνδύω (3-28) dress, clothe; mid. put on, wear

καινός (2-42) new

κτίζω (4-15) create

ὁσιότης, ἡ (1-2) holiness, devoutness, piety

25 ἀποτίθημι (2-9) put off, lay aside, put away

ψεῦδος, τό (1-10) lie, falsehood

πλησίος (1-17) near; subst. neighbor

μέλος, τό (2-34) member, limb

26 ὀργίζω (1-8) make angry; pass. be angry

ἁμαρτάνω (1-42) sin

ἥλιος, ὁ (1-32) sun

ἐπιδύω (1-1) go down, set

παροργισμός, ὁ (1-1) anger, angry mood

27 διάβολος, ὁ (2-37) devil

28 κλέπτω (2-13) steal

μηκέτι (3-21) no longer

κοπιάω (1-22) toil, labor

ἐργάζομαι (1-41) work, do

μεταδίδωμι (1-5) give, impart, share

χρεία, ἡ (2-49) need

29 σαπρός (1-8) bad, evil, decayed, rotten

ἐκπορεύομαι (1-33) go out, come out

οἰκοδομή, ἡ (4-18) upbuilding, edification, building

χρεία, ἡ (2-49) need (here, where it is necessary, obj. gen.)

30 λυπέω (1-26) grieve, pain

σφραγίζω (2-15) seal

ἀπολύτρωσις, ἡ (3-10) redemption

31 πικρία, ἡ (1-4) bitterness

θυμός, ὁ (1-18) passion, hot anger, wrath

ὀργή, ἡ (3-36) wrath, anger

κραυγή, ἡ (1-6) shout, clamor

βλασφημία, ἡ (1-18) blasphemy, slander

κακία, ἡ (1-11) wickedness, malice, ill will

32 χρηστός (1-7) kind, loving, useful

εὔσπλαγχνος (1-2) tender-hearted, compassionate

χαρίζομαι (2-23) give freely or graciously as a favor; forgive, pardon

CHAPTER 5

1 μιμητής, ὁ (1-6) imitator

2 προσφορά, ἡ (1-9) present, offering

θυσία, ἡ (1-28) sacrifice

ὀσμή, ἡ (1-6) fragrance, odor

εὐωδία, ἡ (1-3) aroma, fragrance

3 πορνεία, ἡ (1-25) fornication, unchastity, immorality

ἀκαθαρσία, ἡ (2-10) impurity, uncleanness

πλεονεξία, ἡ (2-10) covetousness, greediness, avarice

ὀνομάζω (3-9) name, call

πρέπω (1-7) be fitting, be seemly, proper

4 αἰσχρότης, ἡ (1-1) ugliness, wickedness

μωρολογία, ἡ (1-1) foolish talking

εὐτραπελία, ἡ (1-1) coarse jesting, buffoonery

ἀνήκω (1-3) it is proper, fitting; refer, relate

εὐχαριστία, ἡ (1-15) thanksgiving, gratitude

5 ἴστε pres. act. impv. of οἶδα

πόρνος, ὁ (1-10) fornicator, immoral person

ἀκάθαρτος (1-31) impure, unclean

185

πλεονέκτης, ὁ (1-4) covetous person

εἰδωλολάτρης, ὁ (1-7) idolater

κληρονομία, ἡ (3-14) inheritance

6 ἀπατάω (1-3) deceive

κενός (1-18) empty, without content or truth

ὀργή, ἡ (3-36) wrath, anger

ἀπείθεια, ἡ (2-6) disobedience

7 συμμέτοχος, ὁ (2-2) partaker, sharer

8 σκότος, τό (3-30) darkness

9 ἀγαθωσύνη, ἡ (1-4) goodness

10 δοκιμάζω (1-22) test, examine, approve

εὐάρεστος (1-9) pleasing, acceptable

11 συγκοινωνέω (1-3) participate, be connected, share

ἄκαρπος (1-7) unfruitful, useless

σκότος, τό (3-30) darkness

ἐλέγχω (2-17) reprove, convict

12 κρυφῇ (1-1) secretly, in secret

αἰσχρός (1-4) ugly, shameful, base

13 ἐλέγχω (2-17) reprove, convict

φανερόω (2-49) reveal, make clear

14 καθεύδω (1-22) sleep

ἐπιφαύσκω (1-1) arise, appear, shine

15 ἀκριβῶς (1-9) accurately, carefully, well

ἄσοφος (1-1) unwise, foolish

σοφός (1-20) wise

16 ἐξαγοράζω (1-4) redeem, deliver

17 ἄφρων (1-11) foolish, ignorant

συνίημι (1-26) understand, gain insight

18 μεθύσκω (1-3) make drunk; pass. get drunk, become intoxicated

οἶνος, ὁ (1-34) wine

ἀσωτία, ἡ (1-3) debauchery, dissipation, profligacy

19 ψαλμός, ὁ (1-7) song of praise, psalm

ὕμνος, ὁ (1-2) hymn, song

ᾠδή, ἡ (1-6) song, ode

πνευματικός (3-26) spiritual

ᾄδω (1-5) sing

ψάλλω (1-5) sing, sing praise

20 εὐχαριστέω (2-38) give thanks

πάντοτε (1-41) always

21 ὑποτάσσω (3-38) subject, subordinate

φόβος, ὁ (2-47) fear

23 σωτήρ, ὁ (1-24) Savior

24 ὑποτάσσω (3-38) subject, subordinate

26 ἁγιάζω (1-27) sanctify, dedicate

καθαρίζω (1-31) cleanse, purify

λουτρόν, τό (1-2) washing, bath

27 παρίστημι (1-41) render, make, present

ἔνδοξος (1-4) glorious, splendid; honored, eminent

σπίλος (1-2) spot, stain

ῥυτίς, ἡ (1-1) wrinkle

ἄμωμος (2-8) blameless

28 ὀφείλω (1-35) be obligated, ought

29 μισέω (1-39) hate

ἐκτρέφω (2-2) nourish, bring up

θάλπω (1-2) cherish, comfort; keep warm

30 μέλος, τό (2-34) member

ἀντί (1-22) in behalf of, instead of, "for this reason" w. τούτου

καταλείπω (1-23) leave behind

31 προσκολλάω (1-1) only pass. adhere closely to, be faithfully devoted to, join

33 πλήν (1-31) however, nevertheless, but, only

CHAPTER 6

1 ὑπακούω (2-21) obey

γονεύς, ὁ (1-20) begetter; pl. parents

τιμάω (1-21) honor

3 εὖ (1-6) well

μακροχρόνιος (1-1) long-lived

4 παροργίζω (1-2) make angry

ἐκτρέφω (2-2) rear, bring up, nourish

παιδεία, ἡ (1-6) training, upbringing, instruction, discipline

νουθεσία, ἡ (1-3) admonition, instruction

5 ὑπακούω (2-21) obey

φόβος, ὁ (2-47) fear

τρόμος, ὁ (1-5) trembling, quaking

ἁπλότης, ἡ (1-7) simplicity,

sincerity, uprightness, liberality

6 ὀφθαλμοδουλία, ἡ (1-2) eyeservice
ἀνθρωπάρεσκος (1-2) subst. menpleaser

7 εὔνοια, ἡ (1-1) zeal, enthusiasm, good will, favor
δουλεύω (1-25) serve

8 κομίζω (1-11) bring, mid. receive, recover
ἐλεύθερος (1-23) free

9 ἀνίημι (1-4) give up, cease from; abandon
ἀπειλή, ἡ (1-3) threatening, threat
προσωπολημψία, ἡ (1-4) partiality

10 ἐνδυναμόω (1-7) make strong, strengthen
κράτος, τό (2-12) might, power
ἰσχύς, ἡ (2-10) strength, power

11 ἐνδύω (3-28) clothe; mid. put on, wear
πανοπλία, ἡ (2-3) armor, panoply
μεθοδεία, ἡ (2-2) scheming, craftiness; pl. wiles, stratagems
διάβολος, ὁ (2-37) devil

12 πάλη, ἡ (1-1) struggle, wrestling
κοσμοκράτωρ, ὁ (1-1) worldruler
σκότος, τό (3-30) darkness
πνευματικός (3-26) spiritual
πονηρία, ἡ (1-7) wickedness
ἐπουράνιος (5-18) heavenly; periphrasis for heaven

13 ἀναλαμβάνω (2-13) take up
πανοπλία, ἡ (2-3) full armor
ἀνθίστημι (1-14) oppose, resist, withstand

ἅπας (1-32) all
κατεργάζομαι (1-22) achieve, accomplish, do

14 περιζώννυμι (1-6) gird around
ὀσφύς, ἡ (1-8) loins, waist
ἐνδύω (3-28) clothe; mid. put on, wear
θώραξ, ὁ (1-5) breastplate

15 ὑποδέω (1-3) bind under
ἑτοιμασία, ἡ (1-1) readiness, preparation

16 ἀναλαμβάνω (2-13) take up
θυρεός, ὁ (1-1) shield
βέλος, τό (1-1) arrow
πυρόω (1-6) burn up, burn, βέλ. πεπ. flaming arrows
σβέννυμι (1-6) extinguish, quench

17 περικεφαλαία, ἡ (1-2) helmet
σωτήριον, τό (1-4) salvation
μάχαιρα, ἡ (1-29) sword

18 προσευχή, ἡ (2-36) prayer
δέησις, ἡ (2-18) entreaty, prayer
ἀγρυπνέω (1-4) keep oneself awake, be awake, be alert
προσκαρτέρησις, ἡ (1-1) perseverance, patience

19 ἄνοιξις, ἡ (1-1) opening
παρρησία, ἡ (2-31) boldness, confidence

20 πρεσβεύω (1-2) be an ambassador
ἅλυσις, ἡ (1-11) chain, bond
παρρησιάζομαι (1-9) speak freely, boldly

21 πράσσω (1-39) do, accomplish
διάκονος, ὁ (2-29) servant, minister

24 ἀφθαρσία, ἡ (1-7) incorruptibility, immortality

THE EPISTLE TO THE PHILIPPIANS

SPECIAL VOCABULARY

ἡγέομαι (6-28) think, consider, regard; lead, guide

φρονέω (10-26) think, form opinion, set one's mind on, be minded, or disposed

---

CHAPTER 1

1 ἐπίσκοπος, ὁ (1-5) superintendent, guardian, bishop
διάκονος, ὁ (1-29) servant, minister

3 εὐχαριστέω (1-38) give thanks
μνεία, ἡ (1-7) remembrance

4 πάντοτε (4-41) always
δέησις, ἡ (4-18) entreaty, prayer

5 κοινωνία, ἡ (3-19) partnership, fellowship, participation
ἄχρι (2-48) until

6 πεποιθώς pft. ptc. of πείθω
ἐνάρχομαι (1-2) begin, make a beginning
ἐπιτελέω (1-10) end, complete, finish

7 δεσμός, ὁ (4-18) bond, chain; imprisonment
ἀπολογία, ἡ (2-8) defense
βεβαίωσις, ἡ (1-2) confirmation, establishment
συγκοινωνός, ὁ (1-4) participant, partner

8 μάρτυς, ὁ (1-35) witness
ἐπιποθέω (2-19) long for, desire
σπλάγχνον, τό (2-11) pl. affection, love, heart

9 περισσεύω (5-39) abound, increase
ἐπίγνωσις, ἡ (1-20) knowledge
αἴσθησις, ἡ (1-1) insight, experience, perception

10 δοκιμάζω (1-22) approve, test, prove
διαφέρω (1-13) differ, be superior
εἰλικρινής (1-2) unmixed, pure, sincere

ἀπρόσκοπος (1-3) blameless, without offense

11 ἔπαινος, ὁ (2-11) praise

12 βούλομαι (1-37) wish, want, desire
προκοπή, ἡ (2-3) progress, advancement

13 δεσμός, ὁ (4-18) bond, chain, imprisonment
φανερός (1-18) known, clear, evident
πραιτώριον, τό (1-8) imperial guard; governor's residence

14 πεποιθότας pft. ptc. of πείθω
περισσοτέρως (1-11) to a much greater degree, far more, far greater
τολμάω (1-16) dare, have courage
ἀφόβως (1-4) fearlessly

15 φθόνος, ὁ (1-9) envy, jealousy
ἔρις, ἡ (1-9) strife, discord, contention
εὐδοκία, ἡ (2-9) good will, favor, good pleasure

16 ἀπολογία, ἡ (2-8) defense
κεῖμαι (1-24) set, be appointed, lie

17 ἐριθεία, ἡ (2-7) strife, contentiousness, selfish ambition
καταγγέλλω (1-18) proclaim
ἀγνῶς (1-1) purely, sincerely
οἴομαι (1-3) think, suppose, expect
θλῖψις, ἡ (2-45) affliction
δεσμός, ὁ (4-18) bond, chain, imprisonment

18 πλήν (3-31) however, nevertheless, only; πλ. ὅτι except that

τρόπος, ὁ (1-13) manner, way, kind, guise

πρόφασις, ἡ (1-6) pretext, ostensible reason

19 ἀποβαίνω (1-4) turn out, lead

σωτηρία, ἡ (3-45) salvation

δέησις, ἡ (4-18) entreaty, prayer

ἐπιχορηγία, ἡ (1-2) support

20 ἀποκαραδοκία, ἡ (1-2) eager expectation

αἰσχύνω (1-5) mid. and pass. only; be ashamed, disgraced

παρρησία, ἡ (1-31) boldness, confidence

πάντοτε (4-41) always

μεγαλύνω (1-8) magnify, make great

21 κέρδος, τό (2-3) gain

22 αἱρέω (1-3) take; mid. choose

γνωρίζω (2-26) make known

23 συνέχω (1-12) distress, torment; pass. be tormented, be distressed, be hard pressed

ἐπιθυμία, ἡ (1-38) desire

ἀναλύω (1-2) depart, return

κρείσσων (1-19) better

24 ἐπιμένω (1-15) stay, remain, continue

ἀναγκαῖος (2-8) necessary

25 παραμένω (1-3) remain, continue, stay

προκοπή, ἡ (2-3) progress, advancement, furtherance

26 καύχημα, τό (2-11) boast, object of boasting

περισσεύω (5-39) abound, increase

παρουσία, ἡ (2-24) coming, arrival

27 ἀξίως (1-6) worthily

πολιτεύομαι (1-2) live, conduct oneself

ἄπειμι (1-7) be absent, away

συναθλέω (2-2) contend or struggle

28 πτύρω (1-1) frighten, scare

ἀντίκειμαι (1-8) be opposed; subst. enemy

ἔνδειξις, ἡ (1-4) sign, proof

ἀπώλεια, ἡ (2-18) destruction

σωτηρία, ἡ (3-45) salvation

29 χαρίζομαι (2-23) give freely or graciously as a favor

πάσχω (1-40) suffer

30 ἀγών, ὁ (1-6) struggle, fight

οἷος (1-14) of what sort, which

CHAPTER 2

1 παράκλησις, ἡ (1-29) encouragement, exhortation, comfort

παραμύθιον, τό (1-1) encouragement, esp. as consolation

κοινωνία, ἡ (3-19) fellowship, participation

σπλάγχνον, τό (2-11) pl. affection, love, heart

οἰκτιρμός, ὁ (1-5) pity, mercy, compassion

2 σύμψυχος (1-1) harmonious, united in spirit

3 ἐριθεία, ἡ (2-7) strife, contentiousness, selfish ambition

κενοδοξία, ἡ (1-1) vanity, conceit

ταπεινοφροσύνη, ἡ (1-7) humility

ὑπερέχω (3-5) be better than, surpass, excel

4 σκοπέω (2-6) look out for, notice

6 μορφή, ἡ (2-3) form, outward appearance

ἁρπαγμός, ὁ (1-1) prize, booty; robbery

ἴσος (1-8) equal

7 κενόω (1-5) empty, divest

ὁμοίωμα, τό (1-6) likeness

σχῆμα, τό (1-2) outward appearance, form

8 ταπεινόω (2-14) humble, humiliate

ὑπήκοος (1-3) obedient

μέχρι (2-18) until

σταυρός, ὁ (2-27) cross

9 ὑπερυψόω (1-1) raise to the loftiest height

χαρίζομαι (2-23) give freely or graciously as a favor

10 γόνυ, τό (1-12) knee

κάμπτω (1-4) bend, bow

ἐπουράνιος (1-18) heavenly; subst. heavenly being

ἐπίγειος (2-7) earthly; subst. earthly being

καταχθόνιος (1-1) under the earth; subst. subterranean being

11 ἐξομολογέω (1-10) confess

12 πάντοτε (4-41) always
ὑπακούω (1-21) obey
παρουσία, ἡ (2-24) presence, coming
ἀπουσία, ἡ (1-1) absence
φόβος, ὁ (1-47) fear
τρόμος, ὁ (1-5) trembling
σωτηρία, ἡ (3-45) salvation
κατεργάζομαι (1-22) work, do, accomplish

13 ἐνεργέω (2-21) produce, effect, work, be at work, operate
εὐδοκία, ἡ (2-9) good pleasure, good will, favor

14 χωρίς (1-41) without, apart from
γογγυσμός, ὁ (1-14) grumbling, complaint, displeasure
διαλογισμός, ὁ (1-14) dispute, argument

15 ἄμεμπτος (2-5) blameless, faultless
ἀκέραιος (1-3) pure, innocent, lit. unmixed
ἄμωμος (1-8) unblemished
γενεά, ἡ (1-43) generation, family
σκολιός (1-4) crooked
διαστρέφω (1-7) make crooked, pervert
φαίνω (1-31) shine
φωστήρ, ὁ (1-2) light-giving body, star

16 ἐπέχω (1-5) hold fast
καύχημα, τό (2-11) boast
κενός (2-18) without result, effect; empty; εἰς κ. in vain
ἔδραμον 2 aor. of τρέχω (1-18) run
κοπιάω (1-22) labor, toil

17 σπένδω (1-2) offer a libation or drink offering; pass. be offered up
θυσία, ἡ (2-28) sacrifice
λειτουργία, ἡ (2-6) sacrificial service, service
συγχαίρω (2-7) rejoice together

19 ἐλπίζω (2-31) hope
ταχέως (2-10) quickly, soon
εὐψυχέω (1-1) be glad, have courage

20 ἰσόψυχος (1-1) of like soul or mind
γνησίως (1-1) adv. genuinely, sincerely

μεριμνάω (2-19) have anxiety, care for

22 δοκιμή, ἡ (1-7) character; test, ordeal
δουλεύω (1-25) serve

23 ἐλπίζω (2-31) hope
ὡς ἄν when, as soon as
ἀφίδω 2 aor. subj. of ἀφοράω (1-2) see
ἐξαυτῆς (1-6) at once, immediately

24 ταχέως (2-10) soon, quickly

25 ἀναγκαῖος (2-8) necessary
συνεργός, ὁ (2-13) fellow-worker
συστρατιώτης, ὁ (1-2) fellow-soldier
λειτουργός, ὁ (1-5) servant
χρεία, ἡ (3-49) need

26 ἐπειδή (1-10) since
ἐπιποθέω (2-9) long, earnestly desire
ἀδημονέω (1-3) be in anxiety, distressed, troubled
διότι (1-24) because
ἀσθενέω (2-33) be ill, weak

27 παραπλήσιος (1-1) coming near, resembling, similar
ἐλεέω (1-32) be merciful
λυπή, ἡ (1-15) grief, sorrow

28 σπουδαίως (1-5) with haste, diligently, zealously, earnestly
ἄλυπος (1-1) free from anxiety

29 προσδέχομαι (1-14) await, expect
ἔντιμος (1-5) honored, respected; esteemed

30 μέχρι (2-18) until
ἐγγίζω (1-42) draw near, come near
παραβολεύομαι (1-1) expose to danger, risk
ἀναπληρόω (1-6) make complete, fulfill
ὑστέρημα, τό (1-9) lack, want
λειτουργία, ἡ (2-6) service

CHAPTER 3

1 ὀκνηρός (1-3) troublesome, irksome
ἀσφαλής (1-5) safe, secure, firm

2 κύων, ὁ (1-5) dog
ἐργάτης, ὁ (1-16) worker

κατατομή, ἡ (1-1) mutilation
3 περιτομή, ἡ (2-35) circumcision
λατρεύω (1-21) worship, serve
καυχάομαι (1-37) boasting
4 καίπερ (1-5) although
πεποίθησις, ἡ (1-6) trust, confidence
5 περιτομή, ἡ (2-35) circumcision
ὀκταήμερος (1-1) on the eighth day
γένος, τό (1-20) race, nation
φυλή, ἡ (1-31) tribe
6 ζῆλος, ὁ (1-17) zeal
διώκω (3-44) persecute, pursue
ἄμεμπτος (2-5) blameless, faultless
7 κέρδος, τό (2-3) gain
ζημία, ἡ (2-4) damage, disadvantage, loss, forfeit
8 μενοῦν γε (1-4) indeed, rather, on the contrary
ὑπερέχω (3-5) surpass, excel, be better than; subst. neut. surpassing greatness
γνῶσις, ἡ (1-29) knowledge
ζημιόω (1-6) pass. suffer loss, forfeit
σκύβαλον, τό (1-1) refuse, rubbish, dirt
κερδαίνω (1-17) gain
10 ἀνάστασις, ἡ (1-42) resurrection
κοινωνία, ἡ (3-19) participation, fellowship, partnership
πάθημα, τό (1-16) suffering
συμμορφίζω (1-1) grant, or invest with the same form, conform
11 πώς (1-14) somehow, in some way
καταντάω (1-13) attain, arrive at, reach
ἐξανάστασις, ἡ (1-1) resurrection
12 τελειόω (1-23) perfect, complete, finish
διώκω (3-44) pursue
καταλαμβάνω (3-13) seize, win, attain, make one's own
13 οὔπω (1-27) not yet
λογίζομαι (2-40) consider, reckon
ὀπίσω (1-35) behind, after
ἐπιλανθάνομαι (1-8) forget
ἔμπροσθεν (1-48) before
ἐπεκτείνομαι (1-1) stretch out, strain

14 σκοπός, ὁ (1-1) goal, mark
διώκω (3-44) pursue
βραβεῖον, τό (1-2) prize, reward
ἄνω (1-13) upward, above, up
κλῆσις, ἡ (1-11) calling
15 τέλειος (1-19) complete, perfect
ἑτέρως (1-1) differently, otherwise
ἀποκαλύπτω (1-26) reveal
16 πλήν (3-31) only, however, nevertheless, but
φθάνω (1-7) come up to, reach, attain
στοιχέω (1-4) follow, be in line with
17 συμμιμητής, ὁ (1-1) fellow-imitator
σκοπέω (2-6) look out for, notice, keep one's eyes on
τύπος, ὁ (1-14) example, pattern
18 πολλάκις (1-17) often
κλαίω (1-38) cry, weep
ἐχθρός (1-32) hostile; subst. enemy
σταυρός, ὁ (2-27) cross
19 τέλος, τό (1-41) end
ἀπώλεια, ἡ (2-18) destruction
κοιλία, ἡ (1-23) belly
αἰσχύνη, ἡ (1-6) shame, disgrace
ἐπίγειος (2-7) earthly
20 πολίτευμα, τό (1-1) commonwealth, state
σωτήρ, ἡ (1-24) Savior
ἀπεκδέχομαι (1-8) await eagerly
21 μετασχηματίζω (1-5) transform, change
ταπείνωσις, ἡ (1-4) humiliation
σύμμορφος (1-2) having the same form
ἐνέργεια, ἡ (1-8) working, operation, action
ὑποτάσσω (1-38) subject, subordinate

CHAPTER 4

1 ἐπιπόθητος (1-1) longed for, desired
στέφανος, ὁ (1-18) crown
στήκω (2-10) stand firm, be steadfast
3 ναί (1-34) yes, indeed
γνήσιος (1-4) genuine, true

σύζυγος, ὁ (1-1) yoke-fellow, comrade
συλλαμβάνω (1-16) help
συναθλέω (2-2) strive together, struggle
συνεργός, ὁ (2-13) fellow-worker
βίβλος, ὁ (1-10) book
4 πάντοτε (4-41) always
5 ἐπιεικής (1-5) gentle, kind; τ. ἐπ. ὑμ. your forbearing spirit
ἐγγύς (1-31) near
6 μεριμνάω (2-19) have anxiety, be concerned
προσευχή, ἡ (1-36) prayer
δέησις, ἡ (4-18) entreaty, prayer
εὐχαριστία, ἡ (1-15) thanksgiving
αἴτημα, τό (1-3) request
γνωρίζω (2-26) make known
7 ὑπερέχω (3-5) surpass, excel, be better
νοῦς, ὁ (1-24) understanding, mind
φρουρέω (1-4) guard, protect, keep
νόημα, τό (1-6) mind, thought
8 ἀληθής (1-26) true
σεμνός (1-4) honorable, worthy, venerable, holy
ἁγνός (1-8) pure
προσφιλής (1-1) pleasing, agreeable, lovely
εὔφημος (1-1) auspicious, well-sounding, praiseworthy, attractive, appealing
ἀρετή, ἡ (1-5) moral excellence, virtue
ἔπαινος, ὁ (2-11) praise
λογίζομαι (2-40) consider, reckon
9 μανθάνω (2-25) learn
παραλαμβάνω (1-49) receive
πράσσω (1-39) do, accomplish
10 μεγάλως (1-1) greatly
ποτέ (1-29) once, formerly; ἤδη π. now at last
ἀναθάλλω (1-1) revive; cause to grow or bloom again

ἀκαιρέομαι (1-1) have no time or opportunity, busy
11 ὑστέρησις, ἡ (1-2) need, lack, poverty κ. ὑστ. because of need
μανθάνω (2-25) learn
αὐτάρκης (1-1) content, self-sufficient
12 ταπεινόω (2-14) abase, humble, humiliate
περισσεύω (5-39) abound, increase
μυέω (1-1) learn the secret; initiate
χορτάζω (1-15) fill, satisfy
πεινάω (1-23) be hungry
ὑστερέω (1-16) be in need, lack
13 ἰσχύω (1-28) be able, be strong
ἐνδυναμόω (1-7) empower, strengthen
14 πλήν (3-31) nevertheless, however
καλῶς (1-37) well, rightly
συγκοινωνέω (1-3) participate with someone, share with someone
θλῖψις, ἡ (2-45) affliction
15 κοινωνέω (1-8) participate, share
δόσις, ἡ (1-2) giving
λῆμψις, ἡ (1-1) receiving
16 ἅπαξ (1-14) once
δίς (1-6) twice
χρεία, ἡ (3-49) need, lack
17 ἐπιζητέω (2-13) seek, search
δόμα, τό (1-4) gift
πλεονάζω (1-9) increase, grow, multiply
18 ἀπέχω (1-19) receive in full
περισσεύω (5-39) abound, increase
ὀσμή, ἡ (1-6) fragrance, odor
εὐωδία, ἡ (1-3) aroma, fragrance
θυσία, ἡ (2-28) sacrifice
δεκτός (1-5) acceptable
εὐάρεστος (1-9) well-pleasing
19 χρεία, ἡ (3-49) need, lack
πλοῦτος, τό (1-22) riches, wealth
22 μάλιστα (1-12) especially

THE EPISTLE TO THE COLOSSIANS

CHAPTER 1

3 εὐχαριστέω (3-38) give thanks
πάντοτε (3-41) always, at all times
5 ἀπόκειμαι (1-4) be laid up, in store, be reserved
προακούω (1-1) hear before
6 πάρειμι (1-24) have come, be at hand, present
καρποφορέω (2-8) bear fruit
αὐξάνω (3-22) cause to grow, increase; pass. grow, increase
ἐπιγινώσκω (1-44) know
7 μανθάνω (1-25) learn
σύνδουλος, ὁ (2-10) fellow-servant
διάκονος, ὁ (4-29) servant
8 δηλόω (1-7) show
9 παύω (1-15) cause to stop, quit; mid. cease, stop
ἐπίγνωσις, ἡ (4-20) knowledge
σύνεσις, ἡ (2-7) understanding
πνευματικός (2-26) spiritual
10 ἀξίως (1-6) worthily
ἀρέσκεια, ἡ (1-1) desire to please
καρποφορέω (2-8) bear fruit
αὐξάνω (3-22) cause to grow, increase; pass. grow, increase
11 δυναμόω (1-2) strengthen
κράτος, τό (1-12) might, power
ὑπομονή, ἡ (1-32) patience, forbearance, endurance
μακροθυμία, ἡ (2-14) patience, forbearance
12 εὐχαριστέω (3-38) give thanks
ἱκανόω (1-2) make sufficient, render fit
μερίς, ἡ (1-5) part, portion
κλῆρος, ὁ (1-11) lot (part in the kingdom of God)
13 ῥύομαι (1-16) rescue, deliver
σκότος, τό (1-30) darkness
μεθίστημι (1-5) change, remove
14 ἀπολύτρωσις, ἡ (1-10) redemption
ἄφεσις, ἡ (1-17) forgiveness, pardon

15 εἰκών, τό (2-23) image, likeness
ἀόρατος (2-5) unseen, invisible
πρωτότοκος (2-8) first-born
κτίσις, ἡ (2-19) creation, creature
16 κτίζω (3-15) create, make
ὁρατός (1-1) visible
ἀόρατος (2-5) invisible
κυριότης, ἡ (1-4) lordship, dominion
17 πρό (1-47) before
συνίστημι (1-16) continue, endure, exist; be composed
18 πρωτότοκος (2-8) first-born
πρωτεύω (1-1) be first, preeminent, have the first place
19 εὐδοκέω (1-21) take delight, pleasure, consent
πλήρωμα, τό (2-17) fulness
κατοικέω (2-44) dwell, inhabit
20 ἀποκαταλλάσσω (2-3) reconcile completely
εἰρηνοποιέω (1-1) make peace
σταυρός, ὁ (2-27) cross
21 ποτέ (2-29) formerly, once
ἀπαλλοτριόω (1-3) alienate, estrange
ἐχθρός (1-32) hostile; subst. enemy
διάνοια, ἡ (1-12) understanding, mind
22 νυνί (2-18) now
ἀποκαταλλάσσω (2-3) reconcile
παρίστημι (2-41) present, represent
ἄμωμος (1-8) without blemish, faultless
ἀνέγκλητος (1-5) irreproachable, blameless
κατένωπιον (1-3) before
23 ἐπιμένω (1-15) remain, stay
θεμελιόω (1-5) lay the foundation of, found, establish
ἑδραῖος (1-3) steadfast, firm
μετακινέω (1-1) move away, remove
κτίσις, ἡ (2-19) creature
διάκονος, ὁ (4-29) servant, minister

24 πάθημα, τό (1-16) suffering, affliction
ἀνταναπληρόω (1-1) fill up completely
ὑστέρημα, τό (1-9) lack
θλῖψις, ἡ (1-45) affliction
25 διάκονος, ὁ (4-29) servant, minister
οἰκονομία, ἡ (1-9) divine office, administration, stewardship
26 μυστήριον, τό (4-27) mystery
ἀποκρύπτω (1-4) hide away
γενεά, ἡ (1-43) generation
φανερόω (4-49) reveal, make known, show
27 γνωρίζω (3-26) make known
πλοῦτος, τό (2-22) riches, wealth
28 καταγγέλλω (1-18) proclaim, declare
νουθετέω (2-8) admonish, instruct, warn
παρίστημι (2-41) present
τέλειος (2-19) perfect, mature
29 κοπιάω (1-22) work with effort, toil
ἀγωνίζομαι (2-8) content, struggle, strive
ἐνεργεία, ἡ (2-8) working, operation, action
ἐνεργέω (1-21) work, be at work, operate

CHAPTER 2

1 ἡλίκος (1-2) how great
ἀγών, τό (1-6) care, concern; struggle, trial
2 συμβιβάζω (2-7) join or knit together, unite; instruct
πλοῦτος, ὁ (2-22) riches, wealth
πληροφορία, ἡ (1-4) full assurance, certainty
σύνεσις, ἡ (2-7) understanding
ἐπίγνωσις, ἡ (4-20) knowledge
μυστήριον, τό (4-27) mystery
3 θησαυρός, ὁ (1-17) treasure
γνῶσις, ἡ (4-20) knowledge
ἀπόκρυφος (1-3) hidden
4 παραλογίζομαι (1-2) deceive, delude
πιθανολογία, ἡ (1-1) plausible argument, persuasive speech
5 ἄπειμι (1-7) be absent, away

τάξις, ἡ (1-9) (good) order, position, nature
στερέωμα, τό (1-1) steadfastness, firmness
6 παραλαμβάνω (2-49) receive
7 ῥιζόω (1-2) plant, establish; cause to take root
ἐποικοδομέω (1-7) build up, build upon
βεβαιόω (1-8) confirm, establish
περισσεύω (1-39) abound
εὐχαριστία, ἡ (2-15) thanksgiving
8 συλαγωγέω (1-1) carry off as spoil, lead captive
φιλοσοφία, ἡ (1-1) philosophy
κενός (1-18) empty, without content
ἀπάτη, ἡ (1-7) deceit, deceitfulness
παράδοσις, ἡ (2-13) tradition
στοιχεῖον, τό (2-7) pl. elemental spirits, heavenly bodies, elements
9 κατοικέω (2-44) dwell, live
πλήρωμα, τό (2-17) fulness
θεότης, ἡ (1-1) deity, divinity
σωματικῶς (1-1) bodily, corporeally
11 περιτέμνω (1-17) circumcise
περιτομή, ἡ (4-35) circumcision
ἀχειροποίητος (1-3) not made by hands
ἀπέκδυσις, ἡ (1-1) removal, stripping off
12 συνθάπτω (1-2) bury together with
βάπτισμα, τό (1-20) baptism
συνεγείρω (2-3) raise together
ἐνέργεια, ἡ (2-8) working, operation, action
13 παράπτωμα, τό (2-19) transgression, trespass, sin
ἀκροβυστία, ἡ (2-20) uncircumcision
συζωοποιέω (1-2) make alive together
χαρίζομαι (3-23) forgive, give freely
14 ἐξαλείφω (1-5) wipe away
χειρόγραφον, τό (1-1) certificate of indebtedness, bond
δόγμα, τό (1-5) decree, ordinance
ὑπεναντίος (1-2) set over against, opposite; opposed to

προσηλόω (1-1) nail to
σταυρός, ὁ (2-27) cross
15 ἀπεκδύομαι (2-2) strip off; disarm
δειγματίζω (1-2) expose, make an example
παρρησία, ἡ (1-31) openness, frankness; ἐν π. publicly
θριαμβεύω (1-2) triumph over
16 βρῶσις, ἡ (1-11) eating, food
πόσις, ἡ (1-3) drinking, drink
μέρος, τό (1-42) part; matter, affair; ἐν μ. with regard to
ἑορτή, ἡ (1-25) feast, festival
νεομηνία, ἡ (1-1) new moon
17 σκιά, ἡ (1-7) shadow
18 καταβραβεύω (1-1) decide against, rob of a prize, condemn
ταπεινοφροσύνη, ἡ (3-7) lowliness of mind, humility
θρησκεία, ἡ (1-4) worship, religion
ἐμβατεύω (1-1) go into detail; take stand upon
εἰκῇ (1-5) without cause, in vain
φυσιόω (1-7) puff up
νοῦς, ὁ (1-24) mind
19 κρατέω (1-47) hold fast, grasp
ἁφή, ἡ (1-2) joint
σύνδεσμος, ὁ (2-4) bond
ἐπιχορηγέω (1-5) supply, provide
συμβιβάζω (2-7) join
αὐξάνω (3-22) cause to grow, increase; pass. grow, increase
αὔξησις, ἡ (1-2) increase, growth
20 στοιχεῖον, τό (2-7) pl. elemental spirits, heavenly bodies, elements
δογματίζω (1-1) ordain; mid. submit to rules and regulations
21 ἅπτω (1-39) touch
γεύομαι (1-15) taste
θιγγάνω (1-3) touch, handle
22 φθορά, ἡ (1-9) destruction, corruption
ἀπόχρησις, ἡ (1-1) consuming, using up
ἔνταλμα, τό (1-3) precept
διδασκαλία, ἡ (1-1) teaching, doctrine
23 ἐθελοθρησκία, ἡ (1-1) self-made religion; would-be religion

ταπεινοφροσύνη, ἡ (3-7) humility
ἀφειδία, ἡ (1-1) severe treatment
τιμή, ἡ (1-41) value, price, honor
πλησμονή, ἡ (1-1) satiety, satisfaction, gratification

CHAPTER 3

1 συνεγείρω (2-3) raise together
ἄνω (2-9) above, upward
2 φρονέω (1-26) have in mind, be mindful of, think of
3 κρύπτω (1-19) hide, conceal
4 φανερόω (4-49) reveal, make known, show
5 νεκρόω (1-3) make dead, put to death
μέλος, τό (1-34) member, limb
πορνεία, ἡ (1-25) fornication, sexual immorality
ἀκαθαρσία, ἡ (1-10) uncleanness, impurity
πάθος, τό (1-3) passion, passionate desire
ἐπιθυμία, ἡ (1-38) desire
πλεονεξία, ἡ (1-10) covetousness, avarice, greediness
εἰδωλολατρία, ἡ (1-4) idolatry
6 ὀργή, ἡ (2-36) anger, wrath
7 ποτέ (2-29) once, formerly, sometime
8 νυνί (2-18) now
ἀποτίθημι (1-9) put off, lay aside
ὀργή, ἡ (2-36) wrath, anger
θυμός, ὁ (1-18) passion, hot anger, wrath
κακία, ἡ (1-11) wickedness, depravity, malignity
βλασφημία, ἡ (1-18) blasphemy, slander
αἰσχρολογία, ἡ (1-1) evil, obscene speech, abusive language
9 ψεύδομαι (1-12) lie
ἀπεκδύομαι (2-2) strip off, take off, disarm
παλαιός (1-19) old
πρᾶξις, ἡ (1-6) deed, act
10 ἐνδύω (2-28) clothe, mid. wear, put on
νέος (1-23) new
ἀνακαινόω (1-2) make new, renew

ἐπίγνωσις, ἡ (4-20) knowledge
εἰκών, τό (2-23) image
κτίζω (3-15) create
ἔνι = ἔνεστι (1-6) w. neg. there
   is not or no
11 περιτομή, ἡ (4-35) circumcision
ἀκροβυστία, ἡ (2-20) uncircum-
   cision
βάρβαρος (1-6) barbarous; subst.
   barbarian, non-Greek
Σκύθης, ὁ (1-1) Scythian
ἐλεύθερος (1-23) free
12 ἐνδύω (2-28) clothe; mid. wear,
   put on
ἐκλεκτός (1-22) elect, chosen
σπλάγχνον, τό (1-11) pl. heart,
   affection; inward parts
οἰκτιρμός, ὁ (1-5) compassion,
   pity
χρηστότης, ἡ (1-10) goodness,
   kindness, generosity
ταπεινοφροσύνη, ἡ (3-7) humility
πραΰτης, ἡ (1-11) gentleness,
   meekness
μακροθυμία, ἡ (2-14) patience,
   forbearance
13 ἀνέχω (1-15) bear with, endure
χαρίζομαι (3-23) forgive; give
   freely
μομφή, ἡ (1-1) blame, complaint
14 σύνδεσμος, ὁ (2-4) bond
τελειότης, ἡ (1-2) perfection,
   completeness
15 βραβεύω (1-1) direct, rule, con-
   trol
εὐχάριστος (1-1) thankful, grate-
   ful
16 ἐνοικέω (1-6) dwell, live
πλουσίως (1-4) richly
νουθετέω (2-8) admonish, in-
   struct, warn
ψαλμός, ὁ (1-7) psalm, sacred
   song
ὕμνος, ὁ (1-2) hymn
ᾠδή, ἡ (1-6) song, ode
πνευματικός (2-26) spiritual
ᾄδω (1-5) sing
17 εὐχαριστέω (3-38) give thanks
18 ὑποτάσσω (1-38) subject, sub-
   ordinate
ἀνήκω (1-3) it is proper, fitting
19 πικραίνω (1-4) make bitter;
   pass. embitter
20 ὑπακούω (2-21) obey

γονεύς, ὁ (1-20) father; pl.
   parents
εὐάρεστος (1-9) well-pleasing
21 ἐρεθίζω (1-2) irritate, stir up,
   provoke
ἀθυμέω (1-1) be disheartened,
   discouraged
22 ὑπακούω (2-21) obey
ὀφθαλμοδουλία, ἡ (1-2) eye-
   service
ἀνθρωπάρεστος (1-2) men-
   pleaser
ἁπλότης, ἡ (1-7) simplicity,
   sincerity, uprightness
23 ἐργάζομαι (1-41) do, work
24 ἀπολαμβάνω (1-9) receive, re-
   cover
ἀνταπόδοσις, ἡ (1-1) recompense
κληρονομία, ἡ (1-14) inheritance
δουλεύω (1-25) serve
25 ἀδικέω (2-27) do wrong, injure
κομίζω (1-11) bring; mid. re-
   ceive, get back
προσωπολημψία, ἡ (1-4) parti-
   ality

CHAPTER 4

1 ἰσότης, ἡ (1-3) equity, fairness
παρέχω (1-16) offer, grant,
   cause; mid. grant
2 προσευχή, ἡ (2-36) prayer
προσκαρτερέω (1-10) busy one-
   self with, be busily engaged
   in, be devoted to
γρηγορέω (1-22) watch
εὐχαριστία, ἡ (2-15) thanks-
   giving
3 ἅμα (1-10) at once, together
   with
θύρα, ἡ (1-39) door
μυστήριον, τό (4-27) mystery
δέω (1-41) bind
4 φανερόω (4-49) reveal, make
   known, show
5 ἐξαγοράζω (1-4) redeem, ran-
   som, buy up
6 πάντοτε (3-41) always
ἅλας, τό (1-8) salt
ἀρτύω (1-3) season
7 γνωρίζω (3-26) make known
διάκονος, ὁ (4-29) servant, min-
   ister

σύνδουλος, ὁ (2-10) fellow-serv-
ant
9 γνωρίζω (3-26) make known
10 συναιχμάλωτος, ὁ (1-3) fellow-
prisoner
ἀνεψιός, ὁ (1-1) cousin
11 περιτομή, ἡ (4-45) circumcision
συνεργός, ὁ (1-13) fellow-work-
er
παρηγορία, ἡ (1-1) comfort
12 πάντοτε (3-41) always
ἀγωνίζομαι (2-8) struggle, strive,
contend
προσευχή, ἡ (2-36) prayer

τέλειος (2-19) perfect, complete,
mature
πληροφορέω (1-6) convince fully,
fulfill
13 πόνος, ὁ (1-4) labor, toil; pain
14 ἰατρός, ὁ (1-6) physician
16 ἀναγινώσκω (3-32) read
ἐπιστολή, ἡ (1-24) epistle
17 διακονία, ἡ (1-33) ministry,
service
παραλαμβάνω (2-49) receive
18 ἀσπασμός, ὁ (1-10) greeting
μνημονεύω (1-21) remember
δεσμός, ὁ (1-18) bond

THE FIRST EPISTLE TO THE THESSALONIANS

SPECIAL VOCABULARY

πάντοτε (6-41) always

CHAPTER 1

2 εὐχαριστέω (3-38) give thanks
μνεία, ἡ (2-7) mention
προσευχή, ἡ (1-36) prayer
ἀδιαλείπτως (3-4) constantly, unceasingly
3 μνημονεύω (2-21) remember
κόπος, ὁ (3-18) labor
ὑπομονή, ἡ (1-32) patience, steadfastness
ἔμπροσθεν (4-48) before, in the presence of
4 ἐκλογή, ἡ (1-7) election, selection
5 πληροφορία, ἡ (1-4) full assurance, certainty
οἷος (1-14) what kind of, what sort of
6 μιμητής, ὁ (2-6) imitator
θλῖψις, ἡ (3-45) affliction
7 τύπος, ὁ (1-14) example, pattern
8 ἐξηχέω (1-1) cause to resound, be heard; pass. be caused to sound forth, ring out
χρεία, ἡ (4-49) need
9 ἀπαγγέλλω (1-46) report, announce
ὁποῖος (1-5) what sort of
εἴσοδος, ἡ (2-5) entrance, access
ἐπιστρέφω (1-36) turn
εἴδωλον, τό (1-11) idol
δουλεύω (1-25) serve, obey
ἀληθινός (1-28) true
10 ἀναμένω (1-1) wait for, expect
ῥύομαι (1-16) deliver
ὀργή, ἡ (3-36) wrath

CHAPTER 2

1 εἴσοδος, ἡ (2-5) entrance, access
κενός (2-18) vain, useless

2 προπάσχω (1-1) suffer previously
ὑβρίζω (1-5) mistreat, insult
παρρησιάζομαι (1-9) have the courage
ἀγών, τό (1-6) struggle, opposition
3 παράκλησις, ἡ (1-29) encouragement, exhortation, appeal
πλάνη, ἡ (1-10) deceit, deception
ἀκαθαρσία, ἡ (2-10) uncleanness, impurity
δόλος, ὁ (1-11) deceit, deception
4 δοκιμάζω (3-22) approve, test, examine
ἀρέσκω (3-17) please
5 ποτέ (1-29) some time; after, neg. ever
κολακεία, ἡ (1-1) flattery
πρόφασις, ἡ (1-6) pretext
πλεονεξία, ἡ (1-10) greed
μάρτυς, ὁ (2-35) witness
7 βάρος, τό (1-6) weight; ἐν βάρ. εἶναι wield authority, insist on one's importance
ἤπιος (1-2) gentle, kind
τροφός, ὁ (1-1) nurse
θάλπω (1-2) cherish, comfort
8 ὁμείρομαι (1-1) have a kindly feeling, long for
εὐδοκέω (2-21) consider good, consent, resolve
μεταδίδωμι (1-5) impart, share
διότι (3-24) because
9 μνημονεύω (2-21) remember
κόπος, ὁ (3-18) labor, toil
μόχθος, ὁ (1-3) labor, hardship, exertion
ἐργάζομαι (2-41) work
ἐπιβαρέω (1-3) weigh down, burden
10 μάρτυς, ὁ (2-35) witness
ὁσίως (1-1) devoutly, in a man-

ner pleasing to God, in a holy
manner
δικαίως (1-5) uprightly
ἀμέμπτως (2-2) blamelessly
11 καθάπερ (4-17) just as
12 παραμυθέομαι (2-4) encourage,
cheer up
ἀξίως (1-6) worthily, in a man-
ner worthy of
13 εὐχαριστέω (3-38) give thanks
ἀδιαλείπτως (3-4) constantly,
unceasingly
παραλαμβάνω (2-49) receive,
learn
ἀκοή, ἡ (1-24) preaching, ac-
count, report
ἀληθῶς (1-18) truly, really
ἐνεργέω (1-21) work, be at work
14 μιμητής, ὁ (2-6) imitator
πάσχω (1-40) suffer
συμφυλέτης, ὁ (1-1) fellow-coun-
tryman, compatriot
15 ἐκδιώκω (1-2) persecute severely
ἀρέσκω (3-17) please
ἐναντίος (1-8) hostile, opposed
16 κωλύω (1-23) hinder
ἀναπληρόω (1-6) fill up
φθάνω (2-7) come, arrive
ὀργή, ἡ (3-36) wrath
τέλος, τό (1-41) end
17 ἀπορφανίζω (1-1) make an or-
phan by separation
περισσοτέρως (1-11) (all) the
more
σπουδάζω (1-11) be eager, make
every effort
ἐπιθυμία, ἡ (2-38) desire
18 διότι (3-24) for
ἅπαξ (1-14) once; καὶ ἅπ. καὶ δίς
once and again, again and
again
δίς (1-6) twice; see above
ἐγκόπτω (1-5) hinder, thwart
σατανᾶς, ὁ (1-18) Satan
19 στέφανος, ὁ (1-18) crown
καύχησις, ἡ (1-11) boasting
ἔμπροσθεν (4-48) before, in the
presence of
παρουσία, ἡ (4-24) coming

CHAPTER 3

1 μηκέτι (2-21) no longer
στέγω (2-4) bear, stand, endure

εὐδοκέω (2-21) consider good,
determine, resolve
καταλείπω (1-23) leave behind
2 συνεργός, ὁ (1-13) fellow worker
στηρίζω (2-14) establish
3 σαίνω (1-1) move, disturb, agi-
tate
θλῖψις, ἡ (3-45) affliction
κεῖμαι (1-24) be appointed, set,
destined
4 προλέγω (1-3) say before
θλίβω (1-10) oppress, afflict
5 μηκέτι (2-21) no longer
στέγω (2-4) bear, endure
πώς (1-14) someway, in some
way; μή π. lest somehow
πειράζω (2-38) tempt, try
κενός (2-18) useless, vain
κόπος, ὁ (3-18) labor, toil
6 ἄρτι (1-36) now
μνεία, ἡ (2-7) remembrance
ἐπιποθέω (1-9) long for, desire
καθάπερ (4-17) just as
7 ἀνάγκη, ἡ (1-17) distress, ca-
lamity
θλῖψις, ἡ (3-45) affliction
8 στήκω (1-10) stand firm, be
steadfast
9 εὐχαριστία, ἡ (3-15) thanks,
gratitude
ἀνταποδίδωμι (1-7) return
ἔμπροσθεν (4-48) before, in the
presence of
10 ὑπερεκπερισσοῦ (1-2) adv. quite
beyond all measure, as ear-
nestly as possible
δέομαι (1-22) pray, beg
καταρτίζω (1-13) complete, put
into proper condition
ὑστέρημα, τό (1-9) lack
11 κατευθύνω (1-3) direct, lead,
make straight
12 πλεονάζω (1-9) cause to in-
crease, become rich
περισσεύω (3-39) abound
καθάπερ (4-17) just as
13 στηρίζω (2-14) establish
ἄμεμπτος (1-5) blameless, fault-
less
ἁγιωσύνη, ἡ (1-3) holiness, sanc-
tification
ἔμπροσθεν (4-48) before, in the
presence of
παρουσία, ἡ (4-24) coming

CHAPTER 4

1 παραλαμβάνω (2-49) receive, learn
ἀρέσκω (3-17) please
περισσεύω (3-39) abound
2 παραγγελία, ἡ (1-5) instruction, order
3 ἁγιασμός, ὁ (3-10) consecration, holiness
ἀπέχω (2-19) mid. abstain, keep away
πορνεία, ἡ (1-25) fornication, immorality
4 σκεῦος, τό (1-23) vessel, instrument; wife? body?
κτάομαι (1-7) acquire, get
τιμή, ἡ (1-41) honor
5 πάθος, τό (1-3) passion
ἐπιθυμία, ἡ (2-28) desire
καθάπερ (4-17) just as
6 ὑπερβαίνω (1-1) transgress, trespass, sin
πλεονεκτέω (1-5) take advantage of, defraud
πρᾶγμα, τό (1-11) undertaking, task, matter
διότι (3-24) because
ἔκδικος (1-2) avenging; subst. avenger
προεῖπον (1-3) say before
διαμαρτύρομαι (1-15) charge, warn
7 ἀκαθαρσία, ἡ (2-10) uncleanness, impurity
ἁγιασμός, ὁ (3-10) consecration, holiness
8 τοιγαροῦν (1-3) then, therefore
ἀθετέω (1-15) reject, disregard
9 φιλαδελφία, ἡ (1-6) brotherly love
χρεία, ἡ (4-49) need
θεοδίδακτος (1-1) taught by God
10 περισσεύω (3-39) abound
11 φιλοτιμέομαι (1-3) aspire, have as one's ambition
ἡσυχάζω (1-5) be quiet, rest
πράσσω (1-39) practice, busy oneself with, mind something
ἐργάζομαι (2-41) work
παραγγέλλω (1-30) instruct, command, order
12 εὐσχημόνως (1-3) decently, properly

χρεία, ἡ (4-49) need
13 ἀγνοέω (1-21) be ignorant
κοιμάω (3-18) only pass. sleep, fall asleep
λυπέω (1-26) grieve
15 περιλείπομαι (2-2) only pass. remain, be left behind
παρουσία, ἡ (4-24) coming
φθάνω (2-7) come before, precede
κοιμάω (3-18) only pass. sleep, fall asleep
16 κέλευσμα, τό (1-1) command, signal
ἀρχάγγελος, ὁ (1-2) archangel
σάλπιγξ, ἡ (1-11) trumpet
17 ἔπειτα (1-16) then, thereupon
περιλείπομαι (2-2) only pass. remain, be left behind
ἅμα (2-10) together with
ἁρπάζω (1-14) snatch, take away
νεφέλη, ἡ (1-25) cloud
ἀπάντησις, ἡ (1-3) meeting; εἰς ἀπ. meet
ἀήρ, ὁ (1-7) air

CHAPTER 5

1 χρεία, ἡ (4-49) need
2 ἀκριβῶς (1-9) well, accurately
κλέπτης, ὁ (2-16) thief
3 ἀσφάλεια, ἡ (1-3) safety, security
αἰφνίδιος (1-2) sudden
ἐφίστημι (1-21) approach, stand near
ὄλεθρος, ὁ (1-4) destruction, ruin
ὥσπερ (1-36) as
ὠδίν, ἡ (1-4) birth pains
γαστήρ, ἡ (1-9) womb; ἐν γ. ἔχειν be pregnant
ἐκφεύγω (1-8) escape
4 σκότος, τό (2-30) darkness
κλέπτης, ὁ (2-16) thief
καταλαμβάνω (1-13) overtake, surprise
6 ἄρα (1-40) then
καθεύδω (4-22) sleep
γρηγορέω (2-22) be watchful, be on the alert
νήφω (2-6) be sober, well balanced
7 μεθύσκω (1-7) get drunk

200

μεθύω (1-3) be drunk
8 νήφω (2-6) be sober, well balanced
ἐνδύω (1-28) put on, wear
θώραξ, ἡ (1-5) breastplate
περικεφαλαία, ἡ (1-2) helmet
σωτηρία, ἡ (2-45) salvation
9 ὀργή, ἡ (3-36) wrath
περιποίησις, ἡ (1-5) gaining, obtaining
10 γρηγορέω (2-22) be watchful, be on the alert
καθεύδω (4-22) sleep
ἅμα (2-10) together with
11 οἰκοδομέω (1-40) edify, build
12 κοπιάω (1-22) labor, toil
προΐστημι (1-8) rule, direct
νουθετέω (2-8) admonish
13 ἡγέομαι (1-28) think, consider, regard
ὑπερεκπερισσῶς (1-1) beyond all measure, most highly
εἰρηνεύω (1-4) keep the peace
14 νουθετέω (2-8) admonish
ἄτακτος (1-1) disorderly; idle, lazy
παραμυθέομαι (2-4) encourage, cheer up
ὀλιγόψυχος (1-1) faint-hearted, discouraged
ἀντέχω (1-4) only mid. take an interest in, help

ἀσθενής (1-25) weak
μακροθυμέω (1-10) be patient, forbearing
15 ἀντί (1-22) for, in place of
ἀποδίδωμι (1-47) give back, repay, render
διώκω (1-44) pursue, seek after
17 ἀδιαλείπτως (3-4) constantly, unceasingly
18 εὐχαριστέω (3-38) give thanks
19 σβέννυμι (1-6) quench, stifle, suppress
20 προφητεία, ἡ (1-19) prophecy
ἐξουθενέω (1-11) despise
21 δοκιμάζω (3-22) test, examine
κατέχω (1-17) hold fast
22 εἶδος, τό (1-5) form, outward appearance
ἀπέχω (2-19) mid. abstain, keep away
23 ἁγιάζω (1-27) sanctify
ὁλοτελής (1-1) wholly, quite complete
ὁλόκληρος (1-2) complete, sound, blameless
ἀμέμπτως (2-2) blamelessly
παρουσία, ἡ (4-24) coming
26 φίλημα, τό (1-7) kiss
27 ἐνορκίζω (1-1) adjure, cause someone to swear
ἀναγινώσκω (1-32) read
ἐπιστολή, ἡ (1-24) letter

THE SECOND EPISTLE TO THE THESSALONIANS

CHAPTER 1

3 εὐχαριστέω (2-38) give thanks
ὀφείλω (2-35) be obligated, ought
πάντοτε (3-41) always
ἄξιος (1-41) worthwhile, fitting, proper
ὑπεραυξάνω (1-1) grow wonderfully, increase abundantly
πλεονάζω (1-9) increase

4 ἐγκαυχάομαι (1-1) boast
ὑπομονή, ἡ (2-32) patience, steadfastness
διωγμός, ὁ (1-10) persecution
θλῖψις, ἡ (2-45) affliction
ἀνέχω (1-15) only mid. endure

5 ἔνδειγμα, τό (1-1) evidence, plain indication
καταξιόω (1-3) consider worthy
πάσχω (1-40) suffer

6 εἴπερ (1-6) if indeed, since
ἀνταποδίδωμι (1-7) repay
θλίβω (2-10) afflict
θλῖψις, ἡ (2-45) affliction

7 ἄνεσις, ἡ (1-5) rest, relief, relaxation
ἀποκάλυψις, ἡ (1-18) revelation

8 φλόξ, ἡ (1-7) flame
ἐκδίκησις, ἡ (1-9) vengeance
ὑπακούω (2-21) obey

9 δίκη, ἡ (1-3) penalty, punishment
τίνω (1-1) pay, undergo
ὄλεθρος, ὁ (1-4) destruction, ruin
ἰσχύς, ἡ (1-10) strength, power, might

10 ἐνδοξάζομαι (2-2) be glorified, honored
θαυμάζω (1-42) marvel
μαρτύριον, τό (1-20) testimony, witness

11 πάντοτε (3-41) always
ἀξιόω (1-7) make worthy
κλῆσις, ἡ (1-11) calling
εὐδοκία, ἡ (1-9) good will; ἐ. ἀγαθωσύνης good will of up-
rightness, desire for goodness
ἀγαθωσύνη, ἡ (1-4) goodness

12 ἐνδοξάζομαι (2-2) be glorified, honored

CHAPTER 2

1 παρουσία, ἡ (3-24) coming
ἐπισυναγωγή, ἡ (1-2) meeting, assembling

2 ταχέως (1-10) quickly
σαλεύω (1-15) shake
νοῦς, ὁ (1-24) mind
θροέω (1-3) only pass. be disturbed, frightened
ἐπιστολή, ἡ (4-24) letter
ἐνίστημι (1-7) impend; be present, have come, in aor.

3 ἐξαπατέω (1-6) deceive
τρόπος, ὁ (2-13) way, manner
ἀποστασία, ἡ (1-2) apostasy, abandonment
ἀποκαλύπτω (3-26) reveal
ἀνομία, ἡ (2-14) lawlessness
ἀπώλεια, ἡ (1-18) destruction, perdition

4 ἀντίκειμαι (1-8) oppose
ὑπεραίρομαι (1-3) rise up, exalt oneself
σέβασμα, τό (1-2) object of worship, sanctuary
ναός, ὁ (1-45) temple
καθίζω (1-45) sit
ἀποδείκνυμι (1-4) proclaim, make, appoint

5 μνημονεύω (1-21) remember
κατέχω (2-17) restrain, check
ἀποκαλύπτω (3-26) reveal

7 μυστήριον, τό (1-27) mystery
ἐνεργέω (1-21) work, be at work
ἀνομία, ἡ (2-14) lawlessness
ἄρτι (1-36) now

8 ἀποκαλύπτω (3-26) reveal
ἄνομος (1-8) lawless; subst. lawless one
ἀναιρέω (1-24) slay, do away, destroy

καταργέω (1-27) put an end, abolish
ἐπιφάνεια, ἡ (1-6) appearing, appearance
παρουσία, ἡ (3-24) coming
9 ἐνέργεια, ἡ (2-8) working, operation, action
σατανᾶς, ὁ (1-36) Satan
τέρας, ἡ (1-16) wonder
ψεῦδος, τό (2-10) lie, falsehood
10 ἀπάτη, ἡ (1-7) deception
ἀδικία, ἡ (2-25) unrighteousness, wickedness
ἀνθ᾽ ὧν because
11 ἐνέργεια, ἡ (2-8) working, operation, action
πλάνη, ἡ (1-10) deception, delusion
ψεῦδος, τό (2-10) lie, falsehood
12 εὐδοκέω (1-21) take pleasure, consent
ἀδικία, ἡ (2-25) unrighteousness, wickedness
13 ὀφείλω (2-35) ought, be obligated
εὐχαριστέω (2-38) give thanks
πάντοτε (3-41) always
αἱρέω (1-3) mid. choose
ἀπαρχή, ἡ (1-9) first fruits
σωτηρία, ἡ (1-45) salvation
ἁγιασμός, ὁ (1-10) consecration, sanctification
14 περιποίησις, ἡ (1-5) gaining, obtaining; possession
15 ἄρα (1-49) then
στήκω (1-10) stand firm
κρατέω (1-47) hold, hold fast
παράδοσις, ἡ (2-13) tradition
ἐπιστολή, ἡ (4-24) letter
16 παράκλησις, ἡ (1-29) comfort, encouragement
17 στηρίζω (2-14) establish

CHAPTER 3

1 τρέχω (1-18) proceed quickly and without hindrance; run
2 ῥύομαι (1-16) deliver
ἄτοπος (1-4) evil, wrong, improper
3 στηρίζω (2-14) establish, strengthen
φυλάσσω (1-31) guard, keep
4 παραγγέλλω (4-30) order, command

5 κατευθύνω (1-3) direct, lead, make straight
ὑπομονή, ἡ (2-32) steadfastness, patience
6 παραγγέλλω (4-30) command, order
στέλλω (1-2) keep away, stand aloof, avoid
ἀτάκτως (2-2) in idleness
παράδοσις, ἡ (2-13) tradition
παραλαμβάνω (1-49) receive
7 μιμέομαι (2-4) imitate
ἀτακτέω (1-1) be idle, lazy
8 δωρεάν (1-8) without paying
κόπος, ὁ (1-18) labor, toil
μόχθος, ὁ (1-3) labor, hardship, exertion
ἐργάζομαι (4-41) work
ἐπιβαρέω (1-3) weigh down, burden
9 τύπος, ὁ (1-14) example, pattern
μιμέομαι (2-4) imitate
10 παραγγέλλω (4-30) command, order
ἐργάζομαι (4-41) work
11 ἀτάκτως (2-2) in idleness
περιεργάζομαι (1-1) be a busybody, do something unnecessary
12 παραγγέλλω (4-30) command, order
ἡσυχία, ἡ (1-4) quietness
ἐργάζομαι (4-41) work
13 ἐγκακέω (1-6) become weary, tired
καλοποιέω (1-1) do good
14 ὑπακούω (2-21) obey
ἐπιστολή, ἡ (4-24) letter
σημειόω (1-1) mark, take special notice of
συναναμείγνυμι (1-3) mix up together; pass. mingle or associate with
ἐντρέπω (1-9) make someone ashamed; pass. be put to shame
15 ἐχθρός (1-32) hostile; subst. enemy
ἡγέομαι (1-28) consider, regard
νουθετέω (1-8) admonish
16 τρόπος, ὁ (2-13) way, manner
17 ἀσπασμός, ὁ (1-10) greeting
ἐπιστολή, ἡ (4-24) letter

THE FIRST EPISTLE TO TIMOTHY

SPECIAL VOCABULARY

εὐσέβεια, ἡ (8-13) piety, godliness, religion

διδασκαλία, ἡ (8-21) teaching, instruction

χήρα, ἡ (8-26) widow

CHAPTER 1

1 ἐπιταγή, ἡ (1-7) command, order
σωτήρ, ὁ (3-24) Savior
2 γνήσιος (1-4) true, legitimate
ἔλεος, τό (1-27) mercy
3 προσμένω (2-7) remain longer, further
παραγγέλλω (5-30) command, order, charge
ἑτεροδιδασκαλέω (2-2) teach a different doctrine
4 προσέχω (4-24) occupy oneself with, devote onself to, pay attention to
μῦθος, ὁ (2-5) myth
γενεαλογία, ἡ (1-2) genealogy
ἀπέραντος (1-1) endless, limitless
ἐκζήτησις, ἡ (1-1) endless speculation
παρέχω (2-16) give rise, cause, bring about
οἰκονομία, ἡ (1-9) training, stewardship
5 τέλος, τό (1-41) aim, end, goal
παραγγελία, ἡ (2-5) order, command
καθαρός (2-26) pure, clean
συνείδησις, ἡ (4-30) conscience
ἀνυπόκριτος (1-6) genuine, sincere
6 ἀστοχέω (2-3) depart, deviate, miss, fail
ἐκτρέπω (3-5) pass. w. mid. sense, turn, turn away
ματαιολογία, ἡ (1-1) empty, fruitless talk, discussion
7 νομοδιδάσκαλος, ὁ (1-3) teacher of the law

νοέω (1-14) understand, perceive
διαβεβαιόομαι (1-2) speak confidently, insist on
8 νομίμως (1-2) lawfully, in accordance with the rules
χράομαι (2-11) use, make use of
9 κεῖμαι (1-24) be given, exist, be valid
ἄνομος (1-8) lawless
ἀνυπότακτος (1-4) undisciplined, disobedient, rebellious
ἀσεβής (1-9) godless, impious
ἁμαρτωλός, ὁ (2-47) sinner
ἀνόσιος (1-2) unholy, wicked
βέβηλος (3-5) profane, godless
πατρολῴας, ὁ (1-1) one who kills one's father, patricide
μητραλῴας, ὁ (1-1) one who kills one's mother, matricide
ἀνδροφόνος, ὁ (1-1) murderer
10 πόρνος, ὁ (1-10) fornicator, immoral person
ἀρσενοκοίτης, ὁ (1-2) male homosexual, sodomite
ἀνδραποδιστής, ὁ (1-1) slave-dealer, kidnapper
ψεύστης, ὁ (1-10) liar
ἐπίορκος (1-1) perjured; subst. perjurer
ὑγιαίνω (2-12) be sound, in good health, be correct
ἀντίκειμαι (2-8) be opposed
12 ἐνδυναμόω (1-7) strengthen, make strong
ἡγέομαι (2-28) consider, regard
διακονία, ἡ (1-33) service, ministry
13 πρότερον (1-11) adv. w. art. formerly, before, once

βλάσφημος (1-4) blasphemous
διώκτης, ὁ (1-1) persecutor
ὑβριστής, ὁ (1-2) violent, insolent man
ἐλεέω (2-32) have mercy, be merciful
ἀγνοέω (1-21) be ignorant
ἀπιστία, ἡ (1-11) unbelief
14 ὑπερπλεονάζω (1-1) overflow, be present in great abundance
15 ἀποδοχή, ἡ (2-2) acceptance, approval
ἄξιος (4-41) worthy
ἁμαρτωλός, ὁ (2-47) sinner
16 ἐλεέω (2-32) have mercy, be merciful
ἐνδείκνυμι (1-11) show, demonstrate
ἅπας (1-32) all
μακροθυμία, ἡ (1-14) patience, forbearance
ὑποτύπωσις, ἡ (1-2) prototype, model, example
17 ἄφθαρτος (1-7) immortal, imperishable
ἀόρατος (1-5) invisible
τιμή, ἡ (4-41) honor
18 παραγγελία, ἡ (2-5) order, command, precept
παρατίθημι (1-19) entrust, set before
προάγω (2-20) go or come before
προφητεία, ἡ (2-19) prophecy
στρατεύω (1-7) fight, do service in the army
στρατεία, ἡ (1-2) campaign, warfare, fight
19 συνείδησις, ἡ (4-36) conscience
ἀπωθέω (1-6) reject, repudiate
ναυαγέω (1-2) suffer shipwreck
20 σατανᾶς, ὁ (2-36) Satan
παιδεύω (1-13) discipline, correct
βλασφημέω (2-34) blaspheme, revile

CHAPTER 2

1 δέησις, ἡ (2-18) entreaty, prayer
προσευχή, ἡ (2-36) prayer
ἔντευξις, ἡ (2-2) intercession, petition
εὐχαριστία, ἡ (3-15) gratitude, thanksgiving

2 ὑπεροχή, ἡ (1-2) place of prominence or authority
ἤρεμος (1-1) quiet, tranquil
ἡσύχιος (1-2) quiet
βίος, ὁ (1-9) life
διάγω (1-2) live, spend one's life
σεμνότης, ἡ (2-3) dignity, respectfulness, holiness
3 ἀπόδεκτος (2-2) acceptable
σωτήρ, ὁ (3-24) Savior
4 ἐπίγνωσις, ἡ (1-20) knowledge
5 μεσίτης, ὁ (1-6) mediator
6 ἀντίλυτρον, τό (1-1) ransom
μαρτύριον, τό (1-20) testimony, witness
7 κῆρυξ, ὁ (1-3) preacher, herald
ψεύδομαι (1-12) lie
8 βούλομαι (3-37) desire, wish, want
ἐπαίρω (1-19) lift up, hold up
ὅσιος (1-8) holy, devout
χωρίς (2-41) without
ὀργή, ἡ (1-36) wrath
διαλογισμός, ὁ (1-14) dispute, argument
9 ὡσαύτως (4-17) likewise
καταστολή, ἡ (1-1) clothing, deportment
κόσμιος (2-2) modest, respectable
αἰδώς, ἡ (1-1) modesty
σωφροσύνη, ἡ (2-3) moderation, modesty, decency
κοσμέω (1-10) adorn, decorate
πλέγμα, τό (1-1) anything entwined, woven, braided
χρυσίον, τό (1-13) gold
μαργαρίτης, ὁ (1-9) pearl
ἱματισμός, ὁ (1-5) clothing, apparel
πολυτελής (1-3) expensive, costly
10 πρέπω (1-7) be fitting, impers. it is fitting, proper
ἐπαγγέλλομαι (2-15) profess, promise
θεοσέβεια, ἡ (1-1) religion, reverence for God
11 ἡσυχία, ἡ (2-4) silence; παρέχειν ἡσ. be quiet
μανθάνω (3-25) learn
ὑποταγή, ἡ (2-4) submissiveness, subjection
12 ἐπιτρέπω (1-18) allow, permit

αὐθεντέω (1-1) have authority, domineer

13 πλάσσω (1-2) form, mold
εἶτα (2-13) then

14 ἀπατάω (1-3) deceive, cheat, mislead
ἐξαπατάω (1-6) deceive, lead astray
παράβασις, ἡ (1-7) transgression

15 τεκνογονία, ἡ (1-1) bearing of children
ἁγιασμός, ὁ (1-10) holiness, sanctification
σωφροσύνη, ἡ (2-3) modesty, decency, chastity

CHAPTER 3

1 ἐπισκοπή, ἡ (1-4) office of bishop, overseer
ὀρέγω (2-3) only mid. aspire to, strive for
ἐπιθυμέω (1-16) desire

2 ἐπίσκοπος, ὁ (1-5) bishop, overseer
ἀνεπίλημπτος (3-3) irreproachable
νηφάλιος (2-3) temperate, sober
σώφρων (1-4) prudent, thoughtful, self-controlled
κόσμιος (2-2) respectable, honorable
φιλάξενος (1-3) hospitable
διδακτικός (1-2) skillful in teaching

3 πάροινος (1-2) drunken, addicted to wine
πλήκτης, ὁ (1-2) pugnacious man, bully
ἐπιεικής (1-5) gentle, kind
ἄμαχος (1-2) peaceable
ἀφιλάργυρος (1-2) not greedy

4 καλῶς (4-37) well
προΐστημι (4-8) manage, conduct
ὑποταγή, ἡ (2-4) subjection, submission
σεμνότης, ἡ (2-3) respectfulness, holiness

5 ἐπιμελέομαι (1-3) care for, take care of

6 νεόφυτος (1-1) neophyte, newly converted

τυφόομαι (2-3) be puffed up, conceited
κρίμα, τό (2-27) condemnation, judgment
ἐμπίπτω (3-7) fall into
διάβολος, ὁ (3-37) devil

7 μαρτυρία, ἡ (1-37) witness, testimony
ἔξωθεν (1-13) from outside
ὀνειδισμός, ὁ (1-5) reproach
παγίς, ἡ (2-5) snare, trap

8 διάκονος, ὁ (3-29) deacon
ὡσαύτως (4-17) likewise
σεμνός (2-4) serious, dignified
δίλογος (1-1) double-tongued, insincere
οἶνος, ὁ (2-34) wine
προσέχω (4-24) devote oneself to, be addicted to
αἰσχροκερδής (1-2) fond of dishonest gain

9 μυστήριον, τό (2-27) mystery
καθαρός (2-26) clean, pure
συνείδησις, ἡ (4-30) conscience

10 δοκιμάζω (1-22) test
εἶτα (2-13) then
διακονέω (2-36) serve
ἀνέγκλητος (1-5) blameless, irreproachable

11 ὡσαύτως (4-17) likewise
σεμνός (2-4) serious, dignified
διάβολος (3-37) slanderous
νηφάλιος (2-3) temperate, sober

12 διάκονος, ὁ (3-29) deacon
καλῶς (4-37) well
προΐστημι (4-8) manage, conduct

13 διακονέω (2-36) serve
βαθμός, ὁ (1-1) standing, grade; rank
περιποιέω (1-3) acquire, obtain
παρρησία, ἡ (1-31) confidence

14 ἐλπίζω (4-31) hope
τάχιον (1-18) soon, quickly

15 βραδύνω (1-2) delay, hesitate
ἀναστρέφω (1-9) pass. act, behave, live
στῦλος, ὁ (1-4) pillar
ἑδραίωμα, τό (1-1) foundation, mainstay

16 ὁμολογουμένως (1-1) confessedly, undeniably
μυστήριον, τό (2-27) mystery
φανερόω (1-49) manifest, show

δικαιόω (1-39) justify
ἀναλαμβάνω (1-13) take up

CHAPTER 4

1 ῥητῶς (1-1) expressly, explicitly
ὕστερος (1-2) last, later
ἀφίστημι (1-14) depart, withdraw
προσέχω (4-24) give heed to, follow
πλάνος (1-5) deceitful
2 ὑπόκρισις, ἡ (1-6) hypocrisy
ψευδολόγος, ὁ (1-1) lying; subst. liar
καυστηριάζω (1-1) sear, brand with a hot iron
συνείδησις, ἡ (4-30) conscience
3 κωλύω (1-23) forbid, hinder
γαμέω (3-28) marry
ἀπέχω (1-19) mid. abstain, keep away
βρῶμα, τό (1-17) food
κτίζω (1-15) create
μετάλημψις, ἡ (1-1) receiving, sharing
εὐχαριστία, ἡ (3-15) thanksgiving, gratitude
ἐπιγινώσκω (1-44) know
4 κτίσμα, τό (1-4) creature, created thing
ἀπόβλητος (1-1) rejected
5 ἁγιάζω (1-27) sanctify, consecrate
ἔντευξις, ἡ (2-2) thanksgiving, prayer
6 ὑποτίθημι (1-2) mid. make known, teach
διάκονος, ὁ (3-29) minister, servant
ἐντρέφω (1-1) train in, bring up, rear
παρακολουθέω (1-4) follow, understand
7 βέβηλος (3-5) profane, godless
γραώδης (1-1) characteristic of old women
μῦθος, ὁ (2-5) myth
παραιτέομαι (2-12) decline, refuse
γυμνάζω (1-4) train, exercise
8 σωματικός (1-2) referring to the body, bodily

γυμνασία, ἡ (1-1) training
ὀλίγος (2-40) little
ὠφέλιμος (2-4) profitable
9 ἀποδοχή, ἡ (2-2) acceptance, approval
ἄξιος (4-41) worthy
10 κοπιάω (2-22) labor, toil
ἀγωνίζομαι (2-8) strive, fight
ἐλπίζω (4-31) hope
σωτήρ, ὁ (3-24) Savior
μάλιστα (3-12) especially
11 παραγγέλλω (5-30) command, order
12 νεότης, ἡ (1-4) youth
καταφρονέω (2-9) despise
τύπος, ὁ (1-14) example, pattern
ἀναστροφή, ἡ (1-13) conduct, deportment
ἁγνεία, ἡ (2-2) purity
13 προσέχω (4-24) occupy oneself with, pay attention to
ἀνάγνωσις, ἡ (1-3) reading
παράκλησις, ἡ (1-29) exhortation, encouragement
14 ἀμελέω (1-4) neglect
χάρισμα, τό (1-17) spiritual gift
προφητεία, ἡ (2-19) prophecy
ἐπίθεσις, ἡ (1-4) laying on
πρεσβυτέριον, τό (1-3) presbytery, council of elders
15 μελετάω (1-2) practice, cultivate
προκοπή, ἡ (1-3) progress, advancement, furtherance
φανερός (1-18) visible, clear, evident, open
16 ἐπέχω (1-5) take pains, aim at
ἐπιμένω (1-15) continue, persevere

CHAPTER 5

1 ἐπιπλήσσω (1-1) rebuke, reprove
νεώτερος younger, fr. νέος (4-23)
2 ἀδελφή, ἡ (1-26) sister
ἁγνεία, ἡ (2-2) purity
3 τιμάω (1-21) honor
ὄντως (4-10) really
4 ἔκγονος, ὁ (1-1) descendant, grandchild
μανθάνω (3-25) learn
εὐσεβέω (1-2) show piety, be respectful

ἀμοιβή, ἡ (1-1) return, recompense
ἀποδίδωμι (1-47) render, return, give
πρόγονος, ὁ (1-2) pl. parents, forefathers
ἀπόδεκτος (2-2) acceptable, pleasing
5 ὄντως (4-10) really
μονόω (1-1) make solitary, pass. be left alone
ἐλπίζω (4-31) hope
προσμένω (2-7) continue in
δέησις, ἡ (2-8) entreaty, request
προσευχή, ἡ (2-36) prayer
6 σπαταλάω (1-2) live luxuriously in indulgence
θνήσκω (1-9) to die
7 παραγγέλλω (5-30) command
ἀνεπίλημπτος (3-3) irreproachable
8 μάλιστα (3-12) especially
οἰκεῖος, ὁ (1-3) subst. members of the household
προνοέω (1-3) provide for, care for
ἀρνέομαι (1-32) deny
ἄπιστος (1-23) faithless, unbelieving
χείρων (1-11) worse
9 καταλέγω (1-1) enlist, enroll
ἐλάττον (1-4) less
ἔτος, τό (1-49) year
ἑξήκοντα (1-9) sixty
10 τεκνοτροφέω (1-1) bring up children
ξενοδοχέω (1-1) show hospitality
νίπτω (1-17) wash
θλίβω (1-10) afflict, oppress
ἐπαρκέω (3-3) help, aid
ἐπακολουθέω (2-4) devote oneself to, follow
11 νεώτερος younger, fr. νέος (4-23)
παραιτέομαι (2-12) refuse, reject, decline
καταστρηνιάω (1-1) become wanton against; here, feel sensuous impulses that alienate them (from Christ)
γαμέω (3-25) marry
12 κρίμα, τό (2-27) condemnation, judgment
ἀθετέω (1-15) break, set aside, nullify
13 ἅμα (1-10) at the same time, besides

ἀργός (2-8) idle, lazy, useless
μανθάνω (3-25) learn
περιέρχομαι (1-4) go about, go around
φλύαρος (1-1) gossipy, foolish
περίεργος (1-2) meddlesome, curious; subst. busybody
14 βούλομαι (3-37) wish, want
νεώτερος younger, fr. νέος (4-23)
γαμέω (3-28) marry
τεκνογονέω (1-1) bear children
οἰκοδεσποτέω (1-1) manage one's household, keep house
ἀφορμή, ἡ (1-6) occasion, pretext, opportunity
ἀντίκειμαι (2-8) be opposed; subst. adversary
λοιδορία, ἡ (1-2) abuse, reproach
χάριν (1-9) prep. because of
15 ἐκτρέπω (3-5) pass. turn, turn away
ὀπίσω (1-35) after
σατανᾶς, ὁ (2-36) Satan
16 ἐπαρκέω (3-3) help, aid
βαρέω (1-6) burden, weigh down
ὄντως (4-10) really
17 καλῶς (4-37) well
προΐστημι (4-8) rule, direct, manage
διπλοῦς (1-4) double
τιμή, ἡ (4-41) honor
ἀξιόω (1-7) consider worthy
μάλιστα (3-12) especially
κοπιάω (2-22) labor, toil
18 βοῦς, ὁ (1-8) ox
ἀλοάω (1-3) thresh
φιμόω (1-7) muzzle
ἄξιος (4-41) worthy
ἐργάτης, ὁ (1-16) labourer, worker
μισθός, ὁ (1-29) wages, reward
19 κατηγορία, ἡ (1-3) accusation, charge
παραδέχομαι (1-6) accept, receive
ἐκτός (1-8) except
μάρτυς, ὁ (2-35) witness
20 ἁμαρτάνω (1-42) sin
ἐλέγχω (1-17) rebuke, convict
φόβος, ὁ (1-47) fear
21 διαμαρτύρομαι (1-15) charge, warn, adjure
ἐκλεκτός (1-22) elect, chosen
φυλάσσω (2-31) keep, guard

χωρίς (2-41) without
πρόκριμα, τό (1-1) prejudgment,
discrimination
πρόσκλισις, ἡ (1-1) partiality,
inclination
22 ταχέως (1-10) quickly
ἐπιτίθημι (1-40) lay upon
κοινωνέω (1-8) share, participate
in
ἀλλότριος (1-14) another's
ἁγνός (1-8) pure
23 μηκέτι (1-21) no longer
ὑδροποτέω (1-1) drink water
οἶνος, ὁ (2-34) wine
ὀλίγος (2-40) little
χράομαι (2-11) use, employ
στόμαχος, ὁ (1-1) stomach
πυκνός (1-3) frequent, numerous
ἀσθένεια, ἡ (1-24) sickness
24 πρόδηλος (2-3) clear, evident,
known to all
προάγω (2-20) go before
κρίσις, ἡ (1-47) judgment
ἐπακολουθέω (2-4) follow after
25 ὡσαύτως (4-17) likewise
ἄλλως (1-1) otherwise, in an-
other way
κρύπτω (1-19) hide

CHAPTER 6

1 ζυγός, ὁ (1-6) yoke
δεσπότης, ὁ (2-10) master, lord
τιμή, ἡ (4-41) honor
ἄξιος (4-41) worthy
ἡγέομαι (2-28) consider, regard
βλασφημέω (2-34) blaspheme
2 καταφρονέω (2-9) despise
δουλεύω (1-25) serve
εὐεργεσία, ἡ (1-2) service, doing
good
ἀντιλαμβάνω (1-3) devote one-
self to, practise, mid. only
3 ἑτεροδιδασκαλέω (2-2) teach a
different doctrine
ὑγιαίνω (2-12) be sound, in good
health, correct
4 τυφόομαι (2-3) be puffed up,
conceited
ἐπίσταμαι (1-14) know
νοσέω (1-1) be ailing with, have
morbid craving for
ζήτησις, ἡ (1-7) discussion, con-
troversy

λογομαχία, ἡ (1-1) dispute,
word-battle
φθόνος, ὁ (1-9) envy
ἔρις, ἡ (1-9) strife, discord, con-
tention
βλασφημία, ἡ (1-18) blasphemy,
slander
ὑπόνοια, ἡ (1-1) conjecture, sus-
picion
5 διαπαρατριβή, ἡ (1-1) mutual or
constant irritation
διαφθείρω (1-5) spoil, destroy
νοῦς, ὁ (1-24) mind
ἀποστερέω (1-5) deprive, de-
fraud, rob
νομίζω (1-15) think, believe
6 πορισμός, ὁ (2-2) means of gain
αὐτάρκεια, ἡ (1-2) contentment,
self-sufficiency
7 εἰσφέρω (1-8) bring in
ἐκφέρω (1-8) take out
8 διατροφή, ἡ (1-1) support, suste-
nance, pl. food
σκέπασμα, τό (1-1) house, cover-
ing, clothing
ἀρκέω (1-8) pass. be satisfied,
content with
9 βούλομαι (3-37) desire, wish
πλουτέω (2-12) be rich
ἐμπίπτω (3-7) fall into
πειρασμός, ὁ (1-21) temptation
παγίς, ἡ (2-5) trap, snare
ἐπιθυμία, ἡ (1-18) desire
ἀνόητος (1-6) unintelligent, fool-
ish
βλαβερός (1-1) harmful
βυθίζω (1-2) sink, plunge
ὄλεθρος, ὁ (1-4) destruction,
ruin
ἀπώλεια, ἡ (1-18) destruction
10 ῥίζα, ἡ (1-16) root
φιλαργυρία, ἡ (1-1) love of money
ὀρέγω (2-3) only mid. aspire to,
strive for
ἀποπλανάω (1-2) mislead; pass.
go astray, wander
περιπείρω (1-1) pierce through
ὀδύνη, ἡ (1-2) pain, woe
11 φεύγω (1-29) flee
διώκω (1-44) pursue
ὑπομονή, ἡ (1-32) patience,
steadfastness
πραϋπαθία, ἡ (1-1) gentleness
12 ἀγωνίζομαι (2-8) fight

209

ἀγών, ὁ (1-6) fight, struggle, contest
ἐπιλαμβάνομαι (2-19) take hold of, grasp
ὁμολογέω (1-26) confess
ὁμολογία, ἡ (2-6) confession
μάρτυς, ὁ (2-35) witness
13 παραγγέλλω (5-30) charge, command
ζωογονέω (1-3) give life to, make alive
14 ἄσπιλος (1-4) spotless, without blemish
ἀνεπίλημπτος (3-3) irreproachable
μέχρι (1-18) until
ἐπιφάνεια, ἡ (1-6) appearing
15 δείκνυμι (1-32) show
δυνάστης, ὁ (1-3) ruler, sovereign
βασιλεύω (1-21) rule
κυριεύω (1-7) be lord or master, rule
16 ἀθανασία, ἡ (1-3) immortality
οἰκέω (1-8) dwell
ἀπρόσιτος (1-1) unapproachable
τιμή, ἡ (4-41) honor
κράτος, τό (1-12) might, power
17 πλούσιος (1-28) rich
παραγγέλλω (5-30) charge, command
ὑψηλοφρονέω (1-1) be proud, haughty
ἐλπίζω (4-31) hope

πλοῦτος, ὁ (1-22) riches, wealth
ἀδηλότης, ἡ (1-1) uncertainty
παρέχω (2-16) grant, supply
πλουσίως (1-4) richly
ἀπόλαυσις, ἡ (1-2) enjoyment
18 ἀγαθοεργέω (1-1) do good
πλουτέω (2-12) be rich
εὐμετάδοτος (1-1) generous
κοινωνικός (1-1) liberal, generous, sharing
19 ἀποθησαυρίζω (1-1) store up, lay up
θεμέλιος, ὁ (1-16) foundation
ἐπιλαμβάνομαι (2-19) take hold of, grasp
ὄντως (4-10) indeed, really
20 παραθήκη, ἡ (1-3) deposit
φυλάσσω (2-31) guard, keep
ἐκτρέπω (3-5) pass. turn, turn away
βέβηλος (3-5) godless, profane
κενοφωνία, ἡ (1-2) chatter, empty talk
ἀντίθεσις, ἡ (1-1) contradiction, opposition
ψευδώνυμος (1-1) falsely called, falsely bearing a name
γνῶσις, ἡ (1-29) knowledge
21 ἐπαγγέλλομαι (2-15) profess, promise
ἀστοχέω (2-3) miss the mark, fail, deviate

THE SECOND EPISTLE TO TIMOTHY

CHAPTER 1

2 ἔλεος, τό (3-27) mercy
3 λατρεύω (1-21) serve
πρόγονος, ὁ (1-2) pl. parents, forefathers
καθαρός (2-26) clean, pure
συνείδησις, ἡ (1-30) conscience
ἀδιάλειπτος (1-2) unceasing, constant
μνεία, ἡ (1-7) remembrance
δέησις, ἡ (1-18) entreaty, prayer
4 ἐπιποθέω (1-9) long
μιμνήσκομαι (1-23) remember
δάκρυον, τό (1-10) tear
5 ὑπόμνησις, ἡ (1-3) remembering, reminder; ὑπόμ. λαμβάνειν = remember
ἀνυπόκριτος (1-6) without hypocrisy, sincere
ἐνοικέω (2-6) live, dwell
μάμμη, ἡ (1-1) grandmother
6 αἰτία, ἡ (2-20) causal conj. for this reason, therefore w. διά
ἀναμιμνήσκω (1-6) remind
ἀναζωπυρέω (1-1) rekindle, kindle
χάρισμα, τό (1-17) gift
ἐπίθεσις, ἡ (1-4) laying on
7 δειλία, ἡ (1-10) timidity, cowardice
σωφρονισμός, ὁ (1-1) moderation, good judgment, advice
8 ἐπαισχύνομαι (3-11) be ashamed
μαρτύριον, τό (1-20) testimony, witness
δέσμιος, ὁ (1-16) prisoner
συγκακοπαθέω (2-2) suffer together, join in suffering
9 κλῆσις, ἡ (1-11) calling
πρόθεσις, ἡ (2-12) purpose, plan
10 φανερόω (1-49) reveal, make known, show
ἐπιφάνεια, ἡ (3-6) appearing
σωτήρ, ὁ (1-24) Savior
καταργέω (1-27) abolish, destroy
φωτίζω (1-11) bring to light, reveal

ἀφθαρσία, ἡ (1-7) incorruptibility, immortality
11 κῆρυξ, ὁ (1-3) preacher, herald
12 αἰτία, ἡ (2-20) caus. conj. for this reason, therefore w. διά
πάσχω (1-40) suffer
ἐπαισχύνομαι (3-11) be ashamed
δυνατός (1-32) able, powerful
παραθήκη, ἡ (2-3) deposit
φυλάσσω (3-31) guard, keep
13 ὑποτύπωσις, ἡ (1-2) standard, model
ὑγιαίνω (2-12) be sound, healthy, correct
14 παραθήκη, ἡ (2-3) deposit
φυλάσσω (3-31) guard, keep
ἐνοικέω (2-6) live, dwell
15 ἀποστρέφω (1-9) turn away
16 ἔλεος, τό (3-27) mercy
πολλάκις (1-17) often, many times
ἀναψύχω (1-1) refresh, revive
ἅλυσις, ἡ (1-11) chain, bond
ἐπαισχύνομαι (3-11) be ashamed
17 σπουδαίως (2-5) diligently, eagerly
18 ἔλεος, τό (3-27) mercy
διακονέω (2-36) serve, minister
βελτίων (1-1) adv. very well, comp. better

CHAPTER 2

1 ἐνδυναμόω (2-7) be strong
2 μάρτυς, ὁ (1-35) witness
παρατίθημι (1-19) entrust, commit
ἱκανός (1-40) many
3 συγκακοπαθέω (2-2) suffer together, join in suffering
στρατιώτης, ὁ (1-26) soldier
4 στρατεύομαι (1-7) serve as soldier
ἐμπλέκω (1-2) entangle
βίος, ὁ (1-9) everyday life
πραγματεία, ἡ (1-1) occupation, business, affairs

στρατολογέω (1-1) enlist soldiers
ἀρέσκω (1-17) please
5 ἀθλέω (2-2) compete in a contest
στεφανόω (1-3) crown
νομίμως (1-2) according to the rules
6 κοπιάω (1-22) labor, toil
γεωργός, ὁ (1-19) farmer
μεταλαμβάνω (1-7) share, receive
7 νοέω (1-14) consider, think over
σύνεσις, ἡ (1-7) understanding
8 μνημονεύω (1-21) remember
σπέρμα, τό (1-44) seed, offspring
9 κακοπαθέω (2-3) suffer misfortune
μέχρι (1-18) until
δεσμός, ὁ (1-18) bond, fetter, imprisonment
κακοῦργος, ὁ (1-4) criminal, evil doer
δέω (1-41) bind
10 ὑπομένω (2-17) remain, endure
ἐκλεκτός (1-22) elect, chosen
σωτηρία, ἡ (2-45) salvation
τυγχάνω (1-12) attain, gain, experience
11 συναποθνήσκω (1-3) die with
συζάω (1-3) live with
12 ὑπομένω (2-17) endure, remain
συμβασιλεύω (1-2) reign together
ἀρνέομαι (3-32) deny
κἀκεῖνος (1-22) even that one
13 ἀπιστέω (1-8) be unfaithful, disbelieve
14 ὑπομιμνήσκω (1-7) remind
διαμαρτύρομαι (2-15) charge, warn, adjure
λογομαχέω (1-1) dispute about words
χρήσιμος (1-1) useful, beneficial
καταστροφή, ἡ (1-2) ruin, destruction
15 σπουδάζω (3-11) make every effort, take pains
δόκιμος (1-7) approved, genuine
παρίστημι (2-41) present
ἐργάτης, ὁ (1-16) workman, laborer
ἀνεπαίσχυντος (1-1) who does not need to be ashamed
ὀρθοτομέω (1-1) guide the word along a straight path

16 βέβηλος (1-5) profane, godless
κενοφωνία, ἡ (1-2) chatter, empty talk
περιΐστημι (1-4) mid. avoid, shun
προκόπτω (3-6) progress, advance
ἀσέβεια, ἡ (1-6) ungodliness
17 γάγγραινα, ἡ (1-1) gangrene, cancer
18 ἀστοχέω (1-3) depart, deviate, miss
ἀνάστασις, ἡ (1-42) resurrection
ἀνατρέπω (1-3) upset, overturn
19 μέντοι (1-8) nevertheless, though
στερεός (1-4) firm
θεμέλιος, ὁ (1-16) foundation
σφραγίς, ἡ (1-16) seal
ἀφίστημι (1-14) depart, withdraw
ἀδικία, ἡ (1-25) unrighteousness
ὀνομάζω (1-9) name
20 σκεῦος, τό (2-23) vessel
χρυσοῦς (1-3) gold
ἀργυροῦς (1-3) silver
ξύλινος (1-2) wood
ὀστράκινος (1-2) made of earth or clay
τιμή, ἡ (2-41) honor
ἀτιμία, ἡ (1-7) dishonor, disgrace, shame
21 ἐκκαθαίρω (1-2) purify, cleanse
ἁγιάζω (1-27) consecrate, sanctify
εὔχρηστος (2-3) useful, serviceable
δεσπότης, ὁ (1-10) lord, master
ἑτοιμάζω (1-41) prepared
22 νεωτερικός (1-1) youthful
ἐπιθυμία, ἡ (3-38) desire
φεύγω (1-29) flee
διώκω (2-44) pursue
ἐπικαλέω (1-30) call upon
καθαρός (2-26) clean, purge
23 μωρός (1-12) foolish
ἀπαίδευτος (1-1) stupid, uninstructed
ζήτησις, ἡ (1-7) controversy, dispute
παραιτέομαι (1-12) avoid, shun
μάχη, ἡ (1-4) quarrel, strife, dispute
24 μάχομαι (1-4) fight, quarrel, dispute

ἤπιος (1-2) gentle, kind
διδακτικός (1-2) skillful in teaching
ἀνεξίκακος (1-1) bearing evil without resentment, patient
25 πραΰτης, ἡ (1-11) gentleness, humility
παιδεύω (1-13) correct, give guidance
ἀντιδιατίθημι (1-1) mid. oppose oneself, be opposed
μήποτε (1-25) whether, perhaps
μετάνοια, ἡ (1-22) repentance
ἐπίγνωσις, ἡ (2-20) knowledge
26 ἀνανήφω (1-1) come to one's senses and escape, become sober
διάβολος, ὁ (2-37) devil
παγίς, ἡ (1-5) snare, trap
ζωγρέω (1-2) capture alive, catch

CHAPTER 3

1 ἐνίστημι (1-7) impend, be imminent; be present
χαλεπός (1-2) hard, difficult
2 φίλαυτος (1-1) loving oneself, selfish
φιλάργυρος (1-2) fond of money, avaricious
ἀλαζών, ὁ (1-2) boaster, braggart
ὑπερήφανος (1-5) arrogant, proud, haughty
βλάσφημος (1-4) slanderous, blasphemer
γονεύς, ὁ (1-20) pl. parents
ἀπειθής (1-6) disobedient
ἀχάριστος (1-2) unthankful
ἀνόσιος (1-2) unholy
3 ἄστοργος (1-2) unloving
ἄσπονδος (1-1) irreconcilable
διάβολος (2-37) slanderous
ἀκρατής (1-1) without self-control, dissolute
ἀνήμερος (1-1) savage, brutal
ἀφιλάγαθος (1-1) not loving the good
4 προδότης, ὁ (1-3) traitor, betrayer
προπετής (1-2) rash, reckless, thoughtless
τυφόομαι (1-3) be puffed up, conceited

φιλήδονος (1-1) loving pleasure, given over to pleasure
φιλόθεος (1-1) loving God, devout
5 μόρφωσις, ἡ (1-2) outward form, appearance
εὐσέβεια, ἡ (1-15) religion, piety, godliness
ἀρνέομαι (3-32) deny
ἀποτρέπω (1-1) mid. turn away from, avoid
6 ἐνδύνω (1-1) creep in, enter
αἰχμαλωτίζω (1-4) carry away, mislead, capture
γυναικάριον, τό (1-1) idle, silly woman, (little woman)
σωρεύω (1-2) fill with; pass. overwhelm
ἐπιθυμία, ἡ (3-38) desire
ποικίλος (1-10) various, manifold
7 πάντοτε (1-41) always
μανθάνω (3-25) learn
μηδέποτε (1-1) never
ἐπίγνωσις, ἡ (2-20) knowledge
8 τρόπος, ὁ (1-13) way; ὃν τρόπον in the manner in which = (just) as
ἀνθίστημι (2-14) oppose, resist
καταφθείρω (1-1) ruin, corrupt
νοῦς, ὁ (1-24) mind
ἀδόκιμος (1-8) unfit, worthless
9 προκόπτω (3-6) progress, advance
ἄνοια, ἡ (1-2) folly
ἔκδηλος (1-1) quite evident, plain
10 παρακολουθέω (1-4) follow after, understand
διδασκαλία, ἡ (3-21) teaching
ἀγωγή, ἡ (1-1) way of life, conduct
πρόθεσις, ἡ (2-12) purpose, way of thinking
μακροθυμία, ἡ (2-14) patience, forbearance
ὑπομονή, ἡ (1-32) patience, steadfastness
11 διωγμός, ὁ (2-10) persecution
πάθημα, τό (1-16) suffering
οἷος (2-14) what sort of, what
ὑποφέρω (1-3) endure, submit to
ῥύομαι (3-16) deliver, rescue
12 εὐσεβῶς (1-2) in a godly manner
διώκω (2-44) persecute

13 γόης, ὁ (1-1) swindler, cheat, sorcerer
προκόπτω (3-6) progress, advance
χείρων (1-11) worse
πλανάω (2-39) deceive
14 μανθάνω (3-25) learn
ἐπίσταμαι (1-14) know
15 βρέφος, τό (1-8) baby, childhood
ἱερός (1-3) sacred, holy
γράμμα, τό (1-15) writing
σοφίζω (1-2) make wise, teach, instruct
σωτηρία, ἡ (2-45) salvation
16 θεόπνευστος (1-1) inspired by God
ὠφέλιμος (1-4) useful, beneficial, advantageous
διδασκαλία, ἡ (3-21) teaching
ἐλεγμός, ὁ (1-1) conviction, reproof
ἐπανόρθωσις, ἡ (1-1) improvement, correcting
παιδεία, ἡ (1-6) training, instruction
17 ἄρτιος (1-1) complete, capable
ἐξαρτίζω (1-2) equip, furnish, finish

CHAPTER 4

1 διαμαρτύρομαι (2-15) charge, warn, adjure
ἐπιφάνεια, ἡ (3-6) appearing
2 ἐφίστημι (2-21) stand by, be ready, be on hand
εὐκαίρως (1-2) in season
ἀκαίρως (1-1) out of season
ἐλέγχω (1-17) convince
ἐπιτιμάω (1-29) rebuke
μακροθυμία, ἡ (2-14) patience, forbearance
διδαχή, ἡ (1-30) doctrine
3 ὑγιαίνω (2-12) correct, be sound, healthy
διδασκαλία, ἡ (3-21) teaching
ἀνέχω (1-15) only mid. endure, bear with
ἐπιθυμία, ἡ (3-38) desire
ἐπισωρεύω (1-1) accumulate, heap up
κνήθω (1-1) itch
ἀκοή, ἡ (2-24) ear, hearing

4 ἀποστρέφω (1-9) turn away
μῦθος, ὁ (1-5) myth
ἐκτρέπω (1-5) pass. w. mid. sense, turn away
5 νήφω (1-6) be sober, self-controlled
κακοπαθέω (2-3) bear hardship patiently
εὐαγγελιστής, ὁ (1-3) evangelist
διακονία, ἡ (2-33) ministry, service
πληροφορέω (2-6) fulfill
6 σπένδω (1-2) only pass. be offered up, offer drink offering
ἀνάλυσις, ἡ (1-1) departure
ἐφίστημι (2-21) stand before, be imminent
7 ἀγών, ὁ (1-6) fight, struggle
ἀγωνίζομαι (1-8) fight, struggle
δρόμος, ὁ (1-3) course
τελέω (1-28) finish, complete
8 ἀπόκειμαι (1-4) be put away, stored up
στέφανος, ὁ (1-18) crown
ἀποδίδωμι (2-47) grant
κριτής, ὁ (1-19) judge
ἐπιφάνεια, ἡ (3-6) appearing
9 σπουδάζω (3-11) hasten, hurry
ταχέως (1-10) quickly, soon
10 ἐγκαταλείπω (2-10) forsake, abandon
11 ἀναλαμβάνω (1-13) take along
εὔχρηστος (2-3) useful, serviceable
διακονία, ἡ (2-33) service, ministry
13 φαιλόνης, ὁ (1-1) cloak
ἀπολείπω (2-7) leave
βιβλίον, τό (1-34) book
μάλιστα (1-12) especially
μεμβράνα, ἡ (1-1) parchment
14 χαλκεύς, ὁ (1-1) coppersmith, metal worker
ἐνδείκνυμι (1-11) do, show
ἀποδίδωμι (2-47) render, repay
15 φυλάσσω (3-31) guard
λίαν (1-12) exceedingly
ἀνθίστημι (3-14) oppose, resist
ἡμέτερος (1-8) our
16 ἀπολογία, ἡ (1-8) defense
παραγίνομαι (1-36) stand by, come to the aid of
ἐγκαταλείπω (2-10) forsake, abandon

λογίζομαι (1-40) reckon
17 παρίστημι (2-41) stand by, come
   to the aid of
ἐνδυναμόω (2-7) strengthen
κήρυγμα, τό (1-8) proclamation,
   preaching
πληροφορέω (2-6) fulfill
ῥύομαι (3-16) deliver, receive

λέων, ὁ (1-9) lion
18 ἐπουράνιος (1-18) heavenly
20 ἀπολείπω (2-7) leave
ἀσθενέω (1-33) be sick
21 σπουδάζω (3-11) hasten, hurry
πρό (2-47) before
χειμών, ὁ (1-6) winter

THE EPISTLE TO TITUS

SPECIAL VOCABULARY

σωτήρ, ὁ (6-24) Savior

CHAPTER 1

1 ἐκλεκτός (1-22) chosen, elect
ἐπίγνωσις, ἡ (1-20) knowledge
εὐσέβεια, ἡ (1-15) godliness, piety
2 ἐπαγγέλομαι (1-15) promise
ἀψευδής (1-1) truthful, trustworthy
πρό (1-47) before
3 φανερόω (1-49) manifest, reveal
κήρυγμα, τό (1-8) preaching, proclamation
ἐπιταγή, ἡ (2-7) command
4 γνήσιος (1-4) genuine, true, legitimate, sincere
κοινός (1-4) common
5 χάριν (2-9) prep. because of
ἀπολείπω (1-7) leave
λείπω (2-6) lack, be in need
ἐπιδιορθόω (1-1) set right or correct
καθίστημι (1-21) appoint, ordain
διατάσσω (1-16) order, direct, command
6 ἀνέγκλητος (2-5) blameless, irreproachable
κατηγορία, ἡ (1-3) accusation, charge
ἀσωτία, ἡ (1-3) debauchery, dissipation, profligacy
ἀνυπότακτος (2-4) undisciplined, disobedient, rebellious
7 ἐπίσκοπος, ὁ (1-5) bishop
οἰκονόμος, ὁ (1-10) steward, administrator
αὐθάδης (1-2) self-willed, stubborn, arrogant
ὀργίλος (1-1) inclined to anger, quick-tempered
πάροινος (1-2) drunken, addicted to wine

πλήκτης, ὁ (1-2) pugnacious man, bully
αἰσχροκερδής (1-2) fond of dishonest gain
8 φιλόξενος (1-3) hospitable
φιλάγαθος (1-1) loving what is good
σώφρων (3-4) prudent, thoughtful, self-controlled
ὅσιος (1-8) holy, devout, pious
ἐγκρατής (1-1) self-controlled, disciplined
9 ἀντέχω (1-4) only mid. cling to, hold fast
διδαχή, ἡ (1-30) doctrine
δυνατός (1-32) able, mighty
διδασκαλία, ἡ (4-21) teaching
ὑγιαίνω (4-12) be correct, sound, healthy
ἀντιλέγω (2-9) contradict, speak against
ἐλέγχω (3-17) convict, reprove
10 ἀνυπότακτος (2-4) undisciplined, disobedient, rebellious
ματαιολόγος (1-1) talking idly; subst. idle talker
φρεναπάτης, ὁ (1-1) deceiver, misleader
μάλιστα (1-12) especially
περιτομή, ἡ (1-35) circumcision
11 ἐπιστομίζω (1-1) stop the mouth, silence
ἀνατρέπω (1-3) upset, overturn
αἰσχρός (1-4) shameful, base, dishonest
κέρδος, τό (1-3) gain
χάριν (2-9) prep. because of
12 ἀεί (1-7) always
ψεύστης, ὁ (1-10) liar
θηρίον, τό (1-45) beast
γαστήρ, ἡ (1-9) glutton, belly
ἀργός (1-8) idle, lazy

13 μαρτυρία, ἡ (1-37) testimony, witness
ἀληθής (1-26) true
αἰτία, ἡ (1-20) caus. conj. for this reason, therefore w. διά
ἐλέγχω (3-17) rebuke
ἀποτόμως (1-2) severely, sharply
ὑγιαίνω (4-12) be sound, healthy
14 προσέχω (1-24) give heed, pay attention to
μῦθος, ὁ (1-5) myth
ἀποστρέφω (1-9) turn away
15 καθαρός (3-26) clean, pure
μιαίνω (2-5) defile, corrupt
ἄπιστος (1-23) unbelieving, unfaithful
νοῦς, ὁ (1-24) mind
συνείδησις, ἡ (1-30) conscience
16 ὁμολογέω (1-26) confess, profess
ἀρνέομαι (2-32) deny
βδελυκτός (1-1) detestable, abominable
ἀπειθής (2-6) disobedient
ἀδόκιμος (1-8) unfit, unqualified, worthless

CHAPTER 2

1 πρέπω (1-7) be proper, fitting
ὑγιαίνω (4-12) be sound, correct, healthy
διδασκαλία, ἡ (4-21) teaching
2 πρεσβύτης (1-3) older
νηφάλιος (1-3) temperate, sober
σεμνός (1-4) serious, dignified, noble
σώφρων (3-4) self-controlled, prudent, thoughtful
ὑπομονή, ἡ (1-32) patience, steadfastness
3 πρεσβῦτις, ἡ (1-1) older woman, elderly woman
ὡσαύτως (2-17) likewise
κατάστημα, τό (1-1) behavior, demeanor
ἱεροπρεπής (1-1) holy, worthy of reverence
διάβολος (1-37) slanderous
οἶνος, ὁ (1-34) wine
δουλόω (1-8) enslave, subject
καλοδιδάσκαλος (1-1) teaching what is good
4 σωφρονίζω (1-1) encourage, advise, urge

νέος (2-23) young
φίλανδρος (1-1) loving her husband
φιλότεκνος (1-1) loving one's children
5 σώφρων (3-4) prudent, thoughtful
ἁγνός (1-8) pure, holy, chaste
οἰκουργός (1-1) working at home, domestic
ὑποτάσσω (3-38) subject
βλασφημέω (2-34) blaspheme, slander
6 νεώτερος (2-23) younger
ὡσαύτως (2-17) likewise
σωφρονέω (1-6) be reasonable, sensible, serious
7 παρέχω (1-16) show, grant; mid. show oneself to be something
τύπος, ὁ (1-14) model, example
διδασκαλία, ἡ (4-21) teaching
ἀφθορία, ἡ (1-1) soundness
σεμνότης, ἡ (1-3) seriousness, dignity, respectfulness
8 ὑγιής (1-11) sound, healthy
ἀκατάγνωστος (1-1) beyond reproach, not condemned
ἐναντίος (1-8) opposed; subst. opponent
ἐντρέπω (1-9) make ashame
φαῦλος (1-6) evil, bad, base
9 δεσπότης, ὁ (1-10) lord, master
ὑποτάσσω (3-38) subject
εὐάρεστος (1-9) pleasing; εὐάρ. εἶναι give satisfaction
ἀντιλέγω (2-9) contradict, speak against
10 νοσφίζω (1-3) misappropriate
ἐνδείκνυμι (2-11) show
διδασκαλία, ἡ (4-21) teaching
κοσμέω (1-10) adorn, decorate
11 ἐπιφαίνω (2-4) show; pass. show oneself, make an appearance
σωτήριος (1-1) bringing salvation
12 παιδεύω (1-13) train, instruct
ἀρνέομαι (2-32) deny
ἀσέβεια, ἡ (1-6) ungodliness, impiety
κοσμικός (1-2) worldly
ἐπιθυμία, ἡ (2-38) desire
σωφρόνως (1-1) soberly, moderately
δικαίως (1-5) uprightly

εὐσεβῶς (1-2) in a godly manner
13 προσδέχομαι (1-14) wait for, expect
ἐπιφάνεια, ἡ (1-6) appearing
14 λυτρόω (1-3) redeem, ransom
ἀνομία, ἡ (1-14) iniquity, wickedness
καθαρίζω (1-31) cleanse, purify
περιούσιος (1-1) chosen, especial
ζηλωτής, ὁ (1-8) zealot, enthusiast
15 ἐλέγχω (3-17) reprove, convict
ἐπιταγή, ἡ (2-7) command, order
περιφρονέω (1-1) disregard, despise

CHAPTER 3

1 ὑπομιμνήσκω (1-7) remind
ὑποτάσσω (3-38) subject
πειθαρχέω (1-4) obey
ἕτοιμος (1-17) ready
2 βλασφημέω (2-34) blaspheme, slander
ἄμαχος (1-2) peaceable
ἐπιεικής (1-5) gentle, kind
ἐνδείκνυμι (2-11) show
πραΰτης, ἡ (1-11) courtesy, considerateness, meekness
3 ποτέ (1-29) once, formerly
ἀνόητος (1-6) foolish, senseless
ἀπειθής (2-6) disobedient
πλανάω (1-39) deceive
δουλεύω (1-25) serve
ἐπιθυμία, ἡ (2-38) desire
ἡδονή, ἡ (1-5) pleasure, enjoyment
ποικίλος (1-10) various, manifold
κακία, ἡ (1-11) malice, ill-will
φθόνος, ὁ (1-9) envy, jealousy
διάγω (1-2) live, spend one's life
στυγητός (1-1) hated, hateful
μισέω (1-39) hate
4 χρηστότης, ἡ (1-10) goodness, kindness
φιλανθρωπία, ἡ (1-2) loving kindness, love for mankind
ἐπιφαίνω (2-4) show, appear
5 ἔλεος, τό (1-27) mercy
λουτρόν, τό (1-2) bath, washing
παλιγγενεσία, ἡ (1-2) regeneration, rebirth
ἀνακαίνωσις, ἡ (1-2) renewal
6 ἐκχέω (1-16) pour out
πλουσίως (1-4) richly

7 δικαιόω (1-39) justify
κληρονόμος, ὁ (1-15) heir
8 βούλομαι (1-37) desire, wish
διαβεβαιόομαι (1-2) insist, speak confidently
φροντίζω (1-1) be careful, be intent on
προΐστημι (2-8) busy oneself with, dare for
ὠφέλιμος (1-4) profitable, beneficial
9 μωρός (1-12) foolish
ζήτησις, ἡ (1-7) controversy, dispute
γενεαλογία, ἡ (1-2) genealogy
ἔρις, ἡ (1-9) strife, discord, contention
μάχη, ἡ (1-4) quarrel, dispute
νομικός (2-9) pertaining to the law
περιΐστημι (1-4) mid. avoid, shun
ἀνωφελής (1-2) useless
μάταιος (1-6) vain
10 αἱρετικός (1-1) factious, causing divisions
δεύτερος (1-44) second
νουθεσία, ἡ (1-3) admonition
παραιτέομαι (1-12) reject, refuse, decline
11 ἐκστρέφω (1-1) turn aside, pervert
ἁμαρτάνω (1-42) sin
αὐτοκατάκριτος (1-1) self-condemned
12 σπουδάζω (1-11) make every effort, be eager
παραχειμάζω (1-4) spend the winter
13 νομικός (2-9) pertaining to the law; subst. lawyer
σπουδαίως (1-5) diligently, earnestly
προπέμπω (1-9) send on one's way, help on one's journey
λείπω (2-6) lack, be in want
14 μανθάνω (1-25) learn
ἡμέτερος (1-8) our
προΐστημι (2-8) busy oneself with, engage in
ἀναγκαῖος (1-8) necessary
χρεία, ἡ (1-49) need
ἄκαρπος (1-7) unfruitful
15 φιλέω (1-25) love

THE EPISTLE TO PHILEMON

1 δέσμιος, ὁ (2-16) prisoner
συνεργός, ὁ (2-13) fellow-worker
2 ἀδελφή, ἡ (1-26) sister
συσρατιώτης, ὁ (1-2) fellow-soldier
4 εὐχαριστέω (1-38) give thanks
πάντοτε (1-41) always
μνεία, ἡ (1-7) remembrance
προσευχή, ἡ (2-36) prayer
6 κοινωνία, ἡ (1-19) fellowship
ἐνεργής (1-3) effective, active, powerful
ἐπίγνωσις, ἡ (1-20) knowledge
7 παράκλησις, ἡ (1-29) comfort, encouragement
σπλάγχνον, τό (3-11) pl. heart, affections; inward parts
ἀναπαύω (2-12) give rest, refresh
8 παρρησία, ἡ (1-31) boldness, confidence
ἐπιτάσσω (1-10) order, command
ἀνήκω (1-3) be proper, fitting; τὸ ἀνῆκον what is proper, one's duty
9 πρεσβύτης, ὁ (1-3) old man, aged man; ambassador
νυνί (2-18) now
δέσμιος, ὁ (2-16) prisoner
10 δεσμός, ὁ (2-18) chain, bond; imprisonment
11 ποτέ (1-29) once, formerly
ἄχρηστος (1-1) useless, worthless
νυνί (2-18) now
εὔχρηστος (1-3) useful, profitable
12 ἀναπέμπω (1-5) send back, send
σπλάγχον, τό (3-11) pl. heart, affection, inward parts
13 βούλομαι (1-37) wish, desire
κατέχω (1-17) hold back, prevent from going away
διακονέω (1-36) serve, minister
δεσμός, ὁ (2-18) chain, bond, imprisonment
14 χωρίς (1-41) without, apart from
σός (1-27) your

γνώμη, ἡ (1-9) previous knowledge, consent; purpose, opinion
ἀνάγκη, ἡ (1-17) necessity, compulsion
ἑκούσιος (1-1) voluntary, of one's own free will
15 τάχα (1-2) perhaps
χωρίζω (1-13) separate; pass. be separated, be taken away, go away
ἀπέχω (1-19) receive in full
16 οὐκέτι (1-48) no longer
μάλιστα (1-12) especially
πόσος (1-27) how much
17 κοινωνός, ὁ (1-10) partner, sharer
προσλαμβάνω (1-12) receive or accept in one's society, into one's home or circle
18 ἀδικέω (1-27) do wrong, injure
ὀφείλω (1-35) be obligated, owe
ἐλλογέω (1-2) charge to one's account
19 ἀποτίνω (1-1) pay the damages, make compensation
προσοφείλω (1-1) owe besides
20 ναί (1-34) yes, indeed
ὀνίνημι-ὀναίμην (1-1) as a formula – may I have joy or profit, may I enjoy
ἀναπαύω (2-12) give rest, refresh
σπλάγχνον, τό (3-11) pl. heart, affection; inward parts
21 πεποιθώς pft. part. of πείθω
ὑπακοή, ἡ (1-15) obedience
22 ἅμα (1-10) at the same time, together
ἑτοιμάζω (1-41) prepare
ξενία, ἡ (1-2) hospitality, entertainment
ἐλπίζω (1-31) hope
προσευχή, ἡ (2-36) prayer
χαρίζομαι (1-23) give freely
23 συναιχμάλωτος, ὁ (1-3) fellow-prisoner
24 συνεργός, ὁ (2-13) fellow-worker

THE EPISTLE TO THE HEBREWS

SPECIAL VOCABULARY

ἁγιάζω (6-27) consecrate, dedicate, sanctify
ἅπαξ (8-14) once, once for all
διαθήκη, ἡ (17-35) covenant, will
ἐπεί (9-26) because, since
ἐπουράνιος (6-18) heavenly
εὐλογέω (7-42) bless
ἡγέομαι (6-28) think, consider; lead, guide
θυσία, ἡ (15-28) sacrifice
ἱερεύς, ὁ (14-31) priest
κατάπαυσις, ἡ (8-9) rest
κατασκευάζω (6-11) build, erect; prepare, furnish
κρείττων (13-19) better, more prom-
inent, higher in rank
λατρεύω (6-21) serve
ὅθεν (6-15) whence, wherefore
ὀμνύω (7-26) make an oath, swear
πειράζω (6-38) tempt, try
προσφέρω (20-47) offer, bring to
σκηνή, ἡ (10-20) tent, tabernacle
σήμερον (8-41) today
σωτηρία, ἡ (7-45) salvation
τάξις, ἡ (6-9) order, nature, quality, manner, condition
τελειόω (9-23) complete, finish, make perfect
χωρίς (13-41) without, apart from

CHAPTER 1

1 πολυμερῶς (1-1) in many ways w. πολυτρόπως
πολυτρόπως (1-1) in various ways; see above
πάλαι (1-7) long ago, formerly
2 κληρονόμος, ὁ (3-15) heir
3 ἀπαύγασμα, τό (1-1) radiance, effulgence
χαρακτήρ, ὁ (1-1) impress, reproduction, representation
ὑπόστασις, ἡ (3-5) substantial nature, essence, actual being, reality
καθαρισμός, ὁ (1-7) purification
καθίζω (4-45) sit
μεγαλωσύνη, ἡ (2-3) majesty, greatness
ὑψηλός (2-11) high
4 τοσοῦτος (5-10) so great, so large, so far, so much, so strong
διαφορώτερον comp. of διάφορος (3-4) different; outstanding, excellent
κληρονομέω (4-18) inherit

5 ποτέ (2-29) ever, at some time or other, once, formerly
6 εἰσάγω (1-11) bring or lead in
πρωτότοκος (3-8) first-born
οἰκουμένη, ἡ (2-15) inhabited world, earth
7 λειτουργός, ὁ (2-5) minister, servant
φλόξ, ἡ (1-7) flame
8 ῥάβδος, ἡ (3-11) rod, staff
εὐθύτης, ἡ (1-1) righteousness, uprightness
9 μισέω (1-39) hate
ἀνομία, ἡ (2-14) lawlessness
χρίω (1-5) anoint
ἔλαιον, τό (1-11) olive oil
ἀγαλλίασις, ἡ (1-5) exultation, gladness
μέτοχος, ὁ (5-6) partner, companion
10 θεμελιόω (1-5) found, establish
11 διαμένω (1-5) remain
παλαιόω (3-4) make old, declare obsolete; pass. become old
12 ὡσεί (1-21) as, like
περιβόλαιον, τό (1-2) covering, wrap, cloak

ἐλίσσω (1-2) roll up
ἀλλάσσω (1-6) change, alter; exchange
ἔτος, τό (3-49) year
ἐκλείπω (1-4) come to an end, fail
13 ποτέ (2-29) ever, at some time or other, once, formerly
ἐχθρός (2-31) hostile; subst. enemy
ὑποπόδιον, τό (2-7) footstool
14 λειτουργικός (1-1) ministering, serving
διακονία, ἡ (1-33) service, ministry
κληρονομέω (4-18) inherit

CHAPTER 2

1 περισσοτέρως (2-11) so much more, far greater, far more
προσέχω (2-24) pay attention, give heed, follow
μήποτε (4-25) lest, never, perhaps
παραρρέω (1-1) flow by, slip away, drift away
2 βέβαιος (5-9) firm, steadfast, established
παράβασις, ἡ (2-7) transgression
παρακοή, ἡ (1-3) disobedience
ἔνδικος (1-2) just, deserved
μισθαποδοσία, ἡ (3-3) punishment, retribution, penalty, reward
3 ἐκφεύγω (2-8) run away, escape
τηλικοῦτος (1-4) so great, so large, so important
ἀμελέω (2-4) neglect, be unconcerned
βεβαιόω (2-8) confirm, attest
4 συνεπιμαρτυρέω (1-1) testify at the same time
τέρας, τό (1-16) prodigy, omen, wonder
ποικίλος (2-10) various
μερισμός, ὁ (2-2) distribution, division, separation
θέλησις, ἡ (1-1) will
5 ὑποτάσσω (5-38) subject
οἰκουμένη, ἡ (2-15) inhabited earth, world
6 διαμαρτύρομαι (1-15) testify; charge, warn

πού (2-4) somewhere
μιμνήσκομαι (4-23) remember, think of, care of
ἐπισκέπτομαι (1-11) look upon, look after; be concerned about
7 ἐλαττόω (2-3) make less, decrease
βραχύς (3-7) short, little
τιμή, ἡ (4-41) honor, price
στεφανόω (2-3) crown
8 ὑποτάσσω (5-38) subject
ὑποκάτω (1-11) under, below
ἀνυπότακτος (1-4) not made subject; disobedient, rebellious
οὔπω (2-27) not yet
9 βραχύς (3-7) short, little
ἐλαττόω (2-3) make less, decrease
πάθημα, τό (3-16) suffering; passion
τιμή, ἡ (4-41) honor
στεφανόω (2-3) crown
γεύομαι (3-15) taste, partake of, enjoy
10 πρέπω (2-7) be fitting, proper, suitable
ἀρχηγός, ὁ (2-4) leader, ruler, prince, originator
11 αἰτία, ἡ (1-20) cause, reason
ἐπαισχύνομαι (2-11) be ashamed
12 ἀπαγγέλλω (1-46) proclaim, announce, declare
ὑμνέω (1-4) sing the praise of
14 κοινωνέω (1-8) partake, share
παραπλησίως (1-1) similarly, likewise
μετέχω (3-8) participate, share
καταργέω (1-27) make ineffective, annihilate, abolish, destroy
κράτος, τό (1-12) strength, power, might
διάβολος, ὁ (1-37) devil
15 ἀπαλλάσσω (1-3) set free, deliver
φόβος, ὁ (1-47) fear
διὰ παντὸς τοῦ ζῆν all their lifetime
ἔνοχος (1-10) subject to, liable, guilty
δουλεία, ἡ (1-5) bondage, slavery
16 δήπου (1-1) of course, surely
ἐπιλαμβάνομαι (3-19) be concerned with, take interest in, take hold of

σπέρμα, τό (3-44) seed, offspring
17 ὀφείλω (3-35) be obligated, ought
ὁμοιόω (1-15) make like; pass. become like, be like
ἐλεήμων (1-2) merciful, sympathetic
ἱλάσκομαι (1-2) propitiate, conciliate, expiate
18 πέπονθεν 2 perf. a. indi. of πάσχω (4-40) suffer
βοηθέω (1-8) help

CHAPTER 3

1 κλῆσις, ἡ (1-11) calling
μέτοχος, ὁ (5-6) sharer, partaker
κατανοέω (2-14) consider
ὁμολογία, ἡ (3-6) confession
3 ἀξιόω (2-7) deem worthy
καθ' ὅσόν by so much
τιμή, ἡ (4-41) honor
5 θεράπων, ὁ (1-1) servant
μαρτύριον, τό (1-20) testimony, witness
6 παρρησία, ἡ (4-31) boldness, confidence
καύχημα, τό (1-11) boast, pride
μέχρι (4-18) until
τέλος, τό (5-41) end
βέβαιος (5-9) firm, steadfast
κατέχω (3-17) hold firm
8 σκληρύνω (4-6) harden
παραπικρασμός, ὁ (2-2) revolt, rebellion
πειρασμός, ὁ (1-21) temptation, trial
ἔρημος, ἡ (2-47) wilderness, desert
9 δοκιμασία, ἡ (1-1) testing, examination; πειράζειν ἐν δ. put to the test
10 τεσσεράκοντα (2-22) forty
ἔτος, τό (3-49) year
προσοχθίζω (2-2) be angry, offended
γενεά, ἡ (1-43) generation; family, race
ἀεί (1-7) always
πλανάω (3-39) deceive, lead astray; pass. go astray
11 ὀργή, ἡ (2-36) wrath, anger
12 μήποτε (4-25) lest, never, perhaps

ἀπιστία, ἡ (2-11) unbelief, unfaithfulness
ἀφίστημι (1-14) fall away, stand off
13 ἄχρις οὗ (3-48) "so long as," "while"
σκληρύνω (4-6) harden
ἀπάτη, ἡ (1-7) deception, deceitfulness
14 μέτοχος, ὁ (5-6) sharer, partaker
ἐάνπερ (2-2) if indeed
ὑπόστασις, ἡ (3-5) confidence; substantial nature
μέχρι (4-18) until
τέλος, τό (5-41) end
βέβαιος (5-9) firm, steadfast
κατέχω (3-17) hold firm
15 σκληρύνω (4-6) harden
παραπικρασμός, ὁ (2-2) revolt, rebellion
16 παραπικραίνω (1-1) embitter, make angry, provoke
17 προσοχθίζω (2-2) be angry, offended
τεσσεράκοντα (2-22) forty
ἔτος, τό (3-49) year
ἁμαρτάνω (2-42) sin
κῶλον, τό (1-1) corpse
ἔρημος, ἡ (2-47) desert, wilderness
18 ἀπειθέω (2-14) disobey, disbelieve
19 ἀπιστία, ἡ (2-11) unbelief

CHAPTER 4

1 μήποτε (4-25) lest
καταλείπω (2-23) leave behind
ὑστερέω (3-16) come short, lack
2 καθάπερ (1-17) just as
κἀκεῖνος (1-22) even that one
ὠφελέω (2-15) benefit, help, aid
ἀκοή, ἡ (2-24) preaching, hearing
συγκεράννυμι (1-2) mix together
3 ὀργή, ἡ (2-36) wrath, anger
καίτοι (1-3) although
καταβολή, ἡ (3-11) foundation
4 πού (2-4) somewhere
ἕβδομος (2-9) seventh
καταπαύω (3-4) rest
6 ἀπολείπω (3-7) leave behind, remain over

πρότερος (3-11) earlier, former; adv. earlier, formerly, in former times

ἀπείθεια, ἡ (2-6) disobedience, disbelief

7 ὁρίζω (1-8) fix, determine, set, appoint

τοσοῦτος (5-10) so much, so great

προερεῖν (1-9) speak before

σκληρύνω (4-6) harden

8 καταπαύω (3-4) cause to rest, give rest

9 ἄρα (2-49) then

ἀπολείπω (3-7) leave behind, remain over

σαββατισμός, ὁ (1-1) Sabbath rest

10 καταπαύω (3-4) cause to rest, give rest

ὥσπερ (3-36) as

11 σπουδάζω (1-11) be zealous, make every effort, hasten

ὑπόδειγμα, τό (3-6) example, copy, pattern

ἀπείθεια, ἡ (2-6) disobedience, disbelief

12 ἐνεργής (1-3) effective, active, powerful

τομώτερος (1-1) comp. of τομός cutting, sharp

μάχαιρα, ἡ (3-29) sword

δίστομος (1-3) two-mouthed, two-edged

διϊκνέομαι (1-1) go through, pierce

ἄχρι (3-48) until

μερισμός, ὁ (2-2) separation, division, partition

ἁρμός, ὁ (1-1) joint

μυελός, ὁ (1-1) marrow

κριτικός (1-1) able to judge, discern

ἐνθύμησις, ἡ (1-4) thought, reflection, idea

ἔννοια, ἡ (1-2) thought, knowledge, insight

13 κτίσις, ἡ (2-19) creature

ἀφανής (1-1) hidden

γυμνός (1-15) uncovered, naked, bare

τραχηλίζω (1-1) pass. lay bare

14 διέρχομαι (1-42) pass through, go through

κρατέω (2-47) grasp, hold fast

ὁμολογία, ἡ (3-6) confession

15 συμπαθέω (2-2) sympathize with, show sympathy with

ἀσθένεια, ἡ (4-24) weakness, sickness

ὁμοιότης, ἡ (2-2) likeness, similarity

καθ᾽ ὁμοιότητα in quite the same way

16 παρρησία, ἡ (4-31) boldness, confidence

ἔλεος, τό (1-27) mercy

εὔκαιρος (1-2) well-timed, coming at the right time, suitable

βοήθεια, ἡ (1-2) help

CHAPTER 5

1 καθίστημι (2-21) appoint, put in charge, ordain

δῶρον, τό (5-19) gift

2 μετριοπαθέω (1-1) deal gently, moderate one's feelings

ἀγνοέω (1-21) not to know, be ignorant

πλανάω (3-39) deceive, lead astray; pass. be misled, go astray

περίκειμαι (2-5) be subject to, lie or be placed around

ἀσθένεια, ἡ (4-24) weakness

3 ὀφείλω (3-35) be obligated, ought

4 τιμή, ἡ (4-41) honor, place of honor, office

καθώσπερ (1-1) as

7 δέησις, ἡ (1-19) prayer, petition

ἱκετηρία, ἡ (1-1) supplication

κραυγή, ἡ (1-6) crying

ἰσχυρός (3-28) strong, loud

δάκρυον, τό (2-10) tear

εἰσακούω (1-5) hear, listen to, obey

εὐλάβεια, ἡ (2-2) awe, fear of God

8 καίπερ (3-5) although

μανθάνω (1-25) learn

πάσχω (4-40) suffer

ὑπακοή, ἡ (1-15) obedience

9 ὑπακούω (2-21) obey

αἴτιος, ὁ (1-1) cause, source, τό αἴτιον guilt, complaint

223

10 προσαγορεύω (1-1) call, name, designate; greet, salute
11 δυσερμήνευτος (1-1) hard to explain
νωθρός (2-2) lazy, sluggish, dull
ἀκοή, ἡ (2-24) hearing
12 ὀφείλω (3-35) be obligated, ought
χρεία, ἡ (4-49) need
στοιχεῖον, τό (1-7) elements (of learning), fundamental principles
λόγιον, τό (1-4) word of Scripture, saying
γάλα, τό (2-5) milk
στερεός (2-4) firm, hard, solid
τροφή, ἡ (2-16) food
13 μετέχω (3-8) share, partake
ἄπειρος (1-1) inexperienced
νήπιος, ὁ (1-14) infant, minor
14 τέλειος (5-19) perfect, mature
στερεός (2-4) firm, hard, solid
τροφή, ἡ (2-16) food
ἕξις, ἡ (1-1) practice, exercise
αἰσθητήριον, τό (1-1) sense, faculty
γυμνάζω (2-4) exercise, train
διάκρισις, ἡ (1-3) distinguishing, discernment

CHAPTER 6

1 τελειότης, ἡ (1-2) maturity, perfection
θεμέλιον, τό (1-26) foundation
καταβάλλω (1-2) found, lay; throw down
μετάνοια, ἡ (3-22) repentance
2 βαπτισμός, ὁ (2-3) baptism, washing
διδαχή, ἡ (2-30) teaching
ἐπίθεσις, ἡ (1-4) laying on
ἀνάστασις, ἡ (3-42) resurrection
κρίμα, τό (1-27) judgment
3 ἐάνπερ (2-2) if indeed, if only, supposing that
ἐπιτρέπω (1-18) permit
4 ἀδύνατος (4-10) impossible, unable
φωτίζω (2-11) shed light, give light, enlighten
γεύομαι (3-15) taste
δωρεά, ἡ (1-11) gift

μέτοχος, ὁ (5-6) sharer, partaker, participant
6 παραπίπτω (1-1) fall away, commit apostasy
ἀνακαινίζω (1-1) renew
μετάνοια, ἡ (3-22) repentance
ἀνασταυρόω (1-1) crucify
παραδειγματίζω (1-1) expose, make an example of, hold to contempt
7 πιοῦσα 2 aor. part. of πίνω
πολλάκις (4-17) often
ὑετός, ὁ (1-5) rain
τίκτω (1-18) bear, bring forth
βοτάνη, ἡ (1-1) herb, plant, vegetation
εὔθετος (1-3) useful, suitable, convenient
γεωργέω (1-1) cultivate
μεταλαμβάνω (2-7) receive, share in
εὐλογία, ἡ (2-16) blessing
8 ἐκφέρω (1-8) bear
ἄκανθα, ἡ (1-14) thorn plant
τρίβολος, ὁ (1-2) thistle
ἀδόκιμος (1-8) worthless, unqualified, base
κατάρα, ἡ (1-6) curse
ἐγγύς (2-31) near, close to
τέλος, τό (5-41) end
καῦσις, ἡ (1-1) burning
τὰ ἐχόμενα σωτηρίας things that belong to salvation
ἄδικος (1-12) unjust
10 ἐπιλανθάνομαι (3-8) forget, neglect, overlook
ἐνδείκνυμι (2-11) show, demonstrate
διακονέω (1-36) serve, minister
11 ἐπιθυμέω (1-16) desire
σπουδή, ἡ (1-12) earnestness, zeal, diligence, haste
πληροφορία, ἡ (2-4) full assurance, certainty
ἄχρι (3-48) until
τέλος, τό (5-41) end
12 νωθρός (2-2) dull, lazy, sluggish
μιμητής, ὁ (1-6) imitator
μακροθυμία, ἡ (1-14) patience, forbearance
κληρονομέω (4-18) inherit
13 ἐπαγγέλλομαι (4-15) promise, announce
μείζων (4-48) greater

224

14 εἰ μήν (1-1) surely
πληθύνω (2-12) multiply
15 μακροθυμέω (1-10) have patience, wait; be forbearing
ἐπιτυγχάνω (2-4) obtain, reach, attain
16 μείζων (4-48) greater
ἀντιλογία, ἡ (3-4) dispute
πέρας, τό (1-4) limit, end, boundary
βεβαίωσις, ἡ (1-2) confirmation
ὅρκος, ὁ (2-10) oath
17 περισσότερος (2-16) greater, more; neut. adv. even more
βούλομαι (1-37) wish, want, desire
ἐπιδείκνυμι (1-7) show, point out, demonstrate
κληρονόμος, ὁ (3-15) heir
ἀμετάθετος (2-2) unchangeable; subst. immutability, unchangeableness
βουλή, ἡ (1-12) will
μεσιτεύω (1-1) act as surety, mediate
18 πρᾶγμα, τό (3-11) thing, occurrence, event
ἀδύνατος (4-10) impossible
ψεύδομαι (1-12) lie
ἰσχυρός (3-28) strong
παράκλησις, ἡ (3-29) encouragement, exhortation
καταφεύγω (1-2) take refuge, escape
κρατέω (2-47) take hold, grasp
πρόκειμαι (3-5) lie before
19 ἄγκυρα, ἡ (1-4) anchor
ἀσφαλής (1-5) firm, sure, safe, secure
βέβαιος (5-9) secure, firm, reliable
ἐσώτερος (1-2) inner
καταπέτασμα, τό (3-6) veil, curtain
20 πρόδρομος, ὁ (1-1) forerunner

CHAPTER 7

1 ὕψιστος (1-13) most high, most exalted
συναντάω (2-6) meet
ὑποστρέφω (1-35) return, turn back

κοπή, ἡ (1-1) slaughter, defeat
2 δεκάτη, ἡ (4-4) tenth, tithe
μερίζω (1-14) divide
ἑρμηνεύω (1-3) interpret
ἔπειτα (2-16) then
3 ἀπάτωρ (1-1) fatherless, without a father
ἀμήτωρ (1-1) motherless, without a mother
ἀγενεαλόγητος (1-1) without genealogy
τέλος, τό (5-41) end
ἀφομοιόω (1-1) make like or similar, become like
διηνεκής (4-4) continuous, uninterrupted, forever
4 πηλίκος (1-2) how great
δεκάτη, ἡ (4-4) tenth, tithe
ἀκροθίνιον, τό (1-1) first-fruits, booty, spoils
πατριάρχης, ἡ (1-4) patriarch, forefather
5 ἱερατεία, ἡ (1-2) priesthood
ἀποδεκατόω (1-3) take a tenth from
καίπερ (2-5) although
ὀσφύς, ἡ (2-8) loin, waist
6 γενεαλογέω (1-1) trace descent
δεκατόω (2-2) collect, receive tithes
7 ἀντιλογία, ἡ (3-4) dispute
ἐλάττων (1-4) inferior
8 δεκάτη, ἡ (4-4) tithe
9 ἔπος, τό (1-1) word; ὡς ἔπος εἰπεῖν so to speak, one might almost say
δεκατόω (2-2) collect tithes; pass. pay tithe
10 ὀσφύς, ἡ (2-8) loin, waist
συναντάω (2-6) meet
11 τελείωσις, ἡ (1-2) perfection, fulfillment
ἱερωσύνη, ἡ (3-3) priesthood
ἐπ᾽ αὐτῆς on the basis of it
νομοθετέω (2-2) ordain, enact law; pass. receive law
χρεία, ἡ (4-49) need
12 μετατίθημι (3-6) transfer, change
ἀνάγκη, ἡ (4-17) necessity
μετάθεσις, ἡ (3-3) change, removal
13 φυλή, ἡ (2-31) tribe
μετέχω (3-8) share, have a share

προσέχω (2-24) occupy, or apply oneself to, officiate; pay attention to

θυσιαστήριον, τό (2-23) altar

14 πρόδηλος (1-3) clear, evident
ἀνατέλλω (1-9) rise up

15 περισσότερον (2-16) greater, more; neut. adv. even more
κατάδηλος (1-1) very clear, quite plain
ὁμοιότης, ἡ (2-2) likeness, similarity

16 σάρκινος (1-4) fleshly, carnal
ἀκατάλυτος (1-1) indestructible, endless

18 ἀθέτησις, ἡ (2-2) disannulling, setting aside
προάγω (1-20) precede, go before; lead forward
ἀσθενής (1-25) weak; τὸ ἀσθ. weakness
ἀνωφελής (1-2) useless; uselessness

19 ἐπεισαγωγή, ἡ (1-1) bringing in, introduction
ἐγγίζω (2-42) draw near

20 καθ᾽ ὅσον to the degree that
ὁρκωμοσία, ἡ (4-4) oath, taking an oath

21 μεταμέλομαι (1-6) change one's mind, repent

22 κατὰ τοσοῦτο (5-10) to the same degree (so much)
ἔγγυος, ὁ (1-1) pledge, surety

23 κωλύω (1-23) hinder, thwart
παραμένω (1-3) remain, stay

24 ἀπαράβατος (1-1) unchangeable
ἱερωσύνη, ἡ (3-3) priesthood

25 παντελής (1-2) complete, perfect; τὸ π. = completely, fully; for all time
πάντοτε (1-41) always
ἐντυγχάνω (1-5) intercede

26 πρέπω (2-7) be fitting, becoming
ὅσιος (1-8) holy
ἄκακος (1-2) guileless, innocent
ἀμίαντος (2-4) undefiled
χωρίζω (1-13) separate, divide
ἁμαρτωλός, ὁ (2-47) sinner
ὑψηλός (2-11) high, exalted

27 ἀνάγκη, ἡ (4-17) necessity
ὥσπερ (3-36) as
πρότερος (3-11) beforehand, earlier

ἀναφέρω (4-9) offer
ἔπειτα (2-16) then
ἐφάπαξ (3-5) once and for all

28 καθίστημι (3-21) appoint, ordain
ἀσθένεια, ἡ (4-24) weakness, sickness

29 ὁρκωμοσία, ἡ (4-4) oath, taking of oath

CHAPTER 8

1 κεφάλαιον, τό (1-2) main thing, main point, summary, synopsis
καθίζω (4-45) sit
μεγαλωσύνη, ἡ (2-3) majesty, greatness

2 λειτουργός, ὁ (2-5) minister, servant
ἀληθινός (3-28) true, genuine
πήγνυμι (1-1) pitch, build

3 δῶρον, τό (5-19) gift
καθίστημι (3-21) appoint, ordain
ἀναγκαῖος (1-8) necessary

5 ὑπόδειγμα, τό (3-6) copy, example, model
σκιά, ἡ (2-7) shadow
χρηματίζω (3-9) reveal, impart a revelation or warning
ἐπιτελέω (2-10) bring to an end, complete, finish, erect
τύπος, ὁ (1-14) copy, figure, pattern
δείκνυμι (3-32) show

6 διάφορος (3-4) different, outstanding
τυγχάνω (2-12) obtain, attain
λειτουργία, ἡ (2-6) service
μεσίτης, ὁ (3-6) mediator, arbitrator
νομοθετέω (2-2) enact law

7 ἄμεμπτος (1-5) faultless
δεύτερος (5-44) second

8 μέμφομαι (1-2) find fault with, blame
συντελέω (1-6) fulfill, accomplish; complete
καινός (3-42) new

9 ἐπιλαμβάνομαι (3-19) take hold of
ἐξάγω (1-12) bring out, lead out

ἐμμένω (1-4) remain in, abide in
ἀμελέω (2-4) neglect, be unconcerned

10 διατίθημι (4-7) make a covenant
διάνοια, ἡ (2-12) intellect, mind
ἐπιγράφω (2-5) write upon

11 πολίτης, ὁ (1-4) citizen, fellowcitizen
εἰδήσουσιν fut. perf. act. of οἶδα
μικρός (1-30) small, little

12 ἵλεως (1-2) merciful
ἀδικία, ἡ (1-25) unrighteousness
μιμνήσκομαι (4-23) remember

13 καινός (3-42) new
παλαιόω (3-4) make old, declare or treat as obsolete; pass. become old
γηράσκω (1-2) grow old
ἐγγύς (2-31) near, close by
ἀφανισμός, ὁ (1-1) disappearance, destruction

CHAPTER 9

1 δικαίωμα, τό (2-10) regulation, ordinance
λατρεία, ἡ (2-5) worship, service
κοσμικός (1-2) earthly, worldly, material

2 λυχνία, ἡ (1-12) lampstand
τράπεζα, ἡ (1-15) table
πρόθεσις, ἡ (1-12) setting forth, putting out, presentation

3 δεύτερος (5-44) second
καταπέτασμα, τό (3-6) veil, curtain

4 χρυσοῦς (2-18) golden
θυμιατήριον, τό (1-1) altar of incense
κιβωτός, ἡ (2-6) ark, box, chest
περικαλύπτω (1-3) cover, conceal
πάντοθεν (1-3) on all sides, entirely, from all directions
χρυσίον, τό (1-13) gold
στάμνος, ἡ (1-1) jar
μάννα, τό (1-4) manna
ῥάβδος, ἡ (3-11) rod
βλαστάνω (1-4) bud
πλάξ, ἡ (1-3) flat stone, tablet, table

5 ὑπεράνω (1-3) above
κατασκιάζω (1-1) overshadow

ἱλαστήριον, τό (1-2) mercy seat
μέρος, τό (1-42) part; κατὰ μ. part by part, in detail

6 εἴσειμι (1-4) go in
λατρεία, ἡ (2-5) service, ministry
ἐπιτελέω (2-10) accomplish, fulfill

7 δεύτερος (5-44) second
ἐνιαυτός, ὁ (4-14) year
ἀγνόημα, τό (1-1) sin committed in ignorance

8 δηλόω (2-7) reveal, make clear, explain
μήπω (1-2) not yet
φανερόω (2-49) reveal, make known, show
στάσις, ἡ (1-9) existence, continuance, revolt

9 ἐνίστημι (1-7) be present, have come; impend
δῶρον, τό (5-19) gift
συνείδησις, ἡ (5-30) conscience, consciousness

10 βρῶμα, τό (2-17) food
πόμα, τό (1-2) drink
διάφορος (3-4) different
βαπτισμός, ὁ (2-3) washing, ablution, baptism
δικαίωμα, τό (2-10) ordinance, regulation
μέχρι (4-18) until
διόρθωσις, ἡ (1-1) improvement, reformation, new order
ἐπίκειμαι (1-7) be imposed, be incumbent, press upon

11 παραγίνομαι (1-36) come, arrive, be present
μείζων (4-48) greater
τέλειος (5-19) perfect
χειροποίητος (2-6) made by human hands
κτίσις, ἡ (2-19) creation

12 τράγος, ὁ (4-4) he-goat
μόσχος, ὁ (2-6) calf, young bull
ἐφάπαξ (3-5) once, once for all
λύτρωσις, ἡ (1-3) redemption

13 ταῦρος, ὁ (2-4) bull
σποδός, ἡ (1-3) ashes
δάμαλις, ἡ (1-1) heifer, young cow
ῥαντίζω (4-5) sprinkle
κοινόω (1-14) make common or impure, defile
καθαρότης, ἡ (1-1) purity

14 πόσος (2-27) how much, how many, how great
ἄμωμος (1-8) without blemish
καθαρίζω (4-31) cleanse, purify
συνείδησις, ἡ (5-30) conscience, consciousness
15 καινός (3-42) new
μεσίτης, ὁ (3-6) mediator
ἀπολύτρωσις, ἡ (2-10) redemption, release
παράβασις, ἡ (2-7) transgression
κληρονομία, ἡ (2-14) inheritance
16 ἀνάγκη, ἡ (4-17) necessity
διατίθημι (4-7) make covenant
17 βέβαιος (5-9) valid, dependable, certain
μήποτε (4-25) never; lest
ἰσχύω (1-28) have meaning, be valid; be strong, be able
18 ἐγκαινίζω (2-2) dedicate, inaugurate, renew
19 μόσχος, ὁ (2-6) calf, young bull
τράγος, ὁ (4-4) he-goat
ἔριον, τό (1-2) wool
κόκκινος (1-6) scarlet, red
ὕσσωπος, ὁ (1-2) hyssop
βιβλίον, τό (2-34) book
ῥαντίζω (4-5) sprinkle
20 ἐντέλλομαι (2-14) command
21 σκεῦος, τό (1-23) vessel, jar; instrument
λειτουργία, ἡ (2-6) service
ὁμοίως (1-31) likewise, in the same way
ῥαντίζω (4-5) sprinkle
22 σχεδόν (1-3) nearly, almost
καθαρίζω (4-31) purify, cleanse
αἱματεκχυσία, ἡ (1-1) shedding of blood
ἄφεσις, ἡ (2-17) forgiveness; release
23 ἀνάγκη, ἡ (4-17) necessity
ὑπόδειγμα, τό (3-6) copy, example, model
24 χειροποίητος (2-6) made by human hands
ἀντίτυπος (1-2) corresponding to; subst. τὸ ἀ. copy, antitype, representation
ἀληθινός (3-28) true, genuine
ἐμφανίζω (2-10) make visible, reveal; pass. become visible, appear
25 πολλάκις (4-17) often, many times

ὥσπερ (3-36) as
ἐνιαυτός, ὁ (4-14) year
ἀλλότριος (3-14) belonging to another
26 πάσχω (4-40) suffer
καταβολή, ἡ (3-11) foundation
νυνί (2-18) now
συντέλεια, ἡ (1-6) end, consummation
ἀθέτησις, ἡ (2-2) setting aside, removal
φανερόω (2-49) reveal, make known, show
27 καθ’ ὅσον just as
ἀπόκειμαι (1-4) be reserved, appointed, store up
κρίσις, ἡ (2-47) judgment
28 ἀναφέρω (4-9) offer up, bring up
δεύτερος (5-44) second
ἀπεκδέχομαι (1-8) wait for eagerly

CHAPTER 10

1 σκιά, ἡ (2-7) shadow
εἰκών, ἡ (1-23) image
πρᾶγμα, τό (3-11) thing, matter
ἐνιαυτός, ὁ (4-14) year
διηνεκής (4-4) continuous; εἰς τὸ δ. forever, continually
οὐδέποτε (2-16) never
2 παύω (1-15) stop, cause to rest; mid. cease, rest
συνείδησις, ἡ (5-30) conscience, consciousness
καθαρίζω (4-31) purify, cleanse
3 ἀνάμνησις, ἡ (1-4) remembrance, reminder
ἐνιαυτός, ὁ (4-14) year
4 ἀδύνατος (4-10) impossible, unable
ταῦρος, ὁ (2-4) bull
τράγος, ὁ (4-4) he-goat
ἀφαιρέω (1-10) take away
5 προσφορά, ἡ (5-9) offering, gift
καταρτίζω (3-13) make ready, prepare, equip
6 ὁλοκαύτωμα, τό (2-3) whole burnt offering
εὐδοκέω (3-21) take pleasure in, delight in; consent
7 ἥκω (3-25) have come, be present

228

κεφαλίς, ἡ (1-1) roll
βιβλίον, τό (2-34) book
8 ἀνώτερον (1-2) above, earlier, higher
προσφορά, ἡ (5-9) offering, gift
ὁλοκαύτωμα, τό (2-3) whole burnt-offering
εὐδοκέω (3-21) take pleasure in, delight in
9 ἥκω (3-25) have come, be present
ἀναιρέω (1-24) take away, destroy
δεύτερος (5-44) second
10 προσφορά, ἡ (5-9) offering, gift
ἐφάπαξ (3-5) once, once for all
11 λειτουργέω (1-3) perform service, serve
πολλάκις (4-17) many times, often
οὐδέποτε (2-16) never
περιαιρέω (1-4) take away, remove
12 διηνεκής (4-4) continuous; εἰς τὸ δ. forever, continually
καθίζω (4-45) sit
13 ἐκδέχομαι (2-6) expect, await
ἐχθρός (2-32) hostile; subst. enemy
ὑποπόδιον, τό (2-7) footstool
14 προσφορά, ἡ (5-9) offering, gift
διηνεκής (4-4) continuous; εἰς τὸ δ. forever, continually
16 διατίθημι (4-7) make a covenant
διάνοια, ἡ (2-12) mind, intellect
ἐπιγράφω (2-5) write upon
17 ἀνομία, ἡ (2-14) lawlessness
μιμνήσκομαι (4-23) remember
18 ἄφεσις, ἡ (2-17) forgiveness, pardon
οὐκέτι (2-48) no longer
προσφορά, ἡ (5-9) offering, gift
19 παρρησία, ἡ (4-31) boldness, confidence
εἴσοδος, ἡ (1-5) entrance, access, entering
20 ἐγκαινίζω (2-2) dedicate, inaugurate
πρόσφατος (1-1) new, recent
καταπέτασμα, τό (3-6) veil, curtain
22 ἀληθινός (3-28) true, genuine
πληροφορία, ἡ (2-4) full assurance, certainty

ῥαντίζω (4-5) sprinkle
συνείδησις, ἡ (5-30) conscience, consciousness
λούω (1-5) wash
καθαρός (1-26) pure, clean
23 κατέχω (3-17) hold fast
ὁμολογία, ἡ (3-6) confession
ἀκλινής (1-1) without wavering
ἐπαγγέλλομαι (4-15) promise
24 κατανοέω (2-14) consider
παροξυσμός, ὁ (1-2) stirring up, provoking, encouragement
25 ἐγκαταλείπω (2-10) forsake, leave behind
ἐπισυναγωγή, ἡ (1-2) assembling
ἔθος, τό (1-12) custom
τοσοῦτος (5-10) so much, so great
τοσούτῳ μᾶλλον ὅσῳ so much the more as
ἐγγίζω (2-42) draw near
26 ἑκουσίως (1-2) willfully
ἁμαρτάνω (2-42) sin
ἐπίγνωσις, ἡ (1-20) knowledge
οὐκέτι (2-48) no longer
ἀπολείπω (3-7) leave behind; pass. remain
27 φοβερός (3-3) fearful
ἐκδοχή, ἡ (1-1) expectation
κρίσις, ἡ (2-47) judgment
ζῆλος, ὁ (1-17) zeal, ardor; jealousy
ὑπεναντίος (1-2) opposed, hostile; subst. enemy
28 ἀθετέω (1-15) set aside, reject
οἰκτιρμός, ὁ (1-5) pity, mercy, compassion
μάρτυς, ὁ (2-35) witness
29 πόσος (2-27) how much, how great
χείρονος comp. of κακός, worse
ἀξιόω (2-7) deem worthy
τιμωρία, ἡ (1-1) punishment
καταπατέω (1-5) tread down
κοινός (1-14) common, profane
ἐνυβρίζω (1-1) insult, outrage
30 ἐκδίκησις, ἡ (1-9) vengeance
ἀνταποδίδωμι (1-7) repay, recompense
31 φοβερός (3-3) fearful
ἐμπίπτω (1-7) fall into
32 ἀναμιμνήσκω (1-6) remind; pass. remember
πρότερος (3-11) former, earlier

φωτίζω (2-11) give light, illuminate
ἄθλησις, ἡ (1-1) contest, struggle
ὑπομένω (4-17) endure
πάθημα, τό (3-16) suffering, misfortune

33 τοῦτο μέν ... τοῦτο δὲ some times ... some times, not only ... but also
ὀνειδισμός, ὁ (3-5) reproach
θλῖψις, ἡ (1-45) affliction
θεατρίζω (1-1) put to shame, expose publicly
κοινωνός, ὁ (1-10) partaker, sharer
ἀναστρέφω (2-9) act, behave, conduct oneself

34 δέσμιος, ὁ (2-16) prisoner
συμπαθέω (2-2) sympathize with
ἁρπαγή, ἡ (1-3) seizing, plundering
τὰ ὑπάρχοντα what belongs to someone, possessions
προσδέχομαι (2-14) receive, welcome, expect, wait
ὕπαρξις, ἡ (1-2) possessions, property, existence

35 ἀποβάλλω (1-2) cast away
παρρησία, ἡ (4-31) boldness, confidence
μισθαποδοσία, ἡ (3-3) reward, recompense

36 ὑπομονή, ἡ (2-32) patience, steadfast endurance
χρεία, ἡ (4-49) need
κομίζω (4-11) carry; mid. receive

37 μικρὸν ὅσον ὅσον very little while
ἥκω (3-25) have come, be present
χρονίζω (1-5) linger, tarry, delay

38 ὑποστέλλω (1-4) withdraw
εὐδοκέω (3-21) take pleasure in, delight in, consent

39 ὑποστολή, ἡ (1-1) shrinking, timidity
ἀπώλεια, ἡ (1-18) perdition, destruction
περιποίησις, ἡ (1-5) preserving, saving, possession

CHAPTER 11

1 ἐλπίζω (1-31) hope
ὑπόστασις, ἡ (3-5) confidence, conviction, assurance; substantial nature
πρᾶγμα, τό (3-11) thing
ἔλεγχος, ὁ (1-1) proof, inner conviction

3 νοέω (1-14) understand
καταρτίζω (3-13) prepare, make, create
φαίνω (1-31) shine; pass. appear, become visible

4 δῶρον, τό (5-19) gift

5 μετατίθημι (3-6) transfer, translate, change
διότι (2-24) because
πρό (1-47) before
μετάθεσις, ἡ (3-3) translation
εὐαρεστέω (3-3) please

6 ἀδύνατος (4-10) impossible
ἐκζητέω (2-7) seek out
μισθαποδότης, ὁ (1-1) rewarder

7 χρηματίζω (3-9) warn, reveal
μηδέπω (1-1) not yet
εὐλαβέομαι (1-1) be afraid, be concerned; reverence
κιβωτός, ὁ (2-6) ark, chest
κατακρίνω (1-16) condemn
κληρονόμος, ὁ (3-15) heir

8 ὑπακούω (2-21) obey
κληρονομία, ἡ (2-14) inheritance
ἐπίσταμαι (1-14) know

9 παροικέω (1-2) sojourn, migrate
ἀλλότριος (3-14) foreign, belonging to another; subst. stranger, foreigner
κατοικέω (1-44) dwell, live
συγκληρονόμος, ὁ (1-4) fellow-heir

10 ἐκδέχομαι (2-6) expect, wait for
θεμέλιος, ὁ (2-16) foundation
τεχνίτης, ὁ (1-4) builder, maker, craftsman
δημιουργός, ὁ (1-1) maker, framer, artisan

11 καταβολή, ἡ (3-11) sowing, foundation
σπέρμα, τό (3-44) seed
ἡλικία, ἡ (1-8) age of strength, normal age, age, time of life
ἐπαγγέλλομαι (4-15) promise

12 νεκρόω (1-3) put to death; pass.

be worn out, impotent, as good as dead
ἄστρον, τό (1-4) star
πλῆθος, τό (1-31) number, quantity, multitude
ἄμμος, ἡ (1-5) sand
χεῖλος, τό (2-7) lip, shore
ἀναρίθμητος (1-1) innumerable
13 κομίζω (4-11) carry; mid. obtain, receive
πόρρωθεν (1-2) from a distance
ὁμολογέω (2-26) confess
ξένος, ὁ (2-14) stranger
παρεπίδημος, ὁ (1-3) stranger, exile, sojourner
14 ἐμφανίζω(2-10)reveal, make clear
πατρίς, ἡ (1-8) fatherland, native land
ἐπιζητέω (2-13) search for, seek after
15 μνημονεύω (3-21) remember
ἐκβαίνω (1-1) go forth
ἀνακάμπτω (1-4) turn back
16 ὀρέγομαι (1-3) aspire to, strive for, desire
ἐπαισχύνομαι (2-11) be ashamed
ἐπικαλέω (1-30) call, name
ἑτοιμάζω (1-47) prepare
17 προσενήνοχεν 2 pft. s. of προσφέρω
μονογενής (1-9) only, unique
ἀναδέχομαι (1-2) accept, receive
18 σπέρμα, τό (3-44) seed, offspring
19 λογίζομαι (1-4) reckon, consider
δυνατός (1-32) able, powerful
ἐν παραβολῇ figuratively speaking
κομίζω (4-11) carry; mid. receive
21 ἄκρον, τό (1-4) top
ῥάβδος, ἡ (3-11) rod, staff
22 τελευτάω (1-11) die, come to an end
ἔξοδος, ἡ (1-3) Exodus, departure, death
μνημονεύω (3-21) remember
ὀστέον, τό (1-4) bone
ἐντέλλομαι (2-14) command, give orders
23 κρύπτω (1-19) hide
τρίμηνον (1-1) three months
διότι (2-24) because
ἀστεῖος (1-2) beautiful, well-pleasing

διάταγμα, τό (1-1) edict, command
24 ἀρνέομαι (1-32) deny, refuse
θυγάτηρ, ἡ (1-28) daughter
25 αἱρέω (1-3) take; mid. choose, prefer
συγκακουχέομαι (1-1) suffer or be mistreated with
πρόσκαιρος (1-4) temporary, transitory
ἀπόλαυσις, ἡ (1-2) pleasure, enjoyment
26 μείζων (4-48) greater
πλοῦτος, ὁ (1-22) riches, wealth
θησαυρός, ὁ (1-17) treasure, store-house
ὀνειδισμός, ὁ (3-5) reproach
ἀποβλέπω (1-1) pay attention, look
μισθαποδοσία, ἡ (3-3) reward, recompense
27 καταλείπω (2-23) leave, leave behind
θυμός, ὁ (1-18) wrath, anger
ἀόρατος (1-5) invisible
καρτερέω (1-1) endure, be strong, be steadfast
28 πάσχα, τό (1-29) Passover
πρόσχυσις, ἡ (1-1) pouring, sprinkling
ὀλοθρεύω (1-1) destroy; subst. destroying angel
πρωτότοκος (3-8) first-born
θιγγάνω (2-3) touch
29 διαβαίνω (1-3) pass through, go through
ἐρυθρός (1-2) red
ξηρός (1-8) dry
πεῖρα, ἡ (2-2) attempt, trial
καταπίνω (1-7) drink down, swallow
30 τεῖχος, τό (1-9) wall
κυκλόω (1-4) encircle, surround
31 πόρνη, ἡ (1-12) harlot
συναπόλλυμι (1-1) destroy with; mid. be destroyed, perish with
ἀπειθέω (2-14) disobey, disbelieve
κατάσκοπος, ὁ (1-1) spy
32 ἐπιλείπω (1-1) fail, leave behind
διηγέομαι (1-8) tell, relate, describe
33 καταγωνίζομαι (1-1) subdue, overcome

ἐργάζομαι (1-41) accomplish, do, work
ἐπιτυγχάνω (2-4) obtain, attain
φράσσω (1-3) block up, fence in, stop
λέων, ὁ (1-9) lion
34 σβέννυμι (1-6) extinguish, quench, put out
φεύγω (1-29) flee
μάχαιρα, ἡ (3-29) sword
δυναμόω (1-2) strengthen
ἀσθένεια, ἡ (4-24) weakness
ἰσχυρός (3-28) strong
πόλεμος, ὁ (1-18) battle
παρεμβολή, ἡ (3-10) army, battle line, camp
κλίνω (1-7) turn to flight, cause to fall; bend
ἀλλότριος (3-14) belonging to another
35 ἀνάστασις, ἡ (3-42) resurrection
τυμπανίζω (1-1) torture, torment
προσδέχομαι (2-14) receive, expect
ἀπολύτρωσις, ἡ (2-10) deliverance, redemption
τυγχάνω (2-12) obtain
36 ἐμπαιγμός, ὁ (1-1) mocking
μάστιξ, ἡ (1-6) lashing, scourging
πεῖρα, ἡ (2-2) attempt, trial
δεσμός, ὁ (2-18) bond, chain, fetter
φυλακή, ἡ (1-46) prison, guard
37 λιθάζω (1-8) stone
πρίζω (1-1) saw
φόνος, ὁ (1-9) murder, killing
μάχαιρα, ἡ (3-29) sword
περιέρχομαι (1-4) go around
μηλωτή, ἡ (1-1) sheepskin
αἴγειος (1-1) of a goat
δέρμα, τό (1-1) skin
ὑστερέω (3-16) lack, be in need; pass. be lacking, go short
θλίβω (1-10) oppress, afflict
κακουχέω (2-2) maltreat, torment
38 ἄξιος (1-41) worthy
ἐρημία, ἡ (1-4) desert, wilderness
πλανάω (3-39) deceive, lead astray; pass. go astray, wander about
σπήλαιον, τό (1-6) cave, den

ὀπή, ἡ (1-2) opening, hole
39 κομίζω (4-11) carry; mid. receive, obtain
40 προβλέπω (1-1) foresee; mid. select or provide

CHAPTER 12

1 τοιγαροῦν (1-3) therefore
τοσοῦτος (5-10) so great, so large
περίκειμαι (2-5) be clothed in or surrounded by, lie or place around
νέφος, ὁ (1-1) cloud, mass
μάρτυς, ὁ (2-35) witness
ὄγκος, ὁ (1-1) weight, burden, impediment
ἀποτίθημι (1-9) put off, take off; lay down
εὐπερίστατος (1-1) easily distracting
ὑπομονή, ἡ (2-32) patience, steadfast endurance
τρέχω (1-18) run
πρόκειμαι (3-5) set before, lie before, be present
ἀγών, ὁ (1-6) race, contest, struggle
2 ἀφοράω (1-2) fix one's eyes, look away
ἀρχηγός, ὁ (2-4) originator, leader, instigator
τελειωτής, ὁ (1-1) perfecter
ἀντί (2-22) in exchange for, in behalf of, for
ὑπομένω (4-17) endure, bear
σταυρός, ὁ (1-27) cross
αἰσχύνη, ἡ (1-6) shame
καταφρονέω (1-9) despise
καθίζω (4-45) sit
3 ἀναλογίζομαι (1-1) consider
ἁμαρτωλός, ὁ (2-47) sinner
ἀντιλογία, ἡ (3-4) hostility, contradiction
κάμνω (1-2) be weary, be ill
ἐκλύω (2-5) only pass. become weary, give out, lose courage
4 οὔπω (2-27) not yet
μέχρις (4-18) until
ἀντικαθίστημι (1-1) resist, stand in opposition
ἀνταγωνίζομαι (1-1) struggle
5 ἐκλανθάνομαι (1-1) forget altogether

παρακλῆσις, ἡ (3-29) exhortation, encouragement
διαλέγομαι (1-13) speak, preach, discuss, converse
ὀλιγωρέω (1-1) think lightly, make light
παιδεία, ἡ (4-6) training, discipline, correction
ἐκλύω (2-5) only pass. lose courage, give out, become weary
ἐλέγχω (1-17) reprove, correct, punish, discipline
6 παιδεύω (3-13) discipline, instruct
μαστιγόω (1-7) scourge
παραδέχομαι (1-6) accept, receive
7 παιδεία, ἡ (4-6) discipline, training
ὑπομένω (4-17) endure, bear
προσφέρω bring, offer; pass. meet, deal with
8 μέτοχος, ὁ (5-6) partaker, sharer
ἄρα (2-49) then
νόθος (1-1) illegitimate, base born
9 εἶτα (1-13) furthermore, then, next
παιδευτής, ὁ (1-2) one who disciplines, corrector, instructor
ἐντρέπω (1-9) shame; mid. have regard for, respect
ὑποτάσσω (5-38) subject, subordinate
10 ὀλίγος (1-40) few
κατὰ τὸ δοκοῦν αὐτοῖς "according to the thing seeming good to them"
παιδεύω (3-13) discipline, instruct
συμφέρω (1-15) be profitable
μεταλαμβάνω (2-7) share in, partake in, receive
ἁγιότης, ἡ (1-2) holiness
11 παιδεία, ἡ (4-6) discipline, training
πάρειμι (2-24) be present
πρὸς τὸ παρόν for the present
λυπή, ἡ (1-15) grief
ὕστερον (1-11) adv. later
εἰρηνικός (1-2) peaceable
γυμνάζω (2-4) train, exercise
ἀποδίδωμι (3-47) give out, bestow, grant, yield

12 παρειμένας pft. pass. part., weakened, drooping fr. παρίημι (1-2) slacken, relax
παραλύω (1-5) undo, weaken, disable
γόνυ, τό (1-12) knee
ἀνορθόω (1-3) make straight
13 τροχιά, ἡ (1-1) way, path, wheeltrack, course
ὀρθός (1-2) straight
χωλόν, τό what is lame; χωλός, ὁ (1-14) lame
ἐκτρέπω (1-5) turn out, twist, put out of joint
ἰάομαι (1-26) heal
14 διώκω (1-44) pursue
ἁγιασμός, ὁ (1-10) holiness
15 ἐπισκοπέω (1-1) look at, take care, see to it, oversee
ὑστερέω (3-16) miss, fail to reach, lack, fail
ρίζα, ἡ (1-16) root
πικρία, ἡ (1-4) bitterness
ἄνω (1-9) up, above
φύω (1-3) sprout
ἐνοχλέω (1-2) cause trouble, trouble, annoy
μιαίνω (1-5) defile, stain
16 πόρνος, ὁ (2-10) fornicator, immoral person
βέβηλος (1-5) profane, unhallowed
ἀντί (2-22) in exchange for, in behalf of, for
βρῶσις, ἡ (1-11) eating, food
ἀποδίδωμι (3-47) yield, grant, bestow
πρωτοτόκια, τά (1-1) birthright, right of primogeniture
17 ἴστε 2 pl. of οἶδα instead of οἴδατε
μετέπειτα (1-1) afterward
κληρονομέω (4-18) inherit
εὐλογία, ἡ (2-16) blessing
ἀποδοκιμάζω (1-9) reject, disapprove
μετάνοια, ἡ (3-22) repentance
καίπερ (3-5) though
δάκρυον, τό (2-10) tear
ἐκζητέω (2-7) search for, seek out
18 ψηλαφάω (1-4) handle, touch
καίω (1-12) burn
γνόφος, ὁ (1-1) darkness, blackness

ζόφος, ὁ (1-5) gloom, darkness

θύελλα, ἡ (1-1) storm, whirlwind

19 σάλπιγξ, ἡ (1-11) trumpet

ἦχος, ὁ (1-4) sound

παραιτέομαι (3-12) ask for, request

προστίθημι (1-18) add

20 διαστέλλω (1-7) order, command

κἄν (1-18) if even

θηρίον, τό (1-45) beast

θιγγάνω (2-3) touch

λιθοβαλέω (1-7) stone, throw stone

21 φοβερός (3-3) fearful, dreadful

φαντάζω (1-1) make visible; pass. become visible, appear; τὸ φανταζόμενον = sight, spectacle

ἔκφοβος (1-2) terrified

ἔντρομος (1-3) trembling

22 μυριάς, ἡ (1-8) myriad (ten thousand)

πανήγυρις, ἡ (1-1) festal assembly

23 πρωτότοκος (3-8) first-born

ἀπογράφω (1-4) copy, enroll

κριτής, ὁ (1-19) judge

24 νέος (1-23) new

μεσίτης, ὁ (3-6) mediator

ῥαντισμός, ὁ (4-5) sprinkling

25 παραιτέομαι (3-12) reject, refuse; ask for, request

ἐκφεύγω (2-8) escape, run away

χρηματίζω (3-9) warn, instruct

ἀποστρέφω (1-9) turn away; mid. reject, repudiate

26 σαλεύω (3-15) shake

ἐπαγγέλλομαι (4-15) promise

σείω (1-5) shake, cause to quake, agitate

27 δηλόω (2-7) reveal, make clear, show

σαλεύω (3-15) shake

μετάθεσις, ἡ (3-3) removal, transfer

28 ἀσάλευτος (1-2) unshakeable

παραλαμβάνω (1-49) receive, take along

εὐαρέστως (1-1) in an acceptable manner

εὐλάβεια, ἡ (2-2) reverence

δέος, τό (1-1) fear, awe

29 καταναλίσκω (1-1) consume

CHAPTER 13

1 φιλαδελφία, ἡ (1-6) brotherly love

2 φιλοξενία, ἡ (1-2) hospitality

ἐπιλανθάνομαι (3-8) forget, neglect, overlook

λανθάνω (1-6) escape notice, "without knowing"

ξενίζω (1-10) entertain a guest

3 μιμνήσκομαι (4-23) remember

δέσμιος, ὁ (2-16) prisoner

συνδέω (1-1) bind someone with

κακουχέω (2-2) maltreat, ill treat

4 τίμιος (1-13) honorable

γάμος, ὁ (1-15) marriage

κοίτη, ἡ (1-4) marriage bed, bed

ἀμίαντος (2-4) undefiled

πόρνος, ὁ (2-10) fornicator, immoral person

μοιχός, ὁ (1-3) adulterer

5 ἀφιλάργυρος (1-2) not loving money, not greedy

τρόπος, ὁ (1-13) manner of life, character, conduct; manner, way

ἀρκέω (1-8) be enough, sufficient; pass. be satisfied or content with

πάρειμι (2-24) be present; τὰ παρόντα one's possessions

ἀνῶ 2 aor. subj. act. of ἀνίημι (1-4) abandon, desert

ἐγκαταλείπω (2-10) forsake

6 θαρρέω (1-6) be confident, courageous

βοηθός (1-1) helpful; subst. helper

7 μνημονεύω (3-21) remember

ἡγέομαι lead, guide, rule; ὁ ἡγούμενος leader

ἀναθεωρέω (1-2) examine, observe carefully, consider

ἔκβασις, ἡ (1-2) outcome, result, way out

ἀναστροφή, ἡ (1-13) conduct, behavior, way of life

μιμέομαι (1-4) imitate

8 ἐχθές (1-3) yesterday

9 διδαχή, ἡ (2-30) teaching

ποικίλος (2-10) various

ξένος (2-14) strange

παραφέρω (1-4) lead or carry away

βεβαιόω (2-8) establish, confirm
βρῶμα, τό (2-17) food
ὠφελέω (2-15) profit, benefit
10 θυσιαστήριον, τό (2-23) altar
11 εἰσφέρω (1-8) bring in, carry in
ζῷον, τό (1-23) living thing or being, animal
κατακαίω (1-12) burn up
παρεμβολή, ἡ (3-10) camp, barracks
12 πυλή, ἡ (1-10) gate
πάσχω (4-40) suffer
13 τοίνυν (1-3) hence, so, indeed
παρεμβολή, ἡ (3-10) camp, barracks
ὀνειδισμός, ὁ (3-5) reproach, reviling, disgrace
14 ἐπιζητέω (2-13) search for, seek after
15 ἀναφέρω (4-9) offer, bring
αἴνεσις, ἡ (1-1) praise
χεῖλος, τό (2-7) lip
ὁμολογέω (2-26) confess
16 εὐποιΐα, ἡ (1-1) doing of good
κοινωνία, ἡ (1-19) communion, fellowship; here, generosity
ἐπιλανθάνομαι (3-8) forget, neglect, overlook
εὐαρεστέω (3-3) please, be pleased, take delight; pass. be satisfied
17 πείθω persuade, pass. be persuaded, obey
ἡγούμενος, ὁ ruler, leader, fr. ἡγέομαι (6-28) lead, guide
ὑπείκω (1-1) yield, submit

ἀγρυπνέω (1-4) guard, care for; be awake
ἀποδίδωμι (3-47) render, reward; return
στενάζω (1-6) sigh, groan
ἀλυσιτελής (1-1) unprofitable, harmful
18 συνείδησις, ἡ (5-30) conscience
καλῶς (1-37) commendably, well, rightly
ἀναστρέφω (2-9) act, behave, conduct oneself, live
19 περισσοτέρως (2-11) more, to a much greater degree, especially
τάχιον (2-18) comp. of ταχέως; more quickly, faster; quickly
ἀποκαθίστημι (1-8) restore
20 ἀνάγω (1-23) bring up, lead
ποιμήν, ὁ (1-18) shepherd
πρόβατον, τό (1-37) sheep
21 καταρτίζω (3-13) restore, make complete
εὐάρεστος (1-9) pleasing, acceptable
22 ἀνέχω (1-15) endure, bear with, put up with
παράκλησις, ἡ (3-29) encouragement, exhortation
βραχύς (3-7) short, little; διὰ βραχέων – briefly
ἐπιστέλλω (1-3) inform or instruct by letter, write
23 τάχιον (2-18) comp. of ταχέως; more quickly, faster; quickly
24 ἡγούμενος, ὁ ruler, guide; fr. ἡγέομαι (6-28) guide, lead

THE EPISTLE OF JAMES

CHAPTER 1

1 φυλή, ἡ (1-31) tribe
διασπορά, ἡ (1-3) dispersion
χαίρειν – greetings

2 ἡγέομαι (1-28) consider, think,
suppose, believe
πειρασμός, ὁ (2-21) trial, temp-
tation
περιπίπτω (1-3) fall in with,
light upon, fall around
ποικίλος (1-10) various kinds,
diversified, manifold

3 δοκίμιον, τό (1-2) testing
κατεργάζομαι (1-22) bring about,
produce; achieve, accomplish
ὑπομονή, ἡ (3-32) patience, for-
titude, steadfastness

4 τέλειος (5-19) perfect, mature
ὁλόκληρος (1-2) complete, entire
λείπω (3-6) leave; mid. and
pass. lack, fall short of

5 ἁπλῶς (1-1) generously, without
reserve, simply, sincerely
ὀνειδίζω (1-9) reproach

6 διακρίνω (3-19) judge; mid.
doubt, waver, dispute
ἔοικα (2-2) pft. w. pres. sense,
be like, resemble
κλύδων, ὁ (1-2) wave, surf
ἀνεμίζω (1-1) pass. be moved by
the wind
ῥιπίζω (1-1) blow here and
there, toss

7 οἴομαι (1-3) suppose, expect,
imagine

8 δίψυχος (2-2) double-minded,
doubting, hesitating
ἀκατάστατος (2-2) unsettled,
restless

9 καυχάομαι (2-37) boast
ταπεινός (2-8) lowly, poor, hum-
ble
ὕψος, τό (1-6) high position,
height

10 πλούσιος (5-28) rich, wealthy
ταπείνωσις, ἡ (1-4) humiliation,
humility

ἄνθος, τό (2-4) flower
χόρτος, ὁ (2-15) grass, hay
παρέρχομαι (1-29) pass away

11 ἀνατέλλω (1-9) rise
ἥλιος, ὁ (1-32) sun
καύσων, ὁ (1-3) heat, scorching
wind
ξηραίνω (1-15) wither, dry up
ἐκπίπτω (1-10) fall off, fail,
weaken
εὐπρέπεια, ἡ (1-1) fine appear-
ance, beauty
πορεία, ἡ (1-2) going, journey,
way of life
μαραίνω (1-1) quench; destroy;
pass. die out, fade, disappear

12 ὑπομένω (2-17) bear, endure
πειρασμός, ὁ (2-21) trial, temp-
tation
δόκιμος (1-7) approved, genuine
στέφανος, ὁ (1-18) crown
ἐπαγγέλλομαι (2-15) promise

13 πειράζω (4-38) tempt, try
ἀπείραστος (1-1) untempted,
without temptation

14 ἐπιθυμία, ἡ (2-38) desire
ἐξέλκω (1-1) drag away
δελεάζω (1-3) allure, entice
εἶτα (1-13) then, next
συλλαμβάνω (1-16) conceive,
seize, grasp
τίκτω (1-18) bear, give birth
ἀποτελέω (1-2) bring to com-
pletion, finish
ἀποκυέω (2-2) bring forth, give
birth to

16 πλανάω (2-39) deceive, lead astray

17 δόσις, ἡ (1-2) gift, giving
δώρημα, τό (1-2) gift, present
τέλειος (5-19) perfect
ἄνωθεν (3-13) from above
ἔνι (1-6) there is (for ἔνεστι)
παραλλαγή, ἡ (1-1) change, vari-
ation
τροπή, ἡ (1-1) turning, variation
ἀποσκίασμα, τό (1-1) shadow

18 βούλομαι (3-37) wish, want, de-
sire

ἀποκυέω (2-2) bring forth, give birth to
ἀπαρχή, ἡ (1-9) first-fruits
κτίσμα, τό (1-4) creature, that which is created
19 ἴστε ind. or impv. of οἶδα
ταχύς (1-1) swift, quick
βραδύς (2-3) slow
ὀργή, ἡ (2-36) anger, wrath
20 ἐργάζομαι (2-41) do, work, accomplish
21 ἀποτίθημι (1-9) take off, lay aside, lay down
ῥυπαρία, ἡ (1-1) dirt, filth, uncleanness
περισσεία, ἡ (1-4) abundance, surplus
κακία, ἡ (1-11) wickedness, vice, malice
πραΰτης, ἡ (2-11) gentleness, humility, meekness
ἔμφυτος (1-1) implanted
22 ποιητής, ὁ (4-6) doer
ἀκροατής, ὁ (3-4) hearer
παραλογίζομαι (1-2) deceive, delude
23 ἔοικα (2-2) pft. w. pres. sense; be like, resemble
κατανοέω (2-14) notice, observe, consider
γένεσις, ἡ (2-5) existence, birth
ἔσοπτρον, τό (1-2) mirror
24 εὐθέως (1-33) immediately
ἐπιλανθάνομαι (1-8) forget, neglect, overlook
ὁποῖος (1-5) of what sort
25 παρακύπτω (1-4) look into; bend, stoop to look
τέλειος (5-19) perfect
ἐλευθερία, ἡ (2-11) liberty, freedom
παραμένω (1-3) remain, stay
ἀκροατής, ὁ (3-4) hearer
ἐπιλησμονή, ἡ (1-1) forgetfulness
ποιητής, ὁ (4-6) doer
ποίησις, ἡ (1-1) doing, working, work
26 θρησκός (1-1) religious (careful of outward forms)
χαλιναγωγέω (2-2) bridle, restrain
ἀπατάω (1-3) deceive
μάταιος (1-6) useless, worthless, empty

θρησκεία, ἡ (2-4) religion
27 καθαρός (1-26) pure, clean
ἀμίαντος (1-4) undefiled
ἐπισκέπτομαι (1-11) visit, care for, look for
ὀρφανός, ὁ (1-2) orphan
χήρα, ἡ (1-26) widow
θλῖψις, ἡ (1-45) affliction
ἄσπιλος (1-4) spotless, unstained

CHAPTER 2

1 προσωπολημψία, ἡ (1-4) partiality
2 χρυσοδακτύλιος (1-1) with a gold ring
ἐσθής, ἡ (3-7) clothing
λαμπρός (2-9) splendid, bright, shining, radiant
πτωχός (4-34) poor
ῥυπαρός (1-2) filthy, dirty
3 ἐπιβλέπω (1-3) look at, consider, care about
φορέω (1-6) wear
καλῶς (3-37) in a good place, fitly, appropriately, splendidly, well
ὑποπόδιον, τό (1-7) footstool
4 διακρίνω (3-19) judge
κριτής, ὁ (4-19) judge
διαλογισμός, ὁ (1-14) thought, reasoning
5 ἐκλέγομαι (1-22) choose, select
πτωχός (4-34) poor
πλούσιος (5-28) rich, wealthy
κληρονόμος, ὁ (1-15) heir
ἐπαγγέλλομαι (2-15) promise
6 ἀτιμάζω (1-7) dishonor, insult
καταδυναστεύω (1-2) oppress, exploit, dominate
ἕλκω (1-2) drag, draw
κριτήριον, τό (1-3) tribunal, law court
7 βλασφημέω (1-34) blaspheme, defame
ἐπικαλέω (1-30) invoke, call upon
8 μέντοι (1-8) really, actually; though
τελέω (1-28) fulfill, perform, complete
βασιλικός (1-5) royal
πλησίον, ὁ (2-17) neighbor; adv. near

καλῶς (3-37) well, fitly

9 προσωπολημπτέω (1-1) show partiality
ἐργάζομαι (2-41) do, work, accomplish
ἐλέγχω (1-17) convict, expose, reprove
παραβάτης, ὁ (2-5) transgressor

10 πταίω (3-5) stumble, trip
ἔνοχος (1-10) liable, guilty

11 μοιχεύω (2-13) commit adultery
φονεύω (4-12) murder

12 ἐλευθερία, ἡ (2-11) liberty, freedom

13 κρίσις, ἡ (3-47) judgment
ἀνέλεος (1-1) without mercy
ἔλεος, τό (3-27) mercy
κατακαυχάομαι (2-4) triumph over, boast against, exult over
ὄφελος, τό (2-3) benefit, good

15 γυμνός (1-15) naked, poorly dressed
λείπω (3-6) leave; mid. and pass. lack, fall short of
ἐφήμερος (1-1) lasting for a day, daily
τροφή, ἡ (1-16) nourishment, food

16 θερμαίνω (1-6) warm; mid. warm oneself
χορτάζω (1-15) feed, fill, satisfy
ἐπιτήδειος (1-1) necessary, proper
ὄφελος, τό (2-3) benefit, good

18 δείκνυμι (3-32) show
χωρίς (4-41) without, apart from

19 καλῶς (3-37) well, rightly, fitly
φρίσσω (1-1) shudder

20 κενός (1-18) foolish, senseless, empty
χωρίς (4-41) without, apart from
ἀργός (1-8) useless, idle

21 δικαιόω (3-39) justify, vindicate, acquit
ἀναφέρω (1-9) offer
θυσιαστήριον, τό (1-23) altar

22 συνεργέω (1-5) work together
τελειόω (1-23) complete, make perfect, fulfill

23 λογίζομαι (1-40) reckon, calculate

φίλος, ὁ (2-29) friend

24 δικαιόω (3-39) justify, acquit

25 ὁμοίως (1-31) likewise, in the same way
πόρνη, ἡ (1-12) harlot
ὑποδέχομαι (1-4) receive, welcome, entertain hospitably

26 ὥσπερ (1-36) as
χωρίς (4-41) without

CHAPTER 3

1 μείζων (2-48) greater
κρίμα, τό (1-27) condemnation, judgment

2 πταίω (3-5) stumble, trip
ἅπας (1-32) all
τέλειος (5-19) perfect
δυνατός (1-32) able, mighty
χαλιναγωγέω (2-2) bridle, restrain

3 ἵππος, ὁ (1-17) horse
χαλινός, ὁ (1-2) bridle
μετάγω (2-2) guide, steer

4 τηλικοῦτος (1-4) so great, so large
ἄνεμος, ὁ (1-31) wind
σκληρός (1-5) hard, rough, strong
ἐλαύνω (1-5) drive
ἐλάχιστος (1-14) least
πηδάλιον, τό (1-2) rudder
ὁρμή, ἡ (1-2) impulse, inclination, desire
εὐθύνω (1-2) guide straight, steer, make straight
βούλομαι (3-37) wish, will, want

5 μικρός (1-30) small, little
μέλος, τό (3-34) member
αὐχέω (1-1) boast
ἡλίκος (2-3) how great
ὕλη, ἡ (1-1) forest, wood, material
ἀνάπτω (1-2) kindle

6 ἀδικία, ἡ (1-25) unrighteousness
καθίστημι (2-21) appoint, make
σπιλόω (1-2) stain, spot, defile
φλογίζω (2-2) set on fire, burn
τροχός, ὁ (1-1) wheel
γένεσις, ἡ (2-5) existence, birth
γέεννα, ἡ (1-12) Gehenna, hell

7 φύσις, ἡ (2-14) natural being, creature, nature
θηρίον, τό (1-45) beast

238

πετεινόν, τό (1-14) bird
ἑρπετόν, τό (1-4) reptile, snake
ἐνάλιος (1-1) of the sea; subst.
 sea creature
δαμάζω (2-3) tame
φύσις, ἡ (2-14) nature, natural
 being, creature
ἀνθρώπινος (1-7) human
8 ἀκατάστατος (2-2) restless, un-
 stable
μεστός (2-9) full
ἰός, ὁ (2-3) poison; arrow; rust
θανατηφόρος (1-1) deadly, death
 bringing
9 εὐλογέω (1-42) bless
καταράομαι (1-5) curse
ὁμοίωσις, ἡ (1-1) likeness, re-
 semblance
10 εὐλογία, ἡ (1-16) blessing
κατάρα, ἡ (1-6) curse
χρή (1-1) it is necessary, it ought
11 μήτι (1-16) interrog. part. exp.
 neg. answer
πηγή, ἡ (1-11) spring, well
ὀπή, ἡ (1-2) opening, hole
βρύω (1-1) pour forth
γλυκύς (2-4) sweet
πικρός (2-2) bitter
12 συκῆ, ἡ (1-16) fig tree
ἐλαία, ἡ (1-12) olive
ἄμπελος, ὁ (1-19) grapevine
σῦκον, τό (1-4) fig
ἁλυκός (1-1) salt
13 σοφός (1-20) wise
ἐπιστήμων (1-1) expert, learned,
 understanding
δείκνυμι (3-32) show
ἀναστροφή, ἡ (1-13) conduct,
 deportment
πραΰτης, ἡ (2-11) gentleness,
 humility, meekness
14 ζῆλος, ὁ (2-17) jealousy, zeal
πικρός (2-2) harsh, bitter
ἐριθεία, ἡ (2-7) strife, conten-
 tiousness
κατακαυχάομαι (2-4) boast a-
 gainst
ψεύδομαι (1-12) lie
15 ἄνωθεν (3-13) from above
ἐπίγειος (1-7) earthly
ψυχικός (1-6) worldly, unspirit-
 ual
δαιμονιώδης (1-1) demon-like,
 devilish

16 ζῆλος, ὁ (2-17) jealousy
ἐριθεία, ἡ (2-7) strife, conten-
 tiousness
ἀκαταστασία, ἡ (1-5) disorder,
 unruliness
φαῦλος (1-6) bad, evil, worthless
πρᾶγμα, τό (1-11) thing, deed
17 ἄνωθεν (3-13) from above
ἁγνός (1-8) pure, undefiled
ἔπειτα (2-16) then
εἰρηνικός (1-2) peaceable
ἐπιεικής (1-5) yielding, gentle,
 kind
εὐπειθής (1-1) compliant, obedi-
 ent
μεστός (2-9) full
ἔλεος, τό (3-27) mercy
ἀδιάκριτος (1-1) unwavering,
 impartial
ἀνυπόκριτος (1-6) genuine, sin-
 cere, without hypocrisy

CHAPTER 4

1 πόθεν (2-29) whence
πόλεμος, ὁ (1-18) strife, quarrel,
 war, battle
μάχη, ἡ (1-4) fighting, strife,
 dispute
ἐντεῦθεν (1-9) from this, from
 here
ἡδονή, ἡ (2-5) pleasure
στρατεύομαι (1-7) war, serve in
 army
μέλος, τό (3-34) member
2 ἐπιθυμέω (1-16) desire
φονεύω (4-12) kill, murder
ζηλόω (1-11) be filled with jeal-
 ousy, strive, desire
ἐπιτυγχάνω (1-4) obtain, attain
μάχομαι (1-4) fight, quarrel,
 dispute
πολεμέω (1-7) fight, make war
3 διότι (1-24) because
κακῶς (1-16) wrongly, badly
ἡδονή, ἡ (2-5) pleasure
δαπανάω (1-5) spend, squander
4 μοιχαλίς, ἡ (1-7) adulteress
φιλία, ἡ (1-1) friendship, love
ἔχθρα, ἡ (1-6) enmity
βούλομαι (3-37) wish, want, de-
 sire
φίλος, ὁ (2-29) friend

ἐχθρός (1-32) hostile; subst. enemy

καθίστημι (2-21) appoint, make, constitute

5 κενῶς (1-1) in vain, to no purpose

φθόνος, ὁ (1-9) envy

ἐπιποθέω (1-9) long after, desire

κατοικέζω (1-1) cause to dwell, establish, settle

6 μείζων (2-48) greater

ὑπερήφανος (1-5) arrogant, haughty, proud

ἀντιτάσσομαι (2-5) oppose, resist

ταπεινός (2-8) lowly, poor, humble

7 ὑποτάσσω (1-38) subordinate, subject

ἀνθίστημι (1-14) set against, oppose, resist

διάβολος, ὁ (1-37) devil

φεύγω (1-29) flee

8 ἐγγίζω (3-42) come near, draw near

καθαρίζω (1-31) purify, cleanse

ἁμαρτωλός, ὁ (2-47) sinner

ἁγνίζω (1-7) purify

δίψυχος (2-2) double-minded, doubting

9 ταλαιπωρέω (1-1) be wretched, miserable

πενθέω (1-10) weep, lament

κλαίω (2-38) cry, weep

γέλως, ὁ (1-1) laughter

πένθος, τό (1-5) grief, sadness, mourning

μετατρέπω (1-1) turn around, turn

κατήφεια, ἡ (1-1) dejection, gloominess

10 ταπεινόω (1-14) humble, humiliate, make low

ὑψόω (1-20) exalt, lift up

11 καταλαλέω (3-5) speak evil of, slander

ποιητής, ὁ (4-6) doer

κριτής, ὁ (4-19) judge

12 νομοθέτης, ὁ (1-1) lawgiver

πλησίον, ὁ (2-17) neighbor; adv. near

13 ἄγε (2-2) come!

σήμερον (1-41) today

αὔριον (2-14) tomorrow

ὅδε (1-10) this

ἐνιαυτός, ὁ (2-14) year

ἐμπορεύομαι (1-2) carry on business, trade, buy and sell

κερδαίνω (1-17) make profit, gain

14 ἐπίσταμαι (1-14) know, understand

ποῖος (1-32) of what sort or kind

ἀτμίς, ἡ (1-2) vapour

ὀλίγος (1-40) little, few, short

φαίνω (1-31) shine; mid. appear

ἔπειτα (2-16) then

ἀφανίζω (1-5) render invisible; pass. disappear, perish

15 ἀντί (1-22) instead of

16 καυχάομαι (2-37) boast

ἀλαζονεία, ἡ (1-2) pretension, arrogance

καύχησις, ἡ (1-1)) boasting

CHAPTER 5

1 ἄγε (2-2) come!

πλούσιος (5-28) rich

κλαίω (2-38) cry, weep

ὀλολύζω (1-1) cry aloud

ταλαιπωρία, ἡ (1-2) wretchedness, distress, misery

ἐπέρχομαι (1-9) come upon

2 πλοῦτος, ὁ (1-22) riches, wealth

σήπω (1-1) cause to rot or decay; pass. decay, rot

σητόβρωτος (1-1) moth-eaten

3 χρυσός, ὁ (1-9) gold

ἄργυρος, ὁ (1-4) silver

κατιόω (1-1) rust; pass. become rusty, tarnished, corroded

ἰός, ὁ (2-3) rust; arrow; poison

μαρτύριον, τό (1-20) witness, testimony

θησαυρίζω (1-8) store up

4 μισθός, ὁ (1-29) pay, wages, reward

ἐργάτης, ὁ (1-16) workman, laborer

ἀμάω (1-1) reap

χώρα, ἡ (1-28) field, country

ἀφυστερέω (1-1) withhold, keep back

βοή, ἡ (1-1) cry

θερίζω (1-21) reap, harvest

οὖς, τό (1-36) ear

σαβαώθ (1-2) armies, hosts

5 τρυφάω (1-1) live life of luxury, revel, carouse
σπαταλάω (1-2) live luxuriously or voluptuously
τρέφω (1-9) fatten, nourish, feed
σφαγή, ἡ (1-3) slaughter
6 καταδικάζω (1-5) condemn
φονεύω (4-12) murder, kill
ἀντιτάσσομαι (2-5) oppose, resist
7 μακροθυμέω (3-10) have patience, be forbearing
παρουσία, ἡ (2-24) coming, arrival
γεωργός, ὁ (1-19) farmer
ἐκδέχομαι (1-6) expect, wait
τίμιος (1-13) valuable, precious
πρόϊμος (1-1) early (rain)
ὄψιμος (1-1) late (rain)
8 στηρίζω (1-14) establish, strengthen
παρουσία, ἡ (2-24) coming, arrival
ἐγγίζω (3-42) draw near
9 στενάζω (1-6) murmur, groan
κριτής, ὁ (4-19) judge
πρό (2-47) before
θύρα, ἡ (1-39) door
10 ὑπόδειγμα, τό (1-6) example, model, patten
κακοπάθεια, ἡ (1-1) suffering, misfortune
μακροθυμία, ἡ (1-14) patience, forbearance
11 μακαρίζω (1-2) call or consider blessed, happy
ὑπομένω (2-17) endure, hold out, remain
ὑπομονή, ἡ (3-32) patience, fortitude, steadfastness
τέλος, τό (1-41) end, outcome, goal
πολύσπλαγχνος (1-1) sympathetic, compassionate, merciful
οἰκτίρμων (1-3) merciful, compassionate

12 πρό (2-47) before, above
ὀμνύω (1-26) swear, make oath
ὅρκος, ὁ (1-10) oath
ναί (2-34) yes, indeed
οὔ (2-17) no
κρίσις, ἡ (3-47) judgment
13 κακοπαθέω (1-3) suffer misfortune
εὐθυμέω (1-3) cheer up, keep one's courage
ψάλλω (1-5) sing, sing psalm
14 ἀσθενέω (1-33) sick, be weak
προσκαλέω (1-29) only mid. summon, call
ἀλείφω (1-9) anoint
ἔλαιον, τό (1-11) olive oil
15 εὐχή, ἡ (1-3) prayer, vow
κάμνω (1-2) be ill, weary
16 κἄν (1-18) and if, even if
ἐξομολογέω (1-10) confess
ἰάομαι (1-26) heal
ἰσχύω (1-28) be able, have power
δέησις, ἡ (1-18) entreaty, prayer
ἐνεργέω (1-21) be at work, operate, be effective; δέησ. ἐνεργ. effective prayer
17 ὁμοιοπαθής (1-2) with the same nature
προσευχή, ἡ (1-36) prayer; here with vb. in Heb idiom, earnestly, fervently
βρέχω (2-7) rain
ἐνιαυτός, ὁ (2-14) year
μήν, ὁ (1-18) month
ἕξ (1-13) six
18 ὑετός, ὁ (1-5) rain
βλαστάνω (1-4) produce, make to grow, sprout
19 πλανάω (2-39) deceive, lead astray
ἐπιστρέφω (2-36) turn, convert
20 ἁμαρτωλός, ὁ (2-47) sinner
πλάνη, ἡ (1-10) error, delusion
καλύπτω (1-8) hide, conceal
πλῆθος, τό (1-31) multitude, crowd

THE FIRST EPISTLE OF PETER

SPECIAL VOCABULARY

ἀναστροφή, ἡ (6-13) way of life, conduct, behavior
πάσχω (11-40) suffer

ὑποτάσσω (6-38) subject, subordinate

CHAPTER 1

1 ἐκλεκτός (4-22) elect, chosen
παρεπίδημος (2-3) sojourning, as subst. sojourner, exile
διασπορά, ἡ (1-3) dispersion
2 πρόγνωσις, ἡ (1-5) foreknowledge
ἁγιασμός, ὁ (1-10) sanctification, holiness, consecration
ὑπακοή, ἡ (3-15) obedience
ῥαντισμός, ὁ (1-2) sprinkling
πληθυνθείη aor. pass. opt. of πληθύνω (1-12) increase, multiply
3 εὐλογητός (1-8) blessed
ἔλεος, τό (1-27) mercy
ἀναγεννάω (2-2) beget again, cause to be born again
ἀνάστασις, ἡ (2-42) resurrection
4 κληρονομία, ἡ (1-14) inheritance
ἄφθαρτος (3-7) imperishable, incorruptible
ἀμίαντος (1-4) undefiled, pure
ἀμάραντος (1-1) unfading
5 φρουρέω (1-4) guard
σωτηρία, ἡ (4-45) salvation
ἕτοιμος (2-17) ready, prepared
ἀποκαλύπτω (3-26) reveal, disclose
6 ἀγαλλιάω (3-11) usu. dep. exult, be glad
ὀλίγος (4-40) little, few, short
ἄρτι (2-36) now, just
δέον neut. part. of δεῖ; εἰ δέον if it must be
λυπέω (1-26) distress, grieve
ποικίλος (2-10) various, diversified
πειρασμός, ὁ (2-21) trial, temptation

7 δοκίμιον, τό (1-2) genuineness, testing, means of testing
πολύτιμος (1-3) valuable, very precious
χρυσίον, τό (3-13) gold
δοκιμάζω (1-22) test, try
ἔπαινος, ὁ (2-11) praise, approval
τιμή, ἡ (3-41) honor
ἀποκάλυψις, ἡ (3-18) revelation
8 ἄρτι (2-36) now, just
ἀγαλλιάω (3-11) usu. dep. exult, be glad
ἀνεκλάλητος (1-1) inexpressible
9 κομίζω (2-11) bring, mid. carry off, receive, recover
τέλος, τό (4-41) end, goal
σωτηρία, ἡ (4-45) salvation
10 ἐκζητέω (1-7) seek out, search for
ἐξερευνάω (1-1) inquire carefully
προφητεύω (1-28) prophesy
11 ἐρευνάω (1-6) search
ποῖος (2-32) which, what, what kind of
δηλόω (1-7) reveal, make clear
προμαρτύρομαι (1-1) bear witness to beforehand, predict
πάθημα, τό (4-16) suffering
12 ἀποκαλύπτω (3-26) reveal, disclose
διακονέω (3-36) serve, care for
ἀναγγέλλω (1-13) disclose, announce, proclaim
ἐπιθυμέω (1-16) desire
παρακύπτω (1-4) give a clear glance or steal a glance, stoop to look
13 ἀναζώννυμι (1-1) bind up, gird up
ὀσφῦς, ἡ (1-8) waist, loins

242

διάνοια, ἡ (1-12) mind, understanding
νήφω (3-6) be sober, abstain from wine
τελείως (1-1) fully, perfectly
ἐλπίζω (2-31) hope
ἀποκάλυψις, ἡ (3-18) revelation
14 ὑπακοή, ἡ (3-15) obedience
συσχηματίζω (1-2) form or mold after something
πρότερος (1-11) former, earlier
ἄγνοια, ἡ (1-4) ignorance
ἐπιθυμία, ἡ (4-38) desire
16 διότι (3-24) because, therefore
17 ἐπικαλέω (1-30) call upon
ἀπροσωπολήμπτως (1-1) impartially
φόβος, ὁ (5-47) fear
παροικία, ἡ (1-2) sojourning
ἀναστρέφω (1-9) act, live, behave
18 φθαρτός (2-6) perishable, subject to decay
ἀργύριον, τό (1-21) silver
χρυσίον, τό (3-13) gold
λυτρόω (1-3) redeem, ransom
μάταιος (1-6) futile, useless, empty, idle, fruitless
πατροπαράδοτος (1-1) handed down from one's fathers, inherited
19 τίμιος (1-13) precious, valuable
ἀμνός, ὁ (1-4) lamb
ἄμωμος (1-8) unblemished, blameless
ἄσπιλος (1-4) spotless, unstained
20 προγινώσκω (1-5) foreknow
πρό (2-47) before
καταβολή, ἡ (1-11) foundation, beginning
φανερόω (2-49) reveal, make known, show
22 ἁγνίζω (1-7) purify
ὑπακοή, ἡ (3-15) obedience
φιλαδελφία, ἡ (1-6) brotherly love
ἀνυπόκριτος (1-6) genuine, sincere, without hypocrisy
ἐκτενῶς (1-3) fervently, eagerly, constantly
23 ἀναγεννάω (2-2) beget again, cause to be born again
σπορά, ἡ (1-1) seed, sowing, procreation
φθαρτός (2-6) perishable

ἄφθαρτος (3-7) imperishable, incorruptible
24 διότι (3-24) because, therefore
χόρτος, ὁ (3-15) grass, hay
ἄνθος, τό (2-4) flower
ξηραίνω (1-15) wither, dry up
ἐκπίπτω (1-10) fall, fail, weaken

CHAPTER 2

1 ἀποτίθημι (1-9) put off, lay aside
κακία, ἡ (2-11) malice, ill will, depravity, wickedness
δόλος, ὁ (3-11) guile, deceit
ὑπόκρισις, ἡ (1-6) hypocrisy, pretense
φθόνος, ὁ (1-9) envy
καταλαλιά, ἡ (1-2) evil speech, slander
2 ἀρτιγέννητος (1-1) new born
βρέφος, τό (1-8) baby, embryo
λογικός (1-2) rational (spiritual)
ἄδολος (1-1) without deceit, unadulterated
γάλα, τό (1-5) milk
ἐπιποθέω (1-9) long for, desire earnestly
αὐξάνω (1-22) grow, increase
σωτηρία, ἡ (4-45) salvation
3 γεύομαι (1-15) taste
χρηστός (1-7) kind, useful
4 ἀποδοκιμάζω (2-9) reject
ἐκλεκτός (4-22) elect, chosen
ἔντιμος (2-5) honored, prized, precious
5 οἰκοδομέω (2-40) build, edify
πνευματικός (2-26) spiritual
ἱεράτευμα, τό (2-2) priesthood
ἀναφέρω (2-9) offer, bring up
θυσία, ἡ (1-28) sacrifice
εὐπρόσδεκτος (1-5) acceptable, pleasant
6 διότι (3-24) because, therefore
περιέχω (1-2) contain, surround, come upon
ἐκλεκτός (4-22) elect, chosen
ἀκρογωνιαῖος (1-2) lying at the extreme corner, corner (stone)
ἔντιμος (2-5) honored, precious
καταισχύνω (2-13) dishonor, put to shame
7 τιμή, ἡ (3-41) honor, price
ἀπιστέω (1-8) disbelieve, be faithless

243

ἀποδοκιμάζω (2-9) reject
οἰκοδομέω (2-40) build, edify
γωνία, ἡ (1-9) corner
8 πρόσκομμα, τό (1-6) stumbling, offense
πέτρα, ἡ (1-15) rock
σκάνδαλον, τό (1-15) stumbling, offense
προσκόπτω (1-8) stumble, take offense
ἀπειθέω (4-14) disobey, disbelieve
9 γένος, τό (1-20) race, nation, class
ἐκλεκτός (4-22) elect, chosen
βασίλειος (1-2) royal
ἱεράτευμα, τό (2-2) priesthood
περιποίησις, ἡ (1-5) possession, property, preservation
ἀρετή, ἡ (1-5) moral excellence, virtue, manifestation of divine power
ἐξαγγέλλω (1-1) proclaim, report
σκότος, τό (1-30) darkness
θαυμαστός (1-6) marvelous, wonderful
10 ποτέ (3-29) formerly, once
ἐλεέω (1-32) have mercy or pity; pass. find or be shown mercy
11 πάροικος (1-4) strange, as subst. stranger, alien
παρεπίδημος (2-3) sojourning, as subst. sojourner, exile, stranger
ἀπέχω (1-19) mid. abstain; act. receive in full
σαρκικός (1-7) fleshly, material
ἐπιθυμία, ἡ (4-38) desire
στρατεύομαι (1-7) war, serve in army
12 καταλαλέω (2-5) speak against, speak evil of, defame
κακοποιός (3-3) doing evil, subst. evil-doer, criminal
ἐποπτεύω (2-2) observe, see
ἐπισκοπή, ἡ (1-4) visitation
13 ἀνθρώπινος (1-7) human
κτίσις, ἡ (1-19) institution, creation, creature
ὑπερέχω (1-5) have power over, be in authority, surpass, excel
14 ἡγεμών, ὁ (1-20) governor, prince

ἐκδίκησις, ἡ (1-9) vengeance, punishment
κακοποιός (3-3) doing evil, subst. evil-doer, criminal
ἔπαινος, ὁ (2-11) praise, approval
ἀγαθοποιός (1-1) doing good, subst. one who does good
15 ἀγαθοποιέω (4-8) do good
φιμόω (1-7) muzzle, (put to) silence
ἄφρων (1-11) foolish, ignorant
ἀγνωσία, ἡ (1-2) ignorance
ἐλεύθερος (1-23) free
16 ἐπικάλυμμα, τό (1-1) cover, veil
κακία, ἡ (2-11) malice, depravity, wickedness
ἐλευθερία, ἡ (1-11) freedom
17 τιμάω (2-21) honor, respect
ἀδελφότης, ἡ (2-2) brotherhood
18 οἰκέτης, ὁ (1-4) house slave, slave, member of household
φόβος, ὁ (5-47) fear
δεσπότης, ὁ (1-10) lord, master
ἐπιεικής (1-5) yielding, gentle, kind
σκολιός (1-4) crooked, unscrupulous, dishonest
19 συνείδησις, ἡ (3-30) conscience, consciousness
ὑποφέρω (1-3) submit to, endure
λύπη, ἡ (1-15) pain, grief, sorrow
ἀδίκως (1-1) unjustly
20 ποῖος (2-32) what kind of; what, which
κλέος, τό (1-1) credit, fame, glory
ἁμαρτάνω (1-42) sin
κολαφίζω (1-5) strike with the fist, beat; treat roughly
ὑπομένω (2-17) endure, hold out
ἀγαθοποιέω (4-8) do good
21 ὑπολιμπάνω (1-1) leave behind
ὑπογραμμός, ὁ (1-1) model, pattern, example
ἐπακολουθέω (1-4) follow
ἴχνος, τό (1-3) track, footstep
22 δόλος, ὁ (3-11) deceit, cunning
23 λοιδορέω (1-4) revile
ἀντιλοιδορέω (1-1) revile in return
ἀπειλέω (1-2) threaten, warn
δικαίως (1-5) justly
24 ἀναφέρω (2-9) bear, take away, offer

ξύλον, τό (1-20) tree, cross, wood
ἀπογίνομαι (1-1) die
μώλωψ, ὁ (1-1) bruise, wound
ἰάομαι (1-26) heal
25 πρόβατον, τό (1-37) sheep
πλανάω (1-39) lead astray, deceive
ἐπιστρέφω (1-36) turn, turn back
ποιμήν, ὁ (1-18) shepherd
ἐπίσκοπος, ὁ (1-5) overseer, guardian, bishop

CHAPTER 3

1 ὁμοίως (3-31) likewise
ἀπειθέω (4-14) disobey
ἄνευ (2-3) without
κερδαίνω (1-17) gain, make a profit
2 ἐποπτεύω (2-2) observe, see
φόβος, ὁ (5-47) fear
ἁγνός (1-8) pure
3 ἔξωθεν (1-13) used as adj. external; outside
ἐμπλοκή, ἡ (1-1) braiding
θρίξ, ἡ (1-15) hair
περίθεσις, ἡ (1-1) putting around or on, wearing
χρυσίον, τό (3-13) gold
ἔνδυσις, ἡ (1-1) putting on
κόσμος, ὁ adorning
4 κρυπτός (1-17) hidden, secret
ἄφθαρτός (3-7) imperishable, incorruptible
πραΰς (1-4) gentle, meek
ἡσύχιος (1-2) quiet, tranquil
πολυτελής (1-3) expensive, precious, costly
5 ποτέ (3-29) formerly, earlier
ἐλπίζω (2-31) hope
κοσμέω (1-10) adorn, decorate, put in order
6 ὑπακούω (1-21) obey
ἀγαθοποιέω (4-8) do good
πτόησις, ἡ (1-1) fear, terror
7 ὁμοίως (3-31) likewise
συνοικέω (1-1) live with
γνῶσις, ἡ (1-29) knowledge
ἀσθενής (1-25) weak
σκεῦος, τό (1-23) object, vessel
γυναικεῖος (1-1) feminine
ἀπονέμω (1-1) assign, show, pay
τιμή, ἡ (3-41) honor; price

συγκληρονόμος (1-4) inheriting together with; subst. fellowheir
ἐγκόπτω (1-5) hinder, thwart
προσευχή, ἡ (2-36) prayer
8 τέλος, τό (4-41) end, goal; here, adv. finally
ὁμόφρων (1-1) likeminded, united in spirit, harmonious
συμπαθής (1-1) sympathetic
φιλάδελφος (1-1) loving one's brother
εὔσπλαγχνος (1-2) compassionate, tender-hearted
ταπεινόφρων (1-1) humble
9 ἀποδίδωμι (2-4) give away; give back, return
ἀντί (2-22) for, in place of
λοιδορία, ἡ (1-2) abuse, reproach
τοὐναντίον (1-3) on the contrary
εὐλογέω (1-42) bless
εὐλογία, ἡ (1-16) blessing
κληρονομέω (1-18) inherit
10 παύω (2-15) stop, cause to rest; mid. cease, rest
χεῖλος, τό (1-7) lip
δόλος, ὁ (3-11) deceit
11 ἐκκλίνω (1-3) turn away, shun
διώκω (1-44) pursue, persecute
12 οὖς, τό (1-36) ear
δέησις, ἡ (1-18) entreaty, prayer
13 κακόω (1-6) harm, mistreat
ζηλωτής, ὁ (1-8) zealot, enthusiast
14 φόβος, ὁ (5-47) fear
ταράσσω (1-17) disturb, unsettle
15 ἁγιάζω (1-27) sanctify, consecrate
ἕτοιμος (2-17) prepared, ready
ἀεί (1-7) always
ἀπολογία, ἡ (1-8) defense, reply
16 πραΰτης, ἡ (1-11) gentleness, meekness, considerateness
φόβος, ὁ (5-47) fear
συνείδησις, ἡ (3-30) conscience, consciousness
καταλαλέω (2-5) speak against, speak evil of, defame
καταισχύνω (2-13) dishonor, put to shame
ἐπηρεάζω (1-2) revile, abuse, mistreat
17 κρείττων (1-19) better
ἀγαθοποιέω (4-8) do good

κακοποιέω (1-4) do evil
18 ἅπαξ (1-14) once, once for all
ἄδικος (1-12) unjust
προσάγω (1-5) bring, approach
θανατόω (1-11) put to death
ζωοποιέω (1-11) quicken, make
alive
19 φυλακή, ἡ (1-46) prison, guard
20 ἀπειθέω (4-14) disobey
ποτέ (3-29) formerly, earlier
ἀπεκδέχομαι (1-8) await eagerly
μακροθυμία, ἡ (1-14) patience,
steadfastness
κατασκευάζω (1-11) build, pre-
pare, make ready
κιβωτός, ἡ (1-6) ark
ὀλίγος (4-40) few, little, small
ὀκτώ (1-8) eight
διασώζω (1-8) save, rescue,
bring safely through
21 ἀντίτυπος (1-2) corresponding
to; subst. τὸ ἀντ. copy, anti-
type
βάπτισμα, τό (1-20) baptism
ἀπόθεσις, ἡ (1-2) removal
ῥύπος, ὁ (1-1) dirt, filth
συνείδησις, ἡ (3-30) conscience,
consciousness
ἐπερώτημα, τό (1-1) appeal, re-
quest, question
ἀνάστασις, ἡ (2-42) resurrection

CHAPTER 4

1 ἔννοια, ἡ (1-2) thought, know-
ledge, insight
ὁπλίζω (1-1) equip, arm
παύω (2-15) stop, cause to rest;
mid. cease, rest
2 μηκέτι (1-21) no longer
ἐπιθυμία, ἡ (4-38) desire
ἐπίλοιπος (1-1) left, remaining
βιόω (1-1) live
3 ἀρκετός (1-3) enough, sufficient
παρέρχομαι (1-29) pass, pass by
βούλημα, τό (1-3) will
κατεργάζομαι (1-22) do, accom-
plish, produce
ἀσέλγεια, ἡ (1-10) licentiousness,
wantonness, excess
ἐπιθυμία, ἡ (4-38) desire (in bad
sense)
οἰνοφλυγία, ἡ (1-1) drunkenness

κῶμος, ὁ (1-3) excessive feast-
ing, revelry, carousing
πότος, ὁ (1-1) drinking bout,
carousal
ἀθέμιτος (1-2) lawless, unlawful
εἰδωλολατρία, ἡ (1-4) idolatry
4 ξενίζω (2-10) surprise, astonish;
receive a guest, entertain
συντρέχω (1-3) run together
ἀσωτία, ἡ (1-3) dissipation, de-
bauchery, profligacy
ἀνάχυσις, ἡ (1-1) lit. pouring
out, wide stream, flood
βλασφημέω (1-34) blaspheme
5 ἀποδίδωμι (2-4) render, give
back, return
ἑτοίμως (1-3) readily; ἑ. ἔχειν be
ready, be willing
7 τέλος, τό (4-41) end, goal
ἐγγίζω (1-42) approach, come
near
σωφρονέω (1-6) be serious, sensi-
ble, of a sober mind
νήφω (3-6) be sober, abstain
from wine
προσευχή, ἡ (2-36) prayer
8 πρό (2-47) before; here, above
ἐκτενής (1-1) constant, eager,
earnest
καλύπτω (1-8) hide
πλῆθος, τό (1-31) multitude,
crowd
9 φιλόξενος (1-3) hospitable
ἄνευ (2-3) without
γογγυσμός, ὁ (1-4) murmuring,
complaint
10 χάρισμα, τό (1-17) gift
διακονέω (3-36) serve
οἰκονόμος, ὁ (1-10) steward,
manager
ποικίλος (2-10) various kinds,
diversified
11 λόγιον, τό (1-4) saying, utterance
ἰσχύς, ἡ (1-10) strength, power
χορηγέω (1-2) supply
κράτος, τό (2-12) power, might,
strength
12 ξενίζω (2-10) surprise, astonish
πύρωσις, ἡ (1-3) fiery ordeal;
burning
πειρασμός, ὁ (2-21) test, trial,
temptation
ξένος (1-14) strange, foreign,
surprising, unheard of

συμβαίνω (1-8) happen, meet, come about

13 καθό (1-4) in so far as
κοινωνέω (1-8) share, partake
πάθημα, τό (4-16) suffering
ἀποκάλυψις, ἡ (3-18) revelation
ἀγαλλιάω (3-11) usu. mid. exalt, be glad

14 ὀνειδίζω (1-9) reproach, revile
ἀναπαύω (1-12) cause to rest, refresh; mid. rest

15 φονεύς, ὁ (1-7) murderer
κλέπτης, ὁ (1-16) thief
κακοποιός (3-3) doing evil, subst. evil-doer, criminal
ἀλλοτριεπίσκοπος, ὁ (1-1) mng. uncert. concealer of stolen goods, spy, busybody

16 Χριστιανός, ὁ (1-3) Christian
αἰσχύνομαι (1-5) be ashamed, put to shame

17 κρίμα, τό (1-27) judgment
τέλος, τό (4-41) end, destiny
ἀπειθέω (4-14) disobey

18 μόλις (1-7) scarcely
ἀσεβής (1-9) godless, impious
ἁμαρτωλός, ὁ (1-47) sinner
ποῦ (1-47) where
φαίνω (1-31) shine, give light; mid. appear

19 κτίστης, ὁ (1-1) creator
παρατίθημι (1-19) mid. entrust, commend, act, place beside
ἀγαθοποιΐα, ἡ (1-1) doing good

CHAPTER 5

1 συμπρεσβύτερος, ὁ (1-1) fellow-presbyter
μάρτυς, ὁ (1-35) witness
πάθημα, τό (4-16) suffering
ἀποκαλύπτω (3-26) reveal, disclose
κοινωνός, ὁ (1-10) companion, partner

2 ποιμαίνω (1-11) tend, shepherd
ποίμνιον, τό (2-5) flock
ἀναγκαστῶς (1-1) by compulsion
ἑκουσίως (1-2) willingly
αἰσχροκερδῶς (1-1) in fondness of dishonest gain
προθύμως (1-1) eagerly, willingly, freely

3 κατακυριεύω (1-4) lord it over, rule
κλῆρος, ὁ (1-11) portion, lot, share
τύπος, ὁ (1-14) pattern, model, type
ποίμνιον, τό (2-5) flock

4 φανερόω (2-49) reveal, make known, show
ἀρχιποίμην, ὁ (1-1) chief shepherd
κομίζω (2-11) bring; mid. receive, carry off
ἀμαράντινος (1-1) unfading
στέφανος, ὁ (1-18) crown, wreath

5 ὁμοίως (3-31) likewise
νεώτερος comp. of νέος (1-23) young; here-young man
ταπεινοφροσύνη, ἡ (1-7) humility
ἐγκομβόομαι (1-1) clothe or tie on oneself
ὑπερήφανος (1-5) arrogant, proud
ἀντιτάσσομαι (1-5) oppose
ταπεινός (1-8) humble

6 ταπεινόω (1-14) humble, humiliate
κραταιός (1-1) powerful, mighty
ὑψόω (1-20) exalt, lift up

7 μέριμνα, ἡ (1-6) anxiety, worry, care
ἐπιρίπτω (1-2) cast upon, throw
μέλει (1-10) sing. of μέλω used impers. it is a care

8 νήφω (3-6) be sober
γρηγορέω (1-22) keep awake, be watchful
ἀντίδικος, ὁ (1-5) adversary
διάβολος, ὁ (1-37) devil
λέων, ὁ (1-9) lion
ὠρύομαι (1-1) roar, howl
καταπίνω (1-7) devour, swallow up

9 ἀνθίστημι (1-14) oppose, resist
στερεός (1-4) firm, steadfast
πάθημα, τό (4-16) suffering
ἀδελφότης, ἡ (2-2) brotherhood
ἐπιτελέω (1-10) lay upon, accomplish, complete

10 ὀλίγος (4-40) little
καταρτίζω (1-13) restore, make complete
στηρίζω (1-14) establish

σθενόω (1-1) strengthen
θεμελιόω (1-5) establish, strengthen, found
11 κράτος, τό (2-12) might, power
12 λογίζομαι (1-40) consider, calculate

ὀλίγος (4-40) little
ἐπιμαρτυρέω (1-1) bear witness
ἀληθής (1-26) true
13 συνεκλεκτός (1-1) fellow-elect
14 φίλημα, τό (1-7) kiss

THE SECOND EPISTLE OF PETER

CHAPTER 1

1 ἰσότιμος (1-1) equal in value
λαγχάνω (1-4) receive, obtain, chosen by lot
σωτήρ, ὁ (5-24) Savior
2 πληθυνθείη aor. opt. pass. 3 s. of πληθύνω (1-12) multiply
ἐπίγνωσις, ἡ (4-20) knowledge
3 θεῖος (2-3) divine
εὐσέβεια, ἡ (4-15) godliness, piety
δωρέομαι (2-3) give, present, bestow
ἀρετή, ἡ (3-5) virtue, moral excellence, power
4 τίμιος (1-13) precious, valuable
μέγιστος (1-1) fr. μέγας, very great
ἐπάγγελμα, τό (2-2) promise
κοινωνός, ὁ (1-10) partaker, sharer
φύσις, ἡ (1-14) nature
ἀποφεύγω (3-3) flee from, escape
ἐπιθυμία, ἡ (4-38) desire
φθορά, ἡ (4-9) corruption, ruin, destruction
5 σπουδή, ἡ (1-12) earnestness, zeal, diligence
παρεισφέρω (1-1) apply, bring to bear, παρ. σπουδήν make an effort
ἐπιχορηγέω (2-5) supply, provide
ἀρετή, ἡ (3-5) virtue, moral excellence, power
γνῶσις, ἡ (3-29) knowledge
6 ἐγκράτεια, ἡ (2-4) self-control, mastery
ὑπομονή, ἡ (2-32) patience, steadfastness
εὐσέβεια, ἡ (4-15) godliness, piety
7 φιλαδελφία, ἡ (2-6) brotherly love
8 πλεονάζω (1-9) abound, increase, multiply
ἀργός (1-8) useless, inactive, idle

ἄκαρπος (1-7) fruitless, useless, unproductive
καθίστημι (1-21) make, cause, ordain, appoint
ἐπίγνωσις, ἡ (4-20) knowledge
9 πάρειμι (2-24) be present; πάρ. τί μοι something is at my disposal, I have something
μυωπάζω (1-1) be short-sighted
λήθη, ἡ (1-1) forgetfulness; λήθ. λαμβ. forget
καθαρισμός, ὁ (1-7) cleansing, purification
πάλαι (1-7) long ago, formerly
10 σπουδάζω (3-11) be zealous, make every effort, hasten
βέβαιος (2-9) certain, firm, secure
κλῆσις, ἡ (1-11) calling
ἐκλογή, ἡ (1-7) election, selection
πταίω (1-5) stumble, trip
ποτέ (2-29) once, formerly; w. neg. ever
11 πλουσίως (1-4) richly, abundantly
ἐπιχορηγέω (2-5) supply, provide
εἴσοδος, ἡ (1-5) entrance, access
σωτήρ, ὁ (5-24) Savior
12 ἀεί (1-7) always
ὑπομιμνῄσκω (1-7) cause to remember, put in mind, remind
καίπερ (1-5) although
στηρίζω (1-14) establish, strengthen
πάρειμι (2-24) be present, have come
13 ἡγέομαι (4-28) consider, think; lead, guide
σκήνωμα, τό (2-3) tent, tabernacle
διεγείρω (2-6) arouse, stir up
ὑπόμνησις, ἡ (2-3) reminder
14 ταχινός (2-2) swift, coming soon, imminent
ἀπόθεσις, ἡ (1-2) removal, getting rid of

δηλόω (1-7) reveal, make clear, show

15 σπουδάζω (3-11) be zealous, make every effort, hasten
ἑκάστοτε (1-1) at any time, always
ἔξοδος, ἡ (1-3) departure, death; going out
μνήμη, ἡ (1-1) remembrance, memory

16 σοφίζω (1-2) make wise, teach; deceive; mid. devise craftily, reason out subtly
μῦθος, ὁ (1-5) myth, tale, fable
ἐξακολουθέω (3-3) follow, pursue
γνωρίζω (1-26) make known
παρουσία, ἡ (3-24) coming, arrival
ἐπόπτης, ὁ (1-1) spectator; eyewitness, overseer
μεγαλειότης, ἡ (1-3) grandeur, majesty

17 τιμή, ἡ (1-41) esteem, honor, price
ἐνεχθείσης aor. pass. part. of φέρω
τοιᾶσδε (1-1) fem. of τοιόσδε such as this, of this kind
μεγαλοπρεπής (1-1) magnificent, majestic
εὐδοκέω (1-21) take pleasure, delight, be pleased

19 βεβαιότερον comp. of βέβαιος (2-9) certain, firm, secure
προφητικός (1-2) prophetic
καλῶς (1-37) well, rightly
προσέχω (1-24) pay attention to, give heed to, follow
λύχνος, ὁ (1-14) lamp
φαίνω (1-31) shine, illuminate
αὐχμηρός (1-1) dry, dirty, dark
διαυγάζω (1-1) dawn, shine through
φωσφόρος (1-1) bearing or giving light; subst. morning star
ἀνατέλλω (1-9) arise

20 προφητεία, ἡ (2-19) prophecy
ἐπίλυσις, ἡ (1-1) explanation, interpretation

21 ποτέ (2-29) once, formerly

CHAPTER 2

1 ψευδοπροφήτης, ὁ (1-11) false prophet

ψευδοδιδάσκαλος, ὁ (1-1) false teacher
παρεισάγω (1-1) bring in secretly
αἵρεσις, ἡ (1-9) opinion, dissension
ἀπώλεια, ἡ (5-18) destruction
ἀγοράζω (1-30) purchase, buy
δεσπότης, ὁ (1-10) lord, master, owner
ἀρνέομαι (1-32) deny
ἐπάγω (2-3) bring on
ταχινός (2-2) swift, imminent

2 ἐξακολουθέω (3-3) follow, pursue
ἀσέλγεια, ἡ (3-10) licentiousness, debauchery, sensuality
βλασφημέω (3-34) blaspheme, defame

3 πλεονεξία, ἡ (2-10) covetousness, greediness, avarice
πλαστός (1-1) made up, fabricated, false
ἐμπορεύομαι (1-2) trade in, exploit, buy and sell
κρίμα, τό (1-27) judgment, condemnation
ἔκπαλαι (2-2) for a long time, long ago
ἀργέω (1-1) be idle, grow weary
ἀπώλεια, ἡ (5-18) destruction, ruin
νυστάζω (1-2) slumber, sleep

4 ἁμαρτάνω (1-42) sin
φείδομαι (2-10) spare
σιρός, ὁ (1-1) pit, cave
ζόφος, ὁ (2-5) darkness, deep gloom
ταρταρόω (1-1) hold captive in Tartarus (place lower than Hades)
κρίσις, ἡ (4-47) judgment

5 ἀρχαῖος (1-11) ancient, old
ὄγδοος (1-5) eighth; one of eight, with seven others
κῆρυξ, ὁ (1-3) herald, preacher
φυλάσσω (2-31) guard, protect, watch
κατακλυσμός, ὁ (1-4) flood, deluge
ἀσεβής (2-9) ungodly, impious
ἐπάγω (2-3) bring on

6 τεφρόω (1-1) cover with or reduce to ashes
καταστροφή, ἡ (1-2) ruin, destruction

250

κατακρίνω (1-16) condemn
ὑπόδειγμα, τό (1-6) example, pattern, copy
ἀσεβέω (1-2) be ungodly, act impiously
τεθεικώς pft. part. of τίθημι
7 καταπονέω (1-2) torment, wear out, oppress, treat hardly
ἄθεσμος (2-2) lawless, unprincipled
ἀσέλγεια, ἡ (3-10) licentiousness, sensuality
ἀναστροφή, ἡ (2-13) way of life, conduct, deportment
ῥύομαι (2-16) deliver, rescue
8 βλέμμα, τό (1-1) look, glance
ἀκοή, ἡ (1-24) act of hearing, listening
ἐγκατοικέω (1-1) dwell among, live
ἄνομος (1-8) lawless
βασανίζω (1-12) torture, torment
9 εὐσεβής (1-3) godly, devout, pious
πειρασμός, ὁ (1-21) trial, temptation
ῥύομαι (2-16) deliver
ἄδικος (1-12) unjust
κρίσις, ἡ (4-47) judgment
κολάζω (1-2) punish
10 μάλιστα (1-12) most of all, above all, especially, particularly
ὀπίσω (1-35) after, behind
ἐπιθυμία, ἡ (4-38) desire
μιασμός, ὁ (1-1) pollution, corruption
κυριότης, ἡ (1-4) lordship, dominion
καταφρονέω (1-9) look down on, despise, scorn
τολμητής, ὁ (1-1) bold, audacious man
αὐθάδης (1-2) self-willed, stubborn, arrogant
τρέμω (1-3) tremble, quiver, be afraid, fear
βλασφημέω (3-34) blaspheme, defame
11 ἰσχύς, ἡ (1-10) strength, power, might
μείζων (1-48) greater
βλάσφημος (1-4) slanderous, blasphemous

κρίσις, ἡ (4-47) judgment
12 ἄλογος (1-3) without reason, irrational; contrary to reason
ζῷον, τό (1-23) animal, living creature
φυσικός (1-3) natural (RV born mere animals; Mayor-born creatures of instinct)
ἅλωσις, ἡ (1-1) capture, catching of animals
φθορά, ἡ (4-9) destruction, corruption, decay
ἀγνοέω (1-21) be ignorant, not to know
βλασφημέω (3-34) blaspheme, defame
φθείρω (1-8) destroy, corrupt
13 ἀδικέω (1-27) do wrong, injure; ἀδικ. μισθ. damaged in respect to (i.e. deprived of) the reward
μισθός, ὁ (2-29) pay, wages, reward
ἀδικία, ἡ (2-29) wrongdoing, wickedness, unrighteousness
ἡδονή, ἡ (1-5) pleasure
ἡγέομαι (4-28) count, reckon, consider
τρυφή, ἡ (1-2) indulgence, reveling; luxury
σπίλος, ὁ (1-2) spot, stain
μῶμος, ὁ (1-1) blemish, defect, blame
ἐντρυφάω (1-1) revel, carouse
ἀπάτη, ἡ (1-7) deception, deceitfulness; pleasure, lust
συνευωχέομαι (1-2) pass. feast together
14 μεστός (1-9) full
μοιχαλίς, ἡ (1-7) adulteress
ἀκατάπαυστος (1-1) unceasing, restless
δελεάζω (2-3) lure, entice
ἀστήρικτος (2-2) unstable, weak
γυμνάζω (1-4) exercise, train
πλεονεξία, ἡ (2-10) covetousness, greediness, avarice
κατάρα, ἡ (1-6) curse
15 καταλείπω (1-23) leave behind
εὐθύς, -εῖα (1-8) straight, right
πλανάω (1-39) deceive, lead astray
ἐξακολουθέω (3-3) follow, pursue
μισθός, ὁ (2-29) pay, wages, reward

ἀδικία, ἡ (2-25) wrongdoing, wickedness, unrighteousness
16 ἔλεγξις, ἡ (1-1) rebuke, reproof, conviction
παρανομία, ἡ (1-1) lawlessness, evil doing
ὑποζύγιον, τό (1-2) beast of burden, ass
ἄφωνος (1-4) dumb
φθέγγομαι (2-3) speak, utter, proclaim
κωλύω (1-23) hinder, thwart
παραφρονία, ἡ (1-1) madness, insanity
17 πηγή, ἡ (1-11) well, spring
ἄνυδρος (1-4) waterless
ὁμίχλη, ἡ (1-1) mist, fog
λαῖλαψ, ἡ (1-3) hurricane, whirlwind
ἐλαύνω (1-5) drive
ζόφος, ὁ (2-5) darkness, deep gloom
σκότος, τό (1-30) darkness
18 ὑπέρογκος (1-2) excessive size, puffed up; haughty, bombastic
ματαιότης, ἡ (1-3) emptiness, futility, purposelessness
φθέγγομαι (2-3) speak, utter, proclaim
δελεάζω (2-3) lure, entice
ἐπιθυμία, ἡ (4-38) desire
ἀσέλγεια, ἡ (3-10) licentiousness, sensuality
ὀλίγως (1-1) scarcely
ἀποφεύγω (3-3) flee from, escape
πλάνη, ἡ (1-39) error, delusion, deceit
ἀναστρέφω (1-9) live, conduct, behave
19 ἐλευθερία, ἡ (1-11) freedom, liberty
ἐπαγγέλλομαι (1-15) promise
φθορά, ἡ (4-9) destruction, corruption
ἡττάομαι (2-3) pass. be defeated, succumb
δουλόω (1-8) enslave, subject
20 ἀποφεύγω (3-3) flee from, escape
μίασμα, τό (1-1) defilement, corruption
ἐπίγνωσις, ἡ (4-20) knowledge
σωτήρ, ὁ (5-24) Savior
ἐμπλέκω (1-2) entangle

χείρων (1-11) worse
21 κρείττων (1-19) better
ἐπιγινώσκω (2-44) know
ὑποστρέφω (1-35) turn back, return
22 συμβαίνω (1-8) happen, meet, come about
ἀληθής (1-26) true
παροιμία, ἡ (1-5) proverb, saying
κύων, ὁ (1-5) dog
ἐπιστρέφω (1-36) turn back, turn around, return
ἐξέραμα, τό (1-1) vomit
ὗς, ἡ (1-1) swine
λούω (1-5) wash
κυλισμός, ὁ (1-1) rolling, wallowing
βόρβορος, ὁ (1-1) mud, filth, mire

CHAPTER 3

1 δεύτερος (1-44) second
ἐπιστολή, ἡ (2-24) letter, epistle
διεγείρω (2-6) arouse, stir up
ὑπόμνησις, ἡ (2-3) reminder, remembering
εἰλικρινής (1-2) unalloyed, pure, sincere
διάνοια, ἡ (1-12) mind, understanding, intelligence
2 μιμνήσκομαι (1-23) remember; pass. be called to remembrance
προειρημένων perf. of προερεῖν (1-9) speak before
σωτήρ, ὁ (5-24) Savior
3 ἐμπαιγμονή, ἡ (1-1) mockery
ἐμπαίκτης, ὁ (1-2) mocker
ἐπιθυμία, ἡ (4-38) desire
4 ποῦ (1-47) where
παρουσία, ἡ (3-24) coming, arrival
κοιμάω (1-18) only pass. fall asleep, sleep
διαμένω (1-5) remain, continue
κτίσις, ἡ (1-19) creation, creature
5 λανθάνω (2-6) escape notice, be hidden from
ἔκπαλαι (2-2) for a long time, long ago

συνίστημι (1-16) continue, endure, exist; consist, collect, recommend
6 κατακλύζω (1-1) inundate, deluge
7 θησαυρίζω (1-8) lay up, store up
κρίσις, ἡ (4-47) judgment
ἀπώλεια, ἡ (5-18) destruction, ruin
ἀσεβής (2-9) ungodly, impious
8 λανθάνω (2-6) escape notice, be hidden
χίλιοι (2-11) thousand
ἔτος, τό (2-49) year
9 βραδύνω (1-2) be slow, tarry
βραδυτής, ἡ (1-1) slowness
ἡγέομαι (4-28) reckon, count, consider
μακροθυμέω (1-10) be patient, forbearing
βούλομαι (1-37) wish, will, want
μετάνοια, ἡ (1-22) repentance
χωρέω (1-10) come to, reach; make room, contain
10 ἥκω (1-25) have come
κλέπτης, ὁ (1-16) thief
ῥοιζηδόν (1-1) with rushing sound, with a roar, with great suddenness
παρέρχομαι (1-29) pass away, go by
στοιχεῖον, τό (2-7) element, elemental spirit
καυσόω (2-2) pass. be consumed by heat, burn up
λύω (3-42) destroy
11 ποταπός (1-7) of what sort or kind
ἀναστροφή, ἡ (2-13) conduct, deportment, way of life
εὐσέβεια, ἡ (4-15) godliness, piety
12 προσδοκάω (3-16) await, expect
σπεύδω (1-6) hasten, hurry
παρουσία, ἡ (3-24) coming, arrival
πυρόω (1-6) set on fire, burn up

λύω (3-42) destroy
στοιχεῖον, τό (2-7) element, elemental spirit
καυσόω (2-2) pass. be consumed by heat, burn up
τήκω (1-1) melt, pass. melt (intr.), dissolve
13 καινός (2-42) new
ἐπάγγελμα, τό (2-2) promise
προσδοκάω (3-16) await, expect
κατοικέω (1-44) dwell, live
14 σπουδάζω (3-11) be zealous, make every effort, hasten
ἄσπιλος (1-4) spotless
ἀμώμητος (1-1) blameless, unblemished
15 μακροθυμία, ἡ (1-14) patience, forbearance
σωτηρία, ἡ (1-45) salvation
ἡγέομαι (4-28) reckon, count, consider
16 ἐπιστολή, ἡ (2-24) letter, epistle
δυσνόητος (1-1) hard to understand
ἀμαθής (1-1) unlearned
ἀστήρικτος (2-2) unstable
στρεβλόω (1-1) twist, distort
ἀπώλεια, ἡ (5-18) destruction, ruin
17 προγινώσκω (1-5) know beforehand
φυλάσσω (2-31) watch, guard; mid. be on guard against, look out for
ἄθεσμος (2-2) lawless, unprincipled
πλάνη, ἡ (2-10) error, delusion, deception
συναπάγω (1-3) lead away; pass. be carried away
ἐκπίπτω (1-10) lose, fall off, weaken
στηριγμός, ὁ (1-1) firmness
18 αὐξάνω (1-22) increase, grow
γνῶσις, ἡ (3-29) knowledge
σωτήρ, ὁ (5-24) Savior

THE EPISTLES OF JOHN

SPECIAL VOCABULARY

ἀληθῶς (7-18) truly
ἁμαρτάνω (10-42) sin
μαρτυρία, ἡ (7-37) testimony, witness
νικάω (6-28) overcome, gain victory

ὁμολογέω (6-26) confess
σκοτία, ἡ (6-17) darkness
τεκνίον, τό (7-8) little child
φανερόω (9-49) reveal, make known, manifest

The statistics throughout include all three of the Johannine Epistles.

CHAPTER 1

1 θεάομαι (3-22) behold, see
ψηλαφάω (1-4) feel, touch, handle
2 ἀπαγγέλλω (2-46) announce, proclaim
3 κοινωνία, ἡ (4-19) fellowship
ἡμέτερος (2-8) our
5 ἀγγελία, ἡ (2-2) message
ἀναγγέλλω (1-13) report, announce, proclaim
6 κοινωνία, ἡ (4-19) fellowship
σκότος, τό (1-30) darkness
ψεύδομαι (1-12) lie
7 καθαρίζω (2-31) cleanse
8 πλανάω (3-39) deceive
9 καθαρίζω (2-31) cleanse
ἀδικία, ἡ (2-25) unrighteousness, wrongdoing
10 ψεύστης, ὁ (5-10) liar

CHAPTER 2

1 παράκλητος, ὁ (1-5) helper, intercessor
2 ἱλασμός, ὁ (2-2) expiation, propitiation
ἡμέτερος (2-8) our
4 ψεύστης, ὁ (5-10) liar
5 τελειόω (4-23) complete, fulfill, make perfect
6 ὀφείλω (4-35) owe, be obligated, bound
7 καινός (3-42) new
παλαιός (2-19) old

8 ἀληθής (3-26) true
παράγω (2-10) bring in, introduce; pass. pass away, depart
ἀληθινός (4-28) true, genuine
φαίνω (1-31) shine
9 μισέω (5-39) hate
ἄρτι (1-36) now
10 σκάνδαλον, τό (1-15) stumbling block, offense
11 μισέω (5-39) hate
ποῦ (1-47) where
τυφλόω (1-3) blind
12 ἀφέωνται perf. pass. of ἀφίημι
13 νεανίσκος, ὁ (2-11) youth, young man
14 ἰσχυρός (1-28) strong
16 ἐπιθυμία, ἡ (3-38) desire
ἀλαζονεία, ἡ (1-2) pretension, pride, arrogance
βίος, ὁ (2-9) life, property
παράγω (2-10) bring in; pass. pass away, depart
18 ἀντίχριστος, ὁ (5-5) antichrist
γεγόνασιν perf. ind. of γίνομαι
ὅθεν (1-15) whence
20 χρῖσμα, τό (3-3) anointing, unction
21 ψεῦδος, τό (2-10) lie, falsehood
22 ψεύστης, ὁ (5-10) liar
ἀρνέομαι (3-32) deny
ἀντίχριστος, ὁ (5-5) antichrist
25 ἐπαγγέλλομαι (1-15) promise, offer
26 πλανάω (3-39) deceive
27 χρῖσμα, τό (3-3) anointing, unction

χρεία, ἡ (2-49) need
ἀληθής (3-26) true
ψεῦδος, τό (2-10) lie, falsehood
28 σχῶμεν aor. subj. of ἔχω
παρρησία, ἡ (4-31) boldness,
confidence
αἰσχύνομαι (1-5) be ashamed,
put to shame
παρουσία, ἡ (1-24) coming, ar-
rival

CHAPTER 3

1 ποταπός (1-7) what sort, what
manner
2 οὔπω (1-27) not yet
ὅμοιος (1-45) like, similar
ὀψόμεθα fut. of ὁράω
3 ἁγνίζω (1-7) purify
ἁγνός (1-8) pure
4 ἀνομία, ἡ (2-14) lawlessness
7 πλανάω (3-39) deceive
8 διάβολος, ὁ (4-37) devil, slan-
derer
λύω (1-42) destroy
9 σπέρμα, τό (1-44) seed, offspring
10 φανερός (1-18) clear, plain, evi-
dent
11 ἀγγελία, ἡ (2-2) message
12 σφάζω (2-10) slay, kill
χάριν (1-9) on account of, for
the sake of
13 θαυμάζω (1-42) marvel, wonder
μισέω (5-39) hate
14 μεταβαίνω (1-11) pass over
15 μισέω (5-39) hate
ἀνθρωποκτόνος, ὁ (2-3) murderer
16 ὀφείλω (4-35) owe, be obligated,
bound
17 βίος, ὁ (2-9) property, goods,
life
χρεία, ἡ (2-49) need
κλείω (1-16) shut
σπλάγχνον, τό (1-11) pl. heart,
affection
19 ἔμπροσθεν (1-48) before
20 καταγινώσκω (2-3) blame, con-
demn
μείζων (4-48) greater (comp. of
μέγας)
21 παρρησία, ἡ (4-31) boldness,
confidence
22 ἀρεστός (1-4) pleasing, agreeable

CHAPTER 4

1 δοκιμάζω (1-22) test, try
ψευδοπροφήτης, ὁ (1-11) false
prophet
ἐξεληλύθασιν perf. ind. of ἐξέρχο-
μαι
3 ἀντίχριστος, ὁ (5-5) antichrist
4 μείζων (4-48) greater
6 πλάνη, ἡ (1-10) error
9 μονογενής (1-9) only, unique
10 ἱλασμός, ὁ (2-2) expiation, pro-
pitiation
11 ὀφείλω (4-35) owe, be obligated,
bound
πώποτε (1-12) ever, at any time
θεάομαι (3-22) see, behold
12 τελειόω (4-23) complete, fulfill,
make perfect
14 θεάομαι (3-22) see, behold
σωτήρ, ὁ (1-24) Savior
17 τελειόω (4-23) complete, fulfill,
make perfect
παρρησία, ἡ (4-31) boldness,
confidence
κρίσις, ἡ (1-47) judgment, judg-
ing
φόβος, ὁ (3-47) fear, dread
18 τέλειος (1-20) perfect, complete
κόλασις, ἡ (1-2) penalty, punish-
ment
20 μισέω (5-39) hate
ψεύστης, ὁ (5-10) liar

CHAPTER 5

3 βαρύς (1-6) heavy, burdensome
4 νίκη, ἡ (1-1) victory
9 μείζων (4-48) greater
10 ψεύστης, ὁ (5-10) liar
14 παρρησία, ἡ (4-31) boldness,
confidence
15 αἴτημα, τό (1-3) petition, request
17 ἀδικία, ἡ (2-25) unrighteousness,
wrongdoing
18 ἅπτω (1-39) kindle; mid. touch,
hold
19 κεῖμαι (1-24) lie
20 ἥκω (1-25) have come, be pre-
sent
διάνοια, ἡ (1-12) understanding
ἀληθινός (4-28) true, genuine
21 φυλάσσω (1-31) keep, guard
εἴδωλον, τό (1-11) idol, image

THE SECOND EPISTLE OF JOHN

1 ἐκλεκτός (2-22) elect, chosen
κυρία, ἡ (2-2) lady, mistress
3 ἔλεος, τό (1-27) mercy
4 λίαν (2-12) very (much), exceedingly
5 κυρία, ἡ (2-2) lady, mistress
καινός (3-42) new
7 πλάνος, ὁ (2-5) impostor, deceiver
ἀντίχριστος, ὁ (5-5) antichrist
8 ἐργάζομαι (2-41) work, do, accomplish
μισθός, ὁ (1-29) pay, reward
πλήρης (1-16) full, complete
ἀπολαμβάνω (1-9) receive, recover

9 προάγω (1-20) go before, lead forward
διδαχή, ἡ (3-30) teaching, instruction
11 κοινωνέω (1-8) share, participate
12 βούλομαι (2-37) wish, desire
χάρτης, ὁ (1-1) sheet of paper, i.e. papyrus
μέλας (2-6) black; neut. τὸ μέλαν. ink
ἐλπίζω (2-31) hope
13 ἀδελφή, ἡ (1-26) sister
ἐκλεκτός (2-22) elect, chosen

THE THIRD EPISTLE OF JOHN

2 εὔχομαι (1-6) pray, wish
εὐοδόω (2-4) only pass. prosper, succeed
ὑγιαίνω (1-12) be in good health
3 λίαν (2-12) very (much), exceedingly
4 μειζοτέραν (4-48) greater; same as μείζων
5 ἐργάζομαι (2-41) work, do, accomplish
ξένος, ὁ (1-14) stranger; as adj. strange
6 καλῶς (1-37) well, rightly
προπέμπω (1-9) send on one's way, accompany
ἀξίως (1-6) worthily, in a manner worthy of
7 ἐθνικός, ὁ (1-4) heathen, Gentile
8 ὀφείλω (4-35) owe, be obligated
ὑπολαμβάνω (1-5) support, suppose
συνεργός, ὁ (1-13) fellow-worker
9 φιλοπρωτεύω (1-1) wish to be first

ἐπιδέχομαι (2-2) accept, acknowledge
10 ὑπομιμνήσκω (1-7) call to mind, remind
φλυαρέω (1-1) talk nonsense (about), bring unjustified charges against
ἀρκέω (1-8) be enough, sufficient; pass. be satisfied, content
βούλομαι (2-37) wish, desire
κωλύω (1-23) hinder
11 μιμέομαι (1-4) imitate, emulate
ἀγαθοποιέω (1-8) do good
κακοποιέω (1-4) do evil
12 ἀληθής (3-26) true
13 μέλαν, τό (2-6) ink
κάλαμος, ὁ (1-12) reed, stalk, reed pen
14 ἐλπίζω (2-13) hope
εὐθέως (1-33) immediately, soon
15 φίλος, ὁ (2-29) friend

THE EPISTLE OF JUDE

1 κλητός (1-10) called, invited
2 ἔλεος, τό (2-27) mercy
πληθύνω (1-12) multiply; πλη-
θυνθείη aor. opt. pass.
3 σπουδή, ἡ (1-12) haste, diligence
κοινός (1-14) common
σωτηρία, ἡ (1-45) salvation
ἀναγκή, ἡ (1-17) necessity, com-
pulsion
ἐπαγωνίζομαι (1-1) fight, contend
ἅπαξ (2-14) once, once for all
4 παρεισδύω (1-1) slip in stealth-
ily, sneak in
πάλαι (1-7) long ago, formerly
προγράφω (1-4) write before-
hand
κρίμα, τό (1-27) judgment, con-
demnation
ἀσεβής (3-9) ungodly, impious
μετατίθημι (1-6) change, alter,
transfer
ἀσελγεία, ἡ (1-10) licentiousness,
sensuality
δεσπότης, ὁ (1-10) master, lord
ἀρνέομαι (1-32) deny
5 ὑπομιμνήσκω (1-7) remind
βούλομαι (1-37) wish, will, want
ἅπαξ (2-14) once, once for all
δεύτερος (1-44) second
6 ἀπολείπω (1-7) leave behind,
desert, abandon
οἰκητήριον, τό (1-2) habitation,
dwelling
κρίσις, ἡ (3-47) judgment
δεσμός, ὁ (1-18) bond, fetter
ἀΐδιος (1-2) eternal
ζόφος, ὁ (2-5) gloom, darkness
7 ὅμοιος (1-45) like, similar
τρόπος, ὁ (1-13) way, manner,
fashion
ἐκπορνεύω (1-1) indulge in im-
morality
ὀπίσω (1-35) behind, after
πρόκειμαι (1-5) exhibit, be ex-
posed; lie before
δεῖγμα, τό (1-1) example
δίκη, ἡ (1-3) punishment, penalty
ὑπέχω (1-1) undergo

8 ὁμοίως (1-31) likewise, in the
same way
μέντοι (1-8) but; really; though
ἐνυπνιάζομαι (1-2) dream, have
visions in dream
μιαίνω (1-5) defile
κυριότης, ἡ (1-4) lordship, do-
minion
ἀθετέω (1-15) nullify, set aside,
reject
βλασφημέω (2-34) blaspheme,
defame
9 ἀρχάγγελος, ὁ (1-2) archangel
διάβολος, ὁ (1-37) devil
διακρίνω (2-19) judge; mid. take
issue, dispute, doubt
διαλέγομαι (1-13) discuss, con-
verse, speak
τολμάω (1-16) dare, be bold
κρίσις, ἡ (3-47) judgment
ἐπιφέρω (1-2) pronounce, bring
βλασφημία, ἡ (1-18) blasphemy,
slander
ἐπιτιμάω (1-29) rebuke
10 βλασφημέω (2-34) blaspheme,
slander
φυσικῶς (1-1) naturally, by
nature
ἄλογος (1-3) without reason, ir-
rational
ζῷον, τό (1-23) animal, living
creature
ἐπίσταμαι (1-14) know, under-
stand
φθείρω (1-8) destroy, corrupt
11 οὐαί (1-45) woe
πλάνη, ἡ (1-10) error, delusion,
deception
μισθός, ὁ (1-29) pay, wages, re-
ward
ἐκχύνω (1-11) pour out; pass.
give up or abandon oneself
ἀντιλογία, ἡ (1-4) rebellion,
hostility
12 σπιλάς, ἡ (1-1) rock, reef; spot,
stain
συνευωχέομαι (1-2) pass. feast
together

ἀφόβως (1-4) fearlessly, boldly
ποιμαίνω (1-11) tend, protect, care for
νεφέλη, ἡ (1-25) cloud
ἄνυδρος (1-4) waterless
ἄνεμος, ὁ (1-31) wind
παραφέρω (1-4) take or carry away, remove
δένδρον, τό (1-25) tree
φθινοπωρινός (1-1) belonging to late autumn
ἄκαρπος (1-7) without fruit
δίς (1-6) twice
ἐκριζόω (1-4) uproot
13 κῦμα, τό (1-4) wave
ἄγριος (1-3) wild, savage, fierce
ἐπαφρίζω (1-1) cause to splash up like foam, cast up
αἰσχύνη, ἡ (1-6) shameful deed, shame, disgrace
ἀστήρ, ὁ (1-23) star
πλανήτης, ὁ (1-1) wanderer, roamer; adj. wandering
ζόφος, ὁ (2-5) gloom, darkness
σκότος, τό (1-30) darkness
14 προφητεύω (1-28) prophesy
ἕβδομος (1-9) seventh
μυριάς, ἡ (1-8) ten thousand, myriad
15 κρίσις, ἡ (3-47) judgment
ἐλέγχω (1-17) rebuke, convict
ἀσεβής (3-9) ungodly, impious
ἀσέβεια, ἡ (2-6) ungodliness, impiety
ἀσεβέω (1-2) act impiously, commit impious acts
σκληρός (1-5) hard, harsh
ἁμαρτωλός, ὁ (1-47) sinner
16 γογγυστής, ὁ (1-1) murmurer
μεμψίμοιρος (1-1) faultfinding, complaining
ἐπιθυμία, ἡ (2-38) desire
ὑπέρογκος (1-2) excessive size, puffed up; haughty, bombastic

θαυμάζω (1-42) marvel
ὠφελεία, ἡ (1-6) gain, profit, advantage
χάριν (1-9) because of
17 μιμνήσκομαι (1-23) remember
προειρημένων pft. part. of προερεῖν (1-9) speak before
18 ἐμπαίκτης, ὁ (1-2) mocker
ἐπιθυμία, ἡ (2-38) desire
ἀσεβής (3-9) ungodly, impious
19 ἀποδιορίζω (1-1) divide, separate
ψυχικός (1-6) natural, unspiritual, physical
20 ἐποικοδομέω (1-7) build up, build on
ἁγιώτατος superl. of ἅγιος
21 προσδέχομαι (1-14) wait for, expect; receive
ἔλεος, τό (2-27) mercy
22 ἐλεάω = ἐλεέω (2-32) have mercy, show mercy
διακρίνω (2-19) judge; mid. doubt, hesitate; dispute
23 ἁρπάζω (1-14) snatch, seize
φόβος, ὁ (1-47) fear
μισέω (1-39) hate
σπιλόω (1-2) stain, spot, defile
χιτών, ὁ (1-11) tunic, shirt, clothes
24 φυλάσσω (1-31) keep, guard, watch
ἄπταιστος (1-1) without stumbling
κατενώπιον (1-3) before, in the presence of
ἄμωμος (1-8) blameless
ἀγαλλίασις, ἡ (1-5) exultation, joy
25 μόνος (2-46) only
σωτήρ, ὁ (1-24) Savior
μεγαλωσύνη, ἡ (1-3) majesty, greatness
κράτος, τό (1-2) might, strength
πρό (1-47) before

THE BOOK OF REVELATION

SPECIAL VOCABULARY

ἄβυσσος, ἡ (7-9) abyss, depth, underworld
ἀγοράζω (6-30) buy, purchase
ἀδικέω (10-27) do wrong, injure
ἀληθινός (10-28) true, real
ἄξιος (7-41) worthy
ἀριθμός, ὁ (10-18) number
ἀρνίον, τό (29-30) lamb
ἀστήρ, ὁ (14-23) star
ἄχρι (11-48) until
βασιλεύω (7-21) rule, reign
βιβλίον, τό (23-34) book
βροντή, ἡ (10-12) thunder
γέμω (7-11) be full
δείκνυμι (8-32) show, point out
δέκα (9-25) ten
δεύτερος (13-44) second
δράκων, ὁ (13-13) dragon
δρέπανον, τό (7-8) sickle
εἴκοσι (6-11) twenty
εἰκών, ἡ (10-23) image, likeness
ἐκπορεύομαι (8-38) go out
ἐκχέω (9-16) pour out
ἑτοιμάζω (7-41) prepare
ἔτος, τό (6-49) year
ζῶον, τό (20-23) living thing or being, animal, living creature
ἥκω (6-25) have come, be present
ἥλιος, ὁ (13-32) sun
θεῖον, τό (6-7) sulphur
θηρίον, τό (38-45) wild animal, beast
θυμός, ὁ (10-18) wrath, passion
θυσιαστήριον, τό (8-23) altar
ἵππος, ὁ (16-17) horse
ἰσχυρός (9-28) strong, mighty, powerful
καθαρός (6-26) clean, pure
καινός (9-42) new
καπνός, ὁ (12-13) smoke
κατοικέω (13-44) live, dwell, inhabit
κέρας, τό (10-11) horn
κλαίω (6-38) weep, lament
κλείω (6-16) close, shut
κρατέω (8-47) hold, restrain, hold fast

λευκός (15-24) white
λέων, ὁ (6-9) lion
λίμνη, ἡ (6-11) lake
λυχνία, ἡ (7-12) lampstand
λύω (6-42) loose, destroy
μαρτυρία, ἡ (9-37) witness, testimony
μετανοέω (12-34) repent
μέτωπον, τό (8-8) forehead
μήν, ὁ (6-18) month
μικρός (8-30) short, little, small
ναός, ὁ (16-45) temple
νεφέλη, ἡ (7-25) cloud
νικάω (17-28) conquer, overcome
ξύλον, τό (7-20) tree, wood
οἶνος, ὁ (8-34) wine
ὅμοιος (21-45) similar, resembling
ὀξύς (7-8) sharp
ὀργή, ἡ (6-36) wrath
οὐαί (14-45) interj. woe, alas; fem. subst. woe, calamity
οὖς, τό (8-36) ear
παντοκράτωρ, ὁ (9-10) the Almighty, All-Powerful
περιβάλλω (12-23) put around, wear; pass. be clothed
πλανάω (8-39) lead astray, deceive
πληγή, ἡ (16-22) blow, plague, misfortune
πολεμέω (6-7) fight, war
πόλεμος, ὁ (9-18) war, battle
πορνεία, ἡ (7-25) unchastity, fornication
ποταμός, ὁ (8-17) river
προφητεία, ἡ (7-19) prophecy
πυλών, ὁ (11-18) gate, tower
ῥομφαία, ἡ (6-7) large, broad sword
σάλπιγξ, ἡ (6-11) trumpet
σαλπίζω (10-12) sound the trumpet
σατανᾶς, ὁ (8-36) Satan, adversary
σεισμός, ὁ (7-14) earthquake
στέφανος, ὁ (8-18) crown, wreath
σφάζω (8-10) slay
σφραγίζω (8-15) seal, mark, attest
σφραγίς, ἡ (13-16) seal, signet

τάδε (7-10) these things fr. ὅδε, ἥδε, τόδε – this
ταχύ (6-18) quickly, quick
τεῖχος, τό (6-9) wall
τελέω (8-28) bring to an end, finish, complete
τεσσαράκοντα (6-22) forty
τέσσαρες (29-41) four
τέταρτος (7-10) fourth
τιμή, ἡ (6-41) honor
τίμιος (6-13) valuable, precious

τρίτος (23-48) third
ὑπομονή, ἡ (7-32) patience, endurance, fortitude
φιάλη, ἡ (12-12) bowl
φυλή, ἡ (21-31) tribe, clan
χάραγμα, τό (7-8) stamp, mark, impress
χιλιάς, ἡ (19-23) thousand
χίλιοι (9-11) thousand
χρυσοῦς (15-18) golden

CHAPTER 1

1 ἀποκάλυψις, ἡ (1-18) uncovering, revelation
ἐν τάχει quickly, fr. τάχος, τό (2-7) swiftness, speed
σημαίνω (1-6) make known, communicate
3 ἀναγινώσκω (1-32) read
ἐγγύς (2-31) near
5 μάρτυς, ὁ (5-35) witness
πρωτότοκος (1-8) first-born
ἄρχων, ὁ (1-37) ruler
6 ἱερεύς, ὁ (3-31) priest
κράτος, τό (2-12) strength, power, might
7 ὄψεται fut. of ὁράω
ἐκκεντέω (1-2) stab, pierce
κόπτω (2-8) cut; mid. mourn
ναί (4-34) yes, indeed
9 συγκοινωνός, ὁ (1-4) co-partner, partaker
θλῖψις, ἡ (5-45) affliction
νῆσος, ἡ (3-9) island
10 κυριακός (1-2) belonging to the Lord, the Lord's
ὀπίσω (3-35) behind
12 ἐπιστρέφω (2-36) turn
13 ἐνδύω (3-28) dress, clothe
ποδήρης (1-1) reaching to the feet
περιζώννυμι (2-6) gird around
μαστός, ὁ (1-3) breast
ζώνη, ἡ (2-8) belt, girdle
14 θρίξ, ἡ (3-15) hair
ἔριον, τό (1-2) wool
χιών, ἡ (1-2) snow
φλόξ, ἡ (3-7) flame
15 χαλκολίβανον, τό (2-2) something

like gold ore or fine brass or bronze
κάμινος, ἡ (2-4) furnace
πυρόω (2-6) burn, heat thoroughly
16 δίστομος (2-3) double-edged
ὄψις, ἡ (1-3) countenance, appearance
φαίνω (4-31) shine
18 κλείς, ἡ (4-6) key
ᾅδης, ὁ (4-10) Hades, underworld
20 μυστήριον, τό (4-27) mystery

CHAPTER 2

2 κόπος, ὁ (2-18) toil, labor
βαστάζω (3-27) take up, carry, endure
πειράζω (3-38) put to test, try
ψευδής (2-3) false, lying
3 κοπιάω (1-22) grow weary, toil
5 μνημονεύω (3-21) remember
πόθεν (2-29) whence
κινέω (2-8) move
6 μισέω (3-39) hate
7 παράδεισος, ὁ (1-3) Paradise
9 θλῖψις, ἡ (5-45) affliction
πτωχεία, ἡ (1-3) poverty, destitution
πλούσιος (4-28) rich
βλασφημία, ἡ (5-18) blasphemy, slander
10 πάσχω (1-40) suffer
διάβολος, ὁ (5-37) devil
φυλακή, ἡ (4-46) prison
πειράζω (3-38) put to test, try
12 δίστομος (2-3) double-edged

13 ποῦ (1-47) where
  ἀρνέομαι (2-32) deny
  μάρτυς, ὁ (5-35) witness
14 ὀλίγος (4-40) little, few, small
  διδαχή, ἡ (3-30) teaching
  σκάνδαλον, τό (1-15) enticement,
    stumbling-block
  εἰδωλόθυτον, τό (2-9) meat offer-
    ed to idols
  πορνεύω (5-8) commit fornica-
    tion
15 ὁμοίως (2-31) likewise
17 μάννα, τό (1-4) manna
  κρύπτω (3-19) hide, conceal
  ψῆφος, ἡ (2-3) small, smooth
    stone, pebble
18 φλόξ, ἡ (3-7) flame
  χαλκολίβανον, τό (2-2) something
    like gold ore or fine brass or
    bronze
19 διακονία, ἡ (1-33) service
20 προφῆτις, ἡ (1-2) prophetess
  πορνεύω (5-8) commit fornica-
    tion
  εἰδωλόθυτον, τό (2-9) meat offer-
    ed to idols
22 κλίνη, ἡ (1-8) bed
  μοιχεύω (1-13) commit adultery
  θλῖψις, ἡ (5-45) affliction
23 ἐρευνάω (1-6) search, examine
  νεφρός, ὁ (1-1) kidney; usu. pl.
    figuratively used for mind
24 διδαχή, ἡ (3-30) teaching
  βαθύς (1-4) deep
  βάρος, τό (1-6) weight, burden
25 πλήν (1-31) but, only, neverthe-
    less
26 τέλος, ὁ (3-41) end
27 ποιμαίνω (4-11) shepherd, tend;
    here with destructive results
  ῥάβδος, ἡ (4-11) staff, rod
  σιδηροῦς (4-5) iron
  σκεῦος, τό (3-23) vessel
  κεραμικός (1-1) earthen, made
    of clay
  συντρίβω (1-7) shatter, break in
    pieces, crush
28 πρωϊνός (2-2) early, belonging
    to the morning

CHAPTER 3

2 γρηγορέω (3-22) be awake,
    watch

στηρίζω (1-14) establish,
    strengthen
3 μνημονεύω (3-21) remember
  γρηγορέω (3-22) be awake,
    watch
  κλέπτης, ὁ (2-16) thief
  ποῖος (1-32) what kind or sort
4 ὀλίγος (4-40) little, few, small
  μολύνω (2-3) stain, defile, smear
5 ἐξαλείφω (3-5) wipe off, blot out
  βίβλος, ὁ (2-10) book
  ὁμολογέω (1-26) confess
7 κλείς, ἡ (4-6) key
8 θύρα, ἡ (4-39) door
  ἀρνέομαι (2-32) deny
9 ψεύδομαι (1-12) lie
10 πειρασμός, ὁ (1-21) trial, temp-
    tation
  οἰκουμένη, ἡ (3-15) inhabited
    world
  πειράζω (3-38) try, test
12 στῦλος, ὁ (2-4) pillar
14 μάρτυς, ὁ (5-35) witness
  κτίσις, ἡ (1-19) creation
15 ψυχρός (3-4) cold
  ζεστός (3-3) hot
  ὄφελον (1-4) fixed form function-
    ing as a particle to introduce
    unattainable wishes – O that,
    would that
16 χλιαρός (1-1) warm, tepid, luke-
    warm
  ἐμέω (1-1) vomit
17 πλούσιος (4-28) rich
  πλουτέω (5-12) be rich, become
    rich
  χρεία, ἡ (3-49) need, necessity
  ταλαίπωρος (1-2) miserable,
    wretched
  ἐλεεινός (1-2) pitiable, miserable
  πτωχός (2-34) poor
  γυμνός (3-15) naked
18 συμβουλεύω (1-4) counsel
  χρυσίον, τό (5-13) gold
  πυρόω (2-6) burn, heat thor-
    oughly
  φανερόω (2-49) reveal, make
    known, show
  αἰσχύνη, ἡ (1-6) shame, disgrace
  γυμνότης, ἡ (1-3) nakedness,
    destitution
  κολλύριον, τό (1-1) eye salve
  ἐγχρίω (1-1) anoint, rub in
19 φιλέω (2-25) love

ἐλέγχω (1-17) rebuke, expose, convict

παιδεύω (1-13) discipline, chasten

ζηλεύω (1-1) be eager, earnest

20 θύρα, ἡ (4-39) door

κρούω (1-9) knock

δειπνέω (1-4) eat, dine

21 καθίζω (3-45) sit

CHAPTER 4

1 θύρα, ἡ (4-39) door

ἠνεῳγμένη perf. part. of ἀνοίγω

2 εὐθέως (1-33) immediately

κεῖμαι (2-24) lie, be laid

3 ὅρασις, ἡ (3-4) appearance

ἴασπις, ἡ (4-4) jasper

σάρδιον, τό (2-2) carnelian, sardius

ἶρις, ἡ (2-2) rainbow

κυκλόθεν (3-3) all around, from all sides

σμαράγδινος, ἡ (1-1) emerald

5 ἀστραπή, ἡ (4-9) lightning

λαμπάς, ἡ (2-9) torch

καίω (5-12) light; pass. be lit, burn

6 ὑάλινος (3-3) of glass, transparent as glass

κρύσταλλος, ὁ (2-2) crystal

κύκλῳ (3-8) dat. fixed as adv., around

ἔμπροσθεν (3-48) before

ὄπισθεν (2-7) behind

7 μόσχος, ὁ (1-6) calf, bullock

ἀετός, ὁ (3-5) eagle

πέτομαι (5-5) fly

8 ἓν καθ᾽ ἕν each one

ἀνά (3-13) each, apiece

πτέρυξ, ἡ (3-5) wing

ἕξ (2-13) six

κυκλόθεν (3-3) all around

ἔσωθεν (2-12) within

ἀνάπαυσις, ἡ (2-5) rest

9 εὐχαριστία, ἡ (2-15) thanksgiving

11 κτίζω (3-15) create

CHAPTER 5

1 ἔσωθεν (2-12) within

ὄπισθεν (2-7) behind

κατασφραγίζω (1-1) seal up

3 ὑποκάτω (4-11) under

5 ῥίζα, ἡ (2-16) root

7 εἴληφεν perf. of λαμβάνω used as aorist

8 κιθάρα, ἡ (3-4) harp, lyre

θυμίαμα, τό (4-6) incense

9 προσευχή, ἡ (3-36) prayer

ᾄδω (3-5) sing

ᾠδή, ἡ (4-6) song, ode

10 ἱερεύς, ὁ (3-31) priest

11 κύκλῳ (3-8) dat. fixed as adv., around

μυριάς, ἡ (3-8) ten thousand, myriad

12 πλοῦτος, ὁ (2-22) wealth, riches

ἰσχύς, ἡ (2-10) strength, power, might

εὐλογία, ἡ (3-16) blessing

13 κτίσμα, τό (2-4) creature, created thing

ὑποκάτω (4-11) under

κράτος, τό (2-12) power, might

CHAPTER 6

2 τόξον, τό (1-1) bow

4 πυρρός (2-2) red (as fire)

μάχαιρα, ἡ (4-29) sword

5 μέλας (2-6) black

ζυγός, ὁ (1-6) yoke, balance

6 χοῖνιξ, ἡ (2-2) dry measure almost equivalent to a quart

σῖτος, ὁ (2-14) wheat

δηνάριον, τό (2-16) Roman silver coin, about 18 cents

κριθή, ἡ (1-1) barley

ἔλαιον, τό (2-11) olive oil

8 χλωρός (3-4) yellowish green, pale

ἐπάνω (2-18) on, above, over

ᾅδης, ὁ (4-10) Hades, the underworld

λιμός, ὁ (2-12) famine

9 πέμπτος (4-4) fifth

ὑποκάτω (4-11) under

10 πότε (1-19) when? interrog. adv.

δεσπότης, ὁ (1-10) master, lord

ἐκδικέω (2-6) vindicate, avenge

11 στολή, ἡ (5-9) long flowing robe

ἐρρέθη (5-9) used as aor. pass. of λέγω

ἀναπαύω (2-12) give rest, refresh; mid. rest

σύνδουλος, ὁ (3-10) fellow-serv-
ant
12 ἕκτος (5-14) sixth
μέλας (2-6) black
σάκκος, ὁ (2-4) sackcloth
τρίχινος (1-1) made of hair
σελήνη, ἡ (4-9) moon
13 συκῆ, ἡ (1-16) fig tree
ὄλυνθος, ὁ (1-1) late or summer
fig
ἄνεμος, ὁ (3-31) wind
σείω (1-5) shake, agitate
14 ἀποχωρίζω (1-2) separate
ἑλίσσω (1-2) roll, roll up
νῆσος, ὁ (3-9) island
κινέω (2-8) move
15 μεγιστάν, ὁ (2-3) great man,
courtier
χιλίαρχος, ὁ (2-21) leader of
thousand soldiers, military
tribune
πλούσιος (4-28) rich
ἐλεύθερος (3-23) free
κρύπτω (3-19) hide
σπήλαιον, ὁ (1-6) cave, cavern
πέτρα, ἡ (2-15) rock

CHAPTER 7

1 γωνία, ἡ (2-9) corner, angle
ἄνεμος, ὁ (3-31) wind
πνέω (1-7) breathe, blow
δένδρον, τό (4-25) tree
2 ἀνατολή, ἡ (3-10) sunrising, ris-
ing
3 δένδρον, τό (4-25) tree
4 ἑκατόν (4-17) hundred
9 ἀριθμέω (1-3) number, count
στολή, ἡ (5-9) long flowing robe
φοῖνιξ, ὁ (1-2) date-palm, palm
10 σωτηρία, ἡ (3-45) salvation
11 κύκλῳ (3-8) dat. fixed as adv.,
around
12 εὐλογία, ἡ (3-16) blessing
εὐχαριστία, ἡ (2-15) thanks-
giving
ἰσχύς, ἡ (2-10) strength, might,
power
13 στολή, ἡ (5-9) long flowing robe
πόθεν (2-29) whence
14 εἴρηκα used as pft. of λέγω
θλῖψις, ἡ (5-45) affliction
πλύνω (2-3) wash (materials)

λευκαίνω (1-2) make white
15 λατρεύω (2-21) serve
σκηνόω (4-5) live, dwell
16 πεινάω (1-23) hunger
διψάω (3-10) thirst
καῦμα, τό (2-2) heat
17 ἀνὰ μέσον among, between
ποιμαίνω (4-11) tend, shepherd
ὁδηγέω (1-5) guide
πηγή, ἡ (5-11) spring, fountain
ἐξαλείφω (3-5) wipe off or away
δάκρυον, τό (2-10) tear

CHAPTER 8

1 ἕβδομος (5-9) seventh
σιγή, ἡ (1-2) silence
ἡμίωρον, τό (1-1) half an hour
3 λιβανωτός, ὁ (2-2) censer
θυμίαμα, τό (4-6) incense
προσευχή, ἡ (3-36) prayer
5 λιβανωτός, ὁ (2-2) censer
γεμίζω (2-9) fill up
ἀστραπή, ἡ (4-9) lightning
6 αὐτούς same as ἑαυτούς
7 χάλαζα, ἡ (4-4) hail
μίγνυμι (2-4) mix, mingle
κατακαίω (5-12) burn up, con-
sume
δένδρον, τό (4-25) tree
χόρτος, ὁ (2-15) grass
χλωρός (3-4) green, pale
8 καίω (5-12) light; pass. be lit,
burn
9 κτίσμα, τό (2-4) creature, creat-
ed thing
διαφθείρω (2-5) spoil, destroy,
ruin
10 καίω (5-12) light; pass. be lit,
burn
λαμπάς, ἡ (2-9) torch, lamp
πηγή, ἡ (5-11) spring, fountain
11 Ἄψινθος, ὁ (2-2) Wormwood
ἄψινθος, ἡ (2-2) wormwood
πικραίνω (3-4) make bitter
12 πλήσσω (1-1) strike, smite
σελήνη, ἡ (4-9) moon
σκοτίζω (1-5) make dark; pass.
become dark, be darkened
φαίνω (4-31) shine, give light
ὁμοίως (2-31) likewise, in the
same way
13 ἀετός, ὁ (3-5) eagle

πέτομαι (5-5) fly
μεσουράνημα, τό (3-3) mid-heaven, zenith

CHAPTER 9

1 πέμπτος (4-4) fifth
πεπτωκότα pft. part. of πίπτω
κλείς, ἡ (4-6) key
φρέαρ, τό (4-7) well, pit
2 κάμινος, ὁ (3-4) furnace
σκοτόω (2-3) darken
ἀήρ, ὁ (2-7) air
3 ἀκρίς, ἡ (2-4) locust
σκορπίος, ὁ (3-5) scorpion
4 χόρτος, ὁ (2-15) grass
χλωρός (3-4) green, pale
δένδρον, τό (4-25) tree
5 βασανίζω (5-12) torment, tor-ture
πέντε (3-38) five
βασανισμός, ὁ (5-5) torment, torture
σκορπίος, ὁ (3-5) scorpion
παίω (1-5) sting, strike
6 ἐπιθυμέω (1-16) long for, desire
φεύγω (4-29) flee
7 ὁμοίωμα, τό (1-6) likeness, re-semblance
ἀκρίς, ἡ (2-4) locust
χρυσός, ὁ (2-9) gold
8 θρίξ, ἡ (3-15) hair
ὀδούς, ὁ (1-12) tooth
9 θώραξ, ὁ (3-5) breastplate, chest
σιδηροῦς (4-5) (made of) iron
πτέρυξ, ἡ (3-5) wing
ἅρμα, τό (1-4) chariot
τρέχω (1-18) run
10 οὐρά, ἡ (5-5) tail
σκορπίος, ὁ (3-5) scorpion
κέντρον, τό (1-4) sting
πέντε (3-38) five
11 Ἑβραϊστί (2-7) adv. in Hebrew
Ἀβαδδών, ὁ (1-1) name of ruling angel in hell explained as "Destroyer"
Ἑλληνικός (1-1) adj. Greek
Ἀπολλύων, ὁ (1-1) Destroyer
12 ἕκτος (5-14) sixth
14 δέω (2-41) bind
15 ἐνιαυτός, ὁ (1-14) year
16 στράτευμα, τό (4-8) army; pl. troops

ἱππικός (1-1) pertaining to a horseman; subst. cavalry
δισμυριάς, ἡ (1-1) double myriad (20,000)
μυριάς, ἡ (3-8) ten thousand
17 ὅρασις, ἡ (3-4) appearance, sight
θώραξ, ὁ (3-5) breastplate, chest
πύρινος (1-1) fiery
ὑακίνθινος (1-1) hyacinth color, i.e. dark blue (dark red?)
θειώδης (1-1) sulphurous
19 οὐρά, ἡ (5-5) tail
ὄφις, ὁ (5-14) serpent, snake
20 εἴδωλον, τό (1-11) idol
ἀργυροῦς (1-3) made of silver
χαλκοῦς (1-1) made of copper, brass, or bronze
λίθινος (1-3) made of stone
ξύλινος (1-2) made of wood
21 φόνος, ὁ (1-9) murder, slaughter
φαρμακεία, ἡ (2-3) sorcery, witchcraft
κλέμμα, τό (1-1) stealing, theft

CHAPTER 10

1 ἶρις, ἡ (2-2) rainbow
στῦλος, ὁ (2-4) pillar
2 βιβλαρίδιον, τό (3-3) little book
εὐώνυμος (1-9) left
3 ὥσπερ (1-36) as
μυκάομαι (1-1) roar, bellow
6 ὀμνύω (1-26) swear, take an oath
κτίζω (3-15) create
οὐκέτι (3-48) no longer
7 ἕβδομος (5-9) seventh
μυστήριον, τό (4-27) mystery
9 βιβλαρίδιον, τό (3-3) little book
καταφάγω (4-9) aor. of κατεσθίω (1-5) eat up, devour
πικραίνω (3-4) make bitter
κοιλία, ἡ (1-8) belly, stomach, womb
γλυκύς (2-4) sweet
μέλι, τό (2-4) honey
11 προφητεύω (2-28) prophesy

CHAPTER 11

1 κάλαμος, ὁ (3-12) reed
ῥάβδος, ὁ (4-11) rod
μετρέω (5-11) measure

265

2 αὐλή, ἡ (1-12) court
ἔξωθεν (3-13) outside
πατέω (3-5) tread upon
3 μάρτυς, ὁ (5-35) witness
προφητεύω (2-28) prophesy
διακόσιοι (2-8) two hundred
ἑξήκοντα (3-9) sixty
σάκκος, ὁ (2-4) sackcloth, sack
4 ἐλαία, ἡ (1-12) olive tree
5 κατεσθίω (1-5) eat up, devour
ἐχθρός (2-32) hostile; subst.
enemy
6 ὑετός, ὁ (1-5) rain
βρέχω (1-7) rain
στρέφω (1-21) turn
πατάσσω (2-10) strike, smite
ὁσάκις (1-3) as often as, as many
times as
8 πτῶμα, τό (3-7) corpse
πλατεία, ἡ (3-9) street
πνευματικῶς (1-2) spiritually
σταυρόω (1-46) crucify
9 ἥμισυς (3-5) half
μνῆμα, τό (1-10) tomb
10 εὐφραίνω (3-14) cheer, gladden;
pass. be happy, rejoice
δῶρον, τό (1-19) gift
βασανίζω (5-12) torture, tor-
ment
11 ἥμισυς (3-5) half
φόβος, ὁ (3-47) fear
ἐπιπίπτω (1-11) fall upon
12 ἐχθρός (2-32) hostile; subst.
enemy
13 δέκατος (2-3) tenth
ἔμφοβος (1-5) fearful, terrified
15 ἕβδομος (5-9) seventh
17 εὐχαριστέω (1-38) thank
18 ὀργίζω (2-8) make angry; pass.
in NT, be angry
μισθός, ὁ (2-29) reward, wages
διαφθείρω (2-5) spoil, destroy,
ruin
19 κιβωτός, ἡ (1-6) ark, chest
διαθήκη, ἡ (1-33) covenant
ἀστραπή, ἡ (4-9) lightning
χάλαζα, ἡ (4-4) hail

CHAPTER 12

1 σελήνη, ἡ (4-9) moon
ὑποκάτω (4-11) under
2 γαστήρ, ἡ (1-9) womb; ἐν γ.
ἔχειν – be pregnant

ὠδίνω (1-3) suffer birth pangs,
travail
βασανίζω (5-12) torture, tor-
ment
τίκτω (5-18) bear, give birth
3 πυρρός (2-2) red (as fire)
διάδημα, τό (3-3) diadem, crown
4 οὐρά, ἡ (5-5) tail
σύρω (1-5) draw, drag
τίκτω (5-18) bear, give birth
καταφάγω (4-9) aor. of κατεσθίω
(1-5) devour, consume
5 ἄρσην, ὁ (2-9) male
ποιμαίνω (4-11) tend, shepherd,
here with destructive results
ῥάβδος, ἡ (4-11) staff, rod
σιδηροῦς (4-5) iron
ἁρπάζω (1-14) seize, snatch away
6 φεύγω (4-29) flee
ἔρημος, ἡ (3-47) wilderness
τρέφω (2-9) feed, nourish
διακόσιοι (2-8) two hundred
ἑξήκοντα (3-9) sixty
8 ἰσχύω (1-28) prevail, be strong
9 ὄφις, ἡ (5-14) serpent
ἀρχαῖος (2-11) ancient, old
διάβολος, ὁ (5-37) devil
οἰκουμένη, ἡ (3-15) inhabited
world
10 ἄρτι (2-36) now
σωτηρία, ἡ (3-45) salvation
κατήγωρ, ὁ (1-1) accuser
κατηγορέω (1-22) accuse
12 εὐφραίνω (3-14) cheer, gladden;
pass. be happy, rejoice
σκηνόω (4-5) dwell
διάβολος, ὁ (5-37) devil
ὀλίγος (4-40) few, short
13 διώκω (1-44) persecute, pursue
τίκτω (5-18) bear, give birth
ἄρσην, ὁ (2-9) male
14 πτέρυξ, ἡ (3-5) wing
ἀετός, ὁ (3-5) eagle
πέτομαι (5-5) fly
ἔρημος, ἡ (3-47) wilderness
τρέφω (2-9) feed, nourish
ἥμισυς (3-5) half
ὄφις, ἡ (5-14) serpent
15 ὀπίσω (3-35) behind, after
ποταμοφόρητος (1-1) swept away
by a stream
16 βοηθέω (1-8) help
καταπίνω (1-7) drink down,
swallow

ὀργίζω (2-8) only pass. in NT,
be angry
17 σπέρμα, τό (1-44) seed, offspring
18 ἄμμος, ἡ (2-5) sand

CHAPTER 13

1 διάδημα, τό (3-3) diadem, crown
βλασφημία, ἡ (5-18) blasphemy
2 πάρδαλις, ἡ (1-1) leopard, pan-
ther
ἄρκος, ὁ (1-1) bear
3 θεραπεύω (2-43) heal
θαυμάζω (4-42) marvel, wonder
ὀπίσω (3-35) behind, after
5 βλασφημία, ἡ (5-18) blasphemy
6 βλασφημέω (4-34) blaspheme
σκηνή, ἡ (3-20) tabernacle,
booth, dwelling
σκηνόω (4-5) live, dwell
8 καταβολή, ἡ (2-11) foundation
10 αἰχμαλωσία, ἡ (2-3) captivity
μάχαιρα, ἡ (4-29) sword
12 θεραπεύω (2-43) heal
14 μάχαιρα, ἡ (4-29) sword
16 πλούσιος (4-28) rich
πτωχός (2-34) poor
ἐλεύθερος (3-23) free
17 πωλέω (1-22) sell
18 νοῦς, ὁ (2-24) mind, under-
standing
ψηφίζω (1-2) count, reckon
ἑξακόσιοι (2-2) six hundred
ἑξήκοντα (3-9) sixty
ἕξ (2-13) six

CHAPTER 14

1 ἑκατόν (4-17) hundred
2 κιθαρῳδός, ὁ (2-2) harpist, lyre
player
κιθαρίζω (1-2) play lyre or harp
κιθάρα, ἡ (3-4) lyre, harp
3 ᾄδω (3-5) sing
ᾠδή, ἡ (4-6) song, ode
μανθάνω (1-25) learn
ἑκατόν (4-17) hundred
4 μολύνω (2-3) stain, defile
παρθένος, ὁ (1-15) virgin
ἀπαρχή, ἡ (1-9) first-fruits
5 ψεῦδος, τό (3-10) lie, falsehood
ἄμωμος (1-8) unblemished,
blameless
6 πέτομαι (5-5) fly

μεσουράνημα, τό (3-3) mid-
heaven, zenith
7 κρίσις, ἡ (4-47) judgment
πηγή, ἡ (5-11) fountain, spring
8 ποτίζω (1-15) cause to drink
10 πίεται fut. mid. of πίνω drink
κεράννυμι (2-2) mix, mingle
ἄκρατος (1-1) unmixed, pure
ποτήριον, τό (4-31) cup
βασανίζω (5-12) torture, tor-
ment
11 βασανισμός, ὁ (5-5) torment,
torture
ἀνάπαυσις, ἡ (2-5) rest
13 ἄρτι (2-36) now
ναί (4-34) yes, indeed
ἀναπαύω (2-12) stop, cause to
rest; mid. rest, cease
κόπος, ὁ (2-18) work, labor, toil
15 θερίζω (3-31) reap
ξηραίνω (2-15) wither, dry up
θερισμός, ὁ (1-13) harvest
18 φωνέω (1-42) call
τρυγάω (2-3) gather in
βότρυς, ὁ (1-1) bunch of grapes
ἄμπελος, ἡ (2-9) vine
ἀκμάζω (1-1) be ripe
σταφυλή, ἡ (1-3) (a bunch of)
grapes
19 ληνός, ἡ (4-5) vat, winepress
20 πατέω (3-5) tread, trample
ἔξωθεν (3-13) outside
χαλινός, ὁ (1-2) bridle
στάδιον, τό (2-7) stade (607 ft),
stadium
ἑξακόσιοι (2-2) six hundred

CHAPTER 15

1 θαυμαστός (2-6) wonderful,
marvelous
2 ὑάλινος (3-3) of glass, glassy
μίγνυμι (2-4) mix
κιθάρα, ἡ (3-4) lyre, harp
3 ᾄδω (3-5) sing
ᾠδή, ἡ (4-6) song, ode
θαυμαστός (2-6) wonderful,
marvelous
4 μόνος (1-46) alone
ὅσιος (2-8) holy, pious, devout
δικαίωμα, τό (2-10) regulation,
requirement, commandment,
righteous deed

φανερόω (2-4) reveal, make known, show
5 σκηνή, ἡ (3-20) tabernacle
μαρτύριον, τό (1-20) testimony, witness
6 ἐνδύω (3-28) dress, clothe; mid. clothe oneself, put on, wear
λίνον, τό (1-2) linen, flax
λαμπρός (5-9) right, brilliant
περιζώννυμι (2-6) gird around
στῆθος, τό (1-5) breast
ζώνη, ἡ (2-8) belt, girdle

CHAPTER 16

2 ἕλκος, τό (2-3) sore, abscess, ulcer
4 πηγή, ἡ (5-11) fountain, spring
5 ὅσιος (2-8) holy, pious, devout
7 ναί (4-34) yes, indeed
κρίσις, ἡ (4-47) judgment
8 καυματίζω (2-4) burn, scorch
9 καῦμα, τό (2-2) burning, heat
βλασφημέω (5-18) blaspheme
10 πέμπτος (4-4) fifth
σκοτόω (2-3) pass. only in NT, darken
μασάομαι (1-1) bite, chew
πόνος, ὁ (3-4) pain, suffering, toil
11 βλασφημέω (5-18) blaspheme
ἕλκος, τό (2-3) sore, abscess, ulcer
12 ἕκτος (5-14) sixth
ξηραίνω (2-15) dry up, wither
ἀνατολή, ἡ (3-10) rising
13 ψευδοπροφήτης, ὁ (3-11) false prophet
ἀκάθαρτος (4-31) unclean, impure
βάτραχος, ὁ (1-1) frog
14 οἰκουμένη, ἡ (3-15) inhabited world
15 κλέπτης, ὁ (2-16) thief
γρηγορέω (3-22) be awake, watchful
γυμνός (3-15) naked, ill-clad
ἀσχημοσύνη, ἡ (1-2) shame, shameless deed
16 Ἑβραϊστί (2-7) in Hebrew
17 ἕβδομος (5-9) seventh
ἀήρ, ὁ (2-7) air
18 ἀστραπή, ἡ (4-9) lightning

οἷος (1-14) of what sort, (such) as
ἀφ' οὗ since
τηλικοῦτος (1-4) so great
19 μέρος, τό (4-42) part
μιμνήσκομαι (1-23) remember
ποτήριον, τό (4-31) cup
20 νῆσος, ἡ (3-9) island
φεύγω (4-29) flee
21 χάλαζα, ἡ (4-4) hail
ταλαντιαῖος (1-1) weighing a talent, (125 Roman pounds of 12 ounces each)
βλασφημέω (5-18) blaspheme
σφόδρα (1-11) very much, exceedingly

CHAPTER 17

1 δεῦρο (2-9) adv. come, come here
κρίμα, τό (3-27) judgment
πόρνη, ἡ (5-12) prostitute, harlot
2 πορνεύω (5-8) practice prostitution or sexual immorality generally
μεθύω (2-7) be drunk
3 ἀποφέρω (2-6) carry away, lead
ἔρημος, ἡ (3-47) wilderness
κόκκινος (4-6) scarlet
βλασφημία, ἡ (5-18) blasphemy
4 πορφυροῦς (2-4) purple
χρυσόω (2-2) make golden, adorn with gold
χρυσίον, τό (5-13) gold
μαργαρίτης, ὁ (5-9) pearl
ποτήριον, τό (4-31) cup
βδέλυγμα, τό (3-6) abomination, detestable thing
ἀκάθαρτος (4-31) unclean, impure
5 μυστήριον, τό (4-27) mystery
πόρνη, ἡ (5-12) harlot
6 μεθύω (2-7) be drunk
μάρτυς, ὁ (5-35) witness
θαυμάζω (4-42) marvel, wonder
θαῦμα, τό (1-2) wonder, amazement
7 ἐρῶ fut. of λέγω
μυστήριον, τό (4-27) mystery
βαστάζω (3-27) bear, carry
8 ἀπώλεια, ἡ (2-18) destruction, ruin

θαυμάζω (4-42) marvel, wonder
καταβολή, ἡ (2-11) foundation
πάρειμι (1-24) be at hand, present

9 νοῦς, ὁ (2-24) mind, understanding

10 οὔπω (2-27) not yet
ὀλίγος (4-40) little, short, few

11 ὄγδοος (2-5) eighth
ἀπώλεια, ἡ (2-18) destruction

12 οὔπω (2-27) not yet

13 γνώμη, ἡ (3-9) mind, purpose, opinion

14 κλητός (1-10) called
ἐκλεκτός (1-22) elect, choice

15 πόρνη, ἡ (5-12) prostitute, harlot

16 μισέω (3-39) hate
ἐρημόω (3-5) desolate, lay waste, depopulate
γυμνός (3-15) naked
κατακαίω (5-12) burn up

17 γνώμη, ἡ (3-9) mind, purpose, opinion

CHAPTER 18

1 φωτίζω (3-11) give light, illuminate, enlighten

2 κατοικητήριον, τό (1-2) habitation, dwelling place
φυλακή, ἡ (4-46) prison, guard
ἀκάθαρτος (4-31) unclean, impure
ὄρνεον, τό (3-3) bird
μισέω (3-39) hate

3 πορνεύω (5-8) practice prostitution or sexual immorality generally
ἔμπορος, ὁ (4-5) merchant
στρῆνος, τό (1-1) sensuality, luxury
πλουτέω (5-12) be rich, become rich

4 συγκοινωνέω (1-3) partake, share

5 κολλάω (1-12) unite, join firmly, here pass. touch, reach
μνημονεύω (3-21) remember
ἀδίκημα, τό (1-3) wrong, crime, misdeed

6 ἀποδίδωμι (3-47) give back, reward, render
διπλόω (1-1) double
διπλοῦς (1-1) double, two-fold;

here with διπλόω pay back double
ποτήριον, τό (4-31) cup
κεράννυμι (2-2) mix, mingle

7 στρηνιάω (2-2) live in luxury, live sensually
τοσοῦτος (2-10) so great, so much
βασανισμός, ὁ (5-5) torture, torment
πένθος, τό (4-5) mourning, weeping
βασίλισσα, ἡ (1-4) queen
χήρα, ἡ (1-26) widow
πένθος, τό (4-5) mourning, weeping

8 λιμός, ὁ (2-12) famine
κατακαίω (5-12) burn up

9 κόπτω (2-8) cut; mid. mourn
πορνεύω (5-8) practice prostitution or sexual immorality generally
στρηνιάω (2-2) live in luxury, live sensually
πύρωσις, ἡ (2-3) burning

10 μακρόθεν (3-14) from afar
φόβος, ὁ (3-47) fear
βασανισμός, ὁ (5-5) torture, torment
κρίσις, ἡ (4-47) judgment

11 ἔμπορος, ὁ (4-5) merchant
πενθέω (3-10) mourn
γόμος, ὁ (2-3) freight, cargo
οὐκέτι (3-48) no longer

12 χρυσός, ὁ (2-9) gold
ἄργυρος, ὁ (1-4) silver
μαργαρίτης, ὁ (5-9) pearl
βύσσινος (5-5) made of fine line; subst. fine linen
πορφύρα, ἡ (1-4) purple (cloth or garment)
σηρικός (1-1) silk; subst. silk (cloth or garment)
κόκκινος (4-6) scarlet; subst. scarlet (cloth or garment)
θύϊνος (1-1) from the citron tree; with ξύλον citron wood
σκεῦος, τό (3-23) vessel, implement, goods
ἐλεφάντινος (1-1) ivory
τιμιωτάτου superl. of τίμιος (6-13) precious
χαλκός, ὁ (1-5) copper, brass, bronze

269

σίδηρος, ὁ (1-1) iron
μάρμαρος, ὁ (1-1) marble
13 κιννάμωμον, τό (1-1) cinnamon
ἄμωμον, τό (1-1) amomum, an
Indian spice plant
θυμίαμα, τό (4-6) incense
μύρον, τό (1-14) ointment, per-
fume
λίβανος, ὁ (1-2) frankincense
ἔλαιον, τό (2-11) olive oil
σεμίδαλις, ἡ (1-1) fine flour
σῖτος, ὁ (2-14) wheat
κτῆνος, τό (1-4) beast, cattle
πρόβατον, τό (1-37) sheep
ῥέδη, ἡ (1-1) carriage (four-
wheeled)
14 ὀπώρα, ἡ (1-1) fruit; late sum-
mer
ἐπιθυμία, ἡ (1-38) longing, de-
sire
λιπαρός (1-1) fat, oily, rich,
costly; subst. luxury
λαμπρός (5-9) bright, brilliant
οὐκέτι (3-48) no longer
15 ἔμπορος, ὁ (4-5) merchant
πλουτέω (5-12) be rich, become
rich
μακρόθεν (3-14) from afar
φόβος, ὁ (3-47) fear
βασανισμός, ὁ (5-5) torture, tor-
ment
πενθέω (3-10) mourn
16 βύσσινος (5-5) made of fine
linen; subst. fine linen
πορφυροῦς (2-4) purple; subst.
purple (cloth or garment)
κόκκινος (4-6) scarlet; subst.
scarlet (cloth or garment)
χρυσόω (2-2) make golden,
adorn with gold
χρυσίον, τό (5-13) gold
μαργαρίτης, ὁ (5-9) pearl
17 ἐρημόω (3-5) desolate, lay waste
τοσοῦτος (2-10) so great, so
much
πλοῦτος, ὁ (2-22) riches, wealth
κυβερνήτης, ὁ (1-2) pilot, steers-
man
πλέω (1-6) sail
ναύτης, ὁ (1-3) seaman, sailor
ἐργάζομαι (1-41) work
μακρόθεν (3-14) from afar
18 πύρωσις, ἡ (2-3) burning
19 χοῦς, ὁ (1-2) earth, soil, dust

πενθέω (3-10) mourn
πλουτέω (5-12) be rich, become
rich
τιμιότης, ἡ (1-1) costliness, ab-
stract for concrete, abun-
dance of costly things
ἐρημόω (3-5) desolate, lay waste
20 εὐφραίνω (3-14) gladden, cheer;
pass. be glad, rejoice
κρίμα, τό (3-27) judgment
21 μύλινος (1-1) belonging to a
mill, with λίθος millstone
ὅρμημα, τό (1-1) violent rush,
violence
22 κιθαρῳδός, ὁ (2-2) lyre player,
harpist
μουσικός (1-1) pertaining to
music; subst. musician
αὐλητής, ὁ (1-2) flute player
σαλπιστής, ὁ (1-1) trumpeter
τεχνίτης, ὁ (1-4) craftsman, arti-
san
τέχνη, ἡ (1-3) skill, trade
μύλος, ὁ (1-4) millstone
23 λύχνος, ὁ (3-14) lamp
φαίνω (4-31) shine, give light
νυμφίος, ὁ (1-16) bridegroom
νύμφη, ἡ (4-8) bride
ἔμπορος, ὁ (4-5) merchant
μεγιστάν, ὁ (2-3) great man,
courier
φαρμακεία, ἡ (2-3) sorcery

CHAPTER 19

1 ἁλληλουϊά (4-4) praise Yahweh,
hallelujah
σωτηρία, ἡ (3-45) salvation
2 κρίσις, ἡ (4-47) judgment
πόρνη, ἡ (5-12) prostitute, harlot
φθείρω (1-8) corrupt, destroy,
ruin
ἐκδικέω (2-6) avenge, take
vengeance
3 εἴρηκαν pft. of λέγω
ἁλληλουϊά (4-4) praise Yahweh,
hallelujah
5 αἰνέω (1-8) praise
6 ἁλληλουϊά (4-4) praise Yahweh,
hallelujah
7 ἀγαλλιάω (1-11) exult, be glad
γάμος, ὁ (2-15) marriage, wedd-
ing feast

8 βύσσινος (5-5) made of fine linen; subst. fine linen
λαμπρός (5-9) bright, brilliant
δικαίωμα, τό (2-10) righteous deed, regulation

9 δεῖπνον, τό (2-16) supper
γάμος, ὁ (2-15) marriage, wedding feast

10 ἔμπροσθεν (3-48) before
σύνδουλος, ὁ (3-10) fellow-servant

12 φλόξ, ἡ (3-7) flame
διάδημα, τό (3-3) diadem, crown

13 βάπτω (1-4) dip, dye

14 στράτευμα, τό (4-8) army; pl. troops
ἐνδύω (3-28) put on, wear
βύσσινος (5-5) made of fine linen; subst. fine linen

15 πατάσσω (2-10) slay, slaughter
ποιμαίνω (4-11) shepherd, tend; here with destructive results
ῥάβδος, ὁ (4-11) rod, staff
σιδηροῦς (4-5) made of iron
πατέω (3-5) tread, trample
ληνός, ὁ (4-5) winepress

16 μηρός, ὁ (1-1) thigh

17 ὄρνεον, τό (3-3) bird
πέτομαι (5-5) fly
μεσουράνημα, τό (3-3) mid heaven, zenith
δεῦτε (1-12) adv. come
δεῖπνον, τό (2-16) supper

18 χιλίαρχος, ὁ (2-21) leader of a thousand soldiers, military tribune
ἐλεύθερος (3-23) free

19 στράτευμα, τό (4-8) army; pl. troops

20 πιάζω (1-12) take hold of, seize
ψευδοπροφήτης, ὁ (3-11) false prophet
καίω (5-12) light; pass. be lit, burn

21 ὄρνεον, τό (3-3) bird
χορτάζω (1-15) feed, fill, satisfy

CHAPTER 20

1 κλείς, ἡ (4-6) key
ἅλυσις, ἡ (1-11) chain, bond

2 ὄφις, ὁ (5-14) serpent
ἀρχαῖος (2-11) ancient, old

διάβολος, ὁ (5-37) devil
δέω (2-41) bind

3 ἐπάνω (2-18) above, over

4 καθίζω (3-45) sit
κρίμα, τό (3-27) judgment
πελεκίζω (1-1) behead (with an axe)

5 ἀνάστασις, ἡ (2-42) resurrection

6 μέρος, τό (4-42) part
ἱερεύς, ὁ (3-31) priest

7 φυλακή, ἡ (4-46) prison, guard

8 γωνία, ἡ (2-9) corner
ἄμμος, ὁ (2-5) sand

9 πλάτος, τό (3-4) breadth
κυκλεύω (1-1) encircle, surround
παρεμβολή, ἡ (1-10) camp, barracks or headquarters
καταφάγω (4-9) aor. of κατεσθίω (1-5) devour, consume

10 διάβολος, ὁ (5-37) devil
ψευδοπροφήτης, ὁ (3-11) false prophet
βασανίζω (5-12) torment, torture

11 φεύγω (4-29) flee

13 ᾅδης, ὁ (4-10) Hades, underworld

CHAPTER 21

2 νύμφη, ἡ (4-8) bride
κοσμέω (2-10) adorn, decorate

3 σκηνή, ἡ (3-20) tabernacle, dwelling
σκηνόω (4-5) live, dwell

4 ἐξαλείφω (3-5) wipe away, wipe out
δάκρυον, τό (2-10) tear
πένθος, τό (4-5) grief, sadness; mourning
κραυγή, ἡ (1-6) crying, shout
πόνος, ὁ (3-4) pain, labor

6 τέλος, τό (3-41) end
διψάω (3-16) thirst
πηγή, ἡ (5-11) fountain, spring
δωρεάν (2-8) adv. freely

7 κληρονομέω (1-18) inherit

8 δειλός (1-3) cowardly, timidly
ἄπιστος (1-23) faithless, unbelieving
βδελύσσομαι (1-2) abhor, detest; ἐβδελυγμένος = abominable
φονεύς, ὁ (2-7) murderer

πόρνος, ὁ (2-10) fornicator, one who practices sexual immorality

φαρμακός, ὁ (2-2) magician, poisoner

εἰδωλολάτρης, ὁ (2-7) idolater

ψευδής (2-3) false, lying; here subst. liar

μέρος, τό (4-42) share, part, portion

καίω (5-12) light; pass. be lit, burn

9 δεῦρο (2-9) adv. come

νύμφη, ἡ (4-8) bride

10 ἀποφέρω (2-9) lead away, carry away

ὑψηλός (2-11) high

11 φωστήρ, ὁ (1-2) splendor, radiance; star

τιμιώτατος superl. of τίμιος (6-13) precious

ἴασπις, ἡ (4-4) jasper

κρυσταλλίζω (1-1) shine like crystal, be as transparent as crystal

12 ὑψηλός (2-11) high

ἐπιγράφω (1-5) write upon, inscribe

13 ἀνατολή, ἡ (3-10) sunrising, east

βορρᾶς, ὁ (1-2) north; northwind

νότος, ὁ (1-7) south; southwind

δυσμή, ἡ (1-5) west, setting of sun

14 θεμέλιος, ὁ (3-16) foundation

15 μέτρον, τό (2-14) measure

κάλαμος, ὁ (3-12) reed; measuring rod

μετρέω (5-11) measure

16 τετράγωνος (1-1) square, rectangular

κεῖμαι (2-24) lie, recline

μῆκος, τό (2-3) length

πλάτος, τό (3-4) breadth

στάδιον, τό (2-7) stade (607 feet)

ὕψος, τό (1-6) height

ἴσος (1-8) equal

17 μετρέω (5-11) measure

ἑκατόν (4-11) hundred

πῆχυς, ὁ (1-4) forearm, cubit (c. 18 inches)

μέτρον, τό (2-14) measure

18 ἐνδώμησις, ἡ (1-1) material; perh. foundation; interior structure

ἴασπις, ἡ (4-4) jasper

ὕαλος, ἡ (2-2) glass, crystal

19 θεμέλιος, ὁ (3-16) foundation

κοσμέω (2-10) adorn, decorate

σάπφιρος, ἡ (1-1) sapphire

χαλκηδών, ὁ (1-1) chalcedony

σμάραγδος, ἡ (1-1) emerald

20 πέμπτος (4-4) fifth

σαρδόνυξ, ὁ (1-1) sardonyx

ἕκτος (5-14) sixth

σάρδιον, τό (2-2) carnelian, sardius

ἕβδομος (5-9) seventh

χρυσόλιθος, ὁ (1-1) chrysolite

ὄγδοος (2-5) eighth

βήρυλλος, ὁ (1-1) beryl

ἔνατος (1-10) ninth

τοπάζιον, τό (1-1) topaz

δέκατος (2-3) tenth

χρυσόπρασος, ὁ (1-1) chrysoprase

ἑνδέκατος (1-3) eleventh

ὑάκινθος, ὁ (1-1) jacinth or hyacinth

δωδέκατος (1-1) twelfth

ἀμέθυστος, ἡ (1-1) amethyst

21 μαργαρίτης, ὁ (5-9) pearl

πλατεῖα, ἡ (3-9) street

ὕαλος, ἡ (2-2) glass, crystal

διαυγής (1-1) transparent

23 χρεία, ἡ (3-49) need

σελήνη, ἡ (4-9) moon

φαίνω (4-31) give light, shine

φωτίζω (3-11) illuminate, give light

λύχνος, ὁ (3-14) lamp

26 οἴσω fut. of φέρω bring, bear

27 κοινός (1-14) common, unclean

βδέλυγμα, τό (3-6) abomination, detestable thing

ψεῦδος, τό (3-10) lie, falsehood

CHAPTER 22

1 λαμπρός (5-9) bright, radiant

κρύσταλλος, ὁ (2-2) crystal

2 πλατεῖα, ἡ (3-9) street

ἐντεῦθεν (1-9) from here

ἐκεῖθεν (1-27) from there

ἐντεῦθεν καὶ ἐκεῖθεν on this side and on that

ἀποδίδωμι (3-47) yield, give back, render

φύλλον, τό (1-6) leaf
θεραπεία, ἡ (1-3) service, healing
3 κατάθεμα, τό (1-1) curse
λατρεύω (2-21) serve
5 χρεία, ἡ (3-49) need
λύχνος, ὁ (3-14) lamp
φωτίζω (3-11) illuminate, give
light
6 τάχος, τό (2-7) speed, quickness,
swiftness; ἐν τάχει quickly, at
once
8 ἔμπροσθεν (3-48) before
9 σύνδουλος, ὁ (3-10) fellow-serv-
ant
10 ἐγγύς (2-31) near
11 ῥυπαρός (1-2) filthy, dirty
ῥυπαίνω (1-1) befoul, soil, make
dirty, defile
ἁγιάζω (1-27) make holy, conse-
crate, sanctify
12 μισθός, ὁ (2-29) reward, wages
ἀποδίδωμι (3-47) render, give
back
13 τέλος, τό (3-41) end
14 πλύνω (2-3) wash
στολή, ἡ (5-9) robe
15 κύων, ὁ (1-5) dog

φαρμακός, ὁ (2-2) magician,
poisoner
πόρνος, ὁ (2-10) fornicator, one
who practices sexual im-
morality
φονεύς, ὁ (2-7) murderer
εἰδωλολάτρης, ὁ (2-7) idolater
φιλέω (2-25) love
ψεῦδος, τό (3-10) lie, falsehood
16 ῥίζα, ἡ (2-16) root
γένος, τό (1-20) descendant,
race
λαμπρός (5-9) bright, radiant
πρωϊνός (2-2) early, belonging
to the morning
17 νύμφη, ἡ (4-8) bride
διψάω (3-16) thirst
δωρεάν (2-8) acc. of δωρεά used
as adv. as a gift, without
payment
18 ἐπιτίθημι (2-40) lay or put
upon, add
19 ἀφαιρέω (2-10) take from, take
away
μέρος, τό (4-42) part, portion
20 ναί (4-34) yes, indeed

273

APPENDIX I

WORDS OCCURRING MORE THAN 50 TIMES

1 ἀγαθός (104) good
2 ἀγάπη, ἡ (116) love
3 ἀγαπάω (141) love
4 ἀγαπητός (61) beloved
5 ἄγγελος, ὁ (175) angel, messenger
6 ἅγιος (233) holy, sacred, dedicated
7 ἄγω (66) lead, bring, take along, arrest
8 ἀδελφός, ὁ (343) brother
9 αἷμα, τό (97) blood
10 αἴρω (101) lift up, take up, remove
11 αἰτέω (70) ask, demand
12 αἰών, ὁ (123) age, world
13 αἰώνιος (70) eternal
14 ἀκολουθέω (90) follow
15 ἀκούω (427) hear, listen
16 ἀλήθεια, ἡ (109) truth
17 ἀλλά (635) but, yet, nevertheless
18 ἀλλήλων (100) one another
19 ἄλλος (155) other, another
20 ἁμαρτία, ἡ (173) sin
21 ἀμήν (126) so let it be, truly, amen
22 ἄν (166) part. incapable of translation by a single English word
23 ἀναβαίνω (81) go up, ascend
24 ἀνήρ, ὁ (216) man
25 ἄνθρωπος, ὁ (548) human being, man
26 ἀνίστημι (107) raise; rise, arise
27 ἀνοίγω (78) open
28 ἀπέρχομαι (116) go away, depart
29 ἀπό (645) from
30 ἀποθνήσκω (113) die
31 ἀποκρίνομαι (231) answer
32 ἀποκτείνω (74) kill
33 ἀπόλλυμι (90) ruin, destroy, loose; mid. perish, die
34 ἀπολύω (65) release; dismiss, send away

35 ἀποστέλλω (131) send away
36 ἀπόστολος, ὁ (79) apostle, messenger
37 ἄρτος, ὁ (97) bread
38 ἀρχή, ἡ (55) beginning, ruler; authority
39 ἄρχω (85) rule; mid. begin
40 ἀρχιερεύς, ὁ (122) high priest
41 ἀσπάζομαι (59) greet
42 αὐτός (5534) he; self; same
43 ἀφίημι (142) let go, send away, pardon; leave; allow
44 βάλλω (122) throw; put, place, bring
45 βαπτίζω (77) baptize
46 βασιλεία, ἡ (162) kingdom
47 βασιλεύς, ὁ (115) king
48 βλέπω (132) see
49 γάρ (1036) for; certainly, so, then
50 γεννάω (97) beget; bear, produce
51 γῆ, ἡ (248) earth, ground, land
52 γίνομαι (667) become, come to be, happen
53 γινώσκω (221) know, learn
54 γλῶσσα, ἡ (50) tongue, language
55 γραμματεύς, ὁ (62) scribe, expert in law
56 γραφή, ἡ (50) writing; Scripture
57 γράφω (190) write
58 γυνή, ἡ (209) woman, wife
59 δαιμόνιον, τό (63) divinity; demon
60 δέ (2771) but, and
61 δεῖ (102) it is necessary
62 δεξιός (54) right
63 δέχομαι (56) receive, take
64 διά (666) through w. gen.; because of, on account of w. acc.
65 διδάσκαλος, ὁ (59) teacher
66 διδάσκω (95) teach
67 δίδωμι (416) give

274

68 δίκαιος (79) just, righteous
69 δικαιοσύνη, ἡ (91) righteousness, justice
70 διό (53) therefore
71 δοκέω (62) think, believe; seem
72 δόξα, ἡ (165) glory, splendor, fame
73 δοξάζω (61) glorify, praise
74 δοῦλος, ὁ (124) slave
75 δύναμαι (209) be able
76 δύναμις, ἡ (118) power, ability, miracle
77 δύο (136) two
78 δώδεκα (75) twelve
79 ἐάν (343) if
80 ἑαυτοῦ (320) oneself
81 ἐγείρω (143) raise, wake
82 ἐγώ (1713) I
83 ἔθνος, τό (162) nation; pl. Gentiles
84 εἰ (513) if
85 εἶδον (336) 2 aor. of see, perceive
86 οἶδα (321) know
87 εἰμί (2450) to be
88 εἶπον (925) 2 aor. of say, speak
89 εἰρήνη, ἡ (91) peace
90 εἰς (1753) into, toward
91 εἷς, μία, ἕν (337) one
92 εἰσέρχομαι (192) come in, go in
93 εἴτε (65) if ... if, whether ... or
94 ἐκ, ἐξ (915) from, out of, away from
95 ἕκαστος (81) each
96 ἐκβάλλω (81) cast out, send out, remove
97 ἐκεῖ (95) there
98 ἐκεῖνος (243) that
99 ἐκκλησία, ἡ (114) church, assembly
100 ἐλπίς, ἡ (53) hope
101 ἐμός (76) my
102 ἐν (2713) in
103 ἐντολή, ἡ (68) commandment
104 ἐνώπιον (93) before, in the presence of
105 ἐξέρχομαι (216) go out, come out
106 ἐξουσία, ἡ (102) authority, ability, right
107 ἔξω (62) outside, outer
108 ἐπαγγελία, ἡ (52) promise, pledge

109 ἐπερωτάω (56) ask
110 ἐπί (878) upon, near, before, over, on the basis of, in the time of w. gen.; at, by, on w. dat.; across, to, against w. acc.
111 ἑπτά (87) seven
112 ἔργον, τό (169) deed, work
113 ἐρῶ (96) fut. form of λέγω say, speak
114 ἔρχομαι (631) go, come
115 ἐρωτάω (62) ask
116 ἐσθίω (65) eat
117 ἔσχατος (52) last
118 ἕτερος (98) other
119 ἔτι (92) still, yet
120 εὐαγγελίζω (54) proclaim, preach, bring good news
121 εὐαγγέλιον, τό (76) good news, gospel
122 εὐθύς (54) immediately, at once
123 εὑρίσκω (176) find
124 ἔχω (705) have
125 ἕως (145) till, until
126 ζάω (140) live
127 ζητέω (117) seek
128 ζωή, ἡ (135) life
129 ἤ (342) or, than
130 ἤδη (60) already
131 ἡμεῖς (856) we
132 ἡμέρα, ἡ (388) day
133 θάλασσα, ἡ (91) sea
134 θάνατος, ὁ (120) death
135 θέλω (207) will, wish
136 θέλημα, τό (62) will
137 θεός, ὁ (1314) God, god
138 θεωρέω (58) behold, see
139 θρόνος, ὁ (62) throne
140 ἴδιος (113) one's own
141 ἰδού (200) look, behold
142 ἱερόν, τό (70) temple
143 ἱμάτιον, τό (60) garment
144 ἵνα (673) in order that
145 ἵστημι (152) place, set; stand, stop
146 κἀγώ (84) and I, I also
147 κάθημαι (91) sit
148 καθώς (178) just as
149 καί (8947) and, also, even
150 καιρός, ὁ (85) time
151 κακός (50) bad
152 καλέω (148) call
153 καλός (99) good

Appendix I

154 καρδία, ἡ (156) heart
155 καρπός, ὁ (66) fruit
156 κατά (471) w. acc. according to, w. gen. down, against
157 καταβαίνω (81) go down, come down
158 κεφαλή, ἡ (75) head
159 κηρύσσω (61) announce, proclaim, preach
160 κόσμος, ὁ (185) world, adornment
161 κράζω (55) cry out, scream
162 κρίνω (114) judge
163 κύριος, ὁ (718) lord, master
164 λαλέω (298) speak, utter
165 λαμβάνω (258) take, receive
166 λαός, ὁ (141) people
167 λέγω (1318) say, speak
168 λίθος, ὁ (58) stone
169 λόγος, ὁ (331) word, speech, matter, account, reason
170 λοιπός (55) remaining, left, rest; adv. from now on, henceforth, in addition, finally
171 μαθητής, ὁ (262) disciple, pupil
172 μακάριος (50) blessed, fortunate, happy
173 μᾶλλον (80) more, rather
174 μαρτυρέω (76) testify, witness
175 μέγας (194) large, great
176 μέλλω (110) be about to, be on the point of
177 μέν (181) on the one hand, but
178 μένω (118) remain, abide
179 μέσος (56) middle, in the middle
180 μετά (467) w. gen. with; w. acc. after, behind
181 μή (1055) not, w. other moods than ind.
182 μηδέ (57) and not, but not; not even
183 μηδείς (85) no one
184 μήτηρ, ἡ (84) mother
185 μόνος (66) only, alone
186 νεκρός (128) dead
187 νόμος, ὁ (191) law
188 νῦν (148) now
189 νύξ, ἡ (61) night
190 ὁ, ἡ, τό (19734) the
191 ὁδός, ἡ (101) way
192 οἰκία, ἡ (94) house, household
193 οἶκος, ὁ (112) house, household

194 ὅλος (108) whole, entire; complete
195 ὄνομα, τό (228) name
196 ὅπου (82) where
197 ὅπως (53) conj. in order that; adv. how, in what way
198 ὁράω (114) see
199 ὄρος, τό (62) mountain
200 ὅς, ἥ, ὅ (1369) rel. who, which, what, that
201 ὅσος (110) as great, how great; as far, how far; as long, how long; as much, how much
202 ὅστις, ἥτις, ὅτι (154) whoever; such a one who; who
203 ὅταν (123) whenever, when
204 ὅτε (102) when, while, as long as
205 ὅτι (1285) because, that
206 οὐ, οὐκ, οὐχ (1619) not
207 οὐδέ (139) and not, but not; not even
208 οὐδείς, -μία, -έν (226) no one
209 οὖν (493) therefore, then
210 οὐρανός, ὁ (272) heaven
211 οὔτε (91) neither – nor
212 οὗτος (1388) this
213 οὕτως (208) thus, so
214 οὐχί (53) not, no
215 ὀφθαλμός, ὁ (100) eye
216 ὄχλος, ὁ (174) crowd
217 παιδίον, τό (52) infant, child
218 πάλιν (139) again
219 παρά (191) w. gen. from; w. dat. at, by, beside, near; w. acc. by, along, near, more than, against
220 παραβολή, ἡ (50) parable
221 παραδίδωμι (120) deliver, entrust, commit, pass on
222 παρακαλέω (109) summon, request, entreat
223 πᾶς, πᾶσα, πᾶν (1226) all, every
224 πατήρ, ὁ (415) father
225 πείθω (52) convince, persuade; depend on, trust in
226 πέμπω (79) send
227 περί (331) w. gen. about, concerning; w. acc. around, about, near
228 περιπατέω (95) walk
229 πίνω (73) drink
230 πίπτω (90) fall
231 πιστεύω (241) believe, entrust

276

232 πίστις, ἡ (243) faith
233 πιστός (67) faithful, believing
234 πλείων, πλεῖον (55) more
235 πληρόω (86) fulfill, fill
236 πλοῖον, τό (66) boat
237 πνεῦμα, τό (379) spirit, wind
238 ποιέω (565) do, make
239 πόλις, ἡ (161) city
240 πολύς (353) many, much
241 πονηρός (78) evil, wicked
242 πορεύομαι (150) go, come
243 πούς, ὁ (93) foot
244 πρεσβύτερος (65) older, elder
245 πρός (696) w. gen. to the advantage of; w. dat. near, at, by; w. acc. toward, with, against
246 προσέρχομαι (87) come or go to, approach
247 προσεύχομαι (86) pray
248 προσκυνέω (59) worship, prostrate oneself before
249 πρόσωπον, τό (74) face
250 προφήτης, ὁ (144) prophet
251 πρῶτον (60) first, adv.
252 πρῶτος (92) first, adj.
253 πῦρ, τό (71) fire
254 πῶς (104) how? in what way?
255 ῥῆμα, τό (68) word; thing, object
256 σάββατον, τό (68) Sabbath
257 σάρξ, ἡ (147) flesh
258 σημεῖον, τό (77) sign, miracle
259 σοφία, ἡ (51) wisdom
260 σπείρω (52) sow
261 στόμα, τό (78) mouth
262 σύ (1057) you (sing.)
263 σύν (127) with
264 συνάγω (59) gather
265 συναγωγή, ἡ (56) place of assembly, synagogue
266 σώζω (106) save

267 σῶμα, τό (142) body
268 τέ (201) and, freq. not translated
269 τέκνον, τό (99) child
270 τηρέω (70) keep, watch
271 τίθημι (101) put, place; make
272 τις, τι (518) someone, anyone
273 τίς, τί (552) who? what?
274 τοιοῦτος (56) such a kind, such as this
275 τόπος, ὁ (95) place
276 τότε (159) then
277 τρεῖς, τρία (67) three
278 τυφλός (50) blind
279 ὕδωρ, τό (76) water
280 υἱός, ὁ (375) son
281 ὑμεῖς (1830) you (pl.)
282 ὑπάγω (79) go away, withdraw
283 ὑπάρχω (60) exist, be present; τὰ ὑπ. property, possessions
284 ὑπέρ (149) w. gen. for, in behalf of, because of; w. acc. over and above, beyond
285 ὑπό (217) w. gen. by; w. acc. under, below
286 φάγω (94) 2 aor. of ἐσθίω eat
287 φημί (66) say, affirm
288 φέρω (68) bear, bring, carry
289 φοβέομαι (95) fear
290 φωνή, ἡ (137) voice, sound
291 φῶς, τό (73) light
292 χαίρω (74) rejoice
293 χαρά, ἡ (59) joy
294 χάρις, ἡ (155) grace, favor
295 χείρ, ἡ (176) hand
296 χρόνος, ὁ (54) time
297 ψυχή, ἡ (101) soul, life
298 ὧδε (61) here
299 ὥρα, ἡ (106) hour, time
300 ὡς (505) as, when, after, while, about
301 ὥστε (84) therefore, so that

APPENDIX II[1]

ALPHABETICAL LIST OF VERBAL FORMS

αἴσθωνται (αἰσθάνομαι) 2 aor. subjc.
ἀκήκοα (ἀκούω) 2 pf. a.
ἀλλαγήσομαι (ἀλλάσσω) 2 fut. p.
ἀνάβα, -ηθι (ἀναβαίνω) 2 aor. impv.
ἀναβέβηκα (ἀναβαίνω) pf. a.
ἀναγνούς (ἀναγινώσκω) 2 aor. ptcp.
  a.
ἀναγνῶναι (ἀναγινώσκω) 2 aor. inf.
  a.
ἀναλοῖ (ἀναλόω) pres. ind. a.
ἀναπαήσομαι (ἀναπαύω) fut. m.
ἀνάπεσαι (ἀναπίπτω) 1 aor. impv. m.
ἀνάπεσε (ἀναπίπτω) 2 aor. impv. a.
ἀνάστα, -στηθι (ἀνίστημι) 2 aor.
  impv. a.
ἀνατεθραμμένος (ἀνατρέφω) pf. ptcp.
  p.
ἀναφανέντες (ἀναφαίνω) 2 aor. ptcp.
  p.
ἀναχθέντες (ἀνάγω) 1 aor. ptcp. p.
ἀνέγνωτε (ἀναγινώσκω) 2 aor. a.
ἀνεθέμην (ἀνατίθημι) 2 aor. m.
ἀνέθη (ἀνίημι) 1 aor. p.
ἀνείλατο (ἀναιρέω) 2 aor. m.
ἀνείλατε, -εῖλαν (ἀναιρέω) 2 aor. a.
ἀνειχόμην (ἀνέχω) impf. m.
ἀνελεῖ (ἀναιρέω) fut. a.
ἀνελεῖν (ἀναιρέω) 2 aor. inf. a.
ἀνενέγκαι (ἀναφέρω) 1 aor. inf. a.
ἀνενεγκεῖν (ἀναφέρω) 2 aor. inf. a.
ἀνέντες (ἀνίημι) 2 aor. ptcp. a.
ἀνέπεσεν (ἀναπίπτω) 2 aor. a.
ἀνεστράφημεν (ἀναστρέφω) 2 aor. p.
ἀνεσχόμην (ἀνέχω) 2 aor. m.
ἀνέτειλα (ἀνατέλλω) 1 aor. a.
ἀνετράφη (ἀνατρέφω) 2 aor. p.
ἀνεῦραν (ἀνευρίσκω) 2 aor. a.
ἀνέῳγα (ἀνοίγω) 2 pf. a.

ἀνέῳξα (ἀνοίγω) 1 aor. a.
ἀνεῳχθῆναι (ἀνοίγω) 1 aor. inf. p.
ἀνηγγέλην (ἀναγγέλλω) 2 aor. p.
ἀνήνεγκεν (ἀναφέρω) 1 (2) aor. act.
ἀνῃρέθην (ἀναιρέω) 1 aor. p.
ἀνήφθη (ἀνάπτω) 1 aor. p.
ἀνήχθην (ἀνάγω) 1 aor. p.
ἀνθέστηκε (ἀνθίστημι) pf. ind. ac.
ἀνθίστανται (ἀνθίστημι) pres. m.
ἀνιέντες (ἀνίημι) pres. ptcp. a.
ἀνοιγήσεται (ἀνοίγω) 2 fut. p.
ἀνοιγῶσιν (ἀνοίγω) 2 aor. subjc. p.
ἀνοίσω (ἀναφέρω) fut. a.
ἀνοιχθήσεται (ἀνοίγω) 1 fut. p.
ἀνταποδοῦναι (ἀνταποδίδωμι) 2 aor.
  inf. a.
ἀντέστην (ἀνθίστημι) 2 aor. a.
ἀντιστῆναι (ἀνθίστημι) 2 aor. inf. a.
ἀνῶ (ἀνίημι) 2 aor. subjc. a.
ἀπατάτω (ἀπατάω) pres. impv. act.
ἀπέβησαν (ἀποβαίνω) 2 aor. a.
ἀπεδίδουν (ἀποδίδωμι) impf. a.
ἀπέδοτο, -δοσθε (ἀποδίδωμι) 2 aor.
  m.
ἀπειπάμεθα (ἀπεῖπον) 1 aor. m.
ἀπεῖχον (ἀπέχω) impf. a.
ἀπεκατέστην (ἀποκαθίστημι) 2 aor.
  a.
ἀπεληλύθεισαν (ἀπέρχομαι) plpf.
ἀπενεγκεῖν (ἀποφέρω) 2 aor. inf. a.
ἀπενεχθῆναι (ἀποφέρω) 1 aor. inf. p.
ἀπεπνίγη (ἀποπνίγω) 2 aor. p.
ἀπεστάλην (ἀποστέλλω) 2 aor. p.
ἀπέσταλκα (ἀποστέλλω) pf. a.
ἀπέστειλα (ἀποστέλλω) 1 aor. a.
ἀπέστη, -ησαν (ἀφίστημι) 2 aor. a.
ἀπῄεσαν (ἄπειμι) impf.
ἀπηλλάχθαι (ἀπαλλάσσω) pf. inf. p.

[1] This is a selected list of verbal forms from a much longer list found in Appendix B of G. Abbott-Smith's *A Manual Greek Lexicon of the New Testament* (3rd ed.; Edinburgh: T & T Clark, 1953), pp. 500-512. Since the student will have the present tense form in the Lexicon, only forms which are irregular have been included. If he knows the basic forms, he ought to be able to identify all other forms which he will meet in the New Testament.

ἀποβάντες (ἀποβαίνω) 2 aor. ptcp. a.
ἀποβήσεται (ἀποβαίνω) fut. 3 s.
ἀποδεικνύντα (ἀποδείκνυμι) pres.
  ptcp. a.
ἀποδιδόναι (ἀποδίδωμι) pres. inf. a.
ἀποδιδοῦν (ἀποδίδωμι) pr. ptcp. a.
  neut. s.
ἀποδοῖ (ἀποδίδωμι) 2 aor. subjc. a.
ἀπόδος, -δοτε (ἀποδίδωμι) 2 aor.
  impv. a.
ἀποδοῦναι, -δους (ἀποδίδωμι) 2 aor.
  inf. (ptcp.) a.
ἀποκατηλλάγητε (ἀποκαταλλάσσω) 2
  aor. p.
ἀποκατιστάνει (ἀποκαθιστάνω) pres.
  a.
ἀποκατιστάνει = ἀποκαθιστάνει
ἀποκτέννυντες (ἀποκτείνω) pres.
  ptcp. a.
ἀποκτενῶ (ἀποκτείνω) fut. a.
ἀπολέσαι (ἀπόλλυμι) 1 aor. inf. a.
ἀπολοῦμαι (ἀπόλλυμι) fut. m.
ἀπολῶ (ἀπόλλυμι) fut. a.
ἀπόλλωα (ἀπόλλυμι) 2 pf. a.
ἀποσταλῶ (ἀποστέλλω) 2 aor. subjc.
  p.
ἀποστείλας (ἀποστέλλω) 1 aor. ptcp.
  a.
ἀποστῇ (ἀφίστημι) 2 aor. subjc. a.
ἀπόστητε, -στήτω (ἀφίστημι) 2 aor.
  impv. a.
ἀποστραφῇς (ἀποστρέφω) 2 aor.
  subj. p.
ἅπτου (ἅπτω) pres. impv. m.
ἀπώλεσα (ἀπόλλυμι) 1 aor. a.
ἀπωλόμην (ἀπόλλυμι) 2 aor. m.
ἀπωσάμενος (ἀπωθέω) 1 aor. ptcp.
  m.
ἆραι (αἴρω) 1 aor. inf. a.
ἄρας (αἴρω) 1 aor. ptcp. a.
ἄρῃ (αἴρω) 1 aor. subjc. a.
ἀρθῇ, -θῶσιν (αἴρω) 1 aor. subjc. p.
ἄρθητι (αἴρω) 1 aor. impv. p.
ἄρον (αἴρω) 1 aor. impv. a.
ἁρπαγέντα (ἁρπάζω) 2 aor. ptcp. p.
ἀρῶ-οῦσιν (αἴρω) fut. a.
ἀφέθην (ἀφίημι) 1 aor. p.
ἀφεῖλεν (ἀφαιρέω) 2 aor. a.
ἀφεῖναι (ἀφίημι) 2 aor. inf. a.
ἀφεῖς (ἀφίημι) pres. ind. a. 2 s.
ἀφείς (ἀφίημι) 2 aor. ptcp. a.
ἀφελεῖ (ἀφαιρέω) fut. a.
ἀφελεῖν (ἀφαιρέω) 2 aor. inf. a.
ἄφες (ἀφίημι) 2 aor. impv. a.

ἀφέωνται (ἀφίημι) pf. pass.
ἀφῇ (ἀφίημι) 2 aor. subjc. a.
ἀφῆκα (ἀφίημι) 1 aor. a.
ἀφίενται, -ονται (ἀφίημι) pres. p.
ἀφίστασο (ἀφίστημι) pres. impv. m.
ἀφίστατο (ἀφίστημι) impf. m.
ἀφοριεῖ, -οῦσιν (ἀφορίζω) fut. a.
ἀφῶμεν (ἀφίημι) 2 aor. subjc. a.
ἀφωμοιωμένος (ἀφοιμοιόω) pf. ptcp.
  p.
ἀχθῆναι (ἄγω) 1 aor. inf. p.
ἀχθήσεσθε (ἄγω) 1 fut. pass.

βέβηκα (βαίνω) pf. a.
βέβληκεν (βάλλω) pf. a.
βληθείς (βάλλω) 1 aor. ptcp. p.
βλήθητι (βάλλω) 1 aor. impv. p.

γεγόνει (γίνομαι) plpf. a. 3 s.
γνοῖ = γνῷ
γνούς (γινώσκω) 2 aor. ptcp. a.
γνῶ, γνῷ (γινώσκω) 2 aor. subjc. a.
  1 and 3 s.
γνῶθι (γινώσκω) 2 aor. impv. a.
γνωριοῦσιν (γνωρίζω) fut.
γνώτω (γνωρίζω) 2 aor. impv. a.

δέδεκται (δέχομαι) pf.
δεδώκεισαν (δίδωμι) plpf. a.
δέξαι (δέχομαι) 1 aor. impv.
διαβάς (διαβαίνω) 2 aor. ptcp. a.
διαβῆναι (διαβαίνω) 2 aor. inf. a.
διάδος (διαδίδωμι) 2 aor. impv. a.
διαλλάγηθι (διαλλάσσω) 2 aor. impv.
  p.
διαμενεῖς (διαμένω) fut. ind. a.
διασπαρέντες (διασπείρω) 2 aor.
  ptcp. p.
διαστάσης (διϊστημι) 2 aor. ptcp. a.
διαταγείς (διατάσσω) 2 aor. ptcp. p.
διατεταχέναι (διατάσσω) pf. inf. a.
διδόασιν (δίδωμι) pres. a.
διέβησαν (διαβαίνω) 2 aor. a.
διεῖλον (διαιρέω) 2 aor. a.
διενέγκη (διαφέρω) 1 or 2 aor. subjc.
  a.
διεσπάρησαν (διασπείρω) 2 aor. p.
διεσπᾶσθαι (διασπάω) pf. inf. p.
διέστη (διϊστημι) 2 aor. a.
διεφθάρην (διαφθείρω) 2 aor. p.
διεφθαρμένος (διαφθείρω) pf. ptcp.
  p.
διορυγῆναι (διορύσσω) 2 aor. inf. p.
δοῖ (δίδωμι) 2 aor. subjc. a.

Appendix II

δός, δότε, δότω (δίδωμι) 2 aor. impv. a.
δοῦναι (δίδωμι) 2 aor. inf. a.
δούς (δίδωμι) 2 aor. ptcp. a.
δῶ, δώῃ (δίδωμι) 2 aor. subjc. a.
δώῃ (δίδωμι) 2 aor. opt. a.

ἐβέβλητο (βάλλω) plpf. p.
ἐγεγόνει (γίνομαι) plpf. a.
ἔγειραι (ἐγείρω) 1 aor. impv. m.
ἐγεῖραι (ἐγείρω) 1 aor. inf. a.
ἐγερεῖ (ἐγείρω) fut. a.
ἐγέρθητι (ἐγείρω) 1 aor. impv. p.
ἐγήγερμαι (ἐγείρω) pf. p.
ἔγημα (γαμέω) 1 aor. a.
ἐγνωκέναι (γινώσκω) pf. inf. a.
ἔγνων (γινώσκω) 2 aor. a.
ἔγχρισαι (ἐγχρίω) 1 aor. impv. m.
ἐγχρῖσαι (ἐγχρίω) 1 aor. inf. a.
ἐδαφιοῦσιν (ἐδαφίζω) fut. a.
ἐδέετο, -εῖτο (δέομαι) impf.
ἐδολιοῦσαν (δολιόω) late impf.
ἔδυ, ἔδυσεν (δύνω) 2 and 1 aor. a. 3 s.
ἐθέμην (τίθημι) 2 aor. m.
ἔθου (τίθημι) 2 aor. m.
ἔθρεψα (τρέφω) 1 aor. a.
εἴα (ἐάω) impf. a.
εἴασα (ἐάω) 1 aor. a.
εἵλατο (αἱρέω) 2 aor. m.
εἴληπται (λαμβάνω) pf. p.
εἴληφα (λαμβάνω) pf. a.
εἷλκον (ἕλκω) impf. a.
εἱλκωμένος (ἑλκόω) pf. ptcp. p.
εἰσελήλυθα (εἰσέρχομαι) pf.
εἰσῄει (εἴσειμι) impf.
εἰσίασιν (εἴσειμι) pres. ind.
εἱστήκεισαν (ἵστημι) plpf. a.
εἶχαν, -οσαν (ἔχω) impf.
εἴων (ἐάω) impf.
ἐκέκραξα, ἔκραξα (κράζω) 1 aor. a.
ἐκέρασα (κεράννυμι) 1 aor. a.
ἐκλέλησθε (ἐκλανθάνω) pf. m.
ἐκρύβη (κρύπτω) 2 aor. p.
ἐκτενεῖς (ἐκτείνω) fut. a.
ἐκτραπῇ (ἐκτείνω) 2 aor. subjc. p.
ἐκφύῃ (ἐκφύω) pres. or 2 aor. subjc. a.
ἐκχέαι (ἐκχέω) 1 aor. inf. a.
ἐκχέετε (ἐκχέω) pres. or 2 aor. impv. a.
ἐλεύσομαι (ἔρχομαι) fut.
ἐληλακότες (ἐλαύνω) pf. ptcp. a.
ἐλήλυθα (ἔρχομαι) pf.
ἑλόμενος (αἱρέω) 2 aor. ptcp. m.

ἐλπιοῦσιν (ἐλπίζω) fut. 3 pl.
ἐμβάς (ἐμβαίνω) 2 aor. ptcp. a.
ἐμβῆναι (ἐμβαίνω) 2 aor. inf. a.
ἐμπλησθῶ (ἐμπίμπλημι) 1 aor. subjc. p.
ἐμώρανα (μωραίνω) 1 aor. a.
ἐνεῖχεν (ἐνέχω) impf. a.
ἐνέπλησεν (ἐμπίμπλημι) 1 aor. a.
ἐνεστῶτα, -ῶσαν, ῶτος (ἐνίστημι) pf. ptcp. a.
ἐνεχθείς (φέρω) 1 aor. ptcp. p.
ἐνοικοῦν (ἐνοικέω) pres. ptcp. a.
ἐντελεῖται (ἐντέλλω) fut. m.
ἐντραπῇ (ἐντρέπω) 2 aor. subjc. p.
ἐντραπήσονται (ἐντρέπω) 2 fut. pl.
ἐξαρεῖτε (ἐξαίρω) fut. a.
ἐξείλατο (ἐξαιρέω) 2 aor. m.
ἐξεκόπης (ἐκκόπτω) 2 aor. p.
ἔξελε (ἐξαιρέω) 2 aor. impv. a.
ἐξέληται (ἐξαιρέω) 2 aor. subjc. m.
ἐξεπλάγησαν (ἐκπλήσσω) 2 aor. p.
ἐξεστακέναι (ἐξίστημι) pf. inf. a.
ἐξετράπησαν (ἐκτρέπω) 2 aor. p.
ἐξέχεε (ἐκχέω) 1 aor. a.
ἐξέωσεν = ἐξῶσεν
ἐξῄεσαν (ἔξειμι) impf.
ἐξήρανται (ξηραίνω) pf. p. 3 s.
ἐξήχηται (ἐξηχέω) pf. pass.
ἐξιέναι (ἔξειμι) pres. inf.
ἐξιστάνων (ἐξίστημι) pres. ptcp.
ἐξοίσουσι (ἐκφέρω) fut. a.
ἐξῶσαι (ἐξωθέω) 1 aor. inf. a.
ἐξῶσεν (ἐξωθέω) 1 aor. a.
ἑόρακα (ὁράω) pf. a.
ἔπαθεν (πάσχω) 2 aor. a.
ἐπαναπαήσεται (ἐπαναπαύω) fut. m.
ἐπειράσω (πειράζω) 1 aor. m.
ἔπεισα (πείθω) 1 aor. a.
ἐπείσθησαν (πείθω) 1 aor. p.
ἐπεῖχεν (ἐπέχω) impf. a.
ἐπεποίθει (πείθω) 2 plpf. a.
ἔπεσα (πίπτω) 2 aor. a.
ἐπέστησαν (ἐφίστημι) 2 aor. a.
ἐπέσχεν (ἐπέχω) 2 aor. a.
ἐπετράπη (ἐπιτρέπω) 2 aor. p.
ἐπεφάνη (ἐπιφαίνω) 2 aor. p.
ἐπηκροῶντο (ἐπακροάομαι) impf.
ἐπῆρα (ἐπαίρω) 1 aor. a.
ἐπῆρκεν (ἐπαίρω) pf. a.
ἐπίθες (ἐπιτίθημι) 2 aor. impv. a.
ἐπικέκλησαι (ἐπικαλέω) pf. m.
ἐπικέκλητο (ἐπικαλέω) plpf. p.
ἐπιμελήθητι (ἐπιμελέομαι) 1 aor. impv. p.

280

ἔπιον (πίνω) 2 aor. a.
ἐπιστᾶσα (ἐφίστημι) 2 aor. ptcp. a.
ἐπίσταται (ἐφίστημι) pres. ind. m.
ἐπίσταται (ἐπίσταμαι) pres. ind.
ἐπίστηθι (ἐφίστημι) 2 aor. impv. a.
ἐπιτεθῇ (ἐπιτίθημι) 1 aor. subjc. p.
ἐπιτιθέασι (ἐπιτίθημι) pres. a.
ἐπιτίθει (ἐπιτίθημι) pres. impv. a.
ἐπιφᾶναι (ἐπιφαίνω) 1 aor. inf. a.
ἐπλήγη (πλήσσω) 2 aor. p.
ἔπλησαν (πίμπλημι) 1 aor. a.
ἐπλήσθη, -θησαν (πίμπλημι) 1 aor. p.
ἐπράθη (πιπράσκω) 1 aor. p.
ἐρριζωμένοι (ῥιζόω) pf. ptcp. p.
ἐριμμένοι (ῥίπτω) pf. ptcp. p.
ἔρριπται (ῥίπτω) pf. p.
ἔριψαν (ῥίπτω) 1 aor. a.
ἔρρωσο, -ωσθε (ῥώννυμι) pf. impv. p.
ἐσπαρμένος (σπείρω) pf. ptcp. p.
ἑστάναι (ἵστημι) pf. inf. a.
ἑστήκασιν (ἵστημι) pf. a.
ἑστηκώς (ἵστημι) pf. ptcp. a.
ἔστην (ἵστημι) 2 aor. a.
ἔστωσαν (εἰμί) impv.
ἔσχηκα (ἔχω) pf.
ἐσχηκότα (ἔχω) pf. ptcp. a.
ἔσχον (ἔχω) 2 aor. a.
ἐτάφη (θάπτω) 2 aor. p.
ἐτέθην (τίθημι) 1 aor. p.
ἐτεθνήκει (θνήσκω) plpf. a.
ἐτίθει (τίθημι) impf. a.
ἐτύθη (θύω) 1 aor. p.
εὐαρεστηκέναι, εὐηρ- (εὐαρεστέω) pf. inf. a.
εὕραμεν, εὗραν (εὑρίσκω) 2 aor. a.
εὑρέθην (εὑρίσκω) 1 aor. p.
εὑρηκέναι (εὑρίσκω) pf. inf. a.
ἔφαγον (ἐσθίω) 2 aor. a.
ἐφαλόμενος (ἐφάλλομαι) 2 aor. ptcp.
ἐφάνην (φαίνω) 2 aor. p.
ἐφεστώς (ἐφίστημι) pf. ptcp. a.
ἐφθάρην (φθείρω) 2 aor. p.
ἐφίσταται (ἐφίστημι) pres. m.
ἐχάρην (χαίρω) 2 aor. p.
ἐψεύσω (ψεύδομαι) 1 aor. m.
ἑώρακα (ὁράω) pf. a.
ἑωράκει (ὁράω) plpf. a.
ἑώρων (ὁράω) impf. a.

ζβέννυτε = σβ- (σβέννυμι) pres.
ζῶσαι (ζώννυμι) 1 aor. impv. m.
ζώσει (ζώννυμι) fut. a.

ἥγημαι (ἡγέομαι) pf.

ᾔδεισαν (οἶδα) plpf.
ἥκασι (ἥκω) pf. a.
ἥλατο (ἅλλομαι) 1 aor. 3 s.
ἤμεθα, ἦμεν (εἰμί) impf.
ἤνεγκα (φέρω) 1 aor. a.
ἠνέχθην (φέρω) 1 aor. p.
ἠνεῳγμένος (ἀνοίγω) pf. ptcp. p.
ἠνέῳξα (ἀνοίγω) 1 aor. a.
ἠνεῴχθην (ἀνοίγω) 1 aor. p.
ἠνοίγην (ἀνοίγω) 2 aor. p.
ἤνοιξα (ἀνοίγω) 1 aor. a.
ἠνοίχθην (ἀνοίγω) 1 aor. p.
ἠξίου (ἀξιόω) impf. a.
ἠξίωται (ἀξιόω) pf. p.
ἦρα (αἴρω) 1 aor. a.
ἠργαζόμην, -σάμην (ἐργάζομαι) impf. and 1 aor.
ἤρεσα (ἀρέσκω) 1 aor. a.
ἤρεσκον (ἀρέσκω) impf. a.
ἤρθην (αἴρω) 1 aor. p.
ἦρκεν (αἴρω) pf. a.
ἠρμένος (αἴρω) pf. ptcp. p.
ἤρνημαι (ἀρνέομαι) pf. pass.
ἠρξάμην (ἄρχω) 1 aor. m.
ἡρπάγη (ἁρπάζω) 2 aor. p.
ἠρώτων (ἐρωτάω) impf. a.
ἦς, ἦσθα (εἰμί) impf.
ᾐτήκαμεν (αἰτέω) pf. a.
ᾐτήκαμεν (αἰτέω) pf. a.
ᾔτησα, -σάμην (αἰτέω) 1 aor. a. and m.
ᾐτοῦντο (αἰτέω) imp. m.
ἥττηται (ἡττάω) pf. p.
ἤτω (εἰμί) pres. impv.
ἤφιε (ἀφίημι) impf.
ἤχθην (ἄγω) 1 aor. p.
ἡψάμην (ἅπτω) 1 aor. m.

θεῖναι, θείς (τίθημι) 2 aor. inf. and ptcp. a.
θέμενος (τίθημι) 2 aor. ptcp. m.
θέντες (τίθημι) 2 aor. ptcp. a. nom. pl. mas.
θέσθε (τίθημι) 2 aor. impv. m.
θέτε (τίθημι) 2 aor. impv. a.
θῶ (τίθημι) 2 aor. subjc. a.

ἰάθη (ἰάομαι) 1 aor. p.
ἴαται (ἰάομαι) pf. p.
ἰᾶτο (ἰάομαι) impf.
ἴσασι (οἶδα) 3 pl.
ἴσθι (εἰμί) impv.
ἴστε (οἶδα) ind. or impv.
ἱστήκειν (ἵστημι) plpf. a.

Appendix II

ἰώμενος (ἰάομαι) pres. ptcp.

καθαριεῖ (καθαρίζω) fut.
καθεῖλε (καθαιρέω) 2 aor. a.
καθελῶ (καθαιρέω) fut. a.
κάθη (κάθημαι) pres. ind.
καθῆκαν (καθίημι) 1 aor. a.
καθῆψε (καθάπτω) 1 aor. a.
κάθου (κάθημαι) pres. impv.
κάμητε (κάμνω) 2 aor. subjc. a.
κατάβα, κατάβηθι (καταβαίνω) 2 aor. impv. a.
κατακαήσομαι (κατακαίω) 2 fut. p.
κατακαυχῶ (κατακαυχάομαι) pres. impv.
καταρτίσαι (καταρτίζω)1 aor. inf. or opt. a.
κατασκηνοῖν, -οῦν (κατασκηνόω) pres. inf. a.
κατάσχωμεν (κατέχω) 2 aor. subjc. a.
κατεαγῶσιν (κατάγνυμι) 2 aor. subjc. p.
κατέαξα (κατάγνυμι) 1 aor. a.
κατεάξει (κατάγνυμι) fut. a.
κατειλημμένος (καταλαμβάνω) pf. ptcp. p.
κατειληφέναι (καταλαμβάνω) pf. inf. a.
κατεκάη (κατακαίω) 2 aor. p.
κατενεχθείς (καταφέρω) 1 aor. ptcp. p.
κατενύγησαν (κατανύσσω) 2 aor. p.
κατεπέστησαν (κατεφίστημι) 2 aor. a.
κατέπιε (καταπίνω) 2 aor. a.
κατεσκαμμένος (κατασκάπτω) pf. ptcp. p.
κατεστραμμένος (καταστρέφω) pf. ptcp. p.
κατευθῦναι (κατευθύνω) 1 aor. inf. a.
κατευθύναι (κατευθύνω) 1 aor. opt. a.
κατηγγέλη (καταγγέλλω) 2 aor. p.
κατήνεγκα (καταφέρω) 1 aor. a.
κατήντηκα, -σα (καταντάω) pf. and 1 aor. a.
κατηράσω (καταράομαι) 1 aor.
κατήργηται (καταργέω) pf. p.
κατηρτίσω (καταρτίζω) 1 aor. m. 2 s.
κατήχηνται (κατηχέω) pf. p.
κατηχήσω (κατηχέω) 1 aor. subjc. a.
κατίωται (κατιόω) pf. p.
καυχᾶσαι (καυχάομαι) pres. ind.
κεκαλυμμένος (καλύπτω) pf. ptcp. p.

κεκράξονται (κράζω) fut. m.
κεκρυμμένος (κρύπτω) pf. ptcp. p.
κερδανῶ, κερδήσω (κερδαίνω) fut. a.
κερδάνω (κερδαίνω) 1 aor. subjc. a.
κλῶμεν (κλάω) pres. ind. a.
κλώμενος (κλάω) pres. ptcp. p.
κλῶντες (κλάω) pres. ptcp. a.
κομιεῖται (κομίζω) fut. mid.
κράτει (κρατέω) pres. impv.
κρυβῆναι (κρύπτω) 2 aor. inf. p.
κτήσασθε (κτάομαι) 1 aor. impv. m.
κτήσησθε (κτάομαι) 1 aor. subjc. m.

λαχοῦσι (λαγχάνω) 2 aor. ptcp. a.

μακαριοῦσι (μακαρίζω) fut.
μεθιστάναι (μεθίστημι) pres. inf. a.
μελέτα (μελετάω) pres. impv. a.
μεμενήκεισαν (μένω) plpf. a.
μεμύημαι (μυέω) pf. p.
μενεῖτε (μένω) fut. ind.
μετάβα, -βηθι (μεταβαίνω) 2 aor. impv. a.
μετασταθῶ (μεθίστημι) 1 aor. subjc. p.
μεταστραφήτω (μεταστρέφω) 2 aor. impv. p.
μετέσχηκεν (μετέχω) pf. a.
μετετέθησαν (μετατίθημι) 1 aor. p.
μετοικιῶ (μετοικίζω) fut. a.

νόει (νοέω) pres. impv. a.

ὀδυνᾶσαι (ὀδυνάω) pres. ind. m.
οἴσω (φέρω) fut. a.
ὀμνύναι, -ύειν (ὄμνυμι, -ύω) pres. inf. a.
ὀναίμην (ὀνίνημι) 2 aor. opt. m.
ὁρῶσαι (ὁράω) pres. ptcp. a.
ὀφθείς (ὁράω) 1 aor. ptcp. p.
ὄψει, -η (ὁράω) fut.
ὄψησθε (ὁράω) 1 aor. subjc. m.

παθεῖν (πάσχω) 2 aor. inf. a.
πάθῃ (πάσχω) 2 aor. subjc. a.
παραδεδώκεισαν (παραδίδωμι) plpf.
παραδιδοῖ, -δῷ (παραδίδωμι) pres. subjc.
παραδιδούς, παραδούς (παραδίδωμι) pres. and 2 aor. ptcp.
παραδῷ, -δοῖ (παραδίδωμι) 2 aor. subjc. a.
παραθεῖναι (παρατίθημι) 2 aor. inf. a.

282

παράθου (παρατίθημι) 2 aor. impv. m.
παραθῶσιν (παρατίθημι) 2 aor. subjc. a.
παραιτοῦ (παραιτέομαι) pres. impv.
παραρυῶμεν (παραρέω) 2 aor. subjc. p.
παραστῆσαι (παρίστημι) 1 aor. inf. a.
παραστῆτε (παρίστημι) 2 aor. subjc. a.
παρασχών (παρέχω) 2 aor. ptcp. a.
παρεδίδοσαν (παραδίδωμι) impf. 3 pl.
παρέθεντο (παρατίθημι) 2 aor. m.
πάρει (πάρειμι) pres. ind.
παρειμένος (παρίημι) pf. ptcp. p.
παρεῖναι (παρίημι) 2 aor. inf. a.
παρεῖναι (πάρειμι) pres. inf.
παρεισεδύησαν (παρεισδύω) 2 aor. p.
παρεισενέγκαντες (παρεισφέρω) 1 aor. ptcp. a.
παρεισστήκεισαν (παρίστημι) plpf. a.
παρεῖχαν (παρέχω) impf.
παρειχόμην (παρέχω) impf. m.
παρελεύσονται (παρέρχομαι) fut.
παρεληλυθέναι (παρέρχομαι) pf. inf. a.
παρενεγκεῖν (παραφέρω) 2 aor. inf.
παρεσκεύασται (παρασκευάζω) pf. p.
παρεστηκότες, -εστῶτες (παρίστημι) pf. ptcp. a.
παρέτεινε (παρατείνω) 1 aor. a.
παρηκολούθηκας (παρακολουθέω) pf. a.
παρῄνει (παραινέω) impf. a.
παρῃτημένος (παραιτέομαι) pf. ptcp. p.
παρώτρυναν (παροτρύνω) 1 aor. a.
παρῳχημένος (παροίχομαι) pf. ptcp. p.
πεῖν (πίνω) 2 aor. inf. a.
πείσας (πείθω) 1 aor. a.
πέπεισμαι (πείθω) pf. p.
πέποιθα (πείθω) 2 pf.
πέπονθα (πάσχω) 2 pf.
πέπραχα (πράσσω) pf. a.
πέπτωκα (πίπτω) pf. a.
πέπωκε (πίνω) pf. a.
περιάψας (περιάπτω) 1 aor. ptcp. a.
περιεδέδετο (περιδέω) plpf. p.
περιέκρυβον (περικρύπτω) 2 aor. a.
περιελεῖν (περιαιρέω) 2 aor. inf. a.
περιέσχον (περιέχω) 2 aor. a.
περιθέντες (περιτίθημι) 2 aor. ptcp. a.
περιΐστασο (περιΐστημι) pres. m. or p.

πεσεῖν (πίπτω) 2 aor. inf. a.
πέτηται (πέτομαι) pres. subjc.
πεφίμωσο (φιμόω) pf. impv. p.
πίε, πιεῖν (πίνω) 2 aor. impv. and inf. a.
πικρανεῖ (πικραίνω) fut. a.
πλήσας, -σθείς (πίμπλημι) 1 aor. ptcp. a. and p.
ποιήσειαν (ποιέω) 1 aor. opt.
ποιμανεῖ (ποιμαίνω) fut. a.
προβάς (προβαίνω) 2 aor. ptcp. a.
προβεβηκυῖα (προβαίνω) pf. ptcp. a.
προεστῶτες (προΐστημι) pf. ptcp. a.
προεωρακότες (προοράω) pf. ptcp. a.
προορώμην (προοράω) impf. m.
προσανέθεντο (προσανατίθημι) 2 aor. m.
προσενήνοχεν (προσφέρω) pf. a.
προσέσχηκα (προσέχω) pf. a.
προσεῶντος (προσεάω) pres. ptcp. a.
προσήνεγκα (προσφέρω) 1 aor. a.
πρόσθες (προστίθημι) 2 aor. impv. a.
προσλαβοῦ (προσλαμβάνω) 2 aor. impv. m.
προστῆναι (προΐστημι) 2 aor. inf. a.
σημᾶναι (σημαίνω) 1 aor. inf. a.
σπαρείς (σπείρω) 2 aor. ptcp. p.
σταθῇ, στάς (ἵστημι) 1 and 2 aor.
συγ-, συμ-, see συν-
συνανέκειντο (συνανάκειμαι) impf.
συναπώλετο (συναπόλλυμι) 2 aor. m.
συναχθήσομαι (συνάγω) 1 fut. p.
συνειδυίης (συνεῖδον) pf. ptcp. a.
συνειληφυῖα (συλλαμβάνω) pf. ptcp. a.
συνείπετο (συνέπομαι) impf.
συνείχετο (συνέχω) impf. p.
συνεληλυθώς (συνέρχομαι) pf. ptcp.
συνεπέστη (συνεφίστημι) 2 aor. a.
συνεσταλμένος (συστέλλω) pf. ptcp. p.
συνεστῶσα (συνίστημι) pf. ptcp.
συνετάφημεν (συνθάπτω) 2 aor. p.
σύνετε (συνίημι) 2 aor. a.
συνετέθεεντο (συντίθημι) plpf. m.
συνέχεον (συγχέω) impf. or 2 aor.
συνηγμένος (συνάγω) pf. ptcp. p.
συνῆκαν (συνίημι) 1 aor. a.
συνηρπάκει, -ήρπασαν (συναρπάζω) plpf. and 1 aor.
συνῆσαν (σύνειμι) impf.
συνῆτε (συνίημι) 2 aor. subjc. a.
συνήχθη (συνάγω) 1 aor. p.

283

Appendix II

συνιείς (συνίημι) pres. ptcp.
συνιόντος (σύνειμι) pres. ptcp. gen. s.
συνίωσι (συνίημι) pres. subjc.
συνκατατεθειμένος (συνκατατίθημι) pf. ptcp. m.
συνόντων (σύνειμι) ptcp. gen. pl.
συνταφέντες (συνθάπτω) 2 aor. ptcp. p.
συντετριμμένος (συντρίβω) pf. ptcp. p.
συντετρίφθαι (συντρίβω) pf. inf. p.
συνφυεῖσαι (συνφύω) 2 aor. ptcp. p.
συνῶσι (συνίημι) 2 aor. subjc. a.

τακήσεται (τήκω) fut. p.
τέθεικα (τίθημι) pf. a.
τεθῇ (τίθημι) 1 aor. subjc. p.
τεθλιμμένος (θλίβω) pf. ptcp. p.
τεθνάναι (θνήσκω) pf. inf. a.
τεθνηκέναι (θνήσκω) pf. inf. a.
τεθραμμένος (τρέφω) pf. ptcp. p.
τεθῶσιν (τίθημι) 1 aor. subjc. p.
τεταχέναι (ταράσσω) pf. inf. a.
τέτευχα (τυγχάνω) pf. a.
τέτυχα (τυγχάνω) pf. a.

ὑπελείφθην (ὑπολείπω) 1 aor. p.
ὑπετάγη (ὑποτάσσω) 2 aor. p.
ὑποδῆσαι (ὑποδέω) 1 aor. impv. m.
ὑποστείληται (ὑποστέλλω) 1 aor. subjc. m.
ὑποτάγη (ὑποτάσσω) 2 aor. subjc. p.
ὑστερηκέναι (ὑστερέω) pf. inf. a.

φάγεσαι (ἐσθίω) fut. 2 s.
φθερεῖ (φθείρω) fut. a.
φιμοῖν, -οῦν (φιμόω) pres. inf. a.
φραγῇ (φράσσω) 2 aor. subjc. p.
φυείς, φύς (φύω) 2 aor. p. and a.
φωτιεῖ, -τίσει (φωτίζω) fut.

χαρῆναι (χαίρω) 2 aor. inf. p.
χρῆσαι (χράομαι) 1 aor. impv. m.
χρῆσον (κίχρημι) 1 aor. impv. a.
χρῶ (χράομαι) pres. impv.

ψηλαφήσειαν (ψηλαφάω) 1 aor. opt.
ψυγήσεται (ψύχω) 2 fut. p.

ὤφθην (ὁράω) 1 aor. p.

A BEGINNER'S
GUIDE FOR THE TRANSLATION OF
NEW TESTAMENT GREEK

PREFACE

This guide is prepared as a supplement to standard grammars, not as a replacement. For the beginning student it serves as a handy summary of the basic forms of the verbs and their translation. For the second-year student and those who may have had Greek some time ago, it functions as a tool for quick review. The emphasis throughout is on translation rather than the learning of mere forms so that the focus of this publication is on the verbs. The forms for the articles, nouns, adjectives, and pronouns are provided at the back with the verb chart. Some syntactical matters bearing on translation are included, especially where Greek syntax differs from English and therefore would cause a problem in translation. For a systematic coverage of syntax reference should be made to Dana and Mantey's *A Manual Greek Grammar of the New Testament*, Blass-Debrunner-Funk's *Grammar of the New Testament*, and Moulton's *Grammar of New Testament Greek*, Vol. III, Syntax by Nigel Turner.

The verb chart at the back of this Guide is arranged (without translation) so that the student will be able to see relationships between the forms of the different tenses. This should help him learn these forms with a minimum of effort. Therefore when the forms are being learned, reference should be made to the back. The front section concentrates on the translation of the forms.

The student should remember that while translations of the different verbal forms are given, flexibility must be exercised. For example, the aorist indicative is not always translated as a simple English past tense. Sometimes the context will indicate the present perfect. What needs to be kept in mind, however, is the intent of the Greek tense. What is provided here is the usual translation. Again while the idea of continuation is not translated with all the present tenses, especially other than indicative, the student should keep this element in mind when he translates. The following gives the kind of action of each tense:

Present: continuous action, but may include simple action in the indicative.

Aorist: simple action. The time element is explicit only in the indicative.

Imperfect: continuous action in past time.

Future: continuous or simple action in the future.

Perfect: completed action with continuous results.

Pluperfect: perfect placed in past time, relative to the time of speaking.

I have also added other helps, including a guide to parsing and rules on contractions and accents. These are not complete but are intended to give to the beginner the basic elements without confusing him with too many exceptions and details. We already have mentioned charts on forms of the noun, verb, adjective, and pronoun.

SAKAE KUBO

1

THE INDICATIVE MOOD

Overview of the Indicative Mood

Present	Active	λύω	=	I loose
Indicative				or
				I am loosing
	Middle	λύομαι	=	I loose for myself
				or
				I am loosing for myself
	Passive	λύομαι	=	I am being loosed
Imperfect	Active	ἔλυον	=	I was loosing
Indicative	Middle	ἐλυόμην	=	I was loosing for myself
	Passive	ἐλυόμην	=	I was being loosed
Future	Active	λύσω	=	I shall loose
Indicative	Middle	λύσομαι	=	I shall loose for myself
	Passive	λυθήσομαι	=	I shall be loosed
Aorist	Active	ἔλυσα	=	I loosed
Indicative	Middle	ἐλυσάμην	=	I loosed for myself
	Passive	ἐλύθην	=	I was loosed
Perfect	Active	λέλυκα	=	I have loosed
Indicative	Middle	λέλυμαι	=	I have loosed for myself
	Passive	λέλυμαι	=	I have been loosed
Pluperfect	Active	ἐλελύκειν	=	I had loosed
Indicative	Middle	ἐλελύμην	=	I had loosed for myself
	Passive	ἐλελύμην	=	I had been loosed

The student should be aware that the present of the imperative and subjunctive moods, and the infinitive usually emphasize linear action. Therefore, while he may translate the present imperative, "loose," he should keep in mind that the idea is "continue to loose." The same is true with the present infinitive, "to loose." It should be understood with the linear idea, "to continue to loose."

Indicative Mood

I. PRESENT

These forms are basic and must be memorized well before any further progress can be made.

287

The present active indicative of λύω

λύω	I loose/am loosing	λύομεν	We loose/are loosing
λύεις	You loose/are loosing	λύετε	You loose/are loosing
λύει	*He looses/is loosing	λύουσι (ν)	They loose/are loosing

The present middle indicative of λύω

λύομαι	I loose/am loosing for myself	λυόμεθα	We loose/are loosing for ourselves
λύῃ	You loose/are loosing for yourself	λύεσθε	You loose/are loosing for yourselves
λύεται	He looses/is loosing for himself	λύονται	They loose/are loosing for themselves

The endings of the present, future, and perfect middle and passive indicatives are all alike.

The present passive indicative of λύω

λύομαι	I am being loosed	λυόμεθα	We are being loosed
λύῃ	You are being loosed	λύεσθε	You are being loosed
λύεται	He is being loosed	λύονται	They are being loosed

II. FUTURE

The sign of the future is the σ. Notice that the future differs from the present only by the addition of the σ before the ending except that θη precedes the σ in the passive.

The future active indicative of λύω

λύσω	I shall loose	λύσομεν	We shall loose
λύσεις	You shall loose	λύσετε	You shall loose
λύσει	He shall loose	λύσουσι (ν)	They shall loose

The future middle indicative of λύω

λύσομαι	I shall loose for myself	λυσόμεθα	We shall loose for ourselves
λύσῃ	You shall loose for yourself	λύσεσθε	You shall loose for yourselves
λύσεται	He shall loose for himself	λύσονται	They shall loose for themselves

The future passive indicative of λύω

λυθήσομαι	I shall be loosed	λυθησόμεθα	We shall be loosed
λυθήσῃ	You shall be loosed	λυθήσεσθε	You shall be loosed
λυθήσεται	He shall be loosed	λυθήσονται	They shall be loosed

* The third person singular form is translated by *he, she,* or *it* but only *he* will be given with these forms.

The future form simply takes the σ with the present endings except for the passive which in addition takes ϑη after the stem. However, certain consonants combine with the σ to form double consonants while others simply drop before the σ. This is true also for the first aorist forms with σ.

π, β, φ combine with σ to form the double consonant ψ
κ, γ, χ combine with σ to form the double consonant ξ
τ, δ, ζ, ϑ drop before the σ

Liquid verbs (verbs ending in λ, μ, ν, ρ) do not take σ but function as though they were contract verbs, thus the accent shifts and contraction takes place.

κρινῶ	I shall judge	κρινοῦμεν	We shall judge
κρινεῖς	You will judge	κρινεῖτε	You will judge
κρινεῖ	He will judge	κρινοῦσι (ν)	They will judge

Some other liquid verbs in the future are

1. ἀποστελῶ (ἀποστέλλω)   I shall send
2. ἀποκτενῶ (ἀποκτείνω)   I shall kill
3. ἀρῶ (αἴρω)   I shall raise up, take up; remove
4. βαλῶ (βάλλω)   I shall cast, throw
5. ἐγερῶ (ἐγείρω)   I shall raise
6. ἐρῶ (λέγω)   I shall say
7. μενῶ (μένω)   I shall remain, abide
8. σπερῶ (σπείρω)   I shall sow

III. IMPERFECT

The sign of the imperfect is the augment with the present stem. Before consonants the augment is an ε. Before verbs beginning with a vowel, the vowel is lengthened. Thus α and ε become η, ο becomes ω, οι becomes ῳ, αι and ᾳ become η.

The imperfect active indicative of λύω

ἔλυον	I was loosing	ἐλύομεν	We were loosing
ἔλυες	You were loosing	ἐλύετε	You were loosing
ἔλυε (ν)	He was loosing	ἔλυον	They were loosing

The imperfect middle indicative of λύω

ἐλυόμην	I was loosing for myself	ἐλυόμεϑα	We were loosing for ourselves
ἐλύου	You were loosing for yourself	ἐλύεσϑε	You were loosing for yourselves
ἐλύετο	He was loosing for himself	ἐλύοντο	They were loosing for themselves

The endings of the imperfect, aorist, and pluperfect middle indicatives are alike. The endings of the imperfect and pluperfect passive indicatives are also the same as these.

The imperfect passive indicative of λύω

ἐλυόμην	I was being loosed	ἐλυόμεθα	We were being loosed
ἐλύου	You were being loosed	ἐλύεσθε	You were being loosed
ἐλύετο	He was being loosed	ἐλύοντο	They were being loosed

IV. SECOND AORIST

In Greek there are two types of verbs which have different forms of endings. The regular or first aorist verbs represented by λύω take the augment, the present stem, and the σ with the respective endings. The second aorist verbs represented by λείπω take the augment, a stem different from the present, and the imperfect endings in the active and the middle.

The second aorist active indicative of λείπω

ἔλιπον	I left	ἐλίπομεν	We left
ἔλιπες	You left	ἐλίπετε	You left
ἔλιπε(ν)	He left	ἔλιπον	They left

The second aorist middle indicative of λείπω

ἐλιπόμην	I left for myself	ἐλιπόμεθα	We left for ourselves
ἐλίπου	You left for yourself	ἐλίπεσθε	You left for yourselves
ἐλίπετο	He left for himself	ἐλίποντο	They left for themselves

The aorist passive indicative of λείπω is not second aorist. Therefore, we give in place of it the second aorist passive forms of στρέφω, I turn.

ἐστράφην	I was turned	ἐστράφημεν	We were turned
ἐστράφης	You were turned	ἐστράφητε	You were turned
ἐστράφην	He was turned	ἐστράφησαν	They were turned

Some common second aorist verbs are:

1. ἀπέθανον (ἀποθνήσκω) I died
2. ἔβαλον (βάλλω) I cast, threw
3. ἐγενόμην (γίνομαι) I became
4. ἔγνων (γινώσκω) I knew
5. ἔδραμον (τρέχω) I ran
6. εἶδον (βλέπω) I saw
7. εἶπον (λέγω) I said
8. ἔλαβον (λαμβάνω) I received
9. ἔλιπον (λείπω) I left
10. ἔμαθον (μανθάνω) I learned
11. ἔπεσον (πίπτω) I fell
12. ἔπιον (πίνω) I drank
13. ἔσχον (ἔχω) I had
14. εὗρον (εὑρίσκω) I found
15. ἔφαγον (ἐσθίω) I ate

16. ἦλθον (ἔρχομαι)   I came, went
17. ἔφη (φημί)   only 3d person form; he said
18. ἥμαρτον (ἀμαρτάνω)   I sinned
19. ἤγαγον (ἄγω)   I led, brought
20. ἤνεγκα (really, 1st aor., φέρω) I brought, carried
21. κατέβην (καταβαίνω)   I came down, went down

V. FIRST AORIST

The sign of the first aorist is the augment, the present stem, and σ with the appropriate endings.

The first aorist active indicative of λύω

ἔλυσα	I loosed	ἐλύσαμεν	We loosed
ἔλυσας	You loosed	ἐλύσατε	You loosed
ἔλυσε(ν)	He loosed	ἔλυσαν	They loosed

The first aorist middle indicative of λύω

ἐλυσάμην	I loosed for myself	ἐλυσάμεθα	We loosed for ourselves
ἐλύσω	You loosed for yourself	ἐλύσασθε	You loosed for yourselves
ἐλύσατο	He loosed for himself	ἐλύσαντο	They loosed for themselves

The first aorist passive indicative of λύω

ἐλύθην	I was loosed	ἐλύθημεν	We were loosed
ἐλύθης	You were loosed	ἐλύθητε	You were loosed
ἐλύθη	He was loosed	ἐλύθησαν	They were loosed

Notice that the endings are the same as the second aorist with the exception of the ϑ. Whenever the ϑ is preceded by mute consonants, the following is the result:

π, β, φ combine with ϑ to form φϑ
κ, γ, χ combine with ϑ to form χϑ
τ, δ, ϑ and ζ combine with ϑ to form σϑ

The liquid verbs do not take the σ but otherwise have the same endings as the regular first aorist verbs. The short vowel ε is lengthened to ει. Some of these liquid aorists are:

1. ἀπέστειλα (ἀποστέλλω)   I sent
2. ἔμεινα (μένω)   I remained
3. ἔκρινα (κρίνω)   I judged
4. ἤγειρα (ἐγείρω)   I raised up
5. ἠθέλησα (θέλω)   I willed, wished (This verb is a liquid but is irregular since it functions as a contract verb and also takes η instead of the expected ε for its augment.)

VI. FIRST PERFECT

The sign of the first perfect is the reduplication (with a verb beginning with a vowel, the augment) and the κ. Notice that it is virtually the same as the first aorist except for the κ replacing the σ. Notice also that the thematic vowel is dropped in all its forms.

The first perfect active indicative of λύω

λέλυκα	I have loosed	λελύκαμεν	We have loosed
λέλυκας	You have loosed	λελύκατε	You have loosed
λέλυκε(ν)	He has loosed	λελύκασι(ν) -καν	They have loosed

The first perfect middle indicative of λύω

λέλυμαι	I have loosed for myself	λελύμεθα	We have loosed for ourselves
λέλυσαι	You have loosed for yourself	λέλυσθε	You have loosed for yourselves
λέλυται	He has loosed for himself	λέλυνται	They have loosed for themselves

The first perfect passive indicative of λύω

λέλυμαι	I have been loosed	λελύμεθα	We have been loosed
λέλυσαι	You have been loosed	λέλυσθε	You have been loosed
λέλυται	He has been loosed	λέλυνται	They have been loosed

The following are some common somewhat irregular perfect verbs:

1. ἀκήκοα (ἀκούω) — I have heard
2. ἀναβέβηκα (ἀναβαίνω) — I have gone up
3. ἀπέσταλκα (ἀποστέλλω) — I have sent
4. γέγονα (γίνομαι) — I have become
5. ἔγνωκα (γινώσκω) — I have known
6. εἴρηκα (λέγω) — I have said, spoken
7. ἐλήλυθα (ἔρχομαι) — I have come
8. ἔσχηκα (ἔχω) — I have had
9. ἑώρακα (ὁράω) — I have seen
10. οἶδα translated as present — I know

VII. SECOND PERFECT ACTIVE

λέλοιπα	I have left	λελοίπαμεν	We have left
λέλοιπας	You have left	λελοίπατε	You have left
λέλοιπε(ν)	He has left	λελοίπασι(ν)	They have left

The middle and passive forms are too infrequent for one to be concerned with them.

VIII. FIRST PLUPERFECT

First pluperfect active indicative

ἐλελύκειν	I had loosed	ἐλελύκειμεν	We had loosed
ἐλελύκεις	You had loosed	ἐλελύκειτε	You had loosed
ἐλελύκει	He had loosed	ἐλελύκεισαν	They had loosed

First pluperfect middle indicative

ἐλελύμην	I had loosed for myself	ἐλελύμεθα	We had loosed for ourselves
ἐλέλυσο	You had loosed for yourself	ἐλέλυσθε	You had loosed for yourselves
ἐλέλυτο	He had loosed for himself	ἐλέλυντο	They had loosed for themselves

First pluperfect passive indicative

ἐλελύμην	I had been loosed	ἐλελύμεθα	We had been loosed
ἐλέλυσο	You had been loosed	ἐλέλυσθε	You had been loosed
ἐλέλυτο	He had been loosed	ἐλέλυντο	They had been loosed

Some common irregular pluperfect verbs are:

1. ἐγεγόνειν (γίνομαι) — I had become
2. εἰρήκειν (λέγω) — I had said, spoken
3. ἐληλύθειν (ἔρχομαι) — I had come, gone
4. ᾔδειν (fr. οἶδα; transl. as impft.) — I knew

IX. THE VERB *TO BE*

	Present Indicative		Future Indicative		Imperfect Indicative	
1	εἰμί	I am	ἔσομαι	I shall be	ἤμην	I was
2	εἶ	You are	ἔσῃ	You will be	ἦς	You were
3	ἐστί(ν)	He is	ἔσται	He will be	ἦν	He was
1	ἐσμέν	We are	ἐσόμεθα	We shall be	ἦμεν	We were
2	ἐστέ	You are	ἔσεσθε	You will be	ἦτε	You were
3	εἰσί(ν)	They are	ἔσονται	They will be	ἦσαν	They were

2
DEPONENT VERBS

Deponents are verbs which have no active form, but middle and passive forms with active meaning. The student should recognize the deponent forms so that he will not fall into the error of translating them as middles or passives. Some verbs may have active forms in the present but are deponent in the future.

ἔδωκεν αὐτοῖς ἐξουσίαν τέκνα θεοῦ <u>γενέσθαι.</u>

He gave to them power *to become* children of God (John 1:12).

καὶ <u>ἐθεασάμεθα</u> τὴν δόξαν αὐτοῦ.

And *we beheld* his glory (John 1:14).

καὶ <u>ἀπεκρίθη.</u> Οὔ.

And he *answered*, No (John 1:21).

Some common deponent forms:

a. ἀποκρίνομαι	I answer	n. ἔρχομαι	I come, go
b. ἅπτομαι	I touch	o. εὐαγγελίζομαι	I proclaim, preach
c. ἀρνέομαι	I deny	p. θεάομαι	I see, look at, behold
d. ἄρχομαι	I begin	q. ἰάομαι	I heal, cure
e. ἀσπάζομαι	I greet, salute	r. κάθημαι	I sit, stay
f. βούλομαι	I wish, will	s. καυχάομαι	I boast
g. γεύομαι	I taste	t. κεῖμαι	I lie, recline; be appointed, set
h. γίνομαι	I become, come into existence	u. λογίζομαι	I reckon, calculate, evaluate
i. δέομαι	I ask, beg	v. παραγίνομαι	I come, arrive
j. δέχομαι	I take, receive, approve	w. παρέρχομαι	I pass by, pass away, arrive
k. δύναμαι	I am able, can	x. πορεύομαι	I go, proceed, travel
l. ἐπαγγέλομαι	I promise	y. προσεύχομαι	I pray
m. ἐργάζομαι	I work, do, accomplish	z. σπλαγχνίζομαι	I have pity, feel sympathy
		φοβέομαι	deponent in passive. I am afraid, fear

There are some verbs which are deponent both in the present and the future but there are certain verbs which are not deponent in the present but are deponent in

294

the future. The student should take care that these are translated in an active sense. Some of the more common of these are:

a. ἀποθανοῦμαι (ἀποθνήσκω)   I shall die
                             (also liquid)
b. βήσομαι (βαίνω)   I shall go
c. γενήσομαι (γίνομαι)   I shall become
d. γνώσομαι (γινώσκω)   I shall know
e. ἔσομαι (εἰμί)   I shall be
f. ἐλεύσομαι (ἔρχομαι)   I shall come, go
g. λήμψομαι (λαμβάνω)   I shall take, receive
h. ὄψομαι (βλέπω or ὁράω)   I shall see
i. φάγομαι (ἐσθίω)   I shall eat

3

THE SUBJUNCTIVE MOOD

The subjunctive is used in several different ways. The translation will depend on its use.

1. Purpose clause with ἵνα is the most frequent use of the subjunctive.

   οὐ γὰρ ἀπέστειλεν ὁ θεὸς τὸν υἱὸν εἰς τὸν κόσμον <u>ἵνα κρίνῃ τὸν κόσμον.</u>

   For God did not send the Son into the world *that he might judge the world* (John 3:17).

2. ὅπως is used in the same way as ἵνα with the subjunctive, especially in Matthew and Luke and Acts.

   <u>ὅπως γένησθε</u> υἱοὶ τοῦ πατρὸς ὑμῶν τοῦ ἐν οὐρανοῖς.

   So that you may be sons of your Father who is in heaven (Matt. 5:45).

3. Hortatory subjunctive. The first person plural used in exhortation.

   Ἀγαπητοί, <u>ἀγαπῶμεν</u> ἀλλήλους.

   Beloved, *let us love* one another (1 John 4:7).

4. More probable future condition.

   <u>ἐὰν οὖν εἴπωσιν ὑμῖν,</u> Ἰδοὺ ἐν τῇ ἐρήμῳ ἐστίν, μὴ ἐξέλθητε.

   If therefore they say to you, Behold he is in the desert, do not go forth (Matt. 24:26).

It should be kept in mind that English rarely uses the subjunctive. When it is used in this way, the only noticeable distinction in the English is the use of the verb in the third person singular without the *s* and the use of *be* and *were* throughout for the present and past subjunctive respectively for the verb *to be*.

5. Prohibitory subjunctive. The aorist subjunctive is used for negative commands and is translated as an imperative.

   μὴ θαυμάσῃς.

   Do not marvel (John 3:7).

6. Deliberative subjunctive. This is placed in a form of a question in which consideration is being made as to the best possible action to take. This is best translated in the form of the English future since it deals with future action. The Greek also expresses this in the future indicative.

   δῶμεν ἢ μὴ δῶμεν;

   Shall we give or shall we not give? (Mark 12:14).

7. Subjunctive of emphatic negation. To express this strong negation the subjunctive frequently is used with a double negative. This should be translated with the English future.

κἀγὼ δίδωμι αὐτοῖς ζωὴν αἰώνιον, καὶ οὐ μὴ ἀπόλωνται εἰς τὸν αἰῶνα.

And I give to them life eternal, and *they shall never perish* (John 10:28).

8. Whoever clauses.

ὃς δ' ἂν πίῃ ἐκ τοῦ ὕδατος οὗ ἐγὼ σώσω αὐτῷ, οὐ μὴ διψήσει εἰς τὸν αἰῶνα.

Whoever drinks out of the water which I shall give him shall never thirst (John 4:14).

The ἄν, translated *ever*, adds vagueness and uncertainty and is appropriate with the subjunctive.

I. PRESENT

The sign of the subjunctive is the long vowel in the ending. The only difference between the present and aorist is the addition of the σ before the ending in the aorist.

The Verb *to be*

Present Subjunctive
(with ἐάν/ἵνα)

1	ὦ	I should/might be
2	ᾖς	You should/might be
3	ᾖ	He should/might be
1	ὦμεν	We should/might be
2	ἦτε	You should/might be
3	ὦσι (ν)	They should/might be

The translation of the subjunctive of λύω in a ἵνα and ἐάν clause, respectively.

Present active subjunctive

λύω	that I might loose if I should loose/loose	λύωμεν	that we might loose if we should loose/loose
λύῃς	that you might loose if you should loose/loose	λύητε	that you might loose if you should loose/loose
λύῃ	that he might loose if he should loose/loose	λύωσι (ν)	that they might loose if they should loose/loose

Present middle subjunctive

λύωμαι	that I might loose for myself if I should loose/loose for myself	λυώμεθα	that we might loose for ourselves if we should loose/loose for ourselves
λύῃ	that you might loose for yourself if you should loose/ loose for yourself	λύησθε	that you might loose for yourselves if you should loose/loose for yourselves
λύηται	that he might loose for himself if he should loose/loose for himself	λύωνται	that they might loose for themselves if they should loose/loose for themselves

Present passive subjunctive

λύωμαι	that I might be loosed if I should be loosed/ be loosed	λυώμεθα	that we might be loosed if we should be loosed/ be loosed
λύῃ	that you might be loosed if you should be loosed/ be loosed	λύησθε	that you might be loosed if you should be loosed/ be loosed
λύηται	that he might be loosed if he should be loosed/ be loosed	λύωνται	that they might be loosed if they should be loosed/ be loosed

The translation of the aorist, both first and second, is the same as in the present, but as in the imperative one should keep in mind that the distinction is in the kind of action rather than the time. The present emphasizes continuous action while the aorist simple or punctiliar action. We therefore give only the forms of the verb.

1 Aorist Active Subjunctive

λύσω	λύσωμεν
λύσῃς	λύσητε
λύσῃ	λύσωσι (ν)

1 Aorist Middle Subjunctive

λύσωμαι	λυσώμεθα
λύσῃ	λύσησθε
λύσηται	λύσωνται

1 Aorist Passive Subjunctive

λυθῶ	λυθῶμεν
λυθῇς	λυθῆτε
λυθῇ	λυθῶσι (ν)

Notice that the aorist passive forms have active endings except for the addition of the ϑ in the first aorist. Notice also that the only difference between the second aorist active and passive forms is in the shifting and change of the accent in the latter.

2 Aorist Active Subjunctive

λίπω	λίπωμεν
λίπῃς	λίπητε
λίπῃ	λίπωσι (ν)

2 Aorist Middle Subjunctive

λίπωμαι	λιπώμεθα
λίπῃ	λίπησθε
λίπηται	λίπωνται

2 Aorist Passive Subjunctive

λιπῶ	λιπῶμεν
λιπῇς	λιπῆτε
λιπῇ	λιπῶσι (ν)

4

THE IMPERATIVE MOOD

Notice that there are no first person forms. The key to the learning of the imperative form is the second person plural since it is the same as the corresponding form in the indicative. The augment is, of course, dropped in the imperative. The ω and ωσαν for the third person singular and plural are present in all the forms. The second singular form must be memorized.

The present active imperative of λύω is as follows:

Singular   2. λῦε   loose   Plural   2. λύετε   loose
           3. λυέτω   let him loose   3. λυέτωσαν   let them loose

The present middle imperative of λύω is as follows:

Singular   2. λύου   loose for yourself   Plural   2. λύεσθε   loose for yourselves
           3. λυέσθω   let him loose   3. λυέσθωσαν   let them loose
                 for himself   for themselves

The present passive imperative of λύω is as follows:

Singular   2. λύου   be loosed   Plural   2. λύεσθε   be loosed
           3. λυέσθω   let him be   3. λυέσθωσαν   let them be
                 loosed   loosed

The 1 aorist active imperative of λύω is as follows:

Singular   2. λῦσον   loose   Plural   2. λύσατε   loose
           3. λυσάτω   let him loose   3. λυσάτωσαν   let them loose

The 1 aorist middle imperative of λύω is as follows:

Singular   2. λῦσαι   loose for   Plural   2. λύσασθε   loose for
                 yourself   yourselves
           3. λυσάσθω   let him loose   3. λυσάσθωσαν   let them loose
                 for himself   for themselves

The 1 aorist passive imperative of λύω is as follows:

Singular   2. λύθητι   be loosed   Plural   2. λύθητε   be loosed
           3. λυθήτω   let him be   3. λυθήτωσαν   let them be
                 loosed   loosed

The 2 aorist active imperative of λείπω is as follows:

Singular   2. λίπε   leave   Plural   2. λίπετε   leave
           3. λιπέτω   let him leave   3. λιπέτωσαν   let them leave

The 2 aorist middle imperative of λείπω is as follows:

Singular 2. λιποῦ leave for   Plural 2. λίπεσθε leave for
             yourself   yourselves
            3. λιπέσθω let him leave   3. λιπέσθωσαν let them leave
              for himself   for themselves

The 2 aorist passive imperative of λείπω is as follows:

Singular 2. λίπηθι be left   Plural 2. λίπητε be left
            3. λιπήτω let him be left   3. λιπέντων let them be left
                                                –ήτωσαν

The present imperative of εἰμί is as follows:

                 ἴσθι   be
                 ἔστω   let him be
                 ἐστέ   be
                 ἔστωσαν let them be

5

THE INFINITIVE

The present and aorist infinitives of λύω are as follows (keep in mind that the distinction in translation is kind of action, not time):

	Present			*1 Aorist*	
Active	λύειν	to loose	Active	λῦσαι	to loose
Middle	λύεσθαι	to loose for one's self	Middle	λύσασθαι	to loose for one's self
Passive	λύεσθαι	to be loosed	Passive	λυθῆναι	to be loosed
	2 Aorist			*1 Perfect*	
Active	λιπεῖν	to leave	Active	λελυκέναι	to have loosed
Middle	λιπέσθαι	to leave for one's self	Middle	λελύσθαι	to have loosed for one's self
Passive	λιπῆναι	to be left	Passive	λελύσθαι	to have been loosed

Notice that the second aorist forms take the present endings except for the passive.

The present infinitive of εἰμί is εἶναι — to be.

Greek infinitives function many times in the same way as English infinitives and thus, in such cases, can be translated in the same way as the English. The infinitive is used most frequently with a verb of motion with the idea of purpose, e.g. in Matt. 2:2, ἤλθομεν προσκυνῆσαι "we came to worship." In this same function it sometimes is helped by ὥστε as in Matt. 10:1, ἔδωκεν αὐτοῖς ἐξουσίαν . . . ὥστε ἐκβάλλειν αὐτὰ "He gave them authority . . . so that they might cast them out." Several other uses of the infinitive cause no trouble in translation but the use of the infinitive with prepositions does.

Usually these are found with an article, and with a noun or two nouns in the accusative case. This use of the infinitive should be translated as though it were a dependent clause beginning with the preposition which now becomes an adverbial conjunction. The noun in the accusative case becomes the subject of the sentence. If there are two nouns, both in the accusative case, one will become the subject and the other the object of the verb. The context will determine the subject.

1. Infinitive with ἐν

ἐν δὲ τῷ καθεύδειν τοὺς ἀνθρώπους ἦλθεν αὐτοῦ ὁ ἐχθρὸς καὶ ἐπέσπειρεν ζιζάνια.

While the men were sleeping, his enemy came and sowed tares (Matt. 13:25). (Notice that the time of the present infinitive is the same as that of the main verb, but since the infinitive is in the present it is translated as an imperfect.)

2. Infinitive with μετά

ἀλλὰ μετὰ τὸ ἐγερθῆναί με προάξω ὑμᾶς εἰς τὴν Γαλιλαίαν.

But *after I have been raised up*, I shall go before you into Galilee (Mark 14:28).

3. Infinitive with διά

αὐτὸς δὲ Ἰησοῦς οὐκ ἐπίστευεν αὐτὸν αὐτοῖς διὰ τὸ αὐτὸν γινώσκειν πάντας.

But Jesus (himself) did not trust himself to them *because he knew all men* (John 2:24).

4. Infinitive with πρό

οἶδεν γὰρ ὁ πατὴρ ὑμῶν ὧν χρείαν ἔχετε πρὸ τοῦ ὑμᾶς αἰτῆσαι αὐτόν.

For your Father knows of what things you have need *before you ask him* (Matt. 6:8).

5. Infinitive with εἰς

ὁ υἱὸς τοῦ ἀνθρώπου παραδίδοται εἰς τὸ σταυρωθῆναι.

The Son of Man will be delivered up (futuristic present) *to be crucified* (Matt. 26:2).

The preposition εἰς is used frequently with the articular infinitive to express purpose.

6. Infinitive with πρίν

Κύριε, κατάβηθι πρὶν ἀποθανεῖν τὸ παιδίον μου.

Sir, come down *before my child dies* (John 4:49).

7. Infinitive with ὥστε follows the same pattern as with the preposition.

ὥστε μηκέτι αὐτὸν δύνασθαι φανερῶς εἰς πόλιν εἰσελθεῖν.

So that he was no longer able to go into the city openly (Mark 1:45).

The infinitive is used also in indirect discourse. In these we add "that" and make a dependent clause. The subject is the same as that of the main clause. The time of the infinitive is the same as the main verb.

πρὸ γὰρ τούτων τῶν ἡμερῶν ἀνέστη Θευδᾶς, λέγων εἶναί τινα ἑαυτόν.

For before those days Theudas arose, saying *that he himself was somebody* (Acts 5:36).

The infinitive is used also with the article alone (τό and τοῦ). The article is not translated as in the cases above so that the infinitive is translated as though it had no article.

Sometimes the infinitive is used as an imperative, but these cases are not frequent.

6

THE PARTICIPLE

The forms of the participle are not included here with their translation since the translation is dependent on the use of the participle. These forms are given on pp. 34–35. Participles occur frequently in Greek and therefore it is very important to know how to translate them. It should be remembered that participles are verbal adjectives. They function basically in this twofold manner, as adjectives and as adverbs.

1. The adjectival use of participles.

These usually can be distinguished by the presence of an article with the participle. In some instances the article is not present but the context will indicate its use as an adjectival participle. In this use it functions much like an adjective. When the noun or pronoun which it modifies is present, the participle is translated as a relative clause. This is called the *attributive* use. The time of the participle is dependent on the context. Present and aorist denote the kind of action, not the time.

οὗτός ἐστιν ὁ ἄρτος ὁ ἐκ τοῦ οὐρανοῦ καταβαίνων.

This is the bread *which comes down from heaven* (John 6:50; also John 1:29).

Σίμων ὁ Καναναῖος καὶ Ἰούδας ὁ Ἰσκαριώτης ὁ καὶ παραδοὺς αὐτόν.

Simon the Cananaean, and Judas Iscariot, *who also betrayed him* (Matt. 10:4).

The *substantival* adjectival participle is much more frequent. Here the participle has the article usually but the noun or pronoun it modifies is understood from the context.

οὗτός ἐστιν ὁ βαπτίζων ἐν πνεύματι ἁγίῳ.

This is *the one who baptizes* with the Holy Spirit (John 1:33).

It may be found in any of the cases and is translated thus:

Present Active	ὁ λύων the loosing man	=	the man who looses. the one who looses. he who looses.
Middle	ὁ λυόμενος the loosing-for-himself man	=	the man who looses for himself. the one who looses for himself. he who looses for himself.
Passive	ὁ λυόμενος the being-loosed man	=	the man who is being loosed. the one who is being loosed. he who is being loosed.

303

Aorist Active ὁ λύσας the having-loosed man	= the man who (has) loosed. the one who (has) loosed. he who (has) loosed.
Middle ὁ λυσάμενος the having-loosed-for- himself man	= the man who (has) loosed for himself. the one who (has) loosed for himself. he who (has) loosed for himself
Passive ὁ λυθείς the having-been-loosed man	= the man who (has been) was loosed. the one who (has been) was loosed. he who (has been) was loosed.

We give a few examples from the New Testament in different cases:

ἵνα τὸ δικαίωμα τοῦ νόμου πληρωθῇ ἐν ἡμῖν <u>τοῖς</u> μὴ κατὰ σάρκα <u>περιπατοῦσιν</u> ἀλλὰ κατὰ πνεῦμα.

In order that the just requirement of the law might be fulfilled in us, *who walk* not according to the flesh but according to the Spirit (Rom. 8:4).

πνεῦμα ὁ θεός, καὶ <u>τοὺς προσκυνοῦντας αὐτὸν</u> ἐν πνεύματι καὶ ἀληθείᾳ δεῖ προσκυνεῖν.

God is spirit, and it is necessary for *those who worship him* to worship in spirit and in truth (John 4:24).

Ἐμὸν βρῶμά ἐστιν ἵνα ποιήσω τὸ θέλημα <u>τοῦ πέμψαντός με.</u>

My food is to do the will *of him who sent me* (John 4:34).

2. The adverbial participle

The adverbial participle does not have the article, is used much more frequently, and is more difficult to translate. Only the context can determine what type of adverbial participle it is. The most frequent type of adverbial participle is the temporal. This type should be translated as an adverbial clause, the present participle introduced by *while* or *as* and the aorist by *when* or *after*. In the present the time of the participle is the same as that of the main verb. Thus if the main verb is in the present indicative, the time of the participle will be present with the linear force. If the main verb is in a past tense, the time of the participle will be past with the linear force; thus it will be translated as an imperfect.

πολλοὶ ἐπίστευσαν εἰς τὸ ὄνομα αὐτοῦ, <u>θεωροῦντες</u> αὐτοῦ τὰ σημεῖα ἃ ἐποίει.

Many believed in his name, *as they were seeing* the signs which he was doing (John 2:23).

The main verb is in the aorist, a past tense, thus the participle is translated as an imperfect. If the main verb were in the present tense, the participle would also be in the present.

The time of action of the aorist participle is antecedent to that of the main verb. Thus the adverbial conjunctions *when* and *after* should be used.

Καὶ <u>εἰσελθὼν</u> πάλιν εἰς Καφαρναούμ . . . ἠκούσθη ὅτι ἐν οἴκῳ ἐστίν.

And *when he came* again into Capernaum . . . , it was heard that he was in a house (Mark 2:1).

καὶ περιβλεψάμενος τοὺς περὶ αὐτὸν κύκλῳ καθημένους λέγει.

And *when he looked at* those sitting around him, he says (Mark 3:34).

Other types of adverbial participles are causal, conditional, concessive, instrumental, modal, complementary, and circumstantial. The context will determine which type it is. The beginner is advised, however, as a general rule to translate all adverbial participles as temporal, thus using *while* and *as* for present participles, and *when* and *after* for aorist participles.

Causal

ἐδέξαντο αὐτὸν οἱ Γαλιλαῖοι, πάντα ἑωρακότες ὅσα ἐποίησεν.

The Galileans received him *because they had seen all that he did* (John 4:45).

Conditional

πῶς ἡμεῖς ἐκφευξόμεθα τηλικαύτης ἀμελήσαντες σωτηρίας;

How shall we escape *if we neglect so great a salvation?* (Heb. 2:3).

Concessive

εἰ γὰρ ἐχθροὶ ὄντες κατηλλάγημεν τῷ θεῷ.

For if, *though we were enemies*, we were reconciled to God (Rom. 5:10).

Modal

παραγίνεται Ἰωάννης ὁ βαπτιστὴς κηρύσσων.

John the Baptist appeared *preaching* (Matt. 3:1).

καὶ ἦλθεν κηρύσσων εἰς τὰς συναγωγὰς αὐτῶν.

And he came *preaching* in their synagogues (Mark 1:39).

Participles following certain verbs such as *come, see, hear* or related words are best translated with the *ing* form. These are usually present participles.

ἐμβλέψας τῷ Ἰησοῦ περιπατοῦντι.

When he saw Jesus *walking* (John 1:36).

The pleonastic participle of λέγω in the present is also best translated with the *ing* form. In such cases it usually follows a verb implying speaking.

Complementary

οὐ παύομαι εὐχαριστῶν.

I cease not *giving thanks* (Eph. 1:16).

Another adverbial participle demands special attention. This is the genitive absolute. In this case the participle and the subject of the participle are both in the genitive case and are not related by number, gender, and case with any word in the main clause. These should be translated as an adverbial participle. They may, thus, fall under any of the types indicated above.

ἤδη δὲ αὐτοῦ καταβαίνοντος οἱ δοῦλοι αὐτοῦ ὑπήντησαν αὐτῷ.

And already while he was going down, his servants met him (John 4:51).

305

Τοῦ δὲ Ἰησοῦ γεννηθέντος ἐν Βηθλέεμ..., ἰδοὺ μάγοι ἀπὸ ἀνατολῶν παρεγένοντο εἰς Ἱεροσόλυμα.

And after Jesus was born in Bethlehem . . . , behold wise men from the east arrived in Jerusalem (Matt. 2:1).

Another use of the participle should be mentioned. This use should not cause too much difficulty in translation since the participle is used in the same way as in English. Participles used this way are called periphrastic participles. The present or imperfect of the verb *to be* is used with either a present or perfect participle. The emphasis is on the continuation of the action (present participle) or its results (perfect participle).

ὅπου <u>ἦν</u> ὁ Ἰωάννης <u>βαπτίζων</u>.

Where John *was baptizing* (John 1:28).

ὅ <u>ἐστιν μεθερμηνευόμενον</u> Χριστός.

Which *is interpreted* Christ (John 1:41).

οὔπω γὰρ <u>ἦν βεβλημένος</u> εἰς τὴν φυλακὴν ὁ Ἰωάννης.

For John *was* not yet *cast* into prison (John 3:24).

306

7

THE MI CONJUGATION

(See pp. 321-323 for forms)

The forms of the μι conjugation are given in the verb chart since their translation is no different from the corresponding regular verbs. We make several observations about these verbs:

1. They reduplicate with ι wherever the present root is maintained (present, imperfect, and future). In the case of ἴστημι the rough breathing takes the place of the reduplication. The ϑ reduplicates with τ.
2. They reduplicate with ε in the perfect.
3. In the present and imperfect active indicative the stem vowel is short in the plural.
4. The second aorist forms take the κα instead of the σα with the augment while the perfect has the endings with the reduplication.

8

MISCELLANEOUS ITEMS

The following are different items which are important to be acquainted with in order to translate correctly:

1. The neuter plural subject usually takes the singular verb

   <u>ταῦτα ἐν Βηθανίᾳ ἐγένετο.</u>

   These things happened in Bethany (John 1:28).

2. When there are several subjects, the verb usually agrees with the first subject especially if it comes at the beginning.

   <u>ἐκλήθη δὲ καὶ ὁ Ἰησοῦς καὶ οἱ μαθηταὶ αὐτοῦ εἰς τὸν γάμον.</u>

   And *both Jesus and his disciples were invited* to the wedding feast (John 2:2).

3. The use of αὐτός

   This intensive pronoun is used mainly as a third person personal pronoun. This use should cause no problems. However, one should be acquainted with its intensive use. When preceded by the article, it should be translated as *same*; when not preceded by the article, it should be translated as *self*.

   <u>πάλιν ἀπελθὼν προσηύξατο ἐκ τρίτου τὸν αὐτὸν λόγον εἰπὼν πάλιν.</u>

   Again when he went away he prayed the third time saying *the same word* again (Matt 26:44).

   <u>αὐτοὶ ὑμεῖς μοι μαρτυρεῖτε.</u>

   You *yourselves* testify to me (John 3:28).

4. Contrary to fact conditional sentence

   The first class or true-to-fact conditional sentence presents no difficulty in translation. Εἰ is used in the protasis and both the protasis (the if clause) and the apodosis have the indicative. The statement expressed is true, at least from the standpoint of the speaker or writer. The third class conditional sentence has been treated under subjunctives. The second class or contrary-to-fact conditional sentence needs some explanation in order to be translated correctly. Εἰ is used in the protasis and both the protasis and the apodosis have the indicative as in the true-to-fact condition. However, there is always an ἄν in the apodosis and the statement expressed is understood as contrary to fact. The apodosis is trans-

308

lated with *would* and the verb in the present or *would have* and the past participle of the verb, depending on whether the protasis is in the present or past.

Εἰ ἔχετε πίστιν... , ἐλέγετε ἄν

If you have faith, you would say (Luke 17:6).

Κύριε, εἰ ἦς ὧδε οὐκ ἂν ἀπέθανεν ὁ ἀδελφός μου.

Lord, if you were here, my brother would not have died (John 11:21).

5. Questions with the negatives μή and οὐ

Questions demanding a negative have a μή. The μή should not be translated, but the question should be worded in a way that would expect a negative answer or at least should be understood to expect a negative answer.

μὴ σὺ μείζων εἶ τοῦ πατρὸς ἡμῶν Ἰακώβ.

Are you greater than our father Jacob? (John 4:12). This question can be worded in the following way: "You aren't greater than our father Jacob, are you?"

Questions demanding a positive answer have an οὐ. The οὐ is translated.

οὐχ οὗτός ἐστιν ὁ τοῦ τέκτονος υἱός;

Is this *not* the carpenter's son? (Matt. 13:55).

6. The article without a noun or participle

Articles of this type are translated as personal pronouns or demonstrative pronouns.

ὁ δὲ εἶπεν αὐτοῖς.

And *he* said to them (John 4:32).

καὶ κατεδίωξεν αὐτὸν Σίμων καὶ οἱ μετ' αὐτοῦ.

And Simon and *those who were with him* looked for him (Mark 1:36).

7. The uses of γίνομαι

Γίνομαι is a verb which can have several meanings such as *come to be, come, become, originate; be made, created; happen, take place; appear;* or as a substitute of the verb εἰμί. The basic meaning as can be seen is that of *becoming,* i.e., of *coming into existence* referring to people, things, events.

πάντα δι' αὐτοῦ ἐγένετο.

All things *were made* through him (John 1:3).

Ἐγένετο ἄνθρωπος.

There *appeared* a man (John 1:6).

ἡ χάρις καὶ ἡ ἀλήθεια διὰ Ἰησοῦ Χριστοῦ ἐγένετο.

Grace and truth *came* through Jesus Christ (John 1:17).

A usage of γίνομαι that is important to know is its translation of the Hebrew *it came to pass.* Most of such instances are found in Luke. There are several ways in which the sentence will be constructed.

With the infinitive and the preposition.

'Ἐγένετο δὲ ἐν τῷ ἱερατεύειν αὐτόν.

And *it came to pass as he was serving as priest* (Luke 1:8). (Actually the clause *it came to pass* can be omitted in the translation.)

With the infinitive without an article.

'Ἐγένετο δὲ ἐν ἑτέρῳ σαββάτῳ εἰσελθεῖν αὐτὸν εἰς τὴν συναγωγὴν καὶ διδάσκειν.

And *it came to pass* on another Sabbath *he went* into the synagogue and *was teaching* (Luke 6:6). (Here again *it came to pass* can be left out in translation.)

With the finite verb.

Καὶ ἐγένετο ἐν τῇ ἡμέρᾳ τῇ ὀγδόῃ ἦλθον περιτεμεῖν τὸ παιδίον.

And *it came to pass that* on the eighth day *they came* to circumcise the child (Luke 1:59). (Again *it came to pass* can be left untranslated. If it is translated it is necessary to add *that*.)

8. Comparison

a. At times the comparative is used for the superlative. The context alone will determine which it is.

πρὸς ἀλλήλους γὰρ διελέχθησαν ἐν τῇ ὁδῷ τίς μείζων.

For on the way they had discussed with one another who was *the greatest* (Mark 9:34).

b. Even the positive is used sometimes for the superlative.

ποία ἐντολὴ μεγάλη ἐν τῷ νόμῳ;

Which is the *greatest* commandment in the law? (Matt. 22:36).

There are other types of transference such as the comparative for the positive, the positive for the comparative, etc. The student should be aware of this breakdown in the clear distinction among the different degrees.

c. The genitive of comparison follows the comparative adjective. The word *than* should follow the comparative in translation.

ὁ δὲ ὀπίσω μου ἐρχόμενος ἰσχυρότερός μού ἐστιν.

But he who is coming after me is *mightier than I* (Matt. 3:11).

d. The use of ἤ in comparison should cause no trouble in translation.

ἀνεκτότερον ἔσται γῇ Σοδόμων καὶ Γομόρρων ἐν ἡμέρᾳ κρίσεως ἢ τῇ πόλει ἐκείνῃ.

It shall be more tolerable on the day of judgment for the land of Sodom and Gomorrah *than* for that town (Matt. 10:15).

e. Comparisons are also made with παρά and ὑπέρ with the accusative.

ἠλάττωσας αὐτὸν βραχύ τι παρ' ἀγγέλους.

You made him a little lower *than the angels* (Heb. 2:7).

9. Preparatory use of "there."

To translate a sentence smoothly, it sometimes is necessary to add a *there* at the beginning. This is the case where the verb is a form of the verb *to be* or *to become*, the subject is a noun, and there is no predicate adjective or nominative.

Ἦν δὲ ἄνθρωπος ἐκ τῶν Φαρισαίων.

And *there was a man* from the Pharisees (John 3:1).

χήρα δὲ ἦν ἐν τῇ πόλει ἐκείνῃ.

And *there was* a widow in that city (Luke 18:3).

10. Recitative ὅτι

Frequently ὅτι will be left untranslated since it really stands as a sign for direct quotation.

καὶ ὡμολόγησεν ὅτι Ἐγὼ οὐκ εἰμὶ ὁ Χριστός.

And he confessed, "I am not the Christ" (John 1:20).

11. The student should familiarize himself with the function of the different cases, especially when they affect the translation, e.g.:

a. Genitive of content

Γεμίσατε τὰς ὑδρίας ὕδατος.

Fill the water pots *with water* (John 2:7).

b. Genitive of time-within-which

οὗτος ἦλθεν πρὸς αὐτὸν νυκτός.

He came to him *during the night* (John 3:2).

c. Genitive of price

ἠγοράσθητε γὰρ τιμῆς.

For you were bought *with a price* (1 Cor. 6:20).

d. Dative of possession

οἱ δὲ σοὶ μαθηταὶ οὐ νηστεύουσιν.

But *your* disciples fast not? (Mark 2:18).

e. Instrumental dative of means and agency

ἐξέβαλεν τὰ πνεύματα λόγῳ.

He cast out the spirits *by a word* (Matt 8:16).

ὅσοι γὰρ πνεύματι θεοῦ ἄγονται, οὗτοι υἱοὶ θεοῦ εἰσιν.

For as many as are led *by the spirit* of God, these are the sons of God (Rom. 8:14).

f. Instrumental dative of manner

προφητεύουσα ἀκατακαλύπτῳ τῇ κεφαλῇ

prophesying *with the head unveiled* (1 Cor. 11:5).

311

12. The student also should become familiar with the frequently occurring verbs which take cases other than accusative or another case and the accusative where English verbs usually simply take the accusative as direct object. Thus the Greek might have τὰ πρόβατα τῆς φωνῆς αὐτοῦ ἀκούει but this is translated "The sheep hear his voice."

a. Verbs taking the genitive case

Certain classes of verbs such as those meaning "to touch, to take hold of"; "to strive after, desire, to reach, obtain"; "to fill, be full of"; "to hear, to smell"; "to remember, to forget"; "to rule, to govern" take the genitive where in English they take the accusative. The more frequently occurring verbs in this class are:

ἀκούω (to hear), ἅπτομαι (to touch), γεύομαι (to taste), δέομαι (to ask), κρατέω (to take hold), μετέχω (to partake), μιμνήσκω (to remember), πίμπλημι (to fill), πληρόω (to fill, fulfill).

b. Verbs taking the dative case

In English these usually take the accusative case. Thus the Greek προσεκύνησαν αὐτῷ is translated simply, "They worshipped him."

1) As indirect objects

διακονέω (to serve), δουλεύω (to enslave), ἐντέλλομαι (to command), λατρεύω (to serve), προσκυνέω, also accusative (to worship), προσεύχομαι (to pray), πιστεύω (to believe).

2) Associative dative

In English these usually take the accusative case. Thus ἠκολούθησαν αὐτῷ is translated, "They followed him."

ἀκολουθέω (to follow).

c. Certain verbs take accusatives but the accusatives are translated with a preposition in English. Sometimes they take double accusatives.

1) Verbs of swearing

ὁρκίζω σε τὸν θεόν.

I adjure you *by God* (Mark 5:7; also Acts 19:13). ὄμνυμι takes accusative only in James 5:12.

2) Verbs of clothing and anointing

ἦν ὁ Ἰωάννης ἐνδεδυμένος τρίχας καμήλου.

John was clothed *with* camel's hair (Mark 1:6).

γυνὴ περιβεβλημένη τὸν ἥλιον.

A woman clothed *with* the sun.

ἔχρισέν σε θεός, ὁ θεός σου, ἔλαιον ἀγαλλιάσεως.

God, your God, anointed you *with* the oil of gladness (Heb. 1:9).

9

A GUIDE FOR PARSING VERBS

1. Pick out the stem of the verb. You must know the dictionary form of the verb to be absolutely sure what the stem is. Thus for the form ἐλύομεν, λυ is the stem since the stem is the dictionary form of the verb without its first person singular ending. Some stems change, however, especially in the aorist.

2. Check before the stem for augment or reduplication.
   a. If there is no augment or reduplication, the following are eliminated: aorist, imperfect, and perfect (pluperfect as well, but this form is rare so one can leave it out of consideration) indicative, as well as the perfect participle.
   b. If there is an augment, it is either an imperfect or aorist indicative. It could also be a perfect indicative if the stem of the verb begins with a vowel.
   c. If there is reduplication, it is either a perfect indicative or perfect participle. A reduplication with the augment is the pluperfect.

3. Check your stem. Is it identical with your present stem or is it different?
   a. If it is the same and the form has the augment, the verb form must be an aorist or imperfect indicative or a perfect participle. Since ἐλύομεν has an augment, it is either an aorist, imperfect indicative, or perfect participle.
   b. If it is not the same and the form has the augment, the verb form must be a second aorist.

4. Check the ending.
   a. Indicative
      1) The present forms in all the moods and voices should be memorized.
      2) The future forms take the σ with the present endings, except for the liquid verbs which act as contract verbs.
      3) The imperfect endings are similar to the present except for the identical first singular and third plural forms. Thus ἐλύομεν is an imperfect active indicative first plural.
      4) The second aorist endings are identical to the imperfect. Remember that it is distinguished by a stem different from the present.
      5) The first aorist endings have the σα except for the third person singular which has σε. The liquid verbs do not take the σ but have the same endings.
      6) The first perfect has the same endings as the first aorist except that it has the κα instead of the σα and its third plural has a second form in κασι(ν).
      7) The middle in the imperfect is more similar to the aorist than the present but the aorist has the characteristic σα.

8) The perfect forms can be recognized in the middle by its lack of thematic vowel along with the reduplication or augment.

9) The passive forms are identical as the middle in the present, imperfect, and perfect. In the future the $\vartheta\eta$ is added before the middle endings. In the aorist $\vartheta\eta$ is followed by the regular active endings except for the first singular which has $\vartheta\eta\nu$.

b. Subjunctive

1) The subjunctive has only present and aorist forms and is characterized by the long vowel.

2) The aorist passive has the same endings as the aorist active but with the ϑ preceding them instead of the σ.

3) No augments are used for the aorist.

4) All aorist endings are the same as the corresponding present forms, except the passive which has the same endings as the active but preceded by ϑ.

c. Imperative

1) The imperative has only present and aorist forms.

2) No augments are used for the aorist.

3) The imperative forms are identical with the indicative forms in the second plural (except it has no augment in the aorist) in both tenses and all the voices.

4) The third person forms are characterized by $\tau\omega$, $\tau\omega\sigma\alpha\nu$ endings in the active forms and aorist passive and $\vartheta\omega$, $\vartheta\omega\sigma\alpha\nu$ endings in the present and aorist (1 and 2) middle and present passive.

5) The second singular forms should be memorized.

d. Infinitive

1) All tenses are used in the infinitive but the aorist and present forms are the most common.

2) No augments are used.

3) These forms must be memorized. A good sign for the infinitive is $\alpha\iota$ ending which is found in every form except for the present and second aorist active which have the $\epsilon\iota\nu$ ending.

e. Participles

1) Participles in the present, aorist, and perfect active and the aorist passive follow the third declension nouns in the masculine and neuter forms and the first declension in the feminine forms.

2) Participles in the present middle and passive, aorist and perfect middle follow the second declension in the masculine and neuter and the first declension in the feminine.

Basic Signs of Recognition

1. *Indicative*

Future — σ with present endings.

Imperfect — augment with present stem without $\sigma\alpha$ endings.

Aorist — augment with $\sigma\alpha$ endings in active and middle forms.

Second Aorist — augment with stem different from present and with imperfect endings.

Perfect — reduplication or augment with $\kappa\alpha$ endings in active.

Passive — aorist and future have $\vartheta\eta$.

314

2. *Subjunctive*

    Present — long vowel in ending.

    Aorist — σ with long vowel in ending. No augments.

3. *Imperative*

    Second person plural form identical with its corresponding indicative form except for augment in aorist ω, ωσαν or θω, θωσαν in third person singular and plural respectively.

10

BASIC RULES ON CONTRACTIONS

Contraction Chart

	η	ω	ει	ῃ	ου	οι	ε	ο
ο	ω	ω	οι	οι	ου	οι	ου	ου
α	α	ω	ᾳ	ᾳ	ω	ῳ	α	ω
ε	η	ω	ει	ῃ	ου	οι	ει	ου

1. Two like vowels form the common long vowel. Thus an ω and ο make ω, η and ε make η.
2. The ο vowels (ο and ω) prevail over other vowels in the long form. Thus ω and α, ε, ο make ω, and ο and α make ω.
3. The α vowel prevails over the ε vowels. Thus α and ε = α, α and η = α.
4. The most common exceptions to the above are ε and ε = ει, ε and ο = ου, ε and ει = ει, ο and ο = ου.
5. For other exceptions and rules, check your grammars.

11

BASIC RULES ON ACCENTS

General Rules
1. Accents can stand only on one of the last three syllables. Beginning from the end, these are called ultima, penult, and antepenult.
2. Accents in verbs are recessive, i.e., they will go as far back (to the antepenult) as the rules allow.
3. Accents in nouns remain where they are in the nominative forms if the rules allow it.
4. The grave accent ` can stand only on the *last syllable*. An acute accent on the ultima changes to a grave when the word is followed by another word without any intervening marks of punctuation.
5. The circumflex accent ˜ can stand on the *last two syllables* only. If a *long* penult is accented and the ultima is short, the circumflex is used.
6. The acute accent ′ can stand on any of the *last three syllables*. It cannot go back to the antepenult if the ultima is long. If the acute is on the ultima and another word follows without intervening marks of punctuation, it changes to a grave.
7. In contract verbs, if the accent on the uncontracted form occurs on the first of the two contracted syllables, it becomes a circumflex; otherwise, it remains an acute.
For other rules on accents, check the grammars.

APPENDIX I. THE VERB CHART

	Present	Future	Imperfect	2 Aorist	1 Aorist	1 Perfect
I	λύω	λύσω	ἔλυον	ἔλιπον	ἔλυσα	λέλυκα
N	λύεις	λύσεις	ἔλυες	ἔλιπες	ἔλυσας	λέλυκας
D	λύει	λύσει	ἔλυε(ν)	ἔλιπε(ν)	ἔλυσε(ν)	λέλυκε(ν)
A	λύομεν	λύσομεν	ἐλύομεν	ἐλίπομεν	ἐλύσαμεν	λελύκαμεν
C	λύετε	λύσετε	ἐλύετε	ἐλίπετε	ἐλύσατε	λελύκατε
T	λύουσι(ν)	λύσουσι(ν)	ἔλυον	ἔλιπον	ἔλυσαν	λελύ κασι(ν) καν

S	λύω			λίπω	λύσω	
U	λύῃς			λίπῃς	λύσῃς	
B	λύῃ			λίπῃ	λύσῃ	
A	λύωμεν			λίπωμεν	λύσωμεν	
C	λύητε			λίπητε	λύσητε	
T	λύωσι(ν)			λίπωσι(ν)	λύσωσι(ν)	

I	λύομαι	λύσομαι	ἐλυόμην	ἐλιπόμην	ἐλυσάμην	λέλυμαι
N	λύῃ	λύσῃ	ἐλύου	ἐλίπου	ἐλύσω	λέλυσαι
D	λύεται	λύσεται	ἐλύετο	ἐλίπετο	ἐλύσατο	λέλυται
M	λυόμεθα	λυσόμεθα	ἐλυόμεθα	ἐλιπόμεθα	ἐλυσάμεθα	λελύμεθα
I	λύεσθε	λύσεσθε	ἐλύεσθε	ἐλίπεσθε	ἐλύσασθε	λέλυσθε
D	λύονται	λύσονται	ἐλύοντο	ἐλίποντο	ἐλύσαντο	λέλυνται

S	λύωμαι			λίπωμαι	λύσωμαι	
U	λύῃ			λίπῃ	λύσῃ	
B	λύηται			λίπηται	λύσηται	
M	λυώμεθα			λιπώμεθα	λυσώμεθα	
I	λύησθε			λίπησθε	λύσησθε	
D	λύωνται			λίπωνται	λύσωνται	

I	λύομαι	λυθήσομαι	ἐλυόμην	ἐστράφην	ἐλύθην	λέλυμαι
N	λύῃ	λυθήσῃ	ἐλύου	ἐστράφης	ἐλύθης	λέλυσαι
D	λύεται	λυθήσεται	ἐλύετο	ἐστράφη	ἐλύθη	λέλυται
P	λυόμεθα	λυθησόμεθα	ἐλυόμεθα	ἐστράφημεν	ἐλύθημεν	λελύμεθα
A	λύεσθε	λυθήσεσθε	ἐλύεσθε	ἐστράφητε	ἐλύθητε	λέλυσθε
S	λύονται	λυθήσονται	ἐλύοντο	ἐστράφησαν	ἐλύθησαν	λέλυνται

S	λύωμαι			λιπῶ	λυθῶ	
U	λύῃ			λιπῇς	λυθῇς	
B	λύηται			λιπῇ	λυθῇ	

	Present	Future	Imperfect	2 Aorist	1 Aorist	1 Perfect
P	λυώμεθα			λιπῶμεν	λυθῶμεν	
A	λύησθε			λιπῆτε	λυθῆτε	
S	λύωνται			λιπῶσι(ν)	λυθῶσι(ν)	
I						
M	λῦε			λίπε	λῦσον	
P	λυέτω			λιπέτω	λυσάτω	
A						
C	λύετε			λίπετε	λύσατε	
T	λυέτωσαν			λιπέτωσαν	λυσάτωσαν	
I						
M	λύου			λιποῦ	λῦσαι	
P	λυέσθω			λιπέσθω	λυσάσθω	
M						
I	λύεσθε			λίπεσθε	λύσασθε	
D	λυέσθωσαν			λιπέσθωσαν	λυσάσθωσαν	
I						
M	λύου			λίπηθι	λύθητι	
P	λυέσθω			λιπήτω	λυθήτω	
P						
A	λύεσθε			λίπητε	λύθητε	
S	λυέσθωσαν			λιπήτωσαν	λυθήτωσαν	
I						
N						
F						
A	λύειν			λιπεῖν	λῦσαι	λελυκέναι
M	λύεσθαι			λίπεσθαι	λύσασθαι	λέλυσθαι
P	λύεσθαι			λιπῆναι	λυθῆναι	λέλυσθαι

The Verb to be

	Present Indicative	Future Indicative	Imperfect Indicative
1	εἰμί	ἔσομαι	ἤμην
2	εἶ	ἔση	ἦς
3	ἐστί(ν)	ἔσται	ἦν
1	ἐσμέν	ἐσόμεθα	ἦμεν
2	ἐστέ	ἔσεσθε	ἦτε
3	εἰσί(ν)	ἔσονται	ἦσαν

	Present Subjunctive	Present Imperative	Present Infinitive
1	ὦ		εἶναι
2	ἦς	ἴσθι	
3	ἦ	ἔστω	
1	ὦμεν		
2	ἦτε	ἐστέ	
3	ὦσι(ν)	ἔστωσαν	

Participles
The Verb to be

	Singular			Plural		
	M	*N*	*F*	*M*	*N*	*F*
N	ὤν	ὄν	οὖσα	ὄντες	ὄντα	οὖσαι
G	ὄντος	ὄντος	οὔσης	ὄντων	ὄντων	οὐσῶν
D	ὄντι	ὄντι	οὔσῃ	οὖσι (ν)	οὖσι (ν)	οὔσαις
A	ὄντα	ὄν	οὖσαν	ὄντας	ὄντα	οὔσας

The forms of the participle follow the third declension in the masculine and neuter active and passive forms, the second declension in the masculine and neuter middle forms and the first declension in all the feminine forms throughout. The active endings are the same as those of εἰμί. The μενος, μενον, μενη endings are clear signs of participle endings in the middle and for the present and perfect in the passive as well.

Present Active

	Singular			Plural		
	M	*N*	*F*	*M*	*N*	*F*
N	λύων	λῦον	λύουσα	λύοντες	λύοντα	λύουσαι
G	λύοντος	λύοντος	λυούσης	λυόντων	λυόντων	λυουσῶν
D	λύοντι	λύοντι	λυούσῃ	λύουσι (ν)	λύουσι (ν)	λυούσαις
A	λύοντα	λῦον	λύουσαν	λύοντας	λύοντα	λυούσας

Present Middle and Passive

N	λυόμενος	λυόμενον	λυομένη	λυόμενοι	λυόμενα	λυόμεναι
G	λυομένου	λυομένου	λυομένης	λυομένων	λυομένων	λυομένων
D	λυομένῳ	λυομένῳ	λυομένῃ	λυομένοις	λυομένοις	λυομέναις
A	λυόμενον	λυόμενον	λυομένην	λυομένους	λυόμενα	λυομένας

2 Aorist Active

N	λιπών	λιπόν	λιποῦσα	λιπόντες	λιπόντα	λιποῦσαι
G	λιπόντος	λιπόντος	λιπούσης	λιπόντων	λιπόντων	λιπουσῶν
D	λιπόντι	λιπόντι	λιπούσῃ	λιποῦσι (ν)	λιποῦσι (ν)	λιπούσαις
A	λιπόντα	λιπόν	λιποῦσαν	λιπόντας	λιπόντα	λιπούσας

2 Aorist Middle

N	λιπόμενος	λιπόμενον	λιπομένη	λιπόμενοι	λιπόμενα	λιπόμεναι
G	λιπομένου	λιπομένου	λιπομένης	λιπομένων	λιπομένων	λιπομένων
D	λιπομένῳ	λιπομένῳ	λιπομένῃ	λιπομένοις	λιπομένοις	λιπομέναις
A	λιπόμενον	λιπόμενον	λιπομένην	λιπομένους	λιπόμενα	λιπομένας

320

1 Aorist Active

N	λύσας	λῦσαν	λύσασα	λύσαντες	λύσαντα	λύσασαι
G	λύσαντος	λύσαντος	λυσάσης	λυσάντων	λυσάντων	λυσασῶν
D	λύσαντι	λύσαντι	λυσάσῃ	λύσασι(ν)	λύσασι(ν)	λυσάσαις
A	λύσαντα	λῦσαν	λύσασαν	λύσαντας	λύσαντα	λύσασας

1 Aorist Middle

N	λυσάμενος	λυσάμενον	λυσαμένη	λυσαμένοι	λυσάμενα	λυσάμεναι
G	λυσαμένου	λυσαμένου	λυσαμένης	λυσαμένων	λυσαμένων	λυσαμένων
D	λυσαμένῳ	λυσαμένῳ	λυσαμένῃ	λυσαμένοις	λυσαμένοις	λυσαμέναις
A	λυσάμενον	λυσάμενον	λυσαμένην	λυσαμένους	λυσάμενα	λυσαμένας

1 Aorist Passive

N	λυθείς	λυθέν	λυθεῖσα	λυθέντες	λυθέντα	λυθεῖσαι
G	λυθέντος	λυθέντος	λυθείσης	λυθέντων	λυθέντων	λυθεισῶν
D	λυθέντι	λυθέντι	λυθείσῃ	λυθεῖσι(ν)	λυθεῖσι(ν)	λυθείσαις
A	λυθέντα	λυθέν	λυθεῖσαν	λυθέντας	λυθέντα	λυθείσας

1 Perfect Active

N	λελυκώς	λελυκός	λελυκυῖα	λελυκότες	λελυκότα	λελυκυῖαι
G	λελυκότος	λελυκότος	λελυκυίας	λελυκότων	λελυκότων	λελυκυιῶν
D	λελυκότι	λελυκότι	λελυκυίᾳ	λελυκόσι(ν)	λελυκόσι(ν)	λελυκυίαις
A	λελυκότα	λελυκός	λελυκυῖαν	λελυκότας	λελυκότα	λελυκυίας

1 Perfect Middle and Passive

N	λελυμένος	λελυμένον	λελυμένη	λελυμένοι	λελυμένα	λελυμέναι
G	λελυμένου	λελυμένου	λελυμένης	λελυμένων	λελυμένων	λελυμένων
D	λελυμένῳ	λελυμένῳ	λελυμένῃ	λελυμένοις	λελυμένοις	λελυμέναις
A	λελυμένον	λελυμένον	λελυμένην	λελυμένους	λελυμένα	λελυμένας

μι Conjugation

Active

	Present				Imperfect	
I	ἵστημι	τίθημι	δίδωμι	ἵστην	ἐτίθην	ἐδίδουν
N	ἵστης	τίθης	δίδως	ἵστης	ἐτίθεις	ἐδίδους
D	ἵστησι	τίθησι	δίδωσι	ἵστη	ἐτίθει	ἐδίδου
	ἵσταμεν	τίθεμεν	δίδομεν	ἵσταμεν	ἐτίθεμεν	ἐδίδομεν
	ἵστατε	τίθετε	δίδοτε	ἵστατε	ἐτίθετε	ἐδίδοτε
	ἵστασι	τιθέασι	διδόασι	ἵστασαν	ἐτίθεσαν	ἐδίδοσαν

	2 Aorist				Perfect	
I	ἔστην	ἔθηκα	ἔδωκα	ἔστηκα	τέθεικα	δέδωκα
N	ἔστης	ἔθηκας	ἔδωκας	ἔστηκας	τέθεικας	δέδωκας
D	ἔστη	ἔθηκε(ν)	ἔδωκε(ν)	ἔστηκε(ν)	τέθεικε(ν)	δέδωκε(ν)
	ἔστημεν	ἐθήκαμεν	ἐδώκαμεν	ἐστήκαμεν	τεθείκαμεν	δεδώκαμεν
	ἔστητε	ἐθήκατε	ἐδώκατε	ἐστήκατε	τεθείκατε	δεδώκατε
	ἔστησαν	ἔθηκαν	ἔδωκαν	ἔστηκαν	τέθεικαν	δέδωκαν

	Present			2 Aorist		
S	ἱστῶ	τιθῶ	διδῶ	στῶ	θῶ	δῶ
U	ἱστῇς	τιθῇς	διδῷς	στῇς	θῇς	δῷς
B	ἱστῇ	τιθῇ	διδῷ	στῇ	θῇ	δῷ
J	ἱστῶμεν	τιθῶμεν	διδῶμεν	στῶμεν	θῶμεν	δῶμεν
	ἱστῆτε	τιθῆτε	διδῶτε	στῆτε	θῆτε	δῶτε
	ἱστῶσι(ν)	τιθῶσι(ν)	διδῶσι(ν)	στῶσι(ν)	θῶσι(ν)	δῶσι(ν)
I						
M	ἵστη	τίθει	δίδου	στῆθι	θές	δός
P	ἱστάτω	τιθέτω	διδότω	στήτω	θέτω	δότω
	ἵστατε	τίθετε	δίδοτε	στῆτε	θέτε	δότε
	ἱστάτωσαν	τιθέτωσαν	διδότωσαν	στήτωσαν	θέτωσαν	δότωσαν
I						
N	ἱστάναι	τιθέναι	διδόναι	στῆναι	θεῖναι	δοῦναι
F						

Middle and Passive

	Present			Imperfect		
I	ἵσταμαι	τίθεμαι	δίδομαι	ἱστάμην	ἐτιθέμην	ἐδιδόμην
N	ἵστασαι	τίθεσαι	δίδοσαι	ἵστασο	ἐτίθετο	ἐδίδοσο
D	ἵσταται	τίθεται	δίδοται	ἵστατο	ἐτίθετο	ἐδίδοτο
	ἱστάμεθα	τιθέμεθα	διδόμεθα	ἱστάμεθα	ἐτιθέμεθα	ἐδιδόμεθα
	ἵστασθε	τίθεσθε	δίδοσθε	ἵστασθε	ἐτίθεσθε	ἐδίδοσθε
	ἵστανται	τίθενται	δίδονται	ἵσταντο	ἐτίθεντο	ἐδίδοντο

	2 Aorist Middle		Aorist Passive		
I	ἐθέμην	ἐδόμην	ἐστάθην	ἐτέθην	ἐδόθην
N	ἔθου	ἔδου	ἐστάθης	ἐτέθης	ἐδόθης
D	ἔθετο	ἔδοτο	ἐστάθη	ἐτέθη	ἐδόθη
	ἐθέμεθα	ἐδόμεθα	ἐστάθημεν	ἐτέθημεν	ἐδόθημεν
	ἔθεσθε	ἔδοσθε	ἐστάθητε	ἐτέθητε	ἐδόθητε
	ἔθεντο	ἔδοντο	ἐστάθησαν	ἐτέθησαν	ἐδόθησαν

	Middle and Passive Present			Middle 2 Aorist	
S	ἱστῶμαι	τιθῶμαι	διδῶμαι	θῶμαι	δῶμαι
U	ἱστῇ	τιθῇ	διδῷ	θῇ	δῷ
B	ἱστῆται	τιθῆται	διδῶται	θῆται	δῶται
J	ἱστώμεθα	τιθώμεθα	διδώμεθα	θώμεθα	δώμεθα
	ἱστῆσθε	τιθῆσθε	διδῶσθε	θῆσθε	δῶσθε
	ἱστῶνται	τιθῶνται	διδῶνται	θῶνται	δῶνται

	Present Middle and Passive			2 Aorist Middle	
I					
M	ἵστασο	τίθεσο	δίδοσο	θοῦ	δοῦ
P	ἱστάσθω	τιθέσθω	διδόσθω	θέσθω	δόσθω
	ἵστασθε	τίθεσθε	δίδοσθε	θέσθε	δόσθε
	ἱστάσθωσαν	τιθέσθωσαν	διδόσθωσαν	θέσθωσαν	δόσθωσαν

Aorist Passive

M	στάθητι	τέθητι	δόθητι
P	σταθήτω	τεθήτω	δοθήτω
	στάθητε	τέθητε	δόθητε
	σταθήτωσαν	τεθήτωσαν	δοθήτωσαν

Present Middle and Passive   2 Aorist Middle

I
N ἵστασθαι   τίθεσθαι   δίδοσθαι   θέσθαι   δόσθαι
F

Aorist Passive

I
N σταθῆναι   τεθῆναι   δοθῆναι
F

The nominative singular forms of the participles in the μι conjugation are:

Present Active   2 Aorist Active

M	ἱστάς	τιθείς	διδούς	στάς	θείς	δούς
N	ἱστάν	τιθέν	διδόν	στάν	θέν	δόν
F	ἱστάσα	τιθεῖσα	διδοῦσα	στᾶσα	θεῖσα	δοῦσα

Present Middle and Passive   2 Aorist Passive

M	ἱστάμενος	τιθέμενος	διδόμενος	θέμενος	δόμενος
N	ἱστάμενον	τιθέμενον	διδόμενον	θέμενον	δόμενον
F	ἱσταμένη	τιθεμένη	διδομένη	θεμένη	δομένη

APPENDIX II. THE CHART FOR ARTICLES, NOUNS, ADJECTIVES, PRONOUNS

The Article

	Singular			Plural		
	M	*N*	*F*	*M*	*N*	*F*
N	ὁ	τό	ἡ	οἱ	τά	αἱ
G	τοῦ	τοῦ	τῆς	τῶν	τῶν	τῶν
D	τῷ	τῷ	τῃ	τοῖς	τοῖς	ταῖς
A	τόν	τό	τήν	τούς	τά	τάς

Noun Declensions

1. The First Declension

   a. Feminine nouns

	Singular			Plural		
N	ἡμέρα	δόξα	γραφή	ἡμέραι	δόξαι	γραφαί
G	ἡμέρας	δόξης	γραφῆς	ἡμερῶν	δοξῶν	γραφῶν
D	ἡμέρᾳ	δόξῃ	γραφῇ	ἡμέραις	δοξαῖς	γραφαῖς
A	ἡμέραν	δόξαν	γραφήν	ἡμέρας	δόξας	γραφάς

When a first declension noun ends in an α in the nominative singular and is preceded by ε, ι, or ρ, it maintains the α throughout. Otherwise the genitive and dative take the η as in δόξα. If the noun ends in η in the nominative, it maintains the η throughout. The plural forms are all alike. Notice that the genitive plural always takes a circumflex on the ultima.

   b. Masculine nouns

N	προφήτης	νεανίας	προφῆται	νεανίαι
G	προφήτου	νεανίου	προφητῶν	νεανιῶν
D	προφήτῃ	νεανίᾳ	προφήταις	νεανίαις
A	προφήτην	νεανίαν	προφήτας	νεανίας

Nouns of this type will take the α in the nominative, dative, and accusative when the ending is preceded by ε, ι, or ρ. Otherwise it will take an η. The genitive singular forms of both types have ου since the nominative forms are like the genitive forms of the feminine nouns.

2. The Second Declension

a. Masculine nouns   b. Neuter nouns

	Singular	Plural	Singular	Plural
N	ἄνθρωπος	ἄνθρωποι	τέκνον	τέκνα
G	ἀνθρώπου	ἀνθρώπων	τέκνου	τέκνων
D	ἀνθρώπῳ	ἀνθρώποις	τέκνῳ	τέκνοις
A	ἄνθρωπον	ἀνθρώπους	τέκνον	τέκνα

3. The Third Declension

Mute endings, feminine nouns: νυκτ-, ἐλπιδ-, χαριτ-

	Singular			Plural		
N	νύξ	ἐλπίς	χάρις	νύκτες	ἐλπίδες	χάριτες
G	νυκτός	ἐλπίδος	χάριτος	νυκτῶν	ἐλπίδων	χαρίτων
D	νυκτί	ἐλπίδι	χάριτι	νυξί(ν)	ἐλπίσι(ν)	χάρισι(ν)
A	νύκτα	ἐλπίδα	χάριν	νύκτας	ἐλπίδας	χάριτας

Mute endings, masc. noun: ἀρχοντ-   Mute endings, neuter noun: ὀνοματ-

	Singular	Plural	Singular	Plural
N	ἄρχων	ἄρχοντες	ὄνομα	ὀνόματα
G	ἄρχοντος	ἀρχόντων	ὀνόματος	ὀνομάτων
D	ἄρχοντι	ἄρχουσι(ν)	ὀνόματι	ὀνόμασι(ν)
A	ἄρχοντα	ἄρχοντας	ὄνομα	ὀνόματα

Nasal endings: ὁ δαιμον-, ὁ ποιμεν-, ὁ αἰων-

	Singular			Plural		
N	δαίμων	ποιμήν	αἰών	δαίμονες	ποιμένες	αἰῶνες
G	δαίμονος	ποιμένος	αἰῶνος	δαιμόνων	ποιμένων	αἰώνων
D	δαίμονι	ποιμένι	αἰῶνι	δαίμοσι(ν)	ποιμέσι(ν)	αἰῶσι(ν)
A	δαίμονα	ποιμένα	αἰῶνα	δαίμονας	ποιμένας	αἰῶνας

Notice that the dative plurals drop the ν before the σ.

Liquid endings: ὁ πατερ-, ἡ χειρ-, ὁ σωτηρ-

N	πατήρ	χείρ	σωτήρ	πατέρες	χεῖρες	σωτῆρες
G	πατρός	χειρός	σωτῆρος	πατέρων	χειρῶν	σωτήρων
D	πατρί	χειρί	σωτῆρι	πατράσι(ν)	χερσί(ν)	σωτῆρσι(ν)
A	πατέρα	χεῖρα	σωτῆρα	πατέρας	χεῖρας	σωτῆρας

σ endings: τό τελεσ-, ὁ συγγενεσ-

	Singular		Plural	
N	τέλος	συγγενής	τέλη=ε(σ)α	συγγενεῖς=ε(σ)ες
G	τέλους=ε(σ)ος	συγγενοῦς	τελῶν=ε(σ)ων	συγγενῶν
D	τέλει=ε(σ)ι	συγγενεῖ	τέλεσι=εσ(σ)ι	συγγενέσι(ν)
A	τέλος	συγγενῆ=ε(σ)α	τέλη=ε(σ)α	συγγενεῖς

Semi-vowel endings: ἡ πολει(ι)-, ἡ ἰσχυ-, ὁ βασιλευ-

N	πόλις	ἰσχύς	βασιλεύς	πόλεις	ἰσχύες	βασιλεῖς
G	πόλεως	ἰσχύος	βασιλέως	πόλεων	ἰσχύων	βασιλέων
D	πόλει	ἰσχύϊ	βασιλεῖ	πόλεσι(ν)	ἰσχύσι(ν)	βασιλεῦσι(ν)
A	πόλιν	ἰσχύν	βασιλέα	πόλεις	ἰσχύας	βασιλεῖς

Note the basic endings of the third declension are

	Singular		Plural	
	MF	*N*	*MF*	*N*
N	s		ες	α
G	ος	ος	ων	ων
D	ι	ι	σι	σι
A	α		ας	α

Adjectives

	Singular			Plural		
	M	*N*	*F*	*M*	*N*	*F*
N	ἀγαθός	ἀγαθόν	ἀγαθή	ἀγαθοί	ἀγαθά	ἀγαθαί
G	ἀγαθοῦ	ἀγαθοῦ	ἀγαθῆς	ἀγαθῶν	ἀγαθῶν	ἀγαθῶν
D	ἀγαθῷ	ἀγαθῷ	ἀγαθῇ	ἀγαθοῖς	ἀγαθοῖς	ἀγαθαῖς
A	ἀγαθόν	ἀγαθόν	ἀγαθήν	ἀγαθούς	ἀγαθά	αγαθάς
N	μικρός	μικρόν	μικρά	μικροί	μικρά	μικραί
G	μικροῦ	μικροῦ	μικρᾶς	μικρῶν	μικρῶν	μικρῶν
D	μικρῷ	μικρῷ	μικρᾷ	μικροῖς	μικροῖς	μικραῖς
A	μικρόν	μικρόν	μικράν	μικρούς	μικρά	μικράς

Pronouns

1. Personal Pronouns

	Singular			Plural		
	1	2	3	1	2	3
N	ἐγώ	σύ	αὐτός	ἡμεῖς	ὑμεῖς	αὐτοί
G	ἐμοῦ (μου)	σοῦ	αὐτοῦ	ἡμῶν	ὑμῶν	αὐτῶν
D	ἐμοί (μοι)	σοί	αὐτῷ	ἡμῖν	ὑμῖν	αὐτοῖς
A	ἐμέ (με)	σέ	αὐτόν	ἡμᾶς	ὑμᾶς	αὐτούς

2. Demonstrative Pronouns

	Singular			Plural		
	M	*N*	*F*	*M*	*N*	*F*
N	οὗτος	τοῦτο	αὕτη	οὗτοι	ταῦτα	αὗται
G	τούτου	τούτου	ταύτης	τούτων	τούτων	τούτων
D	τούτῳ	τούτῳ	ταύτῃ	τούτοῖς	τούτοις	ταύταις
A	τοῦτον	τοῦτο	ταύτην	τούτους	ταῦτα	ταύτας

3. Relative Pronouns

	Singular				Plural	
	M	*N*	*F*	*M*	*N*	*F*
N	ὅs	ὅ	ἥ	οἵ	ἅ	αἵ
G	οὗ	οὗ	ἧs	ὧν	ὧν	ὧν
D	ᾧ	ᾧ	ᾗ	οἷs	οἷs	αἷs
A	ὅν	ὅ	ἥν	οὕs	ἅ	ἅs

4. Interrogative Pronouns

	MF	*N*	*MF*	*N*
N	τίs	τί	τίνεs	τίνα
G	τίνοs	τίνοs	τίνων	τίνων
D	τίνι	τίνι	τίσι(ν)	τίσι(ν)
A	τίνα	τί	τίνας	τίνα

5. Indefinite Pronouns

The indefinite pronoun, *something*, *someone*, has the same forms as the interrogative pronoun but is normally unaccented.

6. The Pronominal Adjectives (πᾶs, πᾶν, πᾶσα, every, each all; εἷs, ἕν, μία, one)

	Singular			Plural		
	M	*N*	*F*	*M*	*N*	*F*
N	πᾶs	πᾶν	πᾶσα	πάντες	πάντα	πᾶσαι
G	παντός	παντός	πάσης	πάντων	πάντων	πασῶν
D	παντί	παντί	πάσῃ	πᾶσι(ν)	πᾶσι(ν)	πάσαις
A	πάντα	πᾶν	πᾶσαν	πάντας	πάντα	πάσας
N	εἷs	ἕν	μία			
G	ἑνός	ἑνός	μιᾶs			
D	ἑνί	ἑνί	μιᾷ			
A	ἕνα	ἕν	μίαν			